일본＋일본어를 한 권으로 완성한다!
일본어 총정리＋각종 시험대비 필독서!

종합일본어백과

김인현 · 김정구 저

일본 정치 경제 사회 역사

초급일어＋중급일어＋고급일어

회화 독해 청해 문법 작문 문학 문화

일본어능력시험＋JPT＋관광통역

일본어경시대회＋교사임용고시＋일본유학시험＋대학원진학

제이앤씨
Publishing Company

머리말

종합일본어백과는 기초일본어에서 고급일본어까지 가장 쉽고 빠르게 효과적으로 완벽하게 마스터하려고 하는 모든 일본어 학습자 뿐만 아니라 일본어교사에게도 가르치기 편하도록 5년 동안에 걸쳐 폭넓게 집필하고 종합적으로 정리한 세계최초·최대의 일본어 종합지도서입니다. 최단시간에 최대의 효과를 얻으리라 확신합니다.

종합일본어백과는 일본어의 회화, 청취, 문법, 작문, 독해, 일본의 정치와 경제, 사회와 문화, 일본문학 등 일본의 모든 영역을 제한된 시간에 처음부터 끝까지 종합적으로 완성하는데 꼭 필요한 필독서이며, 최단시간에 최대의 효과를 얻으리라 확신합니다.

21세기의 세계화·국제화·정보화시대에 우리들이 국제사회에서 활동하기 위해서는 제2외국어의 실력이 필수 불가결합니다.

그러나 아직까지도 일본어 학습자들이 일본·일본어를 기초에서 고급까지 한 권에 종합적으로 총정리한 TOEIC과 TOEFL 같은 추천해 줄만한 책이 없어 아쉬웠습니다.

종합일본어백과는 20년 동안의 일본어연구와 강의경험을 토대로 일본·일본어의 모든 분야의 핵심을 기초에서 완성까지 알기 쉽게 한 권에 종합적으로 요점정리 하여, 모든 일본어시험을 100% 평정 할 수 있도록 급소를 찌르고 지름길을 제시한 일본어의 바이블로서 학습효과를 높이는 사명감을 가지고 만들었습니다.

종합일본어백과는 일본어의 틀리기 쉬운 문제점을 자세히 해설하고 분석·정리하여, 혼자서도 독학으로 일본어 실력을 가장 짧은 기간에 문자에서 회화까지 효과적으로 학습하여, 일본어의 모든 분야를 완전정복 할 수 있도록 만들고, 학습방법을 제시한 책 중의 책입니다.

종합일본어백과는 일본어학습의 총정리에 필요 충분하며, 일본어를 지도하는 교사나 모든 일본어 학습자들이 언제 어디서나 가지고 참고하면서, 초급에서 고급까지 가장 쉽고 빠르게 일본어를 마스터하여, 각종 일본어 시험에 완벽하게 대비할 수 있는 노하우를 제공한 일본어 종합참고서 입니다.

일본어의 회화능력, 독해능력, 청해능력, 작문실력, 문법실력을 체계적이고 효과적으로 학습하여, 각종시험의 출제 경향에 맞추어 다양한 적중예상문제를 수록하여 일본어를 한 권으로 끝낼 수 있도록 하였습니다.

종합일본어백과는 모든 일본어시험에 자주 출제되는 최근 10년 동안의 기출문제를 분석·정리하고 주·객관식의 적중예상문제를 수록하였으며, 발음문제, 한자문제, 일본어학, 일본문학, 일본사정, 작문과 청해, 신문사설의 독해까지 중요한 내용을 언제라도 찾아 볼 수 있도록 한 권으로 요점 정리한 책입니다.

일본어능력시험1.2.3.4급 합격, 수능시험만점, 일본어경시대회우승, 관광통역시험, JPT시험, 사법·행정고시, 교사임용고사, 대학원진학, 일본유학시험 등에 100% 확실하고 충분하게 대비 할 수 있도록 엮었습니다.

종합일본어백과는 일본어를 읽고, 쓰고, 듣고, 말하는데 필요한 5,000 단어, 기본문법과 작문, 청취력, 독해력, 실용회화 등을 종합적으로 총정리 한 국내최초·최대의 유일무이한 일본어종합지도서입니다.

2000년부터 대입수능시험에 일본어가 포함되고, 2001년부터 중학교에서도 일본어가 선택과목으로 배우는 것은 21세기의 국제화 시대에 일본과 동등한 동반자 관계를 유지할 수 있도록 정치, 경제, 군사적으로 초강대국이 된 일본의 힘과 저력을 분석하고, 오늘의 일본사정과 일본사회를 이해하는데 필요하고 중요한 시사문제를 싣고, 핵심정보는 자세한 설명을 하였습니다.

종합일본어백과는 일본어와 일본문학 뿐만 아니라 일본의 지리, 정치, 경제, 사회, 문화, 교육, 종교, 역사까지 일본의 모든 분야를 알기 쉽게 정리하여 폭넓은 정보지식과 상식을 통하여 일본어의 논술시험과 면접시험 등의 실전에 완벽하게 대비할 수 있도록 최선을 다하여 엮었으며, 이 책이 항상 여러분의 곁에 있는 책이 되길 바랍니다.

종합일본어백과가 여러분의 일본어 실력향상에 크게 기여하리라 믿으며, 여러분의 목적달성을 진심으로 기원합니다.

특별히 이 책에 큰 기대를 걸고 심혈을 기울여 출판해주신 제이앤씨 출판사와 관계자 여러분께 감사드립니다.

2013년 1월 저자 씀

종합일본어백과의 특징과 구성

종합일본어백과의 특징은 일본과 일본어의 모든 분야의 전체적인 핵심내용을 체계적으로 분석·정리하여 일본어 학습에 유용하고 실무에 편리한 길잡이 역할을 할 수 있도록 종합적으로 구성하였습니다.

종합일본어백과는 일본어의 **듣기, 말하기, 쓰기, 읽기, 문법, 어휘**를 짧은 기간에 효과적으로 동시에 학습하여, 한 권으로 일본어의 모든 부분을 100% 완전정복 할 수 있도록 지름길을 제시하고 있습니다.

특히, 각종 시험에 자주 출제되는 중요 부분을 총정리 하여, 고득점을 얻는 지름길이 되도록 종합예상문제를 수록하고, 각종 시험에서 만점을 받을 수 있도록 엮었습니다.

폭 넓은 자료와 정보를 한정된 시간에 가장 효과적이고 능률적인 학습방법으로 일본어의 학습효과를 얻을 수 있도록 최선을 다하여 편찬하였습니다.

종합일본어백과의 특징과 구성

- **한 권으로 10권의 효과를 얻을 수 있는 자료와 정보의 길잡이 !**
- **일본어 · 일본문학과 일본사정 · 일본역사를 종합 정리한 백과사전 !**
- **기본문법 · 작문 · 회화 및 필수 단어 5,000을 총정리한 보석상자 !**
- **각종 일본어시험의 적중예상문제를 수록한 종합시험대비서 !**

일본어·일본문학·일본사정·일본역사 등의 전체적인 핵심내용을 체계적으로 분석·정리하고 종합적으로 기본 핵심내용을 쉽게 설명하였습니다.

각종시험에 자주 나오는 중요한 기본회화, 외래어, 상용한자, 의성어, 의태어, 관용구, 속담, 중요단어, 각종시험문제 등을 정리하여 수록하였습니다.

I. 일본어학

일본어의 문자와 발음, 시험에 자주 나오는 한자 및 외래어를 제시하고, 회화의 기본문형을 정리하여, 의사 소통 능력을 높일 수 있도록 체계적으로 구성하고, 기본문법과 작문, 청해 능력과 독해력을 종합적으로 완벽하게 양성할 수 있도록 비결을 제시하고, 종합예상문제를 실었습니다.

II. 일본문학

고전문학에서 현대문학까지 문학분야에서 꼭 알아야 할 중요한 사항을 제시하고, 문학분야의 핵심내용을 체계적으로 알기 쉽게 종합적으로 정리하였으며, 최근출제경향에 맞추어 종합예상문제를 실었습니다.

III. 일본문화 및 일본사정

일본의 지리와 정치, 경제와 사회, 일본문화와 연중행사, 역사 등, 일본사회와 일본문화에 대한 내용을 체계적으로 종합하고 정리하였습니다.

II. 시험문제 총정리

최근 시험의 실전에 완벽하게 대비할 수 있도록, 일본어능력시험1・2・3・4급, 교사임용시험, 관광통역시험, 일본유학시험, 사법고시, 대학원시험 등 각종 시험의 출제경향에 맞추어 기출문제해설 및 적중예상문제를 실어 모든 시험에서 100% 만점을 받을 수 있도록 철저히 분석하였습니다.

V. 시험에 자주 나오는 중요 단어 총정리

시험에 자주 출제되는 중요 단어를 정리・수록하고, 기본적이고 필수적인 꼭 알아야 할 중요한 단어를 분석・정리하여, 일본어 능력시험 N1, N2, N3, JPT 등의 각종 시험에서 만점을 얻는 지름길이 되도록 하였습니다.

차 례

I
일본어학

제1편 일본어 글자와 기본회화

제1장 일본어의 문자(文字)와 발음(発音)

1. 오십음도(五十音図)

일본어의 문자를 발음의 체계와 성질에 따라 5개의 단(段)과 10행(行)으로 배열한 것을 오십음도(五十音図)라고 한다. 그 중에서 종렬(縦列)을 행(行)이라고 하고, 횡렬(横列)을 단(段)이라고 한다. 모음인 あ행(あ、い、う、え、お)을 제외하고는 각 행(行)이 동일한 자음이며, 각 단(段)은 동일한 모음(母音)으로 되어 있다.

✶ 오십음도표(五十音図表)

あ ア a 아	か カ ka 카	さ サ sa 사	た タ ta 타	な ナ na 나	は ハ ha 하	ま マ ma 마	や ヤ ya 야	ら ラ ra 라	わ ワ wa 와	ん ン ng ㅇ
い イ i 이	き キ ki 키	し シ si 시	ち チ tsi 찌	に ニ ni 니	ひ ヒ hi 히	み ミ mi 미	い イ i 이	り リ ri 리	ゐ ヰ i 이	
う ウ u 우	く ク ku 쿠	す ス su 수	つ ツ tsu 쯔	ぬ ヌ nu 누	ふ フ hu 후	む ム mu 무	ゆ ユ yu 유	る ル ru 루	う ウ u 우	
え エ e 에	け ケ ke 케	せ セ se 세	て テ te 테	ね ネ ne 네	へ ヘ he 헤	め メ me 메	え エ e 에	れ レ re 레	ゑ ヱ e 에	
お オ o 오	こ コ ko 코	そ ソ so 소	と ト to 토	の ノ no 노	ほ ホ ho 호	も モ mo 모	よ ヨ yo 요	ろ ロ ro 로	を ヲ o 오	

※ 기본문자 수는 51字에서 중복된 や행의 い, え와 わ행의 い, う, え를 제외하면 46字이다.
※ 기본음의 수는 51音에서 중복된 や행의 い, え와 わ행의 ゐ, う, ゑ, を를 제외하면 45音이다.

2. 히라가나(ひらがな, 平仮名)와 자원(字源)

히라가나(ひらがな)는 헤이안시대(平安時代)말기인 10세기말에 고오보오다이시(弘法大師)란 스님에 의해서 한자(漢字)의 초서체(草書体)를 기초로 하여 만들었다는 학설이 있다.

헤이안시대에는 주로 여성들이 사용하였으나 지금은 남녀공용이고, 인쇄・필기 등에 널리 사용되는 히라가나의 자원(字源)은 1900年 小学校令으로 정하였다.

✶ **平仮名**는 万葉ガナ를 초서체로 → 草ガナ를 간략화 하여 → 平ガナ로 변천하였으며, 수필문학, 일기문학, 物語문학 등의 발전에 크게 기여하였다.

※ **万葉がな** : 한자의 본래의 의미와 관계없이 음(音)과 훈(訓)으로 표음문자(表音文字)로 사용하였다.

<예 : かわ(河波), やなぎ(楊奈疑), 銀、 奈、 世、 武... >

安	**加**	**左**	**太**	**奈**	**波**	**末**	**也**	**良**	**和**	**无**
あ	か	さ	た	な	は	ま	や	ら	わ	ん
以	**幾**	**之**	**知**	**仁**	**比**	**美**		**利**		
い	き	し	ち	に	ひ	み		り		
宇	**久**	**寸**	**川**	**奴**	**不**	**武**	**由**	**留**		
う	く	す	つ	ぬ	ふ	む	ゆ	る		
衣	**計**	**世**	**天**	**祢**	**部**	**女**		**礼**		
え	け	せ	て	ね	へ	め		れ		
於	**己**	**曾**	**止**	**乃**	**保**	**毛**	**与**	**呂**	**遠**	
お	こ	そ	と	の	ほ	も	よ	ろ	を	

3. 가타카나 (カタカナ, 片仮名(かたかな)) 와 자원 (字源(じげん))

가타카나(カタカナ)는 漢字의 변의 일부나 획을 모방하여 그 音을 사용한 것으로서, 주로 남자들이 使用하였으나 현재는 남녀공용이고, 動植物의 이름, 外来語 표기, 外国人의 人名, 地名, 擬声語, 擬態語, 강조하는 문장 등의 시각적인 효과에 使用되는 가타카나의 자원(字源)은 明治33年(1900)부터 小学校令으로 정하였다.

万葉ガナ의 자획의 일부를 따서 10세기 초의 나라시대(奈良時代)에 기비노마키비(吉備真備)란 학자에 의해서 만들어졌다고 하는 주장이 있다.

阿	**加**	**散**	**多**	**奈**	**八**	**末**	**也**	**良**	**和**	**二**
ア	カ	サ	タ	ナ	ハ	マ	ヤ	ラ	ワ	ン
伊	**幾**	**之**	**千**	**二**	**比**	**三**		**利**		
イ	キ	シ	チ	ニ	ヒ	ミ		リ		
宇	**久**	**須**	**川**	**奴**	**不**	**牟**	**由**	**流**		
ウ	ク	ス	ツ	ヌ	フ	ム	ユ	ル		
江	**介**	**世**	**天**	**祢**	**部**	**女**		**礼**		
エ	ケ	セ	テ	ネ	ヘ	メ		レ		
於	**己**	**曾**	**止**	**乃**	**保**	**毛**	**与**	**呂**	**乎**	
オ	コ	ソ	ト	ノ	ホ	モ	ヨ	ロ	ヲ	

語学(ごがく)の勉強(べんきょう)というのは、まさに雨垂(あまだ)れ石(いし)を穿(うが)つで、毎日(まいにち)の積(つ)み重(かさ)ねが大切(たいせつ)だ。
(어학 공부란 낙숫물이 돌을 뚫는 것처럼 매일 노력을 계속 하는 것이 중요하다.)

※ 참고 ※ いろは歌；「いろはにおへど ちりぬるを わかよたれそ つねならむ……」

真言宗을 창시한 弘法大師가 지었다는 7.5조의 4구로 형성된 노래이며, 동일문자가 중복되지 않는 47자를 사용하여 불교의 無常観을 노래한 것으로 훗날 ひらがな의 모태가 되었다는 설이 유력하다.

한글의 「가」「나」「다」「라」의 순서처럼 「イ」「ロ」「ハ」「ニ」의 순서로 쓰고 있다.

色は匂へど	花やかで美しい生活も
散りぬるを	やがては滅びてしまうもので
我が世誰ぞ	我々の生活は だれ一人として
常ならむ	亡くならない者はない
有為の奥山	この世界を越えて
今日越えて	悟りを聞くには
浅き夢見じ	あさはかな楽しみを望んだり
酔ひもせず	それに酔ったりしてはならない

꽃처럼 화려하고 아름답고 향기로운 생활도 지고 마는 것
우리의 생활 이 세상 그 무엇이 영원 하리오
이 세계를 넘어서 아무리 깊은 산을 벗어나
오늘도 부질없는 꿈에는 취하지 않으리라.

최근 2013.9.2. NHK 방송의 보도에 의하면 가타카나는 740년경에 통일신라에서 전달된 "대방광불화엄경(大方広仏華厳経)"이 나라(奈良)의 도다이지(東大寺)에서 발견되었는데, 신라어로 한자를 읽는 각필문자(角筆文字)로 표기되어 있었다. 이것이 가타카나의 기원이라고 히로시마대학 고바야시 요시노리(小林芳規)는 주장했다.

過ちは人の性、それを改めることは名誉ある業。<ワシントン>
실수는 인간의 천성이고, 그것을 고치는 것은 명예로운 일이다.<워싱턴>

※ 日本 文字의 発音 ☺ 가나(仮名) 읽기

일본어의 문자는 113음절(音節)이며, 1글자(文字)가 1음절(音節)이고, 1박(拍)의 길이로 발음한다. 그러나, 요음(拗音)인 きゃ、きゅ、きょ는 2글자가 1음절(音節)이고, 1박(拍)의 길이로 발음된다.

※ ローマ字 표기법에는 1937年에 내각(内閣)의 훈령으로 공포한 訓令式(日本式) < ち(ti)、つ(tu)、し(si) >과 アメリカ 宣教師인 Hepbun.J.C가 1873年에 使用한 것을 1954年에 발표한 ヘボン式(標準式)<ち(chi)、つ(tsu)、し(shi) >의 두 가지가 있다.

① 청음(清音 : せいおん) : 無声音

ひらがな

あ [a]	い [i]	う [u]	え [e]	お [o]
か [ka]	き [ki]	く [ku]	け [ke]	こ [ko]
さ [sa]	し [shi]	す [su]	せ [se]	そ [so]
た [ta]	ち [chi]	つ [tsu]	て [te]	と [to]
な [na]	に [ni]	ぬ [nu]	ね [ne]	の [no]
は [ha]	ひ [hi]	ふ [hu]	へ [he]	ほ [ho]
ま [ma]	み [mi]	む [mu]	め [me]	も [mo]
や [ya]		ゆ [yu]		よ [yo]
ら [ra]	り [ri]	る [ru]	れ [re]	ろ [ro]
わ [wa]				を [o]

カタカナ

ア [a]	イ [i]	ウ [u]	エ [e]	オ [o]
カ [ka]	キ [ki]	ク [ku]	ケ [ke]	コ [ko]
サ [sa]	シ [shi]	ス [su]	セ [se]	ソ [so]
タ [ta]	チ [chi]	ツ [tsu]	テ [te]	ト [to]
ナ [na]	ニ [ni]	ヌ [nu]	ネ [ne]	ノ [no]
ハ [ha]	ヒ [hi]	b [hu]	ヘ [he]	ホ [ho]
マ [ma]	ミ [mi]	ム [mu]	メ [me]	モ [mo]
ヤ [ya]		ユ [yu]		ヨ [yo]
ラ [ra]	リ [ri]	ル [ru]	レ [re]	ロ [ro]
ワ [wa]				ヲ [o]

② 탁음(濁音 : だくおん) : 有声音

※ ガ, ザ, ダ, バ行의 音節

が [ga]	ぎ [gi]	ぐ [gu]	げ [ge]	ご [go]
ざ [za]	じ [zi]	ず [zu]	ぜ [ze]	ぞ [zo]
だ [da]	ぢ [ji]	づ [zu]	で [de]	ど [do]
ば [ba]	び [bi]	ぶ [bu]	べ [be]	ぼ [bo]

③ 반탁음(半濁音 : はんだくおん)

※ パ行의 音節을 말한다.

ぱ [pa]	ぴ [pi]	ぷ [pu]	ぺ [pe]	ぽ [po]

④ 요음(拗音 : ようおん) : 2字가 1音節로 발음된다.

きゃ [kya]	ぎゃ [gya]	しゃ [sya]	じゃ [ja]	ちゃ [cha]	ぢゃ [ja]
きゅ [kyu]	ぎゅ [gyu]	しゅ [syu]	じゅ [ju]	ちゅ [chu]	ぢゅ [ju]
きょ [kyo]	ぎょ [gyo]	しょ [syo]	じょ [jo]	ちょ [cho]	ぢょ [jo]

にゃ [nya]	ひゃ [hya]	びゃ [bya]	ぴゃ [pya]	みゃ [mya]	りゃ [rya]
にゅ [nyu]	ひゅ [hyu]	びゅ [byu]	ぴゅ [pyu]	みゅ [myu]	りゅ [ryu]
にょ [nyo]	ひょ [hyo]	びょ [byo]	ぴょ [pyo]	みょ [myo]	りょ [ryo]

※ 가나(仮名) 쓰기 연습 : ひらがな와 カタカナ 쓰기 연습

현대 일본어에서는 平仮名와 片仮名 즉, 가나(仮名)와 일상 생활에 쓰는 1945字의 常用漢字를 병용해서 使用하고 있다. 가나(仮名)의 使用方法은 1960년에 고시한 현대가나사용법(現代かなづかい)이다.

※ ひらがな의 읽는 방법과 쓰는 순서를 꼭 익혀 둡시다.
(① 왼쪽부터 쓴다. ② 위에서 아래로 쓴다. ③ 가로 먼저 쓰고 세로를 나중에 쓴다.)

な
なふだ
た
たいそうふく
さ
さかな
か
かばん
あ
あくしゅ
に
にほん
ち
ちず
し
しんごう
き
きっぷ
い
いす
ぬ
ぬりえ
つ
つくえ
す
すいえい
く
くつ
う
うさぎ
ね
ねこ
て
て
せ
せんせい
け
けしゴム
え
えのぐ
の
のこぎり
と
とけい
そ
そろばん
こ
こくばん
お
おたまじゃくし

わ
わゴム
い
う
え
を
ごはんを たべる
ん
みかん
ら
さくら
り
りんご
る
は る
れ
れい
ろ
ろうか
や
やま
い
ゆ
ゆきだるま
え
よ
よる
ま
まど
み
みち
む
むしば
め
め
も
ものさし
は
はさみ
ひ
ひも
ふ
ふでばこ
へ
ほ
ほうき

あ　あき　あめ　あひる

い　いし　いけ　いぬ

 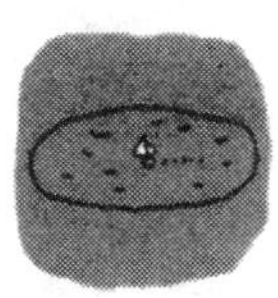 

う　うす　うみ　うちわ

え　え　えき　えほん

お　おの　おか　おに

あ a	い i	う u	え e	お o
か ka	き ki	く ku	け ke	こ ko
さ sa	し si	す su	せ se	そ so
た ta	ち chi	つ tsu	て te	と to
な na	に ni	ぬ nu	ね ne	の no
は ha	ひ hi	ふ hu	へ he	ほ ho
ま ma	み mi	む mu	め me	も mo
や ya	(い)	ゆ yu	(え)	よ yo
ら ra	り ri	る ru	れ re	ろ ro
わ wa	(い)	(う)	(え)	を o
ん				

※ カタカナ의 읽는 방법과 쓰는 순서를 꼭 익혀 둡시다.

ナ	タ	サ	カ	ア
ニ	チ	シ	キ	イ
ヌ	ツ	ス	ク	ウ
ネ	テ	セ	ケ	エ
ノ	ト	ソ	コ	オ

ン	ワ	ラ	ヤ	マ	ハ
	イ	リ	イ	ミ	ヒ
	ウ	ル	ユ	ム	フ
	エ	レ	エ	メ	ヘ
	ヲ	ロ	ヨ	モ	ホ

※ 혼동하기 쉬운 글자

1. 히라가나 : ぬ-め, い-り, う-る-ろ, は-ほ, ね-れ-わ
2. 가타카나 : コ-ユ, シ-ツ-ミ, ソ-ン, ノ-メ, ヌ-ス, ウ-ワ

4. 촉음(促音(そくおん), つまるおん) : 「っ」

촉음／っ／는 た행의 「つ」을 작게 쓴 글자로 아래와 같이 촉음의 다음에 오는 뒷글자의 영향을 받아 [p], [t], [k], [s] 등으로 発音하며, 발음의 길이는 한 박자인 1음절로 発音한다.

／Q／ : 「促音」, 「つまる音」 ; 어중・어미의 무성 파열음・마찰음 앞에 온다.

／p／앞 → [p] (かっぱ [kappa], 切符(きっぷ) [kippu])

／t／앞 → [t] (接待(せったい) [settai], マッチ [mattʃi])

／s／앞 → [s] (発作(ほっさ) [hossa], 雑誌(ざっし) [zassi], 一切(いっさい) [issai])

／k／앞 → [k] (発火(はっか) [hakka], 発見(はっけん) [hakken], 日記(にっき) [nikki])

／h／앞 → [h] (マッハ [mahha])

① か行 앞에서는 [k]音으로 発音

がっき(악기), こっか(국가), さっき(아까), みっか(사흘), にっき(일기), がっこう(학교), せっけん(비누), さっか(작가), けっか(결과), はっけん(발견), いっかい(1층), せっかく(모처럼), すっかり(온통), はっかい(8층)

② さ行 앞에서는 [s]音으로 発音

ざっし(잡지), いっしょに(함께), げっしゃ(등록금), けっせき(결석), いっさつ(한 권), きっさてん(다방), ねっしん(열심), さっそく(곧), いっしょう(일생), はっしゃ(発車)

③ た行 앞에서는 [t] 音으로 発音

ちょっと(잠깐), かえって(오히려), もっと(더욱), まったく(전혀), きって(우표), いったい(도대체), おっと(남편), いっち(일치), むっつ(여섯), ぜったい(絶対), いっとう(일등)

④ ぱ行 앞에서는 [p]音으로 発音

いっぱい(一杯, 가득), きっぷ(표), いっぴき(한 마리), げっぷ(월부), しっぽ(꼬리), いっぽ(일보), かっぱつ(활발), たっぴつ(達筆), しっぱい(실패), けっぺき(결벽), いっぴゃく(一百), さっぽろ(삿포로), コップ(컵)

외래어 促音(そくおん)의 규칙

1) p, t, k, d, g, tch, dge 앞의 발음이 단모음일 때 촉음으로 표기한다.

カップル (couple), エッジ (edge)

2) 모음과 c, ck, sh, shion, ssion, x 사이일 때 촉음으로 표기한다.
　　ファッション (fashion), ダッシュ (dash)
3) 모음이 나란히 있는 경우, 길게 발음되면 장음, 짧게 발음되면 촉음으로 표기한다.
　　サンドイッチ (sandwich), ウェ-ト (weight)

5. 발음(撥音(はつおん), はねるおん) : ／ん／

撥音／ん／은 실제로 [m], [n], [ŋ], [N] 등으로 撥音하며, 아래의 예와 같이 撥音／ん／의 다음에 오는 뒷글자의 영향을 받아 [m], [n], [ŋ], [N] 등으로 撥音하며, 발음의 길이는 한 박자인 1음절로 撥音한다. [N]으로 발음하는 경우는 [ŋ;ㅇ]발음으로 통일하기도 한다.

／N／ : 「撥音」, 「はねる音」

／p, b, m／앞에서 → [m] (電報(でんぽう) [dempo:], とんぼ [tombo])

／n, t, d, s, z, r／앞에서 → [n] (反対(はんたい) [hantai], 年齢(ねんれい) [nenrin])

／k, g, a／앞에서 → [ŋ] (銀行(ぎんこう) [ginko:], りんご [riŋgo])

／ん／→ [N] 다음에 모음(恋愛(れんあい), 単位(たんい)), 반모음(や, わ), ほんや(책방), でんわ(電話)

／ん／이 단어의 끝에 올 때 → [N] (本(ほん) [hoN], 金(きん)[kiN])으로 발음 한다.

① 실제로 [n]으로 소리가 나는 것 (さ, ざ, た, だ, な, ら行 앞에 올 때)

こんにちは(낮 인사), せんたく(세탁), もんだい(問題), ねんだい(年代), べんとう(도시락), でんしゃ(電車), はんたい(反対), おんな(女子), せんせい(先生), ほんのう(本能), はんだん(判断), かんじ(漢字), あんない(案内), えんとつ(굴뚝), おんち(음치), うんどう(運動), かんぬし(神主), ほんだな(서가), ほんたて(책꽂이), ほんね(本心)

② 실제로 [m]으로 소리가 나는 것 (ま, ば, ぱ行 앞에 올 때)

えんぴつ(연필), かんぱい(건배), さんまい(석 장), さんぽ(산책), ぜんぶ(전부), こんばんは(저녁인사), しんぶん(신문), さんま(꽁치), ほんばこ(책장), しんぱい(걱정), ぶんめい(문명), あんま(안마), でんぽう(전보), ほんぶ(본부)

③ 실제로 [ŋ]으로 소리가 나는 것 (あ, か, が行 앞에 올 때)

ぶんか(文化), おんがく(音楽), さんがつ(三月), ぶんがく(文学), まんが(漫画), あんき(암기), げんいん(原因), じんこう(人口), ぎんこう(銀行), でんき(電気), そうだん(相談), にんげん(人間), じょうだん(농담), けんか(싸움), りんご(사과), かんこく(韓国), さんかく(삼각), げんき(元気 건

강), かんけい(関係), しんごう(信号)

④ 실제로 [N]으로 소리가 나는 것 (모음, や, わ行 앞에 올 때, 단어의 끝에 올 때)

たんい(단위), れんあい(연애), ほんや(책방), でんわ(전화), にほん(일본), ほん(책), きん(금), ぎん(은)

✻ 외래어의 撥音의 규칙

1) 영어의 [n]은 ン에 해당한다.
   ランチ (lunch), ゾーン (zone)
2) 영어의 nk, ng는 ンク, ング로 표기한다.
   シンク (think), キング (king)　　　＊ 예외 : ピンポン (pingpong)
3) 영어의 mp, mb에서의 [m]은 ン으로 표기한다.
   キャンペイン (campaign), メンバー (member)

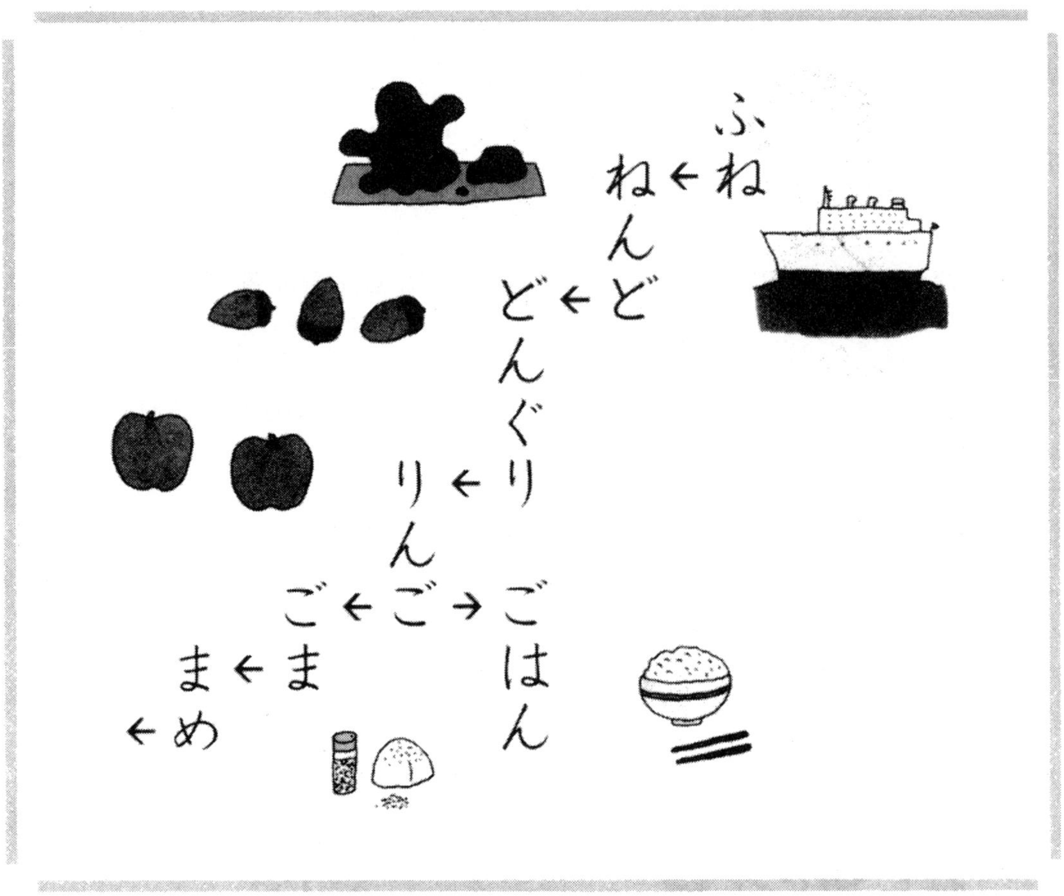

かぎ 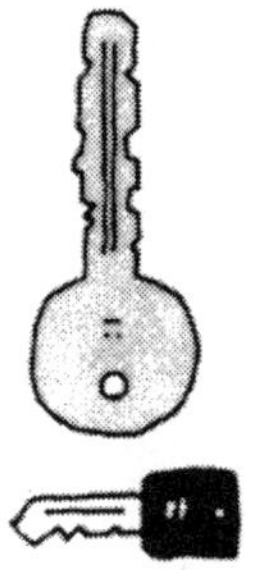  かき

ざる   さる

ぶた   ふた

まど   まと

6. 장음(長音, 引く音)：／R／

모음(母音)을 길게 発音할 경우 1음절로 발음하며, 발음의 길이에 따라 뜻이 달라진다.

あ단(段)에는 あ를, え단(段)은 「え」라고 쓰는 경우와 「い」라고 쓰는 경우가 있다. お단(段)은 「お」라고 쓰는 경우와 「う」라고 쓰는 경우가 있다. カタカナ의 長音은 「ー」로 표기한다.

お早う(아침인사), せんせい(선생), えいが(영화), おおきい(크다), とおい(멀다), おばあさん(할머니), おかあさん(어머니), おにいさん(형, 오빠), すうじ(숫자), ふうぞく(풍속), くうき(공기), おねえさん(언니, 누나), おじいさん(할아버지), どうも(매우), そう(그렇게), ちいさい(작다), ゆうべ(어제저녁), おとうさん(아버지), ゆうびん(우편), ようふく(양복), きょうしつ(교실), コピ-(복사), カ-テン(커튼), アパ-ト(아파트), ニュ-ス(뉴스), ボール(볼), マッチ(성냥), コ-ヒ-(커피), タクシー(택시)

※ 주의 : 일본어는 장음과 단음의 발음 구별에 유의해야 한다.

おばあさんーおばさん , おじいさんーおじさん, 用事(ようじ)ー四時(よじ), 形式(けいしき)ー景色(けしき)
くつう (苦痛) ーくつ (靴), せいき (世紀) ーせき (席)

ゆうゆうと焦(あせ)らずに歩(あゆ)むものにとって長(なが)すぎる道(みち)はない。
辛抱強(しんぼうづよ)く準備(じゅんび)するものにとって遠(とお)すぎる利益(りえき)はない。<ラ・ブリュイエール><라브뤼예르>
느긋하게 초조해 하지 않고 걷는 자에게 지나치게 먼 길은 없다.
참을성 있게 준비하는 자에게 이익은 그리 먼 곳에 있지 않다.

☼ 일본어의 장음

- ア段의 장음은 「あ」로 표기 : おかあさん, おばあさん
- イ段의 장음은 「い」로 표기 : おじいさん, おにいさん
- ウ段의 장음은 「う」로 표기 : くうき, すうがく, ゆうき
- エ段의 장음은 「え」또는 「い」로 표기 : おねえさん, (예외)せんせい
- オ段의 장음은 「お」또는 「う」 로 표기 : おおきい, とお (예외)おとうと

☼ 외래어의 장음

コンピューター(computer 컴퓨터), ビール(beer 맥주), タクシー(taxi 택시)
ジュース(juice 쥬스), レポート(report 레포트), ハーモニカ(하모니카)
コ-ヒ-(커피), ボールペン(볼펜), ノート(노트), パーティー(party 파티)

7. 꼭 알아야 할 외래어

원어가 장음일 때 또는 -ee, -er, -or, -ar, -y로 끝날 때는 장음부호(-)를 쓴다.

コピ-(copy 복사), カ-テン(curtain 커튼), アパ-ト(apartment 아파트), ニュ-ス(news 뉴스), ボール(ball 볼), カメラ(camera 카메라), コーヒー(coffee 커피) コンピューター(computer 컴퓨터), テレビ(television 텔레비전), タクシー(taxi 택시), デパート(department store 백화점), ラジオ(radio 라디오), ノート(note 노트), レポート(report 레포트), バス(bus 버스), ネクタイ(necktie 넥타이), スポーツ(sports 스포츠), ワープロ(word processor 워드프로세서), テーブル(table 테이블), ファックス(FAX 팩시밀리), ナンバー(number 번호)

※ 외래어 장음(長音)의 규칙

1) 영어의 장음 er, or, ir, ur, ar, y는 장음으로 표기한다.
   イャ- (year), インプレ- (in play)
2) 영어 발음의 [ou]는 'オ열 장음'으로 표기한다.
   コ-チ (coach), ボ-ト (boat)
3) 영어 발음의 [ei]는 'エ열 장음'으로 표기한다.
   メイルオ-ダ (mail order)

★ 시험에 자주 출제되는 외래어

アクセント	accent	ビデオ	video
アジア	asia	ニュ-ス	news
アパート	apartment	スカート	skirt
アメリカ	America	メモリー	memory
アルバイト	arbeit	ユーモア	humor
エレベーター	elevator	ラジオ	radio
ガイド	guide	レポート	report
カーテン	curtain	サービス	service
ノート	note	イギリス	Inglez
カップル	couple	カメラ	camera
テーブル	table	ドア	door
デパート	department store	ピアノ	piano
テレビ	television	コンピューター	computer
トイレ	toilet	ゲーム	game
コピー	copy	コーヒー	coffee
ネクタイ	necktie		

※ 자주 쓰는 중요한 외래어

▶アイスクリ–ム　アイロン　アカデミ–　アクセサリ–　アジア　アナウンサ–
アパ–ト(아파트)　アフリカ　アメリカ　アラビア　アルバイト(arbeit)　アルバム
アルファベット　アルミニウム　アンケ–ト
イギリス　イタリア　インク(잉크)　インド　インドネシア　インフレ–ション
ウイスキ–／ウィスキ–(위스키)　ウエスト(waist)　ウエディングケ–キ／ウェディングケ–キ
エアコン(에어컨)　エスカレーター　エキス　エジプト　エチケット　エネルギ–
エプロン　エレベ–タ–／エレベ–タ(elevator 엘리베이터)　オイル(기름)　オ–ストラリア
オ–トバイ　オ–バ–コ–ト　オフィス　オリンピック(olympic 올림픽)　オレンジ

▶カ–テン　カ–ド　ガス　ガソリン　カタログ　カット　カップ
カバ–　カラー　ガラス　カルシウム　カレンダ–　カナダ　カメラ(camera)
ギタ–　キムチ　キャベツ　キャンプ
クイズ　ク–デタ–　ク–ポン　クラブ　クリスマス　グル–プ　クレヨン
ケ–ブルカ–　ゲ–ム　ケンブリッジ
コ–ヒ–　コップ　コピ–　ゴルフ　コミュニケ–ション　コンク–ル
コンピュ–タ–／コンピュ–タ

▶サ–カス　サ–ビス　サラダ　サンドイッチ　サッカー(soccer 축구)
ジェットエンジン　シャツ　シャッタ–　シャベル　ジュ–ス(juice)
シンポジウム　シャンプ(shampoo)
スイッチ　スイング　ス–プ　スカ–ト　スキ–(스키)　スケ–ト　スタ–
スタイル(style)　スタジオ　ステレオ　スト–ブ　スプ–ン　スポ–ツ　ズボン
スリッパ　ス–パ–
セ–タ–(sweater)　セ–ラ–(服)　セメント　ゼリ–　センタ–
ソウル(Seoul)　ソ–セ–ジ　ソファ–(sofa)

▶ダイジェスト　タイヤ　ダイヤモンド　ダイヤル　タオル　タクシ–
ダンス
チ–ム　チケット　チップ　チョコレート
ツア– (tour)　ツ–ピ–ス
デ–ト　テ–プ　テーブル(tabble)　テキスト　デザイン
テスト　テニス(tennis 테니스)　デパ–ト (백화점)　テレビ

ドア　トイレ(화장실)　トマト　ドライブ　トラック(트럭)　ドラマ
トンネル(터널)

▶ナイフ(knife)　ナトリウム　ナポリ(地)　ナンバー(number 번호)
ニ-チェ(人)　ニュ-ス　ニュ-ヨ-ク(뉴욕)
ヌ-ド(mude)
ネ-ブル　ネオンサイン　ネクタイ(necktie 넥타이)
ノート(note)　ノルウェ-(노르웨이)

▶パ-ティ-　バイオリン　ハイキング　バス　パスポート　バレーボール(배구)
パン(빵)　ハンバーガー
ピアノ　ビ-ナス　ビ-ル　ビスケット　ビタミン　ビデオ　ビニ-ル
ビルディング
フィリピン　フィルム(film)　フェアプレ-　フォ-クダンス
プラスチック　プラットホ-ム　プ-ル(수영장)　ブレ-キ　プログラム(프로그램)
ヘアピン　ペイント　ベッド(침대)　ベ-ル／ヴェ-ル
ベストセラ-　ペダル　ベランダ　ヘリコプタ-　ペーパー(paper)
ヘルメット　ベルリン(地)　ペンギン
ホ-ス　ボ-リング(borring)　ボ-ルペン　ボクシング　ポケット　ポスタ-
ボタン　ボディ-　ホテル(hotel)　ホ-ムラン(홈런)　ボランティア　ポルトガル(地)

▶マイクロホン　マカオ(地)　マラソン(마라톤)　マフラ-　マンション
ミシン　ミュンヘン(地)　ミルク(우유)
メ-カ-　メ-キャップ　メッセ-ジ　メロディ-　メロン(멜론)　メンバ-
モ-タ-　モスクワ(地)　モデル

▶ヤクルト(요쿠르트)　ヤング(young 젊음)

▶ユ-ザ-(소비자)　ユニホ-ム(uniform)　ユネスコ(UNESCO)
ヨガ(요가)　ヨ-ロッパ(유럽 地)　ヨット(요트)

▶ライバル　ラジウム　ラジオ　ラ-メン(라면)　ランニング　ランプ
リズム　リボン　リンカ-ン(人)
レコ-ド(record)　レストラン　レポート　レベル　レンズ
ロ-マ(地)　ロビ-　ロケット　ロシア(러시아 地)　ロマンス

ロマンチック　　ロンドン(런던 地)

▶ワイシャツ(와이셔츠)　　ワイン(wine)　　ワシントン(워싱턴 地)　　ワ-プロ

✦ 외래어 표기법

1. 발음규칙

1) 자음 t, d에는 'o'를, 그 외는 'u'를 붙인다.
   フレンド(friend), シ-ト(seat), ビ-ル (beer)
2) f, v는 フォ로 표기해도, ホ로 발음한다.
   インフォメ-ション(information)

2. 문법규칙

1) 복수명사는 단수로 표기한다.
   オンザロック(on the rocks)
2) 어말의 ing, ness, ment, th 등은 생략한다.
   ホ-ムシック(home sickness)
3) 과거형 어미는 생략한다.
   カバ-ミラ-(coverd mirror)
4) 소유격의 어미, 형용사의 어미는 생략한다.
   バレンタインディ-(Valentine's Day)
5) 동사를 만들 때는 현재형 + する, 형용사를 만들 때는 な, 부사를 만들 때는 に를 붙인다.
   デ-トする(date), ロマンチックな(romantic), ハ-ドに(hard)

제2장 생활 속에서 배우는 재미있는 일본어

1. 그림으로 배우는 일본어 (絵で学ぶ日本語) ― 동물편 ―

※ 好きな動物は何ですか。　　※ 嫌いな動物は何ですか。

とら

ライオン

ぞう

ねずみ

さる

うさぎ

きつね

うし

しか

うま

くま

へび

リス

キリン

かも

ねこ

いぬ

にわとり

2. 그림으로 배우는 일본어 (絵で学ぶ日本語) — 음식편 —

※ 何が(か) 食べたいですか。　　※ 何が(か) 飲みたいですか。

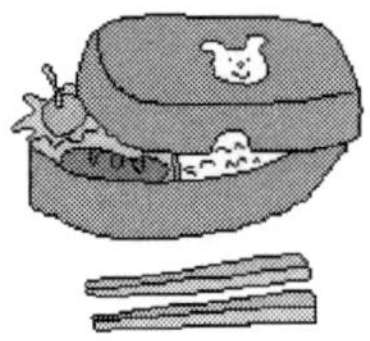

おべんとう

ごはん

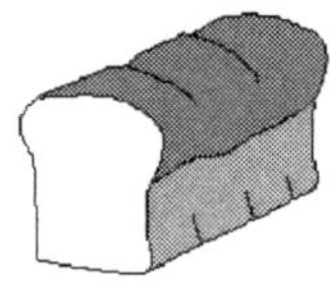

パン

アイスクリーム

ビール

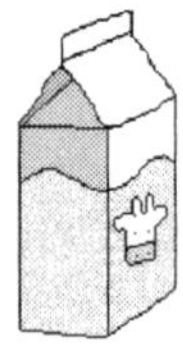

ぎゅうにゅう

コーヒー

ケーキ

寒さにふるえた者ほど太陽を暖かく感じる。
人生の悩みをくぐった者ほど生命の尊さを知る。　< ホイットマン >

추위에 떨어 본 사람일수록 태양을 따뜻하게 느낀다.
인생의 역경을 헤쳐 나온 사람일수록 생명의 존귀함을 안다. <휘트먼 (시인) >

♠ 자주 쓰는 과일 관련 단어

りんご(사과)	メロン(메론)	すいか(수박)
桃(복숭아)	ぶどう(포도)	いちご(딸기)
なし(배)	ぎんなん(은행)	バナナ(바나나)
みかん(귤)	くるみ(호두)	オレンジ(오렌지)
うめ(매실)	栗(밤)	うり(참외)
すもも(자두)	なつめ(대추)	柿 (감)

♠ 자주 쓰는 야채 관련 단어

じゃがいも(감자)	さつまいも(고구마)	はくさい(배추)
だいこん(무우)	玉ねぎ(양파)	にんじん(당근)
きゅうり(오이)	にんにく(마늘)	キャベツ(양배추)
えのき(팽이버섯)	かぼちゃ(호박)	なす(가지)
ねぎ(파)	トマト(토마토)	とうもろこし(옥수수)
小豆(팥)	大豆(콩)	野菜(야채)

♠ 자주 쓰는 꽃 이름

スイセン(수선화)	アサガオ(나팔꽃)	ユリ(백합)	タンポポ(민들레)
キク(菊)국화	ヒマワリ(해바라기)	バラ(장미)	ツツジ(진달래, 철쭉)
レンギョウ(개나리)	イチョウ(은행나무)	さるすべり(백일홍)	やなぎ(버드나무)
ナノハナ(유채)	ウメ(梅)매화	サクラ(桜)벚꽃	ツバキ(동백)
アカシア(아카시아)	コスモス(코스모스)	サボテン(선인장)	忘れな草(물망초)

3. きしょう(気象)기상과 てんき(天気)날씨

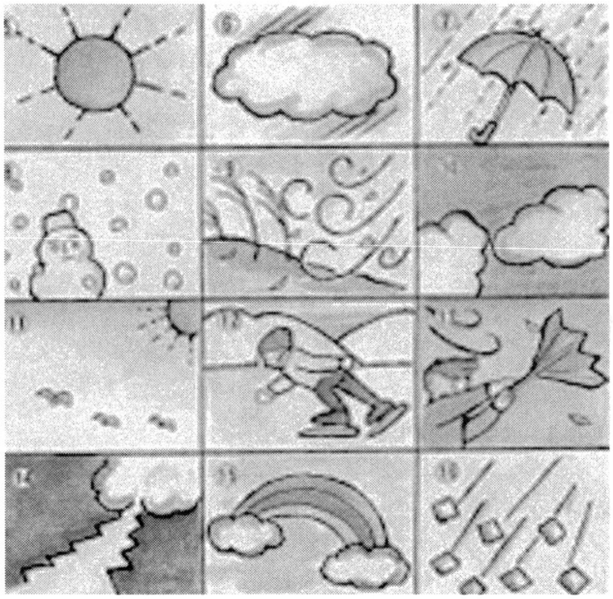

はれ(晴れ) : 맑음	くもり(曇り) : 흐림	あめ(雨) : 비
ゆき(雪) : 눈	かぜ(風) : 바람	くも(雲) : 구름
そら(空) : 하늘	こおり(氷) : 얼음	たいふう(台風) : 태풍
いなずま : 번개(いなづま)	にじ(虹) : 무지개	あられ : 싸라기눈(はさめ)
つゆ(梅雨) : 장마	きり : 안개	かさ(傘) : 우산
かみなり : 천둥	じしん : 지진	

♠ 날씨 · 계절에 관한 중요한 단어

天気予報(일기예보), 梅雨=梅雨(장마), 気候(기후), 季節(계절), 四季(사계절)
春夏秋冬(춘하추동), 春(봄), 夏(여름), 秋(가을), 冬(겨울)
小雨(가랑비), にわか雨(소나기), 嵐(폭풍우), 雷(천둥), 春雨(봄비), 大雨(많은 비)
五月雨(五月장마), 時雨(가을비), 氷雨(雹우박), 綿雪(함박눈), 吹雪(눈보라)

◎ 今日は春らしい。 ◎ いい天気ですね。 ◎ あまり天気がよくないですね。

◎ また雨になりそうですね。 또 비가 올 것 같군요.(양태)

◎ 天気予報によると雨がふるそうです。 일기예보에 의하면 비가 온다고 합니다.(전문)

※ 12 支干(12지간)

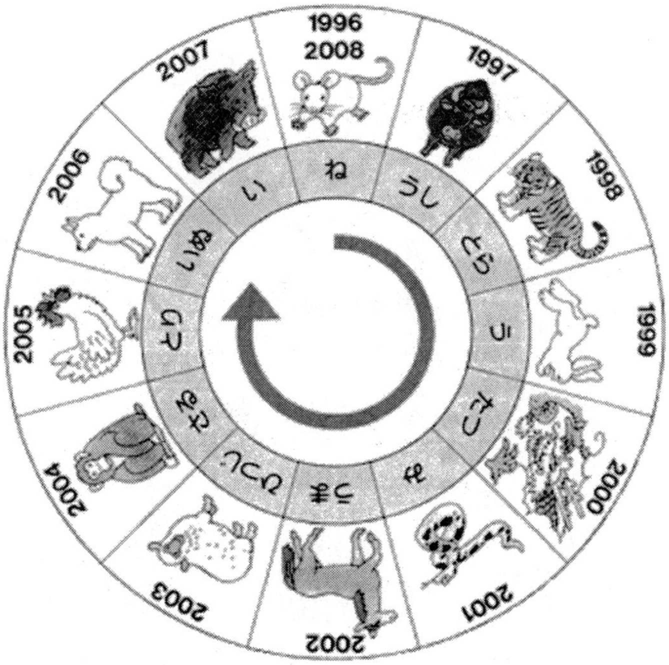

※ 십이지(十二支) : 사람의 띠를 말하는 법

자(子)	축(丑)	인(寅)	묘(卯)	진(辰)	사(巳)
ねずみ(쥐)	うし(소)	とら(호랑이)	うさぎ(토끼)	たつ(용)	へび(뱀)
오(午)	미(未)	신(申)	유(酉)	술(戌)	해(亥)
うま(말)	ひつじ(양)	さる(원숭이)	とり(닭)	いぬ(개)	いのしし(돼지)

◎ **私はうまどしのうまれです。(나는 말띠입니다.)**

◎ **私がたつどしで、彼女がいのししどしです。(내가 용띠고, 그녀가 돼지띠입니다.)**

◎ **今年、2003年は、「ひつじ年」です。12年後の2015年が、また「ひつじ年」になります。**

※ 십간(十干)

갑(甲) 을(乙) 병(丙) 정(丁) 무(戊) 기(己) 경(庚) 신(辛) 임(任) 계(癸)

4. 중요한 어휘 익히기 ― 자율학습 ―

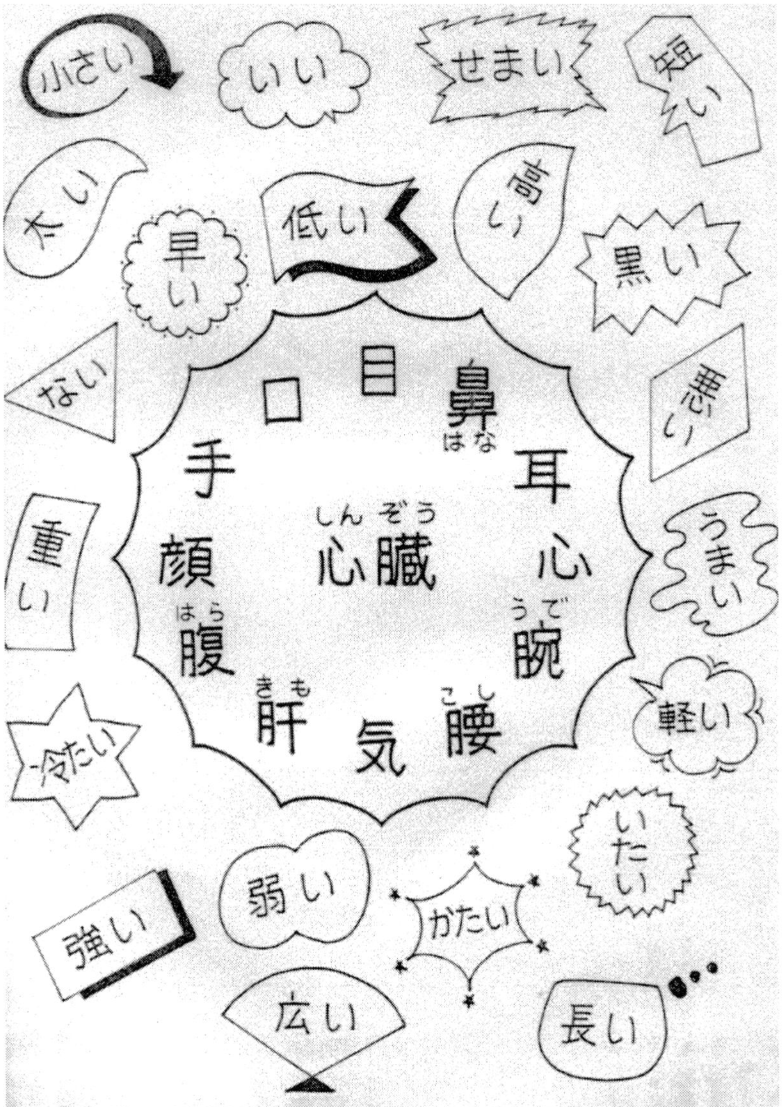

◎ 背はどのくらいありますか(ですか)。

◎ 顔が大きいですね。

◎ ちょっと太り(やせ)ました。

◎ 母によく似ていますね。

◎ 日本語がうまい。

◎ 手がいたい。

◎ 口がおもい。

5. 身体の名称(신체의 명칭) — 자율학습 —

◎ 彼女は かわいらしいですね。

◎ 産婦人科は どこですか。

◎ すぐ手術をお願いします。

◎ 彼は背が高く、ハンサムですね。

◎ 診察したいです。頭が痛い。

◎ 薬を出してもらいます。

※ 병원 관련의 어휘

病院 : 병원	医者 : 의사	目眩 : 현기증	看護婦 : 간호사	内科 : 내과	外科 : 외과
眼科 : 안과	耳鼻咽喉科 : 이비인후과	皮膚科 : 피부과	歯科 : 치과	小児科 : 소아과	
精神科 : 정신과	薬 : 약	頭痛 : 두통	注射 : 주사	手術 : 수술	処方せん : 처방전

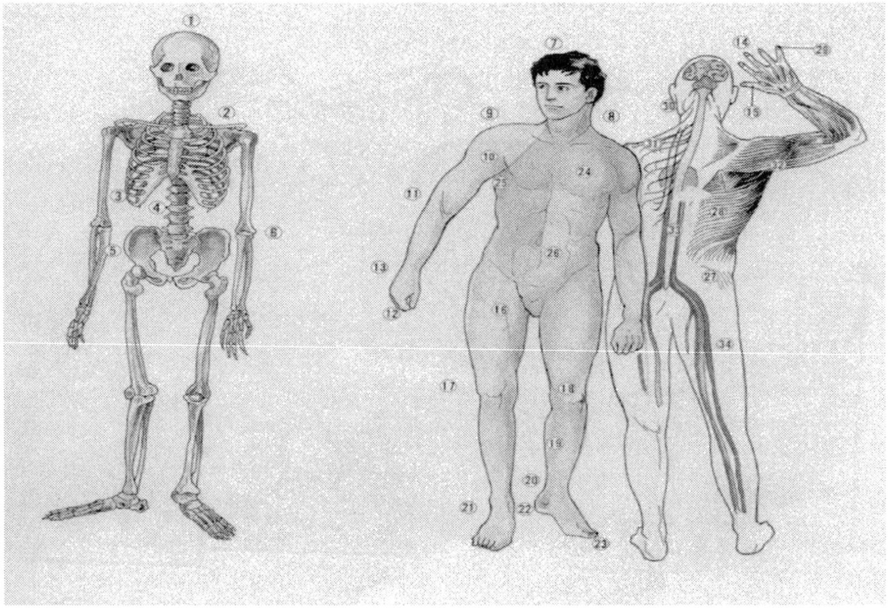

※ じんたい(人体) : 인체

1. ずがいこつ(頭蓋骨) : 두개골
2. さこつ(鎖骨) : 쇄골/흉골
3. ろっこつ(肋骨) : 갈비뼈
4. せぼね(背骨) : 등뼈
5. こつばん(骨盤) : 골반
6. かんせつ(関節) : 관절

からだ(体)/ しんたい(身体) : 몸/신체

7. あたま(頭) : 머리 head
8. くび(首) : 목 neck
9. かた(肩) : 어깨 shoulder
10. うで(腕) : 팔 arm
11. ひじ(肘) : 팔꿈치 elbow
12. て(手) : 손 hand
13. てくび(手首) : 손목 wrist
14. ゆび(指) : 손가락 finger
15. おやゆび(親指) : 엄지손가락
16. もも(股) : 허벅다리

※ ほね(骨)/こっかく(骨格) : 뼈/골격

17. あし(足) : 발 foot
18. ひざ(膝) : 무릎 knee
19. ふく(脹)はぎ(脛) : 장딴지
20. アキスけん : 아킬레스건
21. あしくび(足首) : 발목 ancle
22. かかと(踵) : 발뒤꿈치
23. つまさき(爪先) : 발끝
24. むね(胸) : 가슴 chest
25. わき(脇) :겨드랑이
26. はら(腹) :배 abdomen
27. しり(尻) : 엉덩이
28. せなか(背中) : 등 back
29. つめ(爪) : 손톱
30. のう(脳) : 뇌
31. しんけい(神経) : 신경
32. きんにく(筋肉) : 근육
33. せきずい(脊髄) : 척수
34. けっかん(血管) : 혈관

6. わたしの一日 (나의 하루 생활)

※ 나의 하루 생활에 대해 말해봅시다.

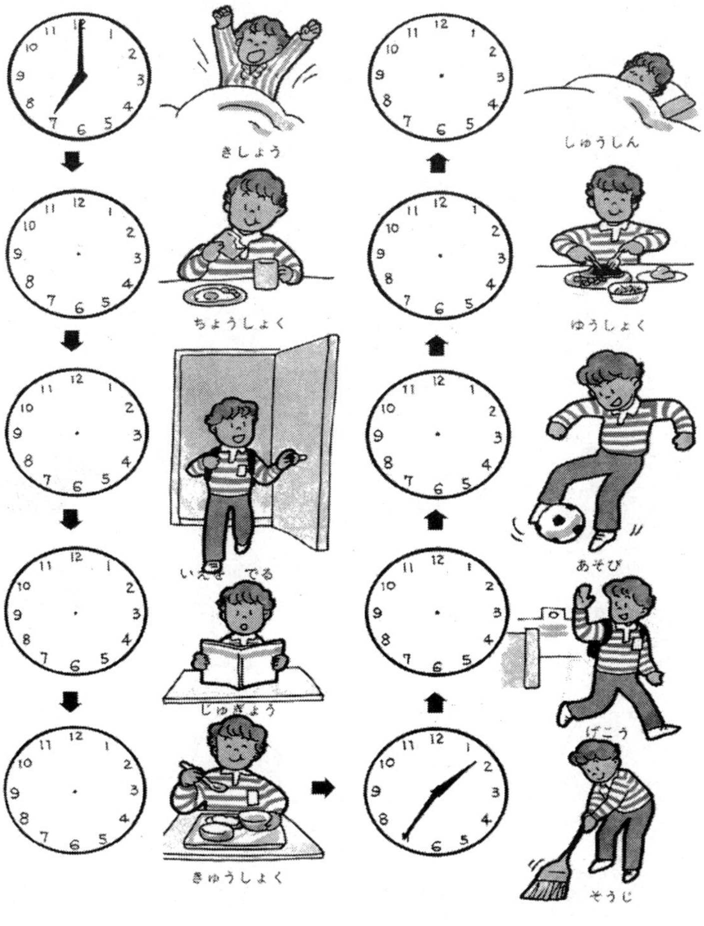

◎ 目覚まし時計が、7時に鳴って、すぐ おきた。　◎ 8時に朝食を食べる。

◎ 朝ご飯の前に顔をあらいます。(昼ご飯、晩ご飯)

◎ 学校に行ってきます。　◎ ちゃんと勉強しなさい。

◎ もう寝る時間ですよ。　◎ テレビをけして早く寝なさい。

● 顔を洗う。(세수하다)　● 歯をみがく。● 目が覚める。● 布団をたたむ。

早寝早起きは人を健康に、裕福に、賢明にする。<フランクリン>
일찍 자고 일찍 일어나는 것은 인간을 건강하고 풍요롭고 현명하게 만든다.<프랭클린>

※ 다음 그림을 보고 이름을 써봅시다.

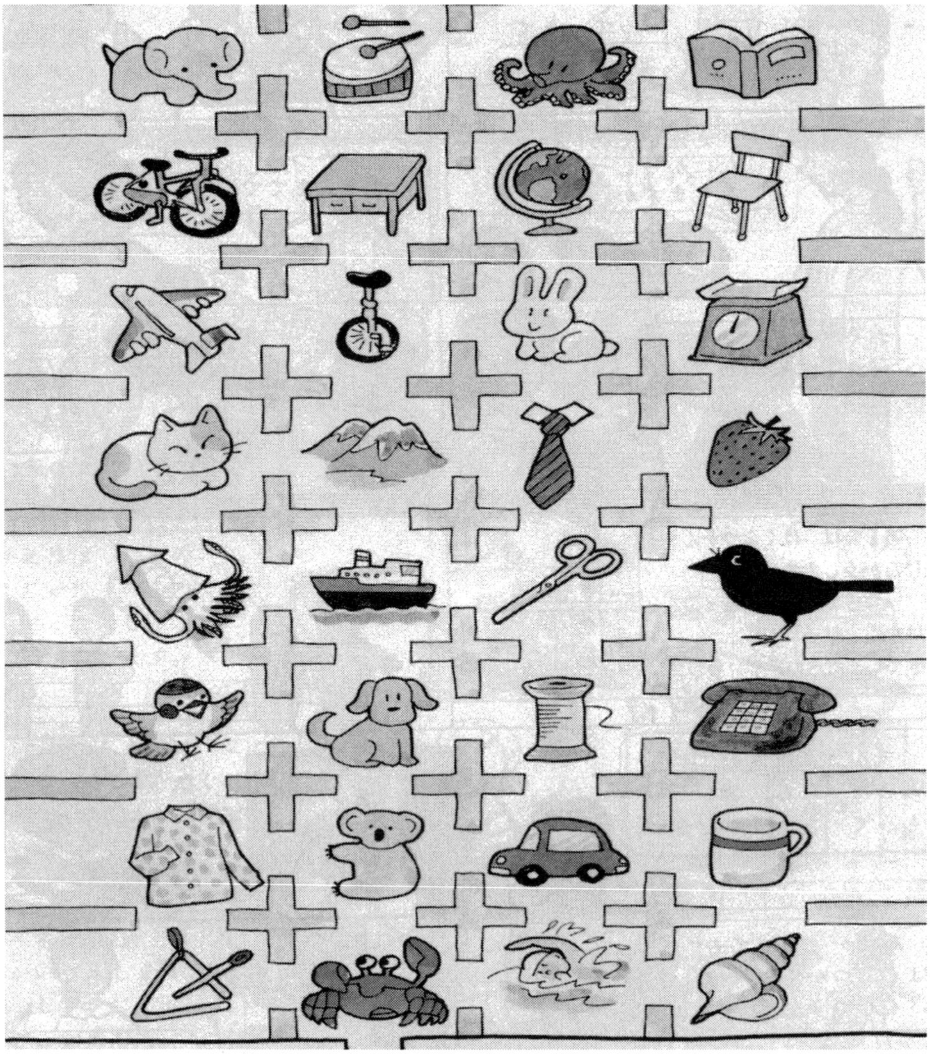

◎ 動物園(どうぶつえん)にいきたいの。　◎ 船(ふね)にのります。

◎ 猫(ねこ)がねています。　◎ からすがガアガア鳴(な)いている。

7. よく使う教室用語(자주 쓰는 교실용어)

일본어 표현	한국어 표현
始めましょう	시작합시다
終わりましょう	마칩시다
休みましょう	쉽시다
聞いてください	들어 주세요
言ってください	말하세요
読んでください	읽으세요
書いてください	쓰세요
練習してください	연습하세요
答えてください	대답해 주십시오
質問してください	질문해 주십시오
出してください	제출해 주십시오
1ページを開けてください	1페이지를 펴 주십시오
書かないでください	쓰지 마십시오
見ないでください	보지 마십시오
静かにしなさい	조용히 하세요
もう一度 言ってください	다시 한번 말씀해 주세요
欠席ですか	결석입니까
予習しなさい	예습 하세요

※ 現代의 かな표기법(1986년 7월 1일 고시)

① 발음대로 표기하는 것이 원칙이다. いえ(家), やま(山)

[예외] 조사「は, へ, を」는 그대로 표기하고,「は」는「わ(wa)」,「へ」는「え(e)」,「を」는「o」로 발음 해야 한다.

私は 学生です。→ は : wa

学校へ 行く。→ へ : e

本を 読む。→ を : o

② 「ぢ」,「づ」는 원칙적으로 쓰지 않고「じ」,「ず」로 표기한다.

まづ(先) → まず(우선), みづ(水) → みず(물)

[예외] ① 두 말이 합치는 경우 … はなぢ(鼻血)

② 같은 음이 연속되는 경우 … つづく(続く), ちぢむ(縮む)

③ 옛 歴史的 かなづかい의「ゐ, ゑ, を」는「い, え, お」로 쓴다

ゐる → いる,　こゑ → こえ,　あをい → あおい

✱ 送(おく)りがな

1959년 국어심의회를 거쳐 내각훈령으로 공포했으나 1973년 개정 공포하였다. 단어를 한자로 쓸 때 쉽고 명확하게 읽기 위해 한자 밑에 쓰는 「かな」를 おくりがな라 한다.

① 동사의 送(おく)りがな

- **활용어미 부터 おくりがな로 한다. 行く, 起きる, 食べる, 合う, 書く**
- **다음 말은 활용어미의 앞 음절부터 送りがな로 한다. 行う, 降りる, 教える**

② 형용사의 送(おく)りがな

- **활용어미를 送りがな로 한다. 단, 어간이 「し」로 끝나는 것은 「し」에서부터 送りがな로 한다. 白い, 高い, 新しい, 親しい, 広い, 美しい**
- **다음 말은 활용어미의 앞 음절부터 送りがな로 한다. 大きい, 小さい, 少ない**

③ 형용동사의 送(おく)りがな

- **활용어미를 送りがな로 한다. 便利だ, 親切だ**
- **활용어미앞에 「か, た, やか, ら, らか」가 있는 형용동사는 그 음절부터 送りがな로 한다. 静かだ, 柔らかだ**

④ 명사의 送(おく)りがな

- **명사는 送りがな를 붙이지 않는다. 山, 韓国, 東京**
- 다음과 같은 名詞에는 끝음절에 おくりがな를 붙인다.
  예를 들면, 後ろ, 二つ, 暑さ, 晴れ, 親しみ

⑤ 부사의 送りがな

- **부사는 끝 음절에 送りがな를 붙인다. 少し, 必ず**
- **다음 부사에는 그 앞의 음절부터 送りがな로 한다. 大いに(大きに), 親しく**

※ 그러나 이미 관용적으로 굳어진 것은 그대로 인정한다.

> 神のもとには大きなものも小さなものもありません。人生においてもまた、大きなものも小さなものもありません。あるものはただ、まっすぐなものと曲がったものだけです。
> <トルストイ>
> 신 앞에서는 큰 것도 작은 것도 없습니다. 또한 인생에 있어서도 큰 것도 작은 것도 없습니다. 단지 곧은 것과 굽은 것이 있을 뿐입니다. <톨스토이>

※ 日本人の 名字(일본인의 성씨 베스트 100)

일본 성씨					
1 鈴木	すずき	34 阿部	あべ	67 竹内	たけうち
2 佐藤	さとう	35 和田	わだ	68 原田	はらだ
3 田中	たなか	36 太田	おおた	69 松岡	まつおか
4 山本	やまもと	37 小島	こじま	70 矢野	やの
5 渡辺	わたなべ	38 島田	しまだ	71 村上	むらかみ
6 高橋	たかはし	39 遠藤	えんどう	72 安藤	あんどう
7 小林	こばやし	40 田村	たむら	73 西村	にしむら
8 中村	なかむら	41 高木	たかぎ	74 関	せき
9 伊藤	いとう	42 中野	なかの	75 菊池	きくち
10 斉藤	さいとう	43 小山	こやま	76 森田	もりた
11 加藤	かとう	44 野田	のだ	77 上田	うえだ
12 山田	やまだ	45 福田	ふくだ	78 野村	のむら
13 吉田	よしだ	46 大塚	おおつか	79 田辺	たなべ
14 佐々木	ささき	47 岡本	おかもと	80 石田	いしだ
15 井上	いのうえ	48 辻	つじ	81 中山	なかやま
16 木村	きむら	49 横山	よこやま	82 松田	まつだ
17 松本	まつもと	50 後藤	ごとう	83 丸山	まるやま
18 清水	しみず	51 前田	まえだ	84 広瀬	ひろせ
19 林	はやし	52 藤井	ふじい	85 山下	やました
20 山口	やまぐち	53 原	はら	86 久保	くぼ
21 長谷川	はせがわ	54 三浦	みうら	87 松村	まつむら
22 小川	おがわ	55 石井	いしい	88 新井	あらい
23 中島	なかじま	56 小野	おの	89 川上	かわかみ
24 山崎	やまざき	57 片山	かたやま	90 大島	おおしま
25 橋本	はしもと	58 吉村	よしむら	91 野口	のぐち
26 森	もり	59 上野	うえの	92 福島	ふくしま
27 池田	いけだ	60 宮本	みやもと	93 黒田	くろだ
28 石川	いしかわ	61 横田	よこた	94 増田	ますだ
29 内田	うちだ	62 西川	にしかわ	95 今井	いまい
30 岡田	おかだ	63 武田	たけだ	96 桜井	さくらい
31 青木	あおき	64 中川	なかがわ	97 石原	いしはら
32 金子	かねこ	65 北村	きたむら	98 服部	はっとり
33 近藤	こんどう	66 大野	おおの	99 藤原	ふじわら
				100 市川	いちかわ

◎ 金さん、友人の田中をご紹介します。　◎ ちょっと自己紹介させて下さい。

◎ 木村さん、お目にかかれて、うれしいです。

◎ 佐藤さん、お名前は何というのですか

人間がこの世に存在するのは金持ちになるためでなく、幸福になるためである。<スタンダール>

인간이 이 세상에 존재하는 것은 부자가 되기 위함이 아니라 행복해 지기 위해서이다. <스탕달>

※ 家族(かぞく)(가족용어 익히기)

낮춤말(겸양어)	높임말(존대어)	意味(いみ)
ちち(父)	おとうさん	아버지
はは(母)	おかあさん	어머니
りょうしん(両親)	ごりょうしん	양친
しゅじん(主人)、おっと(夫)	ごしゅじん	남편
かない(家内)、つま(妻)	おくさん	아내, 부인
あに(兄)	おにいさん	형 또는 오빠
あね(姉)	おねえさん	누나 또는 언니
おとうと(弟)	おとうとさん	남동생
いもうと(妹)	いもうとさん	여동생
きょうだい(兄弟)	ごきょうだい	형제
むすこ(息子)	むすこさん	아들
むすめ(娘)	むすめさん	딸
そふ(祖父)	おじいさん	할아버지
そぼ(祖母)	おばあさん	할머니
おじ(叔父)	おじさん	아저씨
おば(叔母)	おばさん	아주머니
おい	おいごさん	조카(남자)
めい	めいごさん	조카딸
いとこ	いとこのかた	사촌(종형제)
しんせき(親戚)、しんるい(親類)	ごしんせき、ごしんるい	친척
かぞく(家族)	ごかぞく	가족

◎ ご家族(かぞく)はみんなお元気(げんき)ですか。

◎ ご両親(りょうしん)といっしょに住(す)んでいるんですか。

◎ ご兄弟(きょうだい)は何人(なんにん)ですか。

◎ 父(ちち)は会社(かいしゃ)に勤(つと)めています。

※ 間違(まちが)いやすい日本語(にほんご)の発音(はつおん)(틀리기 쉬운 일본어의 발음)

① かんごく(감옥) → かんこく(한국)

한국어에는 유성음, 무성음 대립이 없기 때문에 일어나는 오류이다.

わたしはかんごくからきました。(x)

わたしはかんこくからきました。(o) 나는 한국에서 왔습니다.

② しゅかん → しゅうかん

장음으로 발음해야 할 것을 짧게 발음하는 오용으로,「いっしょう, じゅぎょう、おおさか」등이 있다.

韓国と日本は生活のしゅかんがちがいます。(x)
韓国と日本は生活のしゅうかんがちがいます。(o)
한국과 일본은 생활 습관이 다릅니다.
おさかに住んでいます。(x)　**おおさかに住んでいます。(o)** 오사카에 살고 있습니다.

③ いぱい → いっぱい
촉음을 발음할 때는 반드시 한 글자 길이로 발음해야 하며, 한국어의 받침의 영향을 받아 짧게 발음하면 의미가 달라지므로 주의해야 한다.
公園はいつも人がいぱいです。(x)
公園はいつも人がいっぱいです。(o) 공원은 언제나 사람이 많습니다.

※ している(하고있다)와 知っている(알고있다)의 발음은 4박과 5박으로 구분해야 한다.

④ たいがくせい(퇴학생) → だいがくせい(대학생)
私は たいがくせいです。　　私は　だいがくせいです。

⑤ けんき(嫌気) → げんき(元気)
みなさん お元気ですか。 (모두 안녕 하십니까)

⑥ 遊学 → 留学의 발음도 주의해야 한다.
今日は 留学説明会があります。

⑦ 箸와 橋, 私立와 市立, 花와 鼻는 동음이의어의 구별과 악센트에 주의해야 한다.
箸を下さい。 橋、が長い。(동음이의어의 구별과 고저 악센트에 주의해야한다)

※ 日記と手紙(일기와 편지 쓰기)

11月15日
このごろは 毎日、雨がふっている。
12月から冬休みがはじまる。

ことしの冬休みには東京へいきたい。
日本についてあまり知らないのでぜひ日本へ旅行でも行きたいな。
アルバイトをしなければお金がないので心配だ。

山田さんへ
お元気ですか。 絵葉書どうもありがとう。
山田さんは、いま何をしていますか。
私は土曜日には散歩や運動や掃除などをします。
もう寒くなりましたが、毎日12時間ぐらい日本語を勉強しています。
12月には東京であいましょう。
では、お体に気をつけてください。さようなら。

11月21日

金一男　より

★ 大学生活

私は毎日朝早く学校へ行きます。そして図書館で勉強しながら本を借ります。
日曜日は学校が休みなので友達とたまに映画を見ます。
日本のおもしろい小説を読みたいですが、学校の授業などで毎日いそがしいです。来年、日本へ留学するためにはもちろん日本語を一生懸命勉強しなければならないが、もっと積極的に生活しながら日本をよく知りたい。

※ 일본어 작문연습

1. 나는 어제 神田에 있는 明治대학의 캠퍼스를 방문했다.
   (私は昨日神田にある明治大学のキャンパスをたずねた。)

2. 도쿄역에서 전차를 내려서 30분 정도 걸으면 황거(皇居)에 도착합니다.
   (東京駅で電車を降りて、30分ほど歩くと皇居に着きます。)

3. 그녀는 일본에 유학하여 대학원에서 일본어를 전공하면서 건강하게 생활하고 있다.
(**彼女は日本に留学して大学院で日本語を専攻しながら元気に過ごしている。**)

4. 어젯밤 나는 학교에서 돌아오는 길에 비를 맞아서, 감기에 걸려 잠을 이루지 못했습니다.
(**昨夜、私は学校の帰りに雨に降られて、風邪をひいて、寝ることができませんでした。**)

5. 취업재수생 2년째인 나는 언제까지 부모에게 얹혀 살 수도 없는데 걱정이에요.
(**就職浪人2年目である私はいつまでも親のスネをかじるわけにはいかないし、しんぱいですよ。**)

적 중 예 상 문 제

발 음

1. 「がっこう」의 밑줄 친 'っ'와 발음이 같은 것은?

① きっぷ　② いったい　③ りっぱだ　④ まったく　⑤ にっき

(연구) つまるおん(促音) → 「か」행 앞에서 「k」발음이 난다.

2. 「しんぶん」의 밑줄 친 「ん」과 발음이 같은 것은?

① べんとう　② もんだい　③ えんぴつ　④ まんが　⑤ おんな

(연구) 撥音은 「ぱ」 「ば」 「ま」행 앞에서 「m」으로 발음함.

3. 밑줄 친 부분이 나머지 넷과 다르게 발음되는 것은?

① ほんとう　② でんき　③ せんせい　④ うんどう　⑤ もんだい

(연구) 撥音은 「な, だ, さ, ら」행 앞에서 「n」으로 발음함.

4. 「もんだい」의 「ん」과 같은 발음은?

① せんもん　② ほんとう　③ かんけい　④ しんぱい　⑤ こうえん

5. 밑줄 친 부분의 발음이 나머지 넷과 다른 것은?

① まんが　② えんぴつ　③ ぜんぶ　④ さんぽ　⑤ しんぶん

(연구) 撥音은 「か, が」행 앞에서 「ŋ」으로 발음됨.

6. 다음 낱말 중에서 장음의 표기가 잘못된 것은?

① おとおさん　② こうえん　③ にいさん　④ おおぜい　⑤ おはよう

(연구) ① おとうさん 아버지

7. 「べんり」의 「ん」과 소리가 같은 것은?

① ほんや　② ぎんこう　③ こんにちは　④ しゅじん　⑤ でんき

(연구) 撥音(はつおん)은「ら」행 앞에서는 「n」으로 발음함.

8. 밑줄 친 부분의 발음이 다른 하나는?

① おんがく　② たんじょうび　③ ぎんこう　④ ぶんか　⑤ まんが

9. 「けっせき」의 「っ」와 발음이 같은 것은?

① いっぴき　② はってん　③ きっぷ　④ もっと　⑤ ざっし

(연구) けっせき → 「さ」행 앞에서 「s」로 발음됨.

10. 다음 밑줄 친 부분이 나머지 넷과 다르게 발음되는 것은?

① ぶんか　② まんが　③ もんだい　④ でんわ　⑤ほん

11. 다음의 밑줄 친 부분의 음과 발음이 같은 것은?

> 私は毎日にっきを書きます。

① きって　② きっぷ　③ がっこう　④ ざっし　⑤ いっぱい

(연구) さ행 앞에서는 S(ㅅ) 발음을 하고, ぱ행 앞에서는 P(ㅂ) 발음을 하고,
か행 앞에서는 K(ㄱ) 발음을 한다.

12. 다음 밑줄 친 부분의 음이 다른 것은?

① いっさい　② ざっし　③ まっすぐ　④ けっせき　⑤ ゆっくり

(연구) ①, ② ,③, ④는 「っ」가 さ행 앞에서 「s(ㅅ)」 으로 발음된다.

13. 다음 중 밑줄 친 부분이 「えんぴつ」의 「ん」과 발음이 같은 것은?

① しんぶん　② うんどう　③ でんわ　④ せんせい　⑤ おんがく

(연구) ①은 「m」(ㅁ)발음이고, ②、④ 는 「n」(ㄴ)발음이며, ③、⑤는 「ŋ」(ㅇ)으로 발음한다.

14. 다음 밑줄 친 부분의 발음이 같은 것으로 된 것은?

① おんな ———— まんが　② さんぽ ———— おんがく
③ しんぶん ———— もんだい　④ せんせい ———— うんどう
⑤ でんわ ———— えんぴつ

15. 다음 단어 중에서 장음이 잘못 표시 된 것은?
① 先生(せんせい)　② 大きい(おおきい)　③ お父さん(おとうさん)
④ 弟(おとと)　⑤ お母さん(おかあさん)

(연구) 妹(いもうと), 弟(おとうと)

외 래 어

1. 다음에서 외래어 표기가 바르게 된 것은?
① ラジーオ(라디오)　② ニュス(뉴스)　③ コピ(복사)
④ ゴーヒー(커피)　⑤ ゲーム(게임)

(연구) ラジオ, ニュース, コピー, コーヒー

2. 「스포츠」을 바르게 표기한 것은?
① スボーツ　② スーボーツ　③ スポツー　④ スポーツ　⑤ スボツ

(연구) スポーツ(sports) 임에 유의

3. (　)안에 들어갈 알맞은 말은?

私は友だちといっしょに(　)に行きました。

① スーパー　② ノート　③ ゲーム　④ バス　⑤ カメラ

(연구) スーパー(super)

4. 일본어의 외래어 표기가 바르게 된 것은?
① ノト(note)　② ラジオ(radio)　③ コヒー(coffee)
④ ドーア(door)　⑤ テブル(table)

(연구) ノート, コーヒー, ドア, テーブル

5. 외래어가 잘못 표기된 것은?
① タクシー　② バスー　③ コンピューター

④ コ—ヒー　　⑤ エレベーター

※ 외래어 표기가 바르게 된 것은?

6. 백화점

① セータ　② デパート　③ スボーツ　④ ニュス　⑤ エレベータ

7. 택시

① テクシ　② ダクシ　③ タクシー　④ ダクシー　⑤ダク-シ

8. 뉴스

① ニュス　② ニュース　③ ニョス　④ ニョース　⑤ ニュースー

9. 다음 중 표기가 잘못된 것은?

① カメラー　② サッカー　③ スカート　④ パソコン　⑤ エレベーター

(연구) カメラ(camera)

10. 외래어 표기가 잘못된 것은?

① 쥬스 —— ジュース　② 커피 —— コーヒー
③ 맥주 —— ビール　④ 우유 —— ミルク
⑤ 스커트 —— スカード

(연구) 스커트 —— スカート

11. 1988年度の(　　)はソウルで開かれました。

① オリンピク　② オリンピック　③ オリンピーク
④ オリムピック　⑤ オリンピッグー

(연구) 올림픽(オリンピック) olympic

12. 다음에서 외래어 표기가 바르게 된 것은?

① コーヒ(coffee)　② スポツ(sports)　③ バス(bus)
④ アバト(apartment)　⑤ テブルー(table)

(연구) コーヒー、スポーツ、アパート、テーブル

일본어학

13. 다음 중에서 외래어 표기가 잘못된 것은?

① タクシー(taxi)　② バス(bus)　③ テーブル(table)
④ ゲーム(game)　⑤ ラデオ(radio)

(연구) ラジオ

14. 다음 외래어 중에서 표기가 잘못된 것은?

① ニュース(news)　② コンピューター(computer)　③ スボーツ(sports)
④ コーヒー(coffee)　⑤ ビール(beer)

(연구) スポーツ

15. 다음 중 외래어의 표기가 바르게 된 것은?

① コンピューター　② コンピータ　③ ゴンピーター
④ コンビータ　⑤ ゴンピューダー

(연구) コンピューター(computer)

한 자

1. 다음 밑줄 친 한자의 읽기가 잘못된 것은?

① 大島(おおしま)　② 大きい(おおきい)　③ 大会(たいかい)
④ 大学(たいがく)　⑤ 大人(おとな)

(연구) 大学(だいがく)、大切(たいせつ)

2. 다음 중 표기법이 맞지 않는 것은?

① 別れても忘れないでね。
② 歌をうたうのはむずかしくない。
③ おとおさんがいらしゃいました。
④ きのう、友だちに会いました。
⑤ 早く、大学生になりたいです。

(연구) 아버지가 오셨습니다 — おとうさんがいらっしゃいました。

3. **「人」이 나머지 넷과 <u>다르게</u> 발음되는 것은?**

① 韓国人　② 五人　③ 人間　④ 人形　⑤ 人気

(연구) 外国人

4. **표기가 바르게 된 것은?**

① おまちどうさま　② いもうど　③ おねいさん
④ たんしょおひ　⑤ おかあさん

(연구) お待ちどおさま 오래 기다리셨습니다.

5. **「大阪」을 ひらがな로 바르게 표기하면?**

① おさか　② おおさが　③ おざが　④ おさが　⑤ おおさか

(연구) 장음의 발음에 주의

6. **「東京」을 ひらがな로 바르게 표기한 것은?**

① とおきょう　② とおきょ　③ とうきょ
④ とうきょう　⑤ ときょう

(연구) 읽기와 표기에 주의

7. **다음 중 あたたかい의 送りがな가 바르게 된 것은?**

① 暖たたかい　② 暖たかい　③ 暖かい　④ 暖い　⑤ 暖がい

8. **다음 送りがな의 표기가 <u>틀린</u> 것을 고르시오.**

① 新しい　② 行く　③ 小さい　④ 明い　⑤ 熱い

(연구) 明るい 밝다

9. **다음 漢字의 읽기가 맞는 것은?**

① 足 —— あい　② 紅葉 —— もみじ
③ 母 —— はな　④ 心 —— ここち
⑤ 世界 —— せがい

(연구) 世界、心

일본어학

10. 「十月二十四日」을 바르게 읽은 것은?

① じゅうがつにじゅうよっか
② きゅうがつにじゅうよっか
③ さんがつにじゅうよんにち
④ くがつにじゅうよんにち
⑤ とおかがつにじゅうようか

(연구) 二十四日 → にじゅうよっか

11. 밑줄 친 부분을 바르게 읽은 것은?

兄は<u>大学生</u>で、私は<u>高校生</u>です。

① だいがくせい　　じょうがくせい
② だいがくせい　　ちゅうがくせい
③ だいがくせい　　こうこうせい
④ たいかくせい　　ちゅうがくへい
⑤ たいがくせい　　こうこせい

※ [12~14] 다음 한자 숙어의 발음을 「ひらがな」로 잘못 표기한 것을 고르시오.

12.

① 大人 —— おとな　　② 値段 —— ねだん
③ 兄 —— あに　　④ 雨 —— あみ
⑤ 故郷 —— ふるさと

(연구) 故郷 → こきょう, ふるさと

13.

① 学生 —— がくせい　　② 外国 —— がいごく
③ 牛乳 —— ぎゅうにゅう　　④ 相撲 —— すもう
⑤ 生年月日 —— せいねんがっぴ

(연구) 外国 → がいこく

14.

① 合図 —— あいず　② 地図 —— ちず
③ 入学 —— にゅうがく　④ 土産 —— みやけ
⑤ 卒業 —— そつぎょう

(연구) 土産 → みやげ

15. 다음 단어 중 送りがな로 표기되어지는 부분을 잘못 표기한 것은?

① 歩く　② 新い　③ 明るい　④ 広い　⑤ 美しい

(연구) 新しい

16. 표기가 잘못된 것은?

① ぼおし(帽子)　② おおい(多い)　③ とおい(遠い)
④ しろい(白い)　⑤ こうこう(高校)

17. 다음 漢字語 읽기가 잘못된 것은?

① 文字 —— もじ　② 文化 —— ぶんか
③ 英文 —— えいぶん　④ 文学 —— ぶんがく
⑤ 文法 —— ふんぽう

(연구) 文法 → ぶんぽう

18. 다음 중 「大」의 발음이 다른 하나는?

① 大統領　② 大事　③ 大丈夫　④ 大陸　⑤ 大学

(연구) 大　だい → 大統領, 大体, 大事件, 大学
　　　　たい → 大陸, 大切

19. 다음 한자어의 ひらがな표기가 잘못된 것은?

① 一輪 —— いちりん　② 一時 —— いちじ
③ 一年 —— いちぬん　④ 一隻 —— いっせき
⑤ 一本 —— いっぽん

(연구) 1年 → いちねん

20. 다음 단어의 반대어가 <u>잘못된</u> 것은?

① はじまる —— おわる　　② おえる —— はじめる
③ しめる —— あける　　④ あつい —— すずしい
⑤ さがる —— あがる

(연구) さむい(춥다)　　すずしい(시원하다)

정 답

발음
1. ⑤ 2. ③ 3. ② 4. ② 5. ① 6. ① 7. ③ 8. ② 9. ⑤ 10. ③ 11. ③ 12. ⑤ 13. ①
14. ④ 15. ④

외래어
1. ⑤ 2. ④ 3. ③ 4. ② 5. ② 6. ② 7. ③ 8. ② 9. ① 10. ⑤ 11. ② 12. ③ 13. ⑤
14. ③ 15. ①

한자
1. ④ 2. ③ 3. ① 4. ⑤ 5. ⑤ 6. ④ 7. ③ 8. ④ 9. ② 10. ① 11. ③ 12. ④ 13. ②
14. ④ 15. ② 16. ① 17. ⑤ 18. ④ 19. ③ 20. ④

青年(せいねん)は老人(ろうじん)を「阿呆(あほう)」だというが、老人(ろうじん)も青年(せいねん)を「阿呆(あほう)」だと思(おも)っている。
<チャプマン> <채프먼(시인)>
젊은이는 노인을 "바보"라고 말하지만, 노인도 젊은이들을 "바보"라고 생각하고 있다.

제3장 중요한 기본 일본어 회화 ☺

【あいさつ】 인사말

おはようございます。(Good morning)
안녕하세요? / 안녕하십니까? (아침인사)

こんにちは。(Good afternoon)
안녕하세요? / 안녕하십니까? (낮 인사)

こんばんは。(Good evening)
안녕하십니까? (저녁 인사)

学問(がくもん)に王道(おうどう)なし。 학문에는 왕도가 없다.

1. 그림으로 배우는 일본어 (絵で学ぶ日本語) ☺

※ 반대어 익히기

電気をつけます。 전기불을 켭니다.	**窓をあけます。** 창문을 엽니다.	**ふくをきます。** 옷을 입습니다.
電気をけします。 전기불을 끕니다.	**窓をしめます。** 창문을 닫습니다.	**ふくをぬぎます。** 옷을 벗습니다.

成功とは、失敗しても失敗しても情熱を失わないこと。<チャーチル>
성공이란, 실패를 거듭해도 정열을 잃지 않는 것이다.<처칠>

1. あいさつ 表現 (인사말 표현) ☺

初めまして。 (How do you do?/ Nice to meet you.)
처음 뵙겠습니다.

どうぞ宜しく。 잘 부탁드립니다.

お元気ですか。 (How are you?)
안녕하십니까?

このごろ、お変りありませんか。 요즘 별고 없으십니까?

お陰さまで 元気です。 덕분에 건강합니다.

お久しぶりですね。 (I haven't seen you for a long time.)
오랜만입니다.

お会い できて うれしいです。 (Nice[good] to see you.)
만나서 반갑습니다. **会えて 嬉しいです。**

お目に 掛れて うれしいです。 만나 뵙게 되어 반갑습니다.

また明日(あす) 会いましょう。 (See you tomorrow.) 내일 또 만납시다

じゃあ、また 後で。 (See you later.) 다음에 또 만나요.

さようなら。 ごきげんよう。 (Good-bye./ See you.) 안녕. 안녕히 가(계)십시오.

お休みなさい。 (Good night) 안녕히 주무세요.

2. お礼を言う (감사의 표현)

ありがとう。 (Thank you. / thanks.)
고마워. / 고맙습니다.

どうも ありがとうございます。 (Thank you very much.)
대단히 감사합니다.

いろいろ お世話に なりました。 (Thank you for everything.)
여러 가지로 신세를 졌습니다.

どういたしまして。 (You are welcome.) 천만에요.

3. 謝る表現 (사죄의 표현)

ごめんなさい。 (Excuse me.) 미안합니다.

どうも すみません。 (Excuse me. / Pardon me!) 죄송합니다 **(すいません)**

だいじょうぶですか。 (Are you all right?) 괜찮습니까.

遅れて すみません。 (Sorry [I'm sorry] I'm late.) 늦어서 미안합니다.

待たせて すみません。 (I'm sorry to have kept you waiting.)
기다리게 해서 미안합니다.

※ 何(なに)와 何(なん)의 읽는 방법
1. 何: が、を、も의 조사 앞에서는 なに로 읽는다.(何を食べますか)
2. 何: 시간, 년, 월의 앞에서는 なん으로 읽는다.(何時、何年、何日)

2. 그림으로 배우는 일본어 (絵で学ぶ日本語) ☺

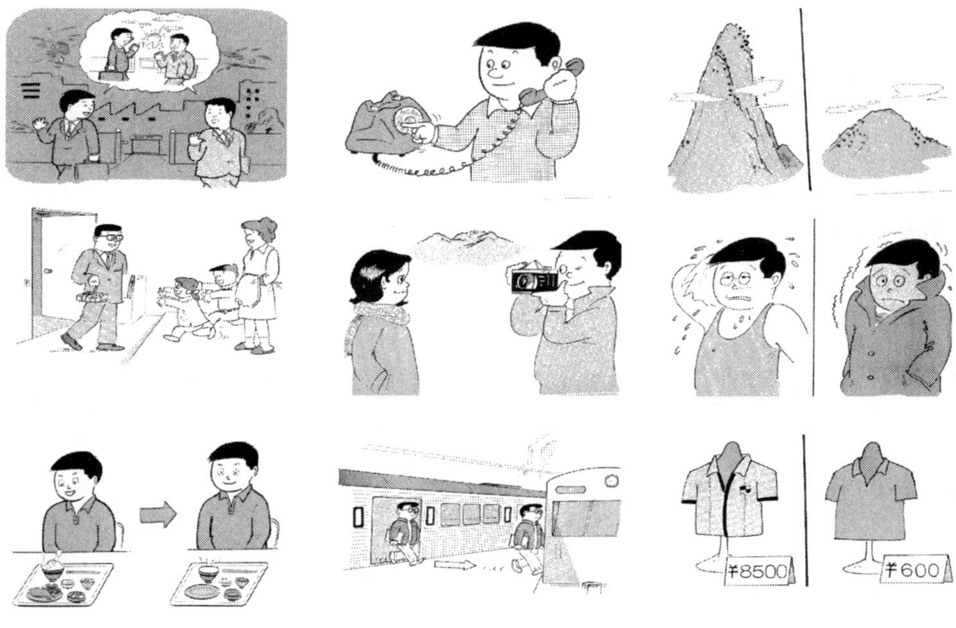

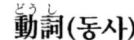

あいさつ (인사)	動詞(동사)	形容詞(형용사)
おはようございます。 さようなら。(안녕)	でんわをかけます。 (전화를 겁니다.)	高い 높다 低い 낮다
ただいま。(다녀왔습니다.) おかえりなさい。(어서 오세요)	写真をとります。 (사진을 찍습니다.)	暑い 덥다 寒い 춥다
いただきます。 (먹겠습니다.)	電車に乗ります。 (전차를 탑니다.)	高い (비싸다)
ごちそうさま(でした)。 (잘 먹었습니다.)	でんしゃを降ります。 (전차를 내립니다.)	安い (싸다)

4. 否定・拒否表現 (부정・거절의 표현)

もう 十分です。 (That's enough.)
충분합니다.

今は 忙しいです。 I'm busy now.
(지금은 바쁩니다.)

先約が あります。 (I have an appointment.)
선약이 있습니다.

そんなことはあり得ない。 그런 일은 있을 수 없습니다.

残念ですが、出来ません。 유감이지만 안되겠습니다.

5. 紹介表現 (소개의 표현)

私は 鈴木健次です。 (My name is Kenji Suzuki.)
(저는 스즈키 켄지 입니다.)

日本から 来ました。 (I'm from japan.) 일본에서 왔습니다.

友人の 田中君を 紹介します。 (Can I introduce my friend Tanaka?)
친구인 다나카를 소개합니다.

銀行[コンピューター会社]に勤めています。
(I work in a bank [for a computer firm].) 은행[컴퓨터회사]에서 일하고 있습니다.

6. 誘う表現 (권유의 표현)

映画をみに 行きませんか。 (Shall we go to the movies?)

영화를 보러 가지 않겠습니까?

コーヒーでも 飲みませんか。 (Would you like a cup of coffee?)

커피라도 마시지 않겠습니까?

ぜひ うちに いらっしゃい。 (Please come to visit me.)

꼭 집에 놀러 와 주십시오.

7. 電話表現 (전화의 표현)

もしもし、 李さんは いらっしゃいますか。 (Hello, is Mr. Lee there?)

여보세요, 이 선생님 계십니까?

私は 田中と申します。 (My name is Tanaka.)

저는 다나카라고 합니다.

朴さんを お願いしたいのですが。 (May I speak to Mr. Park?)

박 선생님 좀 부탁합니다.

電話が あったことを お伝えください。 (Please tell her I called.)

전화가 왔다라고 전해 주세요.

あとで こちらから かけなおします。 (I'll call you back later.)

나중에 다시 걸겠습니다.

8. 道を尋ねる (길을 묻는 표현)

ソウルに行きたいのですが。 (I'd like to go to Seoul.)
서울에 가고 싶은데요.

この道は 市庁へ 行けますか。 (Does this street lead to City Hall?)
이 길로 가면 시청까지 갈 수 있습니까?

歩いて 行けますか。 (Can I walk there?)
걸어서 갈 수 있습니까?

9. 交通機関の利用 (교통기관의 이용)

地下鉄の 駅は どこですか。 (Where is the subway station?)
지하철역은 어디입니까?

どこで 乗り換えるのですか。 (At which station do I transfer?)
어디서 갈아탑니까?

タクシー 乗り場は どこですか。 (Where can I get a taxi?)
택시 타는 데가 어디입니까?

いくらですか。 (How much is the fare?)
얼마입니까?

10. 食事表現 (식사 할 때 쓰는 표현)

食事に 行きませんか。 (Shall we go and eat together?)
식사하러 가지 않겠습니까?

スープの 味は いかがですか。 (What do you think of the soup?)
스프의 맛이 어떻습니까?

たいへん おいしかったです。ごちそうさま。 (The meal was delicious, thank you.)
아주 맛있었습니다. 잘 먹었습니다.

メニューを 見せてください。 (Could I have a menu, please?)
메뉴를 보여 주세요.

デザートには 何がありますか。 (What do you have for dessert?)
디저트로는 뭐가 있습니까?

お勘定を お願いします。 (Check, please.) 계산해 주세요.

11. 買い物 (쇼핑할 때 쓰는 표현)

いらっしゃいませ。 (May I help you?) 어서 오세요.

あれを 見せて くださいますか。 (Could you show me that one, please?)
저것을 보여 주시겠습니까?

サイズが わかりません。 (I don't know my size.)
사이즈를 모릅니다.

おいくらですか。 (How much(is it)?) 얼마 입니까?

ちょっと 困っています。 (I have a problem.) 좀 곤란 합니다.

◉ 그 외의 중요 표현

【宿泊】 숙박 할 때

今晩は部屋はありますか。 (Do you have a room for the night?)
오늘 밤 방이 있습니까?

朝食は 付いてますか。 (Is breakfast included?)
아침은 포함되어 있습니까?

木村です。チェックインを お願いします。(I'd like to check in. My name is Kimura.)
기무라입니다. 체크인 부탁합니다.

もっと 静かな 部屋は ありませんか。 (Do you have any quieter rooms?)
좀 더 조용한 방은 없습니까?

【曜日・月・季節】 요일・월・계절의 표현

(今)何時ですか。 (What time is it(now)?)
(지금) 몇시 입니까?

1時半です。 (Half past one.)
한 시 반입니다. / 한 시 삼십 분입니다.

今日は 何日ですか。 (What's the date(today)?)
오늘은 며칠입니까?

今日は 何曜日ですか。 (What day (of the week) is it today?)
오늘은 무슨 요일입니까?

【尋(たず)ねる表現(ひょうげん)】 묻는 표현

お名前(なまえ)を もう一度(いちど) お願(ねが)いします。 (What was the name again?)
성함을 다시 한번 말씀해 주세요.

お仕事(しごと)は 何(なに)を なさっていますか。 (What do you do?)
무슨 일을 하고 계십니까?

何時(なんじ)まで あいていますか。 (Until what time are you open?)
언제까지 시간이 있습니까?

トイレは どこですか。 (Where is the rest room?)
화장실은 어디입니까?

なぜですか? (Why?)
왜입니까?

【問(と)い返(かえ)す】 되물어 볼 때

もう一度(いちど) おっしゃってください。 (Could you say that again, please?)
한번 더 말씀해 주세요.

ちょっと 待って。 (Wait a minute.)
잠깐만 기다려. / 잠시만 기다려.

【許可(きょか)・依頼表現(いらいひょうげん)】 허가・의뢰 표현

たばこを 吸(す)っても いいですか。 (Do you mind if I smoke?)
담배를 피워도 괜찮겠습니까?

これを もらっても いいですか。 (May I have this?)
이것을 가져도 괜찮겠습니까?

일본어학

お願いが あるのですが。 (Can I ask you a favor?)
부탁이 있습니다만.

ここで 写真を 撮っても いいですか。 (Is it all right to take pictures here?)
여기서 사진을 찍어도 되겠습니까?

写真を 撮って いただけませんか。 (Could you please take a photo of us?)
사진을 찍어주시지 않겠습니까?

もう 少し ゆっくり 話して ください。 (Speak more slowly, please.)
좀 더 천천히 말씀해주세요.

会社へ 電話して ください。 (Call me at the office, please.)
회사에 전화해 주세요.

書類を ファックスで くれませんか。 (Would you fax that document, please?)
서류를 팩스로 보내주시지 않겠습니까?

メールで 連絡して もらえますか。 (Could you send me a message by e-mail?)
메일로 연락주시겠습니까?

3. 그림으로 배우는 일본어 (絵(え)で学(まな)ぶ日本語(にほんご)) ☺

※ 기본문형 익히기

サッカーをする。

축구를 하다.

仕事(しごと)をする。

일을 하다.

作文(さくぶん)が下手(へた)だ。

작문이 서툴다.

歌が上手(じょうず)です。

노래를 잘 합니다.

日本語を 教(おし)える。

일본어를 가르치다.

絵(え)を描(か)く。

그림을 그리다.

診察(しんさつ)をします。

진찰을 합니다.

水泳(すいえい)ができます。

수영을 할 수 있습니다.

タバコを吸(す)う。

담배를 피우다.

人(ひと)は苦労(くろう)がなければ、得(え)るものもない。
사람은 고통이 없으면 얻는 것도 없다.

자 율 학 습

1. 나의 취미생활에 대하여 이야기 해 봅시다.

(私の 趣味生活に対して 話してみましょう。)

예 : **テレビを見ます。　本を読みます。　音楽を 聞きます。**

(텔레비전을 봅니다.　책을 읽습니다.　음악을 듣습니다.)

2. 내가 좋아하는 운동에 대하여 이야기 해 봅시다.

(私の 好きな 運動に対して 話してみましょう。)

예 : **運動をします。　テニスをする。　スキーができる。**

(운동을 합니다.　테니스를 하다.　스키를 탈 수 있다.)

(1) 생활일본어 ① — 의사 소통 기능 —

· 다음은 **고등학교 일본어 6차 교육 과정**에서 우선적으로 이수하기를 권장하는 의사 소통 기능 항목이다. 예시문은 일상생활에 필요한 문자의 구조, 문장의 종류, 기타 어법에 관한 사항을 참고할 수 있도록 하였다.

1) 개인의 생각

(1) 가능성

あなたは 運転が できますか。	당신은 운전을 할 수 있습니까?
あめが 降りそうです。	비가 올 것 같습니다.(양태)

(2) 소망과 의지

カメラが ほしいです。	카메라를 갖고 싶습니다.
わたしも ぜひ 行きたいです。	저도 꼭 가고 싶습니다.
もっと がんばります。	더욱 노력하겠습니다.

(3) 확신

あしたは きっと 会えるでしょう。	내일은 꼭 만나겠지요.

(4) 추측

吉田さんは 来ないかも 知れません。	요시다씨는 오지 않을지도 모르겠습니다.
彼も 行くだろうと思います。	그이도 가리라고 생각합니다.
つかれて いるようですね。	지쳐있는 것 같군요.

2) 개인의 느낌

(1) 희로애락

お会い できて うれしいです。	만나게 되어서 반갑습니다.
きのうの 映画は とても おもしろかったです。	어제 영화는 아주 재미있었습니다.

(2) 감각적 느낌

これは おいしいですね。	이것은 맛있군요.
とても いい においですね。	아주 좋은 냄새이군요.

(3) 좋거나 싫음

夏は あつくて きらいです。 여름은 더워서 싫습니다.

私は 山に のぼるのが 好きです。 나는 산에 오르는 것을 좋아합니다.

(4) 정서적 느낌

ひとりで さびしかったでしょう。 혼자서 쓸쓸했었지요.

道が 暗くて こわかったです。 길이 어두워서 무서웠습니다.

3) 친교 활동

(1) 인사

お元気ですか。では、失礼します。 건강하십니까？ 그럼, 실례합니다.

(2) 초대

あした あそびに いらっしゃいませんか。 내일 놀러오시지 않겠습니까？

あしたも ぜひ 来て下さい。 내일도 꼭 와 주십시오.

(3) 약속

今度の日曜日は どうですか。 이번 일요일은 어떻습니까？

あしたの 午後三時に 郵便局の 前で会いましょう。

내일 오후 3시에 우체국 앞에서 만납시다.

(4) 칭찬이나 격려

金さんは ほんとうに 歌が上手ですね。 김씨는 정말 노래를 잘하시는군요.

がんばって 下さい。 열심히 하십시오.

(5) 말의 중단이나 끝맺음

すみません、ちょっと待ってください。 미안합니다. 잠시 기다려 주십시오.

では、これで失礼します。 그럼 이만 실례합니다.

4) 일상적 대인 관계

(1) 소개

はじめまして。金です。どうぞよろしく。

처음 뵙겠습니다. 김입니다. 잘 부탁합니다.

(2) 전화

もしもし、山田先生いらっしゃいますか。 여보세요, 야마다선생님 계십니까?

もしもし、山本ですが李さんお願いします。 여보세요, 야마모토입니다만 이씨 부탁합니다.

(3) 감사

ありがとうございます。 감사합니다.

いろいろ お世話になりました。 여러 가지 신세 졌습니다.

(4) 사과나 변명

遅くなって すみません。 늦어서 죄송합니다.

試験が あったので 行けませんでした。 시험이 있어서 가지 못했습니다.

5) 권유와 의뢰

(1) 부탁과 요청

金さんの 住所を 教えて いただけませんか。 김씨 주소를 가르쳐 주시지 않겠습니까?

私に行かせてください。 저에게 가게 해주세요.

(2) 승낙과 거절

はい、いいですよ。 예, 좋습니다.

けっこうです。 괜찮습니다.

それは ちょっと困ります。 그건 좀 곤란합니다.

6) 지시와 명령

(1) 주의나 경고

遅れないように して ください。 늦지 않도록 해 주십시오.

この水は 飲まないで ください。 이 물은 마시지 마십시오.

(2) 허용

鉛筆で 書いても いいですか。 연필로 써도 좋습니까?
もう帰っても いいです。 이제 돌아가도 좋습니다.

(3) 충고

人に迷惑をかけては いけませんよ。 사람에게 피해를 주어서는 안됩니다.
薬を飲んだ方が いいですよ。 약을 먹는 것이 좋겠어요.

(4) 제안과 설득

先生に相談してみたらどうですか。 선생님에게 상담해 보면 어떻습니까?
もう遅いから帰ったほうがいいんじゃありませんか。

이제 늦었으니 돌아가는 것이 좋지 않습니까?

(5) 의무

約束は守らなければなりません。 약속은 지키지 않으면 안됩니다.
もう一度行かなければいけません。 한번 더 가지 않으면 안됩니다.

7) 정보 교환

(1) 사실 확인

きょうは水曜日ですね。 오늘은 수요일이군요.
パクさんが先生にしかられたというのはほんとうですか。
박씨가 선생님에게 꾸중을 들었다는 것이 정말입니까?

(2) 설명

うちから学校まで歩いて30分です。 집에서 학교까지 걸어서 30분입니다.
今度の旅行には山本さんも行くらしいです。 이번 여행에는 야마모토씨도 갈 것 같습니다.

(3) 경험

あなたは日本に行ったことがありますか。 당신은 일본에 가본 적이 있습니까?
いいえ、私はまだ日本に行ったことがありません。
아니오, 저는 아직 일본에 가 본 적이 없습니다.

(4) 비교

バスと地下鉄とどちらが便利ですか。 버스와 지하철 어느 쪽이 편리합니까?
地下鉄のほうが便利です。 지하철 쪽이 편리합니다.

8) 의견 교환

(1) 의사 표시

その問題は難しすぎると思います。 그 문제는 너무 어렵다고 생각합니다.
お名前を教えてもらいたいんですが。 이름을 알고 싶습니다만.

(2) 동의나 반대

それでいいと思います。 그것으로 좋다고 생각합니다.
そうですね。 그렇군요.

9) 문제 해결

(1) 물건 사기

これは いくらですか。 이것은 얼마입니까?
もう 少し 大きいのは ありませんか。 좀 더 큰 것은 없습니까?

(2) 안내

駅へ行くにはどうしたらいいでしょうか。 역에 가는 것은 어떻게 하면 될까요?
3番バスに乗れば駅へ行けます。 3번 버스를 타면 역에 갈 수 있습니다.

(3) 보고

とても 静かで いい所でした。 아주 조용해서 좋은 곳이었습니다.
先生は もう お帰りになったそうです。 선생님은 이미 돌아가셨다고 합니다.

10) 창조적 활동

(1) 가설

もし だれも いなかったら どうしましょう。 만약 아무도 없다면 어떻게 할까요?
安ければ、私も買います。 싸면 저도 사겠습니다.

(2) 상상

あの子は いくつ ぐらいでしょう。 저 아이는 몇 살 정도일까요.

(3) 편지 쓰기

お元気で いらっしゃいますか。 건강하십니까?
では、お体に 気を つけて ください。 그럼 몸 조심 하십시오.

(2) 생활일본어 ② — 의사 소통 기능 —

· 다음은 **고등학교 일본어 7차 교육 과정**에서 우선적으로 이수하기를 권장하는 의사 소통 기능 항목과 예시문이다. 기능 항목은 크게 나누어, 인사 기능, 정보 전달의 기능, 의사 · 태도 전달의 기능, 요구 기능, 담화 전개 기능으로 나누고 있다.
※ 대학 수학 능력 시험에 꼭 출제됨

1. 인사 기능

(1) 일상의 인사

① 만 남 **おはようございます。** 안녕하세요 ?(아침 인사)
こんにちは。 안녕하세요 ?(낮 인사)
こんばんは。 안녕하세요 ?(저녁 인사)
おひさしぶりですね。 오래간만입니다.

② 헤어짐 **さようなら。** 안녕히 계세요.(안녕히 가세요.)
おやすみなさい。 편히 쉬세요.(안녕히 주무십시오.)
お気をつけて。 몸 조심하세요.
しつれいします。 실례하겠습니다.
じゃ、また。 그럼, 또

③ 자기 소개 **ナムサン高校のキムです。** 남산 고등학교 김입니다.
私、韓国のイと申します。 저는 한국의 이라고 합니다.

④ 타인 소개 **田中さん、友だちのパクさんです。** 다나카 씨, 친구인 박입니다.

こちらは、東京高校の田中さんです。이분은 도쿄고등학교 다나카 씨입니다.

⑤ 초면 인사　はじめまして。 キムです。 どうぞよろしく。
처음 뵙겠습니다. 김입니다. 잘 부탁합니다.

(2) 안　부　お元気ですか。　안녕하십니까 ?(건강하시죠 ?)

(3) 칭　찬　キムさんは歌がお上手ですね。　김씨는 노래를 잘하는군요.
よくできました。　잘 하셨습니다.

(4) 격　려　がんばってください。　열심히 하세요, 힘내세요.

(5) 축　하　たんじょうびおめでとうございます。　생일 축하드립니다.

(6) 감　사　ありがとうございます。　고맙습니다.
おかげさまで。　덕택(덕분)에.
先日はどうもありがとうございました。 지난번에는 정말 고마웠습니다.
いろいろお世話になりました。　여러 가지로 신세 많이졌습니다.

(7) 사　과　おそくなってすみません。　늦어서 미안합니다.
おそれいりますが、....。　죄송합니다만.

(8) 위　로　お気の毒に。　가엾게도.
おだいじに。　몸 조심하세요.

2. 정보 전달의 기능

(1) 설　명

① 안　내　ここは図書館です。　여기는 도서관입니다.

② 보　고　きのうは学校で野球をしました。어제는 학교에서 야구를 했습니다.

③ 사정・형편　水曜日は都合が悪いです。수요일은 사정(형편)이 좋지 않습니다.

④ 행 동　　日曜日には映画を見たりテニスをしたりしています。
일요일에는 영화를 보거나, 테니스를 치거나 합니다.
テープを聞きながら会話を練習しています。
테이프를 들으면서 회화를 연습하고 있습니다.

⑤ 상 태　　少しむずかしいですが、たのしいです。 조금 어렵습니다만, 즐겁습니다.

⑥ 증 상　　おなかが痛いんです。 배가 아픕니다.

⑦ 예 정　　大学で日本語を専攻する予定です。 대학에서 일본어를 전공 할 예정입니다.

⑧ 시 간　　バスで30分ぐらいかかります。 버스로 30분 정도 걸립니다.

⑨ 행위의 완료　　会議は今始まったところです。 회의는 지금 막 시작했습니다.

⑩ 위 치　　学校のとなりに郵便局があります。 학교 옆에 우체국이 있습니다.
電話は階段の近くにあります。 전화는 계단 근처에 있습니다.

⑪ 대 비　　見ることはすきですが、やることはあまりすきではありません。
보는 것은 좋아하지만, 하는 것은 그다지 좋아하지 않습니다.

⑫ 사 정　　急に体の具合いが悪くなってしまいまして。
갑자기 몸 상태가 좋지 않아서요.

⑬ 이 유　　かぜをひいたので病院へ行きます。
감기에 걸려서 병원에 갑니다.

⑵ 정보 전달

① 전 갈　　田中さんも来るんだそうです。 다나카 씨도 온다고 합니다.
今日もおそくなると言っていました。 오늘도 늦는다고 말했습니다.

② 희망・의향　　ワープロを習おうと思っています。
워드프로세스를 배우려고 생각하고 있습니다.
できるだけ行ってみるつもりです。 될 수 있는 한 가 볼 작정입니다.

田中さんに会いたいですね。 다나카 씨를 만나고 싶군요.

(3) **제 안** **先生に相談(そうだん)してみるのはどうですか。**
선생님께 상담해 보는 것은 어떻습니까?

(4) 조 언 **はやく帰ったほうがいいですよ。** 일찍 돌아가는 편이 좋겠어요.
日光(にっこう)にしたらどうですか。 닛코로 하면 어떨까요?
電車(でんしゃ)のほうがバスより速(はや)いと思います。
전철편이 버스 보다 빠르다고 생각합니다.

(5) **안 심** **だいじょうぶだから、 心配(しんぱい)する必要(ひつよう)はありませんよ。**
괜찮으니까, 걱정할 필요는 없습니다.

(6) **불필요** **そんなに考(かんが)えることはありませんよ。** 그렇게 생각할 것은 없습니다.

(7) **자 청** **先生、それお持(も)ちしましょうか。** 선생님, 제가 들어 드릴까요?

(8) **대 답**
① 승 낙 **はい、わかりました。** 네, 알겠습니다.
② 거 절 **いいです。** 됐습니다.
もうけっこうです。 이제 괜찮습니다.
あいにく五時に約束があるんです。 공교롭게도 5시에 약속이 있습니다.

(9) 추 측

田中さんは来(こ)ないかもしれません。
다나카 씨는 오지 않을지도 모릅니다.
雨(あめ)が降(ふ)りそうもないですね。
비가 내릴 것 같지도 않네요.

(10) **의사 표시**

その問題(もんだい)はむずかしいんじゃないでしょうか。 그 문제는 어렵지 않을까요?
その問題(もんだい)はむずかしすぎると思(おも)います。 그 문제는 너무 어렵다고 생각합니다.

3. 의사. 태도 전달의 기능

(1) 반론 · 의문 제기

広(ひろ)いことは広(ひろ)いですが、すこしきたないですね。
넓기는 넓지만, 조금 지저분 하군요.
こちらのほうがいいと思いますけどね。
이쪽이 좋다고 생각하는데요.

(2) 부정 · 비난 **そんなことはないですよ。** 그럴 리는 없는데요.

(3) 태도 보류, 판정 회피
来るとは思うんですが。 올 것이라고는 생각합니다만.

(4) 놀람, 의외의 기분
八月(はちがつ)なのに、わりにすずしいですね。 8월인데도, 비교적 시원하군요.
一(ひと)つしかないんですか。 한 개밖에 없습니까?

(5) 희로애락
おあいできてうれしいです。 만나게 되어 기쁩니다.
きのうの映画(えいが)は、とてもおもしろかったです。 어제 영화는 매우 재미있었습니다.

(6) 반 문 **大阪(おおさか)ですが。** 오사카입니다만.

(7) 유 감 **せっかく作(つく)ったのにもったいないですね。**
모처럼 만들었는데 아깝네요.

4. 요구 기능

(1) 질 문 **ゆうびんきょくはどこですか。** 우체국은 어디입니까?

(2) 허 가 **えんぴつで書(か)いてもいいですか。** 연필로 써도 좋습니까?

(3) 확 인 **いいお天気ですね。** 좋은 날씨군요.

田中さんの帰国は来週ですね。 다나카 씨 귀국은 다음 주 군요.
日本は物価が高いと聞きましたが。 일본은 물가가 비싸다고 들었습니다만.
電話しなくてもいいんですね。 전화하지 않아도 되지요?

(4) 선 택 **コーヒーとジュースがありますが、どちらがいいですか。**
커피와 주스가 있는데요, 어느 것이 좋습니까?

(5) 설 명

お読みになりましたか。 읽으셨습니까?
どこか近くに安い店はありませんか。 어딘가 근처에 싼 가게는 없습니까?
郵便局へ行くのはどう行ったらいいでしょうか。
우체국에 갈려면 어떻게 가면 좋을까요?
ワープロって何ですか。 워드프로세스라는 것은 무엇입니까?
この漢字、何と読むんですか。 이 한자 뭐라고 읽는 겁니까?

(6) 의 뢰

もうすこし大きいのはありませんか。 조금 더 큰 것은 없습니까?
日本の新聞をお願いできますか。 일본 신문을 부탁드리겠습니다.
教えていただきたいんですが。 배우고 싶습니다만.
明日来るように言ってください。 내일 오라고 해 주세요.
少し手伝ってくれませんか。 조금 도와 주지 않겠습니까?

(7) 지 시

本は明るいところで読んでください。 책은 밝은 곳에서 읽어 주세요.
ちょっと待ってください。 잠시만 기다려 주세요.

(8) 의 무

約束は守らなければなりません。 약속은 지켜야 합니다. (지키지 않으면 안 됩니다.)

(9) 금 지

夜はおふろに入らないでください。 밤에는 목욕하지 말아 주세요.
ここではたばこを吸ってはいけません。 여기서 담배를 피워서는 안 됩니다.

5. 담화 전개 기능

(1) 담화의 시작

① 서두(주의 환기)

あの、ちょっとよろしいですか。 저, 잠시 괜찮겠습니까?

ちょっとお伺(うかが)いしたいことがあるんですが。

잠깐 여쭈어 보고 싶은 것이 있습니다만.

② 화제 제시 **実(じつ)は、かんげいかいをしたいと思いましてね。**

실은 환영회를 하고 싶은데요.

勉強(べんきょう)のことで相談(そうだん)があるんですが。

공부 문제로 상담할 일이 있습니다만.

試験(しけん)のことなんですが。 시험에 대한 것입니다만.

(2) 담화의 전개

① 구어체	ところで、	그런데
② 문장체	さて、	그런데

(3) 화제의 전환

話しはかわりますが、 이야기를 바꾸어서 말하면,

(4) 담화의 종결

それじゃ、失礼(しつれい)します。 그럼, 실례하겠습니다.

どうも失礼しました。 정말 실례했습니다.

☺ **여성어** : あら、かわいい**ね**。(어머! 귀엽네.)
あら(어머나!)、ね、よ 등을 많이 쓴다.
☺ **남성어** : あれ、いくの。(어! 가니?)
あれ、あのさ(저~)、な、の 등을 많이 쓴다.

学(まな)ぶのに年(とし)をとりすぎたということはない。
배움에는 나이의 제한이 없다.

苦難(くなん)は幸福(こうふく)の羅針盤(らしんばん)。　敬(けい)と愛(あい)は協調(きょうちょう)の原点(げんてん)。

(3) 생활일본어 ③

	일본어 표현	한국어 표현
会う (만나다)	おはよう	안녕하세요?(아침인사)
	おはようございます	안녕하십니까?(정중한 아침인사)
	こんにちは	안녕하세요?(낮인사)
	こんばんは	안녕하세요?(저녁인사)
	よろしくおねがいします	잘 부탁드리겠습니다
	よろしく	잘 부탁해요
	おじぎ	고개를 숙이며 하는 인사
	さようなら	안녕히 계십시오(가십시오)
	バイバイ	잘가
	失礼します	실례합니다
呼ぶ (부르다)	金さん	金씨
	先生	선생님
	李君	李군
	すみません	실례합니다
	ちょっと待って下さい	잠깐 기다려 주세요
	ねえ	있잖아
	もしもし	여보세요
聞く－答える (묻다-대답하다)	はい	네
	いいえ	아니오
	はい、そうです	네, 그렇습니다
	いいえ、ちがいます	아니오, 아닙니다
	いいですか	괜찮습니까?
	ここ、いいですか	여기, 괜찮아요?
お礼をいう (감사의 말을 전하다)	ありがとうございます	감사합니다
	ありがとう	고마워(고마워요)
	すみません	고맙습니다
	どうもありがとう	정말 고마워요
謝る (사과하다)	すみません	죄송합니다
	ごめん	미안
	ごめんなさい	미안해요
	失礼します	실례합니다
	申し訳ありません	죄송합니다
頼む (부탁하다)	おねがいします	부탁합니다
	少しください	조금 주세요
	見せてください	보여주세요
	教えてください	가르쳐 주세요
訪問する (방문하다)	おじゃまします	실례합니다
	靴を脱ぐ	구두를 벗다
	こちらは李さんです	이쪽은 李씨입니다
	つまらないものですが	변변치 않습니다만
	いただきます	잘 먹겠습니다
	ごちそうさま	잘 먹었어요
	そろそろ失礼します	이만, 실례하겠습니다
	おじゃましました	실례했습니다
別れる (헤어질 때)	さよ(う)なら	안녕히 가세요
	では、また	다음에 또 만나요

	일본어 표현	한국어 표현
食べる (먹다)	おねがいします	부탁합니다
	おいしいです	맛있습니다
	食事のマナー	식사예법
	手軽な食べ物	가벼운 음식
困る (곤란하다)	わかりません	모르겠습니다
	けがですか	상처입니까?
	大丈夫ですか	괜찮습니까?
	ないんです	없습니다
	どこが痛いですか	어디가 아픕니까?
	どろぼう	도둑
	助けてください	살려주세요
	あぶない	위험하다
	やめてください	이러지 마세요
	出ません	나오지 않아요
乗る (타다)	いくらですか	얼마입니까?
	販売機	매표기
	切符がでません	표가 안나와요
	ここは新宿ですか	여기는 신주쿠입니까?
	どこでのりますか	어디서 탑니까?
	バスの乗り方	버스 타는 법
	おります	내립니다
	シルバーシート	경로석
	よろしくおねがいします	잘 부탁합니다
買う (사다)	ありますか	있습니까?
	ください	주세요
	全部でいくらですか	전부 합해서 얼마입니까?
	両替してください	바꾸어주세요
	どこですか	어디에 있습니까?
	どっちですか	어느 쪽 입니까?
	安い - 高い	싸다 – 비싸다
	あたらしい店	새로운 가게
読む (읽다)	商品ラベルの読み方	상품라벨 읽는 법
	牛乳パック	우유팩
	調味料	조미료
	レシートの読み方	영수증 읽는 법
	ガス使用量のお知らせ	가스 사용량 통지서
	アパートを探す	아파트를 구하다
	かぜ薬をください	감기약을 주십시오
見る (보다)	お手洗いはどこですか	화장실은 어디입니까?
	ここは禁煙ですか	여기는 금연입니까?
	非常口はどちらですか	비상구는 어디입니까?
	扉(問)があります	문이 있습니다
	ポストがみえない	우체통이 보이지 않는다
	公衆電話があります	공중전화가 있습니다
	お風呂へいきます	공중목욕탕에 갑니다
	コンビニエンスストア	편의점
	病院はどこですか	병원은 어디입니까?

	일본어 표현	한국어 표현
見る (보다)	キャッシュサービスコーナー	현금서비스코너
	禁止	금지
	危険です	위험합니다
住む (살다)	いってきます	다녀오겠습니다
	ただいま	다녀왔습니다
	整理整頓	정리정돈
	ゴミの出し方	쓰레기 버리는 방법
	トイレ(お手洗い)	화장실
	風呂にはいる	욕실에 들어가다
	ふとんがあつい	이불이 두껍다
書く (쓰다)	手紙, 日記	편지, 일기
	国民健康保険	국민건강보험
	口座開設	구좌개설
	外国人登録証明書	외국인 등록증명서
勉強する (공부하다)	いつからですか	언제부터입니까?
	何時から何時までですか	몇시부터 몇시까지 입니까?
	どなたですか	어느 분이십니까?
	どこですか	어디입니까?
	これは何ですか	이것은 무엇입니까?

교실에서 사용하는 기본 회화

일본어 표현	한국어 표현
始めましょう	시작합시다
終わりましょう	마칩시다
休みましょう	쉽시다
聞いてください	들어 주십시오
言ってください	말해 주십시오
繰り返してください	반복해 주십시오
読んでください	읽어 주십시오
書いてください	써 주십시오
練習してください	연습해 주십시오
答えてください	대답해 주십시오
質問してください	질문해 주십시오
出してください	제출해 주십시오
10ページを開けてください	10페이지를 펴 주십시오
書かないでください	쓰지 마십시오
見ないでください	보지 마십시오
静かにしてください	조용히 해 주십시오
いいです	좋습니다
だめです	안됩니다
もう一度 言ってください	다시 한번 말씀해 주세요
何か質問がありますか	무엇인가 질문이 있습니까?

일본어 표현	한국어 표현
わかりましたか	알겠습니까?
わかりません	모르겠습니다
出席します	출석합니다
欠席ですか	결석입니까?
予習しなさい	예습하세요
宿題がありますか	숙제가 있습니까?
試験をうけました	시험을 보았습니다
テストが むずかしいです	테스트가 어렵습니다
平仮名で 書いて ください	히라가나로 쓰십시오
片仮名で 書いて ください	카타카나로 쓰십시오
漢字を 読むことができる	한자를 읽을 수 있다
文法を 勉強する	문법을 공부하다
会話を 練習する	회화를 연습하다
発音が いいですね	발음이 좋습니다
復習しましょう	복습합시다
よく 読みました	잘 읽었습니다
ちょっと 待って ください	잠깐 기다려주십시오
おつかれさまでした	수고하셨습니다

千里の道も一歩より。 천리 길도 한 걸음부터.

人生は往復切符を発行していません。ひとたび出立したら再び帰ってきません。

<ローラン> <롤랑>

인생은 왕복티켓을 발행하지 않습니다. 한번 길을 떠나면 다시 돌아 올 수 없습니다.

제1장 일본어학의 이해

1. 言語(말) : 언어(言語)는 음성언어(音声言語)와 문자언어(文字言語)가 있다.

사람이 의사전달(意思伝達)을 위하여, 발음기관(発音器官)을 사용하여 자신의 사상(思想)과 감정(感情)을 전달하는 뜻 있는 소리를 언어라 한다. 인간은 언어(말)를 사용한다.

※ 구어(口語)와 문어(文語)

현재 우리가 談話에 使用하는 現代言語를 口語라고 하고, 과거에 사용했던 말을 文語(古語, 古典)라고 한다.

言語	
過去의 말	現代의 말
(文語)	(口語)
古文	現代語
(書きことば)	(話しことば)

2. 표준어(標準語)와 공통어(共通語)

오늘날 일본에서 표준어라고 일컬어지고 있는 것은 정확하게 말하면 共通語라고 해야 할 것이다. 공통어는 이상적인 말이라고는 할 수 없지만, 전국에 공통적으로 국민이 사용하고 있는 말이며, 도쿄(東京)를 중심으로 사용하는 말이다. 표준어는 도쿄(東京)의 중류 지식 계층이 사용하는 언어이다.

3. 방언(方言)

방언이란 그 지방에서만 사용되는 말이다. 즉, 그 지방의 언어를 사투리(方言)라고 한다. 일본의 방언을 크게 나누면 동부방언(東部方言)과 서부방언(西部方言), 큐슈(九州) 방언으로 구별된다.

제2장 일본어 음성학

※ 음성학은 말소리를 연구하는 방법인데, 심리학, 물리학, 심리학, 생물학, 생리학과 관계가 있다.

♠ 성문폐쇄음

- 성대를 긴장시켜 일시적으로 호흡를 멈추어서 내는 앗(アッ)같은 음이다.

① 유성음(有声音) - 성문 통과시 성대의 진동을 수반하는 울림음이다.
모음, ハ행, バ행, ダ행, ガ행, ザ행, マ행, ナ행, ラ행 자음

성문마찰음 - は, へ, ほ

② 무성음(無声音) - 성문 통과시 성대의 진동을 수반하지 않는 음이다. カ행, サ행, タ행 자음
弾音(はじきおん, 탄음) : 혀끝이 잇몸을 가볍게 닫는 느낌으로 내는 소리. 「ラ행 자음」

★ 유성음과 무성음 발음에 주의 ;
柿(감)ー鍵(열쇠), 猿(원숭이)ー笊(소쿠리), 蓋(뚜껑)ー豚(돼지)

1. 일본어 음소표

조음위치 / 조음방법		両脣音	歯茎音	歯茎硬口蓋音	硬口蓋音	軟口蓋音	口蓋脣音	声門音
破裂音	無声音	p(ぱ)	t(た)			k(か)		ʔ(あっ)
	有声音	b(ば)	d(だ)			g(が)		
摩擦音	無声音	ɸ(ふ)	s(さ)	ʃ(し)	ç(ひ)			h(は)
	有声音	w(わ)	z(ざ)	ʒ(じ)	j(や)			
破擦音	無声音		ts(つ)	ʧ(ち)				
	有声音		dz(ず)	ʤ(じ)				
鼻音	有声音	m(ま)	n(な)	ɲ(に)		ŋ(が)	N(ん)	
はじき音	有声音		ɾ(ら)					

※ 일본어의 음소수는 25개이며, 일반적으로 모음 음소 5개, 자음 음소 16개, 특수 음소 3개, 장음 음소 1개이다.

2. 음성언어의 단위

※ **音声は人が意思伝達のために音声器官を使って発するこえ。**

① **単音** : 음절을 구성하는 단위이며, 음성학 상으로 최소단위이다.

か → [k], [a]　た → [t], [a]

② **母音(有声音)** : **일본어의 모음은 い, え, あ, お, う 5개이다.**

발음할 때 입안이나 인두에서 폐쇄 또는 방해를 받지 않고 나오는 울림소리

* 혀의 위치에 따른 분류 : 前舌모음, 中舌모음, 後舌모음
* 입을 벌리는 정도에 따른 분류 : 広모음, 半広모음, 半閉모음, 閉모음
* 입술모양에 따른 분류 : 원순모음, 평순모음

③ **子音(無声音)** : **자음은 16개이다.**

발음할 때 입안이나 인두(咽頭)에서 폐쇄 및 방해를 받는 음이다.

자음은 유성음(が, ざ, だ, ば行)과 무성음으로 나눈다.

(1) 모음 지도상의 유의점

◎ 한국어와 일본어의 모음의 차이점과 공통점

- 한국어의 「ㅜ」는 원순모음이지만, 일본어의 「ウ」는 비원순모음
- 발음시 「ウ」는 「ㅡ」에 가깝게, 「エ」는 「ㅐ」에 가깝게 발음
- 「オ」는 한국어의 「ㅗ」보다는 넓고, 「ㅓ」보다는 후설에 위치함

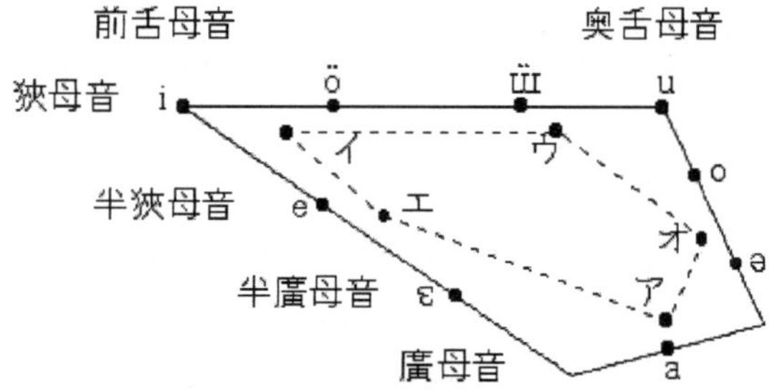

◎ 한국어와 일본어의 모음의 비교

/ɑ/ : 한국어의 「아」는 일본어의 「あ」보다 넓게 발음한다.

/i/ /o/ : 한국어의 「이」「오」는 일본어의 「い」「お」보다 좁게 발음한다.

/u/ /e/ : 한국어의 「우」 「애」는 일본어의 「う」 「え」보다 넓게 발음한다.

· 일본어는 모음의 길이에 따라 의미가 달라짐(ビル<빌딩>, ビール<맥주>)

· 모음의 무성화로 발음과 표기가 일치하지 않는 경우에 주의할 것

先生(せんせい), 学生(がくせい), 映画(えいが), 苦労(くろう), 心(こころ), どうぞ

(2) 자음 지도상의 유의점

· 한국어와 일본어의 자음의 차이점과 공통점

- 한국어에서는 유기음과 무기음이, 일본어에서는 유성음과 무성음이 의미변별에 관계함

· 일본어의 마찰음은 한국어보다 약하다.

· 한국어에 있는 자음이 일본어에 없는 경우가 있고, 반대의 경우도 있다.

· 촉음(促音)과 발음(撥音)에 대한 지식이 필요하다.

· 발음할 때 ざ, ず, ぞ가 じゃ, じゅ, じょ가 되지 않도록 주의해야 한다.

✲ 조음(발음) 위치에 따른 분류

· **両脣音**(양순음) : 위아래 입술을 사용하여 내는 소리 ; 「マ, バ, パ행의 자음, フ」

· **歯茎音**(치경음) : 혀끝과 잇몸을 통하여 내는 소리 ;

「ナ행(ニ제외), タ행(チ제외), ダ행(ヂ제외), サ행(シ제외), ザ행(ジ제외), ラ행 자음」

· **歯茎硬口蓋音**(치경경구개음) : 치경의 뒤쪽에서 나는 소리 ; 「ニ, シ, ザ, チ, ヂ」

· **硬口蓋音**(경구개음) : 경구개와 前舌면 사이에서 내는 소리 ; 「ヒ」

· **軟口蓋音**(연구개음) : 연구개와 後舌면 사이에서 내는 소리 ; 「カ, ガ행의 자음」

· **声門音**(성문음) : 성문에서 조음되는 소리 ; 「ハ, ヘ, ホ」

✲ 조음(발음) 방법에 따른 분류

① **破裂音**(파열음) : 발음기관을 닫았다가 갑자기 열 때 압축되었던 공기가 일시에 방출되면서 나오는 소리 (폐쇄음)

「カ행, ガ행, バ행, パ행의 자음, タ, テ, ト, ダ, デ, ド」

② **摩擦音**(마찰음) : 발음기관을 좁혀서 구강 속에서 마찰하여 공기를 통과시킬 때 나오는 소리 「サ행, ハ행, ザ행」

③ **破擦音**(파찰음) : 공기를 방출시키지 않고 흐름을 차단할 때 나오는 소리

「チ, ツ, ザ행의 자음」

④ **鼻音**(비음) : 공기가 구강을 통하지 않고 코를 통해 나올 때 나는 소리

「ナ행, マ행 자음, ン」

⑤ **弾音**(はじきおん탄음) : 혀끝이 잇몸을 가볍게 두드려서 내는 소리 「ラ행의 자음」

※ 시험에 자주 나오는 유성음과 무성음의 구별문제

会館(회관)	-	海岸(해안)	回収(회수)	-	怪獣(괴수)
加工(가공)	-	化合(화합)	韓国(한국)	-	監獄(감옥)
感謝(감사)	-	患者(환자)	歓声(환성)	-	関税(관세)
関東(관동)	-	感動(감동)	気質(기질)	-	期日(기일)
脚光(각광)	-	逆行(역행)	公共(공동)	-	工業(공업)
交渉(교섭)	-	向上(향상)	高層(고층)	-	構造(구조)
高等(고등)	-	行動(행동)	強盗(강도)	-	合同(합동)
荒廃(황폐)	-	購買(구매)	交流(교류)	-	合流(합류)
再会(재회)	-	災害(재해)	債権(채권)	-	再現(재현)
参照(참조)	-	参上(찾아뵘)	司法(사법)	-	脂肪(지방)
借款(차관)	-	若干(약간)	重態(중태)	-	重大(중대)
主体(주체)	-	主題(주제)	信仰(신앙)	-	信号(신호)
進展(진전)	-	神殿(신전)	正規(정규)	-	正義(정의)
走行(주행)	-	総合(총합)	相対(상대)	-	壮大(장대)
即効(즉효)	-	続行(속행)	体格(체격)	-	退学(퇴학)
対象(대상)	-	大小(대소)	等級(등급)	-	同級(동급)
登校(등교)	-	統合(통합)	浮力(부력)	-	武力(무력)
噴火(분화)	-	文化(문화)	冒頭(모두)	-	暴動(폭동)
用法(용법)	-	要望(요망)	恋歌(연가)	-	煉瓦(벽돌)

♠ 한국인 일본어 학습자들이 틀리기 쉬운 발음 문제

① 「つ」의 발음 문제

예를 들면 : つき(月), ちかてつ(地下鉄), つしま(対馬), あいさつ(挨拶)

② 「ざ」행의 발음 문제

예를 들면 : れいぞうこ(冷蔵庫), ざる(笊), ざぶとん(座布団), ぜんぶ(全部), どうぞ, ざっし

③ 어두에 탁음이 올 때

ぜんぶ(全部), がいこく(外国), だいがく(大学), だいじょうぶ(大丈夫), げんき(元気)

④ 어중에 청음이 올 때

かんこく(韓国), ついたち, だんけつ(団結), たんきかん(短期間), ひつよう (必要)

⑤ **촉음의 발음 문제**

していろ ー し(知)っている, き(来)た ー き(切)った

⑥ **모음의 무성화 문제** : 모음이 무성 자음사이에서 무성화 됨(こころ[kokoro], した[ʃita])

모음이 어말에 올 때 무성화 됨(です[desu], ます[masu], せんせい[sensei]

★ 한국어와 일본어의 비교

일본어에는 폐쇄음, 마찰음이 유성음, 무성음의 대립이 있으나, 한국어는 평음(平音 : ㄱ·ㄷ·ㅂ·ㅈ), 농음(硬音 : ㄲ·ㄸ·ㅃ·ㅉ), 격음(気音 : ㅊ·ㅋ·ㅌ·ㅍ)의 세 가지로 구별되는 언어이다.

일본어는 영어처럼 무성음과 유성음이라는 두 가지로 말의 뜻이 구별되는 언어이다. 따라서 일본어의 음성 교육에서 가장 중요한 것은 무성음과 유성음을 구분하여 발음하는 일이다.

예를 들면, 韓国(かんこく)와 監獄(かんごく)의 발음의 구별이나, 「だいがく」[daigaku]는 '大学' 이지만 「たいがく」[taigaku]는 '退学' 으로 서로 전혀 다른 뜻이 됨으로 발음에 주의해야 한다.

- 한국어에는 일본어에 있는 유성마찰음 /z/(じゃ, じゅ, じょ)와 특수음소 /N/과 /Q/가 없다.
- 일본어에는 /p, t, k, c/가 종성에 오지 않으며, 한국어에서는 나타난다.
- 일본어의 /r/은 초성에서 나타나지만, 한국어의 /l/은 중성과 종성에서만 나타난다.

1. 일본어의 음성적 특징 중에는 본래 유성음이어야 할 모음이 무성음으로 되는 현상이 있는데, 이를 「모음의 무성화」라 한다. 일본어 모음의 무성화는 어떠한 음성적 환경에서 일어나는지 예를 들어 설명하시오.

♥ 해답

① 무성자음 사이의 모음 : きしゃ[kishya], くち[kɯtʃi]
② 무성자음에 이어지는 어말·문말의 모음 : です[desɯ], ます[masɯ]
③ 어두에서 무성자음 앞에 오는 모음 : いく[ikɯ], いきる [ikirɯ]
④ 무성자음 사이의 [a], [o]는 무성화하는 경우가 있다 : こころ[kokoro]

2. 한국어는 평음(平音 : ㄱ·ㄷ·ㅂ·ㅈ), 농음(硬音 : ㄲ·ㄸ·ㅃ·ㅉ), 격음(気音 : ㅊ·ㅋ·ㅌ·ㅍ)의 세 가지로 말의 뜻이 구별되는 언어이지만, 일본어는 영어처럼 무성음과 유성음이라는 두 가지로 말의 뜻이 구별한다. 따라서 일본어의 음성교육에서 가장 중요한 것은 무성음과 유성음을 구분하여 발음하는 일이다. 예를 들면 「だいがく」[daigaku]는 '大学'이지만 「たいがく」[taigaku]는 '退学'으로서 서로 전혀 다른 뜻이 된다. 일본어의 오십음도(五十音図)에 나타나는 46개의 음절 중에서 무성자음이 포함되는 음절을 행(行)으로 구분하여 쓰시오. **(2000 중등임용고사)**

♥ 해답

- か行(또는 か, き, く, け, こ)
- さ行(또는 さ, し, す, せ, そ)
- た行(또는 た, ち, つ, て, と)
- は行(또는 は, ひ, ふ, へ, ほ)

3. 일본어의 鼻母音에 대해 설명하시오.

모음이나 반모음의 직전에 나타나는 弾音의 조건이음으로 원래 입안에서만 발음되는 모음이 비강을 통해서 소리나는 것이 비모음이다.
직후의 모음이나 반모음과 같은 음이나 유사한 음을 비강을 통과하여 나는 소리로 비음화 한 것이다.(ほんや, れんあい, せんいん)

※4. 次の事項について日本語で説明しなさい
(1) **湯桶読み**：日本語の熟語は原則的として訓読み、あるいは音読みに統一すべきものであるが、湯桶読みはこの原則からはずれて、前の字は訓で、後の字は音で読む。(身分、場所、見本、株式、荷物)
(2) **連声**：「ん」で終わる言葉の次に、ア、ヤ、ワ行の音が来た場合、それがマ、ナ、タ行に転化する現象。
天皇(てんのう)　親王(しんのう)　反応(はんのう)　陰陽(おんみょう)
三位(さんみ)　観音(かんのん)　因縁(いんねん)

3. 일본어의 음절(音節)

● **일본어의 음절수는 113개이다. (한국어 3000, 영어 5000)**
● **촉음(促音)과 장음(長音)은 1음절이지만, 요음(ようおん)은 음절이 아니다.**
예) ニュース(3음절, 3박) いっぱい(4음절, 4박),

♣ 모라적 음절
일본어의 음을 カナ로 표기할 때, カナ 한 문자를 나타내는 음을 モ-ラ라고 한다.
促音과 撥音도 한 モ-ラ로 셀 수 있으며, **モ-ラ를 박과 음절과 동일하게 본다.**
※ 金田一春彦(きんだいちはるひこ)의 학설 : 日本 /NIQPON/을 CV+Q+CV+N의 4음절(4박)으로 주장.
いっぱい(4음절, 4박, 4モ-ラ), びょういん(3음절, 3박, 3モ-ラ), にっぽん(4음절, 4박, 4モ-ラ)
그러나, 服部四郎은 /NIQPON/을 CVQ+CVN의 2음절, CV+Q+CV+N 4모라로 봄.
① **자유이음** - 조건에 의하지 않고, 의미의 차이도 나타나지 않으며, 발음하는 사람에 따라 서로 다른 발음이 존재하는 음(유기음과 무기음)

② **조건이음** - 어떤 조건에 의해 정해져 있는 발음으로 바뀌어 소리나는 것.(促音, 撥音, は행음)

(1) 음운의 변화

※ 모음의 무성음화

모음은 원래 유성음이지만, 앞뒤 무성 자음(カ、サ、タ、ハ、バ)행의 자음 등의 영향으로 모음의 소리가 울리지 않는 경우를 모음의 무성음화라고 하며, 특히 문말의 [i]와 [w]가 관계한다.

- 閉母音 [i]・[ɯ]가 무성자음 사이에 왔을 때 ; 機械 [ki̥kai], 草 [kɯ̥sa], 岸[kiʃi]
- 무성 마찰음・파찰음 다음에 오는 閉母音 [i]・[ɯ]가 단어 끝이나 文末에 왔을 때 ; 勝つ [katsɯ̥], です[desɯ̥], ます[masɯ̥]
- 広母音, 半広母音 [a]・[o]를 포함한「カ」「コ」「ハ」「ホ」가 다음 拍에도 같은 모음이 올 경우 ; かかし[kakasi], 心(こころ)[kokoro]
- 어두에서 무성자음에 선행하는 [i]・[ɯ] ; 生きる[ikirɯ], 行く[ikɯ]

♠ 모음의 무성음화는 원칙적으로 다음의 경우에 일어난다.

① 무성 자음 사이의 [i], [ɯ], [a]

きく[kik]　くさ[kɯsa]　ちかい[tʃikai]　つき[sɯki]　はは[haha]

② 어말에 선행하는 [i], [ɯ] : ~です[desɯ]　とくしょく[tokɯʃokɯ]　むし[mɯsi]

③ 어두에서 무성 자음에 선행하는 [i], [ɯ]

いきます[ikimasɯ]　いきる[ikirɯ]　うつる[ɯtsɯrɯ]

이 경우는「行きます－来ます」「生きる－切る」「移る－鶴」와 같이 의미상 혼동할 가능성이 있기 때문에 가능하면 유성화하려는 노력을 한다.

④ 유성 자음과 무성 자음 사이의 [i], [ɯ] : むすめ[mɯsɯme]

⑤ 모음 [a], [o]가 무성자음 사이에 올 때 :

はか[haka]　かたな[katana]　こころ[kokoro]

1) 促音化

- 모음의 무성화 현상의 영향으로 무성화된 모음에 선행하는 자음이 제소리를 내지 못하고 촉음과 같이 발음되는 현상

  学生, タクシ-, たくさん, 銀行(ぎんこう), 人口(じんこう)

2) 拗音의 直音化

- サ, ザ행 요음인 しゅ, じゅ가 직음인 し, じ로 발음되는 현상

  しゅくだい(宿題) → しくだい

  しゅじゅつ(手術) → しじつ, しゅじつ, しじゅつ

3) 음운의 交替

- 음이 다른 음으로 변할 때, 조음위치가 변하거나 음감이 비슷한 음으로 변하는 현상

  けぶり → けむり(煙) ([keburi] → [kemuri]), ゆく → いく(行く) ([yukɯ] → [ikɯ]), のく → どく(退く) ([nokwi] → [dokw])

♣ 일본어 액센트의 기능을 예를 들어 설명하시오.

① 변별기능 : 단어나 문장의 의미를 변별한다

(箸) ハシ ⇔ (橋) ハシ , (雨) アメ ⇔ (飴) アメ

(電気) デンキ ⇔ (伝記) デンキ

② 통어기능 : 단어와 단어의 경계를 알게 한다

[ニワニワニワトリガイル]

二羽庭には鳥がいる　ニワ/ニワニワ/トリ/ガイル

庭には二羽鳥がいる　ニワニワ/ニワ/トリ/ガイル

庭には鶏がいる　ニワニワ/ニワトリ/ガイル

桃(もも)も桃(もも)、李(すもも)も桃(もも)　もももももも、すもももももも

※ 한국어의 발음에서 주의할 것 : 민주주의의 의미

끝소리는 「이」, 조사는 「에」, 첫소리는 「의」로 발음한다.

4. 일본어의 악센트

자연스런 일본어를 발음하기 위해서는 악센트에 주의해야 한다.

한 음절이 발음되는 시간적 단위를 「モーラ」라고 하는데 자연스러운 일본어를 발음하기 위해서는 악센트에 주의해야 한다. 일본어의 악센트는 영어와 같은 **강약(強弱, stress)**의 기준이 아니라 한국어처럼 높고 낮은 **고저(高低, pitch)** 악센트이다.

각 단어별 악센트가 중요한 만큼 문장 전체의 **인터네이션** 또한 중요한 역할을 한다.

① 첫 「モーラ」가 높았으면 제2 「モーラ」는 반드시 낮으며, 제1 「モーラ」가 낮으면 제2 「モーラ」는 반드시 높다. 즉, 제1 「モーラ」와 제2 「モーラ」는 반드시 음의 높이가 다르다.

② 한 단어 안에 음이 높은 부분은 반드시 하나이다. 일정한 높이로 발음되는 「平板式」와 「起伏式」은 높은 음이 어디에 위치하는가에 따라 「頭高型」 「中高型 「尾高型」의 세 가지로 분류 할 수 있다.

즉, 箸(はし)는 첫음절 は에 악센트가 있으며, 橋(はし)는 끝음절 し에 악센트가 있다.

※ 日本語のアクセントの特徴

- 高低アクセント
- 第一音節と第二音節とは必ず高さが異なる
- 高から低に移るところ，アクセントの滝があるものとないものがある
- モ-ラ(拍)を単位とする
- アクセントの滝は単語の中に一つしか存在しない
- 単語の拍数がいろいろであるから滝はいろいろなところに現れる

表4　アクセントの型 (形式は『明解アクセント辞典』による)

型の種類 \ 拍数		1拍の語	2拍の語	3拍の語	4拍の語	5拍の語
平板式	平板型	ヒ(ガ) 日(が)	トリ(ガ) 鳥(が)	ワタシ(ガ) 私(が)	トモダチ(ガ) 友達(が)	アカンボー(ガ) 赤ん坊(が)
起伏式	尾高型		ハナ(ガ) 花(が)	オトコ(ガ) 男(が)	イモート(ガ) 妹(が)	アンナイショ(ガ) 案内書(が)
	中高型			オカシ(ガ) お菓子(が)	ヒラガナ(ガ) 平仮名(が)	ニホンジン(ガ) 日本人(が)
					ドヨービ(ガ) 土曜日(が)	バンゴハン(ガ) 晩ご飯(が)
						オジョーサン(ガ) お嬢さん(が)
	頭高型	ヒ(ガ) 火(が)	アメ(ガ) 雨(が)	ミドリ(ガ) 緑(が)	ネーサン(ガ) 姉さん(が)	ドチラサマ(ガ) どちら様(が)

●は名詞を構成する拍，○は助詞の1拍，ただし助詞「ノ」は「尾高型」を「平板型」に変えたりするため除く)

동사 활용표 악센트 규칙

악센트형	기본형	ます형	부정형	ます부정형 (ません)	과거형	ます과거형 (ました)	과거부정형	ます과거부정형 (ませんでした)	て형	조건・가정	권유・의지
平板※1	平板	뒤에서 1박째를 내린다	뒤에서1박째를 내린다	뒤에서 1박째를 내린다	平板	뒤에서 2박째를 내린다	뒤에서 3박째를 내린다	뒤에서 4박째를 내린다	平板	뒤에서 1박째를 내린다	뒤에서 1박째를 내린다
中高	뒤에서1박째를 내린다		뒤에서2박째를 내린다		뒤에서2박째를 내린다		뒤에서 4박째를 내린다		뒤에서 2박째를 내린다	뒤에서 2박째를 내린다	
頭高※2	頭高				頭高				頭高	頭高	

악센트형		기본형	ます형	부정형	ます부정형 (ません)	과거형	ます과거형 (ました)	과거부정형	ます과거부정형 (ませんでした)	て형	조건・가정	권유・의지
오단	平板	行く	行きます	行かない	行きません	行った	行きました	行かなかった	行きませんでした	行って	行けば	行こう
	中高	歩く	歩きます	歩かない	歩きません	歩いた	歩きました	歩かなかった	歩きませんでした	歩いて	歩けば	歩こう
	頭高	入る	入ります	入らない	入りません	入った	入りました	入らなかった	入りませんでした	入って	入れば	入ろう
일단	平板	いる	います	いない	いません	いた	いました	いなかった	いませんでした	いて	いれば	いよう
	中高	食べる	食べます	食べない	食べません	食べた	食べました	食べなかった	食べませんでした	食べて	食べれば	食べよう
	頭高	出る	出ます	出ない	出ません	出た	出ました	出なかった	出ませんでした	出て	出れば	出よう
불규칙	平板	する	します	しない	しません	した	しました	しなかった	しませんでした	して	すれば	しよう
		掃除する	掃除します	掃除しない	掃除しません	掃除した	掃除しました	掃除しなかった	掃除しませんでした	掃除して	掃除すれば	掃除しよう
	頭高	来る	来ます	来ない	来ません	来た	来ました	来なかった	来ませんでした	来て	来れば	来よう
		準備する	準備します	準備しない	準備しません	準備した	準備しました	準備しなかった	準備しませんでした	準備して	準備すれば	準備しよう

형용사 활용표 악센트 규칙

악센트형	기본형	です형	부정형	です부정형 (ないです)	과거형	です과거형 (かったです)	과거부정형	です과거부정형 (なかったです)	て형	조건・가정	명사수식
平板	뒤에서 1박째를 내린다	뒤에서 3박째를 내린다	뒤에서 1박째를 내린다※1	뒤에서 3박째를 내린다	뒤에서 3박째를 내린다	뒤에서 5박째를 내린다	뒤에서 3박째를 내린다	뒤에서 5박째를 내린다	뒤에서 2박째를 내린다	뒤에서 3박째를 내린다	平板
中高※2			※3				※3				뒤에서 1박째를 내린다
頭高	頭高				頭高				頭高		

악센트형	기본형	です형	부정형	です부정형 (ないです)	과거형	です과거형 (かったです)	과거부정형	です과거부정형 (なかったです)	て형	조건・가정	명사수식
平板	甘い	甘いです	甘くない	甘くないです	甘かった	甘かったです	甘くなかった	甘くなかったです	甘くて	甘ければ	甘い
中高	長い	長いです	長くない	長くないです	長かった	長かったです	長くなかった	長くなかったです	長くて	長ければ	長い
頭高	多い	多いです	多くない	多くないです	多かった	多かったです	多くなかった	多くなかったです	多くて	多ければ	多い

형용동사 활용표 악센트 규칙

악센트형	기본형	です형	부정형	です부정형 (じゃありません)	과거형	です과거형 (でした)	과거부정형	です과거부정형 (じゃありませんでした)	て형	조건・가정	명사수식
平板	平板	뒤에서 1박째를 내린다	※1		뒤에서 2박째를 내린다		※1		기본형과 같다	뒤에서 1박째를 내린다	기본형과 같다
尾高	뒤에서 1박째를 내린다	※2			※2					※2	
中高	中高										
頭高	頭高										

악센트형	기본형	です형	부정형	です부정형 (じゃありません)	과거형	です과거형 (でした)	과거부정형	です과거부정형 (じゃありませんでした)	て형	조건・가정	명사수식
平板	暇だ	暇です	暇じゃない	暇じゃありません	暇だった	暇でした	暇じゃなかった	暇じゃありませんでした	暇で	暇なら	暇な
尾高	好きだ	好きです	好きじゃない	好きじゃありません	好きだった	好きでした	好きじゃなかった	好きじゃありませんでした	好きで	好きなら	好きな
中高	得意だ	得意です	得意じゃない	得意じゃありません	得意だった	得意でした	得意じゃなかった	得意じゃありませんでした	得意で	得意なら	得意な
頭高	無理だ	無理です	無理じゃない	無理じゃありません	無理だった	無理でした	無理じゃなかった	無理じゃありませんでした	無理で	無理なら	無理な

◈ **특징**

- 수식어는 피수식어보다 높다　　面白い本です。

♧ 文音調 (인터네이션 · 프로미넨스)

(1) **문음조** : 의사소통시 상대에게 전달하고자 하는 화자의 마음가짐이나 태도가 문장 중에 나타나는 모습 (액센트는 語音調) - 인터네이션, 프로미넨스, 포즈, 리듬

(2) **인터네이션** : 文末에 나타나는 음의 고저 변화에 의해 화자의 심적상태를 나타내는 형식

① **상승조(上昇調)** : 의문, 긴장이 뒤에 계속됨

② **하강조(下降調)** : 긍정(보통문), 권유 · 의사확인(의문문)
긴장 해소, 단정, 단정적 명령문

③ **평판조(平板調)** : 진술, 말이 아직 계속되고 있다는 느낌
희망 · 의뢰 · 권유

④ **강승조(降昇調)** : 하강한 후에 급상승함 - 반문(雨だって)
- 양보 · 부탁(悪いけど)

(3) **프로미넨스**

- 卓立の強調, 対比強調, センテンスアクセント
- 말하는 사람이 제일 강조하고 싶은 부분을 높이 발음하는 것 : 내일 서울간다.
- 특히 전하고 싶은 부분, 듣고 싶은 부분, 상대방이 모르는 새로운 내용을 전하는 부분, 잘못 이해할 우려가 있는 부분

- 동작을 나타내는 부분은 낮다　　本を読んでいます。

- 설명문은 뒤에 온다　　これは本です。

- 단어의 종류와 관계없이 문의 형태에 따라 정해짐
→ 조사가 바뀌면 프로미넨스도 바뀐다.

机のそばにあります。　　机はそばにあります。

- 문이 복합할 때는 기존의 형이 사라지고, 새로운 형이 나타난다

▲　　　　　▲
机はそばです。 + そばにあります。
▲
→ 机のそばにあります。

- 切れ目에 따라 새로 생김

▲
机のそばにいすがあります。
▲　　　　　▲
机のそばです。 / いすがあります。
▲　　　　▲　　　　▲　　　　▲
机です。 / そばです。 / いすです。 / あります。

日本語의 표기

※ くり返し符号(반복부호) : 「おどり字」라고도 한다.

符号	名称	用　法	用　例
々	同の字点	① 한자 하나를 되풀이할 때 쓴다. ② 두단어로 二字連合할 때는 사용하지 않는다.	① 年々, 人々, 国々, 日々 ② 大学学長(大学々長 ×) 民主主義(民主々義 ×)
ゝ ゞ	一つ点	①「かな」하나를 되풀이 할 때 사용한다. ②「かな」한자의 되풀이 부호로, 밑에 탁음이 올 때에 사용한다.	① あゝ, たゝみ ② かゞみ, たゞし, つゞく
〳〵 〴〵	くの字点	①「かな」두자를 되풀이 할 때 사용한다. ②「かな」두자의 되풀이 기호로, 밑에 탁음이 올 때 사용한다. ※ 가로쓰기에는「々」이외에는 사용되지 않으며, 글을 모두 써야 한다.	① いろいろ(いろ〳〵) わざわざ(わざ〳〵) ② しみじみ, それぞれ くれぐれ, かねがね
(주의) (1) 품사가 다른 경우와 활용어미에는 사용되지 않는다. (주의) (2) 위가 탁음이며, 밑이 청음인 경우에는「ゝ」,「ゞ」는 사용하지 않는다. (주의) (3) 반탁음에는「ゝ」,「〳〵」는 사용하지 않는다.			そののち(連体詞 + 名詞) かわいい(形容詞語尾) 手がかり じしん(自信・自身) ぱちぱち ぴかぴか 人々はそれぞれ趣味がちがう。

5. 한국어와 일본어의 관계

오늘날 언어 계통상으로 한국어와 일본어는 우랄 알타이어족에 속하며 약 2천여년전에 조어(祖語)인 원시 한국어에서 분파되어 일본어를 형성했다고 추측하고 있다.

漢字, 漢文이 일본에 들어간 것은 AD 6**세기경 백제** 13**대 근초고왕 때 왕인**(王仁)**과 아직기**(阿直岐)**에 의해 漢文과 論語가 일본에 전달되어, 일본에 문자가 시작되었다.**

고대 한・일 관계는 일본최초의 역사책인 『고지키(古事記 : 712년)』와 정치, 군사, 문화적으로 상세히 기술한 720년에 완성된 『일본서기』에 자세히 기록되어 있다. 이 시기에 한국문화가 일본문화에 미친 영향은 크다. 왕인(王仁)의 묘는 오사카(大阪)현 히라카타(枚方)시에 있다.

古代 韓国에서 日本에 집단적으로 건너간 도래인(渡来人), 귀화인(帰化人)이라고 불리는 한국인들이 일본의 농경사회조직, 야마토정권(大和政権)의 대외 교섭 및 통일국가 건설에 주도적 역할을 했다는 사실 등은, 9세기초에 성립된 『신선성씨록(新撰姓氏録)』을 보면 잘 알 수 있다. 헤이안초기(平安初期)의 시점에서 중앙 귀족이나 지방 호족의 3분의 1이 한국에서 온 사람이라고 한다.

또 하나의 증거는 일본어의 기초어로서 고대 한국어가 지금도 그대로 많이 남아 있다는 사실이다.

예를 들면, 절이 데라(寺)로, 마을 촌이 무라(村)로, 갑옷이 가부도로, 사라가 사라로, 가마가 가마로, 총각이 찌용가로, 밭이 하타께 등으로 지금도 일본어에서 상용하고 있는 것이 그 증거이다.

한국에는 성씨가 300여가지 인데, 일본에는 성씨(姓氏)가 13만가지나 있으니 성씨만 알아도 13만 단어를 알 수 있다.

한국어와 일본어는 공통점이 많다. 즉, 한국어와 일본어는 한자를 병행하여 사용하고 있고, 어순이 같으며, 문법적으로 거의 비슷하다. 단정문의 어미가 「다」로, 의문문의 어미가 「까」로 끝나는 점도 거의 동일하다. 그 밖에도 한일양어에는 관사가 없으며, 명사에 성(性)의 구별이 없다는 점, 한국어는 절대경어이고 일본어는 상대경어라 하지만, 양어는 경어가 발달되어 있으며, 고저악센트로 되어 있는 점이 한・일 양어의 공통된 특징이라고 할 수 있다.

한국어는 모음 10**개, 자음** 14**개로 된 한글은** 24**자로** 1443**년 세종대왕 시절에 집현전에서 한글 문자를 창제하였다. 일본어는 모음**5**개, 자음**16**개이며, 히라가나와 카타카나로 된** 50**자를** 10**세기에 한자의 초서체와 한자의 일부분인 획을 본따서 만들었다고 한다.**

한국어의 음운체계는 평음, 농음, 격음으로 분류하고 주로 자음으로 끝나는 폐음절이나, 일본어의 음운체계는 유성음과 무성음으로 구분되고, 주로 모음으로 끝나는 개음절이라는 점이 크게 다른 점이라 할 수 있다. 한국, 중국, 일본은 똑같은 한자문화권에 속하면서도 서로 다른 한자를 쓰는 등 표음문자인 한자가 자국어화 하고 있다.

즉, 한국에서의 내일(來日), 책(冊)을 일본에서는 아스(明日), 홍(本)으로 쓰고, 중국에서는 명천(明天), 서(書)로, 각자 서로 다르게 표현하여 사용하고 있다. 오늘날의 한국 한자는 중국에 없는 일본식한자가 많이 사용되고 있는데 그것은 근대화 초기에 일본을 통해서 들어온 것과 34년 11개월 동안 일본의 지배를 받은 일제시대의 잔재가 그대로 남아 있는 것이다. 예를 들면, 만땅(가득), 쓰께다시(첨가물), 까다(깡패), 다마(구슬), 카라(깃), 무대포(무턱대고), 노가다(노가대), 이지메(왕따) 등.....

과거에 찬란한 중국의 문물이 한국을 통해 일본에 들어갔듯이, 오늘날 선진국의 문물이 일본을 통해서 한국, 중국으로 유입되는 것은 당연한 문명의 흐름이다.

국제화, 세계화의 시대에 살고 있는 우리가 문화의 폐쇄성을 주장, 강조할 필요는 없다. 한국

사람이 김치에 밥만 먹지 말고 빵, 햄버거, 우동, 스시 등도 먹어야 하듯이, 자신의 고유의 우수한 교육문화가 있으면 살리면서 외국의 우수한 문화를 접목시켜 새로운 종합문화를 창조하는 힘이 일본은 우리보다 강한 것 같다. 한일 양국이 너무 자기 것이라고만 주장하는 자기중심주의인 국수주의, 내쇼날리즘을 탈피해야만 진정한 교류가 이루어질 수 있을 것이다.

1500년전에 한국이 일본에 한문과 논어를 전달하고 한자를 가르쳐 주었으며, 26대 백제 성왕때(538년) 불교를 일본의 킨메이왕에게 전달했다고만 떠들고 있을 때가 아니다. 근대 개화기시대부터는 일본에서 오히려 서양문물과 한자를 받아들이고 있지 않는가.

현재 일본에서는 상용한자로 1945자를 사용하고 있으나, 한국의 상용한자 1800자도 대부분 일본의 상용한자와 거의 같다. 그러나, 우리는 한자폐지를 주장하는 쇄국주의 학자가 많아서 크게 걱정된다. 구시대적인 궤변보다는 국제시대의 현실을 중시해야 하는데......

한국인과 일본인의 의식구조는 너무나 다르다. 일본인은 혼네(本音 : 속마음)를 털어놓지 않고, 시간을 끌고, 미루는 버릇이 있다. 어떻게 보면 치밀하고 폐쇄적이지만, 우유부단하여 일본인의 입장을 판단하기 어렵게 만든다. 예를 들면, 일본어에 いっぱい(가득, 한잔), どうも(부디, 글쎄요, 어서 잘하라, 면목없다, 미안하다)라는 한 단어가 여러 말 대신에 쓰이고 있다. 이처럼 언어 역시 일본인의 불확실한 언동과 같다. 즉, 일본인의 언동은 언어로부터 나온다.

일본어의 음절수는 113개, 한국어의 음절수 3,000개로 영어의 음절수 6,000개에 비하면 너무나 적어서 외국어를 발음할 때 일본인들은 어려움이 많다. 한국어와 일본어는 경어가 상당히 발달되어 있다.

특히, 한국어는 자기보다 손윗사람에게는 무조건 경어를 쓰는 절대 경어인데 비하여, 일본어는 자기 가족에게는 경어를 잘 안 쓰고 상대방에게만 경어를 쓰는 상대 경어이다. 즉, 한국인은 자기 아버지나 상대의 어머니를 부를 때 아버님, 어머님 하는데, 일본인은 자신의 부모를 부를 땐 ちち(아빠), はは(엄마)라 부르며, 상대방의 부모를 부를 땐 おとうさん(아버지), おかあさん(어머니)이라고 부른다. 또한, 한국어에서는 형, 오빠, 언니, 누나 등으로 나누어져 있는데, 일본어에서는 밑에 사람이 남자이건 여자이건, 손윗사람이 남자이면 おにいさん(형, 오빠)이고, 손윗사람이 여자이면 おねえさん(언니, 누나)이다. 한국에서는 “야”, “너”, “나” 등의 남성 용어가 여성들 사이에 퍼져서 유행하고 있다.

일본어의 “あなた(당신)”은 영어의 “YOU(당신)”보다 그 범위가 좁아서 보통 자신보다 낮은 사람에게만 쓰는데, 여성상위시대의 산물일까? 일본사회에서 부인이 남편에게 “あなた(당신)”라고 부른다.

그래서, 일본의 남편은 화가 났는지, 부인을 “おまえ(너)”라고 함부로 부르기도 하고 “사찌꼬”, ‘하나꼬“등의 이름을 부르기도 한다. 한국의 정형시는 7.5조로 구성되어 있는데, 일본의 하이쿠는 5.7.5의 17자이고, 단카는 5.7.5.7.7의 31자로 제한되어 있다.

지금 일본어는 세계에서 앞다투어 배우는 붐이 일어나고 있는데, 우수한 한글은 왜 세계인들이 잘 배우지 않을까? “언어는 국력이다.” 중국에서는 중학교 때부터 일본어를 가르치고, 서양에서도 수백만 명이 일본어를 배우고 있다 하니 그 이유를 알만도 하다.

최근 한국에서는 국어순화를 무색하게 하는 일본어 용어가 일상생활에 유행하여 구루마, 엥꼬, 로바다야키, 찌라시, 가신(家臣), 정권(政権), 춘투(春闘), 화왕(画王), 택배(宅配), 부동산, 와사비, 구좌, 스시, 사시미, 가봉, 사이비, 가라오케, 모지리 등의 일본어 용어가 우리 몸에 배어 있으니 정말 아이러니가 아닐 수 없다.

※ 우리말 속의 일본어

일본어식 표현	올바른 우리말	일본어식 표현	올바른 우리말
오야지(親爺)	우두머리	다꾸앙, 닥꽝(沢庵)	단무지
요지(楊枝)	이쑤시개	사시미(刺身)	생선회
잇빠이(いっぱい)	가득	소데나시(袖無)	민소매
만땅, 만땅꼬(満タンク)	가득, 꽉채움	스끼다시(付きだし)	곁들이 안주
아나고(穴子)	붕장어	와사비(わさび)	고추냉이
가오(顔)	얼굴	견학(見学)	보고 배우기
다마네기(たまねぎ)	양파	찌라시(ちらし)	선전지

6. 한 · 일어간의 공통점과 차이점

① 韓 · 日語가 알타이語의 특징을 같이 가진 점은 다음과 같다.

- 単数 · 複数의 구별이 뚜렷하지 않다.
- 名詞에 性의 구별이 없다.
- 冠詞(the, a)가 없다.
- 格変化는 韓国語에서는 토씨로, 日本語에서는 (ガ), (ノ), (ニ), (ヲ)를 助詞로 표현하며 모두 부속어이다.

on the table
- **(韓)책상위에 책이 있다.**
- **(日)机の上に本がある。**

- 인도 · 유럽語 에서와 같은 受動態가 없다. 다만 動詞뒤에 「죽다 → 죽인다」에서와 같이 (…인다), 「殺ス(죽이다) → 殺サレル(피살되다), 投ゲル(던지다) → 投ゲラレル(던져지다)」와 같이 (…レル)를 첨가해서 受動態의 표현을 하는 경우가 많다.
- 관계대명사가 없다.
- 形容詞나 副詞는 名詞 · 動詞의 앞에 오고, 目的語는 動詞 앞에 온다.
  (큰 사람이 꽃을 딴다 → 大きい 人が 花を 取る。)
- 의문문은 문장 끝에 의문의 표시 「가」에 대응되는 「か」를 붙여서 표현한다.
  (비가 오는가 → 雨が降るか。)

② 알타이語와는 다른 韓・日語의 공통된 특징은 다음과 같다.

- 나(私)・너(あなた)・그(彼) 등 인칭에 따르는 어미 변화도 같지 않다.
- 관사의 구별을 하지 못한다.
- 代名詞에 「이것(コレ)」・「그것(ソレ)」・「저것(アレ)」의 近・中・遠의 세가지 구별이 있다.
- 高低의 악센트를 가진다.
- 語順이 같다.

이와 같은 類似性에도 불구하고 日本語의 약점은 음절수(113음절)가 적어서 韓国語(3,000음절)보다 영어(6,000음절)를 발음할 수 없는 음이 많다.

(1) 일본어의 특징

① 어두에 탁음이나 반탁음을 갖는 어가 드물다.
② 어두에 ラ행음을 갖는 어가 드물다.
③ 조어력이 약하다.
④ 다의성이다.
⑤ 동음어가 적다.
⑥ 일상 회화체에 많이 사용한다.
⑦ 어감면에서 친근감이 있다.

(2) 한자어의 특징

① 어두에 탁음이 많고 반탁음은 오지 않는다.
② 음독에도 여러 가지 읽는 법이 있다.

- 한음+오음(植物 : ショクブツ, 旅行 : リョコウ 등)
- 오음+오음(仮病 : ケビョウ, 断食 : ダンジキ 등)
- 당음(提灯 : チョウチン 등)
- 한음+오음(風情 : フゼイ, 無人 : ムジン 등)
- 오음+한음(言語 : ゲンゴ, 食物 : ショクモツ 등)

③ 3박, 4박어가 많다.
④ 요음과 장음이 많이 사용된다.
⑤ 어형이 복합하는 경우 連声을 일으키는 경우가 있다.
さん(三)+い(位) = さんみ(三位), いん(因)+えん(縁) = いんねん(因縁)
てん(天)+おう(皇) = てんのう(天皇), せつ(雪)+いん(隠) = せっちん(雪隠)
⑥ 문장어에 많이 사용한다.
⑦ 어감면에서 세련미가 있다.
⑧ 구체적인 명사에 비교적 많이 사용된다.
⑨ 동음어와 유의어가 많다.

⑩ 표기는 한자로 하는 것이 보통이다. 그러나 상용한자 이외의 경우는 가나로 쓴다.
⑪ 문자 의식이 높다.
⑫ 자립어 중 명사, 특히 인간 활동에 관한 것이나 추상 명사에 많이 사용된다.
⑬ 각종 한어를 결합해서 긴 단어를 만들기도 하고, 긴 단어를 단축할 수도 있다.
⑭ 명치시대 이후 급속히 증가했다.

※ 漢字(한자)

현존하는 최고의 한자는 은(殷)나라 시대의 갑골문자(甲骨文字)이다.

(1) 한자의 読音法 : 한자는 읽는 방법을 読み仮名 또는 振り仮名라 하며 音読과 訓読이 있다.

① **音読** : 中国의 漢字音을 본떠서 읽는 소리
<예 : 来日(らいにち), 山(さん), 川(せん), 愛(あい)>

・呉音

- 5~6세기경 중국 양자강 하류지방의 南方음이 한반도를 거쳐 들어온 것
- 「古事記」, 「万葉集」의 万葉ガナ : 馬는「メ」, 奴「ヌ」로 사용함
- 일본 한자음의 기층을 이루며 仏教用語에 가장 많음
  人間(にんげん), 男女(なんにょ), 行者(ぎょうじゃ), 今昔(こんじゃく), 経文(きょうもん), 兄弟(きょうだい), 自然(じねん)

・漢音

- 7~8세기경 전해진 중국의 西北地方에서 옴
- 「日本書紀」의 万葉ガナ
- 平安시대에 장려되어, 일본 한자음의 주류가 됨
  人間(じんかん), 男女(だんじょ), 兄弟(けいてい), 自然(しぜん), 行動(こうどう), 文章(ぶんしょう)

・唐音(宋音) : 鎌倉時代이후

- 송나라에서 청나라시대 사이에 전래된 한자음
- 새로운 문물이나 종교용어, 일반적인 음식물 이름 등에 국한됨
  鈴(りん), 甲板(かんぱん), 和尚(おしょう), 扇子(せんす), 行脚(あんぎゃ)

② **訓読** : 일본의 고유어를 한자의 뜻으로 읽는 音

・正訓 : 각 한자의 중국어로서의 의미에 맞는 일본어 사용

山(やま), 青い(あおい), 川(かわ), 朝日(あさひ)

· 国訓 : 일본에 적합한 의미를 기초로 한 것
安い(やすい), 更ける(ふける)

· 熟字訓 (しゅくじくん)

- 개별 한자의 본래의 의미와는 상관없이 숙어를 단위로 하여 그 의미에 맞는 일본어를 훈으로 읽는 방법.
- 今日(きょう), 明日(あす), 田舎(いなか), 海女(あま), 乳母(うば), 乙女(おとめ), 五月雨(さみだれ), 紅葉(もみじ), 土産(みやげ), 小豆(あずき), 大人(おとな)

· 重箱読み (じゅうばこよみ)

- 숙어를 앞은 음으로, 뒤는 훈으로 읽는 방법
  気持ち(きもち), 本屋(ほんや), 台所(だいどころ), 番組(ばんぐみ)

· 湯桶読み(ゆとうよみ)

- 숙어를 앞은 훈(訓)으로, 뒤는 음(音)으로 읽는 방법
  雨具(あまぐ), 見本(みほん), 場所(ばしょ), 夕刊(ゆうかん), 荷物(にもつ)
  切符(きっぷ), 消印(けしいん), 野宿(のじゅく), 黒幕(くろまく)

· 連声(れんじょう)

- 모음으로 시작하는 말이 ん으로 끝나는 字音인 경우, 발음을 용이하게 하기 위해, 앞의 字音이 뒤의 字音에 영향을 주어 뒤의 첫음이 ナ행, マ행음으로 바뀌는 현상
  天皇(てんおう → てんのう), 親王(しんおう → しんのう)
  反応(はんおう → はんのう), 三位(さんい → さんみ)
  観音(かんおん → かんのん), 因縁(いんえん → いんねん)

悲しみを治療する薬はただ一つ、行動することだ。<ルイス>
슬픔을 치료하는 약은 단 한가지, 행동하는 것이다.<루이스>

(2) 상용한자와 교육한자

常用漢子는 1945年에 실시한 当用漢子(1850字)에 95字를 추가하여 1981年 10月 1日부터 1945字를 公用文書, 신문, 잡지, 방송 등의 일상적인 사회 생활에 사용한다.
소학교 6년 동안에 996자, 중학교에서 849자를 배우고 있다.

(3) 틀리기 쉬운 한국어와 일본어의 한자 표현

한국어	일본어	한국어	일본어
工夫공부	勉強(べんきょう)	초등학교	小学校(しょうがっこう)
登記등기	書留(かきとめ)	便紙편지	手紙(てがみ)
人事인사	挨拶(あいさつ)	자기	自分(じぶん)
우체국	郵便局(ゆうびんきょく)	우표	切手(きって)
재수생	浪人(ろうにん)	다방	喫茶店(きっさてん)
学院학원	塾・予備校(じゅく・よびこう)	일기	天気(てんき)
감기	風邪(かぜ)	생일	誕生日(たんじょうび)
사계절	四季(しき)	파출소	交番(こうばん)
사전	辞書(じしょ)	일	仕事(しごと)
경치	景色(けしき)	시골	田舎(いなか)
친구	友達(ともだち)	고교시절	高校時代(こうこうじだい)
助教조교	助手(じょしゅ)	차표	切符(きっぷ)
書芸서예	書道(しょどう)	愛人애인	恋人(こいびと)
昨年작년	去年(きょねん)	가격	値段(ねだん)
경우	場合(ばあい)	이름	名前(なまえ)

¤ 주의해야 할 한국어와 일본어의 표기가 다른 한자

낙오(落伍) : 落後, 포기(抛棄) : 放棄, 종합(綜合) : 総合

첨단(尖端) : 先端, 여론(輿論) : 世論, 가혹(苛酷) : 過酷

장애(障碍) : 障害, 의상(衣裳) : 衣装, 영양(営養) : 栄養

♧ 한국어와 일본어의 특질에 대해서 논하시오

언어 계통상으로 한국어와 일본어는 우랄 알타이어족에 속하며, 조어(祖語)인 원시 한국어에서 분파되어 일본어를 형성했다고 추측하고 있다.

고대 한·일 관계는 일본최초의 역사책인『고지키 』(古事記 : 712년)와 정치, 군사, 문화적으로 기술한『일본서기』 (日本書紀 : 720년)에 자세히 기록되어 있다.

한국문화가 일본문화에의 미친 언어적 영향은 많았다.

예를 들면, 절이 데라(寺)로, 마을 촌이 무라(村)로, 갑옷이 가부도로, 사라가 사라로, 가마가 가마로, 총각이 찌용가, 밭을 하타께 등으로 지금도 일본어에서 상용하고 있는 것이 그 증거이다. 최근에는 일본어 용어가 우리의 일상생활에 유행하여 구루마, 엥꼬, 로바다야키, 찌라시, 가신(家臣), 정권(政権), 춘투(春闘), 화왕(画王), 택배(宅配), 부동산, 와사비, 구좌, 스시, 사시미, 사이비, 야끼니꾸, 가라오케, 쓰리 .....

한국어와 일본어는 공통점이 많다. 즉, 한국어와 일본어는 한자를 병행하여 사용하고 있고, 어순이 같으며, 문법적으로 거의 비슷하다. 단정문의 어미가「다」로, 의문문의 어미가「까」로 끝나는 점도 거의 동일하다. 또한 관사가 없으며, 명사에 성(性)의 구별이 없다. 한국어는 절대 경어이고 일본어는 상대 경어이며, 고저악센트로 되어 있는 점이 한·일 양어의 공통된 특징이라 할 수 있다. 한국어는 모음 10개, 자음 14개로 된 한글은 24자로 1443년 세종대왕 시절에 집현전에서 한글 문자를 창제하였다. 일본어는 모음5개, 자음16개이며, 히라가나와 카타카나로 된 50자를 10세기에 한자의 초서체와 한자의 일부분인 획을 본 따서 만들었다고 한다. 한국어의 음운체계는 평음, 농음, 격음으로 분류하고 주로 자음으로 끝나는 폐음절이나, 일본어의 음운체계는 유성음과 무성음으로 구분되고, 주로 모음으로 끝나는 개음절이라는 점이 크게 다른 점이라 할 수 있다. 이와 같은 유사성도 있지만, 일본어의 약점은 음절수(113음절)가 적어서 한국어(3,000음절)보다 영어(6,000음절)를 정확하게 발음할 수 없다.

(4) 시험에 자주 출제되는 동음이의어(同音異義語) 1

あう	合う　会う　逢う	かんこく	韓国　勧告
あける	明ける　開ける　空ける	かんし	漢詩　監視　冠詞　干支
あげる	上げる　揚げる　挙げる	かんしょう	観賞　完勝　鑑賞
あつい	暑い　熱い　厚い	かんじょう	感情　勘定
あらわす	表す　現す	かんせい	完成　歓声　感性
いこう	移行　意向　以降	かんそう	感想　乾燥
いし	医師　意思　意志　石	かんりょう	完了　官僚
いじ	維持　意地	きかい	機械　機会　器械
いじょう	以上　異常　異状	きかん	期間　機関　器官　帰還
いっさい	一切　一歳	きげん	期限　機嫌　起源
いらい	以来　依頼	きゅうこう	急行　休講　休校
うつす	移す　写す　映す	きょうかい	協会　教会　境界
おかす	犯す　侵す　冒す	きょうちょう	強調　協調
おさめる	収める　納める　治める	きょうどう	共同　協同
かいせつ	解説　開設	けいい	敬意　経緯
かいてん	回転　開店	けいたい	形態　携帯
かいろ	回路　海路	こうえん	公園　公演　講演　後援
かえる	替える　代える　変える	こうかい	航海　後悔
がっき	楽器　学期	こうぎょう	工業　鉱業

かてい	過程　家庭　仮定
こうこく	広告　公告
こうしゅう	公衆　講習
こうそく	高速　拘束
こうふく	幸福　降伏
さす	差す　挿す　指す
しかく	資格　四角　視覚
しき	四季　指揮
じこ	自己　事故
しこう	志向　思考　指向　施行
じしん	自身　自信　地震
してん	支店　視点
じてん	時点　事典　辞典　字典
じどう	自動　児童
しゅうかん	習慣　週間　週刊
じゅうぶん	十分　充分
しゅし	主旨　趣旨　種子
しょうがい	障害　生涯
しょうてん	焦点　商店
しょうにん	承認　証人
じょし	女子　女史　助詞
こうこう	高校　孝行
しりつ	私立　市立
じんこう	人口　人工
せいき	世紀　正規
せいし	静止　生死
せんこう	選考　専攻　先行
せんたく	選択　洗濯
そうさ	操作　捜査
たいけい	体系　体型　大系　体形
たいしょう	対象　対照　対称
てんかい	展開　転回
どうし	同士　動詞　同志
どうよう	同様　童謡
はいけい	拝啓　背景
ひなん	避難　非難
ほうさく	方策　豊作
ほうそう	放送　包装
ゆうこう	有効　友好　遊行
ようし	用紙　養子
ようじ	用事　幼児
ようせい	養成　要請

★ 시험에 자주 출제되는 동음이의어(同音異義語) 2

いぎ	異議　意義
いけん	意見　異見
いし	意志　意思　遺志
いじょう	異常　以上　異状
かいとう	回答　解答　快投
かいほう	解放　開放　快報
かてい	過程　課程
かんしん	関心　感心　歓心
きこう	紀行　機構　気候
きせい	規制　帰省　規正　期成
けいせい	形成　形勢
こうい	厚意　好意
じき	時期　時季　時機
しこう	思考　試行　志向　施行　施工
しざい	資材　私財　資財
しゅうりょう	終了　修了

しんにゅう	進入 侵入 浸入	せいちょう	成長 生長	せいりょく	勢力 精力	たいせい	体制 体勢 態勢
へいこう	平行 平衡 閉校 閉講	ほしょう	保証 補償 保障	めいかい	明快 明解 冥界	ゆうせい	優勢 優性 優生

※ 동음이의어(同音異義語) 와 동훈이의어(同訓異義語)는 사전을 찾으면서 암기해 두어야 한다.

(5) 시험에 자주 출제되는 동훈이의어(同訓異義語) 1

あう	人に**会う** 話が**合う** 事故に**遭う**	あける	夜が**明ける** 家を**空ける** 窓を**開ける**
あげる	腕前を**上げる** 花火を**揚げる** 犯人を**挙げる**	あたい	**価**が高い品 称賛に**値**する
あつい	**厚い**布地 **熱い**ふろ **暑い**夏	あてる	矢を的に**当てる** 漢字に訓を**充てる**
あと	**後**に残る **跡**を残さない	あぶら	**油**に水 **脂**が乗る
あやまる	解答を**誤る** 友人に**謝る**	あらい	波が**荒い** 網の目が**粗い**
あらわす	図式で**表す** 姿を**現す** 本を**著す**	いたむ	心が**痛む** 家が**傷む** 死を**悼む**
いる	的に弓を**射る** 鐘を**鋳る**	うえる	木を**植える** 知識に**飢える**
うれい	**愁い**に沈む **憂い**がない	おう	背中に**負う** ボールを**追う**
おかす	権利を**侵す** 危険を**冒す** 罪を**犯す**	おくる	駅まで**送る** 記念品を**贈る**
おくれる	時間に**遅れる** **後れ**を取る	おさめる	税金を**納める** 成果を**収める** 国を**治める** 学問を**修める**

おこる	さわぎが**起る** 産業が**興る**	おす	車を**押す** 会長に**推す**
おどる	心が**躍る** ダンスを**踊る**	おもて	紙の**表** **面**を伏せる
かえりみる	過去を**顧みる** 自らを**省る**	かう	恨みを**買う** 小鳥を**飼う**
かおる	茶の**香り** 風**薫る**(훈풍이 불다)	かかる	迷惑が**掛かる** 賞金が**懸かる** 橋が**架かる**
きわまる	進退**窮まる** 不都合**極まる**	きわめる	栄華を**極める** 学問を**究める**
こうど	ひこうきの**高度**は高い 電球の**光度**は100ワットだ	さく	布を引き**裂く** 時間を**割く**
しずめる	気を**静める** 反乱を**鎮める** 船を**沈める**	とうとい	**尊い**神 **貴い**人命
とく	結び目を**解く** 絵の具を**溶く**	はえ	夕**映え**が美しい **栄え**ある勝利
ふける	夜が**更ける** **老けて**見える	ふるう	身**震い**がする 力を**奮う**
ほる	胸像を**彫る** 池を**掘る**	わかい	**若い**世代。 敵と**和解**する。

※ 시험에 자주 나오는 중요한 동훈이의어 2

あう	合う	計算が合う。	계산이 맞다.
	会う	人に会いに行く。	사람을 만나러 간다.
あがる	上がる	地位が上がる。	지위가 오르다.
	揚がる	歓声が揚がる。	환성이 오르다.
あく・あける	明く・明ける	夜が明ける。	날이 새다.
	空く・空ける	席が空く。	자리가 비다.
	開く・開ける	窓を開ける。	창을 열다.
あつい	暑い	今年の夏は暑い。	올해 여름은 덥다.
	熱い	熱い湯。	뜨거운 물.

	厚い	厚い壁で隔てる。	두꺼운 벽으로 가로막다.
あやまる	誤る	誤りを見つける。	실수를 발견하다.
	謝る	謝って済ます。	사과하여 해결하다.
あらわす	表す	ことばに表す。	말로 표현하다.
	現す	姿を現す。	모습을 나타내다.
	著す	書物を著す。	책을 저술하다.
あわせる	合わせる	時計を合わせる。	시계를 맞추다.
	併せる	二つの会社を併せる。	두 개의 회사를 합치다.
うつ	打つ	くぎを打つ。	못을 박다.
	撃つ	鉄砲を撃つ。	총포를 쏘다.
うつす	写す	写真を写す。	사진을 찍다.
	映す	鏡に姿を映す。	거울에 모습을 비추다.
うむ	生む・生まれた	東京で生まれた。	도쿄에서 태어났다.
	産む・産まれた	卵を産み付ける。	알을 낳다.
える	得る	勝利を得る。	승리를 얻다.
	獲る	猟で熊を獲る。	사냥으로 곰을 잡다.
おかす	犯す	過ちを犯す。	잘못을 저지르다.
	侵す	権利を侵す。	권리를 침해하다.
	冒す	危険を冒す。	위험을 무릅쓰다.
おくる	送る	荷物を送る。	짐을 보내다.
	贈る	感謝状を贈る。	감사장을 보내다.
おさまる	収まる	博物館に収まる。	박물관에 보관하다.
	納まる	品物が納まる。	물품이 납품되다.
	治まる	痛みが治まる。	통증이 가라앉다.
	修まる	身持ちが修まらない。	몸가짐이 바르지 않다.

おりる	降りる	電車を降りる。	전차에서 내리다.
	下りる	幕が下りる。	막이 내리다.
かえる	変える	観点を変える。	관점을 바꾸다.
	換える	物を金に換える。	물건을 돈으로 교환하다.
	替える	振り替える。	대체계정으로 하다.
	代える	書面をもってあいさつに代える。	서면으로 인사를 대신하다.
きく	聞く	物音を聞いた。	소리를 들었다.
	聴く	音楽を聴く。	음악을 귀기울여 듣다.
	効く	薬が効く。	약이 효과가 있다.
	利く	機転が利く。	재치가 있다.
さがす	捜す	犯人を捜す。	범인을 찾다.
	探す	あらを探す。	흠을 찾다.
さす	差す	腰に刀を差す。	허리에 칼을 차다.
	指す	指し示す。	지시하다.
	刺す	人を刺す。	사람을 찌르다.
しまる	締まる	ひもが締まる。	끈이 죄어지다.
	絞まる	首が絞まる。	목이 졸라지다.
	閉まる	戸がしまる。	문이 닫히다.
すすめる	進める	前へ進める。	앞으로 나아가다.
	勧める	入会を勧める。	입회를 권유하다.
	薦める	候補者として薦める。	후보자로 추천하다.
たずねる	尋ねる	道を尋ねる。	길을 묻다.
	訪ねる	知人を訪ねる。	지인을 방문하다.
たつ	断つ	退路を断つ。	퇴로를 끊다.
	絶つ	命を絶つ。	목숨을 끊다.
	裁つ	生地を裁つ。	옷감을 재단하다.

つく	付く	利息が付く。	이자가 붙다.
	着く	席に着く。	자리에 앉다.
	就く	職に就く。	직위에 취임하다.
つとめる	努める	完成に努める。	완성에 힘쓰다.
	勤める	会社に勤める。	회사에 근무하다.
	務める	議長を務める。	의장을 맡다.
ととのう	整う	整った文章。	정돈된 문장.
	調う	資金が調う。	자금이 마련되다.
とまる	止まる	交通が止まる。	교통이 정지되다.
	留まる	鳥が木の枝に留まる。	새가 나뭇가지에 앉다.
	泊まる	船が港に泊まる。	배가 항구에 정박하다.
とる	取る	手に取る。	손에 쥐다.
	採る	血を採る。	피를 뽑다.
	執る	事務を執る。	사무를 보다.
	捕る	ねずみを捕る。	쥐를 잡다.
	撮る	写真を撮る。	사진을 찍다.
なおす	直す	機械を直す。	기계를 고치다.
	治す	風邪を治す。	감기를 치료하다.
はかる	図る	解決を図る。	해결을 꾀하다.
	計る	時間を計る。	시간을 재다.
	測る	距離を測る。	거리를 재다.
	量る	目方を量る。	무게를 재다.
はなす	離す	つなぎ目を離す。	이음매를 풀다.
	放す	鳥を放す。	새를 놓아주다.
	話す	おもしろおかしく話す。	재미있고 우습게 얘기한다.
はやい	早い	時期が早い。	시기가 빠르다.
	速い	流れが速い。	흐름이 빠르다.

(6) 꼭 알아야 할 常用漢字 付表

読み方	常用漢字	뜻	読み方	常用漢字	뜻
あす	明日	내일	かや	蚊帳	모기장
あずき	小豆	팥	かわせ	為替	환어음
あま	海女	해녀	かわら	河原・川原	모래밭・자갈밭
いおう	硫黄	유황	きのう	昨日	어제
いくじ	意気地	고집, 기개	きょう	今日	오늘
いちげんこじ	一言居士	일언거사	くだもの	果物	과일
いなか	田舎	시골	くろうと	玄人	전문가
いぶき	息吹	숨, 호흡	けさ	今朝	오늘 아침
うなばら	海原	넓고넓은바다	けしき	景色	경치
うば	乳母	유모	ここち	心地	기분
うわき	浮気	바람기	ことし	今年	금년
うわつく	浮つく	들뜨다	さおとめ	早乙女	소녀, 처녀
えがお	笑顔	웃는 얼굴	ざこ	雑魚	잡어
おかあさん	お母さん	어머니	さじき	桟敷	구경석, 관람석
おじ	叔父・伯父	숙부・백부	さしつかえる	差し支える	지장이 있다
おとうさん	お父さん	아버지	さつきばれ	五月晴れ	5월의 맑은 날씨
おとな	大人	어른	さなえ	早苗	볏모
おとめ	乙女	소녀, 처녀	さみだれ	五月雨	장마
おば	叔母・伯母	숙모・백모	しぐれ	時雨	오다말다 하는 비
おまわりさん	お巡さん	순경, 경관	しない	竹刀	죽도
おみき	お神酒	제주, 술	しばふ	芝生	잔디
おもや	母屋・母家	몸채, 안채	しみず	清水	맑은 물
かぐら	神楽	신께 드리는 무악	しゃみせん	三味線	사미선
かし	河岸	하안	じゃり	砂利	자갈
かぜ	風邪	감기	じゅず	数珠	염주
かな	仮名	가나	じょうず	上手	능숙함
しらが	白髪	백발	のりと	祝詞	축문
しろうと	素人	초심자, 아마추어	はかせ	博士	박사
しわす	師徒	섣달, 음력12월	はたち	二十・二十歳	20살
すきや	数寄屋・数奇屋	다실	はつか	二十日	20일
すもう	相撲	씨름	はとば	波止場	선창, 부두
ぞうり	草履	짚신	ひとり	一人	혼자
だし	山車	축제용 장식수레	ひより	日和	일기, 날씨
たち	太刀	큰칼, 환도	ふたり	二人	두사람
たちのく	立ち退く	퇴거하다	ふつか	二日	이틀
たなばた	七夕	칠석	ふぶき	吹雪	눈보라
たび	足袋	버선	へた	下手	서투름
ちご	稚児	축제때의 아이	へや	部屋	방
ついたち	一日	하루	まいご	迷子	미아
つきやま	築山	석가산	まっか	真っ赤	새빨감
つゆ	梅雨	장마	まっさお	真っ青	새파람
でこぼこ	凸凹	요철	みやげ	土産	토산물
てつだう	手伝う	돕다	むすこ	息子	아들
てんません	伝馬船	전마선	めがね	眼鏡	안경
とあみ	投網	투망	もさ	猛者	맹자
とえはたえ	十重二十重	이중삼중, 겹겹	もみじ	紅葉	단풍
どきょう	読経	독경	もめん	木綿	무명실, 면사
とけい	時計	시계	もより	最寄り	근처, 인근
ともだち	友達	친구	やおちょう	八百長	짜고 하는 시합
なこうど	仲人	중매인	やおや	八百屋	야채가게
なごり	名残	자취	やまと	大和	야마토
なだれ	雪崩	눈사태	ゆかた	浴衣	욕의
にいさん	兄さん	형	ゆくえ	行方	행방
ねえさん	姉さん	누나, 언니	よせ	寄席	연예장
のはら	野原	들판	わこうど	若人	젊은이

※ 시험에 자주 출제되는 중요한 상용한자

読み方	常用漢字	뜻	読み方	常用漢字	뜻
あす	明日	내일	はたち	二十歳	20살
たなばた	七夕	칠석	はつか	二十日	20일
いくじ	意気地	고집, 기개	きのう	昨日	어제
いなか	田舎	시골	きょう	今日	오늘
ともだち	友達	친구	くだもの	果物	과일
おまわりさん	お巡さん	순경, 경관	くろうと	玄人	전문가
おとめ	乙女	소녀, 처녀	けさ	今朝	오늘 아침
じょうず	上手	능숙함	けしき	景色	경치
へた	下手	서투름	ひとり	一人	혼자
おかあさん	お母さん	어머니	ことし	今年	금년
おじ	叔父・伯父	숙부・백부	かぜ	風邪	감기
おとうさん	お父さん	아버지	しろうと	素人	초심자, 아마추어
おとな	大人	어른	すもう	相撲	스모(일본씨름)

※ 시험에 자주 출제되는 1字 한자

汗	勢い	茎	姿	束	涙
땀	기세	줄기	모습	다발	눈물
袋	脇	枠	源	露	技
봉지	겨드랑이	테두리	근원	이슬	기술
編む	争う	奪う	補う	囲む	傾く
짜다	경쟁하다	빼앗다	보충하다	둘러싸다	기울다
砕く	探る	含む	誇る	招く	導く
부수다	탐색하다	포함하다	자랑하다	초래하다	인도하다
捧げる	続ける	勤る	連ねる	遂げる	整える
바치다	계속하다	근무하다	늘어놓다	이루다	정돈하다
届ける	捕らえる	似る	汚れる	快い	寂しい
보내다	붙잡다	닮다	더러워지다	기분이 좋다	외롭다
頼もしい	乏しい	失う	志す	承る	情
믿음직하다	부족하다	잃어버리다	뜻을 세우다	삼가듣다	정
悟る	歩む	沿う	甚だ	誠に	潤う
깨닫다	걷다	따르다	매우	정말로	축축해지다
裾	図る	脆い	淵	使える	勇ましい
옷자락	도모하다	무르다	깊은 못	사용하다	용감하다

虹(にじ)	霧(きり)	嫁(よめ)	滝(たき)	童(わらべ)	港(みなと)
무지개	안개	며느리	폭포	아이	항구
魂(たましい)	裸(はだか)	都(みやこ)	境(さかい)	枝(えだ)	隣(となり)
혼	알몸	수도	경계	가지	이웃
飢(う)え	湖(みずうみ)	尽(つく)す	遮(さえぎ)る	値(あたい)する	挑(いど)む
굶주림	호수	다하다	가리다	값어치가 있다	도전하다
襲(おそ)う	衰(おとろ)え	厳(きび)しい	込(こ)める	支(ささ)える	澄(す)む
습격하다	쇠약, 저하	엄격하다	담다	지탱하다	맑다
励(はげ)ます	装(よそお)う	著(いちじる)しい	怠(おこた)る	鈍(にぶ)い	陥(おちい)る
격려하다	치장하다	현저하다	소홀히 하다	둔하다	빠지다
拒(こば)む	促(うなが)す	損(そこ)なう	費(つい)やす	湿(しめ)る	懲(こ)りる
거절하다	재촉하다	상하게 하다	소비하다	습기차다	질리다
耕(たがや)す	慰(なぐさ)める	惜(お)しい	卑(いや)しい	悔(くや)しい	好(この)ましい
경작하다	위로하다	아깝다	비열하다	분하다	바람직하다
怪(あや)しい	悩(なや)ましい	妨(さまた)げる	恵(めぐ)まれる	響(ひび)く	叱(しか)る
수상하다	괴롭다	방해하다	축복하다	울리다	꾸짖다

※ 시험에 자주 출제되는 2字 한자

挨拶(あいさつ)	曖昧(あいまい)	斡旋(あっせん)	因縁(いんねん)	会得(えとく)
인사	애매	알선	인연	터득
悪寒(おかん)	膾炙(かいしゃ)	苛酷(かこく)	葛藤(かっとう)	完璧(かんぺき)
오한	회자	가혹	갈등	완벽
飢饉(ききん)	糾弾(きゅうだん)	矜持(きょうじ)	矯正(きょうせい)	解脱(げだつ)
기근	규탄	긍지	교정	해탈
嫌悪(けんお)	膠着(こうちゃく)	克己(こっき)	混沌(こんとん)	錯誤(さくご)
혐오	교착	극기	혼돈	착오
挫折(ざせつ)	恣意(しい)	潮騒(しおさい)	施行(しこう)	示唆(しさ)
좌절	자의	해소	시행	시사

疾病(しっぺい)	諮問(しもん)	遵守(じゅんしゅ)	成就(じょうじゅ)	遂行(すいこう)
질병	자문	준수	성취	수행
出納(すいとう)	逝去(せいきょ)	措置(そち)	知己(ちき)	追悼(ついとう)
출납	서거	조치	지기	추도
搭乗(とうじょう)	捺印(なついん)	批准(ひじゅん)	蒲団(ふとん)	末期(まつご)
탑승	날인	비준	이불	말기
遊説(ゆうぜい)	所以(ゆえん)	愉快(ゆかい)	歪曲(わいきょく)	賄賂(わいろ)
유세	이유	유쾌	왜곡	뇌물
回収(かいしゅう)	首相(しゅしょう)	派閥(はばつ)	行政(ぎょうせい)	任期(にんき)
회수	수상	파벌	행정	임기
物価(ぶっか)	仏教(ぶっきょう)	不況(ふきょう)	義務(ぎむ)	身分(みぶん)
물가	불교	불황	의무	신분
出前(でまえ)	素人(しろうと)	受付(うけつけ)	日和(ひより)	缶詰(かんづめ)
배달	아마추어	접수	날씨	통조림
玄人(くろうと)	栄養(えいよう)	面影(おもかげ)	姉妹(しまい)	行方(ゆくえ)
프로	영양	모습	자매	행방
寿命(じゅみょう)	省略(しょうりゃく)	根拠(こんきょ)	素直(すなお)	演説(えんぜつ)
수명	생략	근거	솔직	연설
小型(こがた)	漁業(ぎょぎょう)	平生(へいぜい)	名札(なふだ)	弟子(でし)
소형	어업	평소	명찰	제자
目方(めかた)	相違(そうい)	長所(ちょうしょ)	仲人(なこうど)	応募(おうぼ)
무게	차이	장점	중매쟁이	응모
認識(にんしき)	把握(はあく)	干渉(かんしょう)	相互(そうご)	縮小(しゅくしょう)
인식	파악	간섭	상호	축소

※ 시험에 자주 출제되는 3字 한자

伝統的(でんとうてき)	無条件(むじょうけん)	廃棄物(はいきぶつ)	倫理的(りんりてき)	特派員(とくはいん)
전통적	무조건	폐기물	윤리적	특파원
使命感(しめいかん)	過疎化(かそか)	悪循環(あくじゅんかん)	不動産(ふどうさん)	大規模(だいきぼ)
사명감	과소화	악순환	부동산	대규모

権力者(けんりょくしゃ)	看護婦(かんごふ)	理性的(りせいてき)	楽観的(らっかんてき)	直感的(ちょっかんてき)
권력자	간호부	이성적	낙관적	직감적
死傷者(ししょうしゃ)	大惨事(だいさんじ)	郵便局(ゆうびんきょく)	行楽地(こうらくち)	高齢化(こうれいか)
사상자	대참사	우체국	행락지	고령화
栄養分(えいようぶん)	人類学(じんるいがく)	図書館(としょかん)	農産物(のうさんぶつ)	被害者(ひがいしゃ)
영양분	인류학	도서관	농산물	피해자
放送局(ほうそうきょく)	満足感(まんぞくかん)	冷蔵庫(れいぞうこ)	肯定的(こうていてき)	対照的(たいしょうてき)
방송국	만족감	냉장고	긍정적	대조적
小切手(こぎって)	大企業(だいきぎょう)	大丈夫(だいじょうぶ)	歌舞伎(かぶき)	百貨店(ひゃっかてん)
우표	대기업	걱정없음	가부키	백화점
新幹線(しんかんせん)	微生物(びせいぶつ)	公務員(こうむいん)	近代化(きんだいか)	大阪城(おおさかじょう)
신간선	미생물	공무원	근대화	오사카성
履歴書(りれきしょ)	領収書(りょうしゅうしょ)	大統領(だいとうりょう)	文房具(ぶんぼうぐ)	交差点(こうさてん)
이력서	영수증	대통령	문방구	교차점
顕微鏡(けんびきょう)	診察室(しんさつしつ)	応接間(おうせつま)	化合物(かごうぶつ)	比較的(ひかくてき)
현미경	진찰실	응접실	화합물	비교적
閉会式(へいかいしき)	調印式(ちょういんしき)	記録的(きろくてき)	反射的(はんしゃてき)	抽象的(ちゅうしょうてき)
폐회식	조인식	기록적	반사적	추상적
典型的(てんけいてき)	放射能(ほうしゃのう)	封建的(ほうけんてき)	休憩室(きゅうけいしつ)	地下鉄(ちかてつ)
전형적	방사능	봉건적	휴게실	지하철
八百屋(やおや)	雰囲気(ふんいき)	駐車場(ちゅうしゃじょう)	富士山(ふじさん)	結婚式(けっこんしき)
채소가게	분위기	주차장	후지산	결혼식
消費税(しょうひぜい)	不景気(ふけいき)	寿司屋(すしや)	神無月(かんなづき)	進学率(しんがくりつ)
소비세	불경기	스시가게	음력10월	진학률
自民党(じみんとう)	自転車(じてんしゃ)	大阪辯(おおさかべん)	誕生日(たんじょうび)	大掃除(おおそうじ)
자민당	자전거	오사카사투리	생일	대청소
北海道(ほっかいどう)	避暑地(ひしょち)			
북해도	피서지			

※ 시험에 자주 출제되는 4자성어(四字成語)

老若男女	남녀노소	東奔西走	동분서주	以心伝心	이심전심
適材適所	적재적소	一石二鳥	일석이조	単刀直入	단도직입
外柔内剛	외유내강	正々堂々	정정당당	公明正大	공명정대
試行錯誤	시행착오	四面楚歌	사면초가	言行一致	언행일치
喜怒哀楽	희노애락	佳人薄命	가인박명	終始一貫	시종일관
馬耳東風	마이동풍	森羅万象	삼라만상	同床異夢	동상이몽
津々浦々	방방곡곡	起承転結	기승전결	有名無実	유명무실
一網打尽	일망타진	金枝玉葉	금지옥엽	五里霧中	오리무중
呉越同舟	오월동주	夫唱婦随	부창부수	前代未聞	전대미문
異口同音	이구동성	臥薪嘗胆	와신상담	言語道断	언어도단
半信半疑	반신반의	一目瞭然	일목요연	八方美人	팔방미인
十人十色	십인십색	優柔不断	우유부단	右往左往	우왕좌왕
一長一短	일장일단	心機一転	심기일전	四苦八苦	심한고통
七転八倒	칠전팔기	四方八方	사방팔방		

(7) 꼭 알아야 할 중요한 반대어 · 대조어

赤字 적자	黒字 흑자	甘口 단맛	辛口 매운맛	安心 안심	心配 걱정
安全 안전	危険 위험	安楽 안락	苦労 고생	異常 이상	正常 정상
以前 이전	以後 이후	違法 위법	合法 합법	右翼 우익	左翼 좌익
横断 횡단	縦断 종단	開国 개국	鎖国 쇄국	開始 개시	修了 종료
簡単 간단	複雑 복잡	許可 허가	禁止 금지	勤勉 근면	怠惰 나태
倹約 절약	浪費 낭비	公用 공용	私用 사용	困難 곤란	容易 용이
賛成 찬성	反対 반대	支配 지배	従属 종속	集合 집합	解散 해산

主観(しゅかん) 주관	—	客観(きゃっかん) 객관	主食(しゅしょく) 주식	—	副食(ふくしょく) 부식	脱退(だったい) 탈퇴	—	加入(かにゅう) 가입
短所(たんしょ) 단점	—	長所(ちょうしょ) 장점	直喩(ちょくゆ) 직유	—	隠喩(いんゆ) 은유	登校(とうこう) 등교	—	下校(げこう) 하교
本家(ほんけ) 본가	—	分家(ぶんけ) 분가	与党(よとう) 여당	—	野党(やとう) 야당	和語(わご) 일본어	—	漢語(かんご) 한자어

제3장 어휘론 정리

1. 일본어의 어휘

✶ 일상생활의 사용어휘(使用語彙)는 이해어휘(理解語彙)의 1/3정도이다.

① **기본어휘(基本語彙)** : 한 언어에서 객관적인 통계나 조사에 의해 가장 기본적인 것. 日常生活에 필요한 基本的 語彙(초급 1,500 ~ 3,000, 중급 3,000 ~ 5,000, 고급 5,000 ~ 10,000語)

② **기초어휘(基礎語彙)** : 표현과 이해를 위해서는 없어서는 안될 핵심을 이해하는 데 필요한 語彙

③ **기간어휘(基幹語彙)** : 新聞・雑紙 등의 語彙

(1) 어종(語種)에 의한 분류

① **고유일본어(固有日本語)** : 和語(わご)・大和言葉(やまとことば)

- 「する・いる・ある」 등 기본적인 어휘가 많음
- 추상적 개념이나 과학적 개념의 단어보다는, 자연현상을 나타내는 단어가 많음

② **한자어(漢字語)**

장점 : 복잡한 의미내용을 적은 자수로 표현할 수 있음
　　　시각성과 조어력이 뛰어나다.
단점 : 암기해야 할 字数가 많다.
　　　일본어의 음운구조가 간단하므로 동음이의어(同音異議語)가 많다.

③ **외래어(外来語), 서양어(西洋語)**

・혼종어(混種語) : 어종이 다른 단어가 결합되어 만들어진 단어

1) 고유일본어 + 한자어 : 水商売(みずしょうばい), 支払い(しはらい), 再試合(さいしあい), 婚約(こんやく)する
2) 고유일본어 + 외래어 : いちごジャム, 皮ベルト, マッチ箱
3) 한자어 + 외래어 : 逆コース, 豚カツ, テレビ局, アメリカ人

(2) 어구성(語構成)에 의한 분류

・단순어(単純語) : 의미면에서 더 이상 분류할 수 없는 단위의 단어
・합성어(合成語) : 단순어 + 단순어, 조어요소

① 복합어(複合語) : 단순어 + 단순어

- 복합어의 품사에 따라 : 복합명사, 복합동사, 복합형용사
- 어떤 어종의 단어와 결합했는지에 따라
  : 和語+和語, 和語+漢語, 漢語+漢語, 漢語+外来語, 和語+外来語, 外来語+外来語
- 의미관계에 따라 : 병렬관계(兄弟-姉妹, 好き-きらい), 주술관계(消息-不明), 보족(補足)관계(親-孝行), 수식관계(国会-議員), 보조(補助)관계(貧弱-すぎる), 객체(客体)관계(被-安打)

② 파생어(派生語) : 단순어 + 接辞

- 접두사(接頭辞) : **素**顔(すがお), **お**弁当(べんとう), **真**っ暗(まっくら), **ご**覧(らん)....
- 접미사(接尾辞) : お母**さん**, 私**たち**, 一人**分**, 近代**的**, 春**めく**, ほし**がる**....

③ 첩어(畳語) : 동일요소를 중첩시켜 사물의 상태나 동작의 반복 등을 나타냄
의성어, 의태어, 유아어에 많음. 知らず知らず, ぱらぱら, のろのろ, ぶるぶる, ブ-ブ-

④ 약어(略語) : 단어를 발음상・표기상 편하게 하기 위해 단어의 일부를 생략해서 만듬
テレビジョン → テレビ, マスコミュニケ-ション → マスコミ, アルバイト → バイト

⑤ 연어(連語) : 한 단어 이상의 합성어로서, 한 단어로서 의미를 가짐
やむをえず(어쩔 수 없다), できない(할 수 없다), 気をつける(주의하다), 役に立つ(도움이 되다)

✻ 어휘(語彙) : 어휘의 연구는 음운(音韻)과 문법연구와 함께 언어연구의 3대 부문이다.

사용어휘(使用語彙) : 일상생활에서 1,000 ~ 3,000語 정도 사용한다.
이해어휘(理解語彙) : 高校生은 3만語, 일반인은 4만語 정도이다.

✻ 어휘체계(語彙体系)의 분류

① 語의 発音에 의한 것
② 語의 文法에 의한 것

③ 語의 系統에 의한 것
④ 使用者에 의한 것
⑤ 使用上의 중요성에 의한 것(基本語彙, 사용빈도 등)

✶ 意味에 의한 分類

① 동의어(同義語) : 食べる, 食う, 食事する
② 유의어(類義語) : おふくろ, ママ, おかあさん, かあちゃん, はは
③ 반대어(反対語) : 上 – 下, おもて – うら, 行く – 来る, つくる – こわす
④ 동음어(同音語) : 化学 – 科学(かがく), 以外 – 意外(いがい), 厚い – 熱い(あつい)

✶ 語彙의 구성

① 의미(意味)에 의한 분류
a. 동의어(同義語) : テーブル ー つくえ
b. 유의어(類義語) : 美しい ー きれい
c. 반대어(反対語) : 表 ー 裏

② 어종(語種)에 의한 분류
a. 고유일본어(固有日本語) : うま, やま, いなか, やおや
b. 한자어(漢字語) : 意見, 反対
c. 외래어(外来語) : テニス, バス, ネクタイ, ノート

③ 어구성(語構成)에 의한 분류
a. 복합어(複合語) : ほんばこ, わりばし, ゴミ箱
b. 파생어(派生語) : ゆく → いく, みら → にら
c. 합성어(合成語) : 음절탈락, 연탁, 전음(転音)

④ 자음첨가현상 : はるあめ → はるさめ(春雨), いんえん → いんねん(因縁), かんおん → かんのん(観音), やはり → やっぱり

⑤ 모음교체현상 : さけ(酒) : さかや(酒屋), かね(金) : かなもの(金物)

⑥ 연탁현상 : **두 단어가 결합할 때 뒤에 오는 단어의 첫음절이 か、さ、た、は행일 때 일어남**
てぶくろ(手袋), ほんばこ(本箱), ふなびん(船便), 花火(はなび), わ(割)りばし(箸), てがみ(手紙), はがき(葉書), こうくうびん(航空便), うでどけい(腕時計)

⑦ 동음이의어(同音異意語)의 문제

きのう：昨日-機能-帰納-帰農　はし：橋-端-箸　いる：入る-居る-要る

はな：花 - 鼻　しりつ：市立 - 私立　かじ：火事-家事

キシャがキシャに乗ってキシャした：(記者, 汽車, 帰社)

⑧ 단어의 동요의 문제

- 의미는 같은데 어형이 약간씩 다른 단어
  - ・入口 - いりくち, いりぐち
  - ・早急 - さっきゅう, そうきゅう
  - ・タンケン - 探険, 探検
  - ・ショクヨク - 食慾, 食欲

⑨ 음운의 탈락 현상

음절탈락：たびびと → たびと(旅人), 자음탈락：よく → よう, 모음탈락：ながあめ → ながめ(長雨)장마, いまだ → まだ(아직)

⑩ 음운의 전도：연속하는 두 음이 서로 위치를 바꾸는 현상.

あらたし → あたらし, しだらない → だらしない(칠칠치 못하다)

♠ 音韻の同化 ♠

① 完全同化：완전히 음이 변하는 것

さんにん(三人)　さんまい(三枚)[sammai]

② 不完全同化 (부분동화)：다른 음으로 변하는 것

泳ぎて → 泳いで　飛びて[tobide] → 飛んで[tonde]

③ 順行同化：앞에 오는 음의 영향으로 뒤의 음이 변하는 것

えびす → えべす　こぶし[kobusi] → こぼし[kobosi]

④ 逆行同化：뒤의 음의 영향을 받아 앞의 음이 변하는 것

さびしい[sabisii] → さみしい[samisii]

⑤ 상호동화：앞뒤의 음이 서로 영향을 받아 변하는 것

いたい → いてえ　書かう → 書こう

※ **의성어・의태어의 문제**

・의성어 : ピカピカ、キラキラ、ガタガタ、メキメキ、コロン

・의태어 : コロコロ、コロンコロン、コロリコロリ、ノロノロ、ブルブル、パラパラ

♥ **위상(位相)에 한 분류** : 직업, 나이, 성인, 어린이

- 위상(位相) : 언어가 성, 나이, 집단, 장면에 따라 달라지는 양상으로 사회・심리적 영향이 크다.

・위상어의 문제

- 위상 : 똑같은 사물을 나타내는 말이 표현 주체의 차이나 표현 양식의 차이에 의해 어형이 달라지는 것
- 일본어에서는 남성어(ぼく, おれ)와 여성어(あたし)의 차이가 현저함
- 연령에 의한 차이, 직업에 의한 차이, 공통어와 방언의 차이, 공적인 장면과 사적인 장면 등에 사용되는 언어의 차이 등

① 性에 따른 차이

- 인칭대명사, 한어의 사용빈도, 경어・비속어의 사용빈도 등에서 남녀의 차이가 있음

♠ **여성어의 특징** : 고유일본어가 많아서 어감이 부드러움
종조사(よ, ね, わ, かしら) 등의 강조표현이 많음
정중하고 완곡한 표현이 많음
おひや, おなか, おで, おビール 등 여성특유의 단어를 많이 사용

② 나이에 따른 차이

- 유아어 : 여성적
- 젊은층 : 신조어・유행어 (へそだし<배꼽티>, ピタT<쫄티>, うざい<귀찮다>
- 노인층 : 古語를 많이 사용

③ 사회적 집단에 따른 차이

- 전문어 : 한자어・외래어가 많음
- 직업어 : 고유일본어・속어가 많음
  은어(隱語) - サツ(경찰), デカ(형사), ヤク(마약)
  符丁(ふちょう) - 상인들끼리만 알 수 있도록 고안된 숫자
  (시장 경매장, 증권거래소)

2. 日本의 国字 : 音이 없고 訓만 있는 것이 특징이다.

(※ 일본사람들이 만들어 쓰는 약 500자의 한자를 国字라고 한다.)

俥(くるま) 자동차	辷(すべる) 미끄러지다	偲(しのぶ) 그리워하다
働(はたらく) 일하다	鴫(しぎ) 도요새	俤(おもかげ) 옛 모습
杢(もく) 목공	峠(とうげ) 고갯마루	嘘(うそ) 거짓말
躾(しつけ) 예의범절	凩(こがらし) 찬바람	茸(たけ) 버섯
込(こむ、こめる) 붐비다	褄(つま) 섶	裃(かみしも) 무사의 예장
鰯(いわし) 정어리	鱈(たら) 대구	榊(さかき) 비쭈기 나무
畠(はた、はたけ) 논	叺(かます) 가마니	辻(つじ) 십자로
畑(はた、はたけ) 밭	樫(かし) 떡갈나무	鶫(つぐみ) 개똥지바귀
鱚(きす) 보리멸	雫(しずく) 물방울	凪(なぎ,なぐ) 잔잔함
笹(ささ) 조릿대	鋲(びょう) 대갈못, 압정	鯰(なまず) 메기
竏(キロリットル) 킬로리터	鳰(にお) 농병아리의 딴이름	搾(しぼる) 비틀어 짜다
〆(しめ)切(き)り 마감	瓩(キログラム) 킬로그람	蛯(えび) 새우
匂(におい) 냄새	枠(わく) 테두리	凧(たこ) 연, 문어
鯣(するめ) 말린오징어	椛葉(もみじ) 단풍	椿(つばき) 동백꽃
鮪(まぐろ) 참치	鯖(さば) 고등어	丼(とん)ぶり 덮밥
鯡(にしん) 청어	瓲(トン) 톤(tan)	噺(はなし) 이야기

♠**国字 (일본식 漢語) :** 적절한 한자가 없는 어휘 때문에 일본에서 만들어 통용한 한자
대부분 訓만 있음
〆(しめ), 辷(すべる), 峠(とうげ), 畑(はた, はたけ), 匂(におい), 働(はたらく)

♠**当て字 :** 한자의 본래의 뜻과 관계없이 음(音) 또는 훈(訓)으로만 표기하는 것
部屋(へや), 目出度い(めでたい), 丁度(ちょうど), 可哀想(かわいそう),
時計(とけい), 三味線(しゃみせん), 亜細亜(アジア), 寿司(すし), 面白(おもしろ)い

美しいものは永遠のよろこびである。<キーツ>
아름다운 것은 영원한 기쁨이다.<키츠>

적중예상문제

1. 方言과 標準語에 대해서 쓰시오.

2. 동의어와 반대어의 예를 드시오.

3. 다음 밑줄 친 부분이 나머지 셋과 다르게 발음되는 것은?

① ぶ<u>ん</u>か　② ま<u>ん</u>が　③ も<u>ん</u>だい　④ で<u>ん</u>わ

4. 다음 日本의 国字의 의미를 쓰시오.

丼	どんぶり	匂	におい
侍	さむらい	辻	つじ
咲	さく	俥	くるま
峠	とうげ	鰯	いわし
枠	わく	鱈	たら
働	はたらく	鮭	さけ
凧	たこ	畑	はたけ
凪	なぎ	椛	もみじ
辷	すべる	町	まち
躾	しつけ	颪	おろし

5. 다음을 여성어로 바꾸시오.

① いいよ → いいわよ

② たのしみだね → たのしみね

③ だれが行ったのかな → だれが行ったのかしら

④ 食べたばかりなんだ → 食べたばかりなの

제4장 통사론 정리

- 文의 구성요소가 결합하여 문을 구성하는 규칙을 연구하는 분야

1. 일본어 문의 구조와 특징

※ 문법(文法)이란?

말을 보다 정확하게, 보다 아름답게, 보다 효과적으로 신속하게 사용할 수 있도록 하기 위해 文法을 배운다.

자신의 사상(思想)이나 감정(感情)을 말로 표현할 때에는 각각의 의미(意味)나 역할(役割)을 가진 말을 규칙적으로 표현(表現)하는 것인데, 그 조립방법에는 일정한 규칙이 있다. 이 규칙에 어긋나면 전혀 그 意味를 나타내지 못하거나, 또는 생각하는 것을 올바르게 전달할 수가 없게 된다. 즉, 말의 규칙을 文法이라고 한다.

(1) 문법적 단위

1) **형태소** : 의미를 가지는 최소 단위

・자유형태소 – 단독으로 단어가 될 수 있는 형태소

こころ(心), ひと(人), やま(山)

・의존형태소(구속형태소)

– 다른 형태소와 결합해야만 단어가 될 수 있는 형태소

– 동사・형용사의 어간・어미, 접두사, 접미사, 조동사, 조사

飲ま(ない), 飲ん(で), 飲(もう)

2) **문절(文節)** : 단어+조사 : 문을 실제의 언어로서 가능한 가장 짧은 단락

一月(いちがつ)は/ よく/ 雪(ゆき)の/ 降る/ 月(つき)です。

(2) 파생어

1) **명사화**

: さ(美しさ, おいしさ, 暑さ), み(深み, 厚み), け(寒け, 食いけ)

2) **동사화**

: ばむ(汗ばむ), めく(春めく), がる(さびしがる, ほしがる)

3) 형용사화

: ぽい(ほこりっぽい, 油っぽい, 男っぽい)

4) 한자어

: 非(非暴力), 不(不平等), 化(情報化), 性(人間性), 的(相対的)

5) 복합어

– 통어구조 : 복합어 내부에서 주술관계, 수식・피수식 관계가 성립되는 것

「食べはじめる, 雨降り, 山歩き, 水飲み」

ありがとう! 母なる地球よ。	挨拶は人を尊ぶ第一歩。

短所と長所は表裏一体。	喜びの働きから活力が湧く。

(3) 활용

: 어떤 文의 술어가 서법(叙法)을 나타내기 위해 형태를 변화시키는 것

(叙法 : 명제에 대한 화자의 태도, 즉, 화자의 생각・기분 또는 청자에 대한 요구・희망 등을 나타내는 것)

※ 학교문법에서의 활용표

활용 종류	語 例	활용형	미연형	연용형	종지형	연체형	가정형	명령형
5단동사	行く	い	か(ない) こ(う)	き(ます) っ(て)	く	く	け	け
상1단동사	見る		み	み	みる	みる	みれ	みろ (みよ)
하1단동사	食べる	た	べ	べ	べる	べる	べれ	べろ (べよ)
カ변격동사	来る	○	こ	き	くる	くる	くれ	こい
サ변격동사	する	○	させし	し	する	する	すれ	しろ (せよ)
형용사	暑い	あつ	かろ	かっ(た) く (て, ない)	い	い	けれ	○
형용동사	きれいだ	きれい	だろ	だっ(た) で (ない)	だ	な(の)	なら	○

1) 일본어 文의 기본구조

・**명제(命題)** : 문의 의미 내용 중 소재에 대한 객체적인 서술내용을 나타내는 부분
(서술내용, 소재적 의미)

・**서법(叙法)** : 명제에 대한 화자의 주체적 판단, 태도, 청자에 대한 희망 등을 나타냄
(言表態度, 진술(陳述), モダリテイ, ム-ド, モドウス)

명 제(命 題)	서 법(叙 法)
明日は雪	でしょう

2) 일본어 文의 특징

· 술어가 마지막에 온다.
· 수식어가 피수식어 앞에 온다.
· 주제가 있다. - 「は」로 표시
· 생략이 자유롭다. - (いっしょに)食べる? / 私(は) 食べない。
· 무생물을 타동사문, 사역문 등의 주어로 잘 사용하지 않는다.

3) 일본어 文의 종류

① **술어에 의한 분류** : 명사문, イ형용사문, ナ형용사문, 동사문
② **문의 형태(성질)에 의한 분류** : 평서문, 의문문, 명령문, 감탄문
③ **주제·주어의 유무에 의한 분류**
- **현상문**(が가 주어, 현상을 객관적으로 묘사) : ばらがきれいだ。
- **판단문**(は가 주어, 주제에 대해 주관적으로 평가, 해석) : ばらはきれいだ。
- **술어문**(원래 주어가 없는 문) : いよいよ夏だ。
- **준판단문**(は가 생략된 문) : 私(は) 食べない。

④ **문의 구조에 의한 분류**
- **단문(単文)** : 절(節)을 포함하지 않고, 주술관계가 하나만 존재
  私は学生だ。本を読んでいる。
- **복문(複文)** : 종속절을 포함하며, 주술관계가 두 개 존재
  夏がやって来たのに、まだ海水浴はできない。
- **중문(重文)** : 대립절(対立節)이 포함된 것으로, 주술관계가 두 개 존재
  顔はきれいだが、心はやさしくない。

4) 文의 구성성분

① **술어성분** : 문의 중핵
- 동사술어
- 형용사술어
- 명사 술어 : た, です, だろう, でしょう か, わ, よ, さ 등의 조사를 동반해야 한다.

② **격(格)성분** : 동사, 형용사, 명사가 문을 구성하는데 있어서 스스로 자신이 표현하는 움직임, 상태 등을 나타내기 위해 필수적으로 필요로 하는 명사구

私は東京の地理に詳しい。 →「私」와「東京の地理に」가「詳しい」의 격성분

③ **状況성분** : 문의 내용이 성립된 배경이나 상황을 나타내는 성분
문에서 필수적인 요소가 아니며, 문의 내용을 한정・설명하는 역할을 함
때・장소・원인・이유 등을 나타냄.

★ 문법기능(文法機能)에 의한 분류

a. 名詞 b. 動詞 c. 助詞..........

※ 日本文法学説対照表

문법학설 - 문법적 사실을 연구하고 체계를 세우는 데 있어서도 그 방법이 각각 학자의 입장이나 사고방식에 따라 여러 가지로 다르다. 그 대표적인 학설을 보면 다음과 같다.

- **야마다문법(山田文法)** - 山田孝雄(1873-1958)의 조사 분류는 오늘의 학교 문법의 조사분류에 많은 영향을 주었다.
- **하시모토문법(橋本文法)** - 橋本進吉(1882-1945)는 언어의 단위를 語, 文節, 文으로 나누고, 準体助詞, 文節 등의 용어를 처음으로 사용하였다.
- **도키에다문법(時枝文法)** - 時枝誠記(1900-1967)는 언어의 단위를 語, 文, 文章으로 나누고, 언어 과정을 객관적인 詞와 주관적인 辞(조사, 조동사)로 나누고, 문장을 入字型으로 분석하였다.

※ 문법연구의 단위

문법연구에 있어서 말의 단위로서는 오늘날 문장, 문, 단어의 3단계를 세우는 설(時枝文法)과, 문, 문절, 단어의 3단위를 세우는 설(橋本文法)이 있다.

즉, 1868년 明治이후의 문법학설 중에서 학교교육에 있어서 위의 三氏의 문법학설이 비교적 주목받고 있다.**(단어 : わたし/ の < 문절 : 단어+조사 わたし+の < 문장 : わたしのです)**

2. 문법의 종류

(1) 규범문법(規範文法)

日本語를 사용하는 데 있어서 그 규범(規範)을 체계화시키는 것이며, 일종의 틀로서의 문법체계(文法体系)이고, 지식으로서 습득되어 해석이나 표현에 도움이 된다. 이는 또 実用文法, 学校文法이라고도 한다.

(2) 기술문법(記述文法)

어느 時代의 日本語에서 보여지는 文法的 사실을 정리해서 있는 그대로를 기술(記述)하는 것을 기술문법(記述文法) 이라 한다.

(3) 설명문법(説明文法)

어느 時代의 文法的 사실이 왜 그러한가에 대하여 그 이유나 경로를 분명히 하고 과학적으로 설명하려는 것.

- 特定文法
  - 規範文法(理論文法), 学校文法(教科文法)
  - 学問文法(科学文法)
    - 言語内
      - 記述文法(静態的, 共時的)
      - 歴史文法(動態的, 通時的)
    - 言語間
      - 比較文法
      - 対照文法
- 一般文法 — 変形生成文法(チョムスキー), 인지문법, 담화문법.....

文法論　形態論(品詞論) : 인칭, 격, 어간, 어근, 품사, 시제(과거, 미래), 相(수동, 사역)
統辞論(構文論) =**文章論** : 単文, 重文, 複文, 疑問文, 命令文
意味論(語彙論) : 類義語, 反義語, 同音異義語

学びの心が開発の基盤。　家庭こそ心を育てる教育の場。

속 담

1. 青は藍より出(い)でて藍より青し。(청색은 쪽에서 나왔는데 쪽보다 더 푸르다)

해설 : 쪽에서 나온 물감이 쪽보다도 푸르다는 뜻으로, 제자가 스승보다도 나음을 이르는 말. 「청출어람(青出於藍)」

용례 : 青は藍より出でて藍より青しというが、彼は恩師を抜きんでて大学の総長にまでなった。
(청출어람(青出於藍)이란 말마따나 그는 은사를 앞질러 대학 총장까지 되었다.)

2. 悪事千里を走る。(나쁜 일은 천리를 달린다)

해설 : 나쁜 행동이나 좋지 않은 평판은 곧 세상에 알려진다는 뜻.
「나쁜 소문은 빨리 퍼진다」「무족지언비천리(無足之言飛千里)」

용례 : 悪事千里を走るとはいうけれど、まさか昨日職員室に呼び出されたことが、もうクラス中に広まっているとは思ってもいなかった。
(나쁜 소문이 빨리 퍼진다고는 하지만 설마 어제 직원실에 불려갔던 일이 벌써 반 전체에 퍼져 있으리라고는 생각지도 못했다.)

3. 明日の百より今日の五十。(내일의 백보다 오늘의 오십)

해설 : 어떻게 될지 모르는 장래의 막연한 큰 일보다도 당장 실지로 얻을 수 있는 것이 비록 변변치 않더라도 더 낫다는 말.
「내일의 천자보다 오늘의 재상」「금년의 새다리가 명년 쇠다리보다 낫다」

용례 : 商いは明日の百より今日の五十だ、とにかく一品でもいいから売ってこい。
(장사란 금년의 새다리가 명년의 쇠다리보다 낫다고 하니, 어떻든 한 가지라도 좋으니 팔아와.)

제5장 품사론 정리

※ 10 품사의 종류

단어(単語)를 文法上의 성질에 따라 분류하고, 그 각각의 종류에 이름을 붙인 것을 품사(品詞)라고 한다. 품사론을 형태론이라고도 하며, 品詞에는 다음과 같이 10종류가 있다.

① **명 사(名 詞)** : 家(집), 山(산), 春(봄), 愛(사랑), わたし(나), これ(이것)
② **연체사(連体詞)** : この人(이 사람), ある市(어떤 시), 大きな山(큰 산), 小さな川(작은 강), どの方(어느 분)
③ **부 사(副 詞)** : 特に(특히), すっかり(말끔히), ほとんど(거의), ちょうど(마침), ずっと(훨씬), あまり(별로, 그다지)
④ **접속사(接続詞)** : それで(그래서), けれども(그렇지만), そして(그리고), ところが(그런데), しかし(그러나)
⑤ **감동사(感動詞)** : ああ(아아), まあ(어머), ねえ(응), いいえ(아니오), はい(예), いや(싫어)
⑥ **동 사(動 詞)** : 吹く(불다), 歩く(걷다), 食べる(먹다), する(하다), 行く(가다), 書く(쓰다)
⑦ **형용사(形容詞)** : 美しい(아름답다), おもしろい(재미있다), 遠い(멀다), あまい(달다), まずい(맛없다)
⑧ **형용동사(形容動詞)** : 丈夫だ(튼튼하다), 元気だ(건강하다), きれいだ(곱다), 静かだ(조용하다)
⑨ **조동사(助動詞)** : 本です(책입니다), あります(있습니다), 泳いだ(헤엄치다), 呼ばれる(불리다)
⑩ **조 사(助 詞)** : あれは(저것은), それも(그것도), 私が(내가), 学校に(학교에), 風だよ(바람이군), あめよ(비여!)

(1) 자립어(自立語)와 부속어(付属語)

단어(単語)로 문절(文節)을 만들 때 그 만드는 방법을 두가지로 나눌 수 있다. 즉, 단독으로 하나의 문절이 될 수 있는 단어를 자립어(自立語)라고 하고, 이에 대해 단독으로는 문절(文節)이 될 수 없고, 항상 자립어에 부속(付属)되어 쓰여지는 단어를 부속어(付属語)라고 한다. 다음 예문 중 –선이 붙은 단어는 자립어(自立語)이고, 진한 단어는 부속어(付属語)이다.

(예) 犬**は**、かしこい 動物**です**。(개는 영리한 동물입니다.)
桃、桜、その**ほか**いろいろ**の**花**が**庭園**を**作っ**た**。
(복숭아, 벚꽃, 그 밖에 여러 가지 꽃이 정원을 꾸몄다.)
美しい 花**が**咲い**た**。(아름다운 꽃이 피었다.)

참 고

※ 자립어와 부속어의 구별을 자세히 들면 다음과 같다.

A. 자립어(自立語)

① 단독으로 확실한 意味를 가진다.
② 그것만으로 文節이 될 수 있다.
(名詞, 動詞, 形容詞, 形容動詞, 副詞, 連体詞, 接続詞, 感動詞)
③ 언제나 文節의 처음에 위치한다.
④ 하나의 文節에는 自立語가 반드시 하나 있다.

B. 부속어(付属語)

① 単独으로는 확실한 意味를 지니지 못한다.
② 그것만으로는 文節을 만들 수 없다.(助詞, 助動詞)
③ 반드시 自立語의 아래에 붙는다.
④ 付属語가 붙지 않는 文節도 있다.

(2) 체언(体言)과 용언(用言)

활용(活用)이 없고 단지 그것만으로 주어가 될 수 있는 자립어(自立語)를 체언(体言)이라고 하며, 이에 대해 활용이 있고 그것만으로 술어(述語)가 될 수 있는 自立語를 用言(동사(動詞), 형용사(形容詞), 형용동사(形容動詞))이라고 한다. 다음 예문 중 -선이 붙어 있는 것이 체언(体言)이고, 진한 글자는 용언(用言)이다.

(예) わたくしは**静か**に本を**読み**たい。
(나는 조용하게 책을 읽고 싶다.)
韓国大学校は何が**有名**ですか。
(한국대학교는 무엇이 유명합니까?)

(3) 품사의 분류

10종류의 품사(品詞)를 ①자립어인가 부속어인가, ②活用이 있는가 없는가, ③주어, 술어 또는 수식어가 될 수 있는가를 기준으로 분류하면 다음과 같다.

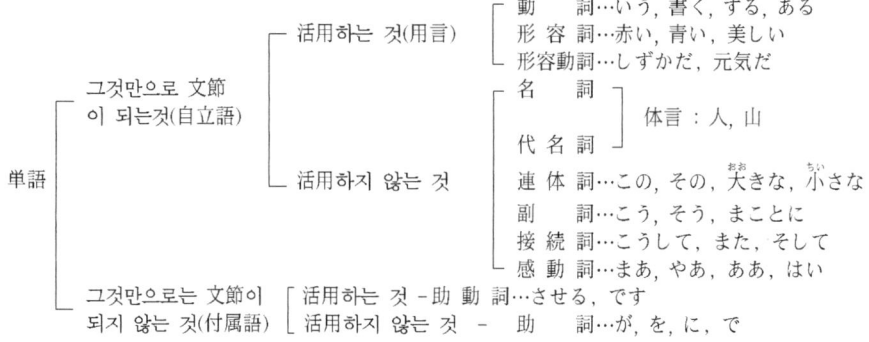

- 単語
  - 그것만으로 文節이 되는것(自立語)
    - 活用하는 것(用言)
      - 動　詞…いう, 書く, する, ある
      - 形 容 詞…赤い, 青い, 美しい
      - 形容動詞…しずかだ, 元気だ
    - 活用하지 않는 것
      - 名　詞 ┐ 体言 : 人, 山
      - 代 名 詞 ┘
      - 連 体 詞…この, その, 大(おお)きな, 小(ちい)さな
      - 副　詞…こう, そう, まことに
      - 接 続 詞…こうして, また, そして
      - 感 動 詞…まあ, やあ, ああ, はい
  - 그것만으로는 文節이 되지 않는 것(付属語)
    - 活用하는 것 - 助 動 詞…させる, です
    - 活用하지 않는 것 - 助　詞…が, を, に, で

1. 명사 名詞

활용이 없는 자립어로서 단독으로 또는 부속어(助詞)를 동반하여 主語가 될 수 있는 품사를 名詞라고 한다.

※ 명사의 성질

- 自立語이며 活用하지 않는다.
- 「が」, 「は」, 「を」, 「の」, 「も」 등의 助詞가 붙어서 主語가 될 수 있다.
- 사람이나 사물에 붙인 이름을 나타낸다. (보통명사, 고유명사 등)

※ 명사의 종류

名詞는 「に」「で」「を」 등의 조사가 붙어서 연용수식어(連用修飾語 : 용언을 수식)가 될 수 있다. 또 「の」라는 助詞가 붙어서 연체수식어(連体修飾語 : 체언을 수식)가 될 수도 있다.

※ 명사에는 보통명사, 고유명사, 수사, 형식명사, 대명사, 전성명사, 복합명사 등이 있다.

① **보통명사(普通名詞)** : 人, 家, 山, 木, 愛, 川, 道, 本, 朝, 秋
② **고유명사(固有名詞)** : アメリカ, 富士山, 中国, 日本, 東京, 田中
③ **수 사(数 詞)** : 三人, 五時, 七番, いくつ, 枚, 台
④ **형식명사(形式名詞)** : こと, わけ, ため, とき, もの.....
⑤ **전성명사** : 親しみ, 寒さ
⑥ **복합명사** : わりばし, 消ゴム

(1) 보통명사(普通名詞)

사물의 이름을 나타낸다. 山, 川, 草, 木와 같이 구체적인 이름을 나타내는 것과, 愛(사랑), 精神(정신)같이 추상적인 이름을 나타내는 것들이 있다.

(2) 고유명사(固有名詞)

특정한 사물의 이름을 가리키는 명사이다. 사람의 이름은 물론, 고장의 이름이나 학교 이름, 회사 이름 등, 그 사물의 특정한 고유(固有)의 이름을 일컬으며, ソウル, アメリカ, 日本 등.

(3) 형식명사(形式名詞)

어떤 명사가 본래의 의미를 잃고서 형식적(形式的)으로 사용되고 있는 명사를 말한다. 다음의 **「こと(것, 일)・もの(것)」**와 같이, 추상적인 의미를 나타내고, 단독으로 쓸 수 없으며, 항상 연체

수식어가 붙여져서 사용된다.

① 書くことができる。(쓸 수가 있다.)

② 人生は甘いものではない。(인생은 쉬운 것이 아니다.)

田中は、まだ文字を書くこともよく知らないうちから、家計簿にいろいろな音符を書きつけた。そしてやっとできると、とくい顔でおじいさんのところへもって行った。

(다나까는 아직 文字를 쓰는 것도 잘 모를 때부터, 가계부에 여러 가지 음의 부호를 적어두었다. 그리고 간신히 할 수 있으면, 자랑스러운 듯한 얼굴로 할아버지한테 갖고 갔다.)

위의 예문에서 선이 그어져 있는 「こと」「うち」「ところ」라고 하는 언어는 각기 원래의 의미에서 변해 형식적으로 사용되고 있다. 이와 같은 것을 형식명사(形式名詞)라고 한다.

※ [주의]

「こと」(일, 것) 「うち」(안, 속) 「ところ」(곳)의 원래의 의미는 다음과 같은 경우이다.

① **何か事が起きたらどうするか。**(무언가 일이 생기면 어떻게 하지?)

② **鬼は外、福は内。**(귀신은 밖으로 복은 안으로 오라.)

③ **ある所もあろうに、こんな所にくるとは。**(저런 곳도 있는데, 이런 곳에 오다니.)

이밖에 형식명사와 원래의 의미의 예를 몇 개 들어본다.

④ **本を読む時が一番たのしい。** (책을 읽을 때가 제일 즐겁다.)

時は金なり。 (시간은 황금이다.)

⑤ **君のいうとおりするよ。**(자네가 말하는 대로 하겠다.)

その通りを右に曲がれ。(그 길을 오른쪽으로 돌아라.)

⑥ **知らないわけはあるまい。**(모를 리는 없을 것이다.)

そのわけがわかる。(그 까닭을 알 수 있다.)

더욱이 이것 외에도 **「まま」「ため」「はず」「たび」「せい」「よし」** 등이 있다.

形式名詞는 뜻이 확실하지 않고, 그 의미가 변화하여, 주어가 될 수 없고, 언제나 연체 수식어(連体 修飾語)를 받는다.

例) つれづれなるままに本を読む。　　われ仏を見しことになし。

※ 형식명사는 실질적 의미내용이 결여된 형식적 의의만 있어 쓰일 때에는 다른 말로 그 실질적 의미를 보충하지 않으면 안되는 명사이다. はず(것), こと(일), もの(것), ほう(쪽)

① 知らないはずがない。(모를 리가 없다.)

② 堪えることができない。(참을 수가 없다.)

③ やめた方がよい。(그만 두는 편이 좋다.)

그리고 형식명사(形式名詞)에는 조사(助詞)를 수반하지 않고 쓰이는 용법이 있다.

④ 行ってみたところ、だれもいなかった。(가봤더니 아무도 없었다.)

⑤ 停電のため、電車が遅れた。(정전 때문에 전철이 늦었다.)

또한「だ」,「です」등을 수반하기도 한다.

⑦ 彼は行ったはずだ。 (그는 틀림없이 갔을 것이다.)

⑧ それでは、あの人が怒るわけです。(그러면, 그 사람이 화를 낼 겁니다.)

참 고

※ 같은 명사라도 a 일반명사로, 또는 b 형식명사로 쓰일 때가 있는데 몇 가지를 예를 들어 보자.

① こと : ~것, ~일 (개념, 경험)

a. ことがおこる。(일이 생기다.)

b. 死ぬことはいやだ。(죽는 것은 싫다.)

② ため : ~위해서, ~ 때문에 (원인, 이유)

a. 人のためにカをつくす。(남을 위해서 봉사한다.)

b. 彼女のために仕事をする。(그녀 때문에 일을 한다.)

③ わけ : ~ 때문에, ~니까 , ~것(이유, 원인, 당연함)

a. 必ずわけがある。(반드시 까닭이 있다.)

b. 熱があるから苦しいわけだ。(열이 있어 괴로운 것이다.)

④ つもり : ~예정, ~할 생각(의도나 계획)

a. 学校へ行くつもりだ。(학교에 갈 작정이다.)

b. テレビを見るつもりだ。(TV를 볼 예정이다.)

⑤ もの : ~것, ~법(행위나 동작)

a. 部屋にいろいろなものがある。(방에 여러 가지 물건이 있다.)

b. こどもはかわいいものです。(어린이는 귀여운 법입니다.)

⑥ ところ : ~중, ~바, ~점, ~곳(사실, 상태)

a. 明るいところ。(밝은 곳.)

b. 遊びをしているところです。(장난을 하고 있는 중입니다.)

涙ほど早く乾くものはない。<キケロ>

눈물만큼 빨리 마르는 것은 없다.<키케로>

(4) 대명사(代名詞)

사람이나 사물의 명칭대신 쓰이는 말로서, 인칭대명사(人称代名詞)와 지시대명사(指示代名詞)의 두 종류가 있다. 일본어의 인칭대명사는 상당히 복잡하고 그 사용에 있어서도 여러 가지 제한이 있음.

1인칭의 경우 일반적으로는 わたし를 사용하지만, 공적인 자리에서는 わたくし를, 여성의 경우 あたし, あたくし를, 남성의 경우 ぼく, おれ를 사용하는 등 장면에 따라 사용어휘가 달라짐.

방향을 나타내는 こちら, そちら, あちら, どちら가 2, 3인칭의 대용으로 많이 사용됨.

① 인칭대명사(人称代名詞) : 1인칭, 2인칭, 3인칭, 부정칭 사람을 가리키는 대명사를 인칭대명사라 한다.

자 칭 (自称)	대 칭 (対称)	타칭(他称)			부정칭 (不定称)
		근 칭 (近称)	중 칭 (中称)	원 칭 (遠称)	
わたくし (저, 나) わたし (저, 나) ぼく (나) おれ (나)	あなた (당신) きみ (자네, 네) おまえ (너)	このかた (이 분) このひと (이 사람) こいつ (이 녀석)	そのかた (그 분) そのひと (그 사람) そいつ (그 녀석)	あのかた (저 분) あのひと (저 사람) あいつ (저 녀석)	どなた (어느 분) だれ (누구) どいつ (어느 녀석)

예) この方は韓国の方ですか。 (이분은 한국 분이십니까?)

② 지시대명사(指示代名詞)

사물(事物), 장소, 방향을 가리키는 代名詞를 말한다.

	근 칭	중 칭	원 칭	부 정 칭
事 物	これ(이것)	それ(그것)	あれ(저것)	どれ(어느 것)
場 所	ここ(여기)	そこ(거기)	あそこ(저기)	どこ(어디)
方 向	こちら(이 쪽) こっち(이 쪽)	そちら(그 쪽) そっち(그 쪽)	あちら(저 쪽) あっち(저 쪽)	どちら(어느 쪽) どっち(어느 쪽)

예) どちらに図書館がありますか。(어느 쪽에 도서관이 있습니까?)

(5) 전성 명사 : 동사나 형용사 등이 명사로 전환되어 사용된 것
あつい → あつさ　さむい → さむさ　おわる → おわり　かえる → かえり

(6) 복합 명사 : 둘 이상의 단어들이 혼합하여 하나의 단어로 합성된 것
동사+명사 : わる(쪼개다)+はし(젓가락)=わりばし(쪼개는 젓가락)
명사+명사 : ゴミ(쓰레기)+はこ(상자)=ゴミバコ(쓰레기통)

※ 한국인이 틀리기 쉬운 명사(한자의 오용)

♠ 天気　날씨의 주의 표현
今日はいい天気ですね。　오늘은 날씨가 좋습니다.
きょうはわるい天気ですね。　오늘은 날씨가 안 좋습니다.
그러나 天気がいいですね。 (X)라고는 잘 쓰지 않는다.

♠ 方와人 의 구별 ?
日本の方ですか。(상대방에겐 정중한 표현 方를 쓴다.)
わたしは日本人です。(자기 자신을 낮출 때 人을 쓴다.)

♠ だれ와 どなた 의 구별 ?
だれ(누구) : 보통 일반적으로 누구를 표현할 때 쓰인다.
どなた(어느분) : 상대방에게 정중한 표현을 할 때 쓰인다.

♠ 香り와 匂 의 구별 ?
香りは 일반적으로 향기를 뜻하고, 匂는 좋지 않는 **냄새**를 표현할 때 주로 쓴다.
この花は香りがいいね。　これは匂いが臭いですね。

♠ 様와さん, 殿와ちゃん, 君의 구별 ?
さん에 비하여 さま가 존경・공손한 표현이다.
どの는 일반적으로 단체의 장에게 붙이나 최근에는 개인에게도 쓰고 있다.
ちゃん은 君보다 어린 사람을 칭할 때 붙이는 표현이다.
ちゃん < 君 < さん < 様(개인), 殿(단체)

♠ 隣, 横, 側 의 구별 ?
일반적으로 隣는 같은 종류의 사물끼리 쓰고, 横, 側 는 앞뒤가 아닌 좌, 우의 옆에 쓰인다.
うちは公園の側にあります。公園は団地の隣にあります。貴方の横にいるひとはだれですか。

> ♠ **한국인 일본어 학습자들이 혼동하기 쉬운 오용 문제**
> あれは高校**時節**の写真です。(X)(**時節⇒時代**)
> 先生に**便紙**を出しました。(X)(**便紙⇒手紙**)
> **景致**が本当にとてもいいですね。(X)(**景致⇒景色**)

※ 틀리기 쉬운 한국어와 일본어의 오용표현

① 次の**次例**はだれですか。 (X)(**次例⇒順番**)

② **日前**はどうもありがとうございました。 (X)(**日前⇒先日**)

③ **美国**の人口は韓国より多いです。 (X)(**美国⇒米国**)

④ 三**層**にだれがいますか。 (X)(**層⇒階**)

⑤ あしたはわたしの**生日**です。 (X) (**生日⇒誕生日**)

⑥ 手紙の**答状**は出さなくてもいいです。 (X)(**答状⇒返事**)

⑦ 昨夜**親旧**に会いました。 (X)(**親旧⇒友だち**)

⑧ 50円の**郵票**一枚お願いします。 (X)(**郵票⇒切手**)

⑨ この**境遇**はどうしたらいいんですか。 (X)(**境遇⇒場合**)

⑩ 今日は日本語の**工夫**をしました。 (X)(**工夫⇒勉強**)

⑪ このりんごが**第一**大きいですね。 (X)(**第一⇒一番**)

⑫ それはわたしの**冊**です。 (X)(**冊⇒本**)

⑬ わたしの**短点**は何ですか。 (X)(**短点⇒短所**)

⑭ 今日は新しいアパートへ**移事**しました。 (X)(**移事⇒引っ越し**)

⑮ そちらはあなたの**房**です。 (X)(**房⇒部屋**)

⑯ **来日**は休みですか。 (X)(**来日⇒明日**)

⑰ **日気予報**によると、あしたは雨だそうです。 (X)(**日気予報⇒天気予報**)

⑱ **先生様**、このノートを貸してください。 (X)(**先生様⇒先生**)

⑲ 今年の**夏放学**には旅行に行きたいです。 (X)(**夏放学⇒夏休み**)

⑳ わたしは大学校4**学年**です。 (X)(**学年⇒年生**)

♣ 助数詞 ①

	1	2	3	4	5	6	7	8	9	10	?
本(ほん)	연필, 나무, 우산, 담배, 병 등의 가늘고 긴 물건을 세는 단위: 개, 자루										
	一本(いっぽん)	二本(にほん)	三本(さんぼん)	四本(よんほん)	五本(ごほん)	六本(ろっぽん)	七本(ななほん)	八本(はっぽん)	九本(きゅうほん)	十本(じゅっぽん)	何本(なんぼん)
枚(まい)	종이, 표, 우표, 셔츠 등 얇은 물건을 세는 단위 : 장										
	一枚(いちまい)	二枚(にまい)	三枚(さんまい)	四枚(よんまい)	五枚(ごまい)	六枚(ろくまい)	七枚(しちまい)	八枚(はちまい)	九枚(きゅうまい)	十枚(じゅうまい)	何枚(なんまい)
匹(ひき)	개, 고양이, 물고기 등 일부 동물을 세는 단위 : 마리										
	一匹(いっぴき)	二匹(にひき)	三匹(さんびき)	四匹(よんひき)	五匹(ごひき)	六匹(ろっぴき)	七匹(ななひき)	八匹(はっぴき)	九匹(きゅうひき)	十匹(じゅっぴき)	何匹(なんびき)
杯(はい)	잔에 들어 있는 물이나 음료수 등을 세는 단위 : 잔										
	一杯(いっぱい)	二杯(にはい)	三杯(さんばい)	四杯(よんはい)	五杯(ごはい)	六杯(ろっぱい)	七杯(ななはい)	八杯(はっぱい)	九杯(きゅうはい)	十杯(じゅっぱい)	何杯(なんばい)
冊(さつ)	책 등의 권수를 세는 단위 : 권										
	一冊(いっさつ)	二冊(にさつ)	三冊(さんさつ)	四冊(よんさつ)	五冊(ごさつ)	六冊(ろくさつ)	七冊(ななさつ)	八冊(はっさつ)	九冊(きゅうさつ)	十冊(じゅっさつ)	何冊(なんさつ)
足(そく)	신발이나 양말 등을 세는 단위 : 켤레										
	一足(いっそく)	二足(にそく)	三足(さんぞく)	四足(よんそく)	五足(ごそく)	六足(ろくそく)	七足(ななそく)	八足(はっそく)	九足(きゅうそく)	十足(じゅっそく)	何足(なんそく)
人(ひと)	사람을 세는 단위 : 명										
	一人(ひとり)	二人(ふたり)	三人(さんにん)	四人(よにん)	五人(ごにん)	六人(ろくにん)	七人(ななにん)	八人(はちにん)	九人(きゅうにん)	十人(じゅうにん)	何人(なんにん)
階(かい)	층수를 세는 단위 : 층										
	一階(いっかい)	二階(にかい)	三階(さんがい)	四階(よんかい)	五階(ごかい)	六階(ろっかい)	七階(ななかい)	八階(はっかい)	九階(きゅうかい)	十階(じゅっかい)	何階(なんがい)
回(かい)	횟수를 세는 단위 : 회										
	一回(いっかい)	二回(にかい)	三回(さんかい)	四回(よんかい)	五回(ごかい)	六回(ろっかい)	七回(ななかい)	八回(はっかい)	九回(きゅうかい)	十回(じゅっかい)	何回(なんかい)
歳(さい)	나이를 세는 단위 : 살, 세										
	一歳(いっさい)	二歳(にさい)	三歳(さんさい)	四歳(よんさい)	五歳(ごさい)	六歳(ろくさい)	七歳(ななさい)	八歳(はっさい)	九歳(きゅうさい)	十歳(じゅっさい)	何歳(なんさい)
기타	軒(けん)-집을 세는 단위 : 채, 동	個(こ)-갯수를 세는 단위 : 개									
	円(えん)-돈을 세는 단위 : 엔	度(ど)-횟수를 세는 단위 : 번									
	台(だい)-차, 자전거, 텔레비전 등 크고 움직일 수 있는 것을 세는 단위 : 대										
	番目(ばんめ)-순서를 세는 단위 : 번째										

金(かね)のある人間(にんげん)になることより、むしろかちのある人間(にんげん)になる努力(どりょく)をせよ。

<アインシュタイン> <아인슈타인>

부자가 되는 것보다 차라리 가치 있는 인간이 되도록 노력하라.

★ 틀리기 쉬운 한국어와 일본어

재수생 再修生 ⇒ 浪人(ろうにん)
약혼 約婚 ⇒ 婚約(こんやく)
우체국 郵逓局 ⇒郵便局(ゆうびんきょく)
별명 別名 ⇒ 仇名(あだな)
접수 接受 ⇒ 受付(うけつけ)
인사 人事 ⇒ 挨拶(あいさつ)
신호 信号 ⇒ 合図(あいず)
성명 姓名 ⇒ 氏名(しめい)、名前(なまえ)
영광 栄光 ⇒ 光栄(こうえい)
편지 便紙 ⇒ 手紙(てがみ)
상대 相対 ⇒ 相手(あいて)
인품 人品 ⇒ 人柄(ひとがら)

※ 꼭 알아야 할 조수사

	1	2	3	4	5	6	7	8	9	10	?
月	いちがつ	にがつ	さんがつ	しがつ	ごがつ	ろくがつ	しちがつ	はちがつ	くがつ	じゅうがつ	なんがつ
時	いちじ	にじ	さんじ	よじ	ごじ	ろくじ	しちじ	はちじ	くじ	じゅうじ	なんじ
年	いちねん	にねん	さんねん	よねん	ごねん	ろくねん	ななねん しちねん	はちねん	きゅうねん	じゅうねん	なんねん
番	いちばん	にばん	さんばん	よんばん	ごばん	ろくばん	ななばん	はちばん	きゅうばん	じゅうばん	なんばん
円	いちえん	にえん	さんえん	よえん	ごえん	ろくえん	ななえん	はちえん	きゅうえん	じゅうえん	いくら
歳	いっさい	にさい	さんさい	よんさい	ごさい	ろくさい	ななさい	はっさい	きゅうさい	じっさい	なんさい
個	ひとつ いっこ	ふたつ にこ	みっつ さんこ	よっつ よんこ	いつつ ごこ	むっつ ろっこ	ななつ ななこ	やっつ はっこ	ここのつ きゅうこ	とお じっこ	いくつ なんこ
分	いっぷん	にふん	さんぷん	よんぷん	ごふん	ろっぷん	ななふん	はっぷん	きゅうふん	じっぷん	なんぷん
本	いっぽん	にほん	さんぼん	よんほん	ごほん	ろっぽん	ななほん	はっぽん	きゅうほん	じっぽん	なんぼん
人	ひとり	ふたり	さんにん	よにん	ごにん	ろくにん	ななにん しちにん	はちにん	くにん きゅうにん	じゅうにん	なんにん
日	ついたち	ふつか	みっか	よっか	いつか	むいか	なのか	ようか	ここのか	とおか	なんにち

※ **한자어 수사** : 一(いち) 二(に) 三(さん) 四(よん)(し) 五(ご) 六(ろく) 七(しち)(なな) 八(はち) 九(きゅう)(く) 十(じゅう)
※ **고유어 수사** : 一(ひと)つ 二(ふた)つ 三(みっ)つ 四(よっ)つ 五(いつ)つ 六(むっ)つ 七(なな)つ 八(やっ)つ 九(ここの)つ 十(とお)
※ 三階는 さんがい 또는 さんかい 두 가지로 읽는 점에 주의할 것.
何階도 なんがい 또는 なんかい 두 가지로 읽는 점에 주의할 것.
三軒도 さんげん 또는 さんけん 두 가지로 읽는 점에 주의할 것.
※ 20세는 はたち로 읽는 것에 주의할 것.

物を数える呼称一覧

＊古来、物を数えるときには、その形や状態によって、いろいろな呼び方がある。ここには、序数詞の代表的なものを例示する。

生活用品

鏡……一面
傘……一張り、一本
鏡台……一台
几帳……一基
幟……一枚、一具
扇子……一本
箪笥……一棹〈竿〉
提灯……一張り
机・椅子……一脚
鋏……一挺〈丁〉
箸……一膳、一揃い
屏風……一架、一帖
布団……一枚、一重ね、一組み
包丁……一本、一柄
盆……一枚、一組み
椀……一口、一客、一組み

たんすは「一棹」

食べ物

いか、たこ……一杯
うどん……一玉、一把、一丁
かけそば……一杯、一人前
果物……一顆、一個、一山
こんにゃく……一丁、一枚
魚……一尾、一匹
酒……一本、一樽、一杯、一献
ざるそば、もりそば……一枚
吸い物……一椀
たらこ……一腹
団子……一串、一本
豆腐……一丁
海苔……一枚、一帖(一〇枚)
葡萄……一房、一粒、一盛り
餅……一臼、一重ね、一枚、一個
羊羹……一棹〈竿〉、一本、一切れ

いかは「一杯」
たらこは「一腹」

動物

小さい動物……一匹
大きい動物……一頭
兎……一羽
牛・馬……一蹄、一頭
鳥……一羽、一翅、一翼
花弁……一枚、一片
草木……一本、一株、一枚
花……一輪、一本

うさぎは「一羽」

神仏

遺骨……一体
位牌……一柱
数珠……一具、一連
神体・仏像……一体、一柱、一座
塔・塔婆……一層、一基
鳥居……一基
墓……一基

度量衡表

長さ	寸	3.03cm
	尺（10寸）	30.3cm
	間（6尺）	1.82m
	丈（10尺）	3.03m
	町（60間）	109.09m
	里（36町）	3.93km
面積	坪	3.31㎡
	畝（30坪）	99.17㎡
	反（10畝）	991.74㎡
	町（10反）	9,917.36㎡
体積	合	0.18ℓ
	升（10合）	1.80ℓ
	斗（10升）	18.04ℓ
	石（10斗）	180.4ℓ
重さ	厘	0.04g
	匁（100厘）	3.75g
	斤（160匁）	600g
	貫（1000匁）	3.75kg
人体による長さの単位	束…握り拳の長さ	
	尋…両手分の長さ	
	尺…親指と中指を開いた長さ	

楽器

琴……一張り、一面
三味線……一棹〈竿〉、一挺〈丁〉
太鼓……一張り
バイオリン……一挺
ピアノ……一台
琵琶……一揃い、一面
笛……一本、一管

太鼓は「一張」

衣類

衣服……一重、一領、一襲、一揃い、一点、一枚、一着
帯……一条、一筋、一本
シャツ……一枚
背広……一着、一揃い
足袋、靴下、靴……一足
反物……一反、一疋
ネクタイ……一本
袴……一枚、一対、一腰、一具

建物

家……一戸、一軒、一棟
瓦……一枚
倉……一戸前、一棟
寺院……一寺、一宇、一堂
神社……一社、一宇、一座
団地……一棟
店舗……一軒、一店
堂……一宇、一棟

文書

詩文……一編、一連
証文……一札、一通
書物……一冊、一巻、一部
書類……一通、一札、一綴り
手紙……一通、一封、一本
葉書……一葉、一通、一枚
巻き物……一軸、一巻、一端

武器

刀……一刀、一剣、一振り
大砲……一門
弾丸……一発、一弾
鉄砲……一挺〈丁〉
長刀……一柄、一振り、一枝
矢・槍……一本、一筋、一条
弓……一張り
鎧兜……一具
鎧……一領

鎧は「一領」

乗り物

駕籠……一挺〈丁〉
貨車……一両、一車
汽車……一列車、一両、一本
自動車・自転車……一台
戦車……一両
飛行機……一機
船……一杯、一隻、一艘
人が乗っている馬……一騎

芸能

映画……一本、一巻
演芸……一席、一番
芝居……一景、一場、一幕
浄瑠璃……一節、一曲、一段
能(楽)……一番、一手
落語……一席
舞・舞踊……一差し、一手

その他

囲碁・将棋……一局、一番
絵画……一幅、一枚
額……一面、一架
掛け軸……一幅、一軸、一対
鍋……一口
川・河……一条、一筋
寄付……一口
金子……一封
薬……一剤、一服、一盛り
硯……一面
墨……一挺
相撲……一番
短歌・和歌……一首
俳句・川柳……一句
旗……一棹〈竿〉、一流れ、一本
花輪……一基
筆……一本、一管、一茎
宝石……一顆

絵画は「一幅」

※ 요일 · 날짜 읽는 방법

日曜日(にちようび)	月曜日(げつようび)	火曜日(かようび)	水曜日(すいようび)	木曜日(もくようび)	金曜日(きんようび)	土曜日(どようび)
			1 ついたち	2 ふつか	3 みっか	4 よっか
5 いつか	6 むいか	7 なのか	8 ようか	9 ここのか	10 とおか	11 じゅういち日
12 じゅうに日	13 じゅうさん日	**14** じゅうよっか	15 じゅうご日	16 じゅうろく日	17 じゅうしち日	18 じゅうはち日
19 じゅうく日	**20** はつか	21 にじゅういち日	22 にじゅうに日	23 にじゅうさん日	**24** にじゅうよっか	25 にじゅうご日
26 にじゅうろく日	27 にじゅうしち日	28 にじゅうはち日	29 にじゅうく日	30 さんじゅう日	31 さんじゅういち日	

· 요일 (曜日)

にちようび(日曜日)	げつようび(月曜日)	かようび(火曜日)
すいようび(水曜日)	もくようび(木曜日)	きんようび(金曜日)
どようび(土曜日)	なんようび(何曜日)	

· 날 (日)

おととい(그저께)	きのう(어제)	きょう(오늘)
あした(내일)	あさって(모레)	まいにち(매일)

· 주 (一週間(いっしゅうかん))

せんせんしゅう(先々週)	せんしゅう(先週)	こんしゅう(今週)
らいしゅう(来週)	さらいしゅう(再来週)	まいしゅう(毎週)

· 월 : 一ヵ月(いっかげつ)(1개월), 一月(いちがつ)(1월), 一月(ひとつき)(한달)

せんせんげつ(先々月)	せんげつ(先月)	こんげつ(今月)
らいげつ(来月)	さらいげつ(再来月)	まいつき(毎月)

· 년 (年)

おととし(一作年)	きょねん(去年)	ことし(今年)
らいねん (来年)	さらいねん(再来年)	まいとし,まいねん(毎年)

적중예상문제

1. 명사의 종류를 쓰시오.

2. 다음 문장을 부정문으로 고치시오.

(1) これは本です。

➡ (　　　　　　　　　　　　　　　)

(2) その紙は白いです。

➡ (　　　　　　　　　　　　　　　)

(3) あの人は大きいです。

➡ (　　　　　　　　　　　　　　　)

3. 다음 단어를 한자로 쓰시오.

(1) つくえ(　　　)　　(2) ざっし(　　　)

(3) えんぴつ(　　　)　　(4) はこ(　　　)

(5) しけん(　　　)　　(6) なまえ(　　　)

(7) てがみ(　　　)　　(8) じしょ(　　　)

(9) しんぶん(　　　)　　(10) べんきょう(　　　)

4. 다음 漢字의 「よみがな」를 쓰시오.

(1) 学生(　　　)　　(2) 学校(　　　)

(3) 大学(　　　)　　(4) 文法(　　　)

(5) 部屋(　　　)　　(6) 紹介(　　　)

(7) 東京(　　　)　　(8) 韓国(　　　)

(9) 電気(　　　)　　(10) 講義(　　　)

5. 다음 문장을 日本語로 옮기시오.

(1) 나는 대학생입니다.

➡ (　　　　　　　　　　　　　　　)

(2) 일본어는 별로 어렵지 않습니다.

➡ (　　　　　　　　　　　　　　　　　　　)

(3) 선생님은 우리들에게 일본어를 가르칩니다.

➡ (　　　　　　　　　　　　　　　　　　　　　　　　)

(4) 어제 밤 7시부터 10시까지 공부했습니다.
➡ (   )

6. 형식명사의 예를 들고 설명하시오.

7. 구어문법(口語文法)과 문어문법(文語文法)에 대해서 설명하시오.

8. 다음의 文을 文節로 나누시오.
「みよ太陽はいま世界のはてからのぼるところだ。」

9. 다음의 문을 자립어와 부속어로 구별하시오.
「これはわたしのほんです。」

10. 10품사를 쓰시오.

정 답

1. 보통명사, 고유명사, 대명사, 수사, 형식명사

2. (1) これは本ではありません。(ないです。)
(2) その紙は白くはありません。
(3) あの人は大きくはないです。

3. (1) 机 (2) 雑紙 (3) 鉛筆 (4) 箱 (5) 試験
(6) 名前 (7) 手紙 (8) 辞書 (9) 新聞 (10) 勉強

4. (1) がくせい (2) がっこう (3) だいがく (4) ぶんぽう
(5) へや (6) しょうかい (7) とうきょう (8) かんこく
(9) でんき (10) こうぎ

5. (1) 私は大学生です。
(2) 日本語はあまりむずかしくはありません。
(3) 先生はわたしたちに日本語を教えます。
(4) きのうの晩7時から10時まで勉強しました。

◆ 下線部の品詞名を書きなさい。ただし、学校文法として認められている10品詞の中で答えなさい。(2001 중등임용고사)

1) 彼女はまたふられたね。　2) あの男はおかしな人だわ。

3) うん、私も行くよ。　4) 雨は降らないだろう。

5) さっぱりきれいになった。

해답

1)	2)	3)	4)	5)
부사	연체사	감동사	조동사	형용동사 (부사적용법)

♣ 助数詞 ②

	물건	물건: 오렌지,배,달걀,사과	사람	책,잡지,노트	종이,접시	연필, 병
1	一つ(ひと)	一個(いっこ)	一人(ひとり)	一冊(いっさつ)	一枚(いちまい)	一本(いっぽん)
2	二つ(ふた)	二個(にこ)	二人(ふたり)	二冊(にさつ)	二枚(にまい)	二本(にほん)
3	三つ(みっ)	三個(さんこ)	三人(さんにん)	三冊(さんさつ)	三枚(さんまい)	三本(さんぼん)
4	四つ(よっ)	四個(よんこ)	四人(よにん)	四冊(よんさつ)	四枚(よんまい)	四本(よんほん)
5	五つ(いつ)	五個(ごこ)	五人(ごにん)	五冊(ごさつ)	五枚(ごまい)	五本(ごほん)
6	六つ(むっ)	六個(ろっこ)	六人(ろくにん)	六冊(ろくさつ)	六枚(ろくまい)	六本(ろっぽん)
7	七つ(なな)	七個(ななこ)	七人(しちにん), 七人(ななにん)	七冊(ななさつ)	七枚(ななまい)	七本(ななほん)
8	八つ(やっ)	八個(はっこ)	八人(はちにん)	八冊(はっさつ)	八枚(はちまい)	八本(はっぽん)
9	九つ(ここの)	九個(きゅうこ)	九人(くにん), 九人(きゅうにん)	九冊(きゅうさつ)	九枚(きゅうまい)	九本(きゅうほん)
10	十(とお)	十個(じゅっこ), 十個(じっこ)	十人(じゅうにん)	十冊(じっさつ), 十冊(じゅっさつ)	十枚(じゅうまい)	十本(じっぽん), 十本(じゅっぽん)
?	幾つ(いく)	何個(なんこ)	何人(なんにん)	何冊(なんさつ)	何枚(なんまい)	何本(なんぼん)

적중예상문제

※ 1. 일본의 학교문법에서의 품사 분류와 한국어 학교문법에서의 품사 분류를 비교하시오.

1. 일본어 - 동사, 형용사, 형용동사, 명사, 부사, 연체사, 접속사, 감동사, 조사, 조동사(10품사)
2. 한국어 - 명사, 대명사, 수사, 조사, 동사, 형용사, 관형사, 부사, 감탄사(9품사)

**※ 2. 일본어 문법에서 文語와 口語를 비교하면, 文의 구조, 품사의 종류, 작용 등의 문법상 기본적인 것은 비슷하나, 「用言의 活用이 다르다」라는 등의 차이가 있다.
이 외의 주된 차이점을 3가지 더 쓰시오.**

① **구어체** : 문장의 구조가 단순하고, 주어의 생략이 많다. 지시어와 대우표현이 많다.
한자표현, 옛 말, 번역 등의 특이한 표현이 적다. 대부분이 です, ます형태가 많다.

② **문장체** : 몸짓이나 표정과 같은 비언어 행동이나 장면에 의존하지 않고 글로 전달을 해야 하기 때문에, 구어체와는 대조적인 언어적 성격을 갖고 생략표현이 적다.

※ 古典文法(文語文法)의 특징

※ 일본어 문법에서 文語와 口語를 비교하면, 文의 구조, 품사의 종류, 작용 등의 문법상 기본적인 것은 비슷하나, 다음과 같은 차이점이 있다.

1. 用言의 活用이 다르며, 문어에서는 係り結び가 나타난다.
2. 문어문법에는 구어에서 쓰이지 않는 조사와 조동사(ず, たる, なり 등)가 있다.
3. 문어는 歴史的仮名遣い에 준하여 표기한다.

1. 歴史的仮名づかい (옛 철자법)

1) 語頭 이외의 「ハ행 : は ひ ふ へ ほ」음은 「ワ행 : わ い う え お」음으로 읽는다.
   かは(川), おもふ(思う), いふ(言う), いへ(家)
2) 모음 + 「ウ」 ⇒ 長音
   ・ア + ウ → オ－　あうむ(앵무새) → オーム, 方角(はうがく) → ほうがく
   ・イ + ウ → ユ－　十五夜(じふごや) → じゅうごや
   ・エ + ウ → ヨ－　ふえう → 不要, 蝶(てふ) → ちょう
   ・オ + ウ → ヨ－　用(よう) → ヨ－
3) 「ゐ・ゑ・ぢ・づ・を」 사용.
   居る(ゐる), 声(こゑ), 味(あぢ), 水(みづ), 男(をとこ)
4) 「くわ・ぐわ」는 「か・が」로 발음.
   科学(くわがく) → かがく, 五月(ごぐわつ) → ごがつ, 外国(ぐわいこく) → がいこく

5) 促音, 拗音을 크게 표기함.

2. 音便

(1) 동사 - 4단활용동사, ラ・ナ행 変格활용동사의 연용형 + て, た, たり 일 때 일어남.

① **イ**音便 : カ・ガ・サ행

書きて → 書いて, 次ぎて → 次いで, 思したり → 思いたり

② **ウ**音便 : ハ・バ・マ행

思ひて → 思うて, 飛びて → 飛うで, 飲みて → のうで

③ **撥**音便 : **バ・マ행, ナ변격이 발음편 할 때는で、だ、だり로 탁음(濁音)한다.**

遊びて → 遊んで, 読みて → 読んで, 死にて → 死んで

④ **促**音便 : タ・ ハ・ラ행, ラ변격

立ちて → たって, 習ひて → 習って, 取りて → 取って, ありて → あって

(2) 형용사

① **イ**音便 : 연체형「き・しき」→「い→しい」

はかないことば、苦らしいこと

② **ウ**音便 : 연용형「く・しく」→「う・しう」

白うて、うつくしうて

③ **撥**音便 : カリ 활용의 연용・연체형「かり・かる」→「かん」

표기하지 않는 경우가 많음

よかりぬ → おかんぬ

3. 係り結びの法則 : 관계매듭의 규정이 있다.

文語의 독특한 규정으로 문 속에 조사가 사용되었을 때, 그 文末의 진술에 영향을 주는 활용형.

① 조사 なむ・ぞ・か・や + 連体形으로 끝을 맺는다.

・かたちよりは心**なむ**まさりたりける。

・雨**ぞ**降る。かかれば、心ばせも世の人に似ず**ぞ**侍ると奏せます。

・など**か**宮仕へをし給はざらむ。

・かくたいだいしく**や**は慣らはすべき。

② こそ + 已然形으로 끝을 맺는다 : 雪の降る**こそ**楽**しけれ**。雨**こそ**降れ。親と**こそ**思ひたてまつれ。

③ ば・も + 終止形 : かく難しきことを**ば**、いかし申さむ。かぐや姫、返し**も**せずなりぬ。

どんなものか分かった時には半分過ぎているのが人生。<フランスのことわざ>

인생이 무엇인지 알게 되었을 때에는 이미 절반이 지나간 것이 바로 인생이다. <프랑스 속담>

2. 동사 動詞(どうし)

동사는 자립어로서 술어(述語)가 되며 활용하는 동사의 어미는ウ단음 (う・く・ぐ・す・つ・ぬ・ぶ・む・る)으로 끝나는 用言이다.

동사는 활용(活用)을 하고, 술어(述語)로 쓰여지며 대우법(待遇法 : 경어), 態(voice : 수동, 능동), 相(aspect : 동사가 나타내는 지점으로 (食(た)べている진행), 전개, 종결), 時制(tense : 현재, 과거), 叙法(mood, modality : 화자의 태도나 기분으로 단정, 의문, 부정, 긍정) 등의 문법적 의미를 파생시킨다. 그리고 명사 + する(勉強する, 愛する)와 의성어(擬声語), 의태어(擬態語) + する(きらきらする, ばたばたする 등), 형용사 어간(形容詞 語幹) + がる(おもしろがる, ほしがる 등) 등은 전성되어 복합동사가 된다.

※ 동사의 성질

동사(動詞)는 사람이나 사물의 동작이나 상태 및 존재를 나타내는 품사로서, 동사는 どうする(어떠하다), どうした(어떻게 했다)와 같이 서술을 나타내는 역할을 하며, 다음과 같이 그 성질을 분류할 수 있다.

① **존재를 나타내는 동사**… いる, ある, おる (兄(あに)が二人(ふたり)あります。)

② **운동(運動)동작을 나타내는가 상태를 나타내는가에 따라 분류함**

- 운동동사(運動動詞) : 움직임을 나타내는 動詞 …走(はし)る, 泳(およ)ぐ, 泣(な)く, 話(はな)す
  변화를 나타내는 動詞 … 直(なお)る, 整(ととの)う, 固(かた)まる, 死(し)ぬ, 増(ふ)える
- 상태동사(状態動詞) … できる, 似(に)る, かわる, みえる

③ **동작의 주체의 의미의 여부에 따라 분류함**

- 의지동사(意志動詞) … 行く, 食べる, 読む, 書く
- 무의지동사(無意志動詞) … 流(なが)れる, 光(ひか)る, むせる, 飽(あ)きる

④ **목적어(目的語)를 갖는가의 여부에 따라 분류함**

- 자동사(自動詞(じどうし)) … 来(く)る, 帰(かえ)る, 歩(ある)く, 走(はし)る, 飛(と)ぶ, 泣(な)く, 行(い)く (わたしが行(い)く)
- 타동사(他動詞(たどうし)) … なぐる, 殺(ころ)す, 書(か)く, 食(た)べる, 飲(の)む (酒(さけ)を飲(の)む)

⑤ **복합동사는 두 개 이상의 동사가 합성하여 만들어진 것이다.**

앞의 동사의 연용형에 뒤의 동사가 연결된다.

食(た)べ+すぎる(과식하다), 飲(の)み+すぎる(과음하다), 乗(の)り+かえる(갈아타다)

※ 동사의 문법론적(통사론적) 특징은 술어(述語)와 수식어가 될 수 있다는 점이다.

- 私は毎日学校(がっこう)まであるく。(述語)
- ぼくたちは公園(こうえん)へ歩いて登った。(修飾語)

(1) 통사론(syntax)

文을 구성하는 규칙을 연구하는 문법론의 연구로서 통어론, 구문론, 문장론, 연어론, シンタクス(syntax)라고도 한다.

> **※ 文에서 술어성분이 나타나는 문법 범주의 순서는 다음과 같다.**
> 格(격) - 動詞 - 態(태) - 相(상) - 否定/肯定(부정/긍정) - 時制(시제) - 叙法(서법)
> (case) (verb) (voice) (aspect) (tense) (modelity)
> 彼女(かのじょ)は パンを 食(た)べせられていた らしいね。

1. 時制(テンス, tense)

서술 내용이 명제가 표현하고 있는 내용의 성립시간과 기준시간과의 시간적 전후관계로, 때를 나타내는 문법 범주이다.

- 명령, 희망, 권유를 나타내는 문은 시제 분화가 일어나지 않음
- 화자의 의지, 감정 등을 나타내는 문에는 과거시제가 존재하지 않음
- 外界의 상황이나 판단 등의 정보를 다른 사람에게 전달하는 문에서만 시제 존재

1) た형(과거)

① 동작동사, 상태동사 : 과거 昨日手紙(てがみ)を書きました。 昨日先生(きのうせんせい)に会(あ)った。

② 과거의 습관적인 일, 발견, 잘 몰랐던 사실을 기억해냈을 때

- 과거의 습관 : 子供の時は父とよく遊(あそ)びに行った。
- 발견 : 来た, バスが来た。
- 잊어버리고 있던 사실 상기 : そうだ, 明日試験(あしたしけん)だった。

③ 서법을 나타냄

- 새로운 발견 : 明日は母の誕生日(たんじょうび)だった。
- 확인 : 試験はあさってでしたか。
- 명령 : 早(はや)く行(い)ってきなさい。

④ 완료를 나타냄 : やっと手紙を書いた。

2) る형(현재, 미래)

① 동작동사 : 미래 (동작동사로 현재를 나타내기 위해서는 ている형을 사용)
今(いま)学校へ行っている。

② **상태동사** : 현재, 미래

今お金が要る。　　来月お金が要る。

③ **습관, 진리, 사물의 성질**

- 습관 : 私は毎日9時まで学校へ行く。
- 진리 : 春になると花がさく。
- 사물의 성질 : 酒は人を酔っぱらわす。

(2) 相(aspect)

동사가 나타내는 동작이 일정 시점에서 어느 과정에 있는가를 나타내는 문법 범주이다.
시제는 말하는 시점과 일어난 일과의 시간적 차이를 중시하지만 상에서는 문제삼지 않음.
동작동사에서만 나타남.

※ 相에 의한 동사의 분류

① **상태동사(状態動詞)** : ~ている를 붙일 수 없는 동사
ある, いる, できる, 泳げる

② **계속동사(継続動詞)** : ~ている를 붙일 수 있고, 동작의 진행을 나타내는 동사
読む, 考える, 書く, 歩く, 走る, 降りる

③ **순간동사(瞬間動詞)** : ~ている를 붙일 수 있고, 동작의 시작・완료를 나타냄
はじまる, 終る, 開く, 知る, 死ぬ, 結婚する

④ **제4종 동사(第4種 動詞)** - 형용사적 동사 : 언제나 ~ている를 붙여 사용하며, 어떤 상태에 처해 있음을 나타내는 동사
そびえる, 似る, すぐれる, ありふれる

1) 동작・작용이 시작되기 직전의 단계 : 今考えているところだ。
~ところだ, ~ばかりだ, ~(う)としている

2) 동작・작용이 시작되는 단계 : 雨が降りはじめた。
~はじめる, ~だす, ~かける

3) 동작・작용이 진행중인 단계 : 人が笑っている。
~つづける, ~つづく, ~ている, ~ていく, ~てくる

4) 동작・작용의 완료, 결과를 나타내는 단계 : 全部食べてしまった。
~おわる, ~おえる, ~きる, ~あげる, ~あがる, ~てしまう, ~たところだ, ~たばかりだ

(3) 서법(叙法) : (mood, modality)

文에 있어 서술내용(命題)에 대한 말하는 이(話者)의 태도・기분, 듣는 사람(聴者)에 대한 희망 등을 나타내는 문법형식을 서법, ムード(mood), モダリティー(modality)라고 한다.

예 : たぶん あしたは 休(やす)み でしょう。
(서법) (명제) (서법)

위와 같이 말하는 이의 추측을 나타내는 「でしょう」와 「たぶん」는 듣는 이의 동의를 구하는 서법이다.

즉, 서법은 서술내용에 대한 말하는 사람의 인식이 표현된 것으로 단정, 추량, 의문, 명령, 금지를 나타내는 것이 있다.

1) 판단의 서법 : 명제에 대한 화자의 인식이 드러난 것으로 모든 술어에 나타남

- 단정 – 金さんは明日来る。
- 추량 – 金さんは明日来るだろう。
- 의문 – 金さんは明日来るかな。

2) 전달의 서법

- 정보・내용의 전달 – 6月 14日から夏休みです。
- 명령 – 静かにしなさい。
- 금지 – 授業中にはいねむりするな。
- 의지 – もう少し頑張ろう。

(4) 태(態, voice)

1) 사역태(使役態) : 동작주를 대상으로 하고, 동작을 지시하는 사람을 주어로 함

① 사역태(使役態)의 型

- Aが(は)BにPを他V(さ)せる : 경우에 따라 A, B는 생략되기도 함
  子供にこんな重い荷物(にもつ)を持たせるのは無理(むり)だ。
- Aが(は)Bを自V(さ)せる。
  彼はいつも冗談(じょうだん)でみんなを笑(わら)わせる。
- Aが(は)BをPに自V(さ)せる。
  * に격을 필요로 하는 동사인 会う, 従う, 乗る는 명령받는 쪽(B)를 「を」로 표현.

金先生は母親を車に乗せた。

- Aは(が)PをV(さ)せる : 비정물이 주어가 되는 경우

  彼女の弾くピアノの調べが, 私の思い出をよみがえらせた。

* 자동사와 타동사가 대응하는 동사의 경우, 일반적으로 타동사를 사용함

  起きさせる(×) 起こす(○) 일으키다

  通らせる(×) 通す(○) 통하게 하다

  逃げさせる(×) 逃がす(○) 놓아주다

2) 사역수동태(使役受動態) : 어떤 행동이 외부의 강요에 의해서 행하여짐

- Aが(は)BにPをV(さ)せられる。

  Aが(は)BにPをVされる。

  わたしはみんなに歌を歌わせられた(歌わされた)。

- 화자의 의지 없음, 즉 '마지못해'의 의미가 내포

3) 가능태(可能態) : 의지동사

① 가능태의 型

- 1단동사의 미연형 + れる, られる

*「ラ抜き言葉」: 최근 젊은층에서는 れる, られる를 붙이지 않고, 가능동사형으로 사용하는 경우가 많음(見れる, 食べれる, 来(こ)れる)

- 가능동사 : 5단동사의 어미 [u]를 [er]로 바꿈
- できる : する의 가능동사, 주체의 능력
- ~ことができる : 의미상 られる, 가능동사와 동일

- 동사의 연용형 + うる(える) : ~ことができる의 고어적, 문장어적 표현

* 文語「得(う)」에서 발생 :「え, う, うる, うれ, えよ」로 활용

  → 현대어「得る」로 변함

  ありえない(미연) 疑いえない(미연) 表しうるもの(연체) ありえる(종지)

② 가능태에 동사「を」를 쓰는 경우

- 행위의 주체자를 알 수 없고, 수동으로 오해받을 가능성이 있을 경우

  彼を助ける → 彼が助けられる。(×)

  彼を助けられる。(○)

  彼を助けることができる。(○)

③ **가능동사의 자발(自発)용법**

- 자연히 그와 같은 심적 상태가 됨
- 「情義동사 + られる」

＊ 情義동사 : 感じる, 思い浮かべる, 案じる, しのぶ……
乱暴で行く先が案じられると母は言った。

- 「思える, 泣ける, 笑える」

彼女の気の毒な身の上, 話を聞かされ, 泣けて泣けて仕方がなかった。

4) 자발태(自発態) : 동작의 주체는 상관하지 않고, 어느 현상이 스스로 일어남

✻ 사역피동형(사역수동형)

사역형을 다시 피동(被動)으로 만들면 사역피동형(使役被動形)으로 된다.
즉, 자의(自意)가 아닌 타의(他意)에 의해서 어떤 행동을 강요 당한다는 뜻이다.

예) ・読む(읽다)의 使役은 読ませる(읽게 하다). 다시 피동으로 読ませられる가 됨.
・私たちは、毎日 先生に本を<u>読ませられる</u>。
직역(直訳) - 우리들은 매일 선생님께 책을 읽게 함을 당한다.
의역(意訳) - 우리들은 매일 선생님께서 읽으라고 하셔서 읽는다.
(우리들은 매일 선생님께서 책을 읽히셔서 읽는다.)

✻ 사역피동형의 예

- 読ませる → 読ませられる : (남이 읽으라고 해서)읽다
- 洗わせる → 洗わせられる : (남이 씻으라고 해서)씻다
- 行かせる → 行かせられる : (남이 가라고 해서)가다
- 食べさせる → 食べさせられる : (남이 먹으라고 해서)먹다
- させる → させられる : (남이 하라고 해서)하다
- 来させる → 来させられる : (남이 오라고 해서)오다

✻ 사역・수동의 문형은 수동문형

Sは(人) <u>に</u> (何々) <u>を</u> <u>사역・수동의 형태</u>

① Aさんは先生<u>に</u>前の席に座らされました。
(선생님은 A씨를 앞자리에 앉혔습니다.)

② 先生はあなたに何回も教科書を読ませました。
(선생님은 당신에게 교과서를 몇 번이나 읽게 했습니다.)
→ わたしは先生に教科書を何回も読まされました。
(선생님은 나에게 교과서를 몇 번이나 읽게 했습니다.)

③ 先生はあなたを教室の外へ行かせました。
(선생님은 당신을 교실 밖으로 나가게 했습니다.)
→ わたしは先生に教室の外に行かされました。
(선생님은 나를 교실 밖으로 내보냈습니다.)

④ 先生はあなたに何回も発音を言わせました。
(선생님은 당신에게 몇 번이나 발음을 하게 했습니다.)
→ わたしは先生に何回も発音を言わされました。
(선생님은 나에게 몇 번이나 발음을 하게 했습니다.)

※ 다음 문장의 (　) 안에 들어갈 가장 적당한 문장을 <보기>에서 골라 쓰시오.
言語内容に対する話し手の方，および聞き手に対する　きかけや伝達のあり方といった。発話時における話し手の心的態度に関する情報を(　　　)という。これは，文の中の「事柄」以外の話者の主観的な部分で，たいていは文末に位置する。(2002 교사임용고사)

< 보 기 >
テンス　ムード　アスペクト　ヴォイス　ストラテジー　モーラ
해답 : ムード

동사(動詞, verb)

동사는 용언의 하나로 활용하는 自立語이며, 단독으로 述語가 되며, 그 기본형은 오십음도(五十音図)의 ウ 단음으로 끝나며, 주로 사물(事物)의 동작(動作)・작용(作用)・존재(存在)를 나타내는 품사(品詞)이다.

- **行く, 飲む ➡ 動作**
- **降る, 流れる ➡ 作用**
- **いる, ある ➡ 存在**

동사 역시 타용언(他用言)과 같이 어간(語幹)과 어미(語尾)로 구분된다. 그 끝나는 형태(形態)를 종지형(終止形)이라고 하며, 이것은 기본형과 같은 형으로 현재형(現在形)으로 쓰인다. 또한 용언과 접속(接続)되는 형태를 연용형(連用形)이라고 한다.

동사의 연용형(連用形)은 각종 동사와 조동사(助動詞) ます・た・たい・そうだ와 조사(助詞) て・ても・ながら 등에 접속되며, 중지법(中止法)으로도 쓰인다.

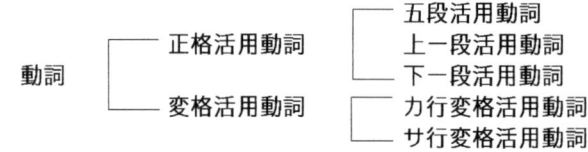

- 動詞
  - 正格活用動詞
    - 五段活用動詞
    - 上一段活用動詞
    - 下一段活用動詞
  - 変格活用動詞
    - カ行変格活用動詞
    - サ行変格活用動詞

(5) 문법기능에 의한 분류

☆ 동사의 활용 종류에 의한 분류

① **5단 활용 동사** : 어간이 자음으로 끝남
書く(kak-u), 話す(hanas-u), 立つ(tats-u)

② **상1단, 하1단 동사** : 어간이 모음으로 끝남
見る(mi-ru), 食べる(tabe-ru), 起きる(oki-ru)

③ **변격동사** : 来る, する

☆ 활용동사의 종류

(1) 5단 활용동사(五段活用動詞)

① 어미(語尾)가 「る」로 끝나지 않고 (う・く・ぐ・す・つ・ぬ・ぶ・む・る)로 끝난다.
言**う**(말하다), 書**く**(쓰다), 騒**ぐ**(떠들다), 通**す**(통하게 하다), 待**つ**(기다리다), 死**ぬ**(죽다), 飛**ぶ**(날다), 飲**む**(마시다)

② 어미(語尾)가 「る」로 끝나는 5단 활용동사(五段活用動詞)의 구별 방법은, 동사의 기본형의 어미(語尾) 「る[ru]」의 바로 앞 音(母音)이 [a・u・o]로 소리나면, 모두 5단 활용동사(五段活用動詞)이다.

しかる[sika-ru](꾸짖다), 送る[oku-ru](보내다), 登る[nobo-ru](오르다), 降る(내리다), 割る(나누다), 移る(옮기다), 乗る(타다)

③ 어미「る」[ru] 앞의 모음이 [i, e]로 소리나도 예외적으로 5단 활용동사인 경우가 많다.
知る[si-ru], 切る, 入る, 要る, 参る, 走る, 帰る, 減る, 照る

(2) 상1단 활용동사(上一段活用動詞)

동사의 기본형을 보고, 어미 「る」앞의 글자 音(母音)이 「i」로 소리나면, 상1단 활용동사(上一段活用動詞)이다. (단, 例外도 있음 : 参る, 切る)

過ぎる[sugi-ru](지나다), 降りる(내리다), 着る(입다), 見る[mi-ru](보다), 似る(닮다), 起きる(일어나다), 足りる(충분하다), 落ちる(떨어지다)

(3) 하1단 활용동사(下一段活用動詞)

동사의 기본형을 보고 語尾 「る」앞의 글자 音(母音)이 「e」로 소리나면, 하1단활용동사(下一段活用動詞)이다. (단, 예외도 있음 : 帰る, 照る)

逃げる[nige-ru](도망치다), 並べる(늘어놓다), 入れる(넣다), 得る(얻다), 出る(나가다), 寝る(잠자다), 投げる(던지다), 食べる(먹다)

(4) カ행변격동사(カ行変格動詞) : 来る(오다) 하나 뿐이다.
미연형(未然形)에서 의지와 권유를 나타낼 때에는 조동사(助動詞) 「よう」에 접속한다.

(5) サ행변격동사(サ行変格動詞) : する(하다) 하나 뿐이다.

3. 동사의 종류

(1) 자동사(自動詞) : 어떤 동작이 외부로 미치는 영향이 그 자신으로 끝나는 動詞

- **血が流れる。(피가 흐르다.)**
- **門が開く。(문이 열리다.)**
- **人が集まる。(사람이 모이다.)**

(2) 타동사(他動詞) : 어떤 동작(動作)이 다른 대상(対象)에 영향을 미치는 動詞

- **血を流す。 (피를 흘리다.)**
- **門を開ける。 (문을 열다.)**
- **人を集める。 (사람을 모으다.)**

(3) 가능동사(可能動詞) : 「~할 수가 있다.」(~することができる)는 뜻을 가진 동사를 가능동사라 한다.

- **新聞が読める。 (신문을 읽을 수 있다.)**
- **酒が飲める。 (술을 마실 수 있다.)**
- **パンが食べられる。 (빵을 먹을 수 있다.)**

(4) 경어동사(敬語動詞) : 동사 자체내에 경의(敬意)를 내포하고 있는 動詞

- **する(하다) → なさる(하시다)**
- **言う(말하다) → おっしゃる(말씀하시다)**

(5) 보조동사(補助動詞) : 다른 동사 밑에 붙어 그 동사의 뜻을 보조해 주는 動詞

- **復習をしておく。(복습을 해 두다.)**
- **医者を呼んでくる。(의사를 불러오다.)**

4. 동사의 활용형

(1) 미연형(未然形) : 조동사(助動詞) 「ない」, 「う・よう」, 「れる・られる」, 「せる・させる」 등에 연결하여 부정의 뜻과 의지(意志)・추측(推測)・권유(勸誘)의 뜻을 나타낸다.

行く → 行かない　見る → 見ない　読む → 読まない
行く → 行こう　見る → 見よう　読む → 読もう

(2) 연용형(連用形) : 조동사(助動詞) 「ます」, 「たい」, 助詞 「ながら」, 「た(だ)」 등에 연결될 때, 또 連用形으로 사용될 때의 어미(語尾)의 形.

行く → 行きます　見る → 見たい　食べる → 食べながら
する → します　来る → 来ます(きます)

(3) 종지형(終止形) : 말을 끝맺을 때나, 접속조사(接続助詞)「と, けれども, か, が」 등을 붙여서 긍정(肯定), 조건(条件), 부정(否定)의 말을 계속할 때의 形으로 동사의 기본형과 같다.

私も行く。(나도 간다.)
テレビを見ると、目が悪くなる。(텔레비전을 보면 눈이 나빠진다.)

(4) 연체형(連体形) : 각종 체언(とき, ひと 등의 형식명사 포함)에 연결될 때의 어미(語尾)의 形.

読む人。(읽는 사람)
学校へ行く時。(학교에 갈 때)
ご飯(はん)を食べる所(ところ)を食堂(しょくどう)といいます。(밥을 먹는 곳을 식당이라고 합니다.)

(5) 가정형(仮定形) : 접속조사(接続助詞) 「ば」에 연결되어 가정(만약 ~라면)을 나타낼 때의 語尾의 形으로 「う」 段을 「え」 段으로 바꾸어 「ば」를 접속시킨다.

あなたが行けば私も行く。(네가 가면 나도 간다.)
勉強(べんきょう)はすればするほどむずかしい。(공부는 하면 할수록 어렵다.)
おとうさんが早く来ればいいですのに。(아버지가 빨리 오면 좋겠는데.)

(6) 명령형(命令形) : 명령의 뜻을 나타내는 말이 끝날 때의 어미의 形으로 「う」 段을 「え」段으로 바꾼다.

少し早く行け。(조금 빨리 가라.)
もう8時だよ。早く起きろ(よ)。(벌써 8시야. 빨리 일어나.)
一生懸命(いっしょうけんめい)勉強しろ(せよ)。(열심히 공부해라.)
早く連(つ)れて来い。(빨리 데리고 오너라.)

※ 명령형에는 2가지가 있으나, 「ろ(しろ)」는 회화체에서, 「よ(せよ)」는 문장체에서 쓴다.

(6) 동사활용표(動詞活用表)

種類	基本形	語幹	未然形	連用形	終止形	連体形	仮定形	命令形
五段活用	書く	か	か	き	く	く	け	け
	継ぐ	つ	が	ぎ	ぐ	ぐ	げ	げ
	出す	だ	さ	し	す	す	せ	せ
	打つ	う	た	ち	つ	つ	て	て
	死ぬ	し	な	に	ぬ	ぬ	ね	ね
	飛ぶ	と	ば	び	ぶ	ぶ	べ	べ
	読む	よ	ま	み	む	む	め	め
	取る	と	ら	り	る	る	れ	れ
	笑う	わら	わ	い	う	う	え	え
上1段活用	見る	○	み	み	みる	みる	みれ	みろ(よ)
	居る	○	い	い	いる	いる	いれ	いろ(よ)
	できる	で	き	き	きる	きる	きれ	きろ(よ)
	起きる	お	き	き	きる	きる	きれ	きろ(よ)
下1段活用	出る	○	で	で	でる	でる	でれ	でろ(よ)
	食べる	た	べ	べ	べる	べる	べれ	べろ(よ)
	流れる	なが	れ	れ	れる	れる	れれ	れろ(よ)
	求める	もと	め	め	める	める	めれ	めろ(よ)
	教える	おし	え	え	える	える	えれ	えろ(よ)
カ行変格	来る		こ	き	くる	くる	くれ	こい(こよ)
サ行変格	する		せ/し/さ	し	する	する	すれ	しろ(せよ)
	주요용법		ない・う・ようが 연결	ます・た・て에 연결	文을 끝맺음	とき에 연결됨	ば에 연결됨	명령형으로 끝맺음

① 오단동사활용표(五段動詞活用表) : (a, o, u + ru)

行	基本形	語幹	未然形	連用形	終止形	連体形	仮定形	命令形	意志形
カ	書く	か	か	き	く	く	け	け	こ
ガ	継ぐ	つ	が	ぎ	ぐ	ぐ	げ	げ	ご
サ	出す	だ	さ	し	す	す	せ	せ	そ
タ	打つ	う	た	ち	つ	つ	て	て	と
ナ	死ぬ	し	な	に	ぬ	ぬ	ね	ね	の
バ	飛ぶ	と	ば	び	ぶ	ぶ	べ	べ	ぼ
マ	読む	よ	ま	み	む	む	め	め	も
ラ	取る	と	ら	り	る	る	れ	れ	ろ
ワ	笑う	わら	わ	い	う	う	え	え	お
주요용법			ナイ レル セル	マス テ タ タリ	言い 切る.	トキ 人 モノ	バ	命令的に 言い切る.	ウ

② カ행 변격동사 활용표(カ行 変格動詞 活用表)

		보 통 체		정 중 체	
		긍 정	부 정	긍 정	부 정
단정형	현재형	くる	こない	きます	きません
	과거형	きた	こなかった	きました	きませんでした
추량형	현재형	くるだろう	こないだろう	くるでしょう	こないでしょう
	과거형	きただろう	こなかっただろう	きたでしょう	こなかったでしょう
권유형		こよう		きましょう	
명령형		こい	くるな	きなさい	

③ サ행 변격동사 활용표(サ行 変格動詞 活用表)

		보 통 체		정 중 체	
		긍 정	부 정	긍 정	부 정
단정형	현재형	する	しない	します	しません
	과거형	した	しなかった	しました	しませんでした
추량형	현재형	するだろう	しないだろう	するでしょう	しないでしょう
	과거형	しただろう	しなかっただろう	したでしょう	しなかったでしょう
권유형		しよう		しましょう	
명령형		しろ, せよ	するな	しなさい	

④ 상1단 동사 활용표(上1段 動詞 活用表) : (i + ru)

行	基本形	語幹	未然形	連用形	終止形	連体形	仮定形	命令形	意志形
ア	**いる**	○	い	い	いる	いる	いれ	いろ/いよ	い
カ	**起きる**	お	き	き	きる	きる	きれ	きろ/きよ	き
ガ	**過ぎる**	す	ぎ	ぎ	ぎる	ぎる	ぎれ	ぎろ/ぎよ	ぎ
ザ	**信じる**	しん	じ	じ	じる	じる	じれ	じろ/じよ	じ
タ	**落ちる**	お	ち	ち	ちる	ちる	ちれ	ちろ/ちよ	ち
ナ	**似る**	○	に	に	にる	にる	にれ	にろ/によ	に
ハ	**干る**	○	ひ	ひ	ひる	ひる	ひれ	ひろ/ひよ	ひ
バ	**伸びる**	の	び	び	びる	びる	びれ	びろ/びよ	び
マ	**見る**	○	み	み	みる	みる	みれ	みろ/みよ	み
ラ	**借りる**	か	り	り	りる	りる	りれ	りろ/りよ	り
주요용법			ナイ ラレル サセル	マス テ タ タリ	문을 끝맺음	トキ 人 モノ	バ	명령의 뜻으로 끝맺음	ヨウ

⑤ 하1단 동사 활용표(下1段 動詞 活用表) : (e + ru)

行	基本形	語幹	未然形	連用形	終止形	連体形	仮定形	命令形	意志形
ア	**教える**	おし	え	え	える	える	えれ	えろ/えよ	え
カ	**受ける**	う	け	け	ける	ける	けれ	けろ/けよ	け
ガ	**投げる**	な	げ	げ	げる	げる	げれ	げろ/げよ	げ
サ	**寄せる**	よ	せ	せ	せる	せる	せれ	せろ/せよ	せ
タ	**捨てる**	す	て	て	てる	てる	てれ	てろ/てよ	て
ナ	**寝る**	○	ね	ね	ねる	ねる	ねれ	ねろ/ねよ	ね
ハ	**経る**	○	へ	へ	へる	へる	へれ	へろ/へよ	へ
バ	**比べる**	くら	べ	べ	べる	べる	べれ	べろ/べよ	べ
マ	**改める**	あらた	め	め	める	める	めれ	めろ/めよ	め
ラ	**流れる**	なが	れ	れ	れる	れる	れれ	れろ/れよ	れ
주요용법			ナイ ラレル サセル	マス テ タ タリ	문을 끝맺음	トキ 人 モノ	バ	명령의 뜻으로 끝맺음	ヨウ

※ 혼동하기 쉬운 오단 활용 동사에 주의 할 것.

※ 예외

① 어미가「る」로 끝나는 5단 활용동사 (a, u, o + ru)

ある(있다)	降る(내리다)	乗る(타다)
分かる(알다)	守る(지키다)	作る(만들다)
売る(팔다)	太る(살찌다)	登る(오르다)
終わる(끝나다)	座る(앉다)	送る(보내다)
始まる(시작되다)	撮る(찍다)	曲がる(돌다)

② 상1단 활용동사처럼 보이나 5단 활용동사인 경우 (i+ru)

弄る(주무르다)	参る(가다)	締め切る(마감하다)
要る(필요하다)	走る(달리다)	齧る(갉아먹다)
裏切る(배반하다)	千切る(잘라 떼다)	見入る(열심히 보다)
恐れ入る(황송해하다)	散る(떨어지다)	野次る(야유하다, 놀리다)
陥る(빠지다)	握る(쥐다)	さえぎる(가로막다)
切る(자르다)	入る(들어가다)	しくじる(실패하다)

③ 하1단 활용동사처럼 보이나 5단 활용동사인 경우(e+ru)

焦る(초조하다)	蹴る(차다)	照る(비치다)
帰る(돌아가다)	しゃべる(지껄이다)	茂る(무성하다)
減る(줄다)	滑る(미끌어지다)	蘇る(소생하다)
湿る(축축해지다)	嘲る(비웃다)	彫る(조각하다)

✱ 중요한 동사의 활용형(活用形)

※ 동사의 활용 ① - 경어체

기본형	뜻	~합니다	~해 주세요	~하지말아 주세요
あう	만나다	あいます	あってください	あわないでください
かう	사다	かいます	かってください	かわないでください
かえる	돌아가다	かえります	かえってください	かえらないでください
やる	하다	やります	やってください	やらないでください
まつ	기다리다	まちます	まってください	またないでください

기본형	뜻	~합니다	~해 주세요	~하지말아 주세요
もつ	가지다	もちます	もってください	もたないでください
かく	쓰다	かきます	かいてください	かかないでください
よむ	읽다	よみます	よんでください	よまないでください
よぶ	부르다	よびます	よんでください	よばないでください
はなす	얘기하다	はなします	はなしてください	はなさないでください
いく	가다	いきます	いってください	いかないでください
みる	보다	みます	みてください	みないでください
おきる	일어나다	おきます	おきてください	おきないでください
たべる	먹다	たべます	たべてください	たべないでください
ねる	자다	ねます	ねてください	ねないでください
する	하다	します	してください	しないでください
くる	오다	きます	きてください	こないでください

※ 동사의 활용 ② - 보통체

기본형	뜻	~한다	~하지 않는다	~했다
きく	듣다	きく	きかない	きいた
いう	말하다	いう	いわない	いった
かう	사다	かう	かわない	かった
つくる	만들다	つくる	つくらない	つくった
かえる	돌아가다	かえる	かえらない	かえった
よむ	읽다	よむ	よまない	よんだ
よぶ	부르다	よぶ	よばない	よんだ
いく	가다	いく	いかない	いった
ある	있다	ある	ない	あった
たべる	먹다	たべる	たべない	たべた
みる	보다	みる	みない	みた
いる	있다	いる	いない	いた
あげる	주다	あげる	あげない	あげた
くる	오다	くる	こない	きた
する	하다	する	しない	した

※ 동사의 활용 ③ - 의지 · 권유 · 의문형태

기본형	뜻	~하자	~하려고	~할까
かく	쓰다	かこう	かこうと	かこうか
きく	듣다	きこう	きこうと	きこうか
いう	말하다	いおう	いおうと	いおうか
あう	만나다	あおう	あおうと	あおうか
かう	사다	かおう	かおうと	かおうか
つくる	만들다	つくろう	つくろうと	つくろうか
かえる	돌아가다	かえろう	かえろうと	かえろうか
よむ	읽다	よもう	よもうと	よもうか
よぶ	부르다	よぼう	よぼうと	よぼうか
いく	가다	いこう	いこうと	いこうか
みる	보다	みよう	みようと	みようか
いる	있다	いよう	いようと	いようか
たべる	먹다	たべよう	たべようと	たべようか
あげる	주다	あげよう	あげようと	あげようか
くる	오다	こよう	こようと	こようか
する	하다	しよう	しようと	しようか

✶ カ행 변격 활용동사(カ行 変格 活用動詞)

カ行 変格 活用動詞는 「来る」(오다) 하나뿐이며, 5단 활용동사, 상1단 활용동사, 하1단 활용동사처럼 규칙적으로 활용하지 않고 불규칙적으로 활용하는 동사를 말한다. 「イ・ウ・オ」의 3段에 걸쳐 활용을 하며, 어간과 어미의 구별은 없다.

基本形	語幹	未然形	連用形	終止形	連体形	仮定形	命令形
来る	○	こ	き	くる	くる	くれ	こい
주요용법		「ない・よう」가 이어짐	「ます・て・た・たり」가 이어짐	文을 끝맺음	「명사」가 이어짐	「ば」가 이어짐	명령의 뜻으로 끝맺음

♤ 다음 그림을 보면서 대화해 봅시다.

動詞(どうし) 1

1 開ける(あける)／開く(ひらく)
2 あげる／与える(あたえる)／やる
3 洗う(あらう)
4 歩く(あるく)
5 行く(いく)
6 歌う(うたう)
7 起きる(おきる)
8 怒る(おこる)
9 押す(おす)
10 折る(おる)
11 泳ぐ(およぐ)
12 買う(かう)
13 帰る(かえる)
14 替える(かえる)
15 書く(かく)
16 〔電話(でんわ)を〕かける
17 考える(かんがえる)
18 聞く(きく)
19 着る(きる)
20 切る(きる)
21 来る(くる)
22 消す(けす)
23 けんかする
24 探す(さがす)
25 閉める(しめる)／閉じる(とじる)
26 紹介する(しょうかいする)
27 〔たばこを〕吸う(すう)
28 捨てる(すてる)
29 座る(すわる)
30 掃除する(そうじする)／掃く(はく)

♠ 자주 쓰는 중요한 기본 표현을 꼭 알아둡시다.

運動をします。 운동을 하다.	英語が分かる。 영어를 알다.	運転ができる。 운전을 할 수 있다.	水がほしい。 물을 마시고 싶다.
字が下手だ。 글씨를 못쓰다.	歌が上手だ。 노래를 잘하다.	テニスが得意だ。 테니스를 잘하다.	日本語が苦手だ。 일본어를 못하다.
李さんが好きだ。 이씨를 좋아하다.	蛇が嫌いだ。 뱀을 싫어하다.	新聞を読む。 신문을 읽다.	映画をみる。 영화를 보다.
学校へ行く。 학교에 가다.	料理を作る。 요리를 만들다.	買物をする。 쇼핑을 하다.	数学を習う。 수학을 배우다.

(7) 동사의 음편형(音便形)

(1) 음편(音便)이란?

- 5단활용동사의 연용형(連用形)에서 발음의 편의상 音이 변화(変化)하는 현상이다.
- 과거완료의 조동사(助動詞) 「た(였다)」와 조사(助詞) 「て(고, 서)」, 「たり(~거나)」에 이어질 때 일어난다.

※ 단, 상1단동사, 하1단동사, カ행변격동사, サ행변격동사에서는 음편형(音便形)이 없다.

(2) 동사의 음편형의 종류

種　類	行	基 本 形	連用形とその音便
い 音 便 (어미가 く, ぐ로 끝남)	カ	**書く, 泣く**	き た/て/たり ➡ い た/て/たり
	ガ	**泳ぐ, 急ぐ**	ぎ た/て/たり ➡ い だ/で/だり
つまる(促音便) (어미가 う, つ, る로 끝남)	ワ	**払う, 買う**	い た/て/たり ➡ っ た/て/たり
	タ	**打つ, 持つ**	ち た/て/たり ➡ っ た/て/たり
	ラ	**取る, 走る**	り た/て/たり ➡ っ た/て/たり
	カ	**行く(例外)**	き た/て/たり ➡ っ た/て/たり
はねる(撥音便) (어미가 ぬ, ぶ, む로 끝남)	ナ	**死ぬ**	に た/て/たり ➡ ん だ/で/だり
	マ	**生む, 読む**	み た/て/たり ➡ ん だ/で/だり
	バ	**遊ぶ, 呼ぶ**	び た/て/たり ➡ ん だ/で/だり
無 音 便	サ	**出す, 話す**	し た/て/たり

※ 주의 : ① 「行く」는 예외적으로 つまる音便을 한다.
② 어미가 「す」로 끝나는 동사는 音便를 하지 않는다.
③ はねる音便을 할 때에는 「だ, で, だり」로 탁음이 된다.

(3) 가능동사(可能動詞)

行	基本形	語幹	未然形	連用形	終止形	連体形	仮定形	命令形	意志形(推量)
カ	**解く**	と	け	け	ける	ける	けれ	け	こ
ガ	**泳ぐ**	およ	げ	げ	げる	げる	げれ	げ	ご
サ	**話す**	はな	せ	せ	せる	せる	せれ	せ	そ
タ	**打つ**	う	て	て	てる	てる	てれ	て	と
ナ	**死ぬ**	し	ね	ね	ねる	ねる	ねれ	ね	の
バ	**遊ぶ**	あそ	べ	べ	べる	べる	べれ	べ	ぼ
マ	**飲む**	の	め	め	める	める	めれ	め	も
ラ	**乗る**	の	れ	れ	れる	れる	れれ	れ	ろ
ワ	**笑う**	わら	え	え	える	える	えれ	え	お
주요용법			ナイ	マス テ タ タリ	문을 끝맺음	トキ 人 モノ	バ	명령의 뜻으로 끝맺음	ヨウ

① 5단 활용동사를 하1단 동사로 바꾸면 가능동사(可能動詞)가 된다.

「…することができる」(~할 수 있다)라는 意味를 가진다.

- 하1단 활용이다.(예 : 読める)
- 명령형이 없다.(書けるようになれの形をとるのが普通だ.)
  「だろう」「でしょう」를 붙인 것을 많이 使用한다.
- 기타 동사 + られる(見られる, 食べられる)

② 가능동사(可能動詞) 앞에 오는 「을/를」에 해당하는 日本語의 격조사(格助詞)는 「を」가 아니고, 「が」를 사용한다.

- 日本語の本を読む。(일본어 책을 읽다.)
  ➡ 日本語の本が読める。(일본어 책을 읽을 수 있다.)
- おビールを飲む。(맥주를 마시다.)
  ➡ おビールが飲める。(맥주를 마실 수 있다.)
- 車を買う。(차를 사다.)
  ➡ 車が買える。(차를 살 수 있다.)

③ 동사의 가능형

• 5단 활용동사 ➡ 「어간 + eru」

書く	kak + eru	かける
話す	hanas + eru	はなせる
待つ	mat +eru	まてる
読む	yom + eru	よめる
乗る	nor + eru	のれる
買う	ka(w) + eru	かえる

• 상1단 · 하1단동사 ➡ 「어간 + rareru」

食べる	tabe + rareru	たべられる
見る	mi + rareru	みられる

• カ행 · サ행변격동사

来る	ko + rareru	こられる
する	de + kiru	できる(예외)

④ 가능의 의미를 나타내는 동사는 가능동사가 된다.

読(よ)める　書(か)ける　登(のぼ)れる　泳(およ)げる　動(うご)ける

⑤ 「동사의 종지형 + ことができる」를 써서 가능의 표현이 된다.

• 読まれる ➡ 読むことができる
• 食べられる ➡ 食べることができる
• 教えられる ➡ 教えることができる
• 用いられる ➡ 用いることができる

※ 「知る」처럼 가능형이 없는 동사는 뒤에 「ことができる」를 붙여서 표현한다.

(8) 사역형(使役形)

우리말의 「~에게 ~하게 시키다」라는 표현을 사역형(使役形)이라고 하는데, 이는 자발적으로 행동하는 것이 아니고 주어가 다른 사람에게 어떠한 힘을 주어서 행동하게 하는 것을 말한다. 동사의 使役形은 미연형(未然形)<五段活用動詞의 경우에는 어미 「う」段을 「あ」段으로 바꾸며, 上 · 下一段動詞의 경우에는 語尾 「る」를 탈락시킨 형태>에 「~하게 하다」라는 의미를 지니고 있는 조동사 「せる, させる」를 시킴으로서 만들 수 있는데 그 방법은 다음과 같다.

	기본형	使役形	
		보통형	정중형
5단활용동사	いく	いかせる	いかせます
상・하1단동사	たべる	たべさせる	たべさせます
변격동사	くる する	こさせる させる	こさせます させます

① 5단활용동사 → 미연형(未然形) + せる

(例) 飲む(마시다) → 飲ませる(마시게 하다)

書く(쓰다) → 書かせる(쓰게 하다)

乗る(타다) → 乗らせる(타게 하다)

• 選手に練習をやらせます。(선수에게 연습을 시킵니다.)

② 상・하1단 동사 → 미연형(未然形) + させる

(例) 煮(に)る(삶다) → 煮(に)させる(삶게 하다)

食べる(먹다) → 食べさせる(먹게 하다)

• 先生は学生に本をとじさせました。

(선생님은 학생에게 책을 덮게 하였습니다.)

③ カ행변격동사 → こさせる(오게 하다)

サ행변격동사 → させる(시키다)

(例) ことばの意味を学生たちに理解させます。

(말의 의미를 학생들에게 이해시킵니다.)

名詞1が名詞2に～させます。 ➡ 名詞1이(가) 名詞2에게 ～하게 합니다.
은(는)

동사를 사역형으로 바꾸게 되면 자립어 하나가 첨가되게 되는데 이 경우 사역의 주체는 조사「は」「が」로 표현하며, 사역을 받게 되는 주체는 조사「に」로 표현하여야 한다.

(9) 동사의 피동형(수동형, 受動形) 표현

주어(主語)의 의지로 행하여지는 것이 아니고, 主語의 의지와는 관계없이 다른 요인으로 主語가 행동을 받게 되는 것을 말하는데, 수동(受動)의 의미를 지니고 있는 조동사(助動詞)「れる, られる」가 동사의 미연형에 접속되어 만들어진다.

① 5단 활용동사 ➡ 미연형 + れる

- 飲む(마시다) ⇨ 飲まれる(마시게 되다)
- 書く(쓰다) ⇨ 書かれる(쓰여지다)
- 出す(제출하다) ⇨ 出される(제출되다)

(예) 私は母にしかられました。(나는 어머니에게 야단맞았습니다.)
彼女は後の人に押されました。(그녀는 뒷사람에게 떠밀렸습니다.)

② 상·하1단 동사 ➡ 미연형 + られる

- 見る(보다) ⇨ 見られる(보여지다)
- 食べる(먹다) ⇨ 食べられる(먹여지다)

(例) 金さんに人生の意味を教えられた。(김씨에게 인생의 의미를 배웠다.)
さちこは先生にほめられました。(사찌코는 선생님에게 칭찬을 받았습니다.)

③ カ행 변격동사 ➡ 来られる

(例) 友だちに来られて、勉強ができませんでした。
(친구가 와서 공부를 할 수가 없었습니다.)

④ サ행 변격동사 ➡ される

(例) 悪いことをされるのではないかと心配(しんぱい)しました。
(나쁜 일을 당하는 것이 아닌가 하고 걱정했습니다.)

★ 태 態(voice)

: 文에 있어서 어떤 동작의 상황을 누구를 중심으로 나타내는가에 관한 문법적 범주

1) 능동태(能動態) : 동작주(動作主)를 주어로 하고, 동작의 대상을 목적어로 하는 것

2) 수동태(受動態) : 동작주를 목적어로 하고, 동작대상을 주어로 나타내는 것

① 직접수동

- 능동문의 목적어를 주어로 한다.
  先生が<u>学生を</u>ほめる。 → <u>学生は</u>先生にほめられた。
- 受身の型
  ＊ A(動作主), B(被動作主), P(행위의 대상) ＊
  ① BがAに(から)他V(ら)れる　選手たちが監督に批判される。

② BはAに(から)Pを他V(ら)れる　私は医者に運動を禁止される。

③ BがAにPを他V(ら)れる

留守の間に，(私はどろぼうに)お金や指輪などを盗まれてしまった。

④ PはAに他V(ら)れる　歌は多くの人に愛されている。

⑤ AにPを他V(ら)れる　銀行に借金を申し込まれました。

⑥ (A, B, P)はV(ら)れる (연체수식어의 受身)

彼は歌を好まれる明るい性格を持っている。

⑦ Aで(が)Pが(を)V(ら)れる(자연현상의 受身) - 자연현상(A)을 원인, 이유로 함

台風で道路が分断され，孤立した人を助けるために，救助隊が用意された。

⑧ Aによって(が)Pが(を)V(ら)れる

この製品は，質によって三つの等級に分けられている。

- 능동문의 주격「が」가「から・によって」로 변하는 경우

⇒ 동작주가 사람인 경우, 조사가 혼동되기 쉬울 때

・수수동사(から/に) : 言う, 送る, 渡す, 命じる, 質問する

・감정에 관한 동사(から/に)

: 愛する, 尊敬する, 感謝する, 嫌う, 恐れる, 怪しむ

・생산・파괴에 관한 동사(によって) : 建てる, 書く, 作る, 結成する, 掘る

- によって는 문장체에 사용하며, 한사람의 개인적인 일상사에 대해서는 표현불가

② 간접수동(迷惑受動, 被害受動)

- **(Bは)Aに自V(ら)れる**
- 동작주가 자신의 의도와는 상관없이 피해를 입는 경우
- 자동사에 의한 간접수동　今日雨に降られた。
- 持ち主の受身(신체부분이나 소유물에 대한 간접수동)

: 동작중의 행위가 대상자에게 영향을 미쳤을 때 사용되며, 그 소유주가 주어가 됨

隣の人が私の足を踏んだ。 → (私は)隣の人に足を踏まれた。(○)

私の足が隣の人に踏まれた。(×)

③ 非情の受身(無情受身文)

- **Pが他V(ら)れる**　次のアシアンゲ-ムは釜山で開催されます。
- 일반적인 사실표현
- 무생물을 주어로 하는 직접 수동문
- 동작주를 명시할 필요가 없거나 특정 동작주가 없는 경우
- 행위를 받는 대상(P)에 주안점을 둠
- 구미(欧美) 문장의 영향으로 최근 다용(多用)되는 추세

(10) 자동사(自動詞)와 타동사(他動詞)

- 家**を**売った。(집을 팔았다.)
- 海がわれら**を**招く。(바다가 우리를 부른다.)
- 絵**を**見る。(그림을 보다.)
- 車**を**止める。(차를 멈추다.)
- 人**を**集める。(사람을 모으다.)

위와 같이 「무엇을」이라는 연용수식어(連用修飾語) 또는 目的語를 필요로 하는 동사를 타동사(他動詞)라고 한다.

- 春**が**来た。(봄이 왔다.)
- 山**が**見える。(산이 보인다.)
- 車**が**止まる。(차가 멈추다.)
- 人**が**集まる。(사람이 모이다.)
- 水**が**引く。(물이 빠지다.)

위와 같이 목적어를 필요로 하지 않는 동사를 자동사라고 한다. 타동사(他動詞)와 자동사(自動詞)에는 다음과 같이 쌍으로 되어 있는 것들이 있다.

上がる(올라가다)㉶	起(お)きる(일어나다)㉶	落(お)ちる(떨어지다)㉶
上げる(올리다)㉸	起(お)こす(일으키다)㉸	落(お)とす(떨어뜨리다)㉸
流(なが)れる(흐르다)㉶	残(のこ)る(남다)㉶	焼(や)ける(타다)㉶
流(なが)す(흘리다)㉸	残(のこ)す(남기다)㉸	焼(や)く(태우다)㉸

他動詞는 「先生に呼ばれた」(선생님에게 불리었다.)와 같이 受動의 글로 바꾸어 말할 수 있지만, 自動詞는 그럴 수 없다.

自　動　詞	他　動　詞
• 連用修飾語(目的語)가 없다. • 주어 자신의 동작·작용을 나타내는 동사	• 連用修飾語(目的語)가 있다. • 주어가 남에게 작용을 가하는 동작을 나타내는 동사

いる와 ある의 구별

~が + 自動詞 + ている(진행·상태)
~を + 他動詞 + ている(진행)
~が + 他動詞 + てある(상태)

위와 같이 어떤 동작의 진행이나 상태를 나타낼 때 자동사(自動詞)에서는「いる」로만 표현된다. 그러나 타동사(他動詞)의 경우, 진행일 때에는「いる」, 상태일 때는「ある」를 붙이게 되는데 일반적(一般的)으로「が → ある」 또는「を → いる」이다.

동작의 결과상태(結果状態)를 나타내는 표현 중, 주어의 의지가 들어 있는 동사에「~ている」를 접속시켜 만드는 경우가 있다.「V~てある」는 動作의 結果를 나타냄과 동시에 화자(話者)가 動作을 행한 주체를 의식하는 표현이 된다. 이 때 주의할 것은 앞에 助詞「が」를 쓴다.

예) 昨日から人が来ている。(상태), 人が走っている。(진행)

※진행 : 동작성 있는 계속 동사 (降る, 吹く, 歩く, 泣く)

• 결과성(結果性)을 나타내는 자동사(自動詞) - ている : 상태

※ 결과상태 : 순간적인 동사(死ぬ, 開く, 行く, 来る, 終わる)

彼女は日本に行っています。(그녀는 일본에 가 있습니다.)

窓が開いています。(창문이 열려 있습니다.)

• 계속성(継続性)을 갖는 타동사(他動詞) - ている : 진행

窓を開けています。(창문을 열고 있습니다.)

パンを食べている。(빵을 먹고 있다.)

• 의지가 들어 있는 타동사(他動詞) - てある : 상태

窓が開けてあります。(창문이 열려 있습니다.)

☞ 다른 사람이 열어 두었다는 의미.

動詞 て形에「~ている」가 이어지면「~하고 있다」가 되고「~て いる ところ」는「~하고 있는 중」이 된다.

→ 今、シャワーをしているところです。

(지금, 샤워를 하고 있는 중입니다.)

※「ところ」는「~(하는) 중/~(하려는) 참」

타동사 て형에「~ている」가 접속(接続)되면「~하고 있다」진행표현(進行表現)이고 자동사 て형에「~ている」가 이어지면「~해져 있다」 상태표현(状態表現)이 된다. 이것을「~해졌다」로 의역해야 될 때도 있다.

예) **壁(かべ)が汚(よご)れています。** (상태)

(벽이 더러워져 있습니다.)

※ 書く(쓰다 : 타동사) → 書いている(쓰고 있다 : 진행)

→ 書いてある(쓰여/적혀 있다 : 상태)

상태표현(状態表現)과 진행표현(進行表現)

- 自動詞 + て いる。(~되어 있다.) → 상태표현

  예) 開(あ)く(열리다) → **門が 開いて いる。** (열려 있다.)

- 他動詞 + て いる。(~하고 있다.) → 진행표현

  예) 開ける(열다) → **ドアを 開けて いる。(**열고 있다.)

- 他動詞 + て ある。(~되어 있다.) → 상태표현

  예) 開ける(열다) → **ドアは 開けて ある。** (열려져 있다./열려 있다.)

  用意(ようい)して あるんですよ。 (준비되어 있어요.) (상태)

★ 주의 ★

「ある」는 사물이나 무생물의 존재(存在)를 나타내는데 쓰고, 「いる」는 생물의 존재를 말할 때 쓴다.

예) 本が ある。　　犬が いる。

그러나, 예외적으로 생물인 사람의 존재를 표현할 때 「ある」를 많이 사용하고 있으며,

「兄が二人あります。」「昔ある所に人がありました。」「魚屋に魚がたくさんあります。」

또한 무생물이 자동차처럼 동작성을 가진 경우에는 「いる」를 쓰는 경우가 많다.

「あそこに車がいます。」「雨がザアーザア降っています。」

極めて複雑なものから、極めて単純なものが出現する。<チャーチル>

매우 복잡한 것에서 매우 단순한 것이 나온다.<처칠>

※ 형태가 비슷한 자동사와 타동사

<自動詞>		<他動詞>
開く	—	開ける
上がる	—	上げる
あてはまる	—	あてはめる
集まる	—	集める
動く	—	動かす
起きる	—	起こす
落ちる	—	落とす
降りる	—	降ろす
終わる	—	終える/終わる
返る	—	返す
かかる	—	かける
かたづく	—	かたづける
変わる	—	変える
消える	—	消す
決まる	—	決める
切れる	—	切る
こわれる	—	こわす
閉まる	—	閉める
進む	—	進める
そろう	—	そろえる
倒れる	—	倒す
つく	—	つける
出る	—	出す
止まる	—	止める

<自動詞>		<他動詞>
のびる	—	のばす
のる	—	のせる
入る	—	入れる
始まる	—	始める
冷える	—	冷やす
減る	—	減らす
曲がる	—	曲げる
回る	—	回す
見つかる	—	見つける
戻る	—	戻す
もれる	—	もらす
汚れる	—	汚す
わく	—	わかす
割れる	—	割る

<同一形態>

① 人が/を笑う。
② 風が吹く。
笛を吹く。
③ 水が/を増す。/引く。
水が/を減じる。

<目的語의 有無>

① 糸が切れる。
糸を切る。
② 人が集まる。
人を集める。

※ 가능형(可能形)과 수동형(受動形)

変化形 / 動詞分類	基本形	可能形	受動形
5段活用動詞	**読む**	読める	読まれる
上1段動詞	**見る**	見られる	
下1段動詞	**食べる**	食べられる	
する動詞	**する**	できる	される
くる動詞	**くる**	こられる	

수동구문은 다음과 같은 의미적 관계(意味的 関係)를 가지고 있다.

Xが Yに Vる(能動文)
→ Yは Xに Vれる/られる(受動文)

X는 V의 동작・변화의 주체이며, Y는 「X가 V함」으로서 영향을 받는 쪽이다.

(例) お父さんが子供をしかった。(아버지가 어린이를 야단쳤다.)
→ **子供はお父さんにしかられた。**
(어린이는 아버지에게 야단맞았다.)

즉, 수동문(受動文)이란 당하는 쪽(영향을 받는 쪽)을 주인공으로 하는 구문(構文)이다.

특히, 「받다」, 「당하다」를 사용한 의미론상의 수동은 추상적인 의미를 가지고 있는 것만이 다음과 같이 日本語의 受動으로 변환될 수 있다. 구체적 행위의 정도가 높아질수록 수동형(受動形)이 되기 어려우며, 「受ける, もらう」를 사용해야 한다.

受動形	~受ける	~もらう
• **ほめられる** (칭찬받다) • **たのまれる** (부탁받다) • **みとめられる** (인정받다)	• 試験を受ける (시험을 받다) • 注文(ちゅうもん)を受(う)ける (주문을 받다) • 授業(じゅぎょう)を受ける (수업을 받다)	• 手紙をもらう (편지를 받다) • プレゼントをもらう (선물을 받다) • わいろをもらう (뇌물을 받다)

✱ 꼭 알아야 할 타동사와 자동사

他動詞		自動詞	
あげる	올리다	あがる	오르다
あける	열다	あく	열리다
あつめる	모으다	あつまる	모이다
だす	내다	でる	나오다
はじめる	시작하다	はじまる	시작되다
いれる	넣다	はいる	들어가다
かえる	바꾸다	かわる	바뀌다
けす	끄다	きえる	꺼지다
きる	자르다	きれる	잘리다
なくす	잃다	なくなる	없어지다
おとす	떨어뜨리다	おちる	떨어지다

スピーチは心(こころ)の絵姿(えすがた)である。
말은 마음의 거울이다.

✱ 꼭 알아야할 5단 활용동사

歩く	걷다	泣く	울다
行く	가다	働く	일하다
書く	쓰다	動く	움직이다
聞く	듣다	輝く	빛나다
泳ぐ	헤엄치다	騒ぐ	떠들다
急ぐ	서두르다	注ぐ	붓다
話す	이야기하다	移す	옮기다
貸す	빌려주다	出す	내다
返す	돌려주다	隠す	감추다
立つ	서다	待つ	기다리다
持つ	가지다	勝つ	이기다
走る	달리다	帰る	돌아가다
乗る	타다	入る	들어가다
通る	다니다	登る	올라가다
有る	있다	成る	되다
買う	사다	言う	말하다
思う	생각하다	笑う	웃다
違う	틀리다	行う	행하다
遊ぶ	놀다	呼ぶ	부르다
飛ぶ	날다	浮かぶ	뜨다

✱ 꼭 알아야할 하1단 동사

数える	세다	考える	생각하다
植える	심다	越える	넘다
覚える	기억하다	答える	대답하다
聞こえる	들리다	生える	돋아나다
伝える	전하다	教える	가르치다
燃える	불타다	食べる	먹다
換える	바꾸다	調べる	조사하다
比べる	비교하다	開ける	열다
助ける	돕다	受ける	받다
掛ける	걸다	分ける	나누다
付ける	붙이다	投げる	던지다
上げる	올리다	流れる	흐르다
出る	나가다	訪ねる	방문하다

✱ 꼭 알아야 할 상1단 동사

起(お)きる	일어나다	閉(と)じる	닫다
出来(でき)る	되다	着(き)る	입다
用(もち)いる	사용하다	居(い)る	있다
感(かん)じる	느끼다	見(み)る	보다
落(お)ちる	떨어지다	信(しん)じる	믿다
わびる	사과하다	過(す)ぎる	지나다
降(お)りる	내리다	借(か)りる	빌리다
生(い)きる	살다	通(つう)じる	통하다

♤ 다음 그림을 보고 이야기 해 봅시다.

1 立つ(たつ)
2 食べる(たべる)
3 出る(でる)
4 〔電気(でんき)を〕つける
5 包む(つつむ)
6 取る(とる)
7 泣く(なく)
8 脱ぐ(ぬぐ)
9 寝る(ねる)
10 登る(のぼる)
11 飲む(のむ)
12 乗る(のる)
13 入る(はいる)
14 〔スカートを〕はく
15 運ぶ(はこぶ)
16 走る(はしる)
17 話す(はなす)／言う(いう)／しゃべる
18 〔楽器(がっき)を〕弾く(ひく)
19 拾う(ひろう)
20 勉強する(べんきょうする)
21 待つ(まつ)
22 磨く(みがく)
23 見つける(みつける)
24 見る(みる)
25 持つ(もつ)
26 もらう
27 呼ぶ(よぶ)
28 読む(よむ)
29 笑う(わらう)
30 割る(わる)

적중예상문제

1. 다음 동사의 활용을 쓰시오.

動詞	미연형(~ない, ~う・よう)	연용형(~ます, ~て)	연체형	가정형	명령형
走る					
ぬすむ					
ならぶ					
うる					
来る					
する					
見る					
起きる					
食べる					
出る					

2. 다음의 동사를 수동형으로 고치시오.

(1) しかる(　　　　)　(2) 言う(　　　　)
(3) 引く(　　　　)　(4) つれる(　　　　)
(5) 思う(　　　　)　(6) 読む(　　　　)
(7) 見る(　　　　)　(8) よろこぶ(　　　　)
(9) ためす(　　　　)　(10) にげる(　　　　)

3. 다음의 동사를 사역형으로 고치시오.

(1) 書く(　　　　)　(2) ぬすむ(　　　　)
(3) 買う(　　　　)　(4) わかる(　　　　)
(5) よろこぶ(　　　　　(6) くる(　　　　)
(7) 読む(　　　　)　(8) 見る(　　　　)
(9) 着る(　　　　)

4. 다음의 自動詞를 他動詞로 바꾸어 쓰시오.

(1) ドアが開く。
(2) 人が育つ。
(3) 電気がつく。

5. 다음의 動詞에 「れる」나 「られる」를 붙이시오.

(1) 聞く(　　　　　)　　　　(2) しかる(　　　　　)

(3) 見る(　　　　　)　　　　(4) する(　　　　　)

(5) 話す(　　　　　)　　　　(6) 読む(　　　　　)

(7) 死ぬ(　　　　　)　　　　(8) 降る(　　　　　)

(9) 来る(　　　　　)　　　　(10) 食べる(　　　　　)

6. 動詞의 음편(音便)에 대해서 쓰시오.

7. 다음의 動詞의 활용형(活用形)을 쓰시오.

기본형	미연형	연용형	종지형	연체형	가정형
読む					
乗る					

8. 다음의 自動詞를 他動詞로 바꾸고, 예문을 쓰시오.

① 자동사 : 切れる ➡ 예문(　　　　　　　　　　　　　)

　타동사 : (　　　) ➡ 예문(　　　　　　　　　　　　　)

② 자동사 : 笑う ➡ 예문(　　　　　　　　　　　　　)

　타동사 : (　　　) ➡ 예문(　　　　　　　　　　　　　)

9. 다음 단어들 중에서 상 1단 활용동사(上1段 活用動詞)를 가려내시오.

① 降りる　② 分ける　③ 帰る　④ 試みる　⑤ 出る

⑥ 通じる　⑦ 落ちる　⑧ 怠ける　⑨ 食べる　⑩ 行く

정 답

1.

動詞	미연형(~ない, ~う・よう)	연용형(~ます, ~て)	연체형(とき)	가정형(ば)	명령형
走る	走ら 走ろ	走り 走っ	走る	走れ	走れ
ぬすむ	ぬすま ぬすも	ぬすみ ぬすん(で)	ぬすむ	ぬすめ	ぬすめ
ならぶ	ならば ならぼ	ならび ならん(で)	ならぶ	ならべ	ならべ
うる	うら うろ	うり うっ	うる	うれ	うれ
来る	こ	き	くる	くれ	こい
する	し, せ, さ	し	する	すれ	しろ, せよ
見る	み	み	みる	みれ	みろ, みよ
起きる	起き	起き	起きる	起きれ	起きろ, 起きよ
食べる	食べ	食べ	食べる	食べれ	食べろ, 食べよ
出る	で	で	でる	でれ	でろ, でよ

2. (1) しかられる (2) 言われる (3) 引かれる (4) つれられる
(5) 思われる (6) 読まれる (7) 見られる (8) よろこばれる
(9) ためされる (10)にげられる

3. (1) 書かせる (2) ぬすませる (3) 買わせる (4) わからせる
(5) よろこばせる (6) こさせる (7) 読ませる (8) 見させる
(9) 着させる

4. (1) ドアを開ける。
(2) 人を育てる。
(3) 電気をつける。

5. (1) 聞かれる (2) しかられる (3) 見られる (4) される
(5) 話される (6) 読まれる (7) 死なれる (8) 降られる
(9) 来られる (10) 食べられる

※ 6, 7, 8, 9는 본문을 참조할 것.

真理(しんり)は偉大(いだい)にして、すべてのものにはまして力あり。
진리는 위대하여, 모든 것에는 힘이 있다.

※ 틀리기 쉬운 동사의 오용

♣ 한국어의 「~이/가 나다」의 표현은 일본어로 「~がでる」로 표현되지만, 다음과 같은 경우의 예외에 주의해야 한다.

소문이 나다 : **噂が立つ**
상처가 나다 : **傷ができる、けがをする**
병이 나다 : **病気になる**
불이 나다 : **火事がおこる**
털이 나다 : **毛が生える**
먼지가 나다 : **ほこりが立つ**
냄새가 나다 : **臭いがする**
맛이 나다 : **味がする**
소리가 나다 : **音がする**

♣ 그 밖에 주의해야 하는 동사와 형용사

고생(苦生)하다 : **苦労する**
원망(怨望)하다 : **恨む**
냉정(冷情)하다 : **冷たい**
다정(多情)하다 : **情が深い(厚い)、 親しい**
대답(対答)하다 : **答える**
청소(清掃)하다 : **掃除する**
이사(移事)하다 : **引っ越す**
양육(養育)하다 : **育てる、 養う**

♣ 특히, 주의해야 할 표현

眼鏡をかける。 (안경을 쓰다.) / 眼鏡をとる。 (안경을 벗다.)
靴をはく。(구두를 신다.) / 靴を脱ぐ。 (구두를 벗다.)
帽子をかぶる。(모자를 쓰다.) / 帽子を脱ぐ。 (모자를 벗다.)
試験をうける。 (시험을 보다.) 薬を飲む。(약을 먹다) ピアノを弾く。 (피아노를 치다.)

※ 食べる ⇒ 飲む

한국어의 '약을 먹다'에서 오는 습관의 오용으로 일본어에서의 「食べる」는 씹어 먹을 때 사용하므로 약과 같이 물과 함께 마시는 경우는 「飲む」를 사용한다.

風邪薬を食べたらすぐよくなります。(x)　**風邪薬を飲んだらすぐよくなります。(o)**

★연구★

着る ⇒ はくの 구별

우리말에서는 몸에 착용하는 옷을 입는다고 하지만, 일본어에서는 일반적으로 상반신에 입는 옷은 「着る」를 사용하고 하반신에 입는 것은 「はく」이며, 양말, 구두 등은 「はく」라고 표현한다.

金さんはいつも同じズボンを着ています。(x) **金さんはいつも同じズボンをはいています。(o)**

呼ぶ ⇒ とる

'출석을 부르다'는 우리말을 그대로 직역하는 데서 오는 오용이며, 일본어에서는 일반적으로「出席をとる」라고 말한다.

李先生は毎日必ず出席を呼びます。(x) **李先生は毎日必ず出席をとります。(o)**

★연구★

考える ⇒ 思う

「考える」나「思う」모두 우리말로는 '생각하다' 라는 의미이지만, 「考える」는 머리로 생각하고 판단하는 논리적, 분석적인 이치를 따져서 생각하는 경우에 사용하고(考えてみます－생각해보겠습니다), 「思う」는 마음으로 생각하는 감정적이고 직관적인 성격을 나타내는 데 쓰고 있다.

この問題点を思えなければなりません。(x) **この問題点を考えなければなりません。(o)**

いいと思う。(o)

見る ⇒ 受ける

'시험을 보다'의 한국식 표현의 오용으로 일본어로 시험을 보다는 「試験を受ける」라고 한다.

昨日英語の試験をみました。(x) **昨日英語の試験を受けました。(0)**

生きる ⇒ 住む、暮らす

「生きる」는 '살다'라는 뜻 외에 '생존하다'의 뜻을 가지고 있고, 「住む」는 '거처하다', 「暮らす」는 '지내다', '나날을 보내다'라는 의미를 가지고 있다.

わたしは父と母と三人で生きています。(x)

たしは父と母と三人で住んで(暮らして)います。(o)

もらう ⇒ うける

우리말 '오해를 받다'에서 오는 오용인데, 일본어에서는 남에게서 불리한 작용이 자기에게 가해져 오는 경우는 「受ける」라는 표현을 사용한다.

人から誤解をもらう。(x) **人から誤解をうける。(o)**

✱ 見る ⇒ 会う

'내일 또 봅시다'는 한국어의 '보다'에서 온 오용으로 일본어에서는 사람을 만날 때는 반드시「会う」라는 말을 쓴다.

またあす見ましょう。(x) **またあす会いましょう。(o)**

✱ さがす ⇒ ひく

우리말의 '사전을 찾다'에서 오는 오용으로 일본어「さがす」는 잃어버린 것을 찾기 위해 여기저기를 찾아서 묻는 일에 사용한다.

辞書をさがしながら勉強をします。(x) **辞書をひきながら勉強をします。(o)**

> **★연구★**
>
> **知る ⇒ わかる**
>
> 「わかる」는 어떤 사실의 내용을 이해하고 사물의 구체적인 의미, 상태를 파악하는 것을 말하며「知る」는 타동사로 경험과 체험 등 존재하는 사물을 머리로 생각하는 행위, 작용에 쓰이는 말이다.
>
> 先生の説明がよく知りました。(x) **先生の説明がよくわかりました。(o)**
>
> **日本語がわかりますか。** - 일본어를 이해합니까?
>
> **日本語をしっていますか。** - 일본어를 알고 있습니까?

✱ 動詞 て形에「~て」가 이어지면「~하고/~하여/~하여서」가 되지만 ます形다음에 쉼표(、)를 찍어도 같은 뜻이 됨. 이러한 것은 격식차린 말로서 회화에서보다는 文章이나 演説 같은데서 흔히 쓰임.

→ 読んで = 読み(읽고/읽어/읽어서)　　→ 作って = 作り(만들고/만들어/만들어서)

✱「ため」는「~위함」이라는 명사(名詞). 거기에 조사(助詞)「~に」가 붙어서「ために」라고 하면 부사적(副詞的)으로「위하여」라는 뜻이 된다.

예) **貿易摩擦(ぼうえきまさつ)を解消(かいしょう)するために現地生産(げんちせいさん)を増(ふ)やしたいと思っています。**

✱「とき」는 때라는 뜻의 名詞. 그런데 그 앞에 놓이는 수식어(修飾語)가 현재(現在)시제이면「~할 때」과거(過去) 시제이면「~했을 때」가 된다.

예) **うちを出る時、わたしは母に今日はおそくなると言いました。**

(집을 나올 때, 저는 어머니에게 오늘은 늦는다고 말했습니다.)

ディズニーランドへ行った時、写真をたくさん撮りました。

(디즈니랜드에 갔을 때, 사진을 많이 찍었습니다.)

✶ **「～しか」**는 「～밖에」이다. 그 뒤에는 반드시 부정(否定)이 온다.

예) **マフラーしか編めません。**(머플러 밖에 짜지 못합니다.)

✶ **「こと」**는 일에 해당하는 형식명사(形式名詞)이다. 따라서 「ことがある」는 「～하는 일이 있다」이지만 「～하는 수가 있다/～할 적이 있다」로 의역(意訳) 할 줄도 알아야 한다.「もの」보다는 추상적이다.

예) **温度が高い所に置くと、故障することがあります。**

(온도가 높은 곳에 두면, 고장나는 수가 있습니다.)

✶ **동사의 가정형**

동사 사전형 어미를 「え」단으로 바꾼 다음 「～ば」를 붙이면 「～하면」이 되고, 動詞 ない形에 「～なければ」를 붙이면 「～하지 않으면」이 된다.

예) **行く(가다)** → 行けば(가면) → 行かなければ(가지 않으면)

起きる(일어나다) → 起きれば(일어나면) → 起きなければ(일어나지 않으면)

来(く)る(오다) → 来(く)れば(오면) → 来(こ)なければ(오지 않으면)

する(하다) → すれば(하면) → しなければ(하지 않으면)

✶ **「うち」**는 「동안」이란 뜻인데 뒤에 「～に」를 붙여서 「～うちに」(동안에)로 쓴다. 그러나 「～ない うちに」라고 하면 「～하기 전에」로 의역해야 될 때도 있다.

예) **日本に いる うちに いろいろな 経験(けいけん)を して みたら どうですか。**

(일본에 있는 동안에 여러 가지 경험을 해 보면 어떻겠습니까?)

★연구★

「ないで」와 「なくて」의 구별

「ないで」는 상황이나 방법을 나타내며, 「ず(に)」로 대신할 수 있다.

예) 先生(せんせい)に相談(そうだん)しないで(=せずに), 私(わたし)が決(き)めました。

「なくて」는 앞 뒤에 원인이나 이유를 나타낸다.

예) 一(いっ)カ月(げつ)も雨(あめ)がふらなくて, 人々(ひとびと)がこまっています。

3. 형용사 形容詞

활용이 있는 자립어로서 단독으로 술어나 수식어가 될 수 있고, 주로 사물의 성질, 상태를 나타내는 품사를 형용사(形容詞)라고 한다.

(1) 형용사의 성질(性質)

① 어미의 형태에 따라

- ~い形容詞(형용사) … 青い, 美しい, かわいい, 四角い, 早い, よい
- ~な形容詞 (형용동사)… さわやかな, のどかな, 平和な, 野蛮な

② 의미내용에 따라

- 성질형용사(性質形容詞) … かたい, 軟らかい, 四角い, 丸い, ナウい(now)
- 감정형용사(感情形容詞) … 美しい, 恋しい, さびしい

★ 相에 의한 형용사의 분류

① 속성(属性)형용사 : 사람이나 사물의 속성・특징 등을 나타내며 인칭에 대한 제약이 없음(高い, 青い, 広い, 近い....)

② 감정(感情)형용사 : 화자의 감정・감각을 나타내는 형용사로 3인칭에는 적용되지 않음
(ほしい, 望ましい, さびしい, こわい, おもしろい, すごい...)

(2) 형용사 활용표

原形	語幹	未然形	連用形	終止形	連体形	仮定形
白い よい 正しい わかい 暖かい 美しい	しろ よ ただし わか あたたか うつくし	かろ	かっ く	い	い	けれ
주요용법		う에 연결됨	た・て・ ない・なる 에 연결됨	끝맺음	とき에 연결됨	ば에 연결됨

※ 형용사에는 명령형이 없다. 그러나, 동사 「なる」의 명령형을 붙여서 쓰기도 한다.
예) つよい + なる = つよくなれ

(3) 형용사의 활용

형용사의 활용 ①

		보 통 체		정 중 체	
		긍 정	부 정	긍 정	부 정
단정형	현재형	大きい	大きくない	大きいです	大きくありません
	과거형	大きかった	大きくなかった	大きかったです	大きくありませんでした
추량형	현재형	大きいだろう	大きくないだろう	大きいでしょう	大きくないでしょう
	과거형	大きかっただろう	大きくなかっただろう	大きかったでしょう	大きくなかったでしょう

형용사의 활용 ②

기본형	뜻	~하고	~합니다	~하지 않습니다
あかい	빨갛다	あかくて	あかいです	あかくありません
しろい	하얗다	しろくて	しろいです	しろくありません
あおい	파랗다	あおくて	あおいです	あおくありません
くろい	까맣다	くろくて	くろいです	くろくありません
ながい	길다	ながくて	ながいです	ながくありません
ほそい	가늘다	ほそくて	ほそいです	ほそくありません
ひろい	넓다	ひろくて	ひろいです	ひろくありません
せまい	좁다	せまくて	せまいです	せまくありません

(4) 형용사의 음편형

形容詞 + ございます・存じます

① 어간 ア段일 때(ありが**た**い)

ア段 ➡ オ段 ありが<u>た</u> ⇨ **と**

(連用形)く ➡ う ありがた<u>く</u> ⇨ **う**

⇨ ありがとうございます

② 어간 イ段일 때(うれ**し**い)

イ段 ➡ イ段 + ゅ うれ<u>し</u> ⇨ **しゅ**

(連用形)く ➡ う うれし<u>く</u> ⇨ **う**

⇨ うれしゅうございます

※「よい」「いい」는 둘 다 형용사로「좋다」라는 뜻이지만 활용이 다르다.

단, いい는 종지형과 연체형 이외에는 활용하지 않는다.

그러므로「よい」로 활용하고 있다.

(よい)	(いい)
• 天気が**よかろう。**(추측 : 未然形)	• 미연형 없음
• 天気が**よかった。**(過去)	
• 天気が**よくない。**(否定) 連用形	• 연용형 없음
• 天気が**よくなる。**(副詞用法)	
• 天気が**よい。** (基本形)	• 기본형 **いい**
• 天気が**よい時だ。**(名詞수식 : 連体形)	• 연체형 いい 人, いい天気
• 天気が**よければ出かけよう。**(仮定形)	• 가정형 없음

✻ 형용사의 음편

형용사의 연용형 「―く」에 「ございます」('있다'의 정중한 말), 「存じます」('알다, 생각하다'의 정중한 말)가 이어질 때, 「―く」가 「―う」로 변하는 것을 형용사음편(形容詞音便) 또는 「う」音便이라고 한다.

형용사음편에는 다음의 세 가지가 있다.

① 어미만 바뀌는 것

어간의 끝 글자가 「ウ段」이나 「オ段」이면 語尾만 「う」로 바뀐다.

a. 悪い(わるい) ⇨ 悪**う**ございます(나쁩니다)

b. 暑い(あつい) ⇨ 暑**う**ございます(덥습니다)

c. 強い(つよい) ⇨ 強**う**ございます(셉니다)

② 어간의 일부가 바뀌는 것

어간의 끝 글자가 「ア段」이면, 어간의 일부가 「オ段」으로 변하고, 어미는 「う」가 된다.

a. たかい ⇨ たこうございます(높습니다)

b. おめでたい ⇨ おめでとうございます(축하합니다)

c. ありがたい ⇨ ありがとうございます(감사합니다)

d. えらい ⇨ えろうございます(훌륭합니다)

③ 어간의 일부와 함께 요음(拗音)이 되는 것

어간의 끝글자가 「イ段」이면 요음 「ゅ」를 넣고 「う」를 붙인다.

a. おおきい ⇨ おおき**ゅう**ございます(큽니다)

b. うれしい ⇨ うれし**ゅう**ございます(기쁩니다)

c. たのしい ⇨ たのし**ゅう**ございます(즐겁습니다)

d. かなしい ⇨ かなし**ゅう**ございます(슬픕니다)

✂ **형용사의 가정형** : 어간에 「~ければ」를 붙이면 「~하면」이 되고 어간에 「~く なければ」를 붙이면 「~하지 않으면」이 된다.

※ 「いい」(좋다)는 어미 活用을 하지 못하는 い形容詞이다. 活用을 하려면 같은 뜻의 い形容詞 「よい」를 써야 한다.

예) 高い(비싸다) → 高ければ(비싸면) → 高く なければ(비싸지 않으면)

いい(좋다) → よければ(좋으면) → よく なければ(좋지 않으면)

都合(つごう)が よければ いっしょに 行きませんか。

연 구

※ **다음과 같은 경우는 ない가 조동사인가 형용사인가.**

- 形容詞 + ない ➡ 形容詞 (예) 赤くない
- 形容動詞 + ない ➡ 形容詞 (예) べんりでない
- 自立語 + ない ➡ 形容詞 (예) 本ではない
- 動詞 + ない ➡ 助動詞 (예) 来ない, 行かない

★ (동사의 미연형에 ない가 이어지면 조동사 이다.)

※ 동사의 부정표현의 정중형은 동사의 미연형에 정중의 조동사 「です」를 붙여쓰는 「行(い)かないです」와 동사의 연용형에 「ます」의 부정형 「ません」을 붙여쓰는 「行(い)きません」의 두가지가 있다.

※ 틀리기 쉬운 형용사의 오용

冷たい ⇒ 寒い

우리말의 '날씨가 차갑다'에서 온 오용으로 「冷たい」는 몸 일부로 느끼는 저온을 나타낼 때 사용하고 「寒い」는 몸 전체로서 느끼는 심한 저온을 나타낼 때 사용하는 말이다.

今年の冬はとてもつめたいです。(x) **今年の冬はとてもさむいです。(o)**

すずしい ⇒ 冷たい

「すずしい」는 접촉 감각이 동반되지 않는 저온 또는 시원함을, 「冷たい」는 몸 일부가 접촉되어 느끼는 저온을 나타낼 때 사용한다.

すずしいジュースを一本お願いします。(x) **冷たいジュースを一本お願いします。(o)**

大きい⇒高い

우리말 '키가 크다'에서 온 오용으로 일본어에서 상・하의 길이가 '길다', '짧다'라고 할 때는 「高い」「低い」를 사용한다.

姉は背が大きいです。(x) **姉は背がたかいです。(o)**

※ 꼭 알아야 할 형용사

楽(たの)しい	즐겁다	苦(くる)しい	괴롭다
長(なが)い	길다	短(みじか)い	짧다
多(おお)い	많다	少(すく)ない	적다
大(おお)きい	크다	小(ちい)さい	작다
暑(あつ)い	덥다	寒(さむ)い	춥다
暖(あたた)かい	따뜻하다	涼(すず)しい	서늘하다
太(ふと)い	굵다	細(ほそ)い	가늘다
遠(とお)い	멀다	近(ちか)い	가깝다
高(たか)い	높다	低(ひく)い	낮다, 얕다
明(あか)るい	밝다	暗(くら)い	어둡다
良(よ)い	좋다	悪(わる)い	나쁘다
深(ふか)い	깊다	浅(あさ)い	얕다
新(あたら)しい	새롭다	古(ふる)い	낡다
重(おも)い	무겁다	軽(かる)い	가볍다
速(はや)い	빠르다	遅(おそ)い	느리다
易(やす)い	쉽다	難(むずか)しい	어렵다
うれしい	기쁘다	悲(かな)しい	슬프다
強(つよ)い	강하다	弱(よわ)い	약하다
広(ひろ)い	넓다	狭(せま)い	좁다
美(うつく)しい	아름답다	忙(いそが)しい	바쁘다

적중예상문제

1. 다음 형용사의 활용형을 쓰시오.

原形	語幹	未然形	連用形	終止形	連体形	仮定形
うれしい よい 正しい わかい 暖かい 美しい						
주요용법		う에 연결됨	た・て・ ない・なる 에 연결됨	끝맺음	とき에 연결됨	ば에 연결됨

2. 다음 단어의 반대어를 쓰시오.

(1) 強い(　　　　)　　(2) 大きい(　　　　)
(3) 短い(　　　　)　　(4) やさしい(　　　　)
(5) 白い(　　　　)　　(6) 古い(　　　　)
(7) 高い(　　　　)　　(8) 暑い(　　　　)
(9) 安い(　　　　)

3. 形容詞의 음편(音便)에 대해서 설명하시오.

4. 형용사와 형용동사의 활용표를 쓰시오.

기본형	미연형	연용형	종지형	연체형	가정형
うれしい					
静かだ					

5. 다음을 가정형을 써서 「~하면, ~하다면」으로 고치시오.

① 寒い ② 低い ③ 長い ④ 多い ⑤ 深い
⑥ 遠い ⑦ 悪い ⑧ 古い ⑨ 軽い ⑩ 遅い

6. 다음을 日本語로 고치시오.

① 교실이 추우면 바깥도 춥습니다.

➡ (   )

② 돈이 많으면 마음은 가볍습니다.

➡ (   )

③ 사회가 밝으면 범죄가 적습니다.

➡ (   )

정 답

1. 본문 참조

2. (1) よわい (2) ちいさい (3) ながい (4) むずかしい
(5) くろい (6) あたらしい (7) ひくい (8) さむい (9) たかい

人生には夢と希望と少しのお金があればいい。<チャップリン>
인생에는 꿈과 희망과 약간의 돈만 있으면 충분하다.<채플린>

4. 형용동사 形容動詞(けいようどうし)

(1) 형용동사의 성질

사물의 성질이나 상태를 나타내며, 활용이 있는 자립어로 단독으로 술어가 되고, 모든 형용동사의 어미는 「だ」로 끝나는 용언이다.(しずかだ, 上手だ, まじめだ 등) 의미상으로는 형용사와 같지만, 형태상으로는 동사와 비슷한 활용을 하기 때문에 형용동사라 부른다.

(연체형의 어미가 な이므로 な형용사라고도 한다.)

(2) 형용동사의 활용형

<보기> 便利だ(편리하다)

べんり	だろ—う	(편리할 것이다)	➡	未然形 ; 추측
	だっ—た	(편리했었다)	➡	; 과거
	で —ない	(편리하지 않다)	➡	連用形 ; 부정
	に —なる	(편리하게 된다)	➡	; 부사용법
	だ	(편리하다)	➡	終止形 ; 기본형
	な —とき	(편리한 때)	➡	連体形 ; 명사를 수식
	なら—(ば)	(편리하면)	➡	仮定形 ; 가정

※ 형용동사의 활용의 종류는 한가지 뿐이며 형용사처럼 명령형이 없고 부정의 용법도 연용형에서 한다.

(3) 형용동사의 활용표

基本形	語幹	未然形	連用形	終止形	連体形	仮定形
きれいだ **暖かだ** **便利だ**	きれい 暖か 便利	だろ	だっ で に	だ	な	なら
주요용법		う에 연결됨	た・ない・なる에 연결됨	끝맺음	とき에 연결됨	(ば)에 연결됨

※ 형용동사는 명령형이 없다.

1) 특별한 활용의 형용동사

基本形	語幹	未然形	連用形	終止形	連体形	仮定形	命令形
同(おな)じだ	同じ	同じだろ	同じだっ① 同じで ② 同じに ③	同じだ	同じ ① 同じな②	同じなら	○
こんなだ	こんな	こんなだろ	こんなだっ① こんなで ② こんなに ③	こんなだ	こんな ① こんなな②	こんななら	○
주요용법		う가 이어짐	た는①, ない・ある는 ②, なる는 ③에 이어짐	文을 끝마침	명사는①, の・ので・ のには ②에 이어짐	ば가 이어짐	

2) 어간이 같은 형용사와 형용동사

		보 통 체		정 중 체	
		긍 정	부 정	긍 정	부 정
단정형	현재형	きれいだ	きれいで(は) ない	きれいです	きれいで(は) ありません
단정형	과거형	きれいだった	きれいで(は) なかった	きれいでした	きれいで(は) ありませんでした
추량형	현재형	きれいだろう	きれいで(は) ないだろう	きれいでしょう	きれいで(は) ないでしょう
추량형	과거형	きれいだった だろう	きれいで(は) なかっただろう	きれいだった でしょう	きれいで(は) なかったでしょう

단정형	현재형	いい, よい	よくない	いいです, よいです	よくありません (ないです)
단정형	과거형	よかった	よくなかった	よかったです	よくありませんでした (なかったです)
추량형	현재형	いいだろう, よいだろう	よくないだろう	いいでしょう, よいでしょう	よくないでしょう
추량형	과거형	よかっただろう	よくなかっただろう	よかったでしょう	よくなかったでしょう

※ 꼭 알아야 할 형용동사

元気(げんき)だ	건강하다	有名(ゆうめい)だ	유명하다
上手(じょうず)だ	솜씨가 좋다	下手(へた)だ	서투르다
愉快(ゆかい)だ	유쾌하다	不快(ふかい)だ	불쾌하다
当然(とうぜん)だ	당연하다	幸福(こうふく)だ	행복하다
不幸(ふこう)だ	불행하다	鮮明(せんめい)だ	선명하다
正直(しょうじき)だ	정직하다	不正直(ふしょうじき)だ	부정직하다
適当(てきとう)だ	적당하다	不適当(ふてきとう)だ	부적당하다
真(ま)っ黒(くろ)だ	새까맣다	真(ま)っ赤(か)だ	새빨갛다
満足(まんぞく)だ	만족하다	真(ま)っ青(さお)だ	새파랗다
親切(しんせつ)だ	친절하다	不満足(ふまんぞく)だ	불만족하다
平気(へいき)だ	태연하다	不親切(ふしんせつ)だ	불친절하다
完全(かんぜん)だ	완전하다	明朗(めいろう)だ	명랑하다
正確(せいかく)だ	정확하다	不完全(ふかんぜん)だ	불완전하다
便利(べんり)だ	편리하다	不正確(ふせいかく)だ	부정확하다
知的(ちてき)だ	지적이다	不便(ふべん)だ	불편하다
男性的(だんせいてき)だ	남성적이다	感情的(かんじょうてき)だ	감정적이다
好(す)きだ	좋아한다	女性的(じょせいてき)だ	여성적이다
確(たし)かだ	틀림없다	同(おな)じだ	같다
大丈夫(だいじょうぶ)だ	염려없다.	まじめだ	성실하다

적중예상문제

1. 다음 형용동사의 활용형을 쓰시오.

基本形	語幹	未然形	連用形	終止形	連体形	仮定形
きれいだ 暖かだ 便利だ						
주요용법		う에 연결됨	た・ない・なる에 연결됨	끝맺음	とき에 연결됨	(ば)에 연결됨

2. 形容詞와 形容動詞의 다른 점을 쓰시오.

3. 다음 형용동사의 의미를 쓰시오.

① おくびょうだ　② にぎやかだ
③ ゆるやかだ　④ へいきだ
⑤ すなおだ　⑥ のんきだ
⑦ きらいだ　⑧ すきだ
⑨ まっかだ　⑩ まじめだ

4. 다음 단어들 가운데에서 형용동사를 가려내시오.

① 川だ　② 学生だ　③ 不幸だ　④ 誠実だ　⑤ 鉛筆だ

《정답은 본문을 참조하시오.》

5. 부사 副詞

(1) 부사의 성질

자립어로 활용이 없고, 주로 용언을 수식하는 단어를 부사라고 한다.
「ゆっくり, 少し」와 같이 「どんなに」(상태나 정도)를 나타내고 주로 연용수식어가 된다.

(2) 부사의 종류

- **副詞**
  - **先行副詞**
    - **語の副詞**
      - **属性副詞**
        - **情態副詞**
        - **程度副詞**
      - **陳述副詞**
    - **感動副詞**
  - **接続副詞**

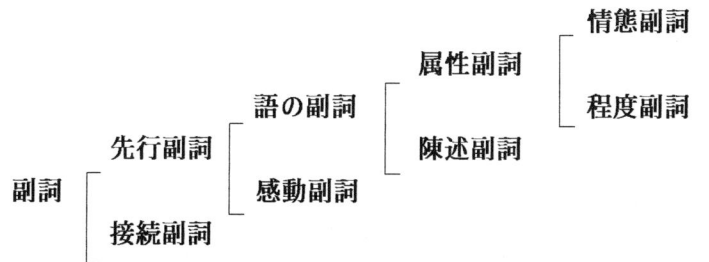

橋本文法에 있어서의 副詞는, 山田文法의 属性副詞(情態副詞, 程度副詞)와 陳述副詞를 합친 「語의 副詞」를 가리킨다.

1) 상태부사(状態副詞) : 犬がワンワンとほえる。 (개가 멍멍 짖는다.)
　상태부사는 동작성 속성개념을 수식하는 副詞이다.
　(すでに, ときどき, じっと, すべて, まだ, しばらく 등)

・**状態부사(情態부사)** : 동사를 수식하여 그 상태를 설명해 주는 부사
- 어떤 상태의 종료・미종료를 나타냄 : すでに, もはや, もう, まだ
- 시간 : いつも, すぐ, しばらく, さっそく
- 의지적 태도 : せっかく, わざと, とにかく, なるべく
- 의성어・의태어 : さらさら, すやすや, のろのろ
- 지시어 : こう, そう, ああ, どう
- 양 : 全部, たくさん, みんな, いっぱい
- 관계적인 상황 : ともに, 直接, お互いに

① **雨がザアザア降っている。** (비가 솨아 솨아 내리고 있다.)
② **そっと見てみよう。** (살짝 봐 보자.)
③ **疲れて、ぐったりとなっている。** (피곤해서 녹초가 되었다.)

이와 같이 동작의 양태를 나타내는 부사가 있으며,

④ **もう六時だ。**(벌써 6시다.)
⑤ **発車までにまだ十五分ある。**(발차까지 아직 15분 남았다.)
⑥ **宿題はすっかりできた。**(숙제는 완전히 다했다.)

이와 같이 시간·수량을 나타내는 것이 있다. 후자는 수량부사(数量副詞)로 구분해서 부르는 일이 있다. (「およそ百人(대략 백명)」, 「もうちょっと(조금 더)」)와 같이 체언이나 부사를 수식하는 것도 있다.

2) 정도부사(程度副詞)

정도(程度)를 나타내는 부사는 어떤 종류(種類)의 체언(장소·방향·시간 등에 관한 것)이나 다른 부사를 수식하는 것이 있다.

(例) ごく近く, 少(すこ)し右, ずっと昔(むかし), もっとゆっくり

정도부사는 사물의 정도·양적 개념을 수식하는 것으로 용언뿐만 아니라 정도·양적개념을 지닌 체언이나 정태부사(情態副詞)도 수식할 수 있다.

(あまり, すっかり, ほとんど, まったく, かなり, ちょっと, ますます, もっと, たいへん, もう, すこし, うんと, やや, わずかに, だいぶ)

① **今朝はかなり早く起きた。**(오늘 아침은 꽤 일찍 일어났다.)
② **もっとたくさんめしあがってください。**(더 많이 드세요.)
③ **ずっと昔のことだ。**(훨씬 옛날 일이다.)
④ **もう、ちょっと右へ寄れ。**(조금 더 오른쪽으로 붙어.)

그렇지만, 時間·数量副詞는 형용사를 수식할 수 없다는 점에 양자의 차이를 인정할 수 있을 것이다.

3) 진술부사(陳述副詞) : 서술부사(叙述副詞)

진술부사는 술어의 긍정이나 부정을 나타낼 때 그 기분의 強弱을 나타내거나 또는 단언하는 정도의 다소를 나타내는 것으로, 각각 술어에 일정한 형태나 말씨를 요구한다.

(ぜんぜん : 전혀, もちろん : 물론, けっして : 결코, たぶん : 아마)

① **これは全然(ぜんぜん)美しくない庭(にわ)だ。** (이것은 전혀 아름답지 않은 정원이다.)
② **私は決(けっ)して嘘(うそ)は言いません。** (나는 절대로 거짓말은 하지 않습니다.)
③ **明日(あした)もし天気なら、遠足(えんそく)に行こう。** (내일 만일 날씨가 좋으면, 소풍가자.)

④ **<u>たとえ</u>死んでもやらねばならない。**（설령 죽어도 하지 않으면 안된다.）

- 부정표현과의 호응 : **けっして, とうてい, 必ずしも, すこしも**
- 願望표현과의 호응 : **どうぞ, どうか, なにとぞ, ぜひ**
- 예시・비유표현과의 호응 : **まるで, ちょうど**
- 추량표현과의 호응 : **たぶん, おそらく, まさか, たしか**
- 의문표현과의 호응 : **どうして, なぜ, なんで, いったい**
- 가정표현과의 호응 : **もし, たとえ, 万一**
- 금지표현과의 호응 : **絶対に, きっと, 断じて**
- 단정표현과의 호응 : **もちろん, かならず, つまり, きっと**

즉, 「ぜひ(꼭), 必ず(반드시) → 단언」, 「少しも(조금도) → 부정」, 「多分(아마) → 추량」, 「まさか(설마) → 부정추량」, 「どうか(부디) → 희망」, 「まるで(마치) → 비유」, 「たとえ(설령), ひょっとして(어쩌면, 혹시) → 가정・추량」, 「どうして(왜), なぜ(왜) → 의문」 등이 있다.

※ 부사 중에는 다음과 같이 문말 표현과 호응하는 예가 있다.

- **たとえ～ても(でも)～。**（설령 ～ 라도）
- **もし～なら～。**（만약 ～ 라면）
- **決して～ない。**（결코 ～ 않는다）
- **まるで～ようだ。**（마치 ～ 인 것 같다）
- **たぶん～だろう。**（아마 ～ 이겠지）

※ 틀리기 쉬운 부사의 오용

おおぜい ⇒ たくさん

우리말로는 둘 다 '많다'라는 뜻이지만 「おおぜい」는 사람 수가 많을 때 사용하고 「たくさん」은 수나 양이 많을 때 사용하는 말이다.

李さんの家にはいぬがおおぜいいます。(x) **李さんの家にはいぬがたくさんいます。(o)**

たくさん ⇒ 非常に

たくさん心配しました。(x)　**非常に心配しました。(o)**

きっと ⇒ ぜひ

우리말로는 둘 다 비슷한 뜻인 데서 오는 오류로 「きっと」는 판단의 내용이 동작이 아니고 상태인 경우에 사용되고 「ぜひ」는 어떤 실행, 실현을 강하게 희망할 때 쓰이는 말이다.

日本にきっと行きたいです。(x)　**日本にぜひ行きたいです。(o)**

ともに ⇒ いっしょに

둘 다 '함께, 같이'라는 뜻으로 쓰이는 데서 오는 오류로 「ともに」는 '운명을 같이하다, 기쁨과 동시에' 등과 같이 추상적인 말에 쓰이고 「いっしょに」는 두 사람 이상이 행동을 같이 하는 경우에 쓰이는 말이다.

金さんとともに行きます。(x)　　**金さんといっしょに行きます。(o)**

よく ⇒ よろしく

「よく」가 '잘' 이라는 뜻으로 쓰이는 데서 오는 오류로 '잘 부탁합니다'라고 할 때는 「よろしく」라는 말을 사용한다.

よくお願いします。(x)　　**よろしくお願いします。(o)**

적중예상문제

1. 부사의 종류에 대해서 쓰시오.

2. 상태부사에 대해서 쓰시오.

3. 정도부사에 대해서 쓰시오.

4. 서술부사에 대해서 쓰시오.

《정답은 본문을 참조하시오.》

♧ 形容詞・副詞等に対応する慣用表現の場合

A : あの子は**気が多い**。(변덕스럽다)
B : 彼は**気が置け**ない顔であった。(스스럼 없다)
C : **気が差す**事件が起った。(꺼림찍하다)
D : おまえはいつも **気がめいる**顔ばかりしてるね。(시무룩하다)
E : **気が強い**(つよ) (고집이 세다)
F : **気軽に** (선뜻)
G : **気楽に** (편안히)

6. 연체사 連体詞

(1) 연체사의 성질

활용이 없는 자립어로 체언을 수식하는 이외에는 쓰이지 않는 품사를 연체사(連体詞)라고 한다. 즉, 명사에만 접속하며 명사를 수식하는 품사이다. 한국어의 관형사와 비슷하다.

(例) 地上の あらゆる ものが よみがえりました。

(지상의 모든 것이 되살아났습니다.)

(2) 연체사의 종류; ① 어미가 「の」「が」의 형태, ② 「~な」의 형태 ③ 「~る」의 형태가 있다.

この(이), あの(저), どの(어느), たいした(대단한)
あらゆる(모든), 去る(지난),この, その, あの, どの,
ほんの, ある, さる, あくる, あらゆる, いわゆる,
大きな, 小さな, わが, たいした, たった...

주의 : 「こんな, そんな, あんな, どんな」는 형용동사의 연체형으로 취급한다.

どの 山へ行きましたか。(어느 산에 갔습니까?)
この 本も あの 本も皆 面白い。(이 책도 저 책도 모두 재미있다.)

☆ **연체사는 자립어로 活用이 없고 오로지 체언을 수식하는 말이다.**

① 昔、ある ところに、おじいさんとおばあさんが**ありました。(いました、住んでいました)**
(옛날 어느 곳에 할아버지와 할머니가 살았습니다.)
② あらゆる 手段で抵抗する。(모든 수단을 써서 저항하다.)
③ わが 国の歌です。(우리나라의 노래입니다.)

이외에도 「いわゆる(소위)」, 「とんだ(당치않은)」, 「大した(대단한)」, 「さる(지난)」, 「大きな(큰)」, 「小さな(작은)」, 「あくる(다음)」, 「おかしな(이상한)」, 「いかなる(어떠한)」 등이 있다. 즉, 「こう思う」, 「そう言った」와 같이 지시하는 작용을 하는 것도 있다.

적중예상문제

1. 연체사의 성질을 논하시오.

2. 연체사의 종류를 쓰시오.

3. 다음의 문에서 동사와 연체사를 구별하시오.

a. 大きな車が<u>ある</u>。

b. <u>ある</u>日に起った事件。

《정답은 본문을 참조하시오.》

7. 접속사 接続詞(せつぞくし)

(1) 접속사의 성질

自立語이면서 活用이 없고 주어(主語), 술어(述語), 수식어(修飾語)가 될 수 없다.

단어와 단어, 문장과 문장, 문과 문, 단락(段落)과 段落 등의 관계를 나타내면서, 앞의 요소가 뒤의 요소에 종속적으로 연결시키는 단어를 접속사(接続詞)라고 한다.

(2) 접속사의 종류

접속사는 다음과 같이 분류할 수 있다.

① 대등의 관계

상하의 어구(語句)나 문을 대등한 입장에서 결부시키는 것이며, 다음의 세 종류가 있다.

㉠ **병렬** : および(및), また(또), なお(단), しかも(게다가), まだ(아직), そして, かつ, ならびに, それから
山また山を越(こ)えて行く。(산 또 산을 넘어 간다.)

㉡ **선택** : または(또는), あるいは(혹은), もしくは(또는), それとも

㉢ **첨가** : しかも(게다가), なお(더욱), そのうえ(게다가), それに(게다가), また(또)

※ 접속사에는 다음과 같이 단어와 단어를 대등하게 연결하는 것도 있다.

AおよびB。(A 및 B)　　AまたはB。(A 또는 B)
韓国(かんこく)および日本(にほん)　　韓国(かんこく)または日本(にほん)

② 조건과 결과의 관계

㉠ **순접** : したがって(따라서), だから(그러니까), すると(그러자), ですから(그래서), そして(그리고), すなわち(즉), それで, だから, ゆえに

㉡ **역접** : けれども(그렇지만), しかし(그러나), だが(하지만), だけど(그렇지만), ところが(그런데), ただし(단), しかも

순접이란 雨が強(つよ)まる。だから行(い)かない。(비가 강하게 온다. 그러니까 가지 않는다.)와 같이 비가 온다는 조건에 대하여 가지 않는다는 당연한 결과가 생기는 경우를 말하는 것이고, 역접이란 雨が強(つよ)まる。だけど行く。(비가 세게 온다. 하지만 간다.)와 같이 당연히 나타나야 할 결과와는 역의 결과가 생기는 경우를 말하는 것이다.

雨が降ってきた。それなのに日が照(て)っている。
(비가 내리기 시작했다. 그런데 해가 비친다)

③ 접속사와 타품사와의 관계

대부분의 접속사는 다음 예와 같이 부사나 조사에서 전성되거나 타품사가 복합되어 이루어진 것이다.

(例) が(허나), けれども(그렇지만) ➡ [助詞에서]

それだから(그렇기 때문에) ➡ [代名詞 + 助動詞 + 助詞]

※ 그러므로 A : 접속사와 부사, B : 접속사와 접속조사의 식별에는 주의해야 한다.

A : ① 私も**あるいは**行くかもしれ**ない。**(부사 : **부정문)**

② 本**あるいは**ノートに書きなさい。(접속사)

B : ① よく食べる**が**太らない。(접속조사 : 부속어)

② よく食べる。**が**、太らない。(접속사 : 자립 · **독립어**)

④ 전환 : さて(그런데), ところで(그러면), ときに(때로는), では(그럼)

今日は、さて何のご用ですか。(오늘은 대체 무슨 일로 오셨습니까?)

⑤ 설명 : つまり(즉), なぜなら(왜냐하면), ただし(단지), すなわち(다시 말하면)

南から、つまり暖かい国から来た人です。

(남쪽에서, 즉 따뜻한 나라에서 온 사람입니다.)

적중예상문제

1. 접속사의 성질에 대해서 논하시오.

2. 접속사의 종류에 대해서 논하시오.

3. 병렬의 접속사의 종류를 쓰시오.

《정답은 본문을 참조하시오.》

8. 감동사 感動詞(かんどうし)

(1) 감동사의 성질

자립어(自立語)로 활용이 없고, 단독으로 하나의 문장이 된다.
화자(話者)의 감동, 영탄, 부름, 응답의 기분 등을 직접적(直接的)으로 표현하고, 독립어의 형태로 나타나는 단어를 감동사(感動詞)라고 한다.

- **느낌 : あ, あら, ああ, いや, ええ, おお, やあ**
- **부름 : おい, やあ, さあ, もしもし, ねえ**
- **응답 : はい, いや, いいえ, うん, ええ**
- **인사 : おはよう, さようなら**

(例) ① **あ**、暑(あつ)いね。(아! 덥군요.) **ああ**、寒(さむ)い。(아아! 추워.)
② **まあ**、本当(ほんとう)に すばらしいんでしょう。(어머, 정말 멋있어요.)
③ **やあ**、亀(かめ)よ、亀さんよ。(저기, 거북아, 거북아.)
④ **はい**、佐藤(さとう)ですが…。(네, 사토입니다만….)
⑤ **ほら**、あぶない。(이봐, 위험해!)
⑥ **いや**、くるしい。(아니야! 괴롭다.)

(2) 감동사의 종류

① 감동(感動) : **ああ(아!), おお(오!), あっ(앗!), まあ, あら**
② 호칭(呼称) : **もしもし(여보세요), さあ(글세), おい(이봐), やあ(야)**
③ 응답(応答) : **はい(예), いいえ(아니오), うん(응), ええ(예), いやいや(아니야)**
※「あらっ, もしもし, はい」와 같이 감동・부름・응답 등을 나타내고, 문장의 성분상 독립어가 된다.

✱ 전성(転成)의 감동사

感動詞 중에는 다음과 같이 다른 品詞에서 전성한 것도 있다.
① 名詞에서 : **これ(이것), それ(그것)**
② 副詞에서 : **いかに(어떻게)**
③ 助詞에서 : **ね, ねえ(군, 군요)**

✱ 인사말로 쓰이는 것

おはようございます。 (아침 인사)
こんにちは。 (낮 인사)
こんばんは。 (저녁 인사)

さようなら。(작별 인사)
はじめまして。(처음 뵙겠습니다)
失礼します。(실례합니다)
ありがとうございます。(감사합니다)
お世話になりました。(신세졌습니다)

적중예상문제

1. 감동사의 성질에 대해서 논하시오.

2. 감동사의 종류를 쓰시오.

3. 전성한 감동사에 대해서 예를 들고 설명하시오.

9. 조사 助詞(じょし)

(1) 조사의 성질

- 조사는 단독으로 문절을 이룰 수 없으며, 부속어로서 활용이 없다.
- 조사는 주로 자립어(명사, 동사)와 함께 문절을 이룬다.
- 조사는 기능에 따라 격조사, 부조사, 접속조사, 종조사 등으로 나눈다.
- 다른 말과의 관계를 나타내거나, 앞에 오는 어구에 일정한 뜻을 첨가한다.
- 일명 「**てにをは**」라고 한다.

A. 梅**の**花**が**咲いた。(매화꽃이 피었다.)
B. 本**を**五冊**だけ**買った。(책을 다섯 권만 샀다.)
C. これ**は**あなたのです**か**。(이것은 당신 것입니까?)

A의 「の」는 「梅」에 붙어서 「花」와의 연체수식관계를 나타내며, 「が」는 「花」에 붙어서 「咲いた」의 主語임을 나타내고 있다.

B의 「を」는 「本」에 붙어서 「買った」의 연체수식관계(連体修飾関係)를 나타내고, 「だけ」는 「五冊」에 붙어서 산 것은 「다섯 권뿐」이라는 점을 한정하여 그 의미를 첨가하고 있다.

C의 「は」는 「これ」에 붙어서 다른 것과의 구별을 나타내며, 「か」는 「です」에 붙어서 의문의 뜻을 첨가하고 있다.

이와 같이 조사는 다른 말에 붙어서 그 말과 다른 말과의 관계를 나타내거나 어떤 일정한 의미를 첨가하는 역할을 한다.

격조사(格助詞)와 접속조사(接続助詞)는 말과 말과의 관계를, 부조사(副助詞)와 종조사(終助詞)는 일정한 의미를 첨가하는 역할을 한다.

(2) 조사의 종류

1) 격조사(格助詞(かくじょし)) : 私(わたし)の読(よ)んだ本(ほん)。

が(이/가, 을/를)、の(의, 것)、を(을/를)、に(에, 에게)、へ(에, 으로)、と(와, 과)、から(부터, 에서)、より(보다, 부터)<よりか、よりも>、で(으로, 에서)、や(이랑, 이나)

2) 접속조사(接続助詞(せつぞくじょし)) : 読(よ)みながら歩(ある)く。

ば、と、ても(でも)、けれど(けれども)、が、のに、ので(んで)、から、し、て(で)、ながら、たり(だり)

3) 부조사(副助詞) : 運動するしかない。

は(은, 는)、も(도, 이나)、こそ(야말로)、さえ(さえも)(조차)、でも(라도)、しか(밖에)、だって(だっても)、なり(なりと、なりとも)、まで(까지)、ばかり、だけ(만, 뿐)、きり(ぎり)、ほど(가량, 쯤)、くらい(ぐらい)、など(なんぞ、なんか、なんて)、やら、か(인지, 인가)

4) 종조사(終助詞) : 本当に行くの。

か(까)、な(구나)<なあ>、ぞ(야)<ぜ>、よ(이야)、とも(거야)、さ(겠지)<さあ>、ね(군요)<ねえ>、の(하니)、わ(요)<わあ>、や(이야)

※ 즉 「山田文法」의 「6分類法」에서 「終助詞」와 「間投助詞」를 각각 副助詞 및 終助詞로 정리・수록한 「4分類法」에 따랐다. 이것은 일본 문부성에서 정한 「中等文法分類」에 준한 것이다.

※ 조사의 분류법은 학자에 따라 다르나, 그 가운데서도 대표적인 분류법을 보면 다음과 같다.

※ 日本文法学説対照表 참조

★ 山田文法 - 직능(職能)에 따라 분류함.
① 格助詞 ② 副助詞 ③ 接続助詞 ④ 係助詞 ⑤ 終助詞 ⑥ 間投助詞

★ 橋本文法 - 의미의 계속과 접속관계에 따라 분류함.
① 副助詞 ② 準体助詞 ③ 接続助詞 ④ 並立助詞 ⑤ 準副体助詞
⑥ 格助詞 ⑦ 係助詞 ⑧ 終助詞 ⑨ 間投助詞

★ 時枝文法 - ① 격을 나타내는 조사 ② 한정을 나타내는 조사 ③ 접속을 나타내는 조사
④ 감동을 나타내는 조사로 분류함.

(3) 일본어의 조사 용법

助詞		意味	例文
格	が	• 주격	花が咲く
		• 대상어격	私は水が飲みたい
		• 연체격	我が国, 君が代
助	の	• 연체격(명사+の+명사)	私の人形
		• 절 속의 주격	私の行った所
		• 준체조사 (형식명사)	私のです
		생략의 「の」	私のはこれです
詞		대명사의 「の」	私の買ったのはこれです
		준체조사	私が本を買ったのは事実です
		종조사적용법	そうなんですの
		• 병립조사	行くの行かんのとはっきりしない

助詞		意味	例文
格助詞	を	• 동작의 대상 • 통과의 장소 · 시간 • 출발점의 대상 • 동작의 방향	本を買う 道を歩く 家を出る 上を向く
	に	• 격조사 , 장소 • 병립조사	京都にある寺 ビ-ルにアンパン
	へ	• 이동의 방향 • 이동의 뜻이 없는 방향	山へ行く 神への信仰
	と	• 同-, 会-, 帰- 의 대칭 동격 • 인용 • 양상 · 비유 • 병립조사	これと同じだ Aさんと会う あす行くぞと言っていた 山と積む しずしずと歩く Aさんと行く アンパンとキャラメルとミルク
	から	• 출발점 · 기점 • 출발점 • 경유 • 근원 • 원료 · 재료 • 수신의 동작의 출발점	六時半からはじまる 家から出てきた 心からほっとした その駅からバスに乗りかえる その結果から推定できることは 牛乳から作る 医者から注意されている
	より	• 비교의 대상 · 기준 • 부정의 예외 • 출발점 · 기점 • 부사적용법	彼より背が高い こうするより仕方がない 本庁よりの通達(つうたつ) より速くより高く
	で	• 도구 • 범위 · 장소 • 시간적범위 • 원인 · 이유	かなづちでたたく 東京で働く 後で行く 病気で休む
接続助詞	て	• 단순동시병렬 • 단순전후 • 순접기정조건 • 역접기정조건	花が咲いて鳥が鳴いている あまくておいしい 御飯を食べて新聞を読む 雨がふって道がどろどろだ 知っていて教えてくれない
	ながら	• 동사진행 · 동작 • 역접기정조건	歩きながら話す 知っていながら知らないそぶり
	たり	• 반복 • 병립예시	降ったり止(や)んだり 歌ったりおどったり
	し	• 병립예시	酒も飲まないしタバコもすわない あなたが御承知のはずもないし
	ので	• 순접기정조건	雨が降っているので中止(ちゅうし)
	から	• 순접기정조건 · 확정	君が行くから私はやめた

助詞			意味	例文
接續助詞		のに	• 역접기정조건	雨が降っているのに外で遊ぶ
		けれども	• 역접기정조건 • 주저하는 말투	高いけれども損にはならん 佐藤ですけれども
		が	• 역접기정조건 • 망설이는 말투 • 대비강조 • 전면대립역접기정조건	つらいがためになる 運動をしたいが何をしようか 腕も良いが度胸もある なこうがわめこうが誰も来ないぞ
		ば	• 순접가정조건 • 병렬강조	あす雨が降れば中止 赤もあれば白もある
		と	• 순접가정조건 • 우발적인 조건 • 대립적 역접추정조건	走るとせきが出る ふと見ると誰もいなかった 雨が降ろうとやりが降ろうと行く
		たら	• 순접가정조건 助動詞 원인, 이유 (「た」仮定形)	雨が降ったら行かない
		なら	• 순접가정조건	君が行くなら私も行こう
		ては	• 부정의 가정조건 • 의미적 반복조건	遊んでいては何もできない 遊びに来ては金を持っていく
		ても	• 허용가정조건 • 역접가정조건	行かなくてもよい 雨が降っても行く
副助詞	係助詞	は	• 주제 • とりたて	吾輩は猫である 京都へは行かない
		も	• 합석 공동 • 合説 とりたて	私も京都へ行く 京都へも行く
	狭義副助詞	ほど	• 정도 • (名詞について)そのくらい • (連体形について)そのくらい • 「AほどBなCはない」 • 「AすればAするほどB」	三人ほど来た 彼ほど賢い人がそんなことをするなんて おもしろいほど釣れた 彼ほど面白い人はない 考えば考えるほどわからない
		など	• 예시, 등, 따위 • やわらげ • 경시	本や文房具などが売ってある 御飯などめしあがりませんか 私などできるはずはございません
		ばかり	• 정도 • 한정(他の排除) • 계속반복행위한정 • 실현직전 • 실현직후	三合ばかり飲んだか ビルばかりの街 ゴロゴロしてばかりいる 送るばかりになっている 送ったばかりです
		だけ	• 한정(까지) • 범위한정(만, 뿐) • 限定(만큼) • 한정	できるだけ調べてみましょう 言うだけで良いのですが 作れば作るだけ売れる 彼は係長だけのことはある
		のみ	• 限定(뿐, 만)	パンのみでは生きられない 国内のみならず国外からも

助詞			意味	例文
副助詞	狭義副助詞	きり	• 한정(모두)	二人きりで暮らしている 去年別れたきり会っていない
		まで	• 종점 한도(까지) • 첨가(뿐) • 程度 • 他を類推さす • 「Aするまでもない」 • 「Aしないまでも」 • 부정	東京まで行く 三時まで仕事をする そうまで言うのか 雨が降っている上に風まで吹いてきた 泥棒にハンカチまで持って行かれた 言うまでもないが 毎日顔を出さないまでも
		しか	• 否定の例外指示	半分しか読んでいない それなら行くしかない
		ほか	• 否定の例外指示(非標準的)	あの人のほかは知らない
		さえ	• 類推 • 仮定条件中の限定	私にさえ話してくれない 時間さえあればよい
		でも	• 非限定的例示 • 한정제시	映画にでも行こうか お釈迦様でも気がつくまい
終助詞	純終助詞	わ	• 확인	あれはAさんだわ
		ぞ(ぜ)	• 断言	あれはAさんだぞ
		とも	• 단언	あれはAさんだとも
		か	• 불확실한 의문	あれはAさんか
	間接性助詞	ね(な)	• 同意(이군요)	あれはあなたのお父さんですね
		よ(や)	• 주장, 의뢰	あれは私の父ですよ
		さ	• 강조	あれがAさ 勝手にするさ

※ 혼동하기 쉬운 「が」와 「は」의 사용방법에 대하여

① 「が」는 미지(未知), 불특정(不特定), 초출(初出)의 語에, 「は」는 기지(既知), 특정(特定), 기출(既出)의 어구에 사용한다.

예) **「昔々、ある所におじいさんとおばあさんが住んでいました。毎日、おじいさんは山へしばかりに、 おばあさんは川へ洗濯に行きました。」**

② 「판단문(判断文)」은 보통 「~は~だ」라는 형태이고, 「현상문(現象文)」은 보통 「~が~」의 형태이다.

예) • **図書館のとなりに食堂が/はある。** • **月が/はきれいだ。**

• **空は/が青い。** • **雨は/が降る。**

③ 「は」는 필연적인 관계(계속・고정적 등)에 사용한다. 그러나, 「が」는 일반적이고 우연적(불규칙적)인 관계에 사용한다.

예) •**私が/は学生です。**

④ 주어에 의문사가 있는 문에는 「が」를, 술어에 의문사가 있는 문에는 「は」를 사용한다.

예) •**誰が/*は主人ですか。** •**学校は/*がどこですか。**

•**何が/*はありますか。** •**これは/*が何ですか。**

⑤ 천연자연환경은, 一般的叙述로서 「が」를 사용한다.

예) •**日が昇る。** •**風が吹く。** •**雨が降る。**

⑥ 대비적인 의미가 강하고, 소재에 대하여 특별한 감정을 포함하는 것은 「は」를 사용한다.

예) •**雨は降っていますが、風はないようだ。**

⑦ 「が」는 측면(側面)이나 부분을 표시하는 경우와 관용적인 표현에 사용한다.

예) •**彼女は目が大きい。** •**わが国。**

⑧ 「は」는 장면(場面)의 설정이나 한계의 표시에 사용한다. 그러나 「が」는 소재의 본원(本源)이나 叙述에 사용한다.

예) •**この庭には、きれいな花が咲いている。**

⑨ 특히, 가능・욕구・희망 등의 의사표현을 할 때에는 「が」를 사용한다. (出来る, 分かる, ほしい, 好き, きらい, 上手, 下手 등)

예) •**彼は英語が/*をできる。** •**私はテニスが/*を上手だ。**

일반적으로, 「は」와 「が」의 사용의 기준으로는

① 명사가 있는 특정한 대상을 표시하느냐, 특정하지 않은 것을 언급하느냐의 문제

② 판단문 문제(判断文問題)이냐 현상문(現象文)이냐의 문제

③ 새로운 정보인가, 아니면 구정보인가 하는 문제

•**私は/が行きます。**

즉, 「は」는 보통의 지표에, 「が」는 강조적인 지표에 사용한다.

특히, 「は」는 기지(既知)의 알고 있는 정보에 쓰이고, 「が」는 미지(未知)의 새로운 정보에 쓰인다. 「が」는 주어를 강조하고, 주부에 의문사가 있는 문에 사용하고, 「は」는 술어를 강조하고, 술부에 의문사가 있는 문에 사용한다.

예) •**いったい何がおこったか。 ⇒ 社長がころされました。**

•**社長はどうですか。 ⇒ 社長は殺されました。**

※ 対象格(目的格)助詞「が」를 쓰는 말

(大)好きだ	(아주)좋아한다	かわいそうだ	불쌍하다
(大)嫌いだ	(아주)싫어한다	欲しい	갖고 싶다
いやだ	싫다	待ち遠しい	기다려지다
上手だ	잘한다, 능숙하다	できる	할 수 있다
下手だ	잘못하다, 서툴다	したい	하고 싶다
必要だ	필요하다	わかる	알다
楽しみだ	기대되다	要る	필요하다

※ 능력표현이나 좋아하거나 싫어하는 대상을 나타낼 때의 조사 「が」는 (~을, ~를)로 해석한다.

- 漢字が**読める**。(한자를 읽을 수 있다.) <가능동사>
- 日本語が**習える**。(일본어를 배울 수 있다.) <가능동사>

※ 틀리기 쉬운 조사의 오용

◆ **を ⇒ が**

가능의 대상어에는 조사 「が」를 사용해야 한다.

金さんは英語をよくわかりますか。(x) **金さんは英語がよくわかりますか。(o)**

◆ **を ⇒ が**

좋고 싫다 등의 주관적인 감정을 나타내는 말이 올 때는 「が」를 사용해야 한다.

あなたはいぬをきらいですか。(x) **あなたはいぬがきらいですか。(o)**

◆ **が ⇒ に**

'선생님이 되고 싶다.'에서 온 오용으로 일본어에서는 조사 뒤에 「なる」라는 말이 오면 「に」를 사용해야 한다.

わたしは将来医者がなりたいです。(x) **わたしは将来医者になりたいです。(o)**

◆ **で ⇒ に**

일본어 조사 「で」와 「に」는 둘다 장소를 나타내는 말이나 「で」는 동작, 작용이 행해지는 장소, 「に」는 사물이 존재하는 장소를 나타낸다.

わたしは学校でバスでいきます。(x) **わたしは学校にバスでいきます。(o)**

◆ **と ⇒ に(から)**

우리말 '~와 가깝다'에서 온 오용으로 공간적인 거리 관계의 어느 한쪽을 나타낼 때는 「に」나 「から」를 사용해야 한다.

わたしの学校は駅と近いです。(x)　　　　**わたしの学校は駅に (から)近いです。(o)**

◆ を ⇒ に

우리말 '버스를 타다'에서 온 오용으로 일본어의 '~를 타다'라는 표현은「~に乗る」라고 해야 하므로 특히 주의한다.

わたしはバスを乗って家へ来ました。(x)　**わたしはバスに乗って家へ来ました。(o)**

✱ 対象格(目的格)助詞「に」를 요구하는 동사인 会(あ)う、代(か)わる、乗(の)る、似(に)る、迷(まよ)う、沿(そ)う、触(さわ)る…… 「に」를 쓰지만,「~을, ~를」로 해석한다.

예) **• 友達(ともだち)にあう。**　　　　**• 母(はは)に似(に)ている。**

◆「の」의 생략

우리말 '책상 위'라는 말에서 온 오용으로 일본어에서는 특별한 경우를 제외하고는 명사와 명사 사이에 반드시「の」를 넣어야 한다.

つくえ上には何がありますか。(x)　　　　**つくえの上には何がありますか。(o)**

◆「の」의 첨가

용언다음에 '것, 일'을 나타내는「の」와 혼동하여 첨가해서 생기는 오용으로 형용사 다음에는 조사「の」가 붙지 못하므로 주의한다.

これがあなたのわかいの時の写真です。(x)　**これがあなたのわかい時の写真です。(o)**

적중예상문제

1. 다음의 문의 괄호속에 적당한 格助詞를 넣으시오.

① ぼく(　　)家(　　)隣は本屋です。

② 英語(　　)日本語(　　)好きだ。

③ 友達(　　)手紙(　　)書く。 窓(　　)海(　　)見える。

④ 大学生(　　)なる。 友達(　　)出かける。

⑤ それは私(　　)です。 公園(　　)遊ぶ。

⑥ 10時(　　)光州駅(　　)乗ります。

⑦ 学校(　　)行くとき橋(　　)渡る。

⑧ あした(　　)夏休みですか。

⑨ りんご(　　)かき(　　)どちら(　　)好きですか。

⑩ 東(　　)、東(　　)と進む。あれ(　　)新しくない。

2. 다음의 문의 괄호 속에 적당한 格助詞를 넣으시오.

① 旅行(　　)行く。

② 地図を壁(　　)はる。

③ 本を友達(　　)伝える。

④ バスで大阪(　　)着く。

⑤ 新幹線(　　)乗る。

⑥ 彼は東京(　　)住んでいます。

⑦ 机の上(　　)本があります。

⑧ 学校(　　)帰って来た。

⑨ 私はコーヒー(　　)好きです。

⑩ 友達(　　)会う。

3. 다음의 문장 중, 표현이 정확한 것은 O표를, 틀린 것은 ×표를 하시오.

① 体の具合は悪くて、学校を五日間休みました。

② お金をちょっと借りて下さいませんか。

③ 大学を卒業して公務員がなりました。

④ 土曜日には山を登りました。

⑤ 私は今、会社で働いています。

⑥ 私は昨年より光州で住んでいます。

⑦ 今年も大学授業料がまた値上げされました。

⑧ 大学生時節には、愛人とよく旅行に行きました。
⑨ 彼女は歌が大好きです。
⑩ この本ではいろいろの問題が出てくる。

4. (　　)속에 적당한 격조사를 넣으시오.

① 私は医者(　)なりたいです。
② 1988年に、ソウル(　)オリピックがある。
③ 部屋を出るとき、電気(　)消して下さい。
④ 私はこの本を3時間(　)読みおわりました。
⑤ 朝(　)ずっと雨が降っている。
⑥ 次郎は花子(　)婚約した。
⑦ 父は朝早く、釣り(　)出かけた。
⑧ あなたは何(　)ほしいですか。
⑨ 東京(　)大阪(　)車で何時間ぐらいかかりますか。
⑩ 私(　)は暇も金もありません。

※ 혼동하기 쉬운 조사

★ 혼동하기 쉬운「ぐらい」와「ごろ」의 사용방법

ぐらい는 기간이나 시간 또는 조수사에 붙어서 사용하며, 대개의 수량을 나타낸다.

예) 1時間ぐらい, 3カ月ぐらい, 2杯ぐらい, 5人ぐらい

그러나, ごろ는 날짜, 시각, 년, 월 등에 붙어서 대강의 때를 나타낸다.

예) 2時ごろ，10日ごろ，来年4月ごろ

★「くらい」와「ぐらい」의 비교

くらい는 명사로서 연체사에 연결된다. 수식을 받는다.

예) どのくらいですか。 書くくらい。

ぐらい는 부조사로서 쓰인다.

예) 5時(じ)ぐらいです。 いくらぐらい。

◎ 장소를 나타내는 조사에는「に」,「で」,「を」가 있다.

「に」는 존재하는 장소를,「を」는 통과하는 장소를,「で」는 동작을 행하는 장소(동작이 행해지는 장소)에 쓴다.

(1) 子供が家にいます。

(2) 子供が道で遊んでいます。

(3) 子供が道を走っています。

✱「から」와「ので」의 비교

「から」는 이유나 원인을 주관적으로 나타내며 자기 주장이 적극적이며 명령, 금지, 권유, 의지가 강하다.

예) 足が痛いから、はやく帰ります。

「ので」는 이유나 원인을 객관적으로 나타내며 자기 주장보다는 정중하게 적당히 표현하므로 금지, 명령, 권유 표현이 없다.

예) びょうきなので、学校を休んでいます。
用事がありますので、お先に失礼します。

~から	~ので
명령, 금지, 권유, 추량, 의지	정 중
주관적	객관적
명사 + だ(だった) + から	명사 + な + ので
痛いから びょうきだから	ありますので やくそくもあるので あの人は正直(しょうじき)なので、しんようがある。

✱ 「だけ」와 「ばかり」의 구별

「だけ」는 대상의 범위를 정해준다. (だけ+긍정, しか+부정)

예) 末っ子だけがむすこです。

「ばかり」는 어떤 동작, 행위, 작용 등을 한정하는 경우에 쓰인다.

(ばかり는~만,~뿐(같은 것 강조))

예) さっきから ずっとたばこばかりすっている。 道に石ばかりある。

✱ 「ば」「と」「たら」「なら」의 차이

1) 「ば」는 대체로 문말(文末)에 과거형을 쓸 수 없지만, 「たら」와 「と」는 쓸 수 있다.

(단, 과거의 습관이나 반복적인 과거의 일반적 사실 등에는 「ば + 과거형」이 가능하다.)

(○) 電気をつけると(=つけたら)明るくなった。

2) 「と」는 문말에 의지나 명령 등의 표현은 쓸 수 없지만 「ば」, 「たら」, 「なら」는 가능하다.

(○) 天気がよければ(=よかったら、よいなら)出かけよう。

3) 「たら」는 「동일인이 A를 한 후에 B를 한다」 라는 의미의 문장에서 후건에 화자의 명령이나 의뢰 등이 올 때는 「ば」나 「と」로 대체할 수 없다.

(×) 手紙を書けば(=書くと) このふうとうに入れてください。

(○) 手紙を書いたらこのふうとうに入れてください。

4) 후건이 먼저이고 전건이 나중이라는 시간적 관계를 나타낼 때는 「なら」만 가능하다.

(×) 明日試験があると(=あれば、あったら)今晩勉強しなさい。

(○) 明日試験があるなら今晩勉強しなさい。

◎ 「と」와 「に」는 대상을 나타내는 격조사이지만, 의미가 서로 다르다.

「と」는 서로가 상대를 대상으로 하여 같은 행동을 한다는 뜻이고, 「に」는 어떤 사람이 무슨 행동을 했을 때 그 상대방을 나타낸다.

예) **友だちに/と会う。** **彼に/と約束する。**

(어느 것을 사용할지 기준은 확실하지 않지만 상대가 윗사람일 때는 に를 사용하는 것이 자연스럽다.)

예) **彼*に/と結婚する。** **彼*に/とけんかする。**

◎ **学校へ/に行く。** (양쪽 다 사용 가능하지만 へ는 동작이 행해지는 방향을 나타내고 に는 동작의 귀착점(동작이 행해지는 대상)을 나타낸다.

◎ まで 와 までに의 구별

まで는 단순히 시간의 종결 시기를 이야기할 때 쓰며 계속성을 나타내는 술어와 함께 쓴다. までに는 '어떤 정해진 기간 안에 ~를 하겠다(최종적인 기한)'의 경우에 쓰이며 순간성을 나타내는 술어가 오는 경우 사용한다.

月曜日から火曜日まで試験があります。 (O)

예) 火曜日まで出してください。(×)　　**火曜日までにだしてください。(O)**

✱ 「と」와 「に」에 의해 대상을 나타내는 동사

会う (만나다)	話す (말하다)	相談する (상담하다)	ぶつかる (부딪히다)	約束する (약속하다)
あいさつする (인사하다)	衝突する (충돌하다)	握手する (악수하다)	連絡する (연락하다)	合図する (신호하다)
目くばせする (눈짓하다)	キスする (키스하다)	ウィンクする (윙크하다)		

A. 「と」에 의해 대상을 가리키는 단어

結婚する (결혼하다)	けんかする (싸움하다)	並ぶ (늘어서다)	仲良くする (사이좋다)	争う (다투다)
戦う (싸우다)	闘う (다투다)	競争する (경쟁하다)	競走する (경주하다)	戦争する (전쟁하다)

B. 「に」에 의해 대상을 가리키는 단어

行く (가다)	来る (오다)	帰る (돌아오다)	言う (말하다)	お願いする (부탁하다)
謝る (사죄하다)	貸す (빌려주다)	借りる (빌리다)	あげる (드리다)	やる (주다)
渡す (건네다)	聞く(듣다)	たずねる (방문하다)	答える (대답하다)	質問する (질문하다)
返事する (답하다)	教える (가르치다)	注意する (주의하다)	払う (지불하다)	知らせる (알리다)
電話をかける (전화를 걸다)	電報を打つ (전보를 치다)	伝える (전달하다)	届ける (도착하다)	紹介する (소개하다)
譲る (양도하다)	申す (말하다)	申し上げる (말씀드리다)	差し上げる (드리다)	伺う[聞く] (묻다)
お目にかかる (뵙다)	おっしゃる (말씀하시다)			

10. 조동사 助動詞

(1) 조동사의 성질 : 부속어로서 활용을 하며, 체언이나 용언에 붙어서 여러 의미를 나타낸다.

(2) 조동사의 분류 : 조동사를 분류할 때에는 일반적으로 다음 3가지 면에서 분류한다.

1) 의미에 의한 분류

① **사역(使役)**…せる[させる](~시키다) 예) **学生に本を読ませる。**

② **수동(受動)**…れる[られる](~되다) 예) **弟が母にしかられる。(ほめられる)**

③ **가능(可能)**…れる[られる](~할 수 있다) 예) **私は朝早く起きられる。(食べられる)**

④ **자발(自発)**…れる[られる](~저절로 되다) 예) **夏休みが待たれる。(思い出される)**

⑤ **존경(尊敬)**…れる[られる](~하시다) 예) **先生がこちらへ来られる。**

⑥ **정중, 정녕(丁寧)**…ます(~입니다) 예) **新聞を読んでいます。**

⑦ **부정(打ち消し)**…ない[ぬ・ず](~아니다) 예) **今日は学校へいかない。**

⑧ **추측, 추량(推量)**…う[よう](~일 것이다, ~겠지) 예) **明日は雪になるだろう。**

⑨ **부정의지・추량(打ち消し・推量)**…まい(~하지 않겠다, ~않을 것이다)

⑩ **추측, 추정(推定)**…らしい(~것 같다) 예) **だれか来たらしい。**

⑪ **과거(過去)**…た(~했다, ~였다) 예) **彼は韓国に帰った。**

⑫ **완료(完了)**…た(~했다, ~였다) 예) **仕事が今終わった。**

⑬ **희망(希望)**…たい・たがる(~하고 싶다, ~하고 싶어하다) 예) **私も先生になりたい。**

⑭ **단정(断定)**…だ・です(~이다, ~입니다) 예) **あの人は学生だ。**

⑮ **비유・예시(たとえ・例示)**…ようだ(~와 같다) 예) **石のようにかたくなった。**

⑯ **불확실한 단정**…ようだ 예) **行くようだ。さむいようだ。**

⑰ **전문**…そうだ 예) **雨が 降るそうだ。**

⑱ **양태**…そうだ 예) **雨が 降りそうだ。**

2) 접속상의 분류

① **용언에 접속하는 것**

- 미연형에 접속 … せる/させる・れる/られる・ない・ぬ(ん)
- 연용형에 접속 … ます・た・そうだ(양태)<**行きそうだ**>・たい/たがる
- 종지형에 접속 … らしい・そうだ(전문)<**行くそうだ**>
- 연체형에 접속 … ようだ
- 의지형(미연형에) 접속 … う/よう

② 체언에 접속하는 것 … らしい・だ・です
③ 조사에 접속하는 것 … らしい・だ・です・ようだ

3) 활용에 의한 분류

① 동사 활용형　하1단 활용형 … せる/させる・れる/られる
　　　　　　　5단 활용형 … たがる
② 형용사 활용형 … ない・たい・らしい
③ 형용동사 활용형 … だ・ようだ・そうだ
④ 특수 활용형 … ます・た(だ)・です・ぬ(ん)
⑤ 무변화 … まい・う・よう

> ★ 일본어 동사의 기본형에 접속되는 문말 표현 [~ようだ]와 [~らしい]에 관하여, 의미상의 차이점을 설명하시오.
>
> 해답
> 1. 'ようだ' 는 화자의 주체적 판단에 의한 불확실한 단정
>   今日は雨が降るような気がする。
> 2. 'らしい' 는 화자가 보다 객관적인 정보에 바탕을 둔 추정, 판단
>   天気予報によると, 今日は雨が降るらしい。

(3) 조동사의 활용표

	語	意味	未然形	連用形	終止形	連体形	仮定形	命令形	活用型
未然形接続	れる	수동, 자발, 가능, 존경	れ	れ	れる	れる	れれ	れろ・れよ	下一段型
	られる		られ	られ	られる	られる	られれ	られろ られよ	
	せる	사역	せ	せ	せる	せる	せれ	せろ・せよ	下一段型
	させる		させ	させ	させる	させる	させれ	させろ させよ	
	ない	부정	なかろ	なかっ なく	ない	ない	なけれ	○	形容詞型
	ぬ<ん>		○	ず	ぬ<ん>	ぬ<ん>	ね	○	特殊型
	う	추측, 의지, 권유	○	○	う	(う)	○	○	無変化型
	よう		○	○	よう	(よう)	○	○	
	まい	부정의 추량 부정의 의지	○	○	まい	(まい)	○	○	

連用形接続	たい	희망	たかろ	たかっ たく	たい	たい	たけれ	○	形容詞型
	たがる		たがら	たがり たがっ	たがる	たがる	たがれ	○	五段型
	た	과거, 완료, 존속	たろ	○	た	た	たら	○	特殊型
	ます	정중	ませ ましょ	まし	ます	ます	ますれ	ませ・まし	特殊型
	そうだ	추량 양태	そうだろ	そうだっ そうで そうに	そうだ	そうな	そうなら	○	形容動詞型
	そうです		そうでしょ	そうでし	そうです	(そうです)	○	○	
終止形接続	らしい	추량	○	らしかっ らしく	らしい	らしい	らしけれ	○	形容詞型
	そうだ	전문	○	そうで	そうだ	○	○	○	形容動詞型
	そうです		○	そうでし	そうです	○	○	○	
連体形接続	ようだ	비유 예시 불확실한 단정	ようだろ	ようだっ ようで ように	ようだ	ような	ようなら	○	形容動詞型
	ようです		ようでしょ	ようでし	ようです	(ようです)	○	○	
体言에 接続	だ	단정	だろ	だっ で	だ	(な)	なら	○	形容動詞型
	です		でしょ	でし	です	(です)	○	○	
주요용법			ナイ・ヌ(ン)・ウ・ヨウ 등에 연결됨	アル・ナル・タ・マス・テ・テモ・タリ 등에 연결됨	ト・ケレドモ・ガ・ノニ・カラ・シカナ등에 연결됨	トキ・コト・ヒト・ノ・ノデ・ノニ 등에 연결됨	バ에 연결됨	명령의 뜻으로 끝맺음	

「せる[させる]」의 활용표

基本形	活用形	未然形	連用形	終止形	連体形	仮定形	命令形
せる	下一段	せ	せ	せる	せる	せれ	せろ, せよ
させる	下一段	させ	させ	させる	させる	させれ	させろ, させよ
주요용법		「ない」 「よう」가 이어짐	「ます」 「た」「て」가 이어짐	文을 끝맺음	명사가 이어짐	「ば」가 이어짐	명령의 뜻으로 끝맺음

수동・가능・자발・존경의 조동사 「れる[られる]」의 활용표

基本形	活用形	未然形	連用形	終止形	連体形	仮定形	命令形
れる	下一段	れ	れ	れる	れる	れれ	れろ, れよ
られる	下一段	られ	られ	られる	られる	られれ	られろ, られよ
주요용법		「ない」 「よう」가 이어짐	「ます」 「た」「て」가 이어짐	文을 끝맺음	명사가 이어짐	「ば」가 이어짐	명령의 뜻으로 끝맺음 (수동만 존재함)

「そうだ」양태(様態)의 활용표

基本形	活用形	未然形	連用形	終止形	連体形	仮定形	命令形
そうだ	형용 동사형	そうだろ	そうだっ① そうで ② そうに ③	そうだ	そうだ	そうなら	○
주요용법		う에 이어짐	「た」는 ①, 「ない」는 ②, 「なる」는 ③에 이어짐	文을 끝맺음	명사에 이어짐	ば에 이어짐	

「そうだ」전문(伝聞)의 활용표

基本形	活用形	未然形	連用形	終止形	連体形	仮定形	命令形
そうだ	형용동사형	○	そうで	そうだ	○	○	○
주요용법			「ある」 「ない」가 이어짐	文을 끝맺음			

「です」의 활용표

基本形	活用形	未然形	連用形	終止形	連体形	仮定形	命令形
です	특수형	でしょ	でし	です	です	○	○
주요용법		う에 이어짐	た에 이어짐	文을 끝맺음	ので, のに에 이어짐		

「ます」의 활용표

基本形	活用形	未然形	連用形	終止形	連体形	仮定形	命令形
ます	특수형	ませ① ましょ②	まし	ます	ます	ますれ	まし ませ
주요용법		ぬ〔ん〕는 ①, う는 ②에 이어짐	た, て에 이어짐	文을 끝맺음	명사에 이어짐	ば에 이어짐	명령의 뜻으로 끝맺음

ます형을 쓰는 문형

私は 来年 大学に 入(はい)りたいです。(저는 내년에 대학에 들어가고 싶습니다.)

本を読みながら ごはんを 食べては いけません。(책을 읽으면서 밥을 먹으면 안됩니다.)

기본형에 접속되는 문형

明日は 雨が ふるでしょう。(내일은 비가 오겠지요.)

金さんは 今日は 学校へ 来(こ)ないだろうと 思います。

(김씨는 오늘은 학교에 오지 않을 거라고 생각합니다.)

★ ようだ는 불확실한 판단을 나타내는 조동사이며, 연체형에 접속함.

いま　雨が 降って いる ようだ。

この 人は 韓国人の ようです。

★ そうだ는 남에게 들은 이야기를 전달할 때 쓰는 조동사이며, 종지형에 접속함.

いま 雨が 降る そうです。

明日は 寒い そうだ。

♠ 조동사「れる」·「られる」의 요점정리

(1)「れる・られる」가 나타내는 의미에는 수동·가능·자발·존경의 4가지가 있다.

① 先生にしかられる。(선생님에게 꾸중듣다.) → **수동**

② この植物は食べられる。(이 식물은 먹을 수 있다.) → **가능**

③ 昔がなつかしい思い出される。(옛날이 그립게 생각난다.) → **자발**

④ お客様は五時ごろ来られる。(손님이 다섯 시경에 오신다.) → **존경**

(2)「う・よう」가 나타내는 의미에는 추량과 의지의 두 가지가 있다.

① 北海道はさぞ寒かろう。(북해도는 퍽 추울 것이다.) → **추량**

② あすからは日記をつけよう。(내일부터는 일기를 쓰자.) → **의지**

(3)「ようだ」가 나타내는 의미에는 비유·예시·불확실한 단정의 3가지가 있다.

① 空高く飛んでいる。ちょうど鳥のようだ。(하늘 높이 날고 있다. 마치 새와 같다.) → **비유**

② 金先生のような学者になりたい。(김선생님과 같은 학자가 되고 싶다.) → **예시**

③ そのことはまだ誰にも知られていないようだ。
(그 일은 아직 아무에게도 알려지고 있지 않은 것 같다.) → **불확실한 단정**

(4)「そうだ」가 나타내는 의미에는 전문과 양태의 두 가지가 있다.

① あすは暖かくなるそうだ。(내일은 따뜻해진다고 한다.) → **전문**

② この本はおもしろそうだ。(이 책은 재미있을 것 같다.) → **양태(상태)**

★ 일본어의 추측을 나타내는 ようだ・らしい・そうだ의 특징을 설명하시오.

1. ようだ : 화자가 직접 경험한 사실에 근거한 주관적 추측
あしたは雨が降るようだ。

2. らしい : 외부로부터 얻은 정보에 근거한 객관적 추측
天気予報によると、あした雨が降るらしい。

3. そうだ : 화자가 직접 눈으로 본 상황, 지금이라도 막 실현되려는 상황
今にも雨が降りそうだ。

적중예상문제

1. 조동사를 분류하시오.

2.「れる」와「られる」에 대해서 설명하시오.

3.「ます」와「です」에 대해서 설명하시오.

4.「そうだ」의 용법에 대해서 쓰시오.

5.「せる」,「させる」의 활용를 쓰시오.

6. 다음 문장에서 쓰이고 있는「ない」가 조동사인 것을 모두 골라 그 기호로 쓰시오.

(2002 중등임용) 해답 : (c) (d) (f)

(a) ひとりでもさびしくはないよ。
(b) それはよくないからすぐ改めなさい。
(c) 君の親切は決して忘れない。
(d) そんなことぼくにはできないね。
(e) 本がほしかったが、金はなかった。
(f) 勉強しなければだめよ。

7. 下線部「れ」の文法的意味を下の例ⓐ~ⓓから選び，その記号を書きなさい.

(2001 중등임용) 해답 : 1) d　2) c　3) b

1) この絵はあの方がかか<u>れ</u>ました。
2) この子は，父に死な<u>れ</u>て、学校へも行けなくなりました。
3) まだ若いのに気の毒に思わ<u>れ</u>てならない。

例) ⓐ 可能 ⓑ 自発 ⓒ 受身 ⓓ 尊敬

11. 경어 敬語(けいご)

상대나 화제의 인물(제3자) 즉, 말하는 사람이 제3자나 상대방에 대하여
정중하게 경의를 표현한 말을 경어라고 한다.

(1) 경어의 종류

- 待遇表現構造
  - 語彙
    - 敬　語
      - 尊敬語・謙譲語
      - 美化語・丁寧語
    - 普通語
    - 軽卑語
  - 文体
    - ていねい体
      - ございます
      - です, ます
      - であります
    - 普通体
      - だ体
      - である体

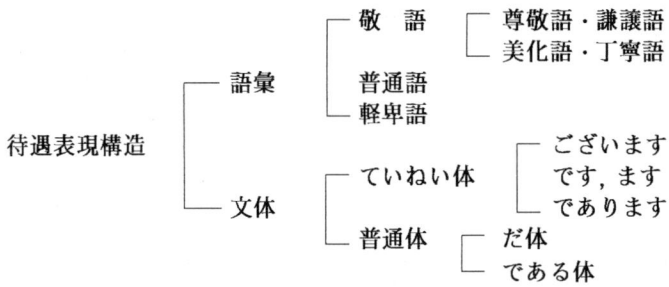

★ **대우법** – 표현주체가 자신이나 표현대상에 대하여 상하관계나 친속관계를 인식하여 언어표현에 사용한다.(경어・비속어・존대어・친밀어)

♧ **敬語** – 상대방이나 화제의 인물을 높이기 위한 표현이다.

① **존경어** : 상대방이나 화제가 되는 사람에게 존경의 뜻을 나타냄
- 명사 : 대명사(あなた, こちら, そちら, あちら, どちら),
  접두사(お, 御(ご), 御(おん), 貴)
  접미사(様, さん, 殿, 氏)
- 동사 : 「なさる, いらっしゃる, おっしゃる, あがる, お~になる, お~なさる, ~ください」
- 조동사 : 「~れる, ~られる」

② **겸양어** : 상대와 관계없이 나 자신을 낮춤으로써 상대적으로 상대방의 위치를 높이는 표현.
–「わたくし, 小生(しょうせい), さしあげる, あがる, 申し上げる, うけたまわる, いただく」
「お~ます, お~する, ~していただく」

③ **정중어** : 상대의 기분을 존중하고 배려하면서 부드럽게 표현하는 경어
「です, ます, であります, ございます」

④ **미화어** : 화자가 청자에 대하여 품위를 나타내기 위해 사용

- 丁寧語로 구분하기도 함
  접두사 お・ご(おやつ, ご飯, お菓子, おビ-ル, おトイレ)
  인사말 (おやすみ, いただきます, ごちそうさまでした)

◎ **비속어** : 비속어의 사용은 자신의 품위가 낮아진다
「てめえ, どいつ, 野郎, 言いやがる, ぬかす」

◆ **존대어** :「かあちゃん, とうちゃん, ねえちゃん」

☆ **친밀어** - 상대방이나 제 3자에 대해 화자 자신을 상위에 놓는 표현
「俺様, 許してつかわす, 早く参れ」

(2) 경어의 표현

基本形	尊敬語	謙譲語	丁重語(丁寧語)
	직접 듣는 상대나 話題중의 등장 인물에 대하여 경의를 표함(ご, お~になる)	자기를 낮춤으로서 상대적으로 상대방을 높이는 方法(お~する, お~たす)	상대방의 인격을 존중하는 표현(です, ます, ございます)
見る	ごらんになる	拝見する	
居る	いらっしゃる おいでになる	おる	おります
来る	いらっしゃる おいでになる	あがる, まいる	まいります
行く	いらっしゃる おいでになる	あがる, まいる	まいります
ある	いらっしゃる (ごじょうぶでいらっしゃる)		ござる(申し訳ございません)
する	なさる (毎日庭はきをなさる)	いたす, 申す(あす　おうかがい申します, 失礼いたします)	いたす(どういたしまして)
やる		さしあげる	
くれる	くださる		
もらう		いただく, ちょうだいする	
言う	おっしゃる	申す, 申しあげる	言います
食べる	召しあがる	いただく, ちょうだいする	たべます
寝る	お休みになる		やすみます
着る	お召しになる		着ます
知る	ご存じだ	存じあげる, 存ずる, 存じております	知っています
会う	お会いになる	おめにかかる	お会いする
思う	おぼしめす	存じます, 存ずる	思います
聞く	お聞きになる	うかがう, うけたまわる	ききます
死ぬ			なくなります
見せる		お目にかける, ごらんにいれる	
訪問する	おたずねになる	うかがう	おたずねします

	敬語	普通語	軽卑語
人	あの方 お母さん お子さん(ぼっちゃん) 先生 おともだち	あの人 母 子 教師 ともだち	あいつ, あの野郎 おふくろ がき
行為	おっしゃる 申し上げる	言う 言う	ぬかす, いいやがる 〃 〃
	いらっしゃる, おいでになる 参る	来る	来やがる
	おぼしめす 存ずる	思う	
	なくなる, おなくなりになる お逃げになる くださる	死ぬ 逃げる くれる	くたばる ずらかる くれやがる
物	お顔 おぐし お召し物 お宅 お菓子	顔 髪 着物 家 菓子	つら × × 拙宅 ×
状態 性質	よろしい おいしい	いい, よい うまい	

※ 間違えやすい敬語

1. **どうぞ熱いうちに召し上がってくださいね。(O)**

   どうぞ熱いうちにいただいてくださいね。(X)

2. **順番にお降りください。(O)** 順番にお降りしてください。(X)

3. **ご相談したいことがあるんですが、今晩、先生のお宅にお電話してもよろしいでしょうか。(O)**

   ご相談したいことがあるので、今晩、先生の家に電話します。(X)

4. **先輩は試験を受けられるんですか。(O)** 先輩は試験を見られるんですか。(X)

＊ 틀리기 쉬운 경어 표현 ＊

- 이중경어(과잉경어) - おっしゃられた, お書きになられた 등
- 겸양어 + れる, られる - おられた, 参られた 등
- お・ご를 붙이기 어려운 단어
  - お・ご로 시작되는 말 : 音, 応接間
  - 외래어 : コンピュ-タ-, カメラ
    붙일 경우에는 お를 붙임 (おビ-ル, おトイレ)
  - 나쁜 어감이나 병명 : まぬけ, ばか, 癌
  - 자연현상, 사회시설, 동식물, 광물, 형, 색 등 : 雪, 大学, 犬, 金, 桃色
  - 어의 자체에 존경의 의미를 포함하는 단어 : 先生, 社長, 父兄, 令嬢

※ 접두어 「お」「ご」의 사용법

(1) 존경의 의미를 나타낼 경우에 사용한다.
例) **先生のご病気が心配だ。(ご+漢語)**
(2) 상대의 사물을 나타내는 경우에 사용한다.
例) **お食事を食べました。**
(3) 자신에 관한 일이지만, 상대방과 연관이 있는 물건인 경우
例) **もうすぐにご通知をさしあげます。**
(4) 정중의 의미인 「お」「ご」가 관용으로 되어 있는 경우
例) **お茶, ご飯, おべんとう**

※ 예외

お電話、お人形、お酒、おみやげ、お食事、ごゆっくり、ごりっぱ、ごもっともお・ご通知、お・ご返事、お・ご勉強

(3) 경어동사(敬語動詞)

普通語	尊敬語	謙譲語	丁寧語
ある(있다)	いらっしゃる(계시다)		ござる
いる(있다)	おいでになる(가시다)	おる(있다)	おる
来る(오다) **行く(가다)**	いらっしゃる(오시다)	あがる まいる (가다・오다)	あがる まいる
する(하다)	なさる あそばす (하시다)	いたす(하다)	いたす
言う(말하다)	おっしゃる(말씀하시다)	申す(말씀드리다) 申しあげる(여쭙다)	もうす
訪れる(방문하다)	おたずねになる(방문하시다)	うかがう(찾아뵙다)	
聞く(듣다)	おききになる(들으시다)	うかがう(듣다) うけたまわる(삼가 듣다)	
飲む(마시다) **食べる(먹다)**	めしあがる(드시다) あがる(잡수시다)	いただく(들다・먹다・마시다)	いただく
もらう(받다) **会う(만나다)**	おもらいになる(받으시다) お会いになる(만나시다)	いただく(받잡다) おめにかかる(만나뵙다)	
くれる(주다) **やる(주다)**	くださる(주시다) おやりになる(남에게 주시다)	さしあげる(드리다)	
見る(보다) **知る(알다)**	ごらんになる(보시다) お知りになる(아시다)	拝見する(배견하다) 存じる(알다)	存じる
寝る(자다)	お休みになる(주무시다)		休む
思う(생각하다)	おぼしめす(생각하시다)	存じる(생각하다, 여기다)	
尋ねる(묻다)	おたずねになる(물으시다)	うかがう(묻잡다)	
承知する(알아듣다)	御存知だ(아시다)	かしこまる (명령을 받들다, 분부대로 하다)	

(4) 경어의 어형 · 用例集

敬語			語形
尊敬語	名詞	形式名詞	[—かた]
		接辞類	[お—] [おみ—] [み—] [ご—] [おん—] [貴—] [令—] [ご令—] [芳—] [ご芳—] [高—・ご高—] [尊—・ご尊—] [—さん・お—さん] [—さま・お—さま] [—どの] [—氏] [—がた] [—御中] [—各位]
	動詞	形式動詞	[お—になる] [ご—になる] [お—なさる] [ご—なさる] [—なさる] [お—くださる] [ご—くださる]
		補助動詞	[—(て)くださる] [—(て)いらっしゃる]
		助動詞	[—れる] [—られる]
	形容詞		(接辞)[お—] [ご—]
	形容動詞		(接辞)[お—] [ご—]
	副詞		(接辞)[ご—]
謙譲語	動詞	形式動詞	[お—する] [ご—する] [お—申しあげる] [お—いただく] [お—ねがう] [ご—申しあげる] [ご—いただく] [ご—ねがう]
		補助動詞	[—(て)いただく] [—(て)さしあげる]
美化語	名詞		(接辞)[お—]
	形容動詞(語幹)		(接辞)[お—]
	あいさつ語		おやすみ, おはようございます, いただきます
丁重(寧)語	名詞	接辞類	[小—] [拙—] [愚—]
	動詞	形式動詞	[お—いたし] [ご—いたし] [お—申し] [ご—申し] [お—申しあげ] [ご—申しあげ]
		補助動詞	[—(て)おり] [—(て)ござい] [—(て)まいり]
	助動詞		[—です] [—でございます] [—ます]

※ 예사체와 높임체

청자(聽者)나 독자(読者)인 수신자에 대한 주로 대우표현(待遇表現)의 관점에서 언어표현의 문장 형태를 나누면, 공손한 쪽부터 높임체 · 예사체 · 비속체가 된다.

이들은 「정녕체(丁寧体)」, 「보통체(普通体)」, 「비속체(卑属体)」라고도 불린다.

※ 정중어와 겸양어

- お帰りになりましたらお電話下さるようにお伝え下さい。
  (돌아오시거든 전화해 주시도록 전해 주십시오.)
- 延期して下さるように申し上げたんですがね。
  이와 같이 부탁말을 정중하게 할 때에는 「~て下さるように言う」(~주시도록 하다)를 「申し上げる」같이 자기를 낮추고 상대방을 높이는 敬語를 謙譲語라고 한다.

※ 수수동사(授受動詞)

「~에게 ~를 주다, 드리다」, 「~로부터 ~을 받다」 등의 표현을 일본어에서는 수수동사라고 한다.

くださる, いただく　　　　やる, あげる

目上　⇄　本人　⇄　目下

さしあげる　　　　くれる, もらう

※「やる」,「くれる」,「もらう」의 용법

① 「やる」(상대방에게 주다)는 손아래의 가족이나, 동·식물에 쓴다. 단, 받는 상대방이 남이면 「やる」를 쓰지 않고 「あげる」를 쓴다.

② 「くれる」(상대방이 주다)는 동등하거나 낮은 위치의 사람에게 받는 경우, 즉 남이 나에게 줄 때 쓴다.

私が彼女を家まで送ってやる（くれる）。

단, 주는 사람이 손위의 사람일 때에는 「くださる」를 쓴다.

③ 「もらう」(받다)는 남에게 물건을 받을 때 쓴다. 단, 손위의 사람에게 받는 경우에는 「いただく」를 쓴다.

彼女が私に家まで送ってもらう。

◎ やる、あげる、さしあげる

「やる」와 「あげる」는 모두 우리말 '주다'에 대응하지만, 동·식물 등에는 주로 「やる」를, 사람에게는 「あげる」를 사용한다. 그러나 손윗사람에게는 사용할 수 없으며 손윗사람에게는 「さしあげる」를 사용한다. 「あげる」의 반대말은 「もらう」이다.

わたしは山田先生に本をさしあげました。 **わたしは李さんに花をあげました。**

李さんは山田先生にノートをさしあげました。 **わたしは花に水をやりました。**

◎ もらう、いただく

「いただく」는 「もらう」의 겸양어로서 손아랫사람이 손윗사람에게서 무엇을 받는 경우 사용한다.

わたしは山田先生に(から)新聞をいただきました。

わたしは李さんにかばんをもらいました。

李さんは山田先生に辞書をいただきました。

◎ くれる、くださる

「くださる」는 「くれる」의 높임말로서 손윗사람이 손아래사람에게 무엇을 줄 경우 사용한다. 같은 연령끼리는 「くれる」를 사용한다.

山田先生はわたしにノートをくださいました。

山田先生は李さんに辞書をくださいました。

李さんはわたしにかばんをくれました。

※「もらう」,「あげる」,「くれる」,「～てあげる」,「～てくれる」

한국어의 '주다'는 일본어의 「くれる」와 「あげる」로 나눌 수 있는데, 내가 남에게 주는 것은 「あげる」, 남이 나(내 쪽 사람)에게 주는 것은 「くれる」로 구분해서 써야 한다.

주는 사람	받는 사람	동 사
나 (자신)	남 (제3자)	~てあげる(やる)
제3자 (남)	나 (자신)	~てくれる
제3자 (남)	제3자 (남)	~てあげる(やる)
제3자 (남)	우리 (나)에 속한 사람 (わたし내지는 わたしの~)	~てくれる

① **わたしは金さんに本を買って<u>あげた</u>。** (나는 김씨에게 책을 사 주었다.)

② **金さんはわたしに本を読んで<u>くれた</u>。** (김씨는 나에게 책을 읽어 주었다.)

③ **金さんはパクさんに料理を作って<u>あげた</u>。** (김씨는 박씨에게 요리를 만들어 주었다.)

④ **金さんはわたしの息子にケーキを作って<u>くれた</u>。**
(김씨는 내 아들에게 케이크를 만들어 주었다.)

⑤ **A : 何を教えて<u>あげましたか</u>。** (무엇을 가르쳐 주었습니까?)
B : 数学を教えて<u>やりました</u>。 (수학을 가르쳐 주었습니다.)

⑥ **A : Kさん、Aさんはあなたに何を教えて<u>くれましたか</u>。**
(K씨, A씨는 당신에게 무엇을 가르쳐 주었습니까?)
B : Aさんはわたしに日本語を教えて<u>くれました</u>。
(A씨는 나에게 일본어를 가르쳐 주었습니다.)

✱ 「もらう」와 「受ける」

① 한국어의 '받다'에 해당하는 일본어에는 「受ける」와 「もらう」가 있다.
「もらう」는 구체적인 물건을 받았을 때 쓴다.

예) 友だちからネクタイを<u>もらいました</u>。 (受けました(×))
(친구로부터 [한테] 넥타이를 받았습니다.)

② 「受ける」는 구체적인 물건이 아니거나 피해나 혜택을 받았을 때 쓴다.
따라서 抗議(항의), 攻撃(공격), 影響(영향), 検査(검사), 教育(교육), 襲撃(습격), 反撃(반격), 衝撃(충격), ショック(충격), 印象(인상), 被害(피해), 非難(비난), 診察(진찰), 歓迎(환영) 등에는 「もらう」를 쓸 수 없다.

예) 彼は病院で検査を<u>受けました</u>。 (그는 병원에서 검사를 받았습니다.)

※ 단, 電話(전화), 助言(조언), 通知(통지), 賞(상), 補助金(보조금), 学位(학위), 資格(자격), 援助(원조), 奨学金(장학금) 등 받아서 자기 이익이 되는 것에는 「受ける」, 「もらう」양쪽 다 쓸 수 있다. 또한 許可(허가), 注文(주문) 등 이익과 관련 없는 것 중에도 「受ける」, 「もらう」 양쪽 다 쓸 수 있는 것이 있다.

적중예상문제

1. 경어의 종류를 쓰시오.

2. 다음 단어의 ○속에 존경어, 겸양어, 정중어를 쓰시오.

普通語	尊敬語	謙譲語	丁重語
ある(있다)	○		ござる
いる(있다) 来る(오다) 行く(가다)	おいでになる(가시다) いらっしゃる(오시다)	おる(있다)	○
		あがる まいる (가다・오다)	
する(하다)	なさる あそばす (하시다)		いたす
言う(말하다)	○	申す(말씀드리다) 申しあげる(여쭙다)	もうす
訪れる(방문하다)	おとずれになる(방문하시다)	うかがう(찾아뵙다)	
聞く(듣다)	おききになる(들으시다)		
飲む(마시다) 食べる(먹다)	めしあがる(드시다) あがる(잡수시다)		いただく
もらう(받다) 会う(만나다)	○	いただく(받다) おめにかかる(만나뵙다)	
くれる(주다) やる(주다)	くださる(주시다) おやりになる(남에게 주시다)	○	

3. 겸양어에 대하여 설명하시오.

4. 다음 대화문의 밑줄 친 표현 중에서 **잘못되어 있는** 3곳을 찾아 바르게 고쳐 쓰시오.

<2002 임용고시>

訪問客：**ごめんください。**
高校生：はあい。
訪問客：私はこの前お電話した**お父さん**の古い友だちですが、お父さん、**いらっしゃいますか。**
高校生：あのう、急用で出かけていて、**ありませんが**....。
訪問客：そうですが....。困ったなあ。いつ頃**お帰りになるか**、わかりませんか。
高校生：すぐ**お帰りになると**思います。お客さんがあるからすぐもどると行っていましたから。
訪問客：あ、そうですか。それじゃあ....。お母さんは**いらっしゃいますか。**
高校生：はい。**お母さん**は裏に**います**から今呼んできます。ちょっと**お待ちしてください。**

♥ 해답：お帰りになると → 帰ると、お母さん → 母, お待ちしてください → お待ちになってください

5. 일본어의 대우표현 중 경어는 크게 3가지로 분류할 수 있다.
경어의 종류 3가지를 예를 들어 설명하시오.

♥ 해답 :

1. **尊敬語** - 상대 중심적, 나와 관련된 것을 제외한 모든 대상에 적용
   - 상대・화제가 되는 사람에게 존경의 기분을 나타냄
   - なさる, いらっしゃる, 御, 様
2. **謙譲語** - 자아 중심적, 동등한 입장에서 상대와 상관없이 나 자신만을 낮춤으로써 상대적으로 상대의 위치를 높임
   - わたくし, さしあげる, 申し上げる, うけたまわる
3. **美化語** - 화자가 청자에 대하여 품위를 나타내기 위해 사용
   - ご飯, お菓子, いただきます, ごちそうさまでした

6. 다음 문장을 경어의 표현으로 고쳐 쓰시오.

1. 今日の新聞を読みたいですか。
2. 書類に書名してください。
3. 用事があるので，早く帰りたいんです。

♥해답

1. 今日の新聞をお読みになりますか。
2. 書類に書名していただけないでしょうか。
3. 用事がございますので，早めに帰らせていただきたいですが。

7. 次の文の中で敬語に直せる言葉を全部敬語にして、なるべく丁寧な言い方に書き直しない。
<1999 임용고시>

さあ，遠慮しないで，ゆっくり見ろ。

♥ 해답 : **さあ(どうぞ)ご遠慮なさらないで、ごゆっくりご覧ください。**

8. 次の文の下線部(①, ②)を「目上の人」に言う表現にしなさい。
<2000 임용고시>

1. 風邪で頭痛が ①しますので、②休みます。(2점)
   →
2. 都合の ①いい日を ②言ってください。(2점)
   →

♥ 해답 :

1. ①いたしますので　② 休(やす)ませていただきたいんですが
2. ①よろしい日　② おっしゃってください

12. 의성어, 의태어(擬声語, 擬態語)

1. 車がなかなか来ないので(①かんかん　②いらいら)した。
2. 兄はわたしのいたずらに(①かんかん　②がみがみ)だ。
3. 彼はさっきからひとりで(①かんかん　②ぷんぷん)おこっている。
4. (①ぺちゃくちゃ　②もごもご)言わないで、もっとはっきり言いなさい。
5. 森下さんは韓国語が(①ぺらぺら　②ひそひそ)です。
6. 花子ちゃんは(①はきはき　②ぼそぼそ)していると、先生にほめられた。
7. 山下さんたちがドアのむこうで(①ひそひそ　②はきはき)しゃべっている。
8. 牛乳をおいしそうに(①ごくごく　②ぐびぐび)飲む。
9. テニスのあと、のどがかわいて水を(①ちびちび　②がぶがぶ)飲んだ。
10. 彼はウィスキーをコップについで(①ちびちび ②くびくび)と音をたてて飲んだ。
11. また残業ですか? 昼間(①ばりばり ②だらだら)しているから、残業になるんですよ!
12. このレストランの店員はみんな(①きびきび　②だらだら)していて気持がいい。
13. 彼は結婚してから(①さっさと　②ばりばり)働くようになった。
14. よく運動したから、今日は(①うとうと　②ぐっすり)気持ちよく眠れるだろう。
15. 授業中 (①すやすや　②ぐうぐう)寝てしまって、先生におこられた。
16. 会議中にがあがあ(①寝る　②する)なんて、信じられない!
17. 汗で、体が(①ぐちゃぐちゃ　②べたべた)だ。
18. 運動をしていたら、汗が(①ぽたぽた　②ちょろちょろ)落ちてきた。
19. 春の雨は(①ざあざあ②しとしと)やさしく降る。
20. 星が(①ぎらぎら②きらきら)光って、きれいだね。

정답

1. ② 2. ① 3. ② 4. ② 5. ① 6. ① 7. ① 8. ① 9. ② 10. ② 11. ② 12. ① 13. ②
14. ② 15. ② 16. ① 17. ② 18. ① 19. ② 20. ②

적중예상문제

♥ 다음 (　) 안에 들어갈 가장 적당한 말을 <보기>에서 골라 그 기호를 쓰시오.

<2002 임용고시>

(1) (　　　　)しないで早くやりなさい。　(2) 地震で家が(　　　　)揺れる。
(3) 雨が(　　　　)降る。　(4) 涙を(　　　　)流しながら話した。

<보 기>
(a) ぐらぐら　(b) ぐずぐず　(c) くすくす　(d) ひらひら
(e) ぼろぼろ　(f) ざあざあ

정 답
(1) (b) (2) (a) (3) (f) (4) (e)

※ 참고 : **ぐらぐら** : 흔들흔들, 부글부글　**ぐずぐず** : 우물쭈물, 투덜투덜
くすくす : 웃음을 억지로 참는 모양, 낄낄, 킥킥　**ひらひら** : 팔랑팔랑
ぼろぼろ : 눈물방울이 떨어지는 모양, 뚝뚝
ざあざあ : 큰 비가 오는 소리, 쏴쏴

꼭 알아둡시다!

がやがや 시끄러운 소리 **와글와글,**
げらげら 크게 입을 벌리고 웃음 **껄껄,**
にやにや 기분 나쁘게 비웃음 **히히히,**
しとしと 가는비가 내리는 소리 **부슬부슬,**
ひそひそ 아주 작은 소리 **소근소근**
にこにこ 즐겁게 웃는 모습 **싱글벙글**
ぶすぶす 낮은 목소리로 **중얼중얼**
わくわく 가슴 설레임 **울렁울렁**

※ 의성어, 의태어(擬声語, 擬態語)총정리

あ	あっさり	かれのところに借金をしにいったが、あっさりことわられてしまった。
	산뜻, 담백	
	いそいそ	ひさしぶりの同窓会に、母はいそいそとでかけていった。
	いらいら	約束の時間が30分もすぎたのに友人がまだこないと、いらいらしている。
	조마조마	
	うっかり	次の駅名をアナウンスしていたのに、うっかりききもらしてしまった。
	무심코	
	うっとり	ファッションショーで、みんながうっとりとモデルに見とれている。
	황홀한	
	うとうと	会議の最中、つかれていて、ついうとうととねむってしまった。
	うようよ	落ちているあめだまのまわりにアリがうようよ集まっている。
	うろうろ	目あての店がみつからず、うろうろさがしまわった。(허둥지둥)
	うんざり	きのうもカボチャ、きょうもカボチャで、戦後はうんざりしたものだ。
	지긋지긋	
か	がたがた	講堂のなかは寒くて、がたがたふるえた。
	がちゃん	野球のボールがとんできて窓ガラスががちゃんとわれた。
	がっかり	今度こそ宝くじが当たると信じていたのに、またはずれてがっかりした。
	실망하다	
	がぶがぶ	あつい日中歩きつかれ、水道を見つけて、水をがぶがぶのんだ。
	벌떡벌떡	
	がやがや	がやがや騒いでいた中学生がバスに乗っていったので急に静かになった。
	와글와글	
	からから	おもちゃの風車が、からからと音をたてている。
	がらがら	工事現場の土砂が、がらがらくずれてきた。
	がらり	突然がらりと戸があいて父が帰ってきた。
	きちんと	自分の部屋くらい、きちんとかたづけなさい。
	ぎっしり	地方の大学に行っているむすこに、食料をぎっしりつめた小包を送った。
	가득	
	きっぱり	いやなことは、きっぱりことわるべきだ。
	ぎゅうぎゅう	引っ越しをするので夏物も冬物もいっしょにぎゅうぎゅうつめこんだ。
	꽉꽉	
	ぎょっと	先年なくなった友人にあまりによく似た人に出あって、ぎょっとした。
	섬뜻	
	きょとん	車の中でねむっていた子どもは祖母の家についてきょとんとしている。
	멍하니	
	きょろきょろ	デパートで友人とはぐれてしまい、あたりをきょろきょろ見まわした。
	힐끔힐끔	
	きらきら	夜、山の上から町の方をながめると、あかりがきらきら光って見える。
	반짝반짝	
	ぎりぎり	かれがくるのを、時間ぎりぎりまで待った。
	ぐうぐう	おじいさんは、つかれたのか、ぐうぐういびきをかいてねている。
	くしゃくしゃ	0点の答案をくしゃくしゃにまるめてすてた。

か	ぐずぐず	ぐずぐずしてないでさっさと学校に行きなさい。
	くっきり	冬は国境の山々がくっきりみえる日が多い。
	ぐっしょり	ひと試合おわったら、汗でユニフォームがぐっしょりぬれてしまった。
	함빡	
	ぐっすり	一時間ほどぐっすりねむったら、すっきりした。
	ぐったり	十キロも歩きつづけて、目的地についたとたん、ぐったりしてしまった。
	축처진	
	くよくよ	一度くらいの失敗でくよくよしていたらだめだ。
	ぐらぐら	大きなトラックが通ったら、家がぐらぐらゆれた。
	ぐんぐん	風が強いので、たこがぐんぐん上がっていく。
	げっそり	下痢が続いて、げっそりやせてしまった。
	げらげら	テレビのまんがを見ながら、子どもたちはげらげら笑っている。
	껄껄	
	ごしごし	どろんこの運動靴を、ごしごし洗ってきれいにした。
	こそこそ	子どもは、初対面の人がはずかしいのか、こそこそかくれてしまった。
	살금살금	
	ごたごた	引っ越してきたばかりで、部屋の中がまだごたごたしている。
	ごちゃごちゃ	かれの部屋は、いつも本や洋服がごちゃごちゃちらばっている。
	너저분	
	こつこつ	だれかが私の部屋のドアをこつこつとたたいた。
	こっそり	かれは、夜おそく、こっそり帰ってきた。
	ごっそり	外国旅行から、みやげものをごっそり買いこんで帰ってきた。
	ごろごろ	土手をごろごろころがって遊んだ。
	こんこん	雪がこんこんと一日中降りつづいた。
さ	ざあざあ	帰ろうと思ったら、雨が急にざあざあふってきた。
	さっさと	宿題があるなら、さっさとやってしまいなさい。
	さっと	よごれたガラスは、洗剤をつけて、さっとふきとるときれいになる。
	훵하니	
	ざっと	答案にざっと目をとおしたが、出来はあまりよくないなあ。
	さっぱり	ふろに入って汗を流したら、さっぱりした。
	さらさら	その旅館の前には谷川がさらさら流れている。
	ざらざら	一日中強い風が吹いていたので、ほこりで廊下がざらざらする。
	까칠까칠	
	ざわざわ	講演がはじまるまで会場はざわざわしていた。
	しっかり	もらったお年玉をしっかりにぎって帰ってきた。
	じっくり	この問題は、じっくり考えてから結論を出した方がよい。
	しとしと	雨がしとしと降っていて静かな夜。
	しゃあしゃあ	注意されても、しゃあしゃあと平気な顔をしている。
	じゃあじゃあ	網戸をはずして水をじゃあじゃあかけてきれいに洗う。
	しょんぼり	試験に失敗したのか、ひとりの男の子がしょんぼりかえっていった。
	풀이죽어	
た	どやどや	汽車からおりたスターを見ようと、大勢の人がどやどや集まってきた。
	우루루	

일본어학

た	とろとろ	残り火がまだとろとろ燃えている。
	どろどろ	どろどろした溶岩が流れ落ちるさまは壮観だ。
な	にっこり	知らない人にもにっこり笑いかける赤ちゃん。
	ぬるぬる	うなぎはぬるぬるしていて、なかなかつかめない。
	のこのこ 뻔뻔히	みんなを待たせたかれが、悪びれずもせずにのこのこやってきた。
	のそのそ	池のふちを亀がのそのそ歩いている。
	のんびり	日曜日くらいのんびりと何もしないで過ごしたい。
は	はきはき	ガイドは、観光客の質問に、はきはきと答えた。
	ぱくぱく 빠금빠금	子どもたちは、おなかがすいたのか、おやつをぱくぱく食べている。
	はっきり	遠景もはっきり写っている、みごとな写真。
	ばったり	かれは、このごろ、ばったり来なくなった。
	はっと	こたつでうたたねをしていて電話のベルにはっと目がさめた。
	ぱっと	うわさはぱっと広がった。
	ばらばら	ネックレスのひもがきれて、真珠がばらばらになってしまった。
	ばりばり 척척	学生時代は遊んでばかりいたが、就職したらばりばり働くようになった。
	ぴかぴか	毎朝靴をぴかぴかにみがくのはたいへんだ。
	びくびく 조마조마	課長によばれて、なにか失敗をしたのかと、びくびくしながら行った。
	ひそひそ	まわりの人に気付かれないように、ひそひそと打ち合わせをする。
	ぴたり	今まで吹いていた風がぴたりととまってしまった。
	ぴちぴち	つったばかりの魚が、ぴちぴちはねている。
	ひっそり 조용히	高名な作家がなくなったあと未亡人はひっそりひとりでくらしている。
	ぴったり	この服は私のからだにぴったりだ。
	ひょいと	ひょいとふりかえった拍子に左手でコップを倒してしまった。
	ひらひら	いちょうの葉が歩道にひらひらと舞い落ちている。
	ふうふう	ふうふう言いながらあたたかいうどんを食べた。
	ぶうぶう 투덜투덜	給料は安いのに仕事はきついと従業員たちはぶうぶう言っている。
	ぷかぷか	海に目印の赤いボールがいくつもぷかぷか浮かんでいる。
	ぶくぶく	運動をやめたらぶくぶく太りだした。
	ぶらぶら	夕方ぶらぶら散歩に出て、めずらしい花を見つけた。
	ふわふわ	日に干してふわふわになったふとんは気持ちがいい。
	ぷんぷん	おいしそうなにおいが、ぷんぷん台所からにおってくる。
	ぺこぺこ	もうおなかがぺこぺこ、早く何か食べたいな。
	べたべた	ポスターなど、あまりべたべたはらない方がいい。
	ぺちゃぺちゃ 지절지절	主婦が集まると、かならず、ぺちゃぺちゃとおしゃべりが始まる。
	へとへと	歩き疲れて、もうへとへとです。
	ぺらぺら	外国語がぺらぺら話せたら、どんなにいいでしょう。

は	ぽかぽか	春になって、ぽかぽかと暖かい日が多くなった。
	ほくほく =ほかほか	このさつまいもは、見かけによらず、ほくほくしておいしい。
	ぽっかり	この間の地震で、道路にぽっかり穴があいてしまった。
	ぽっくり	元気だった人が、ぽっくり死んでしまった。
	ほっと	台風の進路が変ったので、ほっとした。
	ぼつぼつ	ぼつぼつ試験の準備にとりかからなければなりません。
	ぽつん	公園のベンチに、老人がひとり、ぽつんと腰掛けていた。
	ほやほや	できたてのほやほやのお料理をいただいた。
	ぽやぽや	そんなところでぽやぽやしていると、通行にじゃまになります。
	ぼろぼろ	何回も読んで、ぼろぼろになってしまった本。
	ぽろぽろ	大粒のなみだをぽろぽろこぼして、くやしがった。
	ほんのり	少しの酒にほんのり赤くなった。
	ぼんやり	しばらくの間ぼんやり海をながめていた。
ま	まごまご	突然スピーチを指名されて、まごまごしてしまった。
	むしゃむしゃ	焼鳥をむしゃむしゃ食べながら、おしゃべりをした。
	むっと	身に覚えのないことを言われて、むっとした。
	むっつり	社長は、会議のときも、むっつりしていることが多い。
	めきめき	少し練習したら、なわとびがめきめき上手になった。
	めちゃめちゃ	強い台風で新築中の家はめちゃめちゃに倒れてしまった。
	めらめら	ストーブの火が移って、カーテンがめらめらと燃えだした。
	もぐもぐ	口をもぐもぐさせて、何かいっているのだが、聞きとれない。
	もじもじ	お見合いの席では両方がもじもじしている。
	もやもや	ささいないさかいのあと気持ちがもやもやしている。
や	やんわり	後輩社員にやんわりと注意する。
	ゆっくり	ゆっくり時間をかけておいしい料理をつくる。
	よちよち	赤ん坊がよちよち歩くすがたは、かわいいものだ。
	よぼよぼ	よぼよぼの老人が歩いていたので、タクシーは徐行した。
わ	わくわく	はじめて飛行機に乗るので、わくわくしながら待った。

13. 관용구・속담 총정리

慣　用　句	의　　미
あいそがいい	애교가 있다. 붙임성이 있다.
愛想(あいそ)をつかす	情이 없다. 好意가 없다.
あいづちを打(う)つ	맞장구를 치다.
足(あし)が出(で)る	손해를 보다.
足(あし)を洗(あら)う	(무슨 일로부터)손을 떼다.
足をひっぱる	끌어 내리다.
頭が堅い	머리가 완고하다.(고지식하다)
後(あと)の祭(まつ)り	소 잃고 외양간 고친다.
いきがあう=馬が合う	손발이(마음이) 잘 맞다.
井(い)の中の蛙(かえる)	우물 안의 개구리.
腕(うで)をみがく	힘을 기르다. 실력을 쌓다.
腕を揮(ふる)う	실력을 발휘하다.
お世話(せわ)になる	신세를 지다. 폐를 끼치다.
お目(め)にかかる	찾아뵙다. 만나 뵙다.
顔がうれる	얼굴이 팔리다.
顔(かお)が立つ	체면이 서다.
顔が広い(顔がきく)	발이 넓다. 얼굴이 알려지다.
顔をつぶす	체면을 손상하다.
顔から火が出る	부끄러워 얼굴을 붉히다.
肩をたたく	퇴직을 권고하다.
気(き)がする	생각・느낌이 들다.
気がつく	생각이 미치다. 제정신이 들다.
気をくばる	조심하다. 배려하다.
気に入(い)る	마음에 들다.
気になる	마음이 쓰이다. 걱정되다.
気が短い	성급하다.
気まえがいい	씀씀이가 후하다.
口にあう	입에 맞다.
口がうまい	입이 능숙하다.(말을 잘한다)
口が堅い	입이 무겁다.
口にする	말하다. 맛보다.
口に上(のぼ)る	화제에 오르다.
口を割(わ)る	자백하다.
首を切る	해고시키다
けりがつく	결말・끝이 나다.
声をかける	말을 걸다.
心を奪(うば)う	마음을 사로잡다.
舌を巻(ま)く	감탄하다. 깜짝 놀라다.
心配(しんぱい)をかける	걱정・폐를 끼치다.
相撲(すもう)にならない	상대가 되지 않는다.

慣　用　句	의　　미
大事(だいじ)にする	소중히 하다. 중요시하다.
手があがる	숙달하다. 솜씨가 늘다.
手にする	손에 넣다. 자기 것이 되다.
手を打つ	타결 짓다. 손을 쓰다.
手を切る	인연을 끊다.
首(くび)にする	해고・면직하다.
手も足も出ない(手に負えない)	속수무책. 해볼 수가 없다.
手を焼(や)く	애를 먹다. 혼나다. 처치곤란.
電話を入れる	전화를 걸다.
歯が立たない	상대가 안 된다.
ばかにならない	무시 못한다.
鼻が高い	거만하다. 우쭐하다.
鼻であしらう	무시하다.
鼻にかける	자랑하다.
腹が立つ	화가 나다.
骨を折(お)る	힘쓰다. 고생하다.
まねをする	흉내내다. 모방하다.
身につける	몸에 지니다. 몸에 익히다.
水をあける	앞서다. 리드하다.
迷惑(めいわく)をかける	폐를 끼치다.
夢中(むちゅう)になる	열중하다. 몰두하다. 정신 없다.
虫が好かない	마음에 거슬리다.
目がくらむ	눈이 뒤집히다.
目が回る	매우 바쁘다.
目が高い	분별이 우수하다.
物になる	생각대로 되다.
役(やく)に立つ	도움이 되다. 쓸모가 있다.
類(るい)は友(とも)を呼ぶ	유유상종. 끼리끼리 모인다.
留守(るす)をする	부재중. 집을 비우다.
輪(わ)になる	둥글게 둘러싸다.
輪をかける	과장하다. 더욱 심하게 하다.
わなに落ちる	함정에 빠지다.

관 용 구

語	意 味	慣 用 句
帽子	모자	**帽子をかぶる。**(모자를 쓰다.)
靴	구두	**靴をはく。**(구두를 신다.)
気	마음, 정신	**気をつける。**(정신차리다, 주의하다.)
洗う	씻다	**手を洗う。**(손을 씻다.) **顔を洗う。**(얼굴을 씻다.)
入る	되다 하다	**勉強に身が入る。**(공부가 잘 되다.) **お風呂に入る。**(목욕하다.)
飲む	먹다 마시다	**薬を飲む。**(약을 먹다.) **牛乳を飲む。**(우유를 마시다.)
引く	찾다 걸리다	**辞書を引く。**(사전을 찾다.) **風邪を引く。**(감기가 들다.)
かける	걸다 쓰다	**電話をかける。**(전화를 걸다.) **めがねをかける。**(안경을 쓰다.)
出す	부치다	**手紙を出す。**(편지를 부치다.)
乗る	타다	**飛行機に乗る。**(비행기를 타다.)
ひどい	심하다	**ひどい目にあう。**(혼이 나다.)
写真	사진	**写真をとる。**(사진을 찍다.) **写真を写す。**(사진을 찍다.)
みがく	닦다	**歯をみがく。**(이를 닦다.) **靴をみがく。**(구두를 닦다.)

慣用句	意 味
• **朝飯前。**(あさめしまえ)	• 식은 죽 먹기.
• **後の祭り。**(あとのまつり)	• 버스간 후에 손든다.
• **足下に火がつく。**	• 발등에 불이 떨어지다.
• **穴があったら入りたい。**	• 쥐구멍에라도 숨고 싶다.
• **あばたもえくぼ。**	• 제 눈에 안경.
• **雨降って地固まる。**	• 비 온 뒤에 땅이 굳어진다.
• **石の上にも3年。**(かめの甲より年の功)	• 힘든 일이라도 3년을 참고 견디면 결과를 볼 수 있다.
• **石橋(いしばし)をたたいて渡る。**	• 돌다리도 두드려서 건너라.
• **急がば回れ。**	• 급하면 돌아가라.
• **一を聞いて十を知る。**	• 하나를 들으면 열을 안다.
• **一寸の虫にも五分の魂。**	• 지렁이도 밟으면 꿈틀한다.
• **馬の耳に念仏。**	• 소귀에 경읽기.
• **井の中の蛙大海を知らず。**	• 우물안의 개구리가 세상 넓은 줄 모른다.
• **売り言葉に買い言葉。**	• 가는 말이 고와야 오는 말이 곱다.
• **絵(え)に描(か)いたもち。**	• 그림의 떡.
• **うわさをすれば影がさす。**	• 호랑이도 제 말하면 온다.
• **えびでたいをつる。**	• 되로 주고 말로 받는다.
• **十八番**(じゅうはちばん)	• 십팔번.(잘 하는 것)
• **親の光には七光り。**	• 부모 덕에 대접받는다.
• **女三人よれば姦しい。**	• 여자 셋이면 나무접시가 논다.
• **飼い犬に手をかまれる。**	• 기른 개에게 손 물린다.

慣用句	意　味
• かわいい子には旅をさせよ。	• 귀여운 자식은 매로 키워라.
• 壁に耳あり、障子に目あり。	• 낮말은 새가 듣고, 밤말은 쥐가 듣는다.
• 木から落ちた猿。	• 원숭이도 나무에서 떨어진다.
• 木を見て森を見ず。	• 나무를 보고 숲을 보지 못한다.
• 口は禍の門。	• 입은 화를 불러들이는 문이다.
• 郷に入っては郷に従え。	• 로마에 가면 로마법을 따르라.
• 後悔先に立たず。	• 유비무환.
• さわらぬ神に祟りなし。	• 긁어 부스럼 만들지 마라.
• 人事をつくして天命を待つ。	• 진인사대천명
• 地震、雷、火事、おやじ。	• 세상에서 무서운 것은 지진, 벼락, 화재 그리고 아버지
• 正直者がばかを見る。	• 정직한 사람이 낭패를 본다.
• 知らぬが仏。	• 모르는 게 약이다.
• すすめのなみだ。	• 참새의 눈물.(양이 매우 적다)
• 捨てる神あればひろう神ある。	• 버리는 신이 있으면 줍는 신도 있다.
• 住めば都。	• 정들면 고향이다.
• 善は急げ。	• 쇠뿔도 단김에 빼라.
• ただより高い物はない。	• 공짜보다 비싼 건 없다.
• 便りのないのは良い便り。	• 무소식이 희소식.
• ちりも積もれば山となる。	• 티끌모아 태산.
• つった魚にえさをやらない。	• 잡은 물고기에게 먹이를 주지 않는다.
• 天に向かってつばをはく。	• 하늘보고 침 뱉기.
• 鉄は熱いうちに打て。	• 모든 일에는 때가 있다.
• 天高く馬肥ゆる秋。	• 천고마비의 계절인 가을.
• 灯台下暗し。	• 등잔 밑이 어둡다.
• 隣の花は赤い。	• 남의 떡이 커 보인다.
• どんぐりの背くらべ。	• 도토리 키 재기.
• 七転び八起き。	• 칠전팔기.
• 二兎を追う者は一兎をも得ず。	• 두 마리 토끼를 쫓는 사람은 한 마리도 잡지 못한다.
• 女房とたたみは新しいほうがいい。	• 마누라와 다다미는 새로울수록 좋다.
• 猫かぶり。	• 고양이 가면을 쓰다.
• 猫に小判。	• 돼지 목걸이에 진주.
• 猫の額。	• 아주 좁은 것.
• 花より団子。	• 금강산도 식후경.
• 腹がへっては戦ができぬ。	• 배가 고프면 아무 일도 할 수 없다.
• 火のないところに煙はたたぬ。	• 아니 땐 굴뚝에 연기 나랴?
• 貧乏暇なし。	• 가난뱅이 쉴 틈이 없다.
• 負けるが勝ち。	• 지는 게 이기는 것.
• 目くそ鼻くそを笑う。	• 똥 묻은 개가 겨 묻은 개 나무란다.
• 弱り目に祟り目。	• 엎친 데 덮친 격.
• 安物買いの銭失い。	• 싼 게 비지떡.
• わたる世間におにはない。	• 하늘이 무너져도 솟아날 구멍이 있다.

※ 한・일 신체어휘 관용구의 비교

(1) 目(め)/눈

	日本語	韓国語
目	目から鼻にぬける	민첩하고 빈틈이 없다
	目から火が出る	눈에서 불이 나다
	目が眩む	눈이 멀다
	目が廻る	눈이 돌다
	目と鼻の先	엎어지면 코 닿을 데
	目の角を立てる	눈에 쌍심지를 돋구다
	目の上のこぶ	눈에 가시
	目の敵にする	눈에 가시로 여기다
	目の黒いうち	눈에 흙이 들어가기 전에
	目を丸くする	눈이 동그래지다
	目を三角にする	눈에 쌍심지를 돋우다
	目を白黒させる	눈을 희번덕거리다
	目をつぶる	눈감아 주다
	目を細める	너무 기뻐 만면에 웃음 짓는다
	態度が見るに見かねて不愉快である	눈꼴이 사납다
	理性を失って、むやみに振舞う	눈이 뒤집히다

(2) 鼻(はな)/코

	日本語	韓国語
鼻	鼻息	심기, 기세, 눈치
	鼻っ柱が強い	콧대가 세다
	鼻っ柱を折る	콧대를 꺾다
	鼻であしらう	코방귀 뀌다
	鼻で笑う	코웃음치다
	鼻につき合わせる	이마를 맞대다
	鼻の差	간발의 차(아슬아슬한 차이)
	鼻の先	코앞에서
	酒にひどくよいしびれている様子	코가 삐뚤어지다

(3) 口(くち)/입

	日本語	韓国語
口	開いた口が塞がらない	열린 입이 다물어지지 않는다
	口が重い	입이 무겁다
	口が悪い	입버릇이 나쁘다
	口三味線に乗せる	비행기를 태우다
	口に合う	입에 맞다(식성에 맞다)
	くちばしが黄色い	이마에 피도 마르지 않은
	口をそろえる	입을 모으다
	口を糊する	입에 풀칠하다
	口を拭う	입을 씻다
	ひどくうわさにする	입방아를 찧다
	貧しくてろくに食べられない様子	입에 거미줄을 치다

(4) 耳(みみ)/귀

	日本語	韓国語
耳	耳が痛い	귀가 따갑다
	耳がかゆい	귀가 아프다
	耳が肥えている	음악 등을 듣고 이해하는 능력이 뛰어나다
	耳が遠い	귀가 멀다
	耳が早い	소문이나 정보 등을 알아오는 것이 빠르다
	耳にたこができる	귀에 못이 박히다
	耳につく	귀에 쟁쟁하다
	耳を疑う	귀를 의심하다
	耳を貸す	귀를 빌려주다
	外国語がやっと聞き取れるようになる	귀가 뚫리다

(5) 顔(かお)/얼굴

	日本語	韓国語
顔	合わせる顔がない	볼 낯이 없다
	顔から火が出る	얼굴이 벌겋게 되다
	顔がひろい	발이 넓다
	顔に紅葉を散す	얼굴을 붉히다
	顔に泥を塗る	얼굴에 똥칠을 하다
	顔を立てる	얼굴을 세우다
	顔を出す	얼굴을 내밀다
	顔をなおす	얼굴을 고치다
	奉書紙のように白い顔	여인의 백옥같이 흰 얼굴
	恥知らずで、あつかましい	얼굴에 철판을 깔다

(6) 胸(むね)/가슴

	日本語	韓国語
胸	胸くそが悪い	배알이 뒤틀려서 기분이 몹시 나쁘다
	胸が一杯になる	가슴이 벅차다
	胸が裂ける	가슴이 찢어지다
	胸が騒ぐ	가슴이 뛰다
	胸が支える	음식에 체하다
	胸が焼ける	과식하여 속이 답답하다
	胸に借りる	숙달자에게 연습상대를 부탁하다
	胸を打つ	가슴을 치다
	精神的に痛烈に苦痛をあたえる	가슴에 못을 박다
	良心に基づいてものの是非をしみじみとかんがえる	가슴에 손을 얹다

(7) 腹(はら)/배

	日本語	韓国語
腹	自腹だ	자기 주머니에서 돈을 내다
	詰腹を切る	강제 해고시키다
	腹が黒い	속이 검다
	腹が立つ	화가 나다
	腹ちがい	배다르다
	腹鼓を打つ	배를 두드리다
	腹を決める	마음을 정하다
	腹を割る	본심을 탁 털어놓고 말하다

(8) 手(て)/손

	日本語	韓国語
手	手に汗を握る	손에 땀을 쥐다
	手に入れる	손에 넣다
	手も足も出ない	손을 댈 수가 없다
	手をさしのべる	손을 뻗치다
	手を打つ	손을 쓰다
	手を貸す	손을 빌려주다
	手を休める	손을 쉬다(손을 놓다)
	猫の手も借りたい	몹시 바쁘다
	喉から手が出る	몹시 갖고 싶어하다
	もみじのような手	고사리 같은 손
	協力がうまくおこなわれる様子	손발이 맞다
	やることのスケールが大きい	손이 크다

(9) 足(あし)/발

	日本語	韓国語
足	足が地に着かない	흥분하여 가라앉지 않는다
	足が早い	발이 빠르다
	足が棒になる	오래 걷거나 서 있어서 피곤하다
	足腰が立たない	거동이 불편하다
	足場を失う	발판을 잃다
	足を洗う	손을 씻다
	足をうばわれる	발이 묶이다
	足を向けて寝られない	은인에 대한 감사의 마음
	たいへん軽快な気分でどこかへ向かう	발걸음이 가볍다
	積極的に物事にかかる	발 벗고 나서다

◈ その他の慣用表現

A：気を取り直す。（고쳐 생각하고 기운을 다시 내다)

B：気を張る。（정신을 긴장시키다)

C：気を落とす。（낙심하다)

D：気を取られる。（딴 곳에 마음을 빼앗기다)

E：気を紛らす。（기분을 달래다)

F：気位が高い。（자존심이 세다)

G：気心が知れない。（본심을 알 수 없다)

H：気味がいい。（기분이 좋다)

I：気前がいい。（기질이 좋다)

J：気に病む。（마음에 두고 끙끙 앓다)

K：気色が悪い。（느낌, 기분, 기색, 기미, 인상, 징조가 나쁘다)

L：気骨がある。（기개가 있다)

M：気に止める。（마음에 두다, 유념하다)

N：気が若い。（마음이 젊다）

O：気を抜く。（상대를 놀라게 하다, 긴장을 늦추다）

P：気が触れる。（정신이 돌다, 미치다）

Q：もしや街の不良に子どもがかっさらわれたのじゃないかと<u>気が気でない</u>。（근심이 되어 안절 부절 못하다）

R：ちょっと<u>気の利いた</u>女。（눈치가 빠르다）

S：子供に大金を持たせたので<u>気がもめ</u>てならない。（애가 타다. 조마조마하다）

T：気を回す。（いろいろと考える/ 여러 가지로 생각하다）

U：気を持たせる。（期待を持たせる/ 기대를 갖게 하다）

V：気が抜ける。（緊張がぬける/ 긴장이 풀리다）

W：気が咎めるのでこれ以上 続けられない。（양심의 가책을 느끼다）

X：気を許す。（相手を信じて警戒を解く/ 상대를 믿고 경계를 풀다）

Y：気を吐く。（気焔を吐く/ 기염을 토하다）

Z：気がする。（느낌이 들다）

◐ 急がばまわれ。	급할수록 돌아가라.
◐ 一石二鳥。	일석이조.
◐ うそも方便。	거짓말도 때로는 방편.
◐ 馬の耳に念仏。	소귀에 경 읽기.
◐ うわさをすれば影がさす。	범도 자기 소리하면 오고 사람도 제 말하면 온다.
◐ えびでたいをつる。	새우 미끼로 잉어를 낚는다.
◐ 鬼に金棒。	범에 날개.
◐ 溺れる者はわらをもつかむ。	물에 빠지면 지푸라기라도 잡는다.
◐ 女心と秋の空。	여자의 마음은 가을 하늘과 같다.
◐ かべに耳あり、障子に目あり。	낮말은 새가 듣고, 밤 말은 쥐가 듣는다.
◐ かわいいこには旅をさせよ。	귀한 자식은 매로 키워라.
◐ 後悔先に立たず。	후회해야 소용없다.
◐ 五十歩百歩。	오십보 백보.
◐ 猿も木から落ちる。	원숭이도 나무에서 떨어진다.
◐ 知らぬが仏。	모르는 것이 약이다.
◐ 便りのないのはよい便り。	무소식이 희소식.
◐ 短気は損気。	성미가 급하면 손해를 본다.
◐ ちりもつもれば山となる。	티끌 모아 태산.
◐ とらぬ狸の皮算用。	너구리 굴 보고 돈 내어 쓴다.
◐ 習うより慣れろ。	배우는 것보다 익숙 하라.

◐ 二兎を追う者は一兎をも得ず。 토끼 둘을 잡으려다가 하나도 못 잡는다.
◐ 能ある鷹は爪をかくす。 재능이 있는 자는 그것을 남 앞에서 과시하지 않는다.
◐ 花より団子。 금강산도 식후경.
◐ 人は見かけによらぬもの。 사람은 외관으로 판단할 수 없다.
◐ 火のないところに煙は立たぬ。 아니 땐 굴뚝에 연기 날까.
◐ 百聞は一見にしかず。 百聞이 不如一見이라
◐ 下手な考え休むに似たり。 재능 없는 사람이 해 봤자 결국 쉬는 것과 비슷하다.
◐ 骨折り損のくたびれもうけ。 닭 쫓던 개 지붕만 쳐다본다.
◐ 焼石に水。 언 발에 오줌 누기.
◐ 安物買いの銭失い。 싼 것이 비지떡.
◐ やぶをつついて蛇を出す。 긁어 부스럼.
◐ 類は友を呼ぶ。 유유상종.

14. 일본의 속담 총정리

◎ 青は藍より出(い)でて藍より青し (청색은 쪽에서 나왔는데 쪽보다 더 푸르다)

해설 : 쪽에서 나온 물감이 쪽보다도 푸르다는 뜻으로, 제자가 스승보다도 나음을 이르는 말.

용례 : 青は藍より出でて藍より青しというが、彼は恩師を抜きんでて大学の総長にまでなった。
(청출어람(青出於藍)이란 말처럼, 그는 은사를 앞질러 대학 총장까지 되었다.)

◎ 明日の百より今日の五十 (내일의 백보다 오늘의 오십)

해설 : 어떻게 될지 모르는 장래의 막연한 큰 일보다도 당장 실지로 얻을 수 있는 것이 비록 변변치 않더라도 더 낫다는 말. 「내일의 천자보다 오늘의 재상」 「금년의 새다리가 명년 쇠다리보다 낫다」

용례 : 商いは明日の百より今日の五十だ、とにかく一品でもいいから売ってこい。
(장사란 금년의 새 다리가 명년의 쇠다리보다 낫다, 어떻든 한 가지라도 좋으니 팔아 오라.)

◎ いかきに小便 (대소쿠리에 오줌 누기)

해설 : 소쿠리에 오줌을 누면 그대로 새어 버려서 아무것도 남지 않듯이 물질이나 정성을 아무리 경주하여도 전혀 효과가 없음의 비유. 「밑 빠진 독에 물 붓기」

용례 : 酒呑みでギャンブル狂の夫を抱えている限り彼女がいくらあくせくかせいで見たところでいかきに小便だ。(술고래에다 도박광인 남편과 같이 사는 한 그녀가 아무리 벌어보았자 밑 빠진 독에 물 붓기다.)

◎ 医者の不養生 (의사의 불섭생)

해설 : 의사란 남에게는 건강에 유의하라고 말하면서도 자신의 건강에는 별로 주의하지 않는다는 뜻.

용례 : 医者の不養生などと言われないよう、上司として自分の言動には責任を持たなければいけない。(의사의 불섭생이란 따위 말을 듣지 않도록 상사로서 자신의 언동에는 책임을 지지 않으면 안 된다.)

◎ 衣食足りて礼節を知る (의식이 충족되고 나서 예절을 차릴 줄 안다.)

해설 : 사람은 생활에 여유가 있어야 예절을 지킬 줄 안다는 말.

용례 : 衣食足りて礼節を知るというが、彼もこのところ生活が安定してきたせいか、人間的にもひと回り大きくなったようだ。(의식(衣食)이 족해야 예절을 차릴 줄 안다더니 그도 요즘 생활이 안정된 탓인지 인간적으로도 한결 나아진 듯하다.)

◎ 一文惜しみの百知らず (한 푼은 아끼면서 백을 모른다.)

해설 : 조그만 돈을 아끼다가 나중에 큰 손해를 보게 되는 것을 모르는 어리석음.

용례 : 建築費節約を建て前に安普請で仕上げたビルディングが落成式を目前に控えて崩れてしまうとはそれこそ一文惜しみの百知らずというものだ。
(건축비 절약을 내세워서 날림 공사로 완공한 빌딩이 낙성식을 목전에 두고 무너져 버리다니 그야말로 손톱눈 곪는 줄은 알면서도 염통 곪는 줄은 몰랐다는 말이다.)

◎ 馬の耳に念仏 (말의 귀에 염불) 「쇠귀에 경 읽기」「우이독경(牛耳読経)」

해설 : 남을 위하여 의견이나 충고를 해 주어도 전혀 들어주지 않아서 아무런 효과가 없다는 것의 비유.

용례 : 今の彼は意地になっているので、何をいっても、馬の耳に念仏だ。
(지금의 그는 무엇을 말해도 소귀에 경 읽기다.)

◎ 売り言葉に買い言葉(파는 말에 사는 말)

해설 : 상대가 악의에 찬 나쁜 말을 하면 이쪽에서도 나쁜 욕으로 대꾸한다는 말.

용례 : かげでこそこそやっていると非難され、売り言葉に買い言葉でけんかになった。
(뒤에서 살살 일을 꾸미고 있다는 비난을 듣고 오는 말이 고와야 가는 말이 곱다고 싸움이 되었다.)

◎ 噂をすれば影がさす (남의 이야기를 하면 그 사람이 온다)

해설 : 남의 흉을 보고 있는데 그 당사자가 나타남을 이르는 말.

용례 : 最近ギャンブルで成金にのし上がったA君の話に花をさかせていたら噂をすれば影がさすとやら御本尊のA君がのっそりと入って来た。
(요사이 도박으로 졸부가 된 A군의 이야기에 꽃을 피우고 있노라니까 호랑이도 제 말하면 온다더니 장본인 A군이 어슬렁어슬렁 들어왔다.)

◎ 溺れる者は藁をも掴む (물에 빠진 자는 짚이라도 잡는다.)

해설 : 난처한 경우를 당하면 하잘 것 없는 것에도 매달린다는 비유.

용례 : 溺れる者は藁をも掴む思いで、彼は僕にまで金を借りに来た。
(물에 빠진 놈 지푸라기라도 잡는다는 심정으로 그는 내게까지 돈을 꾸러 왔다.)

◎ 思い立ったが吉日 (생각이 났을 때가 길일)

해설 : 어떤 일을 하려고 마음을 정하면 정한 그 날을 길일로 생각하고 즉각 시작해야 한다는 말.

용례 : 思い立ったが吉日だから、ただちにジョギングに出かけた。
(쇠뿔도 단김에 빼라고 당장 조깅에 나섰다.)

◎ 思う念力岩をも通す (마음을 집중하면 바위라도 뚫는다.)

해설 : 정신을 집중하고 그 일에 전력하면 어떤 일이건 못할 것이 없다는 말.
「정신 일도 금석가투(精神一到金石可透)」「정신일도 하사불성(精神一到何事不成)」

용례 : 思う念力岩をも通す、彼女はとうとう三度目の、試験にパスして外交官になった。
(정신일도 금석가투라고 그녀는 마침내 세 번째 시험에 합격하여 외교관이 되었다.)

◎ 恩を仇で返す (은혜를 원수로 갚다)

해설 : 남에게서 받은 호의나 은혜에 대하여 감사하기는커녕 반대로 해를 끼친다는 말.

용례 : せっかく彼に就職先を世話してあげたのに、あんな辞め方をするなんて、恩を仇でかえされたようなものだ。

◎ 蛙の子は蛙 (개구리 새끼는 개구리)

해설 : 자식이란 결국 부모가 걸어온 길과 유사한 길을 걷게 된다. 또 부모와 같은 정도의 재능밖에 발휘할 수 없다는 비유.「그 아비에 그 아들」

용례 : 彼は転々と仕事を変えたが、結局、蛙の子は蛙で親と同じ道に進んだ。
(그는 이것저것 직업을 바꾸었으나 결국 그 아비에 그 아들이라고 아버지와 같은 길을 걸었다.)

◎ **金は天下の回りもの (돈이란 돌고 도는 것)**

해설 : 부자가 돈을 잃어버리는 수도 있고 가난뱅이가 부자가 되는 수도 있는 법이니 돈이 없다고 끙끙 앓지 말라는 말.

용례 : 金は天下の回りものとはいっても、そうそうぱっと使えないのが我々サラリーマンの悲しいところだ。(돈이란 돌고 도는 것이라곤 하지만 그렇게 팍팍 쓸 수 없는 것이 우리들 월급쟁이의 서글픈 점이다.)

◎ **禍福は糾える縄の如し (화와 복은 꼬인 새끼줄과 같다)**

해설 : 인생의 재앙과 행복은 마치 꼬인 새끼줄과 같은 것이어서 행복이 재앙의 원인이 되기도 하고 그 재앙이 다시 행복이 되기도 한다는 말의 비유. 「궂은 일이 있고 보면 좋은 일도 있게 마련이다.」

용례 : 今は苦しくても、禍福は糾える縄の如しで、こんなことばかりは続かないだろう。(지금은 괴롭더라도 궂은 일이 있고 보면 좋은 일도 있게 마련이니 이런 일만이 계속되지는 않을 것이다.)

◎ **壁に耳あり障子に目あり (벽에 귀가 있고 장지에 눈이 있다)**

해설 : 어디서 누가 듣고 있는지, 어디서 누가 보고 있는지 알 수 없다는 말이니, 어쨌든 비밀이란 누설되기 쉽다는 말.

용례 : 壁に耳あり障子に目ありだから、悪口は控えたほうがいい。
(낮말은 새가 듣고 밤 말은 쥐가 듣는다고 했으니 남의 욕은 삼가는 것이 좋다.)

◎ **空馬に怪我なし (빈 말은 다치지 않는다)**

해설 : 돈 한푼 없는 사람은 손해를 볼래야 볼 수가 없다는 말.

용례 : どうせ無一文ではじめた商売だ。失敗したって空馬に怪我なしだよ。
(어차피 무일푼으로 시작한 장사다. 실패해봤자 밑져야 본전이야.)

◎ **かわいい子には旅をさせよ (귀여운 자식은 여행을 보내라)**

해설 : 자식을 진실로 생각한다면 응석받이로 키우지 말고 세상의 어려움과 괴로움을 경험하도록 하는 것이 좋다는 말.

용례 : 一人息子で甘やかしたくなる君の気持ちもわかるが、かわいい子には旅をさせよ。
(외아들이라 응석을 받아주려고 하는 자네의 기분도 알 수 있으나 귀한 자식 매로 키우라.)

◎ きたなく稼いで清く使え (더럽게 벌어서 깨끗하게 써라)

해설 : 직업은 비천하더라도 생활을 깨끗하게 하라는 말이니 뒤집어서 아무리 잘난 척 해봐도 생활이 곤란해서는 안 된다는 말. 「개같이 벌어서 정승같이 써라」

용례 : 彼はあくせく稼いだ金で隣近所の不遇な老人達の世話を怠ったことがない。きたなく稼いで清く使う典型的な人だ (그는 악착같이 번 돈으로 이웃의 불우한 노인들 뒷바라지를 게을리 한 적이 없다. 개같이 벌어서 정승같이 쓰는 전형적인 인물이다.)

◎ 窮鼠猫を噛む (궁한 쥐가 고양이를 문다)

해설 : 약자라도 궁지에 몰려 악이 받치면 강자라도 물리칠 수 있음의 비유.

용례 : 窮鼠猫を噛むで、彼らを甘く見ていると手痛い打撃を受けることになるかも知れない。(궁지에 몰린 쥐가 고양이를 문다고, 그들을 대수롭지 않게 보고 있다가는 모진 타격을 받을지 모른다.)

◎ 今日の一針明日の十針(오늘의 한 바늘, 내일의 열 바늘)

해설 : 오늘이면 한 번 꿰매도 될 것을 내일까지 두면 열 바늘 꿰매어야 한다는 것이니 일이 크게 벌어지기 전에 미리 처리해야 한다는 말. 「호미로 막을 것을 가래로 막는다」

용례 : 初めのうちだったら簡単によりをもどすことが出来たはずの夫婦が互いに我を張りつづけた結果今日の一針明日の十針というようになかなかけりがつかなくなった。(시초였다면 간단히 화해할 수도 있었던 부부가 서로 계속 고집을 부린 결과 호미로 막을 것을 가래로 막아야 하듯이 좀처럼 풀리지 않게 되었다.)

◎ 腐っても鯛(썩어도 도미)

해설 : 원래가 좋은 것은 상했더라도 역시 그만한 가치가 있다는 비유.

용례 : 彼は名門の後裔だけあって、腐っても鯛だ。どことなく気品がある。(그는 명문가의 후예인지라 썩어도 준치야. 어딘지 모르게 기품이 있어.)

◎ 苦しい時の神頼み (괴로울 때 신령 찾기)

해설 : 평소에는 신앙심 따위는 갖고 있지 않은 사람이 곤경에 빠졌을 때만 신에게 기원하여 구원을 청한다는 말. 「괴로울 때는 관세음보살」「급하면 부처 다리를 안는다」

용례 : 苦しい時の神頼みで、受験シーズンになると仏堂は受験生たちでいっぱいになる。(괴로울 때는 관세음보살이라고 수험 때만 되면 불당은 수험생으로 가득 찬다)

◎ 群盲象を評す(여러 장님이 코끼리를 평하다)

해설 : 여러 장님이 코끼리를 만져보고 각자 자기 손이 닿은 곳만을 가지고 이러쿵저러쿵 한다는

것이니 일부분만 아는 것을 가지고 전체를 아는 척함의 비유.

용례 : 新しいプロジェクトをめぐる役員会が開かれたが何れも群盲象を評すの意見ばかりで結論を得られずに終わった。(새로운 포로젝트에 관한 임원회를 열었지만 장님 코끼리 말하는 식의 의견이어서 결론을 얻지 못했다.)

◎ 好事魔多し (호사다마)

해설 : 좋은 일, 잘 되어 가는 일에는 흔히 탈이 끼어 들기 쉽다는 말.

용례 : 好事魔多しで、人生でも順調なときほど思わぬことが起きたりするものだから、油断してはいけない。
(호사다마라고 인생 길을 가는데도 순조로운 때일수록 예기치 못했던 일이 생기므로 방심해서는 안 된다.)

제3편 청해 문제 분석 · 정리

※ 시험에 꼭 나오는 중요한 청해 문제

1. 일본어 청해 모의시험

※ これから日本語の聞き取りのテストを行います。
よく聞いて、質問に答えて下さい。

※ [1~9] 次を聞いて、発音の正しいものを選んで下さい。

★ 動物：家畜について

問題1. 質問をよく聞いて正しい答えを選んでください。

農家や牧場などで育てられている動物です。
上の写真は左が豚、右が鶏、
下の写真は左が馬、右が牛です。
では馬は何頭ですか。

① 1頭　② 2頭　③ 3頭　④ 4頭

問題2. 質問をよく聞いて正しい答えを選んでください。

日本では2千年以前から家畜が飼われていましたが、食肉などのために本格的な飼育が始まったのは明治になってからです。それ以前の日本では牛や豚の肉を食べることは非常に少なく、農耕に牛と馬が使われました。
日本では以前から農耕にどんな家畜が使われましたか。

① 牛や豚　② 牛や鶏　③ 馬と豚　④ 牛と馬

★動物；動物園にいる動物について

問題3. 質問をよく聞いて正しい答えを選んでください。

この写真の動物はみな大型で、クマ以外は、もともと日本にはいない動物です。
トラはインド、中国、タイなどの森林に住む肉食動物で、黄色の体の表面に黒いしまの模様があります。
ライオンはアフリカの草原に住む肉食動物です。成長した雄のライオンには長い「たてがみ」があります。動物の中の王という意味で「百獣の王」と呼ばれることもあります。
では動物の中の王という動物はどんな動物ですか。

① 牛　② ライオン　③ 豚　④ 馬

問題4. 質問をよく聞いて正しい答えを選んでください。

クマにはいろいろな種類があって、アジア、ヨーロッパ、アメリカの深い山の中に住んでいます。
日本にも、本州にはツキノワグマ、北海道には写真のヒグマが住んでいます。
象は鼻が長く耳が大きい草食動物で、アフリカ象とインド象の2種類があります。
では、次の動物の中で草食動物はどの動物ですか。

① クマ　② ライオン　③ 犬　④ 象

問題5. 質問をよく聞いて正しい答えを選んでください。

動物園にいる動物です。猿とシカは日本にもいますが、キリンとパンダは外国から連れてこられたり、動物園で生まれ育ったりした動物です。
キリンはアフリカの動物で、陸上の動物の中で最も背が高く6m(メートル)近くに及ぶものもいます。
パンダは中国から来た珍しい動物で、子供たちに人気があります。主にササや竹の葉を食べます。
世界には数多くの種類の猿がいますが、日本にも野生の「ニホンザル」がいて群れを作って住んでいます。シカも日本には野生の種類のものがいます。
では次の動物の中で日本にも野生する動物はどの動物ですか。

① パンダと シカ　② ライオン　③ 猿と シカ　④ 象と 猿

問題6. 次の質問をよく聞いて正しい答えを選んでください。

日本でよく見られる花はチューリップと朝顔です。バラと菊もあります。
日本では季節ごとにいろいろな花が咲きます。チューリップは春に、バラは春の終りから夏にかけて、朝顔は夏に、菊は秋に花が咲きます。
では、次の花の中で日本で夏に咲く花は何ですか。

① チューリップ　② 朝顔　③ バラ　④ 菊

問題7. 質問をよく聞いて正しい答えを選んでください。

農作物の一つとして花を栽培する農家が増えています。
ある調査では、日本でよく売れている切り花は1位バラ、2位カスミ草、3位トルコギキョウ、4位ユリ、5位菊の順です(1995年)。また、鉢植えや庭に植えるものでは、朝顔、バラ、チューリップなどに人気があります。
では次の花の中で日本で一番売れていない花は何ですか。

① カスミ草　② ユリ　③ バラ　④ 菊

問題8. 質問をよく聞いて正しい答えを選んでください。

梅の木と花です。春の初めに花が咲きます。白い花や赤い花があります。
梅の木は古代に中国から輸入され、すぐに日本の自然や文化の中に溶け込みました。
早春に花が咲きますが、白いものを白梅、赤いものを紅梅といいます。
松や竹とともにめでたいときの飾りなどに使われる植物です。
梅の実はそのままでは食べられませんが、加工すると食べられるようになります。「梅干し」はその代表的なものです。
では、梅の木は昔どこの国から輸入されましたか。

① 韓国　② 中国　③ アメリカ　④ トイツ

(해답)	1. ②　2. ④　3. ②　4. ④　5. ③　6. ②　7. ④　8. ②

2. 국비유학 및 JPT 일본어 청취 모의시험

※ 皆さん、これから日本語の聞き取りのテストを行います。
よく聞いて、質問に答えて下さい。

※ [1~9] 次を聞いて、発音の正しいものを選んで下さい。

1. 日本では小学校と中学校が**義務教育**(ぎむきょういく)で、6歳から15歳までの9年です。

2. 小学校と中学校の就学率はほぼ100%ですが、高校への**進学率**(しんがくりつ)はおよそ94%です。

3. 韓国から6世紀ごろ伝わった仏教は、その後の日本文化に大きな**影響**(えいきょう)を与えた。

4. 平安時代には、**京都**(きょうと)が日本の首都であった。

5. 国公立大学の場合は、全大学**共通**(きょうつう)の試験と各大学の二次試験を受けます。

6. 日本は、1890年に教育勅語(ちょくご)を**発布**(はっぷ)して教育の基本を示した。

7. 韓国は、春、夏、秋、冬の**春夏秋冬**(しゅんかしゅうとう)の四季があります。

8. 日本には、1都・1道・2府・43の県の**都道府県**(とどうふけん)があります。

9. 日本の大きい島は、北から**北海道**(ほっかいどう)、本州、四国、九州などがあります。

※ 質問をよく聞いて正しい答えを選んでください。

> A：会社の有給休暇はどのくらいあるんですか。
> B：そうですねえ。有休は何年勤めているかによって違いますが、平均2週間ぐらいですね。でも、有休の消化率は60%未満だそうです。

10. 日本の会社の有給休暇は、平均するとだいたい**何週間**くらいですか。 **(2週間)**

3. 일본어능력시험 1.2급및 JPT 청해문제

1. 質問をよく聞いて正しい答えを選んでください。

	サンドイッチ	ケーキ	ビール
①	5	4	2
②	4	5	2
③	5	4	0
④	4	5	0

男の人と女の人が話しています。女の人は何をいくつ買ってこなければいけませんでしたか。

女：買ってきたよ。サンドイッチが五つ、ケーキ四つ、それに、ビールが二本。

男：あれ? サンドイッチとケーキが反対だよ。

女：え、そうだった? ごめんごめん。

女の人は何をいくつ買ってこなければいけませんでしたか。

남자와 여자가 이야기하고 있습니다. 여자는 무엇을 몇 개 사와야 했습니까?
여 : 사왔어요. 샌드위치가 5개, 케이크 4개, 거기에 맥주가 2병.
남 : 어? 샌드위치하고 케이크가 반대야.
여 : 에, 그랬었나? 미안, 미안.

여자는 무엇을 몇 개 사와야 했습니까?

2. 質問をよく聞いて正しい答えを選んでください。

日 Sun	月 Mon	火 Tue	水 Wed	木 Thu	金 Fri	土 Sat
						1
2	3	4	5	6	7	8
9	10	11	12	13	14	15
16	17	18	19	20	21	22
23	24	25	26	27	28	29
30						

両親と娘が話しています。いつ展覧会に行きますか。

父：平山拓の展覧会、23日までだけど見に行くかい。

母：いいわね。

娘：土曜日か日曜日の朝一番に行こうよ。込んでたら、ゆっくり見られないから。

父：ええっ、朝一番は勘弁してくれよ。週末は起きられないよ。

娘：わたしも、今度の土曜日はちょっと友達と会うことになってるのよ。

母：だってー。普通の日の夕方なんて、早く帰れないでしょ、お父さんが。
父：うん。でも、来週の後半なら、大丈夫だと思うんだけど。
母：ああそう。じゃ、決まりね。

いつ展覧会に行きますか。

① 19　② 22　③ 23　④ 24

부모와 딸이 이야기하고 있습니다. 언제 전람회에 갑니까?
아버지 : 히라야마타쿠의 전람회 23일까지인데, 보러 갈래?
어머니 : 좋네요.
딸 : 토요일이나 일요일 아침 일찍 가요. 붐비면 천천히 볼 수 없으니까.
아버지 : 얘, 아침 일찍은 제발 봐줘라. 주말은 못 일어나.
딸 : 저도 이번 토요일은 잠깐 친구와 만나기로 되어 있어요.
어머니 : 하지만, 평일 저녁때는 일찍 귀가할 수 없잖아, 아버지가.
아버지 : 응. 그렇지만, 다음 주 후반이라면 괜찮을 거라고 생각하는데.
어머니 : 아~, 그래요? 그럼 결정되었네.

언제 전람회에 갑니까?

3. 質問をよく聞いて正しい答えを選んでください。

①
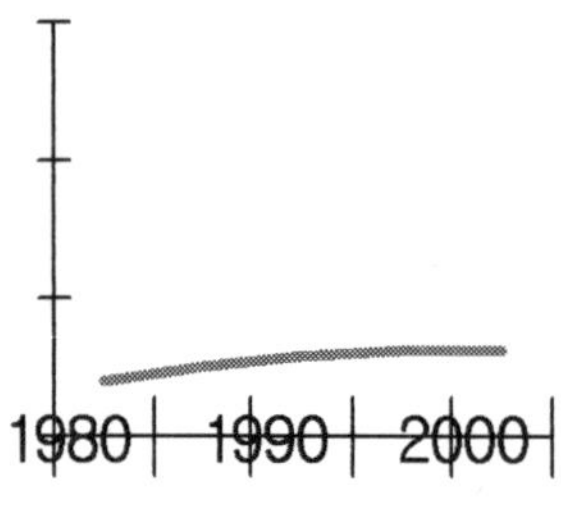

②
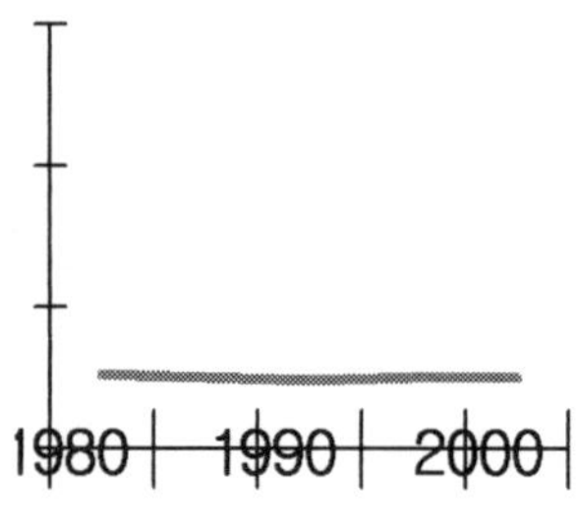

③
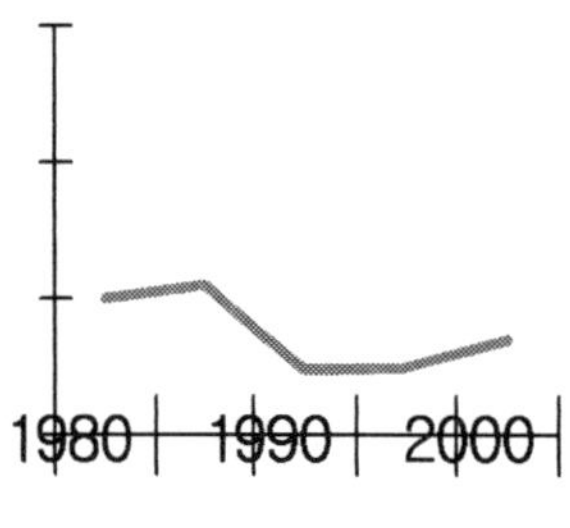

④
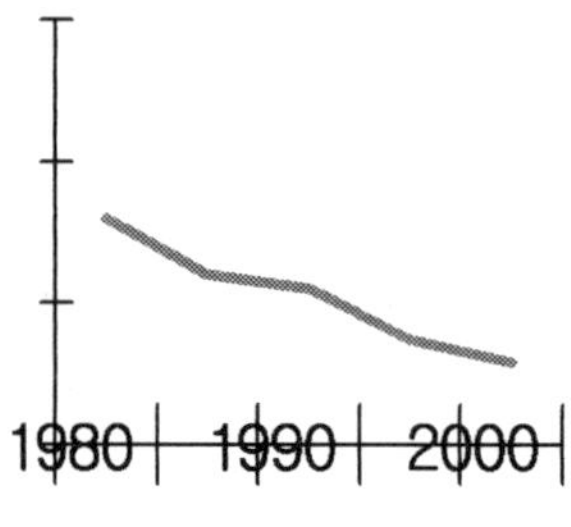

二人の男の人が話しています。工場の生産高のグラフはどれですか。

男1：このグラフを見ても分かるように、この工場の生産高はあまり増えていませんね。
男2：って言うより、全くって言ってもいいくらいですね。
男1：まあ、そうですね。でも減っているわけじゃないから、まだいいかもしれませんね。
男2：まあ、そうですけどね。やっぱり、もうちょっと数字が上がらないとね。

工場の生産高のグラフはどれですか。

두 사람의 남자가 이야기하고 있습니다. 공장의 생산고 그래프는 어느 것입니까?
남1 : 이 그래프를 봐도 알 수 있듯이, 이 공장의 생산고는 별로 늘고 있지 않군요.
남2 : 그렇다기보다는 전혀라고 말해도 좋을 정도군요.
남1 : 좀 그렇군요. 하지만 줄고 있는 것은 아니니까, 아직 괜찮을지도 모르겠군요.
남2 : 뭐, 그렇겠지만, 역시 좀더 숫자가 올라가지 않으면 (안 되겠죠).

공장의 생산고 그래프는 어느 것입니까?

4. 質問をよく聞いて正しい答えを選んでください。

日 Sun	月 Mon	火 Tue	水 Wed	木 Thu	金 Fri	土 Sat
			1	2	3	4
5	6	7	8	9	10	11
12	13	14	15	16	17	18
19	20	21	22	23	24	25
26	27	28	29	30	31	

おんなの人と男の人がはなしています。男の人が本を借りたのは何日ですか。
女：ねえ、今日、図書館に本を返す日じゃない? いつ借りたんだっけ。
男：たしか、借りたのは6日の月曜日だから、まだ大丈夫だよ。
女：え?月曜は図書館、休みじゃないの。
男：そうか…。でもその前三日間は出張だったし…。
女：そうよ、あなた出張に必要だって、前の日に慌てて図書館に行ったんじゃないの。
男：ああ、そうだ。返す日、過ぎちゃった。すぐ返してこよう。

本を借りたのは何日ですか。

① 2일　② 3일　③ 4일　④ 5일　⑤ 6일

여자와 남자가 이야기하고 있습니다. 남자가 책을 빌린 것은 몇 일입니까?
여 : 저기, 오늘 도서관에 책 반납하는 날 아니야? 언제 빌렸지?
남 : 아마 빌린 것은 6일 월요일이니까, 아직 괜찮아.
여 : 어? 월요일은 도서관 휴일 아니야?
남 : 그래…. 그렇지만 그 전 3일 간은 출장이었고….
여 : 그래요, 당신 출장에 필요하다고 전날에 허둥지둥 도서관에 가지 않았어요?
남 : 아아, 맞다. 반납하는 날 지나버렸다. 바로 반납하고 와야지.

5. 質問をよく聞いて正しい答えを選んでください。

① 受付 → 内科 → 薬 → 会計
② 受付 → 内科 → 会計 → 薬
③ 内科 → 会計 → 薬
④ 内科 → 薬 → 会計

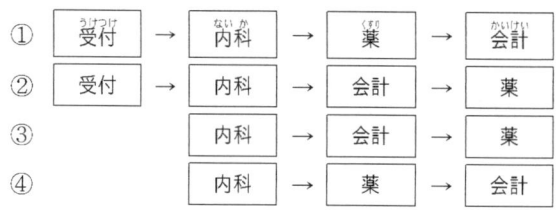

看護婦さんが患者さんに次の診察について話しています。この患者さんは次の診察のとき、どうしますか。
女 ： はい、これが次回の診察のときの予約券です。次回は1階の受付を通らないで直接こちらの内科に来てください。そして診察が終わったら、会計を先に済ませてお待ちくださいね。薬を出しますので、少し時間がかかりますから、そのつもりで来てください。
患者さんはどうしますか。

간호부가 환자에게 다음 번 진찰에 대해 이야기합니다. 이 환자는 다음 번 진찰시, 어떻게 합니까?
여 : 네. 이것이 다음 진찰시의 예약권입니다. 다음에는 1층 접수를 통하지 말고 직접 이쪽 내과로 와 주세요. 그리고 진찰이 끝나면 계산을 먼저 마치고 기다려 주세요. 약을 드릴 거라서 조금 시간이 걸릴 테니 그렇게 아시고 와 주세요.
환자는 어떻게 합니까?

6. 質問をよく聞いて正しい答えを選んでください。

①
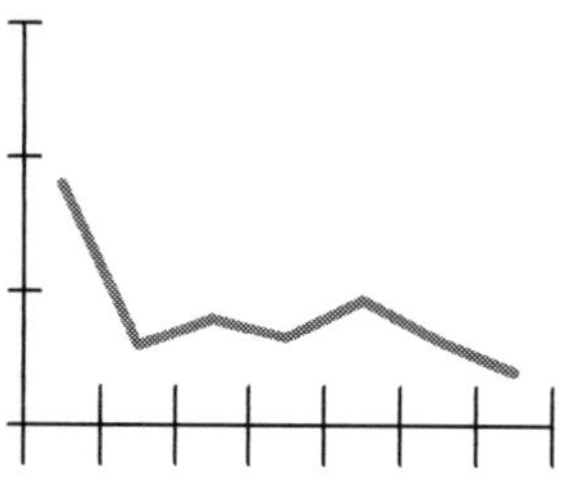

②
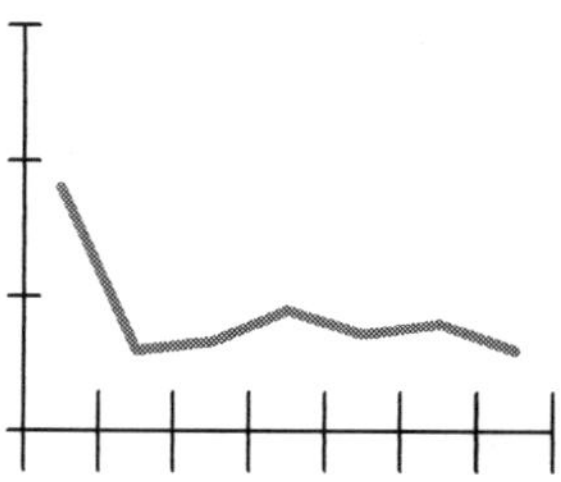

③

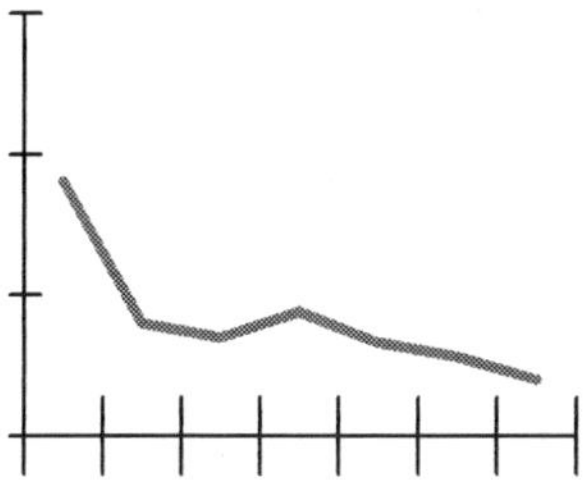

④

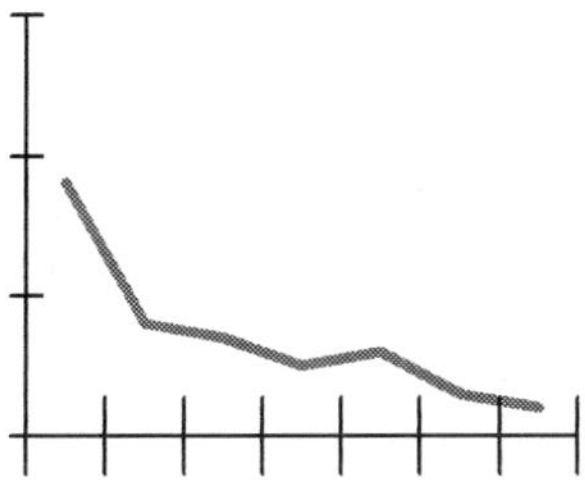

男の人が子供の生まれる割合の変化について説明しています。その内容に合っているのはどのグラフですか。

男 ： えー、子供の生まれる割合はここ数十年減る傾向にあります。1950年ごろから急に下降し、57年から73年にかけては、やや上がりましたが、その後再び下がりました。この変化の中で、65年だけは例外的な動きを見せています。この年は病気がはやったので、子供を生みたくないと思った人が多かったためです。内容に合っているのはどのグラフですか。

한 남자가 어린이 출생비율변화에 대해 설명하고 있습니다. 그 내용에 맞는 것은 어느 그래프입니까?
남 : 어린이 출생 비율은 최근 수 십 년 동안 감소 추세에 있습니다. 1950년경부터 갑자기 하강했다가 57년부터 73년에 걸쳐서는 약간 증가했습니다만, 그 후 다시 감소했습니다. 이 변화 가운데 65년만은 예외적인 움직임을 보이고 있습니다. 이 해에는 병이 유행했기에 아이를 낳고 싶지 않다고 생각한 사람이 많았기 때문입니다.
내용에 맞는 것은 어느 그래프입니까?

7. 質問をよく聞いて正しい答えを選んでください。

①	②	③	④
東京	山水亭	ビストロ パッション	上野
11:30～21:00 年中無休 2000円～	10:30～20:00 月曜定休 要予約	11:30～20:30 木曜定休 1000円～	12:00～14:00 18:00～21:00 年中無休 3000円～

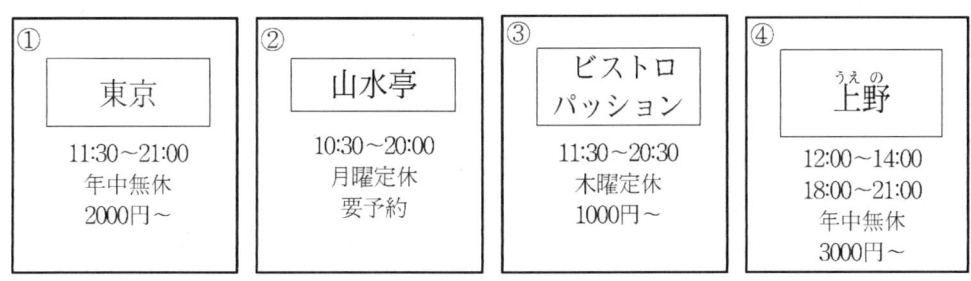

お母さんと娘が雑誌を見ながら話しています。どの店に行くことになりましたか。

女2 ： おなかすいたね。

女1 ： ここ、どう。

女2：ちょっと高いんじゃない、お昼には。あっ、それに2時までだって。
女1：そうね、今からじゃ無理ね。じゃ、ここは?
女2：うーん、そこは、値段書いてないから高いかもね。それに予約が要るって。
女1：そうか。じゃ、ここは?そんなに高くないみたいだけど。
女2：そうね。そこにしよっか。あっ、だめだ。木曜休みだって。
女1：じゃあ、ここに決まりね。

どの店に行くことになりましたか。

어머니와 딸이 잡지를 보면서 이야기하고 있습니다. 어느 가게에 가게 되었습니까?
여2 : 배고프다
여1 : 여기 어때?
여2 : 좀 비싸지 않나? 점심 먹기에는. 아, 게다가 2시까지라는데.
여1 : 그렇네, 지금부터라면 무리구나. 그럼 여기는?
여2 : 음~, 거기는 값이 안 쓰여 있기 때문에 비쌀지도 몰라. 게다가 예약이 필요하다는데.
여1 : 그렇구나. 그럼 여기는? 그리 비싸지 않은 것 같은데.
여2 : 그렇네. 거기로 할까? 아, 안 된다. 목요일은 휴일이래.
여1 : 그럼, 여기로 결정이다.

어느 가게에 가게 되었습니까?

8. 質問をよく聞いて正しい答えを選んでください。

① さわやかな曲 → 力強い曲 → おだやかな曲
② さわやかな曲 → おだやかな曲 → 力強い曲
③ 力強い曲 → おだやかな曲 → さわやかな曲
④ 力強い曲 → さわやかな曲 → おだやかな曲

女の人が音楽の聞き方について説明しています。いらいらしているとき、どんな曲をどんな順番で聴くといいと言っていますか。
女 ： いらいらして心の緊張が高まったとき、音楽を使って心を落ち着かせることができます。そのためには、はじめに、テンポが速く力強い曲を聴きます。たまってしまったエネルギーを解放するため、曲に合わせて体を動かしたりするのも効果的です。そして、気分がよくなってきたら、さわやかな感じの曲に変え、楽しい気持ちを膨らませましょう。仕上げは、落ち着いた曲を聴きます。このようにすると、すがすがしい気分になります。

どんな曲をどんな順番で聴くといいと言っていますか。

여자가 음악 듣는 법에 대해 설명하고 있습니다. 짜증이 날 때, 어떤 곡을 어떤 순서로 들으면 좋다고 말하고 있습니까?

여 : 짜증이 나서 마음의 긴장이 고조되었을 때, 음악을 사용해 마음을 가라앉힐 수 있습니다. 그러기 위해서는 먼저, 템포가 빠르고 힘찬 곡을 듣습니다. 쌓인 에너지를 해방시키기 위해, 곡에 맞춰 몸을 움직이거나 하는 것도 효과적입니다. 그리고, 기분이 좋아지면 상쾌한 느낌의 곡으로 바꾸고, 즐거운 기분을 부풀립시다. 마무리는 차분한 곡을 듣습니다. 이렇게 하면 상쾌한 기분이 됩니다.

어떤 곡을 어떤 순서로 들으면 좋다고 말하고 있습니까?

9. 質問をよく聞いて正しい答えを選んでください。

① 1 番線　② 2 番線　③ 3 番線　④ 4 番線

二人の女の人が駅のアナウンスを聞いて話しています。
二人は何番線から電車に乗りますか。
男 ： おはようございます。いつも当駅をご利用くださいましてありがとうございます。ホームのご案内をいたします。山下行きは午前9時までは1番線から、9時以降は3番線からの発車になります。お間違えのないようお気をつけください。川辺行きは2番線、大里方面は4番線です。
女1 ：ねえねえ、みち子、聞いた？ 山下行きは1番線ですって。
女2 ：ちょっと待って、ゆきの時計遅れてるんじゃない?もう、9時10分よ、あっちよ。

二人は何番線から電車に乗りますか。

(해답)　1. ①　2. ②　3. ②　4. ①　5. ③　6. ①　7. ①　8. ④　9. ③

4. 외국어 경시대회 청취 모의시험

※ よく聞いて質問に答えなさい。

わたしは、夏休みにともだちと一緒に富士山に登りました。５合目までは車で行きました。車は山田さんが運転しました。朝の8時に家を出ましたが、5合目についたのは午後1時でした。5合目でほかの友だち2人と会って、３０分ぐらい休憩してから、いっしょに登りました。7合目まで来ると空気が薄くなって苦しくなりました。8合目にやっと着いて山小屋に入りました。疲れていましたが、食欲はありませんでした。それで、外に出て少しやすみました。そのあと山小屋で3時間ぐらい寝て、夜中の3時に起きてまた登り始めました。5時になってようやく頂上につきました。頂上から素晴らしい日の出が見えました。私は疲れたのも忘れて「ばんざい!」と叫びました。

[問題1] 私は何人で山に登りましたか。

① 1人　② 2人　③ 3人　④ 4人　⑤ 5人

[問題2] 私が家を出てから、五合目までどのくらいかかりましたか。

① 4時間　② 5時間　③ 6時間　④ 6時間30分　⑤ 8時間

[問題3] 7合目まで来たとき私はどうなりましたか。

① おなかが苦しくなってきた。
② 疲れて頭が痛くなった。
③ 高いところにきたので怖くなった。
④ 息が苦しくなってきた。
⑤ 耳が痛くなってきた。

[問題4] 山小屋についたときの私の様子はどうでしたか。

① お腹がすいていたが、食べるものがなかった。
② 疲れていたけど、たべたくなかった。
③ まだあまり疲れておらず、元気だった。
④ 疲れていたので、ついてすぐに寝た。
⑤ お腹がすいていたので、ごはんをたくさん食べた。

[問題5] 頂上から何が見えましたか?

① 素晴らしい朝日　② 素晴らしい夕日
③ 素晴らしい山々　④ 素晴らしい雲
⑤ 素晴らしい月

〈해답〉 1. ④　2. ②　3. ④　4. ②　5. ①

제4편 작문 문제 분석 · 정리

※ 시험에 꼭 나오는 중요한 작문 문제

1. 자기소개(自己紹介)

初めまして 私は金00です。どうぞ よろしく お願いします。
私はソウル高校の3年生です。私の趣味は 旅行です。
家族は5人です。父は会社員です。
母は 高等学校の先生です。
弟は中学3年生で、妹は中学1年生です。

今回、日本で体験したいことは、日本の学生との交流を通じて日本の歴史と日本文化、日本人の生活と学生たちの生活などについて勉強することです。
また日本の学生たちが韓国について、どう思っているか知りたいです。
そして韓国と韓国文化についても紹介したいです。
私は将来、先生になりたいです。どうぞ よろしく お願いします。

履　歴　書

写真

氏 名　　O OO(印)

生年月日　OOOO年 OO月 OO日

本籍地　大韓民国 ソウル市 OO区 OO洞

現住所 東京都 OOO区
　　　TEL (03)-OOOO-OOOO

学 歴
1995年 2月 OO高等学校卒業
2000年 2月 OO大学校 △△学部 □□学科 卒業

職 歴
2001年 1月 電気会社 退社

賞 罰
なし

2. 편지(手紙)쓰기

尊敬する oo 殿

拝啓、暑中お見舞い申し上げます。
お手紙8月26日、ご拝見いたしました。
ご返事おそくなりまして申し訳ありません。
いまも世界のあちこちの大学で講演なさるご活躍
お慶び申し上げます。
今後とも先生とご家族のご健勝をお祈り致します。
私は週15時間、授業をしながら昇進のため論文を書いております。
忙しいですが、お陰様で元気で活躍しております。
韓国でのご講演のことは会長に電話でご連絡いたしました。
御心配なさらないで下さい。
いつも本当にいろいろお世話になりました。
今後ともよろしくお願い申し上げます。
先日はE-MAILどうも ありがとうございました。
ご返事おそくなって どうも 申し訳ございません。
実は今日、学科会議がありました。
結論は、できれば修士課程を卒業した方を、履歴書を見てから
決めるつもりですので、できれば履歴書をいただければ幸いです。
今後ともよろしくお願い致します。

敬具

2002. 8. 30

韓国　金oo から

尊敬する oo先生

拝啓
5月のさわやかな新緑の季節になりました。
また女子大学での ご活躍と先生の
益々の ご健勝、お慶び申し上げます。
毎週17時間の授業ですが、お陰様で元気です。
留学中には本当にいろいろ お世話になりました。
今後ともよろしくお願い致します。

敬具

2002. 5. 30

韓国より 弟子 金oo

편지와 연하장

▣ http://www.etegami.co.jp/

꽃, 야채, 과일에서 초등학생에 이르기까지의 그림 편지를 볼 수 있는 사이트로서 다양한 일본 그림 편지를 볼 수 있다.

▣ http://user.shikoku.ne.jp/izushi/

일본 전국 각지에 전해지는 옛날 이야기와 전설의 그림 편지 전시와 모집된 것을 볼 수 있는 홈페이지. 마을의 특산과 풍경, 전통 예능 등 다양한 동화 같은 그림 편지를 볼 수 있다.

3. 日記(일기)쓰기

5月 8日 日曜日

なんとなく気持ちのいい朝だと思った。

今日は両親の日だ。両親を喜ばせてあげようと思って、昨日学校の帰りに買っておいたプレゼントをあげた。そして朝ごはんを食べたあとで食器を洗った。また夕ご飯はわたしが作った。

父と母が「ありがとう」と言って喜んでくれたので、とてもうれしかった。

これからはもっともっと親を大切にしてあげたい。

6月10日 月曜日 晴れのちくもり

明日山田さんといっしょに映画を見ることにした。私が好きなOOの映画だから、一週間前からむねがどきどきしていた。李さんも行く予定だったけど、急にひざがいたくなって明日は行けないそうだ。でも、山田さんとは予定通りOO映画館で会って、いっしょに行くことにした。明日映画を見ると思うと、今晩はねむれそうにない。早く明日になあれ。

4. 年賀状(연하장)쓰기

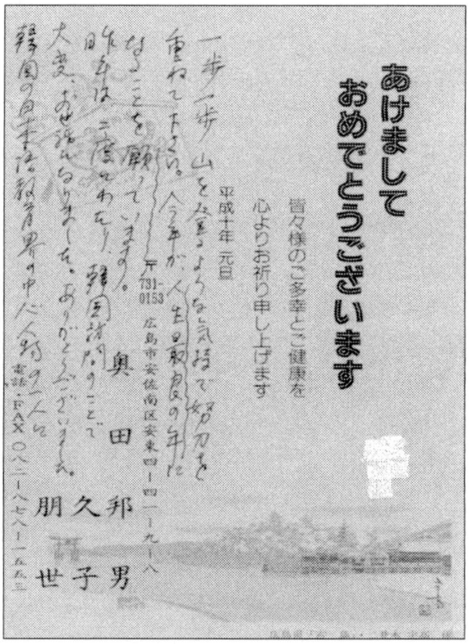

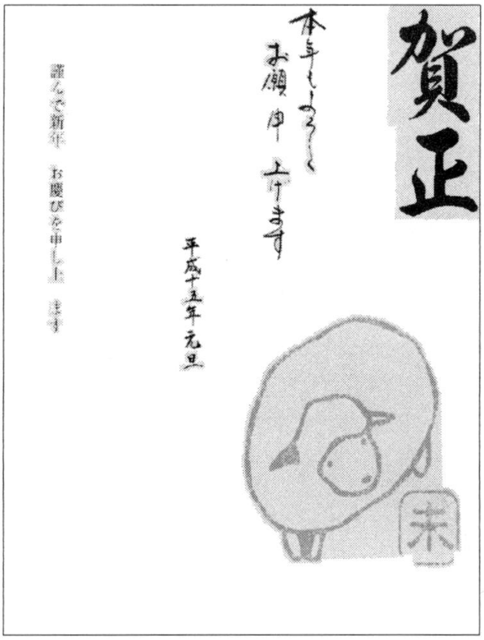

年賀状 : 연하장은 연말 연시에 보내는 신년인사 편지다.
친구나 친척 및 웃어른들과 주고 받는다.

◉ 기본 인사말

① 明けましておめでとうございます。② 新年おめでとうございます。③ 謹賀新年

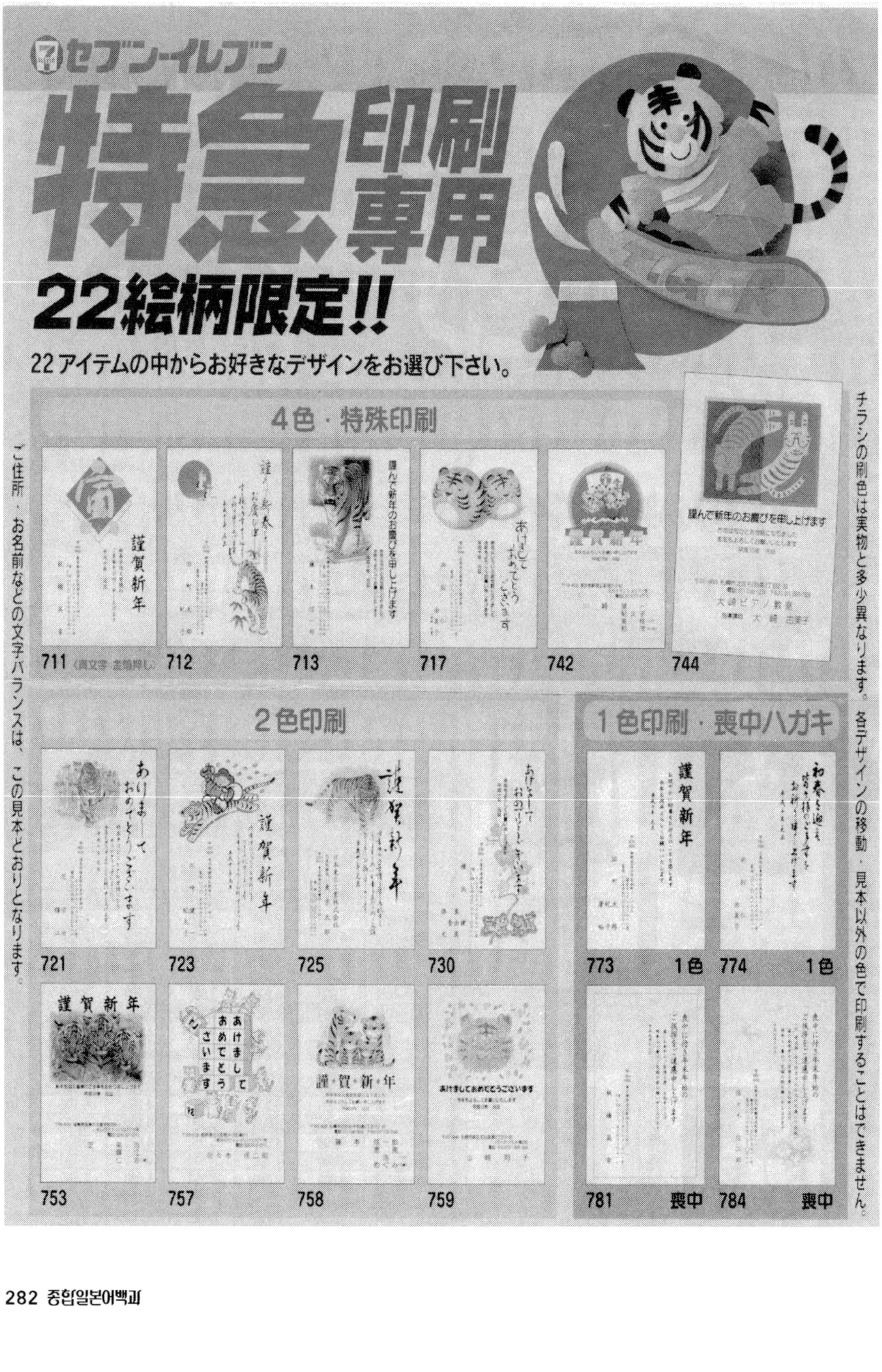

セブン-イレブン
特急印刷専用
22絵柄限定!!
22アイテムの中からお好きなデザインをお選び下さい。
4色・特殊印刷
711 (異文字 金箔押し)
712
713
717
742
744
2色印刷
721
723
725
730
753
757
758
759
1色印刷・喪中ハガキ
773 1色
774 1色
781 喪中
784 喪中
ご住所・お名前などの文字バランスは、この見本どおりとなります。
チラシの刷色は実物と多少異なります。各デザインの移動・見本以外の色で印刷することはできません。

★ 暑中見舞い

'暑中見舞い' 란 무더운 여름철에 잘 알고 지내는 사람에게 안부를 묻기 위해 보내는 편지

◎ 기본 인사말

① **暑中お見舞い申し上げます。**(복중 문안을 드립니다.)
② **残暑お見舞い申しあげます。**(잔서 문안을 드립니다.)

拝啓
暑中お見舞い申し上げます。
昨年はいろいろ本当にお世話になりました。
韓国は梅雨の季節ですが、日本はどうですか。
先生とご家族の皆様のご健康とご幸運をお祈り申し上げます。
今後ともよろしくお願い申し上げます。
敬具
2003．8．30
金００
川崎　先生

拝啓
時下ますますご清栄のこととお喜び申し上げます。
皆様お変わりなくお過ごしでしょうか。
さて、この度は結構なお品を賜り厚く御礼申し上げます。
いつものことながらお気遣いをいただくばかりで、私供の方こそ至らないことのみ多く恐縮いたしております。時節柄、お体にくれぐれもお気をつけくださいますようお祈り申し上げます。
奥様にも宜しくお伝えください。では、ご家族の皆様のご健康とご幸福をお祈り申し上げます。
敬具
2003年 10月 11日
金００
中村一郎様
追伸；
来月中旬に御地に出張の予定がございますのでお目にかかりたく存じます。

배계
요즘 더욱 번창하시리라 믿어 축하의 말씀드립니다. 여러분 별고 없으십니까?
다름이 아니오라, 이번에 아주 좋은 선물을 주셔서 깊이 감사 말씀드립니다.
언제나 한결같이 배려해 주시는데, 저희들이야말로 미흡한 점이 많아 송구스럽습니다.
때가 때이니 만큼 모쪼록 건강에 유의하시길 바랍니다.
부인께도 안부 말씀 전해 주십시오.
우선 감사의 말씀을 드립니다.

경구

2003년 10월 11일

김 00

나카무라 이치로 님
추신 ;
다음 달 중순에 그곳으로 출장 갈 예정이오니 만나 뵈었으면 합니다.

拝啓、謹んで新春のお慶びを申し上げます。
早春とはいえ寒い日が続きます。
さて、先日のお手紙誠にありがとうございました。
昨年はいろいろ本当にお世話になりました。今年も宜しくご指導をお願い申しあげます。特に出していただいた料理は奥様のお気遣いを感じる懐かしい味でした。また、仕事にかかわる有益なお話に至るまで誠に楽しい一日でした。奥様にも宜しくお伝え下さい。その節は本当に失礼致しました。
今後とも宜しくお願い申し上げます。
貴社のますますご繁栄を心よりお祈りいたします。

敬具

2003年 5月 11日

木村花子

0000 様

배계, 삼가 새봄의 기쁨을 전하옵니다.
초봄이라고는 하나 추운 날씨가 계속되고 있습니다.
다름이 아니오라, 전번의 편지 정말 고마웠습니다.
작년에는 여러 가지로 정말로 신세 많이 졌습니다. 금년에도 잘 지도 해 주시길 부탁드리겠습니다.
특히 부인의 배려를 느낄 수 있는 그리운 음식 맛있었습니다. 또 일과 관련된 유익한 이야기까지 정말 즐거운 하루였습니다. 부인에게도 안부 말씀 부탁드립니다. 그때는 정말 실례 많았습니다.
앞으로도 잘 부탁드립니다.
귀사의 일이 날로 번창하시기를 진심으로 기원합니다.

경구

2003년 5월 11일

키무라 하나코

0000 님

1. 拝啓 : 謹啓와 같이 일반적으로 편지 첫머리에 쓰이는 말로 '삼가 말씀드립니다.'라는 뜻
2. さて、ところで : 화제를 전환할 때 일반적으로 쓰이는 말이다.
3. 敬具 : 敬白와 같이 일반적으로 편지 끝에 쓰는 인사말이다.

5. 틀리기 쉬운 일본어의 경어(日本語の敬語)

韓国での日本語の敬語授業は既述した通り、尊敬語、謙譲語、丁寧語、美化語の順に主として講義の形式をとりながら、時々敬語の文例を作らせる方法で試みてみた。その時、参考にした先学の文献は多数に及ぶが、「敬語テスト」の問題を少し変えて出題した。実践的な面では作文の中から学生たちが犯しやすい誤用例を取り出し、参考にして授業の成果を見るべくテストを実施した。

※ 次の韓国語を最も適当な日本語に作文しなさい。

① 아버지는 지금 안 계십니다.
＊ お父さんは今いらっしゃいません。→ **父は今おりません。**
② 어머니는 집에 계십니다.
＊ お母さんは家にいらっしゃいます。→ **母は家におります(います)。**
③ 선생님은 이것을 드셨습니까?
＊ 先生はこれを食べましたか。→ **先生はこれを召しあがりましたか。**
④ 밥을 먹은 후에 물을 마십니다.
＊ ご飯を食べた後お水を飲む。→ **ご飯を食べた後に水を飲みます。**
⑤ 결혼의 상대는 어떤 사람이 좋습니까?
＊ 結婚の相手はどんな人がいいですか。→ **結婚のお相手はどんな方がよろしいですか。**
⑥ 저의 부모는 시골에 살고 계십니다.
＊ 私のご両親はいなかに住んでいらっしゃいます。→ **私の両親は田舎に住んでおります。**
⑦ 내일의 회의에 꼭 출석하겠습니다.
＊ 明日の会議に必ず出席します。→ **明日の会議に必ず出席いたします。**
⑧ 수고하셨습니다. 천천히 쉬십시오.
＊ ごくろう。ゆっくり休みなさい。→ **おつかれさまでした。ごゆっくりお休みください。**
⑨ 다나카선생은 건강하십니까?
＊ 田中先生は元気ですか。→ **田中先生はお元気でいらっしゃいますか。**
⑩ 사장은 이 사진을 보셨습니까?
＊ 社長はこの写真を拝見しましたか。→ **社長はこの写真をご覧になりましたか。**

例えば、
① と
② は 日本語の敬語表現の特徴である身内と1人称者を3人称者に話すとき高めてはいけない。
③ の例文は尊敬語にしなければならないが、謙譲語を使っている誤りが多い。

④ は丁寧な表現を必要とする場合には、「です」「ます」であるが、「お」「ご」などを使っている誤りである。

⑤ の例文は、一般的に3人称者に話すときは「お」「ご」をつけなければならない。

⑥ は、韓国語の場合は、上下の関係が絶対的であるが、日本語の場合は、上下の関係が相対的であり、内外の関係の区別があるので、かえって誤用を生みやすいのである。

⑦ の場合は、謙譲表現で「漢字語＋する」は「する」の代わりに「いたす」を使うとよい。

⑧ の例文では、相手に「お」「ご」を付けて 敬語に使うものである。

⑨ の例文は、尊敬語にしなければならないが、 謙譲語を使っている誤用表現である。

⑩ 의「拝見する」は「見る」の謙譲表現である。ここでは「ご覧になる」という尊敬語にしなければならない。

以上、韓国語の母語干渉について述べてきたが、実際、学生たちの会話や作文の中には母語干渉による誤用よりも規範習得不足や応用能力の不足による誤用の法がはるかに多い。
「(友達と写真をみながら)*弟さんはお母さんをたくさん似ましたね。」(によく似ていますね。)
これは韓国語の「～을(를) 닮았다」は、日本語では「～に似ている」の誤用表現である。

경어「お・ご」의 사용법
① 일반원칙
お : 일본어 고유어에 붙인다. お知らせ、お手紙、お名前 등
ご : 한자말에 붙인다. ご住所、ご入学、ご卒業 등
② 예외
· 한자말에 「お」를 붙인 것(일상생활에서 자주 쓰는 말에 많다)
お電話、お食事、お客、お札 등
· 일본어 고유어에 「ご」를 붙인 것. ごゆっくり、ごもっとも 등
· 외래어에 「お」를 붙인 것. おビール、おトイレ 등

♠ 작문 할 때 주의해야 할 조동사

(1)「 れる・られる」의 용법

① 母(はは)にしかられる。(엄마에게 꾸중듣다.) → 受動
② この果物(くだもの)は食べられる。(이 과일은 먹을 수 있다.) → 可能
③ 田舎(いなか)がなつかしく思い出される。(시골이 그립게 생각난다.) → 自発
④ 兄(あに)は五時ごろ来られる。(형이 다섯 시경에 오신다.) → 尊敬

(2)「う・よう」가 나타내는 意味에는 推量과 意志의 두 가지가 있다.

① 北海道はさぞ寒かろう。(북해도는 퍽 추울 것이다.) → 推量
② あすからは勉強(べんきょう)しましょう。(내일부터는 공부를 하자.) → 意志

(3) 「ようだ」가 나타내는 意味에는 比喩 · 例示 · 불확실한 断定의 세가지가 있다.

① そのことはまだ誰にも知られていないようだ。

(그 일은 아직 아무에게도 알려지지 않은 것 같다.) → 불확실한 断定

(4) 「そうだ」가 나타내는 의미에는 伝聞과 様態의 두 가지가 있다.

① あすは暖かくなるそうだ。(내일은 따뜻해진다고 한다.) → 伝聞

② この本はおもしろそうだ。(이 책은 재미있을 것 같다.) → 様態

적 중 예 상 문 제

※ 다음 밑줄 친 부분을 일본어로 고치시오. (2002 임용고사)

(1) 사람은 **부자가 되면 될수록** 인색해지는 법이다.

→

(2) 대학 교육의 목적은 **전문지식의 습득뿐만 아니라** 인격의 형성에 있다.

→

(연구) ; (1) 金持ちになればなるほど (2) 専門知識の習得だけでなく

※ 17가지의 중요작문(17種類の重要な作文)

1. **人間がこの世に存在するのは金持ちになるためでなく、幸福になるためである。**
(인간이 이 세상에 존재하는 것은 부자가 되기 위함이 아니라 행복해지기 위해서이다.)

2. **ゆうゆうと焦らずに歩むものにとって長すぎる道はない。辛抱強く準備するものにとって遠すぎる利益はない。<ラ・ブリュイエール><라브뤼예르(모랄리스트)>**
(느긋하게 초조해하지 않고 걷는 자에게 있어 지나치게 먼 길은 없다. 참을성 있게 준비하는 자이게 있어 이익은 그리 먼 곳에 있지 않다.)

3. **人生は往復切符を発行していません。ひとたび出立したら再び帰ってきません。**
(인생은 왕복티켓을 발행하지 않습니다. 한번 길을 떠나면 다시 돌아오지 않습니다.)

4. **寒さにふるえた者ほど太陽を暖かく感じる。人生の悩みをくぐった者ほど生命の尊さを知る。**(추위에 떨어 본 사람일수록 태양을 따뜻하게 느낀다. 인생의 역경을 헤쳐나간 사람일수록 생명의 존귀함을 안다.)

5. **神のもとには大きなものも小さなものもありはしません。人生においてもまた、大きなものも小さなものもありはしません。あるものはただ、まっすぐなものと曲がったものだけです。**
(신 앞에서는 큰 것도 작은 것도 없습니다. 또한 인생에 있어서도 큰 것도 작은 것도 없습니다. 단지 곧은 것과 굽은 것이 있을 뿐입니다.)

6. **成功とは、失敗しても失敗しても情熱を失わないこと。<チャーチル>**
(성공이란, 실패를 거듭해도 정열을 잃지 않는 것이다.<처칠>)

7. **早寝早起きは人を健康に、裕福に、賢明にする。<フランクリン><프랭클린>**
(일찍 자고 일찍 일어나는 것은 인간을 건강하고 풍요롭고 현명하게 만든다.)

8. **過ちは人の性、改める名誉ある業。<ワシントン>**
(실수는 인간의 천성, 그것을 고치는 것은 명예로운 일이다.<워싱턴>)

9. **活動の最中に在っては平静さを保ち、休息の間に在っては力強く胎動する、そんな心を習得しなければなりません。<インディラ・ガンディー>**
(한창 활동 할 때에는 마음의 평정을 유지하고 쉴 때에는 힘차게 태동한다. 이런 정신을 습득

해야 한다. <인디라 간디>)

10. 悲しみを治療する薬はただ一つ、行動することだ。<ルイス>
(슬픔을 치료하는 약은 단 한가지, 행동하는 것이다.<루이스>)

11. 人生には夢と希望と少しのお金があればいい。<チャップリン>
(인생에는 꿈과 희망과 약간의 돈만 있으면 충분하다.<채플린>)

12. 自分自信に欠けていたものが、息子に実現されるのを見ようとするのは全ての父親の敬虔な願いである。<ゲーテ>
(자기 자신에게 결여되어 있던 것이 아들에게 실현되는 것을 보려고 하는 것은 이 세상 모든 아버지들의 경건한 바람이다.<괴테>)

13. 青年は老人を「阿呆」だというが、老人も青年を「阿呆」だと思っている。
(젊은이는 노인을 "바보"라고 말하지만, 노인도 젊은이들을 "바보"라고 생각하고 있다.)

14. 涙ほど早く乾くものはない。<キケロ>(눈물만큼 빨리 마르는 것은 없다.<키케로>)

15. 親が子に対する愛情こそはまったく利害を離れた唯一の愛情である。<モーム>
(부모의 자식에 대한 사랑이야말로, 전적으로 이해 관계를 떠난 유일한 사랑이다.)

16. どんなものか分かった時には半分過ぎているのが人生。<フランスのことわざ>
(인생이 무엇인지 알게 되었을 때에는 이미 절반이 지나간 것이 바로 인생이다.)

17. 金のある人間になることより、むしろ価値のある人間になる努力をせよ。
(부자가 되는 것보다 차라리 가치 있는 인간이 되도록 노력하라.)

※ 문장 작문 연습

1. 韓・日両国の関係

21世紀の国際化と情報化時代に韓国と日本はお互い理解して協力するパートナーとしてお互いが門戸を開放して政治・経済・社会・文化の分野で交流を拡大しなければならない。

韓・日両国の関係は、地政学的に隣接して過去数千年間歴史的にいろいろな分野で密接な交流を持ってきた。今後は社会的、文化的、人的交流までより一層拡大されるはずだ。われらは今日の日本と日本人、日本社会、日本人の意識構造と行動様式を客観的に理解し

て、21世紀の国際化時代は同等な関係を持って未来指向的な韓国と日本の関係改善が必要な時期だ。

1. 한국과 일본의 관계

21세기의 국제화와 정보화시대에 한국과 일본은 서로 이해하고 협력하는 파트너로서 서로가 문호를 개방하여 정치・경제・사회・문화 등 모든 분야에서 교류를 확대해야 한다.

한, 일 양국의 관계는 지정학적으로 인접하여 과거 수 천 년동안 역사적으로 여러 분야에서 밀접한 교류를 가져왔다. 앞으로는 사회적, 문화적, 인적교류까지 더욱 더 확대될 것이다. 우리는 오늘의 일본과 일본인, 일본사회, 일본인의 의식구조와 행동양식을 객관적으로 이해하여 21세기의 국제화시대에는 동등한 관계를 갖는 미래 지향적인 한국과 일본으로의 관계 개선이 필요한 시기이다.

2. バブル経済の崩壊

大きな貿易黒字によって生じた余剰資金などで、多くの企業は、土地や株式を買った。この動きがブームとなり、地価と株価が上昇し続け、1980年代の末ころにはバブル経済と呼ばれる好景気になった。一方政府は、政府開発援助を拡充し、発展途上国への援助を増やした。このため、韓国・台湾・香港・シンガポールなどのアジア諸国は、1970年代から急速に経済発展をとげた。しかし、1991年に入ると日本経済はゆきづまり、不況へと転じた(バブル経済の崩壊)。

2. 버블경제의 붕괴

큰 무역흑자에 의해 생겨난 여유 자금 등에서 많은 기업은 토지와 주식을 샀다. 그 움직임이 붐이 되어 땅값과 주식이 계속 상승하여, 1980년대 말 경에는 바블 경제로 불려지는 호경기가 되었다. 한편 정부는 정부계발 원조를 넓히고 개발도상국에의 원조를 늘렸다. 그 때문에 한국・대만・홍콩・싱가포르등의 아시아 제국은 1970년대부터 급속하게 경제 발전을 이루었다. 그러나 1991년에 들어서자 일본경제는 막히고 불황으로 전환되었다.(버블경제의 붕괴)

3. 結婚する

現在は恋愛結婚の方が見合い結婚よりもずっと多くなっています。また、この見合いも昔とはちがい、紹介された後で、好きになれるかどうか何回も会って確かめることができます。もし好きになれなかったら、そのときは断ります。このように自分の意思で自由に「結婚する、しない」を決めるようになったのは日本ではこのごろのことです。

3. 결혼하다

현재는 연애결혼쪽이 맞선결혼 보다도 훨씬 많아지고 있습니다. 또한, 이 맞선도 옛날과는 다르고, 소개받은 후에, 친숙해질 것인가 아닌가 몇번이고 만나서 확인할 수 있습니다. 만약 친숙해지지 않으면, 그 때는 거절합니다. 이렇게 자신의 의사로 자유롭게 「결혼한다, 하지 않는다」를 결정하게 된것은 일본에서는 최근의 일입니다.

4. 新入社員

毎年9月10日になると、日本全国の大学に求人票が張り出されます。翌年3月に卒業する学生たちは、自分が就職したいと思うところの求人票を見て、給与や仕事の内容を知ります。多くの学生が希望する就職先は大企業や官公庁ですが、その理由は「安定性」にあります。

4. 신입사원

매년 9월 10일이 되면, 일본전국 대학에 구인광고가 공고됩니다. 이듬해 3월에 졸업하는 학생들은, 자신이 취업하고 싶어하는 곳의 구인광고를 보고, 급여와 일의 내용을 압니다. 많은 학생들이 희망하는 직장은 대기업과 관공서인데, 그 이유는 「안정성」에 있습니다.

5. ソウル観光

現在のソウルの人口はやく1,100万人で、観光都市として世界の注目を浴びております。

韓国国宝第1号の南大門の正式名称は崇礼門と呼んでおります。南大門市場は東大門市場と共にソウルで一番大きい総合市場でございます。

また、骨董品街で有名な仁寺洞は、古美術商や文具店が軒を連ねて豊かな芸術作品や工芸品が旅行者の目を楽しませてくれます。

5. 서울관광

현재의 서울의 인구는 약 1,100만명으로 관광도시로서 세계의 주목을 받고 있습니다.

한국 국보 제1호 남대문의 본명은 숭례문이라고 부르고 있습니다. 남대문 시장은 동대문 시장과 함께 서울에서 가장 큰 종합시장입니다.

또 골동품가로 유명한 인사동은 고미술상과 문구점이 밀집해 있으며 풍부한 예술작품과 공예품이 여행자의 눈을 즐겁게 해줍니다.

6. 済州道観光

古くから"三多三無の島"とか、"神話と伝説の島"などと呼ばれております。

近年新婚旅行客がもっとも多く訪れる所で、レジャー、スポーツなどの面でも十分な施設を持ち、観光客は年毎に増えております。特に済州道は、ノービザ地域で、外国人観光客も気軽いに訪れることができます。

6. 제주도 관광

옛날 부터 "3다 3무의 섬"이라든가, "신화와 전설의 섬" 등으로 불리 우고 있습니다.

최근 신혼여행객이 가장 많이 찾는 곳으로 레져, 스포츠 등의 면에서도 충분한 시설을 갖추어서 관광객은 매년 증가하고 있습니다.

특히, 제주도는 노 비자 지역으로 외국인 관광객도 부담 없이 방문할 수가 있습니다.

<♠ 일본어 작문 연습 ♠>

1. 방심하다. 긴장을 풀다.
   (気を抜く。油断する。気をゆるめる。)

2. 1시 지나서 다시 한번 전화 드리겠습니다.
   (1時過ぎにもう一度お電話させていただきます。)

3. 발표하겠습니다. 그럼, 쉬겠습니다.
   (発表させていただきます。では、休ませていただきます。)
   즉, 겸양표현으로 상대방에게 허락을 받고 무엇인가를 한다는 좋은 이미지를 준다.

4. 이제 겨우 이해 하셨습니까?
   (やっとわかってもらえましたか。)
   즉, 공손하게 말할 때는 일반적으로 가능표현을 쓴다.

5. 편지를 보셨습니까?
   (手紙を見ていただけましたか。)

6. 그녀가 태워주는 것이 제일입니다요.
   (彼女に乗せてもらえるのが一番ですよ。)

7. 남자친구와 잘 되어 갑니까?
   (彼氏とはうまくいってますか。)

8. 글쎄요. 어쩐지 단점이 보이지 않으니 모르겠어요.
   (そうですね。どうも短所が見つからないので、分かりませんね。)

9. 그다지 말도 없고, 음치이고, 술버릇이 나빠서 모두가 싫어합니다.
   (あまりしゃべらないし、音痴だし、酒くせがわるくて、みんなにきらわれますよ。)
   人に好かれる(好く)。 (남에게 호감을 사다)
   즉, 수동표현으로 ~にきらわれる(嫌う) 싫어한다는 표현을 쓴다.

제5편 독해력 문제 분석·정리

1. 시험에 꼭 나오는 신문사설의 독해

◈ 不信の代償は高い(2001. 10. 16 朝日新聞)

小泉純一郎首相が韓国を訪れた。1週間前の中国訪問と同様、就任後初、そして日帰りの外交である。沈滞しきっていた日本と両国との関係が、息を吹き返す契機となるよう希望する。

首相はソウルで日本の植民地に対する「心から反省とおわび」を表明した。金大中大統領はこれを評価した。首相は北京でも日中戦争の被害者に「心からのおわびと哀悼の気持ち」を示した。江沢民国家主席は「(日中)両国関係の停滞した局面は緊張緩和に向かう」と述べた。

しかし同時に、中韓両首脳は首相の今後の「行動」「実践」が重要だ、と注文をつけている。韓国では首相訪韓に反対する市民や野党の抗議行動が起きた。

「靖国参拝」や「歴史教科書」をめぐる不信感が尾を引いていると見るべきだろう。ようやく実現した訪問は、首相に「不信の代償」が高くついたことを教えたのではなかろうか。

日中、日韓の外交では近年、「未来志向」がキーワードのように語られてきた。首相も北京、ソウル訪問でこの言葉を繰り返した。だが、こじれた両国との間では、未来を語るどころか、現在の問題にも十分取り組めないというのが現実だ。

同時多発テロが突発した直後、小泉首相は両国首脳との協調姿勢を確認しようとしたが、電話会談すらできなかった。自衛隊の海外派遣を柱とするテロ対策特別措置法案への両国の警戒心を解くための説明も、十分なしえなかった。

靖国参拝は首相にとって信念に基づく「不戦の誓い」だったのかも知れない。しかし、日本の侵略と植民地化の被害にあった隣人はそうはとらず、むしろ過去の正当化と受け止めた。近隣国への配慮を欠く言動は日本に対する信頼感を損ね、その分、国益を損ねた、と言わざるを得ない。

首相は両国首脳に対して、来年の靖国参拝について明言を避けた。この間、アジア外交の中核である中国、韓国との関係がどんなに深刻な影響を受けたかを首相が実感したのであれば、来年どうすべきかは、おのずと明らかだろう。

日本と中国は来年、国交正常化30周年を迎える。日韓共催のサッカー・ワールドカップも開かれ、中国も初めて出場する。中国の世界貿易機関(WTO)加盟も秒読み段階に入った。

日中韓の交流は多様なレベルで深まっている。その流れが思慮を欠いた政治で妨げられるようなことがあってはならない。

韓国は、日ロ間の協議によって、北方西島沖のサンマ漁から閉め出されるとして、日本への反発を強めている。今回の首脳会談で、この問題が両政府高官の協議にゆだねられたのは賢明な判断だった。

歴史認識など原則的な問題と、実務的な問題は一応切り離して考える。その方が双方のためになる。

◈ 불신의 댓가는 크다(2001. 10. 16 朝日新聞)

고이즈미 준이치로 수상이 한국을 방문했다. 1주일 전 중국방문과 마찬가지로, 취임 후 처음으로, 그리고 당일치기 외교였다. 매우 침체해 있던 일본과 양국과의 관계가 소생하는 계기가 되도록 희망한다.

수상은 서울에서 일본의 식민지 사실에 대해「진심으로 반성과 사죄」를 표명했다. 김대중 대통령은 이것을 평가했다. 수상은 북경에서도 중일전쟁의 피해자에게「진심으로 사죄하고 애도의 뜻」을 표했다. 江沢民 국가주석은「(중일)양국관계에 정체한 국면은 긴장완화를 향한다」라고 말했다.

그러나 동시에, 한중양국 수뇌는 수상의 이후「행동」「실천」이 중요하다, 라고 조건을 붙이고 있다. 한국에서는 수상 방한에 반대하는 시민과 야당의 항의행동이 발생했다.

「야스쿠니참배」와「역사교과서」를 둘러싼 불신감에 의한 것이라고 봐야 할 것이다. 간신히 실현된 방문은 수상에게「불신의 대가」가 커진 것을 가르쳐준 것은 아닐까.

중일, 한일의 외교에서는 근년,「미래지향」이 키워드처럼 말해져 왔다. 수상도 북경, 서울방문에서 이 말을 되풀이했다. 그러나, 뒤틀려진 양국 간에는, 미래를 논하기는 커녕, 현재의 문제에도 충분히 몰두할 수 없는 것이 현실이다.

동시다발테러가 돌발한 직후, 고이즈미 수상은 양국 수뇌와의 협조자세를 확인하려 했지만, 전화회담조차 할 수 없었다. 자위대의 해외파견을 중심으로 하는 대책특별조치법안에 양국의 경계심을 풀기 위한 설명도 충분히 이루어지지 않았다.

야스쿠니참배는 수상에게 신념에 기초한「부전의 맹세」였을지도 모른다. 그러나 일본의 침략과 식민지화의 피해를 입은 이웃국민은 그렇게 받아들이지 않고, 오히려 과거의 정당화라고 받아들였다. 주변국에 대한 배려를 소홀히 한 언동은 일본에 대한 신뢰감을 떨어뜨렸고, 그만큼의 국익을 손상시켰다 라고 말하지 않을 수 없다.

수상은 양국수뇌에 대해 내년 야스쿠니참배에 대해서는 언명을 피했다. 지난번 아시아 외교에 핵심이었던 중국, 한국과의 관계가 얼마나 심각한 영향을 끼쳤을까 실감했다면, 내년은 어떻게 해야할 것인가는 스스로 잘 알 것이다.

일본과 중국은 내년, 국교정상화 30주년을 맞이한다. 한일공동주최 월드컵대회도 개최되어, 중국도 처음으로 출장한다. 중국의 세계무역기관(WTO)가맹도 초읽기 단계에 들어섰다. 한중일의 교류는 다양한 수준으로 깊어져 있다. 그 흐름이, 배려를 게을리 했던 정치로 지장 받는 일이 있어서는 안 된다.

한국은 러일간의 협의에 의해 北方西島 앞바다의 꽁치잡이에서 쫓겨나, 일본에 강하게 반발하고 있다. 이번 수뇌회담에서, 이 문제가 양정부 고관 협의에 위임한 것은 현명한 판단이었다. 역사인식등 원칙적인 문제와, 실무적인 문제는 일단 분리해 생각한다. 그 편이 양국을 위하게 된다.

▶ 중요 어휘 ◀

- **~きる** 대단히~하다, 강하게~하다
- **ようやく** 겨우, 가까스로, 간신히
- **キーワード** (key word) 키워드, 문제의 실마리가 되는 말, 표제어
- **こじれる** 비틀어지다, 비꼬이다, 뒤틀리다
- **取り組む** 맞붙다, 몰두하다
- **基づく** 의거하다, 근거하다
- **損ねる** 손상하다, 해치다
- **おのずと** =**おのずから** 저절로, 자연히, 스스로
- **秒読み** 초읽기, 바싹 임박한 마지막 단계
- **ゆだねる** 맡기다, 위임하다
- **切り離す** 떼어놓다, 별개의 것으로 하다, 분리하다
- **息を 吹き返す** 숨을 되돌리다, 소생하다
- **~どころか** ~은 커녕
- **~すら** ~조차, ~까지도
- **むしろ** 오히려, 차라리
- **中核** 중핵, 핵심, 중심
- **共催** 공동주최
- **妨げる** 방해하다, 지장을 주다
- **一応** 대충, 대략, 일단

◈ 近隣外交の確かな一歩に(2001. 10. 6 朝日新聞)

小泉純一郎首相が、自らの靖国神社参拝や歴史教科書問題などにより「音信不通」になっていた中国の江沢民国家主席、韓国の金大中大統領とそれぞれ会談することになった。

同時多発テロへの対処をめぐり国際協調が何よりも肝要な今、アジアに影響力をもつ、日中、日韓の首脳がひざを交えて語り合うことは大きな意味がある。

とはいえ、首相を迎える中韓のまなざしは温かいとはいえない。靖国参拝や教科書問題をめぐるわだかまりが解消されていないからだ。自衛隊の海外派遣を柱とするテロ対策特別措置法案への警戒も強い。

靖国参拝にあたって首相は、「先の大戦で、アジア近隣諸国に対しては、誤った国策にもとづく植民地支配と侵略を行い、計り知れぬ惨害と苦痛を強いた」と談話を発表した。戦争を賛美するつもりはない、ということなのだろう。

「できるだけ早い機会に中国や韓国の方々と意見を交換し、私の信念も話したい」とも語った。参拝した自らの真意をきちんと説明すれば理解は得られる、と首相は思っていたようである。

しかし、中韓の首脳は参拝した首相との会談になかなか応じようとしなかった。首相の心情がどうあろうと、A級戦犯が合祀された靖国神社を参拝することは、日本の侵略や植民地政策を肯定する行為だと両国の人々は受け止めているからだ。それではなぜ、中韓両国は今回、小泉首相の訪問を受け入れたのか。

中国では今月、アジア太平洋経済協力会議(APEC)首脳会議が開かれる。建国50周年を経て、これほど大規模な国際会議を催すのは初めてだ。だが、日本との関係がぎくしゃくしていては、会議を円満に運用し成功させるのは難しい。

韓国は不況にあえいでいる。政府は日本との関係改善を望む経済界の声を無視できない。開幕まで8カ月を切った日韓共催のサッカーW杯のためにも、これ以上対日関係を冷え込ませるわけにはいかない。

中韓それぞれに背に腹は代えられぬ事情があるから、対日関係修復に乗り出したのであり、靖国参拝や教科書問題を水に流すというわけではあるまい。

小泉首相は8日の江沢民主席との会談で、日中戦争についての「反省とおわび」の趣旨を表明し、日中全面戦争の戦火を開いた北京郊外の盧溝橋も訪れるという。15日の訪韓の際には、金大中大統領と教科書問題を中心に語り合う予定になっている。

首相の肉声が中韓両国でどう受け止められるか。両国民の不信を取り除くのは、一度の日帰り訪問だけでは難しい。ここは、歴史問題を常に重視している中韓両国の実情を、自らの目で見て、肌で感じてもらいたい。そうしてこそ、近隣外交の難しさと重要性が理解でき、こじれた関係の修復への一歩になる。

◈ 근린외교에 확실한 한 걸음을(2001. 10. 6 朝日新聞)

고이즈미 준이치로 수상이 스스로 야스쿠니신사참배와 역사교과서문제 등으로「소식불통」이 되어 있었던 중국의 江沢民 국가주석, 한국의 김대중 대통령과 각각 회담하기로 했다. 동시다발 테러대처를 둘러싼 국제협조가 무엇보다도 중요한 지금, 아시아에 영향력을 가지고 있는 중일, 한일의 수뇌가 무릎을 맞대고 이야기하는 일은 커다란 의미가 있다.

그렇다고 해서, 수상을 맞이하는 한중의 시선이 따뜻하다고는 할 수 없다. 야스쿠니 참배와 교과서문제를 둘러싼 응어리가 풀리지 않았기 때문이다. 자위대의 해외파견을 중심으로 한 대책특별조치법안의 경계도 투철하다.

야스쿠니 참배에 직면한 수상은,「옛날 대전에서 주변 아시아국가에 대해서는, 잘못된 국책에 기초하여, 식민지지배와 침략을 행하고 헤아릴 수 없는 참해와 고통을 강요했다」고 담화를 발표했다. 전쟁을 찬미할 생각은 없다라고 하는 것인가.

「가능한 한 빠른 기회에 중국과 한국 쪽의 의견을 교환해, 내 신념도 말하고 싶다」라고 말했다. 참배했던 자신의 진의를 확실히 설명하면 이해해줄 것이다, 라고 수상은 생각하고 있는 것 같다.

그러나, 한중의 수뇌는 참배했던 수상과 회담에 좀처럼 응하려고 하지 않았다. 수상의 심정이 어떻든지 A급 전범이 합사된 야스쿠니신사를 참배하는 일은, 일본의 침략과 식민지정책을 인정하는 행위라고 양국의 사람들은 받아들이고 있기 때문이다.

그렇다면 왜, 한중양국은 이번 고이즈미 수상의 방문을 받아들였는가.

중국에서는 이번 달, 아시아태평양경제협력회의(APEC) 수뇌회의가 열린다. 건국 50주년이 지나도록, 이 정도의 대규모 국제회의를 개최하는 것은 처음이다. 그렇지만, 일본과의 관계가 어색하고 경직되어 있어서는 회의를 원만하게 운용하고 성공시키기가 어렵다.

한국은 불황에 허덕이고 있다. 정부는 일본과의 관계개선을 희망하는 경제계의 소리를 무시할 수 없다. 개막까지 8개월 남겨둔 한일공동주최 월드컵 대회를 위해서도, 이 이상 대일 관계를 냉각시켜서는 안 된다.

한중 각국에 당면한 큰일을 제쳐놓고 다른 일을 돌볼 수 없는 사정이 있기 때문에, 대일 관계 회복을 적극적으로 나서고 있기는 하나, 야스쿠니 참배와 교과서문제를 없었던 일로 할 수는 없다.

고이즈미 수상은 8일 江沢民 주석과의 회담에서, 중일전쟁에 대해 「반성과 사죄」의 취지를 표명하고, 중일전면전쟁에서 교전했던 북경교외의 盧溝橋도 방문할 생각이라고 한다. 15일 한국을 방문할 때에는, 김대중 대통령과 교과서문제를 중심으로 회담할 예정이다.

수상의 육성을 한중양국에서 어떻게 받아들일까. 양국민의 불신을 제거하기에는 한번의 당일치기 방문으로는 어렵다.

지금은, 역사문제를 항상 중요시하고 있는 한중양국의 실정을, 스스로의 눈으로 보고, 피부로 느꼈으면 한다. 그렇게 해야만 근린외교의 어려움과 중요성을 이해할 수 있고, 뒤틀린 관계의 회복에의 한 걸음이 될 것이다.

▶ 중요 어휘 ◀

- 音信不通　소식불통
- 肝要　간요, 긴요, 매우 중요함
- ひざを 交える　무릎을 맞대다, 서로 격의 없이 이야기를 나누다
- まなざし　눈매, 눈길, 시건
- わだかまり　걸림, 막힘, 응어리
- 柱と する　중심으로 하다
- 計り知れぬ　헤아릴 수 없는
- きちんと　정연하게, 정확히
- 合祀　합사, 둘 이상의 신위(神位)를 함께 모시는 일
- 受け止める　받아내다, 받아들이다, 이해하다
- 催す　개최하다, 열다, 베풀다
- ぎくしゃく　어색한 모양, 매끄럽지 못한 모양
- あえぐ　헐떡이다, 허덕이다
- 背に 腹は 代えられぬ　등과 배를 바꿀 수 없다, 큰일을 제쳐놓고 다른 일을 볼 수 없다.
- 水に 流す　물에 흘려 보내다, 과거의 일을 없었던 것으로 하다
- 取り除く　없애버리다, 제거하다
- 日帰り　당일로 갔다 돌아옴, 당일치기 왕복
- 自ら　스스로

◈ 137カ所 すべて修正(2001. 3. 5 朝日新聞)

この教科書は西尾会長ら「つくる会」の役員らが著者になり、出版社「扶桑社」が昨年4月、文部科学省に検定申請した。検定審議会は昨年12月、全体で137カ所の検定意見を同社に示

し、修正を求めており、これに基づいて同社側が同省に修正内容を提出した。その後、同省は再度、近隣諸国で問題となっている部分を中心に再修正を求め、同社は2月、それに応じた。

関係者らによると、137カ所の検定意見のうち100カ所程度は近現代史につけられた。申請段階では、韓国併合は「国際関係の原則にのっとり、合法的に行われた」などと記述されていたが、「合法的」という表現がなくなった。さらに「日本は韓国内の反対を武力で押し切って、併合を断行した」という趣旨の記述が加わった。また、朝鮮半島の地理について「日本に絶えず突きつけられている凶器となりかねない位置関係にあった」という表現もなくなったという。

日中戦争の「南京事件」に関しては「戦争中だから、何がしかの殺害があったとしても、ホロコーストのような種類のものではない」と記述した部分が削除されたという。また、神風特攻隊を「日本のために犠牲になることをあえていとわなかった」と説明した部分もなくなったという。

文部科学省は、「近隣のアジア諸国との間の近現代史の歴史的事象の扱いに国際理解と国際協調の見地から必要な配慮」(近隣諸国条項)などを含む検定基準に従って、教科書の内容がバランスのとれたものになるよう検定意見をつけた、としている。今月中に予定される検定審議会に今回の修正内容が諮られ、さらに修正が加えられる可能性もある。

扶桑社は「現在検定中であり、詳細なコメントはできない。文部科学省の検定意見に基づき、指摘のあった全個所に修正をほどこした。新学習指導要領にものっとり、近隣諸国条項にも十分配慮した記述にしている。そのため一部に報道されているような当初申請した内容のものとは、異なる記述となっている。検定の結果を静かに待ちたい」としている。

◈ 137개 모두 수정(2001. 3. 5 朝日新聞)

이 교과서는 西尾회장등 「만드는 모임」의 임원들이 저자가 되어 출판사<후소샤扶桑社>가 작년4월, 문부과학성에 검정신청을 했다. 검정심의회는 작년 12월, 전체로는 137개의 검정의견을 扶桑社에 표명하고, 수정을 요구하고 있어서, 이것을 토대로 하여 扶桑社측이 문부과학성에 수정내용을 제출했다. 그 후 문부과학성은 다시 한번 주변국에서 문제가 되고있는 부분을 중심으로 재수정을 요구하고, 扶桑社는 2월 그에 응했다.

관계자들에 의하면 137개의 검정의견의 일부 중 100개 정도는 근현대사에 덧붙여졌다. 신청단계에서는, 한국합병은 「국제관계의 원칙에 준하여, 합법적으로 행해졌다」라고 기술되었지만 「합법적」이라는 표현이 없어졌다. 더욱이 「일본은 한국내의 반대를 무력으로 강행하며, 합병을 단행했다」라는 취지의 기술이 덧붙여졌다. 또 조선반도의 지리에 대해서 「일본이 끊임없이 들이미는 흉기가 될지도 모르는 위치관계였다」라고 하는 표현도 없어졌다고 한다.

중일전쟁의 「남경사건」에 관해서는 「전쟁 중이기 때문에, 어느 정도의 살해가 있었다해도 대학

살과 같은 종류는 아니다」라고 기술한 부분이 삭제되었다고 한다.

또 가미가제특공대를 「일본을 위해서는 희생을 결코 마다하지 않았다」라고 설명한 부분도 없어졌다고 한다.

문부과학성은 「주변 아시아국가와의 사이의 근현대사의 역사적 사건을 다룸에 있어서 국제이해와 국제협조의 관점에서 필요한 배려」(주변국조항) 등을 포함한 검정기준에 따라서, 교과서의 내용이 균형이 잡히도록 하는 검정의견을 덧붙였다고 말하고 있다. 이달 중에 예정된 검정심의회에 이번 수정내용이 상의되어, 거듭 수정될 가능성도 있다.

扶桑社는 「현재검정중이며, 상세한 발언은 할 수 없다. 문부과학성의 검정의견을 토대로, 지적된 전부분의 수정을 가했다. 신학습지도 요령에 준해, 주변국조항에도 충분히 배려해 기술하고 있다. 그 때문에 일부 보도되고 있는 것 같은 당초 신청한 내용과는 다르게 기술되어 있다. 검정의 결과를 조용히 기다리고 싶다」라고 하고 있다.

▶ 중요 어휘 ◀

- 示す　보이다, 나타내다, 표명하다
- ～に 応じる　～에 응하다
- 押し切る　강행하다, 무릅쓰다
- ～かねない　～할지도 모른다, ～할 듯하다
- あえて　①감히, 굳이 ②(+부정어) 그렇게, 그다지
- 扱い　취급, 다룸
- バランスの とれた　균형이 잡히다
- コメント　(comment) 논평, 해설, 비평
- 異なる　다르다, 같지 않다
- ～に 基づく　～에 기초하다, ～에 근거하다
- のっとる　따르다, 본받다
- 突きつける　들이밀다
- ホロコースト　(holocaust) 대학살
- いとう　싫어하다, 꺼리다, 아끼다
- 見地　관점, 견해
- 諮る　상의하다, 자문하다
- ほどこす　가하다, 시행하다

MEMO NOTE

II
일본의 문학

일본문학의 출제경향 및 대책

고전문학과 근대문학의 중요한 문학작품의 특징과 작가에 대하여 묻는 문제가 많다. 특히, 작가와 작품의 비교문제에 대비하고, 시대별로 특징과 중요사항을 정리하고 이해하는 것이 중요하다.

즉, 일본 문학사의 흐름을 이해하여야 한다.

일본의 文学은 전통 계승 문학과 함께 노벨 문학수상자를 2명이나 배출하는 등, 일본어의 세계화에 힘쓰고, 세계로부터 주목을 받고 있는 것이 사실이다.

특히, 31문자의 短歌(たんか : 5.7.5.7.7)와 17문자의 俳句(はいく : 5.7.5)는 간결미와 일본 특유의 문학의 세계를 묘사한다는 점에서 주목을 받고 있으며, 전통을 중요시하는 일본사회에서 누구나 즐기는 문학형태로서 독특한 일본인의 정서를 대변하고 있다.

※-일본문학의 사정-

일본문학은 전승문학(伝承文学)의 형태에서 8세기 초에 기록문학(記録文学)형태를 갖추었으며, 『古事記』는 712년에, 『日本書紀』는 720년에 완성되었다.

『古事記』는 신화와 전설 등을 수록한 작품집이고, 『日本書紀』는 편년체로 되어있다.

『風土記』는 713년부터 집필한 것으로 각 지방의 풍습, 물산, 지리, 역사, 민간설화 등을 기술하고 있다.

759년경까지 작자미상 서민들의 작품으로부터 천황의 작품에 이르기까지 총 4500편의 시를 수록한 『万葉集』은 5-7-5-7-7 총 31자의 단가형식의 시로, 그 문학적 성과는 905년에 천황에 의해 편찬된 칙선(勅選)화가집인 『古今集』이 발간되었으며, 11세기초의 화려했던 귀족문화를 담당했던 사람들은 궁중의 女官들이었다.

紫式部는 54장으로 된 『源氏物語』를 썼고, 清少納言은 최초의 수필집인 枕草子(まくらのそうし)를 썼다. 그밖에 宮女들도 일기나 이야기를 썼으며, 작품의 심리적 묘사는 독자들에게 감명을 준다.

1100년경에 나온『今昔物語』는 인도, 중국, 일본의 불교와 세속의 설화 1000여편을 모은 것으로, 당시의 귀족과 서민들의 생활상을 묘사하고 있다.

12세기후반에는 平氏 가문의 무사들이 정권을 장악하여 새로운 귀족계급을 형성했다. 『平家物語』는 平氏와 源氏 가문과의 싸움을 중심적으로 묘사하고 있으며 13세기 전반에 완성되었다.

불교윤리에 바탕을 두면서 주인공들에 대한 다채로운 표현, 전투장면으로 되어있다. 전란의 세속을 떠나 幽幻의 미를 추구한 『新古今和歌集』은 은퇴한 後鳥羽 천황에 의해 편찬되었다.

『太平記』는 1318년부터 1367년까지 50년간 권력투쟁을 묘사한 것인데 역사적 기록으로 가치가 있다.

14세기 은둔의 문학인 吉田兼好의『徒然草』와 鴨長明의 『方丈記』는 인생의 무상함을 표현하고 있다. 이들 두 작품은 영혼의 구제에 대한 물음을 제기했다.

観阿弥(かんあみ), 世阿弥(ぜあみ)부자에 의해 완성된 能의 문학적 가치는 대단히 높으며, 世阿弥의 『花伝書』는 우수한 희곡 예술이며, 사교의 수단으로써 그 기반을 넓혀갔다. 하나의 장시를 구성하는 連歌의 인기가 성했으며, 16세기의 俳諧連歌를 생겨나게 했다.

17세기에는 시인 松尾芭蕉가 俳諧에서 익살스러움을 배제하고 17자로 응축시킨 새로운 시형식을 도입한 俳句를 만들었는데 단순함이 우아한 분위기를 자아냈다.

17세기후반(元禄시대 1688~1704)에는 산문분야의 문학형식이 나와 大阪의 상인들의 생활상을 사실적으로 묘사한 井原西鶴, 浄瑠璃및歌舞伎의 각본을 쓴 近松門左衛門 등이 문화의 꽃을 피웠다. 그 후에 与謝蕪村은 자연을 묘사하는 俳諧를 썼다.

소설부문에서는 上田秋成가 기괴한 소설을 모은 『雨月物語』를 썼다.

明治시대(1868~1912)때에 언문일치가 제창되었으며 二葉亭四迷가 쓴 『浮雲』는 새로운 형식의 소설로 호평을 받았다.

詩 부문에서는 외국번역시의 영향을 받아 신체시운동이 일어나 문학형식의 범위가 계속 넓어져 갔다.

소설가인 森鴎外와 夏目漱石는 각각 독일과 영국에서 유학을 하여, 그들의 작품에는 그 나라의 문학적 영향이 반영되어 있다. 夏目漱石의 문하생 중의 한사람인 芥川龍之介는 고전문학에 바탕을 둔 단편소설을 썼다. 그의 자살은 일본근대문학의 주요주제였던 급속한 근대화과정의 고뇌를 상징한다.

한편, 에밀졸라가 주창한 자연주의가 1900년부터 10년간 일본문학계에 유행하였다. 島崎藤村을 대표로 하는 자연주의 문학파는 일본고유의 소설형식인 私小説을 시도하여 주목을 끌었다. 프롤레타리아문학, 신감각파문학 등, 제2차세계대전 前에 생겼던 많은 문학작품을 남겼다.

川端康成가 『雪国』으로 1968년 노벨문학상을 수상했으며, 1994『万延元年のフッボール』로 노벨문학상을 받은 大江健三郎의 『広島ノート』, 현대작품으로 村上春樹의 『상실의 시대』 등이 현재 외국어로 많이 번역되어 읽혀지고 있다.

제1장 고전문학의 요점정리

◆ **時代別文学史** : 文学史の時代区分は、下のようにいろいろある。

大和・奈良時代	上代(上古)	**古代**	古代
平安時代	中　古		
鎌倉・室町時代	中世(近古)	**中世**	中世
江戸時代	近　世	**近世**	
明治・大正・昭和時代	近　代	**近代**	近代

1. 上代 文学의 歷史的 背景

7세기에 이르러, 韓半島를 경유하여 中国大陸과의 교섭이 성행해지면서부터 大陸의 文物이 수입되어, 일본의 国家体制의 확립에 큰 힘이 되었다. 이른바 大化改新이 이루어져, 律令이나 姓을 제정하여 氏族을 통제하고, 헌법17조를 제정하여 중앙집권적 律令国家인 大和(やまと)정권을 확립한 大和時代의 문학이다.

2. 大陸文化의 輸入

大陸文化를 섭취한 시대는 607(推古15)년에 聖徳太子에 의해 小野妹子가 隋나라에 使臣으로 파견된 후 遣隋使・遣唐使가 약 20회나 파견되었다. 奈良시대에 와서는 聖武天皇이 전국에 国分寺를 설치하고, 奈良에 있는 東大寺에 大仏을 건립하여 仏教가 융성하였다.

※ 古代文学史의 要点

◆ **奈良時代**

書　名	作者(編者)	内　容
古事記	太安麻呂	神話・伝説・歴史の物語等を集めたもの。
日本書紀	舎人親王	日本最初の歴史書。
万葉集	大伴家持の編といわれる	全二十巻。約四千五百首の短歌・長歌。 天皇から農民に至るまでの、飾りけのない心の叫びが、生き生きと、しかもおおらかに歌われている。

◆ 平安時代

書　名	作者(編者)	内　容
竹取物語	不明	かぐや姫を主人公とする日本最古の物語。
伊勢物語	不明	在原業平の歌を中心にした歌物語。
古今和歌集	紀 貫之 他	万葉集の男性的な力強さ素朴さにくらべ、女性的な優美さが特徴。技巧的で理知的。
土佐日記	紀 貫之	紀行文。かながき日記のはじめ。
枕草子	清少納言	人生や自然についての感想が、簡潔で洗練された表現で書かれた、代表的な随筆集。
源氏物語	紫 式部	光源氏と薫の君を主人公にした長編物語。
今昔物語	伝・源隆国	中国・インド・日本に伝わる説話を集めたもの。

◆ 鎌倉時代

書　名	作者(編者)	内　容
新古今和歌集	藤原定家 他	叙景歌が多く、洗練された表現によって、奥深い気分や余情をあらわす歌風が多い。
方丈記	鴨長明	人生のはかなさを書いた随筆集。
平家物語	不明	平家の栄華から滅亡までを描いた戦記物語の代表作。
徒然草	吉田兼好	仏教思想を基調として、当時の生活の多方面にわたって批判した随筆集。

◆ 室町時代

文学は一部の武士らによって、和歌・連歌などがわずかに保たれた。しかし、庶民の間に、能、狂言がだんだんさかんになり江戸時代の庶民文学の下地が作られた。

◆ 江戸時代

書　名	作者(編者)	内　容
日本永代蔵	井原西鶴	金持ちがどのようにして金を持てるかということをおもしろく書いた物語。
奥の細道	松尾芭蕉	奥州・北陸を旅したときの俳句をまじえた紀行文集。
雨月物語	上田秋成	すぐれた怪異小説。
おらが春	小林一茶	一茶の俳集俳句文。

※ 3大 歌集；万葉集・古今和歌集・新古今和歌集

※ 3大 随筆集；枕草子・徒然草・方丈記

♥ 短歌와 俳句와 百人一首의 구분

日本で最も古く、しかも中世・近世・現代を問わず多くの歌人たちに強い影響を与えているのは、何と言っても8世紀に編纂された『万葉集』である。

短歌는 5・7・5・7・7의 5句, 31音을 定型으로 하는 노래이다. 보통 和歌(わか)라고 하며, 오늘날에는 短歌를 말한다. 自然스러운 대화체에 의한 口語短歌도 유행하고 있다.

百人一首는 平安時代의 유명한 短歌를 100개 모아 만든 것이다.
지금은 카드로 만들어 게임을 한다. 한 사람이 시를 읽고 다른 사람은 그 시에 맞는 카드를 찾는 전통놀이를 한다.

5・7・5 전반부 7・7은 후반부로, 5・7・5 전반부는 俳句(はいく)로 발전하게 되었으며 古今集에서 新古今集까지의 八代集이 대표적인 和歌集이라고 할 수 있다.

俳句는 5・7・5의 3句, 17音을 定型으로 하는 가장 짧은 詩라고 할 수 있는데, 짧은 詩文 속에서도, 季語라는 계절용어가 반드시 표현되어야 하며, 축약되고 함축된 일본인의 정서와 미의식을 나타낸 대표적인 문학 장르이다.
俳句は、松尾芭蕉の俳句のように、世界にも例を見ない17音で構成する短詩型文学である。春夏秋冬いずれかの季語を表す用語、「季語」を詠み込むことが原則として考えられている。

松尾芭蕉『奥の細道』 예) **静けさや岩にしみいるせみのこえ**
(한적하고 적막함이여 바위에 스며드는 매미소리) 芭蕉(ばしょう)의 유명한 俳句로서 5・7・5의 定型과 せみ(매미)가 계절을 나타내고 있다.

※ 산문문학의 흐름

上代 - 8세기경에 구두로 전승되어오던 신화, 전설, 설화 등이 문헌으로 기록된 최초의 서사시적 문학인 『古事記』(712)와 역사서인 『日本書紀』(720), 지리서 『風土記』 등이 있다.

中古 - 설화가 문학으로서 자리 잡고 불교 설화와 세속 설화를 집대성한 『今昔物語集』가 등장하였다. 역사, 설화, 군기 등의 物語 등장(일본 소설 중에서 가장 오래된 源氏物語), 10세기 仮名의 발전과 더불어 일기문학 발달(土佐日記), 자유분방하게 표현되는 수필문학(枕草子)이 나왔다.

中世 - 설화가 일반 서민에게 널리 퍼져 교훈적, 계몽적, 기행문적인 일기가 등장, 은둔문학 또는 草庵문학이라 불리는 불교적 무상관으로 인생을 바라보는 내용의 수필이 많음. (方丈記, 徒然草) 能楽의 대본인 謡曲, 풍자적인 狂言등이 나옴.

近世 - 서민적 町人文学, 오락적, 계몽적 성격의 근세 소설의 선구인 仮名草子와 풍속소설인 浮世草子등장.(井原西鶴의 好色一代男) 文字屋本과 読本이 유행함.

近代 - 명치유신 이후 봉건제의 구습을 타파하고, 새로운 시민사회로의 지향추구, 문학에서 자유와 합리적 정신에 입각한 계몽주의 사조 나타남. 산문학 수립에 공헌이 컸던 번역문학과 정치적 계몽을 위한 정치소설이 유행, 坪内逍遥의 『小説神髄』는 사실주의 이론화, 근대문학의 방향을 제시함. 森鴎外의 관념론 미학에 입각한 문예이론이 등장하고, 二葉亭四迷는 언문일치가 이루어졌다. 청일전쟁 후에는 국수주의 경향이 나타났고, 명치말기에 문학은 더욱 성숙하고 다양화되어 島崎藤村, 田山花袋 등에 의한 자연주의 문학이 등장한다. 한편, 자연주의에 반하여 일어난 반자연주의 문학으로 谷崎潤一郎의 향락주의, 퇴폐주의가 나타남. 그러나 森鴎外, 夏目漱石 등은 자신만의 독자적 작품으로, 윤리적 작품을 발표함. 1차대전 후, 일본경제의 발전과 함께 자유주의 기운이 한층 높아져, 인간 생활의 정신적인 면, 개성의 존중, 自我의 혁신, 생명의 창조력 등을 주장하는 이상주의가 성장했다. 또한 자본주의 사회의 불안과 계급 투쟁의 사회 분위기를 반영한 사회주의 경향의 프롤레타리아 문학이 등장한다. 프롤레타리아 문학은 大正말기에서 昭和초기까지 급격히 진행하고, 새로운 감각을 추구하는 신감각주의 문예운동이 일어난다. 대중의 독서경향은 다양해지고 대중문학이 발전한다.

昭和 20년대까지의 문학은 프롤레타리아 문학, 모더니즘 문학의 대립이 중심이 되었고, 자연주의, 사소설 등이 주를 이루었다. 2차대전까지 문학은 전쟁에 동조하거나, 정치와 사회를 떠나 예술지상주의로 도피하는 경향을 띠게 되었다. 2차대전 패전 후, 민주주의 문학의 활동과, 川端康成, 三島由起夫등을 중심으로 전통적 문학의 비판적 극복과 새로움을 지향하는 전후파 문학활동이 일어난다.

1. 상대문학(上代文学)의 개관(概観)

【上代文学】

この時期の文学作品は、皇室や民間に伝えられてきた神話・伝説・説話・歌謡などを天皇中心の国家体制の確立や国威の誇示を意図して編まれた。この時期の代表作は『古事記』と『日本書紀』である。

『古事記』は全三巻より成り、712年に完成した。また、720年に舎人親王らが編集したのが**『日本書紀』**(全30巻)である。

続いて**『万葉集』**が誕生した(759年以後)。最古の歌集である万葉集は全20巻あり、大伴家持が中心になって編集した。8世紀中期から約150年間にわたり、上は天皇から下は無名の民衆まで、長歌・短歌含めて約4500首がおさめられている。万葉集には渡来人の作った歌もたくさんある。

1.1 시대구분 (時代区分)

上代文学 (~794)은 大和시대의 문학을 말한다. 日本文学이 発生한 이래부터 延歴 13年(794) 平安京으로 遷都하기前까지의 文学을 말한다. 口伝에 의한 伝承이나 説話는 8세기의 『古事記』와 『日本書紀』로 편찬되고, 『風土記』가 쓰여졌고, 和歌를 수집한 것으로 『万葉集』이 있다.

상대문학의 발생은 그 시기를 알 수가 없으나 구전에 의한 문학이 있었다. 이 구전문학 시대에 중국과 한국으로부터 전래된 제도나 문화 및 한자에 의한 기록문학이 성립되는 飛鳥시대를 거쳐, 개성적인 문학이 꽃피는 奈良시대까지를 上代라고 일컫는다. 8세기경의 신화, 전설, 설화, 가요 등의 전승문학이 『古事記』, 『日本書紀』, 『風土記』 등으로 정리되어, 문자에 의한 정착을 보게 되었다. 일본의 고대가요를 집대성한 개성적인 창작문학인 『万葉集』에는 천황에서 일반 백성들까지의 노래가 약 4천 5백수 정도 있다.

시대의 구분은 정치, 문화의 중심이 야마토에 있었기 때문에 야마토 문학이라고 한다. 4세기초 大和정권에 의해 통일국가가 형성되고, 6세기에는 귀화인(도래인)이 많이 도래하여 한자가 유입되고, 538년 불교도 전래되어 훗날 일본인의 종교, 사상, 학문, 예술 등의 기초가 되었다. 7세기에는 聖徳太子가 遣隋使를 파견하여 대륙문화를 적극적으로 도입하여 飛鳥文化를 발전시키고 당의 율령체제 등의 영향으로 大化의 改新이 이루어지고, 天武天皇은 율령체제의 완성에 노력하였다.

7세기의 야마토 정권은 성덕태자가 随와 百済, 新羅와의 외교를 하여 한반도와 중국의 제도나 문화를 흡수하였고, 국내에서는 관위 12계 제도와 헌법 17조를 제정하였다. 제호족을 자신들의 세력하에 두려는 蘇我氏를 견제하고 왕권 중심의 중앙 집권을 건설하였다.

7세기 중엽은 大化改新에 의하여 관료적 중앙 집권 국가 건설을 위하여 토지제도인 반전수수법(班田収授法)을(호적은 6년마다 정비하고, 6세 이상의 남녀에게 일정액의 구분전을 부여하였다. 구분전은 매매가 금지되고 전답은 6년마다 정비하였다.) 시작으로 제반 정책을 행함으로써 고대국가의 기초를 이룩하였다. 그 후 壬申의 난을 계기로 天武天皇은 천황의 절대적 지위를 확고히 하였다.

大化改新의 제도는 6세기에 전해진 불교(538)와 융합하여 飛鳥문화를 이룩하였고, 7세기 후반에서 8세기 초반에 걸쳐 귀족 중심의 白鳳文化가 융성하였다.

平城 천도(710) 이후의 奈良시대는 신도의 건설, 경제의 향상에 의한 중앙 집권적 국가 체제가 정비됨에 따라서, 『古事記』·『日本書紀』와 『風土記』 등의 편집이 이루어지고 天平 문화의 꽃을 피우게 되었다.

한편, 율령 제도의 모순, 귀족 간의 정권분쟁 등이 일어나 나라시대 중기에 이르러서는 사회 불안이 표면화되었다. 대화개신, 임신의 난 등 대변혁의 과정에서 커다란 공적을 쌓은 藤原氏가 당시의 실권자인 나가야노오키미(長屋王)를 넘어뜨리고 고오묘시(光明子)를 聖武天皇의 황후로 세움으로써 외척과 황실이 깊은 관계를 맺게 되고 후세에 섭관정치(摂関政治)가 만들어졌다.

1.2 문화의 특색

대륙문화의 유입과 한반도와의 교섭은 활발하여, 한반도에서 일본의 九州를 통하여 유입되었고 청동기, 철기도 함께 유입됨으로써 고대 일본의 농경문화의 기초를 이루었다. 백제의 도래인이 백제의 관제, 문화, 기술을 함께 전하는 등 고대 일본 사회의 발전에 한반도의 역할은 지대 하였다.

한편, 당의 율령 제도의 유입과 平城京은 중국의 수도 장안을 모델로 하여 축조되었다. 이와 같이 대륙 문화의 유입과정에서 무엇보다도 중요한 것은 불교와 한자의 유입이다.

문자가 없었던 일본인은 한자의 유입에 의하여 문자의 사용이 가능하게 되었고, 口伝에 의한 모든 역사적인 사실 등을 기록하게 되고, 한자를 습득함에 의하여 언어 구조를 달리하는 표음문자인 히라카나 가다카나가 창조되었다.

1.3 문학의 특색

상대 문학은 구전(口伝)에 의하여 전승되었다. 이러한 구전 문학이 기재 문학으로 바뀌면서 기존의 신화, 전설, 설화는 정치적 목적에 의하여 통일되고 『古事記』 속에 정착되었던 것이다. 한자의 사용이 진전됨에 따라서 문학 의식도 급속히 높아지고 개개인의 내면을 표현하는 『万葉集』의 가요 같은 서정적인 시가가 나왔다.

『古事記』는 신화의 부분은 대륙적인 면과 남방적인 면으로 구성되어 있고, 천상에서 산정에 강림한 부분은 우리나라 환웅이 태백산의 정상에 내려온 것과 유사하고, 샤머니즘적인 요소는 북방계의 신화와 유사하고 海幸, 山幸의 신화는 남방형으로, 지방적인 소재를 종합하여 신화 체계를 만든 것은 일본 신화의 특색이다.

1.4 작품 해설 및 감상

古事記(こじき) 고사기

現存하는 일본 最古의 歷史書인데, 上巻 ・中巻・下巻 (全3巻)으로 되어 있고, 완성을 본 것은 8세기 초인 712(和銅 5)년이다. 表記는 모두 漢字를 사용했으며, 전체적으로는 漢文형식에 의하면서도 곳곳에 삽입된 歌謡는 『万葉がな』로 기술하는 등, 言語学上으로도 귀중한 자료이며 上代의 歷史・言語・風俗 등을 알 수 있는 자료로서 귀중하다.

내용은 고대인의 소박한 생활감정의 표현으로 천지창조, 전설, 역사 등의 체계적인 국가신화로써 천황의 권위를 설명한 일본 最古의 서사시적 문학이다.

현존하는 일본 最古의 史書로, 和銅(わどう) 5년(712) 元明(げんめい)천황의 勅命(칙명)에 의해 편찬되었다. 序文과 上・中・下 세 권으로 되어 있다. 상권은 주로 神話로, 하권은 인간 세상의 이야기로, 歷代천황의 事跡이 꽤 자세하게 서술되어 있다.

『古事記』의 문체는 序文이 순수 한문체이고, 본문은 한자의 음과 훈을 表音的으로 사용한 이른바 万葉仮名(まんようがな)를 섞어 쓴 변칙 한문체이다.

『古事記(こじき)』는 신화・전설・記紀가요를 포함한 구전적인 요소와 황실이나 제씨족 및 민간에 전해온 기록을 비교 검토하여, 천황 중심의 국가적 정치 규범을 세우기 위하여 집필된 역사서이다. 중권은 신무천황에서 응신천황까지 역대의 천황의 계보를 기록하고 있으며, 삼륜산의 신혼(神婚)전설과 東国(あずまこく) 원정에 출정한 倭建命(やまとたけるのみこと)의 사랑과 죽음, 그리고 전투 등의 영웅전설이 수록되어 있으며, 하권은 仁徳천황의 정치 및 사랑이야기, 그리고 웅략천황을 둘러싼 노래이야기 등이 수록되어 있다.

《이사나기노미고토와 이사나미노미고토의 천지의 시작》

세계의 시작에 먼저 신들의 출현에 대하여 설파하고, 이들 신의 이름은 각각 의미가 있어 순차적인 표현으로 세계가 되어지는 과정을 기술한다. 특히 최초의 삼신은 추상적인 개념으로서 중시되어 일본신화 중에서 가장 사상적인 부분이다.

> 태초에 하늘로부터 출연하신 신(神)의 이름은 아메노미나가누시 신이었습니다. 다음의 신은 다가미 무스비 신, 그 다음의 신는 가무무스비 신이었는데, 이 삼신은 모두 홀로 출현하였으며, 드디어 그들의 자태를 감추게 되었습니다.
>
> 다음으로 국토가 형성되는 과정을 보면, 물에 뜬 손가락 모양과 같은 물체가 있었는데, 마치 해파리처럼 흐물흐물 물에 떠 있었습니다. 진흙 속에서 갈대가 새싹을 밀고 나오는 듯한 힘찬 물체에 의하여 출현하게 된 신은 우마시아시가비히코지노신이라고 하고, 다음에 출현한 신을 아메노도고다지노신이라고 말했습니다. 이들 신들도 모두 홀로 출현하여, 자태를 감추어 버렸습니다. 이상의 다섯 신은 특별한 하늘의 신입니다.

위의 글은 **『古事記』의 서두**로 일본 신화 중에서 가장 사상적인 부분이다.

日本書紀 일본서기

『日本書紀』는 720년에 성립, 전 30권, 『日本書紀』는 六国史의 하나이며, 天武천황의 명으로 왕자 舎人親王이 중심이 되어 편집한 사서로서 神代에서 持統천황까지의 신화・전설・기록을, 한문으로 기록한 편년체의 역사책이다. 大和조정은 대륙 문화의 유입과 동시에 국가 조직이 점차로 정비되어감에 따라 국가적 차원에서 사서의 편집의 필요성을 느끼게 되었고, 대외적으로도 일본의 존재를 알리기 위함이었다.

日本書紀의 체제는 중국의 사서를 모방하여 편년체(編年体)를 수용하여 순수한 한문으로 집필되었다. 단, 가요의 표기는 『古事記』와 같은 형식을 취했고. 신화, 전설 등을 삽입하여 편집했다.

♠ 古事記와 日本書紀의 비교 ♠

	古事記	日本書紀
성 립	712년	720년
권 수	3권	30권
목 적	국내적사상의 통일, 중앙집권적 천황제의 확립	대외적 위신, 국가의식 확립
내 용	上代의 歴史・言語・風俗 등을 알 수 있으며, 서정적인 신화, 전설 등이 많음	편년체의 역사책이다 역사적 사실에 중점
서 술	주관적, 구체적	객관적, 설명적
표 기	和漢절충적인 문체	한문으로 기록함
공통점	大和조정의 정통성을 역사적으로 증명하고자 함	

＊ 古事記와 日本書紀의 차이점과 공통점을 비교하는 문제가 시험에 자주 출제됨.

風土記

風土記는 713년에 성립되었으며, 각 지방민의 생활 및 역사를 엿볼 수 있는 지리서로서 민간에 전승되어 온 신화, 전설, 설화가 실려있다.

『古事記』, 『日本書紀』의 사서 편찬과 함께 和銅 6년(713)에 일본 각 지방에 명을 내려 각 지방의 특산물, 산천, 그리고 지방의 기원, 전해 오는 각 지방에 얽힌 이야기 등을 보고하도록 하여 만들어진 것이 『風土記』이다.

万葉集

現存하는 最古의 歌集이며, 전부 4500首, 20권으로 되어 있다. 成立은 奈良時代의 後期, 771(宝亀 2)년경이라고 추정되며, 仁徳天皇시대부터 759년까지 약400년간 여러계층의 사람들에 의해 편집, 현재의 20권의 모습을 갖춘 것은 大伴家持(おおとものやかもち718-785)가 현재의 형태로 편집하였다. 作者는 天皇에서부터 無名의 서민에 이르기까지 넓은 계층에 이르고 있으나, 作者不明의 노래는 2천3백首를 넘고, 또 東歌나 防人歌를 포함한다. 表記는 漢字의 音과 訓을 借用한 万葉仮名를 사용하였다.

『만엽집(万葉集)』은 現存하는 日本 最古의 和歌集으로 7세기 중반부터 8세기 중반까지의 작품이 전부 4500首 수록되어 있다. 일본이 문자가 없었던 시기에 집단 생활의 과정에서 고대 일본인의 생활 감정을 표현한 민요적 성격을 띠고 있으며, 문자 사용 등의 사회적인 변화와 개인 의식의 심화로 개인적인 서정시로 발전하였다.

운율(韻律)면에서는 부정형에서 점차로 5·7조로 통일되고, 가요와는 별개의 세계를 창출하게 된다. 만엽집은 약 4천 5백수로 장가는 약 2백 60수, 나머지는 단가이다. 雑歌(ぞうか) → 相聞(そうもん) : 사랑의 노래 → 挽歌(ばんか) : 죽음 애도. 작자는 위로는 천황, 귀족, 승려에서 농민에 이르기까지 각계 각층의 사람들이고, 지역 분포는 大和를 중심으로 東国에서 九州까지 광범위하다.

내용은 남녀의 사랑을 노래한 소몬(相聞), 죽은 사람을 그리워하는 만가, 그 외의 잡가가 있다. 万葉集의 성립 연대는 약 347년에 인덕천황의 황후인 이와노히메오키사키(磐姫皇后)의 작으로 알려진 노래로부터 天平宝字(てんぴょうほうじ) 3년(759)에 만들어진 大伴家持(おおとものやかもち)의 노래까지 약 450년에 걸쳐 만들어졌다고 본다.

만엽가요를 보면, 찬란한 고대 일본의 문화의 꽃을 피웠던 飛鳥문화 이전에는 특정한 개인의 사정에 한정된 노래만이 아니고, 집단적 구전에 의한 민요적 성격을 띄고 있다.

만엽가요는 당시의 생활을 알 수 있는 좋은 자료로 만엽인의 의식을 추정하는 데도 도움이 되고 있으며 현대 일본의 문화의 뿌리를 규명하는 데에도 많은 도움이 되고 있다.

『万葉集』에는 귀족들의 노래에서는 볼 수 없는 서민의 마음을 전하는 작자 미상의 노래가 많은데, 그중 東歌(あずまうた)는 東国지방 서민들의 생활에서 생겨난 민요적 구송가요이며, 이는 사투리를 섞어서 생활과 밀접한, 소박하고 순진한 민중의 감정을 솔직하게 나타내고 있으며, 대체로 万葉전기에 만들어진 노래로 보여진다.

防人歌(さきもりうた)는 九州지방의 防人으로 징발된 東国의 젊은이나 민중의 노래인데, 육친과의 이별을 안타까워하는 마음이나 민중의 슬픔을 솔직하게 노래하고 있다.

《만엽가요의 감상》

이렇게 밤을 세우며 그대를 기다리자.
이 새까만 검은 머리에 밤이슬이 내려도 상관없다.
그대를 기다리자. (권2 - 89)

이 노래는 인덕천황의 황후 이와노히메(磐姫)의 작이라고 되어 있지만 모든 여성이 부르는 민요로 "그 검정머리가 서리가 내려서 얼어 붙어도 상관이 없다. 그 분이 올 때까지 이렇게 기다리자"라는 강한 의지가 들어 있다.

아침 잠자리에서 흐트러진 머리를 나는 빗질을 하지 않겠다.
그건 그리운 그대의 손길이 닿은 머리이므로 (권11 - 2578)

자신의 머리카락에는 사랑하는 남편의 혼이 깃들어 있다. 이 머리를 어찌하여 빗질하여 버리겠는가, 아니 그럴 수가 없다는 사랑하는 여인의 마음을 구체적으로 표현한 노래이다.

새봄 새해 첫날아침 오늘 내리는 눈처럼 쌓여라 좋은 일 즐거운 일......(권20)

『古事記』『日本書紀』『風土記』속에 정착되어 자신의 内面을 표현하는 개인적 叙情詩의 탄생과 성숙을 가져오게 된다. 『万葉集』의 성립이 바로 그것이다.

文化의 特色은 神話・伝説・説話 등, 고대인들은 자연신과 조상신을 찬미하고, 행복을 기원하기 위한 집단행사에서 口伝文学은 政治的 목적에 의해 통일되고, 말과 노래로 전해져 온 원시적인 문학을 口承文学 이라 한다.

- 상대문학 - 漢詩文, 祝詞, 宣命

Ⅰ. 한시문 (漢詩文)

귀족들은 공적인 교양으로서 한시문을 즐겨 지었으며, 이후 외국 사절을 맞이하는 연회 등에서도 한시문이 중요한 역할을 담당하게 되어 발전해감. 중국의 시 연구의 영향을 받아 노래에 대해 논한 서적(歌論書)도 출현.

▶ 懐風藻(かいふうそう)

- 751년 성립
- 현존하는 일본 最古의 한시집
- 오언시 → 중국 六朝시대의 시를 모방한 경향이 강해 독창성 결여

▶ 歌経標式(かきょうひょうしき)

- 772년 성립

· 일본 最古의 歌論書
· 和歌의 기원, 의의부터 해석하여, 노래의 결점과 가체의 예를 제시함

II. 祭りの文学

고대 일본인에게 신을 섬기기 위한 まつり는 생활의 중심이었다.

言霊信仰(ことだましんこう)을 가지고 있어서, 신을 찬양하는 말은 엄숙함과 아울러 아름다운 표현이 결합되어 문학적 성격을 띠게 됨.

(* 言霊信仰 - 언어에 신비한 영혼이 깃들어 있어, 좋은 말과 아름다운 말을 하면 복을 받지만, 나쁜 말을 하면 화를 입는다는 믿음.)

♠ 祝詞 (のりと)

· 천황이 신에게 제사지낼 때 쓰던, 황실의 안위와 국민의 번영을 기원하는 말이 문학적 성격을 띠고 있음
· 아름다운 말이나 修辞가 사용되고, 운율을 중시한 장중한 것 → **운문문학의 효시**

♠ 宣命 (せんみょう)

· 천황이 중요한 의식 때 神命을 받아 신하들에게 내리는 말
· 한문으로 쓰여진 詔勅에 대하여, 순수일어로 쓰인 것
· 祝詞와 비슷하지만, 신에 대한 기원이 아니라, 그때 그때의 사안에 따라 내린다고 하는 실용성을 위해 산문화 됨 → **산문문학의 효시**

* 宣命書き (せんみょうがき)

한자의 훈으로 체언이나 용언의 어간을 크게 쓰고, 용언의 활용어미나 조사·조동사를 万葉(まんよう)がな로 작게 쓰는 표기 방법

誤読을 방지하기 위해 사용되었으며, かな가 섞인 문장의 원류

あめのしたの　おほみたからを　めぐみたまひ　なでたまはむ　と な も
天　下 乃　公　民　乎　恵　賜 比　撫　賜 牟 止 奈 毛

2. 중고문학의 개관

【 中古文学 】
794年に平安京に都を遷してから、1192年に鎌倉幕府が開かれるまでのおよそ400年間を中古と言う。また、王朝文学の傑作と言われる『源氏物語』は、1010年ごろ成立した、全54帖という大長篇小説である。天皇の子でありながら母が身分の低い女性であったため臣籍に降った光源氏という貴公子を主人公とする。

2.1 시대구분 (時代区分)

中古文学의 時代 (794~1192) 는 지금의 京都의 平安京에 794(延歴 13)年 遷都한 때부터 平安귀족사회에서 1192(建久 3)年 源頼朝(みなもとのよりとも)가 鎌倉幕府를 개설할 때까지의 약 400年간을 中古라고 부른다. 9세기 이후 公地 公民制가 붕괴되고, 귀족의 장원이 늘어나고 천황 중심의 율령정치는 급속히 붕괴되어 귀족의 시대를 맞이하였다. 장원경제를 기반으로 성장하던 藤原氏는 9세기 중반경 藤原良房(ふじはらのよしふさ)가 섭정하면서 섭정정치를 시작하였다.

中古文学을 平安문학이라고도 말한다. 9세기말부터 唐風文化에서 벗어나 国風(日本文化) 존중으로 바뀌어 10세기 초에는 勅選和歌集인 『古今和歌集』가 편찬 되었다.
散文이 급속히 발달, 『竹取物語』, 『伊勢物語』가 성립하고 일기문학인 『土佐日記』가 태어난다. 일기문학으로서는 『蜻蛉日記』, 『和泉式部日記』, 『紫式部日記』, 『更級日記』 등이 있으며, 수필인 『枕草子』와 더불어 中古文学의 사조를 대표하며 설화집으로 『大鏡』 『今昔物語集』과 산문문학으로서 『源氏物語』라는 物語문학이 완성된다. 일본 문자인 仮名가 성립되어 여류문학이 융성하였다. 漢詩에 대한 日本 특유의 和歌가 현저히 발전해 『古今和歌集』을 탄생시키고, 文学의 흐름은 9세기의 말엽부터 10세기에 걸쳐 和歌가 부흥하였다. 中古文学은 素朴하고 힘찬 上代文学에 대해, 우미섬세(優美繊細)한 정취(情趣)를 바탕으로 하고, 文学작품에 人間性의 심오함을 표현하였다.

- 한시문의 시대에서 仮名문학의 시대로 발전하였다.
- 和歌의 재부흥 : 당나라 풍의 문화가 쇠퇴, 국풍문화의 회복 (かな문자 발명, 보급)
- 여류문학의 융성으로 女流文学의 꽃을 피웠다.
- 섭관정치의 발달로 인해 귀족들의 딸들이 진출 → 궁정여류 문학 발생

중고시대는 간무(桓武) 천황(737~806)이 도읍을 平安京에 천도한 794년부터 미나모토노요리토모(源頼朝)가 정이대장군(봉건시대의 막부의 首長)에 임명되어 鎌倉에 막부를 펼친 1192년까지를 말한다. 역사적 배경은 桓武(환무)천황이 나라말기의 폐풍에 착수하여 민심을 일신하려고 팔세기말(794)에 平安 천도를 단행하였다.

平安京은 당의 장안을 모방하여 건립되었으며, 이 후 鎌倉막부까지 약 400년간 지금의 京都는

정치・문화의 중심지가 되었다.

藤原는 나라시대부터 율령제도를 지지하는 관료로서 정계에 커다란 세력을 구축하고 헤이안 천도 이후 광대한 사유지인 장원을 보유하는 한편, 자기의 딸을 황후로 삼게 하여 외척으로서 섭정을 하고 관백(関白)이 되어 타 씨족을 배척함으로써 藤原에 의한 독재 정권을 만들었다. 藤原 일가의 정권장악은 道長・頼道때 그 최성기를 이루고 점차로 몰락의 길을 걷게 된다.

894(寛平 6)年에 遣唐使가 중지됨에 따라 日本의 독자적인 文化가 육성되게 되었다. 특히 漢字를 토대로 한 仮名文学의 발명은 文学의 발달에 크게 기여하여, 11세기 초에는 화려한 平安朝女流文学의 꽃을 피웠으며, 귀족문학의 전성기였으나 11세기후반에 섭정정치의 무력화와 더불어 귀족문학은 쇠퇴한다.

나라(奈良)시대는 한마디로 대륙 문화 유입의 시대라고 할 수 있다. 9세기에는 유입된 대륙 문화가 일본의 문화와 융합하여 「일본화」되어 일본 특유의 문화 형태가 형성된 시기이다. 이러한 일본 특유의 문화 형태는 정치, 경제, 언어 표기, 문예와 미술적 가치 영역 등 전반에 걸쳐 나타난 시기이다. 이 시대 귀족이라고 불리는 계층의 사람들이 궁중을 중심으로 한 폐쇄적인 귀족 사회로 이들은 다른 집단을 배척하고 모든 분야, 즉 종교, 예술, 문학, 풍속 등을 그들만의 문화로 향유하면서 제도화하고 형성화하며 항구화하려고 하였다.

2.2 문학의 특색

이 시대의 문학 흐름을 4기로 나누고 있다. 제1기는 平安 초기로부터 9세기 중엽(794~858)까지로 한시문의 융성기, 설화문학과 평론 등이 있다.

제2기는 9세기 중엽부터 10세기(858~969)에 걸쳐 和歌의 부흥기로 『古今和歌集』・『後撰和歌集』, 物語로는 『竹取物語』・『伊勢物語』, 일기로는 『土佐日記』 등 가나문에 의한 일기 物語가 문학사에 등장한 시기이다. 제3기는 10세기 후반부터 11세기 중반(969~1036)에 걸쳐, 여류문학 융성기로 『枕草子』・『源氏物語』・『蜻蛉(かげろう)日記』 등 일본 고전문학을 대표하는 작품이 탄생하게 된다. 제4기는 헤이안 말기(1036~1191)로 헤이안 문학의 완성기이다. 작품은 『大鏡』, 『今昔物語集』 등이 있다.

적중예상문제

문제1. 중고문학의 대표적인 미의식인 あはれ와 をかし의 내용과 대표적인 작품을 들고 설명하시오.

① もののあはれ : - 대상의 본질에 깊이 몰입하는 태도 (주관적)
- 적막하고 쓸쓸하여 마음에 깊이 생각하고 느끼는 감동
- 인생의 슬픔을 아는 마음 -『源氏物語』

② をかし : - 대상의 표면을 감각적으로 바라보는 태도 (객관적)
- 명랑하고 담백하며, 메마르고 윤기가 없는 정취 (비평적, 주지적)
-『枕草子』

문제2. 古事記와 日本書紀의 차이점과 공통점을 비교 설명하시오.

古事記
목적 : 국내의 중앙집권적 천하통일의 천황체제의 권위확립을 위하여
내용 : 역사, 종교, 문학적 내용이 풍부하고, 신화 · 전설 · 설화의 이야기
서술 : 주관적이고 구체적이다.
표기 : 순수한 한문이 아닌 한자의 음과 훈을 和漢절충적 문체, 표기

日本書紀
목적 : 대외적으로 일본국의 권위와 우의를 나타내기 위하여
내용 : 정치, 문화, 역사적 사실에 중점을 두었다.
서술 : 객관적, 설명적
표기 : 문체도 표기도 한문이다.

2.3 중고문학 - 物語, 伝記物語, 歌物語 -

※ **物 語** : 語部(かたりべ)에 의해 구전된 전설, 옛날 이야기

★ **『伊勢物語(いせものがたり)』** : 작자미상, **간결하고 함축적인 문장표현**

- 최초의 歌物語(うたものがたり) — 125단의 노래를 중심으로 하는 단편 物語로 구성
- 내용 : 在原業平(ありわらのなりひら)의 애정생활을 중심으로 한 일대기
- 미의식 : みやび → 궁정풍, 도회풍의 서정적이고 우아한 미

☆ **『大和物語(やまとものがたり)』**

- 작자미상
- 和歌의 성립에 대한 설화를 모음 → 설화문학적 성격 강함
- 세속적 흥미에 의한 잡다한 物語로 문학성이 떨어짐

◎ **『土佐日記(とさにっき)』**

- 935년, 紀貫之(きのつらゆき)
- 작자가 土佐守의 임기를 끝내고 귀경할 때까지의 55일간의 선상 여행일기
- 여성의 입장에서 かな로 씀 → 여류 일기문학 발달에 크게 기여
  (男もすなる日記というものを、女もしてみむとてするなり。)
- 일기를 실용면에서 해방시켜, 인간내면을 나타내기 위한 방법으로 사용
- 최초의 일기문학, 仮名(かな)문학의 선구

※ **随筆** : 일기에서 발생 → 자조적, 비평적
시공간의 제약을 벗어나 자유롭게 단편적으로 자기 표현함.

★ **『枕草子 (まくらのそうし)』**

- 995년 ~ 1004년 성립, 전 3권, **최초의 수필문학이다.**
- **清少納言(せいしょうなごん)이라는 여성작가가 씀.**
- 내용 - 일기적 부분 : 궁중생활의 회상 예리한 관찰력, 간결한 문체
  - 수상적 부분 : 자연·인생에 대한 감상, 가장 수필적

** 源氏物語와 枕草子 비교 **

	源氏物語	枕草子
성립・작자	11세기초, 紫式部	10세기 말, 清少納言
내 용	장편物語 허구를 통해 귀족사회를 사실적으로 묘사	수필 자연・인생에 대한 감상, 궁정생활 회상
특 색	もののあはれ 깊은 사색, 반성적 태도 유려하고 섬세한 문체	をかし 날카로운 감각, 객관적 태도 간결 하고 기품있는 문체
의 의	선행문학을 집대성한 物語문학의 최고걸작	수필문학 형성

2.4 - 중고문학 - 시가(詩歌) 작품의 해설 및 감상

和歌(わか)

奈良(なら) 말기에서 平安(へいあん) 초기에 걸쳐 和歌(わか)는 궁중의 향연 등의 공식적인 장소 외에서는 끊임없이 불리어지고 있었다. 귀족 사이의 歌合(うたあわせ)이 유행하였다.

＊ 歌合(うたあわせ) : 가인이 두 편으로 나뉘어 주제에 따라 읊은 노래를 서로 비교하여 우열을 정하는 집단문학으로 유희, 귀족의 우아한 생활을 반영한 우미적이고 이지적이다.

이 시기는 아직은 가나문에 의한 와카를 경시하는 풍조가 있어 작자 미상의 와카가 많이 출현한 시기이기도 하다. 와카의 가풍도 『万葉集(まんようしゅう)』의 소박함이 남아 있고, 한편으로는 헤이안 귀족의 우아함이 표현된 새로운 가풍이 형성되는 시기이기도 하다.

시대가 흐름에 따라서 대륙 문화는 점점 그 영향력이 희박해가고 일본 독자적인 면에서도 흐름에 따라 와카가 부흥하고 더욱이 가나문이 보급됨으로써 와카의 표현의 자유가 확보되어 9세기 중엽부터 후반에 걸쳐 소위 말하는 육가선 시대가 출현하게 되었다.

古今和歌集(こきんわかしゅう)

905년경 성립된 최초의 칙선와가집(勅選和歌集)으로, 처음으로 가나와 한자에 의한 서서문(仮名序(かなじょ), 真名序(まなじょ))이 있다. 가수는 1100여 수로 대부분은 단가이며 40권(春, 夏, 秋, 冬, 사랑, 이별) 등으로 되어 있다.

『古今集(こきんしゅう)』의 '古'는 『万葉集(まんようしゅう)』이후의 오래된 노래라는 뜻이며 '今'은 현대의 노래라는 뜻으로 약

일세기반에 걸친 노래를 모은 가집이다.

시대별로는 작가 미상의 노래시대, 육가선시대, 선고시대로 나누어서 편집되어 있다. 『古今集』 세계의 일본인의 미의식은 후세의 예술・문학에 커다란 영향을 주었다.

일기・수필

10세기의 초엽에는 가나로 쓰여진 『土佐日記』가 출현하여 일기문학의 성립을 보게 되고, 다음은 『蜻蛉(かげろう) 日記』가 출현하였다. 전자는 여행에 관한 일기이고, 후자는 자서전풍의 일기이다.

수필문학은 시가・소설・극문학과 함께 문학의 한 장르를 이루지만 전체를 통해 볼 때 일정한 구상이나 조직을 가지고 있는 것이 아니고 마음이 움직이는 대로 생각을 기재한 수필로는 『枕草子』가 있다. 일기・수필은 物語와 같은 성질을 가지고 있지만, 物語와 비교하면 현실적이고 필자의 내면 생활을 단적으로 표현하고 있는 점에 주의를 하여야 한다.

▣ 『土佐日記』

☞ **承平 4년(934) 12월, 土佐守인 紀貫之(きのつらゆき)가 임기를 마치고 다음해 2월에 귀경할 때까지의 50여일간의 여행에서 겪은 체험을 가나로 기록한 일기이다.**

> 남자도 쓰는 일기라는 것을 여자도 써보려고 해서 필을 든 것입니다. 모년 십이월이십일일 무시(午後八時)에 출발했다. 그 상황을 조금 종이에 쓰려고 한다. 어떤 사람이 임국에 있어서 사년 오년 임기를 마치고 예의 후임자에게 사무를 인계하고 인수증을 받아 가지고 지금까지 살고 있었던 관사를 나와서 선착장으로 향한다. 이사람 저사람 아는 사람 모두 전송을 해준다. 수년간 친하게 지내며 친교를 맺고 있었던 사람들과 헤어지는 것이 아쉬웠기 때문에 하루 종일 이래저래 법석을 대며 떠드는 사이에 밤이 깊어 졌다. 이십이일에는 무사히 和泉이라는 고장에 당도할 수 있도록 신불에게 기원을 했다.

위의 문은 『土佐日記』의 첫 부분이다. 貫之는 한문체로는 생각나는 대로의 표현이 불가함으로 남자의 교양인 한자를 피해서 여자 문자인 가나를 사용함으로써 자신의 감정을 표현하려 한 것이다. 『土佐日記』의 내용은 국사를 보내는 사람들의 마음, 임지에서 잃어버린 딸에 대한 추모의 정과 귀로에서의 해적과 풍랑에 대한 걱정 등을 유머와 애상을 섞어 담백하면서도 품위 있게 묘사하고 있다.

枕草子(まくらのそうし)

☞ 随筆集이며 平安時代 中期에 成立했다. 作者인 **清少納言**은 가인 清原元輔의 딸로 와가와 한학 등 가정교육을 받은 당시의 지식층의 여성으로 일조천황시대 궁녀로 일하면서 견문이나 느낌을 감각적으로 그리고 있다. 「봄은 여명이 좋다. 하얗게 밝아오는 산등성....... 여름은 밤이 좋다. 달이 밝을 때.....비가 내릴 때.....가을은 일몰이 좋다. 석양 빛.....겨울은 이른 아침이 좋다. 눈이 내리는 아침은 말로 다 표현할 수 없다.... 」

수필 문학의 시초가 되는 작품이다. 993年경부터 약 10年에 걸친 宮廷生活의 자연과 인사에 관한 見聞이나 随想・体験을 기록한 작품이다.

長保 3년(1001)경까지 성립했다는 것이 일반적인 説이다. 300여 章段으로 구성되어 있으며, 그 내용에 따라 日記的(回想的)章段, 随想的章段으로 분류된다.

物語文学

日本의 物語文学에서, [物語]란 말 그대로 [이야기]인데, 口伝된 전설이나 옛날 이야기, 잡담 등이다. 그 내용은 넓은 의미의 역사라 하는데, 物語의 대상인 역사는 개인이나 집단의 생활감정을 구체적으로 이야기하고 있는 그 자체는 『竹取物語』처럼 가공이며 상상이라 하지만, 현실적인 인간 생활을 통해 구체적이며 합리적으로 전개되어 있다.

중국의 소설의 영향을 받아 平安시대에 들어와 「仮名」가 형성됨에 따라 전승문학을 토대로 한 독특한 문학인 物語가 생겨난 이후 역사, 설화, 군담 등을 소재로 한 많은 物語가 쓰였다. 현존하는 것으로 최초이며 伝記性이 강한 『竹取物語』의 계통을 이어받으며, 歌物語가 발생하는데 『伊勢物語』, 『大和物語』 등이 있다. 그 위에 일기문학이 그것들을 비약적으로 발전시킨 것이, 『源氏物語』(11세기 초)이다. 이후, 전란의 시대인 중세로 접어들며 『平家物語』등과 같은 軍記物語가 주류를 이룬다. 귀족・무사사회가 쇠퇴하고 町人계급이 등장하는 근세에서는 서민적인 문학이 나온다.

모노가타리에서 '物'은 인정, 세태, 애착, 미련 등의 막연하고도 포괄적인 의미가 함축되어 있고, '語'는 이야기하다라는 동사에서 온 것이다. 문자가 없던 시대부터 모든 역사적 사실이나 전설 등이 '語る'라는 행위에 의하여 구전되어 왔다. 物語문학은 일반적으로 平安시대 이후에 성립된 문학의 한 장르이다. 이 物語 속에는 전기적인 창작 物語와 일상생활적인 歌物語의 소재를 과거에서 찾아 새롭게 구상을 가한 「歴史物語」와 설화 등이 포함되어 있다.

平安시대의 物語는 전기적인 창작 物語 『竹取物語』와 현실적인 歌物語인 『伊勢物語』가 서로 영향을 주면서 발전하여 오다가 11세기 초에 『源氏物語』의 출현을 보게 된다.

♣『竹取物語』

이 작품은 가나문에 의한 최초의 창작품으로 전설・설화를 삽입한 공상적인 면이 있는가 하면 구혼담을 중심으로 한 사실적으로 묘사되어 있는 면이 있으며, 문장은 간결하고 힘찬 필치로 표현되어 있다. 이 작품은 物語 문학의 첫 작품이기도 하다.

・작자 미상, 10세기 초반에 성립・현존 最古의 物語.
・漢文訓読風의 소박한 문장 – 사회의 실상이나 인간의 심리까지 접근함.
・내용은 かぐや姫의 성장, 구혼, 승천, 天人女房설화, 羽衣설화, 구혼설화 등의 구전 설화이며, 전기성이 강하면서도 허구와 현실을 교묘하게 묘사함.

☞『源氏物語』

11세기 초반에 여성작자 **紫式部**가 이제까지의 「物語」를 집대성한 작품이다.
平安시대의 物語 문학은『竹取』『伊勢』로 시작하여『源氏物語』에 이르러서 절정에 이르렀다. 지금까지 物語가 가지고 있던 낭만성이나 사실성, 희곡성이나『蜻蛉(かげろう)日記』등의 내성적인 비판성 등을 융합하여 서정미를 높인 작품이다.

源氏物語는 54권의 장편소설, 일본 고전문학의 최고 걸작임.

・미의식 : もののあはれ
– 전편에 걸쳐 자연과 인간사, 인간의 심리묘사가 융합.
・구성 웅대, 성격・심리묘사 탁월.
・문장 : 和文体 – 和歌를 섞어 유려하고 섬세한 글을 이어놓음.
作り物語(허구성, 산문성) ＋ 歌物語(서정성, 운문성) ＋ 여류일기문학(현실응시)

**** 내용의 전개**

① 제1부 (1~33권) : 光源氏(ひかるげんじ)의 탄생.
여성편력, 연애를 소재로 정점에 이른다.
② 제2부 (~41권) : 光源氏의 만년의 번뇌・출가, 귀족의 취미나 교양.
③ 제3부 (~54권) : 아들 かおる의 실의의 반생.

3. 중세문학(中世文学)의 개관(概観)

【中世文学】
1192年の鎌倉幕府の成立から、1603年の江戸幕府成立までの約400年間を中世と言う。この時期の代表的な随筆としては、市井の暮らしに無常を感じ、山家に隠棲した鴨長明の『方丈記』(13世紀)と神官の家に生まれながら出家し、自由な生活に身を置いた吉田兼好の『徒然草』などがある。

3.1 시기구분

중세문학의 범위 : 鎌倉幕府 성립(1192년) ~ 江戸幕府 성립(1603년)까지

☞ 鎌倉시대, 南北朝시대, 室町시대, 安土시대, 桃山시대

中世文学(1192~1603)은 귀족사회가 몰락한 후 무사계급이 실권을 잡고 鎌倉와 室町에 幕府를 세운 봉건시대로서, 무사계급의 강건한 정신이 [有心], [わび], [さび]의 문학이념으로 나타나고, 승려, 은둔자가 허무적 무상관을 바탕으로 『方丈記』, 『徒然草』, 『平家物語』등이 중세를 대표하는 문학작품이다. 가면극 能의 대본인 謡曲가 쓰여져 희곡이 하나의 문학장르로 등장하며, 俳諧連歌가 널리 행해져 근세의 俳諧에로 이어져간다. 草庵문학(은자문학) - 불교적 무상관이다. わび(한적한 곳에서 유유자적, 자조하는 정취)의 문학. 기행문적 수필문학 이다.

중세는 정권의 담당자가 고대 귀족을 대신하여 무사의 손으로 넘어간 시기이다. 12세기말 源氏와 平氏의 싸움의 결과 平氏가 멸하고 源氏인 源頼朝가 鎌倉에 막부를 펼친 1192년부터이다. 이 시대는 鎌倉시대, 南北朝시대, 室町시대, 安土桃山시대를 거쳐 徳川家康가 江戸에 막부를 연 게이쵸(慶長) 8년(1603)까지 400년간을 말하는 이 시대는 일본 봉건시대의 전반기에 해당하는 시기이다.

鎌倉시대 문학의 시대상을 반영하는 『平家物語』는 새 시대의 무사적 인간 군상을 찬탄하는 문학작품으로 등장하였고, 불교 사상은 이 시대의 사람들에게 무상감을 불어넣게 되고 문화 전반에 걸쳐 불교적 색채가 짙게 침투하게 되었다.

南北朝시대는 吉野에 거점을 두었던 남조 왕조 정권과 무사 및 이들을 옹립한 북조 사이에 반세기 이상에 걸쳐서 항쟁을 계속하여 귀족 세력이 쇠약하고, 사회는 변화를 가져오게 된다. 문화면에서는 지하의 노역자 등이 지배 계급의 보호, 원조를 받으면서도 문화면의 표층에 떠오르게 된다.

室町시대는 귀족이 쇠퇴하고, 무사계급의 문학시대로 문화를 창조하고 또 그 문화를 향유할 수 있는 단계에 오게 된다. 이 시대는 하극상의 풍조가 팽배한 시기로 지하의 진출은 현저하여 連歌, 能, 狂言 등 창조면에서도 향수면에서도 무시해서는 안 되는 시대가 되었다. 전국시대에 들어 와서는 이런 경향은 더욱 현저하게 나타나 京, 堺, 奈良 등의 상층 町人도 다도, 立花 등 예술분야에 진출하게 된다.

安土桃山시대는 전란의 수습이 信長의 입경에 의해 시작되고 秀吉에 의하여 천하가 통일되었다. 이 시대는 公家귀족이 드디어 무력화되어, 무사도 고도의 문화는 창조해 내지 못하였으므로, 회화나 다도와 같은 예술, 예능 등 새로운 분야가 펼쳐지게 된다.

・동란의 시대(保元의 난, 平治의 난, 承久의 난, 남북조의 대립 등)
・귀족몰락, 무사계급 대두・중앙과 지방의 교류 활발
　　→ 지방도시의 발달, 서민문화 향상
- 連歌 - 극문학 : 能楽, 狂言이 발달
・권력의 중심이 이동함에 따라 대립의 문학 : 能 ↔ 狂言
・문학 향유 계층의 다양화 - 서민계급의 성장
　　→ 귀족문학과 서민문학과의 융합

3.2 작품 해설 및 감상

和歌

『新古今和歌集』는 전기 문학으로서 최초로 개화기를 맞이하게 된다. 이 시기에는 和歌의 최성기를 맞이하여 많은 가인을 배출한다. 鎌倉시대 藤原俊成에의 해 육백번歌合와 같은 대규모의 歌合가 활발하였다. 元久 2년(1205)에 『新古今集』 20권을 완성하였다. 가풍은 『千載集』의 우아하고 정적인 경지를 더욱 발전시켜 왕조적, 고전적, 환상적 미의 세계를 三句 마침, 体言 마침 등의 수사기교에 의해 세련된 필치로 구축했던 것이다. 『新古今集』에 和歌가 많이 실려있는 작가로는 西行로 그의 노래는 인간미를 찬미하여 은둔자의 감정을 표출한 것이 많았다.

수필, 일기, 기행

중세의 수필문학인 『方丈記』와 『徒然草』는 모두가 은둔자에 의해서 쓰여진 것이다. 『方丈記』의 작가인 鴨長明(かものちょうめい)는 下鴨신사의 신관(신사에 종사하는 사람)의 자식으로서 和歌나 비파에 뛰어나, 建仁원년(1201)에 왕의 부름을 받들어 和歌所의 寄人, 和歌所의 직원이 되었으나, 세상을 등지고 처음 산야에 은둔해, 다음에 日野外山에 方丈(사방 10자) 오두막을 지어 한거하여 建暦2년(1212)에 『方丈記』를 썼다.

서두에 "흐르는 강물은 끊임이 없고, 그러나 원래의 물은 아니다. 푹 패인 웅덩이에 떠 있는 물거품은 사라졌는가 하면 생겨나고 생겼는가 하면 다시 사라져 잠시라도 멈추어 있는 예가 없다." 라고 무상함을 기술하고 전반은 작가가 생각지도 않았던 대화, 기근, 지진 등, 도시 생활의 무상함을 불도 수행과 예도삼매의 평온함과 즐거움의 생활을 묘사하여 전반과 대조시켜, 상대적인 아집에서 벗어나 본래의 자기로 돌아가는 것이 한거(閑居)의 의미라고 주장하고 있다. 문체는 세련된 和漢 혼합문이다.

『方丈記(ほうじょうき)』

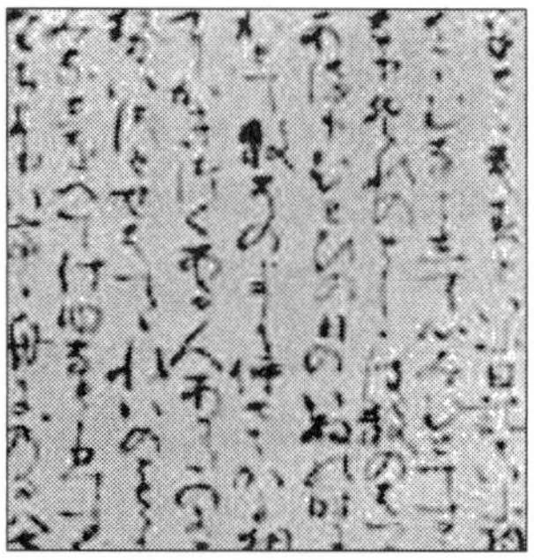

호죠키 원문

흐르는 강물은 끊임이 없고, 그러나 원래의 물은 아니다.

이 세상에 사는 인간과 주거 등은 역시 이와 같다.

아름다운 도시에서 처마를 맞대고 살아가는 신분이 높은 사람, 신분이 비천한 사람의 주거는 많은 시간이 흐른다 해도 없어지는 일이 없고 영원히 변화하지 않는 것처럼 생각되지만 진정 그럴까 하고 자세히 보면 옛부터 있던 집은 드물다. 어느 집은 작년에 불에 타 버려서 금년에 다시 지었다. 또한 큰집을 허물어 버리고 작은 집이 지어진 경우도 있다. 사람도 이와 마찬가지다. 장소도 전과 같고 사람도 많지만 옛날부터 보아온 사람은 이삼십인 중 겨우 한 두 사람이다. 아침에 죽은 사람이 있는가 하면 저녁때에 태어나는 사람이 있는 것은 이 세상의 이치라는 것은 그저 사라졌다 다시 떠오르는 물거품에 비유된다.

※『方丈記(ほうじょうき)』의 감상

一. 序

行く河のながれは絶えずして、しかも、もとの水にあらず。よどみに浮ぶうたかたは、かつ消えかつ結びて、ひさしくとどまりたる例しなし。世の中にある人とすみかと、またかくのごとし。

흐르는 강물은 끊임없고, 게다가 원래의 물은 아니다. 푹 패인 웅덩이에 떠 있는 물거품은 사라졌는가 하면 다시 생기고 하여 잠시라도 멈추어 있는 예가 없다. 이 세상에 사는 인간과 주거 등은 역시 이와 같다.

(現代語訳)

流れ行く川の水はとだえないが、もとのままではなく、よどみに浮ぶ水のあわは、消えたり結んだりして、久しくとどまっていることはない。この世のなかにある人と住居も、やはりそうである。

※ 『徒然草』의 감상

冒頭文

つれづれなるままに、日暮らし硯に向かひて、心にうつりゆくよしなし事を、そこはかとなく書きつくれば、あやしうこそ物狂ほしけれ。

서두에서 **"하는 일 없이 하루종일 벼루와 마주하면서 마음속에 떠오르는 일들을 이것저것 생각하며 하잘 것 없는 일들을 이렇다 할 목적도 없이 써보면, 이상하게도 미친 듯한 묘한 느낌이 든다"**라고 집필의 동기와 태도를 서술하고 있다.

(現代語訳)

所在なさにまかせて、終日硯に向かって、心に浮かんでは次々消えていくとりとめもない事どもを、何ということもなく書きつけると、妙に何か物につかれたような気持ちになることだ。

『徒然草』는 随筆이며, 作者는 吉田兼好이고, 1330(元徳 2)년 고전의 교양이 깊고, 전통문화에 강한 동경을 가진 한편 불교, 유교, 노장사상에 밝아 시야가 넓은 吉田가 40세 되던 해에 成立됐다는 説이 有力하다. 『徒然草』는 243段으로 되어 있으며, 内容은 序段에 있듯이, 筆者가 感興에 맡겨서 생각이 떠오르는 感想을 글로 지은 것인데 人生処世訓・有職故実・趣味・逸話・自然観 등 老荘・濡仏・王朝文化에의 憧憬 등 여러 가지 思想이 渾然히 融合되어 一種의 哲学的 随筆이 되어 있다.

『徒然草』는 鎌倉시대의 말기이며, 243단이 일관된 줄거리는 아니며 자연, 취미, 인사의 전반에 걸쳐서 기술하고 있다.

조정이나 무가의 예식, 전통, 관직, 명령 등을 연구하는 학문에 관한 기술을 포함해서 고전 취미, 옛 것을 그리는 사상 등이 보이고 왕조적 가무에 젖으려고 하는 경향도 엿보이나, 한편 왕조적 미를 꿰뚫는 새로운 미의 발견 등 무상관에 근거하여 은둔, 구도를 강하게 권하고 있다. 일상적 처세술을 곳곳에 전개한다고 하는 현실적 태도도 현저하며, 흥미있는 삽화나 해학이 있는 이야기를 적당하게 끼워 넣고 있다. 그 밑바닥에는 사물을 일면적으로 보지않는 건강한 상식인으로서의 兼好가 존재하고 있다.

> 시월경 구루스노라는 곳을 지나서 어느 산촌을 방문한 일이 있었는데 꽤 멀리까지 이제 좁은 길을 걸어서 들어간 즉 불편하게 사는 듯한 오두막 한 채가 있었다. 나뭇잎에 덮인 물을 끌어오는 홈통에서 물이 떨어지는 소리 외에는 조그마한 소리마저 들리지 아니하고 누구도 찾는 사람이 없었다. 불전에 물이나 꽃을 꽂는 선반에는 국화, 단풍 등을 꽂아 둔 것으로 보아 살고 있는 사람이 있는가 하고 깊은 감회에 젖어 있는 사이에 건너편 정원에 커다란 밀감 나무에 가지가 휘어지도록 밀감이 열려 있어 그 주위를 엄중하게 울타리를 쳐놓은 것을 보니, 조금은 즐거운 마음이 사라져 버려, 이 나무가 없었다면 하는 생각이 들었다.(徒然草, 神無月무렵)

物語, 説話文学

《お伽草子 物語》

鎌倉시대에 들어서도 物語는 많이 만들어졌다. 『住吉物語』, 『岩清水物語』 등이 유명한 것이며, 이것들에 특색이 전혀 없는 것은 아니지만 대부분은 『源氏物語』 등의 중고의 物語를 모방하였으므로 일반적으로 擬古物語라 불리워지고 있다. 또한 鎌倉시대의 초기에 『無名草子』가 쓰여졌다. 이것은 작자 불명이며 중고의 物語문학과 여류 문학자들을 비평한 것으로 문학 평론으로서 중요한 위치에 있다.

《史論과 歷史物語》

慈円의 작품으로 여겨지는 『愚管抄』는 역사를 이끌어가는 도리를 확실히 하고, 그 점에 서서 현실을 직시하고 미래로의 전망을 가지려고 했다. 남북조시대에는 남조의 중신 北畠親房가 역사를 기술함으로써 남조의 정통이 되는 것을 입증하려고 『神皇正統記』를 저술하였는데, 자연 문학작품이 되었다.

역사 이야기로서의 『増鏡』가 있다. 後鳥羽 천황부터 後醍醐천황까지, 즉 鎌倉시대의 京都의 역사를 왕조 풍의 품위 있고 아름다운 문체로 나타낸 것이다. 황실과 귀족의 과거, 우아했던 시대를 회고하며 찬미하는 정신이 강하게 나타나 있다.

◆ 《説話文学》

『今昔物語集』와 같은 説話문학도 중세, 특히 鎌倉시대에 많았다. 불교 설화와 세속 설화를 중심으로 모은 것으로 크게 구별되는데, 전자에는 鴨長明(かものちょうめい)의 『発心集(ほっしんしゅう)』, 無住의 『沙石集』 등이 있다. 이것은 불교를 대중에게 선포하는 목적을 갖고 있는데, 특히 『沙石集』는 설교 사이에 예화를 끼어 넣은 형태를 하고 있으며 많은 민간 설화가 포함되어 있다.

세속 설화를 중심으로 한 대표적인 작품은 鎌倉초기에 만들어진 『宇治拾遺物語』이다. 197개의 설화가 있다. 선행 작품에 수록되어 있는 이야기와 함께 민간 전승의 종류도 들어 있어 서민적, 세속적, 지방적인 색채가 풍부하며, 서민들의 세상살이도 묘사되어 있다. 鎌倉시대 중반기에는 『十訓抄』, 『古今著聞集』가 완성되었다. 『古今著聞集』는 약 700개의 설화를 20권 30편으로 분류하였는데, 흥미로운 이야기가 많이 들어 있다.

軍記物語(ぐんきものがたり)

★『軍記物語(ぐんきものがたり)』

- 전쟁을 주제로 한 서사적 작품의 총칭
- 동란의 시대인 중세의 시대상 반영 → 불교적 무상관・인과응보의 사상
- 내용 : 새로운 무사의 모습을 무상의 관점에서 비극적으로 그림
- 문체 : 和漢混交文

★『平家物語(へいけものがたり)』

무사정권인 鎌倉時代(かまくらじだい)의 대표작품이 平家物語(へいけものがたり)이다. 『保元物語(ほうげんものがたり)』, 『平治物語(へいじものがたり)』를 이어받아 軍記物語의 최고봉이라 일컬어지는 『平家物語』가 성립되었다. 원작은 3권 정도로 1200년경 鎌倉초기에 성립되었으나 증보되어 6권, 12권, 20권 등 다양한 책이 만들어지고 48권의 『源平盛衰記』도 증보된 일이본(一異本)이다.

이와 같이 책은 平曲으로 琵琶法師(びわほうし)가 비파(琵琶(びわ))를 연주하면서 민중에 전한 불교사상의 이야기를 기록한 것으로 因果応報・諸行無常・盛者必衰의 사상이 농후하다.

- 내용 : 平家 집안의 흥망성쇠를 서사적으로 그렸다.
- 문체 : 和漢混交文
- 중세 軍記物語의 대표작, 新・旧, 強・柔의 양면성이 조화.
- 힘을 찬미함과 동시에 왕조적인 우아함에의 동경을 묘사함.

♠『太平記(たいへいき)』

- 작자 : 小島法師
- 내용 : 남북조시대의 동란을 중심으로 변혁기의 혼미함을 그림.
- 유교윤리・무사도・천황 찬양, 정치・속세 비판.
- 기록적인 요소가 강함.

※ 万葉集, 古今和歌集, 新古今和歌集의 비교

	万葉集	古今和歌集	新古今和歌集
권 수	20권, 4500수	20권, 1100수	20권, 1980수
종 류	단가, 장가, せどうか	단가중심	단가
勅選유무	아님	勅選集	勅選集
서 문	없음	仮名序, 真名序	仮名序, 真名序
수 사	枕詞, 序詞, 반복	掛詞, 縁語, 비유	掛詞, 縁語, 本歌取り, 体言止め
미의식	ますらをぶり(まこと) 소박, 웅장, 남성적, 직감적	たをやめぶり(もののあはれ) 우아, 관념적, 이지적, 여성적	幽玄, 有心 탐미적, 몽환적, 회화적, 상징적

※ 随筆文学(수필문학)의 비교

★ **方丈記(ほうじょうき)**

- 1212년, 鴨長明
- 내용 - (전반) 화재, 지진, 기근 등의 천재지변이나 사회변동의 모습
  → 인생의 무상관 - (후반) 草庵생활의 즐거움을 묘사
- 문체 : 和漢混交文, 간결하고 평이하며, 비유 사용
- 무상관으로 수미일관된 논리적 수필이다.
- 평론적인 성격과 사상성이 짙은 중세의 自照文学이다.

♥ **徒然草(つれづれぐさ)**

- 1330년~1331년, 吉田兼好 (よしだけんこう)
- 불교적 무상관에 의한 인생훈, 처세훈이 많음
  → 무상관을 바탕으로 하면서도 유교, 노장사상에도 통달
- 교양인다운 다면적 수필
- 和漢混交文과 和文 혼용
- 枕草子의 영향을 많이 받음

적중예상문제

문제1. 方丈記와 徒然草를 비교하시오.

	方丈記	徒然草
사 상	무상관 염세적	무상관 외에 유교사상, 노장사상이 혼재함 현실적, 불교적 무상관, 인생훈
내 용	천재지변의 비참한 현실과 초암에 은둔한 한적한 생활을 읊음	자연・인생・취미 등 여러 방면
문 체	和漢混交文, 간결하고 평이, 대구・비유 사용. 漢語・仏語가 많음	내용에 따라 和漢混交体와 우미한 和文体를 나눠서 사용

문제2. 徒然草와 枕草子를 비교하시오.

	徒然草	枕草子
작 자	吉田兼好	清少納言
내 용	동적, 사색적, 사상적	정적, 직감적, 감각적
작자의 성격	반성적. 枕草子의 영향을 강하게 받음	자기주장이 강하다
문 체	기교적이고, 문장이 길다.	간소하고, 생략이 많음

3.3 중세문학 - 극문학(劇文学)

1. 能楽(のうがく)

・발달 : 중고의 申楽(さるがく)・田楽(でんがく)를 観阿弥(かんあみ)・世阿弥(ぜあみ) 父子가 중세 예능으로 보급하고 완성시킴.

> ** 世阿弥
>
> - 아버지 観阿弥의 뒤를 이어 能楽를 완성시킴
> - 能의 중심에 '花'와 '幽玄'을 두고, 그것을 '재미'와 '아름다움'이라 함 → 能의 연기에 유현미를 실현시킴
> - 고전에서 재료를 취하여, 귀족적이고 왕조적인 정취 첨가 → 能을 단순한 遊芸에서 고도의 예술로 격상시킴

・내용 : シテ(주연)・ワキ(조연) 등의 등장인물이 가면과 호화로운 의상을 입고, 地謡(じうたい)・はやし로 불리는 합창에 맞춰 연기하고 춤을 추는 歌舞劇 → シテ(主役)를 중심으로 하며, ワキ(脇役)는 シテ와 대립하는 상대역이 아님.

2. 謡曲(ようきょく) - 能楽의 대본 (대사+지문)

・문장 : 古文・古歌의 미사여구를 인용하여 유려함.
・다양한 수사 사용. 귀족적・왕조적 정취.
・상징적・초현실적 내용, 장중하고 우아함.

3. 狂言(きょうげん)

・能楽에서 재미를 주안으로 하는 부분이 독립한 것.
・能와 能 사이에 공연됨.
・특정대본이 없었으나, 중세말기부터 고정화 됨.
・사실적・즉흥적・풍자적인 흉내 내는 연기를 주로 함.

적 중 예 상 문 제

문제1. 중세의 대표적인 극문학인 能와 狂言의 특징을 설명하시오.

	能	狂言
중 심	가무	흉내 (독백, 대화, 몸짓)
이 념	幽玄　상징・비극・몽환적	をかし　골계・풍자・현실적
이 상	불교사상	풍자
내 용	고전문학에서 取材	室町시대의 현실세상에서 취재
문 체	고전의 미사여구를 쓴 기교적 문장	당시의 口語에 의해
배 역	シテ, ワキ 등	シテ, アド 등

문제2. 다음 작품을 보고, 松尾芭蕉・与謝蕪村・小林一茶의 작품경향을 비교 설명하시오.

> 菜の花や月は東に日は西に(与謝蕪村)
>
> われと来て遊べや親のない雀 (小林一茶)
>
> 古池や蛙飛び込む水の音 (松尾芭蕉)

문제3. 芭蕉・蕪村・一茶를 비교하시오

	芭蕉	蕪村	一茶
인 물	인생파 생애를 여행으로 보내면서 문학연마	예술파 방랑생활을 하면서 絵画와 俳諧 양분야에 능통함	생활파 농민출신으로 약자에 대한 동정심과 강자에 대한 반항심이 강함
작 품	한적・고아 사색적・주관적 물아일체의 경지	화려・색채적 회화적・객관적 낭만적・탐미적	분방・감정적 주관적・현실적 인간미와 유머 풍부
발 상	자연	고전	생활

4. 근세문학(近世文学)의 개관(概観)

【近世文学】

1603年に徳川家康が江戸に幕府を開いてから、徳川慶喜が大政奉還した1867までの約260年間を近世と言う。この期の文学は江戸や大阪を中心に栄えた町人文化の時代でもあった。武士に代わって経済の基盤に根を据えた商人たちのほうであったからである。特に文禄の役(壬辰倭乱)と慶長の役(丁酉再乱)の時、朝鮮から持ってきた金属活字や捕らえられて連れてこられ印刷技術が進んだ。

この期の代表作は、井原西鶴の『浮世草子』・『好色一代男』と近松門左衛門の傑作による浄瑠璃・歌舞伎・松尾芭蕉の『奥の細道』などがある。

町人の文学

世の中が平和になると、学問や芸術がさかんになった。幕府は中国の学問である儒学、とくに朱子学を保護し、幕府の学問所をつくって武士の子弟に学ばせた。

庶民の教育は、はじめ寺院などで行われたが、後には各地に寺子屋といわれる教育機関がひらかれ、僧侶や神主、浪人などが教えた。

大阪や京都で町人の新しい文化(元禄文化)が生まれた。大阪の町人の井原西鶴は、元禄時代の町人の生活を「好色一代男」や「世間胸算用」などの小説でとりあげた。

松尾芭蕉は、「古池やかわず飛びこむ水の音」のような五・七・五、合わせて十七字の詩である俳句を大成した。俳句は、連歌の最初の句が独立したもので、当時は俳諧といわれていた。「奥の細道」は、芭蕉が旅のことを書いた味わいの深い紀行文である。旅を愛した芭蕉は、1694年「旅に病んで夢は枯野をかけめぐる」という句を最後に、旅の途中で死んだ。

4.1 시대구분(時代区分)

徳川家康가 江戸에 幕府를 개설한 1603(慶長 8)年부터, 15代将軍인 徳川慶喜가 朝廷에 政権을 奉還한(大政奉還) 약 260年間을 일반적으로 近世라고 부른다.

근세문학 (1603~1867)은 정치・경제의 중심이 江戸로 옮겨온 1603년부터 明治유신까지로, 학문의 권장과 인쇄술의 발달로 문학활동이 풍부하게 행해졌으며, 町人계급이 등장, 서민적이고 해학적인 문학을 담당했다. 仮名草子, 浮世草子, 俳諧, 歌舞伎 등 서민적・오락적 문화가 나왔다. 즉, 徳川家康가 江戸에 막부를 연 慶長 8년(1603)부터 徳川慶喜가 정권을 明治 천황에게 반환한 慶応 3년(1867))까지 약 260년간을 근세라 부르며, 이 시대에는 중앙 집권적 봉건제도가 완성된 시기이다. 위로는 장군, 大名 무사가 군림하는 계급적 주종 관계가 확립된 시기이기도 하다. 그러나 시대의 변천으로 서민들은 점차로 경제적으로 사회적으로 기반을 이루고 도시를 중심으로 한 町人세력을 구축하여 봉건세력을 약화시키고 명치의 신시대를 맞이하게 된다.

歷史的 背景은 徳川幕府가 織田信長・豊臣秀吉에 의한 天下統一의 뒤를 계승하여, 徳川 정권이 江戸에 막부를 펼치고 전국을 300여개의 번(藩)으로 분할하여 엄격한 통제하에서 260 년간의 중앙집권적 봉건 체제를 완성하게 된다. 徳川정권은 자신들의 정권을 유지하기 위한 수단으로 쇄국정책을 실시하여 일본 역사상 유례가 없는 긴 평화의 시대를 맞이하게 된다. 이 시대는 평화가 계속됨에 따라 전국적으로 교통이 발달하고 상업이 융성하여 도시의 町人계급이 현저하게 세력을 구축하는 등, 사회전반에 걸쳐 신세력이 등장하는 시대이다.

4.2 근세 문학의 전개

미인화

귀족 문학에서 서민 문학으로 문학의 추이가 바뀌짐에 따라 서민을 위한 서민의 생활과 서민의 취향에 맞는 문학작품이 등장하게 된다. 이 시기의 문학 분야를 살펴보면, 俳諧・狂歌・仮名草子・浄瑠璃・歌舞伎 등 서민적인 문예가 널리 성행하게 되었다. 계몽기를 거쳐 발전기에는 蕉門俳諧, 貞柳일파의 狂歌, 西鶴의 浮世草子, 近松의 浄瑠璃), 団十郎, 藤十郎 등의 명배우의 출현에 의한 歌舞伎 등, 시가・소설・연극의 모든 문예면에서 크게 발전을 가져오게 된다.

작가로는 무사 승려・ 町人 등, 사회 전반에 걸쳐 비교적 상층부의 사람들이 많았지만, 西鶴는 순수한 町人 작가로 활동하였다.

※ 江戸文学과 上方文学의 비교

근세전기의 문학은 그것이 京都나 大阪를 중심으로 한, 이른바 京阪지방에서 융성한 탓으로 上方文学이라고 하며, 그 시기가 일본사에서 元禄시대에 해당하기 때문에 일명 元禄문학이라고도 한다. 근세 초기에는 아직 仮名草子나 俳諧 같은 중세적인 계몽적 문학이 성장했으나, **松尾芭蕉**가 **『奥の細道』** 등으로 俳諧의 예술성을 높여 근세의 대표적 운문으로 완성시켰다. 또 『好色一代男』(1682)등 仮名草子(かな로 쓰여진 책)의 호색물인 근세의 산문은 浮世草子의 대표작가 **井原西鶴**는 町人의 가치관을 단편소설로 표현했고, 町人문화가 이루어지는 장소로서의 극장의 문학은 歌舞伎가 유행했다. 이 시대는 또한 **『古事記伝』을 저술한 本居宣長**에 의해 국학이 완성되고 고전에 대한 연구가 성행하기도 했다.

江戸文学은 文化와 政治가 京阪지방의 문화가 동쪽으로 옮겨져 江戸에서 꽃을 피우던 시기이다. 江戸소설의 주류는 『雨月物語』와 같은 読本이었고, 유곽을 무대로 해 시작한 朝落本을 비롯해 人情本, 滑稽本과 같은 戯作文学 작품들이 널리 읽혔다.

俳諧에서는 与謝蕪村, 小林一茶가 두각을 나타냈고, 河竹黙阿弥는 歌舞伎의 각본을 완성시켰다.

4.3 작품 해설 및 감상

浮世草子(うきよぞうし)

元禄(1688-1703)시대에는 상공업의 발달과 함께 町人의 경제적 사회적 지위가 향상됨에 따라 중세 소설풍의 무상관이나 교훈적인 요소를 배제하고 현세의 긍정적인 이상이나 생활 감정, 당시의 세태나 인물을 묘사한 작품이 등장하게 된다. 이것이 바로 浮世草子라 불리우는 작품군이다. 여기에서 다루었던 것은 불교적 염세관에 염색되어진 『浮世, 쓰라린세상)』가 아니라 금전욕과 성의 본능을 대담하게 풀어놓은 (浮世, 속세)로서의 현실세계였다.

天和 2년(1682)에 간행된 井原西鶴의 『好色一代男』은 色道의 영웅 世之介를 빌어서 元禄町人의 왕성한 활력을 묘사하는 등, 浮世草子(우키요조오시)의 탄생을 기념하는 작품이 되었다.

1682년 井原西鶴가 『好色一代男』을 발간한 뒤 약 100년간 上方을 중심으로 유행하던 사실적인 풍속소설을 浮世草子라고 한다.

당시의 町人들은 金力으로 유곽과 극장에서 즐거움을 찾으려 했고, 浮世草子는 이곳을 무대로 하여 그곳의 풍속과 인정을 비롯한 町人의 세태를 그린 것으로서 그 표현은 俳諧의 수법을 받아들인 사실성과 현세 향락적인 경향이 짙다.

西鶴의 소설

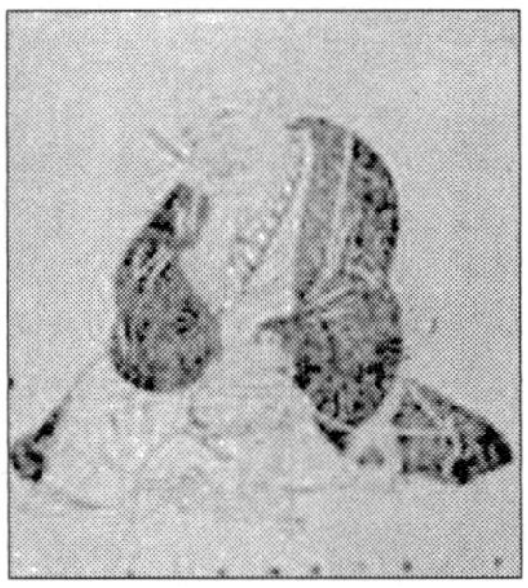

이하라사이가쿠

西鶴의 소설은 好色物・武家物・町人物・雑話物로 나눌 수 있다. 호색물은 당시의 생활에 여유를 찾은 町人계급의 등장에 의하여 町人들의 향락 생활을 주제로 하여 그들의 성생활을 묘사한 것으로 대표작은 『好色一代男』으로 世之介(よのすけ)라고 하는 비정상적인 호색가를 등장시켜 주인공이 7세때 부터 60세에 이르기까지 54년간의 호색 생활을 1년을 1장으로 나누어서 54의 이야기로 집필한 내용이다. **西鶴는 『好色一代男』이 호평을 얻게 되자 『好色一代女』 등 다섯 편의 호색물의 소설을 발표하였다.**

『好色五人女』는 평범한 여인의 애욕을 묘사한 작품이고, 『好色一代女』는 11세에 주인공이 첫사랑을 경험하여 65세 까지 애욕을 좇다가 결국 추락하는 내용이다. 남여의 애욕의 세계→町人들의 호색의 세계를 묘사했다.

西鶴가 호색물을 내놓게 된 배경은 당시 사회의 이러한 향락적인 풍토를 반영한 것이며, 한편으로 町人계급의 지위의 상승과 이제까지 억압된 사회에서 탈피하려는 사회적 분위기가 자신들의 인간다운 삶을 표현하는 한 방법으로 표출된 것이다.

다음으로 武家物에 관한 소설작품에는 『武道伝来記』, 『武家義理物語』 등이 있다. 이들 작품들은 의리를 중요시하는 무사의 심정을 묘사하는 한편 적을 토벌하는 내용이 많다.

西鶴는 武家物에 대해서는 별로 성공을 거두지 못하고 결국 町人들의 경제생활의 실상을 묘사하는 작품으로 전환하게 된다. 금전에 지배되는 町人의 생활을 통해 인간과 사회의 관계를 사실적으로 묘사한 작품에는 『日本永代蔵』 『世間胸算用』 이 있고, 여러 지방의 견문・설화인 『西鶴織留』 등이 있다.

★ 松尾芭蕉

芭蕉는 伊賀国 출생으로, 동국 고오즈게(上野)의 도오도(藤堂)家에 봉사하였으나 주인 도오도 요시타다(藤堂良忠)가 기긴(季吟)門의 俳人이었기 때문에 바쇼도 처음 貞門俳諧의 세례를 받아 이윽고 『虚栗(みなしぐり)』를 거쳐 청신하고 高雅한 쇼후(蕉風)를 수립하였다. 貞幸 원년(1684)의 기행문 『노자라시키코』와 하이카이센슈(俳諧選集) 『冬の日(겨울의 낮)』에는 신풍수립에의 비장하기까지 한 긴장감이 엿보이나 『春の日(봄날)』, 『曠野(광야)』 로 진행함에 따라서 점차로 여유가 보여 **元禄 4年(1691)의 『사루미노(猿蓑, 도롱이)』에 이르러 芭蕉의 俳諧의 중심미학인 「사비(さび)」라고 하는 한적하면서도 수수하고 고답한 경지의 말로 표현되는 원숙함이 나타나고, 만년의 『스미다와라(炭俵)』에는 평이하고 자연스런 분위기를 표현하는 「가루미」가 나타나고 있다. 즉, 우아하고 귀족적인 「미야비(みやび)」와는 대조적인 서민적인 미학인 쇼후(蕉風)에 이르러 俳諧는 그 자의에서 벗어나 뛰어난 문학이 되었던 것이다.**

마츠오바쇼

이것은 빈곤한 생활의 미학인 「와비(わび)」와 같이 茶道의 이념이 되었다. 바쇼(芭蕉)는 자주 여행을 하며 기행문를 썼다.

芭蕉의 『奥の細道』의 冒頭文을 소개하면 다음과 같다.

달과 해는 영원한 여행자이고, 가는 해(年) 오는 해(年)도 또한 여행자이다. 인간 세계에서도 배 위에서 생애를 지내는 사공, 그리고 말머리를 잡고 늙어가는 마부도 그날 그날이 여행길이고, 그들은 하루하루가 여행하는 생활로 살고 있다. 옛사람 중에도 여로에서 그 생애를 마친 사람이 많다. 나도 언제쯤인가 조각 구름이 바람에 휘날려 목적 없이 떠가는 것처럼 표백의 그리움을 억누를 수 없게 되었다. 그리고 해변을 헤매이면서 작년 가을 스미다가와의 기슭에 있는 암자에 와서 거미줄을 걷어 버리고 어떻게든 안주를 하려고 했는데, 그러는 사이에 그 해도 저물고 새해를 맞이했지만 봄이 되어 안개가 나부끼는 시라가와의 세끼를 넘고자 하는 마음은 이유도 없이 신들려서 미칠 것 같아 가만히 있을 수가 없고 도조신(道祖神)의 부름을 받는 것처럼 아무 것도 손에 잡히는 것이 없구나.

古池や蛙飛び込む水の音　「오래된 연못에, 개구리 뛰어드는 물소리여!」

조용히 가라앉은 오래된 연못에 주위의 정적함을 깨고 개구리 한 마리가 뛰어들어 퐁당하는 소리를 냈지만 정적만 감도는구나!

俳諧

俳諧는 원래 滑稽(우스개 소리)를 의미하는 말로, 일찍이 중국의 한시에도 그때 그때의 분위기에 맞는 詼諧体가 있었다. 일본의 경우『古今和歌集』에서는 이러한 중국의 회화체를 본따서 **俳諧는 季語나 5·7·5의 정형시의 장르로 표현하게 된다. 중세에는 한시(和歌·連歌)의 본연의 틀에서 벗어난 형태를 모두 俳諧라고 불렀다.** 그 중에서도 특히 俳諧의 連歌라 하여 기지·滑稽를 중심으로 한 連歌가 중세 말부터 근세 초까지 널리 성행하였다. 俳諧는 俳諧의 連歌를 기초로 하여 생긴 発句·連句·俳文등 말하자면 俳文의 예를 총칭하게 되었다.

※ **川柳** : 俳諧처럼 5·7·5의 형식도 아니고 季語와 같은 자연묘사가 아니라 인간생활을 소재로 위트나 풍자로 자유롭게 표현하는 대중문학으로 자리를 잡았다.

제2장 근대문학의 요점정리

【近代文学】
1868年の明治開元から現在に至るまでの一世紀あまりを近代と呼ぶ。近代文学のあけぼのは、1882年(明治15)の「新体詩抄」である。
散文の世界でも、1887年(明治20)に「浮雲」が二葉亭四迷によって書かれた。この小説は、それまでの小説とちがって、文体も言文一致で、まさに新時代を代表する感があった。
日本の近代を問題にした小説「浮雲」を口語体で書き、近代小説のさきがけとなった。しかし、一般には、幸田露伴の「五重塔」や尾崎紅葉の「金色夜叉」のような古さも残した作品が広く読まれていた。このころ、樋口一葉が「たけくらべ」「にごりえ」「十三夜」などの小説を次々に発表した。
詩、俳句、和歌の面でも、新しい時代のものが生まれる。新体詩といわれ、ロマン主義的なものが流行した。俳句・和歌では正岡子規が雑誌「ホトトギス」を出し、短歌や俳句の写生を唱えた。一方、与謝野晶子は、雑誌「明星」でロマン主義的な華やかな短歌を発表した。
外国文学の影響をうけて自然主義の文学が書かれるようになったが、とくに注目されるのは、島崎藤村の「破戒」である。「破戒」は、人間として目覚めた一青年の社会との衝突と内面の苦悩をえがいた近代日本文学の一頂点を示す作品であるといわれている。
自然主義文学は文学の近代化運動であったが、田山花袋の「蒲団」が大きく影響して、しだいに私小説へと傾いていった。
自然主義文学の流れとはべつに、明治の中ごろから大正のはじめにかけて活躍した人に森鴎外・夏目漱石・石川啄木がある。鴎外は、後に軍医総監にもなった人で、ドイツ留学から帰ると、ヨーロッパ文学の翻訳や歴史小説など、数多くの作品を書いた。作品には「高瀬舟」「最後一句」のような優れた作品が多い。漱石は、はじめ大学の英文学の教授をしていたが、「吾輩(わがはい)は猫である」で有名になり、「坊っちゃん」「草枕」「こころ」など多くの名作を書いた。

1. 근대문학(近代文学)의 개관(概観)

I) 시대적 배경 : (明治時代・大正時代 : 근대)
(昭和時代・平成時代 : 현대)

明治維新(1868년)은 막번체제(幕藩体制)의 封建社会에서 벗어나 서양 문물을 받아들이고 일본 사회 전반에 걸쳐 서양화를 추진한 문명개화이다. 제도면에서 번적봉환(版籍奉還)・폐번치현(廃藩置県)을 시작으로 서양의 정치체제나 사회제도를 모방하여 정책을 수립하고 근대적 통일국가로 改革하여 전통 문화와 가치관이 변화하였다. 신분제도를 폐지하고, 태양력을 사용하고, 새로운 학제의 시작 및 口語文 완성, 인쇄술이 발달하고, 서양문학의 번역과 자유민권운동의 영향으로 번역소설・정치소설 등이 유행하였다.

明治維新의 정책은 개인이 자주적으로 이성에 의하여 자신의 행동을 책임지는 자유인을 요구하는 시대였으며, 자아의 각성에 기초하여 개인주의, 자유주의, 개성의 존중시대였다. 개방된 사회로 전환을 모색한 명치정권은 해외의 신문화・근대적인 면에 착안하여, 급속하게 근대화 정책을 진전시켰으며, 모든 양학자를 동원하여 민중 의식의 개혁을 하였다.

2. 시대구분(時代区分)

근대문학 (1868~)은 明治維新이후 자본주의의 발달・시민사회의 성립과 함께 자유주의・개인주의 사상이 급속히 전파되고, 서구문예사조의 번역・소개로 그 영향을 받아 근대문학이 성장한다. 문학의 자각과 실천의 시대, 문학의 성숙과 다양화의 시대로 근대문학이 본격적으로 쓰여져 사회운동의 문학시대, 1945년 패전이후 표현의 자유와 문학의 개성화를 구하는 시대로 발전한다.

일반 서민들에게는 시대의 변화와 함께 상공업의 발전과 민중의식의 태동 등은 필연적인 시대의 요구로 받아들여졌다.

幕府말기에 팽배한 민중의 반막부 정권에 대한 감정은 명치유신과 함께 억압이 아닌 자발적인 개인의 자각과 능동적인 행동으로 고조되고 이러한 양상은 근대 시민으로서 사고인식과 변화하는 시대관에 맞추어 더욱 발전하였다.

이러한 명치 신정부 정책을 수행하기 위하여 등장한 것이 『명육사(明六社)』이다.

明治 6년 (1873) 明六社가 결성되어, 기관지 『明六雑誌』를 발간하여 다양한 분야에 대한 계몽적인 의견을 발표하여 사회의 지식층・청년층에 큰 영향을 주었다.

『明六社』의 중심 인물은 西周(にしあまね)・中村敬宇(なかむらけいう)・福沢諭吉(ふくざわゆきち) 등이다.

・**大正시대** : 제1차 세계대전의 발발로 경제적 번영과 민주주의가 발달, 정당내각이 수립, 보통선거법이 공포됨.
'大正 데모크라시'의 시대로 노동자와 농민의 자각과 노동운동이 활발해짐.

・**昭和시대** : 제1차 세계대전의 불황과 관동대지진, 금융공황, 사회불안, 군국주의 강화, 태평양전쟁의 패전. 국수주의, 민주주의, 군국주의, 자유민권운동이 일어남.

◈ 日本の近代化と文学

(1) 土地制度が改められる。

1869(明治2)版籍奉還、中央集権国家樹立のため日本を約300に分割して領有してきた各藩藩主に土地と人民を中央政府(天皇)に返させた。

(2) 様々な法律が制定された。

1871(明治4)戸籍法、1873(明治6)徴兵令、ヨーロッパの軍制を研究して作ったもの。当初は徴兵逃れが多く有名無実だったが、だんだん強化され、1889年には国民皆兵の原則が確立した。

1889(明治22) 大日本帝国憲法(明治憲法)

ドイツ系の君主制国家の憲法を参考にしてつくられた。議院内閣制、臣民の権利・義務などが規定されていたが、天皇主権を護るためにはそれらはいつでも制限できるようになっていた。

1876(明治9) 日韓修好条約

朝鮮の開国と清国からの独立をうたった条約だが、実体は幕末日本と欧米列強の立場を逆に朝鮮におしつけた不平等条約だった。

(3) 学校制度も次第に整って行っく。

1890(明治23) 教育勅語、戦前の日本の教育の基本方針となった明治天皇の勅語で、「忠・孝」という儒教道徳と家族国家観(天皇=親、国民=子)を基礎としていた。

3. 작품 해설 및 감상

(1) 계몽 사조와 문학

明治初부터 20년경의 啓蒙期에 서구문물의 급속한 도입, 국가기구와 산업의 정비에 총력을 기울임. 西周는 백화전서적인 지식의 소유자로서 서양의 학문을 처음으로 체계적이고 본격적으로 소개한 『百学連環』을 저술하는 한편 『百一新論』을 발표하여 공리주의 사상에 입각하여 유교적인 인간관을 비판하였다.

中村敬字는 자력으로 성공을 하여야 한다는 도덕적인 면을 강조한 『西国立志編』(스마일의 「자조론」 번역)을 저술하였다.

젊은 세대에게 큰 영향을 준 사람은 福沢諭吉이다. 그는 자주자존을 외치며 실용적인 학문을 주장하였다. 저서로는 **『학문의 권장(学問のすゝめ)』『文明論之概略』((1875)문명론개략)』** 등을 저술하여 새로운 인간상을 제시함으로써 일본 근대문학을 탄생시키는 사상적인 모체가 되었다

★ 福沢諭吉(1834－1901)

思想家・教育者。大阪生まれ。この時代の最大の啓蒙思想家で、個人と国家の独立の必要を説いた。著書に『学問のすゝめ』(1872－76)、『文明論概略』(1875)などがある。

※『学問のすゝめ』(冒頭)

“天は人の上に人をつくらず。人の下に人をつくらずといえり。…されども今広くこの人間世界を見渡すに、…そのありさま雲と泥との相違あるに似たるは何ぞや。

문학에 있어서도 근대 전기 문학(明治初-大正7년)에는 계몽주의 문학이 주류를 이루고 있다. 계몽주의 문학을 시대적으로 분류하면 명치 초부터 약 20년간의 문학을 보통 계몽기의 문학이라고 부르지만, 이 시기의 전반의 10년은 전통적인 문학의 시기로 본다.

翻訳文学은 서양에 대한 소개, 欧美에 대한 정치 경제적 관심의 발로이며,
처음에는 계몽적 성격에서 점차 문학적 의식이 나타남.

- **福沢諭吉(ふくざわゆきち)「西洋事情」(せいようじじょう)**
- **中村正直(なかむらまさなお)「西国立志編」(さいごくりっしへん)**
- **丹羽純一郎(にわじゅんいちろう)「花柳春話」(かりゅうしゅんわ)**
- **川島忠之助(かわしまちゅうのすけ)「八十日間世界一周」**

(2) 번역문학

일반 서민층은 기존의 작품에는 흥미를 느끼지 못하고 새로운 시대에 걸맞은 작품을 원하고 있었던 시기에 출현한 것이 번역소설이다. 이 때 소개된 작품들은 『로빈슨쿠루소 이야기』, 『아라비안 나이트』, 『팔십일간 세계일주』를 시작으로 과학 모험을 주제로 한 작품, 릿돈작(丹羽純一郎 역) 『花柳春話』는 서양인의 생활과 사고를 제시하고 있다.

(3) 정치소설(政治小説) : 政治を題材にした小説。明治前期に自由民権運動が盛んだったころ、その思想を人々に伝える目的で書かれた一連の小説。

정치적 주장의 실현과 인간해방을 목적으로 한 최초의 정치소설은 번역소설 - 자유민권운동과 더불어 발생하였다.

- **矢野竜渓(やのりゅうけい)「経国美談(けいこくびだん)」**
- **東海散士(とうかいさんし)「佳人之奇遇(かじんのきぐう)」**
- **末広鉄腸(すえひろてっちょう)「雪中梅(せっちゅうばい)」**

정치 소설은 전국적으로 민주화 운동이 고조되어 있는 사회적 분위기 속에서 정치 운동을 통하여 근대 사회에 있어서 인간의 자유, 인권의 확립을 갈망하는 욕구를 충족시키기 위한 방법으로 정치상의 계몽·주장·풍자를 주제로 한 소설이다.

1887(명치20)년 전후에 전성기를 맞이하였다.

작품으로는 1883－1884(明治16－17)년 矢野竜渓(やのりゅうけい)의 『経国美談』, 東海散士(とうかいさんし)의 『佳人之奇遇』, 1886(明治19)년 末広鉄腸(すえひろてっちょう)의 『雪中梅(せっちゅうばい)』, 『花間鶯』 등이 있다.

雪中梅(せっちゅうばい)

정치를 지망하는 구니노모도기(国野基)의 고난과 그에게 호의를 갖고 접근한 도미나가(富永)의 사랑을 그린 작품으로 엄동에 오랫동안 참아온 매화가 봄기운에 청순한 꽃망울을 터트린 것과 같이 사랑을 이룬 청년 정치가로 구니노(国野)가 출현한다. 작품중의 구니노의 연설문은 작자 자신의 것으로 사실성이 높은 정치소설의 걸작품으로 평가되고 있다.

経国美談

작자가 고대 그리스의 역사에서 제목을 찾아서 자신이 바라는 정치적인 이상을 기술한 일종의 역사소설이다. 역사적인 한 시점에서 테베라는 소국을 등장시켜 민주주의를 주장하는 세력과 전제정치를 행하려는 세력간의 참담한 싸움에서 민주 세력이 승리한다는 줄거리로 이는 당시의 일본의 사회상을 반영한 것으로, 자유 민권을 갈망하는 일본 청년들에게 열광적인 반응을 얻었던 작품이다.

(4) 사실주의 문학

사실주의문학은 에도시대의 권선징악적 공리주의 태도를 배척하고, 작자의 주관을 배제하여 인생과 사회의 현실을 있는 그대로 묘사하였다.

근대 문학의 특징은 사실주의에 있었고, 이것은 바로 새로운 인생에 대한 깊은 성찰의 표현에 있다고 보았으며 구시대의 문학 이념인 권선징악을 수단으로 하는 견해를 부정하는 것이었다. 이는 현실의 사상을 주의 깊게 관찰하고 있는 그대로 표현하는 문학경향으로 환상적 비환상적 경향을 가진 낭만주의와 대립하는 문학 이념이다. 유럽에서 문학 운동으로 사실주의가 등장한 때는 19세기이다.

1885(明治18)년에서 19년에 걸쳐 坪内逍遥(つぼうちしょうよう)에 의한 『小説神髄(しょうせつしんずい)』는 종래의 소설개량의 이론서이다. 또한 근대문학의 여명을 알리는 의미를 갖는다.

『浮雲(うきぐも)』

소설가이자 번역가인 二葉亭四迷(ふたばていしめい)(1864~1909)의 작품이다.

二葉亭四迷(ふたばていしめい)는 19세기 러시아 문학에 심취하여 작가를 지망하게 되고, 창작, 번역 활동을 통하

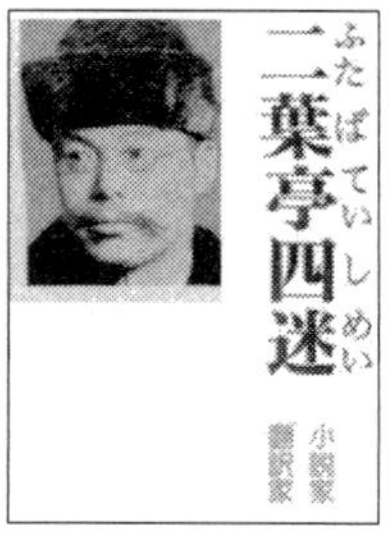

여 근대 사실주의 문학의 초석을 다지게 된다.

「浮雲(うきぐも)」는 근대문학의 선구로 내면적 고뇌를 추구한 심리묘사를 言文一致의 문체 (だ調)로 표현했다.

1887(明治20)년에 『浮雲』의 초편을 발표하였다. 이 작품은 자아에 눈을 뜬 지식인의 고뇌를 비속한 공리주의와 대결하면서 묘사한 작품으로 근대 초기의 본격적인 근대 소설로서 평가된다. 『浮雲』의 작품 속에서 분명하게 "인생은 어떻게 살아야 하는가"하는 인생에 있어서 절실한 명제를 제시하고 고뇌함은 일본 문학사에서 처음 시도된 것으로 줄거리는 다음과 같다.

분조에게 있어서, 오세는 사춘동생이며 또 약혼녀이지만, 분조가 면직을 당하고 사회적으로 낙오가 되는 것을 보고, 과감히 시류에 타서 출세의 길에 들어선 노보루에게 마음이 동요하는 것 등은 이 시대의 시대상과 인간 심리를 묘사한 작품이다. 작가의 의도는 불의와 타협을 거절하고 살아가려 하는 청년의 고뇌를 그리고 있다.

그러나, 이 작품의 분조를 바라보는 당시의 일본사회는 일본의 국세를 비판한 것이고 그것은 또 분조와 같은 청년은 방해가 되는 존재로 용서할 수 없다는 일본의 현실적인 비판의 의미도 있어 『浮雲』는 1889년에 제3편으로 중절되어 버린다.

二葉停는 『浮雲』의 중절 이후 내각 관보국의 교원, 해군대학의 노어교수 등으로 일하다가 청국, 러시아 등에 가서 자신의 진실을 관철하기 위한 길을 모색하였지만 뜻을 이루지 못하고 귀국하여 아사히신문사에 입사하여 작품 창작을 시작하였다. 그 후 『其面影(そのおもかげ)』 『平凡(へいぼん)』 등의 작품을 발표하였다.

(5) 낭만주의 문학

일본에서 낭만(浪漫)이라는 역어를 만든 사람은 夏目漱石(なつめそうせき)이다.

1790년부터 1850년까지 특히, 19세기 후반기에 있어서 유럽에 전개된 일대 정신 운동으로 이 낭만주의는 문예면에서 현저하게 나타나고 있다. **특히, 낭만주의는 부르주아지 상승 발전기, 평민사회의 성립기에서 계몽주의를 잇는 시대 사조를 형성하고 있다. 봉건적 체제와 도덕에서의 해방, 개인 사상을 근저로 하는 자아존중, 사상, 감정의 자유를 구하였다.** 일본의 초기 낭만주의 문학운동이 일어난 것은 1887(明治20)년 경이다.

尾崎紅葉(おざきこうよう)(1867~1903)

★ **尾崎紅葉(おざきこうよう)**는 西鶴의 문체를 익힌 雅俗折衷体의 「二人比丘尼色懺悔(ににん

ぴくにいろざんげ」로 문단에 등장하여「硯友社」중심작가로 여성묘사에 뛰어나고, 사실적 경향을 가짐.

·『多情多恨(たじょうたこん)』: 'である調'의 언문일치를 완성.

·『金色夜叉(こんじきやしゃ)』: 雅俗折衷体와 欧文脈을 섞은 美文調이다.

明治維新과 함께 서양 문물제도의 과도한 유입은 당시 사회의 극단적인 서양화라는 일변도로 기울어 갔다. 명치 20년경 비판과 자기반성이 일어났다. 이러한 자기반성은 보수적인 사상과 국수주의적인 풍조가 일어나는 계기가 되었다. 어디까지나 일본의 전통 문화의 기반에 서서 새로운 문화를 창조하여야 한다는 생각이 태동하게 되었다.

문학에 있어서도 외국 문학의 도입으로 근대 문학이란 어떠한 것인가를 알고 이제는 외국 문학의 논리에서 배운 것을 인용하여 자국의 고전을 돌아보며 그 가치를 새로운 각도에서 발견하려는 단계에 오게 된다. 이러한 경향의 흐름 속에서 그 중심적인 인물인, 尾崎紅葉가 주도하는 현우사와, 기관지로는『我楽多文庫』가 있다. 당시 尾崎紅葉는 幸田露伴과 함께 紅露시대라고 일컫는 명성을 얻게 된다. 尾崎紅葉는 시대 풍속과 인간 묘사를 통하여 문학의 예술성과 대중성을 살림으로써 대단한 호응을 받게 된다.

◎『金色夜叉』의 감상

장편소설. 明治 30. 1. 1 ~ 35. 5. 2.「요미우리 신문」미완

明治 31년 7월부터 36년 6월에 걸쳐 春陽堂에서 전편, 중편, 후편, 속편으로 간행됨.

고아인 학생 間貫一는 양자로 있던 鴫沢의 딸 宮와 혼인을 약속한 사이였지만 宮는 재산가인 富山에게 반해 富山에게 기운다. 貫一는 아타미(熱海)의 해안에서 미야(宮)를 설득하여 마음을 바꾸도록 강요하지만 이루지 못하고 절망하여 모습을 감춘다. 그 후 강이치는 고리 대금업자의 대리인이 되어 자신의 적인 '돈'에 대한 야망과 집념에 사로잡혀 살아가면서 폭도에게 습격당하거나 여자 고리 대금업자의 구애에 괴로워하는 등 고독하고 냉혹한 날을 보낸다. 한편 宮는 貫一를 버린 것을 후회하여 貫一에게 용서를 빌지만 貫一 마음은 변함이 없다. 그러나 돈에 의한 고뇌, 우정, 사랑의 아름다움을 느끼게 된 貫一의 마음은 宮에 대해서도 마음이 풀려간다.

『金色夜叉』는 당시 사회의 금전만능과 출세주의를 비판한 작품으로 대단한 평을 받았으며, 우리나라에 유입된『이수일과 심순애』가 바로 이 작품이다.

물안개가 자욱하지만 달빛이 아름답게 빛이 나고 으스므레한 바다는 멀리 수평선이 어디까지나 계속되어 끝이 보이지 않는 아름다운 환상적인 정경을 이루고 있다.

이 해변에서 함께 산책하는 것은 강이치와 미야이다.

"나는 그저 기가 막혀 아무것도 말할 수 없다."

오육보를 걸은 후 드디어 미야는 말을 꺼냈다.

"용서하여 주세요."

"이제 와서 사과 할 필요는 없어. 도대체 이번 일은 아저씨 아주머니의 생각에서인가 그렇지 아니하면 당신의 생각인가 그것만을 들으면 돼."

물불 속에 뛰어 들라고 하는 말씀보다도 더 혹독한 너무 혹독한 부탁이 아닌가라고, 나는 미안하지만 아저씨를 원망한다. 그리고 말하기를 이 부탁을 들어주면 유학을 보내준다고 말해서, 아무리 강이치가 거지 족속의 고아라고 해도 마누라를 판돈으로 유학 갈 생각은 없다.(中略)

樋口一葉(1872～1896, 明治 5～29)

★ 樋口一葉 (ひぐちいちよう)는 明治時代에 여류문학의 제 1인자로서 일본 근대 초기에 여류작가로 등장한 一葉는 처음에 和歌를 시작으로 왕조문학의 교양을 살린 美文調의 희작적인 경향이 있는 작가에 불과했지만 빈곤한 가정환경과 싸우면서 독학으로 문학적 소양을 갖추고 명치 사회를 배경으로 하면서 문장의 수법은 고전소설 등을 모방한 독자적 세계를 구축했다. 24세라는 짧은 생애에 있어서 실질적으로 작가활동을 한 시기는 죽기 전 3년 내외이다. 이 기간 동안에 그녀는 봉건적인 관습에 억눌린 여성을 묘사함에 있어 자신이 실감한 경험을 토대로 하였기 때문에 독자들에게 감동을 주었다. 결과적으로 이색적인 비애의 문학을 등장시켰다. 또 죽기 전까지 약 9년에 걸친 그녀의 일기는 명치서생으로서 一葉의 진면목을 알아보는 데 좋은 작품이다.

樋口一葉 (ひぐちいちよう)의 本名은 なつ. 東京에서 태어나, 小学教育을 조금밖에 받지 못했지만 14歳때 中島歌子의 萩의 舎塾에 入門하여 和歌・和文을 배웠으며, 후에 同塾의 助教로 일했다. 16歳 때 父親을 잃고 세탁일, 양복일 등으로 生計를 꾸렸다. 가게를 하다가 明治27年『暗夜』『大つごもり』등으로 注目을 끌어 작품 활동에 전념하다가 다음 해에『たけくらべ』『にごりえ』『十三夜』등으로 認定받게 되었지만,『たけくらべ』를 完成한 明治 29年의 11월 23일 세상을 뜬다.「にごりえ」는 봉건시대 여성의 가난함과 사회 불평등을,「十三夜」는 사춘기를 맞은 소년소녀의 미묘한 심리를 서정적으로 묘사한 작품이다.

◎『たけくらべ』의 감상

東京 下谷区는 江戸시대부터 200년의 전통을 자랑하는 유곽 吉原가 있다. 당시 東京의 중심부로부터 멀리 떨어져 있어 적막한 곳이었지만 그런데도 화려한 분위기는 吉原가 있었기 때문이다.「たけくらべ」는 인간의 내면 세계를 날카롭게 비판하고, 여성 특유의 심정을 서정적으로 묘사한 것은 江戸時代의 자취가 아직 남아 있어서였었다.

비오는 날, 信如는 母親의 심부름으로 田町의 누이한테 갈 때 遊廓 근처의 개울을 지나서 大黒屋 앞까지 오자 강한 바람에 우산은 뒤집어지고 신고 있던 신은 끈이 끊어지고.....

信如こまりて舌打ちはすれども、今さらなんと法のなければ、大黒屋の門に傘を寄せかけ、降る雨を庇(ひさし)に厭うて鼻緒をつくろうに、常々し馴れぬお坊さまの、これはいかなこと、心ばかりはあせれども、なんとしてもうまくはすげることのならぬ口惜(くや)しさ、じれて、じれて、袂の中から記事文の下書きしておいた大半紙(おおばんし)をつかみ出し、ずんずんと裂きて紙縒(こより)をよるに、意地わるの嵐(あらし)またもや落し来て、立てかけし傘のころころと転がり出づるを、いまいましい奴めと腹立たしげにいいて、取り止めんと手を延ばすに、膝(ひざ)へ乗せておきし小包み意久地もなく落ちて、風呂敷は泥に、わが着る物の袂までを汚(よご)しぬ。

信如, 난처하여 혀를 차지만 이제와서 별 도리가 없다. 大黒屋의 문에다 우산을 세우고 처마 밑에서 비를 피하며 나막신 끈을 고치려 하지만 평소에 익숙치 못한 중의 솜씨라서인지 어찌된 일인지간에 마음은 급한데 아무리 해도 구멍에 잘 끼워지지 않아 화도 나고 초조하여 품 속에서 記事文을 초해둔 전지를 꺼내 쭉쭉 째서 꼬는데 짓궂은 비바람이 또 일어, 세워둔 우산이 데굴데굴 굴러간다. 속 뇌나 썩고 그의 입은 옷자락까지 더럽혀졌다.

国木田独歩(1871~1908, 明治 4~41)

★ **国木田独歩(くにきだどっぽ)**는 말년에는 인간의 운명을 응시하는 자연주의적 경향. 메이지 30년대 문학계는 시에서 산문으로 낭만주의 태동과 자연주의의 과도기로, 이러한 격동하는 시대의 변화 속에서 고뇌하면서 살아온 国木田独歩는 도시주의에 대항하여 근대문명에 오염되지 아니한 순박한 자연미와 자연과 융합된 산과 바다를 생활 기반으로 사는 소시민의 자태를 산문시풍의 단편 형식으로 묘사한 작가이다.

그의 작품 속에는 현실사회에서 찾을 수 없는 진정한 자유를 자연 속에서 구하려는 강한 욕망이 엿보인다.

『武蔵野(むさしの)』는 자본주의적인 기계문명에 오염되지 아니한 아름다운 자연과 그 속에서 삶을 영위하는 청순한 인간상을 묘사하고 있다. 그 밖의 작품으로는 산문시적 소설인 『源叔父(げんおじ』와 「忘れぬ人」, 「牛肉と馬鈴薯」, 「運命論者」 등이 있다.

◎ 『武蔵野(むさしの)』의 감상

『武蔵野』는 徳富蘆花(とくとみろか)의 『자연과 인생』과 함께 명치 30년대 자연문학의 대표적인 작품이다. 인간은 누구나 자연을 그리워하고 자연과 융화된 삶을 갈망하고 있기 때문이라 본다. 独歩는 지금 『武蔵野』에 아름다움이라기보다 오히려 시정을 느껴 마음이 동요되지만 그 일단을 펼쳐 보려고 한다. 그런 의미에서 이 작품은 자연의 신선한 이미지를 잘 나타내고 있으며 한편으로는 지금은 도시로 변한 武蔵野(むさしの)의 원형을 보려는 향수적인 면이 작용하고 있다.

지금 지난해의 일기를 읽음으로써 가을부터 겨울에 걸쳐 『武蔵野』의 변화의 대략과 풍경의 요소를 엿볼 수 있다. 특히, 숲을 지나가는 속삭인 듯한 누군가를 그리워하는 소낙비 소리, 단풍 그리고 낙엽과 같은 술참나무의 아름다움은 그 어디에도 비유할 수 없다. 나는 쓰르게니프에 의하여 이 아름다움을 알게 되었지만 자연의 정숙을 느끼고 영원히 호흡함을 느낀다. 또 이 계절 벼가 물들고 드디어 보리밭으로 변해 가는 들녘의 풍경에도 그 특색을 볼 수 있다.

(6) 자연주의 문학

明治 40년 전후하여 일본의 근대소설에 깊은 영향을 준 사상이며 또 문학운동이다. 자연주의는 자연 과학의 방법에 의하여 인간을 관찰하고 해부하려고 한 과학주의 입장에서 프랑스의 졸라(Zola)가 주장한 것이다. 졸라의 주장은 明治 20년대에 森鷗外가 『의학이론서에서 나온 소설론』을 비판적으로 소개하였지만 별로 반응이 없다가 30년대에 와서 小杉天外, 永井荷風에 의하여 본격적인 에밀 졸라(Emile Zola)의 영향을 받은 작품이 등장한다. 小杉天外는 작품 『첫모습』, 『유행가』의 서문에서 졸라의 『実験小説論』에 입각한 논지를 개제하였다.

永井荷風는 졸라의 본질을 파악하고 그 논지를 수용함을 소개하고 있다. 작품에는 『지옥의 꽃』 등이 있다.

明治 30년대 말부터 자연주의의 전성기를 맞이하게 된다. 자연주의 문학의 전성기의 주된 작가 작품으로는 島崎藤村의 『破壊』, 田山花袋의 『蒲団』 등이 있다.

＊ 일본의 자연주의

明治 30년대 중반에 자연주의가 일본에 유입되어 객관 묘사의 방법만이 남아서 전수되어, 島崎藤村의 『破戒』(1906년)에 의해 출현하여, 田山花袋의 『蒲団』(1907년)에 의해 성립되었다.

・봉건사회를 살아가는 사람들을 대상으로 인간의 추한 면만을 주시
・사회개혁보다는 자아의 해방, 자기성찰, 자기 고백적 신변소설이 주류
→ 大正기의 私小説, 心境小説로 이어짐.

★ 明治末期 ~ 大正末期 (자연주의, 반자연주의 융성기)

일본자연주의 문학은 자아고백을 통해 인생의 진실을 파헤쳐나가는 문학형태로, 청일전쟁 뒤에 반봉건적인 사회의 모순을 지적하는 관념소설, 심각소설이 등장하고 사소설, 심경소설이 유행하였다.

島崎藤村(1872~1943, 明治 5~昭和18)

島崎藤村(しまざきとうそん)의 本名은 春樹, 일곱 兄弟의 막내. 明治 14年 上京後, 明治学院에서 공부했다. 在学 중에 그리스도教의 洗礼를 받았지만 얼마 안 있어 이를 떠나 文学공부를 지원했다. 北村透谷의 影響을 강하게 받아 明治 26年 透谷등과 雑誌『文学界』를 創刊. 『文学界』의 동인으로 낭만시인으로 출발하여 『若菜集(わかなしゅう)』 등 시집을 발표하고, 소설 『破戒』는 사회 소설적 측면(신분차별)과 자기 고백적 측면의 자연주의 문학 운동을 발족하는 일본 私小説이 출발하는 기념비적인 작품이다.

藤村은 잡지 『문학계』에 소속된 일본 근대시의 창시자라고 말할 수 있는 시인으로 아직 근대시의 불모지에 『若菜集』를 통하여 신체시에 참신한 시정을 불어 넣어 근대시의 흐름을 창출하였다. 그는 시집 『若菜集』를 시작으로 『一葉船』, 『夏草』, 『落梅集』 등을 발표함으로써 대단한 반응을 일으켰다. 『落梅集』에 실린 『千曲川旅情의 노래』를 보면 언젠가 가버릴 청춘의 어찌할 수 없는 한탄과 후회가 깊게 배어 있다. 『文学界』의 동인으로 일본의 미의식과 서구 근대시 형태를 융합한 文語定型(75조)의 전통적 표현과 西欧叙情(낭만시 정신)을 도입하여 新体詩를 최초로 구현하였다.

젊은 自我意識과 情熱의 自由를 憧憬하면서 恋愛에 苦悶하고, 透谷의 自殺, 伯氏의 投獄, 一家의 生計를 맡는 등의 겹치는 厄運을 참아 가면서, 日本 최초의 近代詩集『若菜集』(明治 30年)에 青春의 울적을 담은 51篇의 낭만적 叙情詩를 完成하여 실었다. 散文作家로서의 길을 摸索하고 『旧主人』 『藁草履』 등의 리얼리스틱한 現実追求를 시도하였다.

《千曲川旅情의 노래》

어제도 이와 같았고
오늘도 또 이와 같겠지
이 생명 무엇을 아옹다옹하는가
내일만을 생각하고 걱정한다.

몇 번이나 영고의 꿈이
사라진 흔적이 남아 있는 언덕을 내려와
물결치는 강가를 보면
모래 섞여 파도치며 돌아간다.
아, 고성 무엇을 말하는가.
강가의 파도 무엇을 대답하는가.
지나간 세월 조용히 생각하고
백년 세월 어제와 같다.

지꾸마강 버들이 안개에 자욱하고
봄은 아직은 멀고 물이 흐른다.
그저 홀로 바위를 굽이치며
이 강가에 우수를 묶는구나.

「落梅集」

이 시는 인생의 무상함을 표현하고, 강의 기슭에서, 이미 낡아 허물어진 고성을 보면서 한때 번창했으리라 생각되는 한 시대를 연상함으로써 더욱더 「무상」에 무게를 싣고 있으며 자신도 하나의 여행자로서 哀愁의 상념을 더욱 아름답게 묘사한 노래이다.

藤村은 메이지 39년에 소설 『破戒』를 자비 출판하여 소설가로서 자립하게 된다. 그의 작품에는 『破戒』 이후 『春』, 『家』, 『新生』의 3부작 등, 역사 소설 「夜明け前」 등의 많은 작품이 있다.

■『破戒(はかい)』

朝飯の後、丑松(うしまつ)は机に向って進退伺(しんたいうかがい)を書いた。その時一生の戒めを思い出した。あの父の言葉を思い出した。「たとえいかなる目を見ようと、いかなる人にめぐりあおうと、決してそれとはうちあけるな、いったんの憤怒悲哀(いかりかなしみ)にこの戒めを忘れたら、その時こそ社会(よのなか)から捨てられたものと思え。」こう父は教えたのであった。「隠せ」ーそれを守るためには今日までどれほどの苦心を重ねたろう。「忘れるな」ーそれを繰り返すたびにどれほどの猜疑(うたがい)と恐怖(おそれ)とをいだいたろう。もし父がこの世に生きながらえていたら、まあ気でもちがったかのように自分の思想(かんがえ)の変ったことを憤り悲しむであろうか、と想像してみた。たとえ誰がなんと言おうと、今はその戒めを破り棄てる気でいる。

조반 후, 丑松은 책상머리에 앉아 사직원을 썼다. 그때 일생의 교훈이 머리에 떠올랐다. 당시의 부친의 말씀이 생각났다. 「설사 여하한 경우에 처해지더라도, 여하한 사람과 만나더라도 결코 그 사실만은 이야기하지 마라, 잠시의 분노(憤怒)·비애(悲哀)로 이 충고를 잊으면 그때야말로 사회로부터 버림받는 것으로 알아라.」이같이 부친은 가르쳤던 것이다. 「숨겨라」-그것을 지키기 위하여 오늘날까지 얼마만큼의 고생을 해 왔던가. 「잊지 마라」, 그 말을 되풀이 할 때마다 얼마만한 의심과 두려움을 안고 있었는가. 만약 부친이 이 세상에 살아 있다면 아마도 미친 듯이 나의 생각이 변한 것을 분개하고 슬퍼할 것일까 하는 상상을 해 봤다. 설사 누가 뭐라 하더라도 이제는 그 충고를 깨뜨려버릴 작정이다.

★ 島崎藤村의『破戒』감상

『破戒』는 1906년에 발표한 작품이다. 위의 인용문은 信州小諸(しんしゅうこもろ) 지방을 무대로 한 청년교사인 瀬川丑松(せかわうしまつ)라는 주인공이 이 특수부락민 출신으로 그의 신분을 감추고 학교의 교사가 되었으나, 자신의 신분을 밝히고, 학교를 떠나는 내용 중 가장 핵심이 된 장면이다. 도손은 다른 자연주의 작가가 성욕생활을 묘사하는 식의 내용이 아니고 明治維新 이후, 모든 것이 바뀌었으나 가장 하급계급인 「穢多(えた)」만은 아직도 사회의 천대를 받고 있는 사실에 주목하여 이들의 갈등 애환 등을 사회에 고발한 작품으로 그 평가는 대단하였다.

田山花袋(たやまかたい)(1871~1930, 明治 4~昭和5)

田山花袋(たやまかたい)는 1904(明治37)년에 유명한『노골적인 묘사』를 발표하고 계속해서 작품『蒲団(ふとん)』을 내놓음으로써 현실 폭로의 필치에 의하여 문단의 중심 인물로 등장하게 된다. 감상적인 서정시인으로서 프랑스 자연주의 작가인 모파상의 영향을 많이 받음.『蒲団(ふとん)』(1907년)은 私小説의 효시이다.

그는 자연주의 문학 이론가로서 일본 자연주의 문학의 확립자로서 활약함으로써 많은 문학자에게 영향을 주었다.

明治40年의『蒲団』이 反響을 불러 일으켜 自然主義의 旗手로서 지목됐다. 이어서 自然主義的 平面描写의 傑作「田舎教師」(いなかきょうし)은 모든 주관을 배제하고 대상을 있는 그대로 묘사하는 '平面描写論'을 관철하고,『生』『妻』『緑』(41~43年)의 자전적 장편三部作을 完成하여 私小

說 작가로서 지위를 굳혔다.

후사코가 언제나 사용했던 이불 - 황청색의 요와 솜을 두텁게 넣은 잠옷 등이 포개져 있었다. 도키오는 그것을 꺼냈다. 여자의 그리운 기름 냄새와 땀 냄새 등이 말로는 표현 할 수 없이 도키오의 가슴을 두근거리게 했다. 잠옷의 소매 깃 비로드 끝, 때묻은 곳에 얼굴을 대고 마음 내킬 때까지 여자의 그리운 냄새를 맡았다. 도키오는 그 이불을 깔고 잠옷을 걸치고 차거운 비로드의 소매자락에 얼굴을 묻고 울었다. 어둠 컴컴한 방, 문밖에는 바람이 세차게 불고 있었다.

(『蒲団』의 끝부분, 10장,)

★『蒲団』의 작품감상

작품 중의 주인공 竹中時雄(たけなかときお)는 인생의 권태기에 빠져 있었다. 처에 대한 사랑도 일에 대한 정열도 권태롭기만 했다. 그러던 어느 날 제자가 되고 싶다고 찾아온 横山房子(よこやまふさこ)를 만나면서 인생의 활력을 찾게 되고, 집안 분위기도 일변하게 된다. 房子(ふさこ)는 時雄(ときお)에게 있어서 이상적인 하이칼라 여성으로 神戸에서 올라온 소설 지망생이다.

그러나 房子(ふさこ)는 남자 관계로 고베에서 올라온 아버지와 함께 고향으로 돌아가면서 그에게 한 통의 편지를 남긴다. 時雄는 그녀가 쓰던 이불을 꺼내서 여자의 냄새를 맞는다. 차갑고 때 묻은 이불깃에 얼굴을 파묻고 울어버리는 것으로 이 소설은 끝난다. 이 작품의 고백성은 이후의 자연주의 문학의 성격을 결정한다.

▣ 田山花袋(たやまかたい)の『田舎教師(いなかきょうし)』

秋季皇霊祭の翌日は日曜で、休暇が三日続いた。大祭の日は朝から天気が好かった。清三はその日大越の老訓導の家に遊びに行って、ビールを御馳走になった。帰途についたのはもう四時を過ぎてだった。古い汚い廂(ひさし)の低い弥勒ともいくらも違わぬような町並の前には、羽生通いの乗合馬車が夕日を帯びて今着いたばかりの客を下ろしていた。

ラムネを並べた汚い休み茶屋の隣には馬具や鋤(すき)などを売る古い大きな家があった。野に出ると赤蜻蛉(あかとんぼ)が群(むれ)をなして飛んでいた。

추분 다음 날은 일요일이어서 휴일이 사흘 동안 계속 되었다. 추분 당일은 아침부터 날씨가 좋았다. 清三은 그 날 大越의 老教師 댁에 놀러 가 맥주를 대접받고 자리에서 일어선 것은 이미 4시가 지나서였다. 낡고 지저분하고 차양 낮은 집들이 줄지은 거리 앞에는 羽生(はにゅう)왕복의 합승 마차가 석양 햇빛을 받으며 방금 닿은 손님을 내리고 있다.

음료수를 진열한 누추한 휴게 찻집 옆에는 마구나 삽 같은 것을 파는 헌 큰 집이 있었다. 들에 나오니 고추잠자리가 떼지어 날고 있었다.

★『田舎教師』의 감상 및 해설

林清三은 中学을 卒業하자 뜻을 품고 都市로 進出하는 친구들과 떨어져 羽生에 있는 弥勒小学校의 臨時 教員으로 勤務하게 되었다. 해질 무렵 平野를 둘러 싼 먼 산을 바라보고 있으려니까 갑자기 슬픈 생각이 들었다. 父親은 足利에서 포목점을 열어 財産도 넉넉했었지만 일곱 살 때 没落하여 熊谷에 온 일, 어릴 때에는 兄弟도 많았는데 지금은 자기 혼자가 되고 마음 좋기만

하던 父親과, 연약하지만 그러나 情愛 깊은 母親을 모신 자신은 태어나면서부터 薄福한 運命이었다는 것 등을 생각한다.

清三은 郵便局의 荻生秀之助를 찾아가 그가 알고 있는 成願寺의 住持를 앞세워 詩人이기도 한 山形古城을 訪問하였으며 이 詩人의 말에 慰労되고 激励받았다. 清三은 얼마 후에 成願寺에 下宿하였고 学校에서는 곧잘 오르간을 켜며 自作으로 노래를 만들기도 했다. 여름 방학에는 자기의 글재주를 시험해 보기도 했다. 創作도 제대로 되지 않고, 아예 사랑과 세상과 友情과 그리고 집과도 멀리 떨어져 굳이 孤独한 生活에 갇혀 살아보겠다고 생각하여 절에서 이불과 책장을 学校의 숙직실로 옮겨 자취 생활을 시작한다.

(8) 반자연주의의 비평과 신동향

反自然主義(明治 末 ~ 大正 中)는 물질적이고 본능적인 사실편중의 고백 문학으로 진행하는 자연주의에 반발하여, 자연주의가 인간의 추한 면만을 응시하는 것에 반발하여 반자연주의 문학 발생, 자아의 확대 주장, 개성존중, 이상주의적 문학 ↔ 신현실주의적 문학운동, 노동문학, 프로문학

자연주의 문학은 많은 평론가 작가를 배출하고, 그것을 실재론(realism)에 입각하여 현실을 직시하고 극명하게 묘사함으로서 근대 문학을 풍요하게 하는 역할을 하였다.

이러한 자연주의에 대한 비판의 반동으로 유미적·탐미적인 문학의 경향이 태동하게 된다. 여유를 가지고 인생을 바라다보고 인간의 이상을 추구하는 문학이나 이지적으로 현실을 해석하려는 새로운 경향의 문학의 방향을 제시하려는 문학 등이다.

이러한 경향의 작가는 永井荷風, 谷崎潤一郎, 佐藤春夫 등으로 대표되는 작가들이고 森鴎外·夏目漱石 등에 의하여 대표되는 윤리적인 문학이며 武者小路実篤·志賀直哉·有島武郎 등에 의하여 대표되는 白樺派의 문학이며, 芥川龍之介, 菊池寛 등에 의하여 대표되는 이지주의 문학 등이다.

(9) 스바루파의 문학

자연주의 문학이 인간의 추하고 어두운 면을 추구하려는 시기에 이러한 인간의 추하고 어두운 현실에서 벗어나서 예술적인 미의 세계와 근대의 지성에 대한 강한 추구를 갈망하는 새로운 문학을 모색하려는 사람들이 「스바루 **スバル**」파를 결성하게 되었다.

시인으로 北原白秋·木下杢太郎·高村光太郎 등이고 永井荷風, 谷崎潤一郎 등의 소설가들이다. 이들을 「탐미파」 또는 「신낭만주의」라고도 말한다.

永井荷風(ながいかふう)(1897～1959, 明治12～昭和34)

小説家。アメリカ・フランスへの留学から帰国後、日本の皮相な近代化を否定し、江戸趣味と結びついた耽美的な作品をかいた。主な作品に、『冷笑』(1910)、『腕くらべ』(1916−17)、などがある。

永井荷風는 『지옥의 꽃』, 『女優나나』 등의 작품으로 자연주의 작가로 알려졌지만 해외 유학에서 돌아온 후 『アメリカ物語』, 『フランス物語』를 통하여 **강력한 반자연주의를 표방하고 탐미파의 선풍을 일으켰다.**

그는 말하자면 대역사건의 비인간적인 사실에 대하여 문학자로서 一言의 항의도 하지 않고 자신을 부끄럽게 생각한 나머지 **반시대적인 희작(戯作)자적 태도로 정조와 문명 비평 등이 일체가 된 독자적인 작품을 내 놓았다.** 「珊瑚集(さんごしゅう)」 프랑스시 소개

谷崎潤一郎(たにざきじゅんいちろう)(1886～1965, 明治19～昭和40)

谷崎潤一郎는 탐미적・향락적 작풍으로 반자연주의의 입장에 있었던 작가로 병적일 정도로 관능적인 여성미를 추구한 사람이다. 『문신(刺青)』에서도 두드러지게 나타나지만 여체 속에서 그의 관능을 자극하는 것을 미적으로 묘사하고 찬양하고 있다.

작품의 변화에 따라서 악마주의, 탐미주의, 변태 성욕적 고전주의 등으로 불리워지지만 그가 일생을 두고 추구한 것은 **남성에게 있어서 이상의 여성은 어떠한 존재인가였다.** 그는 明治, 大正, 昭和의 세 시대에 살면서 많은 작품을 집필한 작가이기도 하다. 작품에는 『刺青(しせい)』, 『少年』, 『麒麟(きりん)』, 『春琴抄(しゅんきんしょう)』, 『細雪(ささめゆき)』, 수필에는 『陰影礼讃』 등 다수가 있다.

★ 高踏派 ·余裕派 : 森鴎外・夏目漱石 등의 여유파는 인생의 여유를 가지고 바라보며 논리적이고 이지적인 비평의 안목을 가진 문학으로 외국 유학 경험, 풍부한 교양과 넓은 시야, 날카로운 비판력, 자연주의 문학의 유행에 초연적 태도를 보임

・주지적, 윤리적 입장

★ 白樺派 : 잡지 『白樺(しらかば)』 1910년을 거점으로 활약

・이상주의적 인도주의를 기본으로 개성 존중과 자유를 주장

・선의 구도를 기조로 하는 인간긍정의 문학

・귀족계급 출신 작가 : 武者小路実篤・志賀直哉

★ 耽美派 : 향락적・탐미적・관능적 경향
・明治 40년대 ~ 大正年間
・자연주의의 영향을 받으면서도, 이에 대항하여 'パンの会' 결성
・'スバル' : 향락적이고 퇴폐적인 미 추구하는 **'スパル'**의 창간을 계기로 탐미주의 문학 시작. 사상보다 감각, 정서를 중시하여 자유롭게 미적 세계를 묘사하려 함
・永井荷風의 『三田文学(みたぶんがく)』 등을 무대로 전개
永井荷風・谷崎潤一郎의 탐미파는 실사회의 공리에 관계없이 관능, 감각을 중시하여 미의 창조와 그 세계에 정착하려는 것을 목적으로 함.

탐미주의 문학은 1910(明治43)년 2월 잡지 『三田文学』을 永井荷風을 중심으로 창간함. 『三田文学』은 사실주의의 전통을 계승하면서 자연주의 문학의 아성과 같은 『早稲田文学』과 반대 입장에 서서 탐미주의를 표방하게 되고 谷崎潤一郎의 등장으로 더욱 더 활발하게 된다.

★ 浪漫主義
・사실주의가 전개된 동시대 明治 20년대 浪漫主義 운동 발생.
・세속적 관습과 봉건적 윤리에 구애받지 않고 자아 각성과 내면적 진실 존중
→ 분방한 감정표현.
・독일 유학파인 森鴎外와 北村透谷를 중심으로 한 『文学界』에서 추진.
・プロレタリア 문학의 붕괴, 작가들의 전향.
→ 대조적인 동인 잡지 『日本浪漫派』, 『人民文庫』발간.
・『日本浪漫派』1935년 창간
- 시대에 대한 아이러니한 시정신 고취, 고전 부흥을 목표로 함.
- 保田与重郎(やすだよじゅうろう) : 서양 문화에 의한 일본의 근대화에 이의를 제창 일본 고전으로의 회귀를 주장. 극단적 일본 중심 사상에 빠짐.
- 亀井勝一郎(かめいかついちろう) : 전통적인 미와 윤리의 세계를 추구.

夏目漱石(1867~1916, 慶応3~大正5)

夏目漱石(なつめそうせき)は小説家。江戸生まれ。英文学者として教職にあった夏目漱石は、39歳で作家活動を開始した。日本の近代化と人間のエゴイズムを軸に、多くの優れた作品を残した。主な作品としては『吾輩は猫である』(1905-06)、『それから』(1909)、『こころ』(1914)、『明暗』(1916)、『坊ちゃん』、『草枕』、『行人』、『こころ』などがある。

- 전기 3부작 : 「三四郎(さんしろう)」, 「それから」, 「門」
- 후기 3부작 : 「彼岸過迄(ひがんすぎまで)」, 「行人(こうじん)」, 「こころ」
- 「道草(みちくさ)」 : 유일한 자전적 소설
- 「明暗(めいあん)」 : 則天去私(자기를 버리고 자연의 순리에 따름) 주장

明治大正期의 소설가. 본명은金之助. 여덟 兄弟 중의 막내로 江戸・牛込馬場下의 名主의 집안에서 태어났다. 家運이 기울어져 곧 남의 집에 맡겨지고 후에 養子로 보내졌지만 아홉 살 때 生家에서 다시 되맡게 되었다. 明治18年 松山中学에, 翌年 熊本의 五高로 옮겼다. 明治 26年 東大英文科를 卒業・第一高等中学에서 동급생이었던 正岡子規의 影響을 받아 俳句를 즐겼다. 英語教師로 있으면서 英文学을 研究, 1900년 문부성 유학생으로 영국에 유학하지만, 最悪의 神経衰弱症에 걸려 帰国한 後 一高教授, 東大講師를 역임하는 동안에도 완치되지 않았으나 明治38년에는 『吾輩は猫である』 등 인간의 심층묘사와 지식인의 내면세계를 적나라하게 묘사한 작품을 발표한다. 그 뒤 『倫敦塔』에서는 지식인의 심층에 잠재하는 부조리한 세계를 조명함으로써, 지식인 소설가로 역작을 계속 발표하게 된다. 교직을 그만두고, 朝日新聞社에 입사한 뒤 사회성 있는 작품과 함께 에세이 평론 등도 발표한다.

1905(明治38)년 高浜虚子의 알선으로 『ホトトギス』에 연재되기 시작했던 소세키의 『吾輩は猫である』는 사생문조의 소설로 쓰여졌지만 드디어 근대 굴지의 풍자문학으로서 표현하였다. 지식인의 생활 태도와 사고 방식, 근대 일본의 성격 등을 날카롭게 비판하고 높은 교양이 밑받침된 독창적이고 참신한 문학작품인 『吾輩は猫である』의 호평은 소세키의 창작의욕을 고양시켜, 『漾虚集』에 실린 낭만적인 작품을 시작으로 江戸っ子의 정의감과 유머를 섞어서 써낸 『坊っちゃん』, 청년화가를 주인공으로 『非人情』의 경지를 쓴 자연주의와 대립하는 입장 『草枕』, 러・일 전쟁 후의 사회적 모순에 심한 항의를 내 보인 『野分』 등 풍부한 재능을 한꺼번에 발산시킨 다채로운 작품 세계가 펼쳐졌다. 그러나, 메이지 40년에 朝日신문의 전속작가로 채용되어, 그 내면세계를 깊이 파고 들어가는 본격 소설로 전환하게 된다. 러・일 전쟁 후의 지식 청년이 안고 있던 윤리적 고뇌를 정면으로 체험하여, 일본 근대 문명에 민감한 성찰을 묘사한 **『三四郎』, 『それから』, 『門』의 3부작**은 작가의 의지를 반영한 작품이다. 그 후 소세키는 修善寺의 중병을 계기로 사물에 대한 깊은 성찰로 지식인의 고독과 에고이즘의 추악성을 응시한 『行人』, 『こころ』 등을 발표하고, 자서전적 작품인 『道草』를 발표하였다. 최후의 대작 『明暗』에는 에고이즘의 암울함과 그것을 초월한 『則天去私』는 미완성 작품이다.

◎ 『草枕』의 감상

夏目漱石은 1906(明治39)년 9월 잡지 『신소설』에 발표. 『吾輩は猫である』에 이어 漱石가 작가적 위치를 확고히 한 출세 작품이 **『草枕(풀베개)』**이다.

청년 화가인 주인공이 어느 산간 마을의 온천장에 도착하여 그 곳에서 재기가 뛰어난 여자와 만나게 되어 비정상적인 교섭이 시작된다. 여기에서 청년 화가가 수많은 사람들을 만나게 되고

최후에 여주인공의 헤어진 전남편과 여주인공이 만나게 되는 장면에서 여주인공이 전남편을 만나는 순간 그렇게 재기에 넘치던 여인이 순간 우수가 깃든 얼굴을 하였을 때 그 장면을 놓치지 아니하고 화가인 청년은 그림으로 표현하는 줄거리이다.

★『こころ』의 감상

『こころ(마음)』의 構成은 <先生과 私><両親과 私><先生과 遺書>의 3編으로 되어있다. 테마의 中心이 되는 것은 <선생과 유서>이다. 形式的으로는 내가 主人公이지만, 実質的으로는 선생이 주인공으로 유서의 형식으로 過去의 特殊한 体験을 告白한다. 선생은 叔父 때문에 財産을 詐取당하고, 숙부에의 不信이 세상 사람들에게의 불신으로 된다. 자기의 인생을 건 倫理的 根拠를 잃은 선생은 자살했다고 하는 内用. 이 作品에서는 近代人의 利己主義, 또는 自然主義의 心理가 理智的으로 分析되어, 깊고 날카롭게 나타나있다.

★『坊(ぼ)っちゃん』의 감상

도련님은 어릴 때부터 정직하긴 하지만 매사에 무분별하여 損害만 보고 있었다. 父親은 얼굴만 맞대면 '못써, 못써' 하고, 母親도 연극 흉내만 내며 女子役을 좋아하던 兄을 귀여워하며, 너는 장래가 염려된다고 말해 왔다. 마침내 도련님은 개구쟁이 기질을 発揮했다. 両親이 별세한 뒤 学校를 卒業한 兄은 九州로 赴任해 가고 도련님은 마침 지나쳤던 인연이라고 하며 物理学校에 入学했다. 간신히 学校를 卒業하자 四国 어느 中学의 数学教師가 됐다.

아직 묵은 생각, 관습 등이 뿌리깊게 남아 있는 地方都市의 中学校 教員室에 무분별하고 正義感이 강한 도련님이 赴任해 갔으니 차례차례 問題가 생겨 날 수 밖에 없었다. 学生들도 東京에서 온 이 풋내기 数学教師에게 여러 가지로 장난을 걸었다. 도련님이 산보 도중, 유부국수 네 그릇을 먹자 다음 날 칠판에 그 사실이 落書되어 있다.

> それから三日ばかりは無事であったが、四日目の晩に住田(すみた)というところへ行って団子(だんご)を食った。この住田というところは温泉のある町で城下から汽車だと十分ばかり、歩行(ある)いて三十分で行かれる、料理屋も温泉宿も、公園もある上に遊郭(ゆうかく)がある。おれのはいった団子屋は遊郭の入口にあって、大変うまいという評判だから、温泉に行った帰りがけにちょっと食って見た。
>
> 그리고 나서 사흘쯤은 무사하였지만, 나흘째 되는 날 밤에 住田이라고 하는 곳으로 가서 경단을 사먹었다. 이 住田은 온천이 있는 동리로서 성밑에서 기차로 10분 쯤, 걸어서 30분으로 갈 수 있으며, 요리집도 온천여관도 공원도 있는 데다가 유곽까지 있다. 내가 들어간 경단 집은 유곽의 입구에 있으며 대단히 맛이 좋다고 하는 평판이 있어 온천에 갔다 돌아오는 길에 잠깐 들러 먹어 봤다.

森鷗外(1862~1922)

모리오가이

森鷗外は小説家・翻訳家・劇作家・評論家・軍医。島根県生まれ。陸軍軍医のかたわら多彩な作家活動を展開した。主な小説に『舞姫』(1890)、『青年』(1910−1911)、『雁』(1911−1913)などがある。

明治30년대의 근대문학 개화기에 森鷗外(もりおうがい)가 이룩한 번역과 창작의 영향으로 낭만주의가 발생하고 서구주의에 반발하는 고전주의와 신체시・언문일치 운동.

森鷗外(もりおうがい)는 「しがらみ草紙」를 거점으로 다채로운 예술 계몽 활동을 전개하고, 서양의 자유스러운 기풍에 이끌린 자아의 각성으로 고뇌하는 청년을 묘사하는 「舞姫(まいひめ)」를 발표하여 근대문학의 선구가 되었다.

森鷗外는 石見国(島根県) 津和野藩의 典医 森静男의 長男으로 태어나 藩校에서 漢籍을 배운 후 明治 5年 父親을 따라 上京, 西周의 自宅에 기거했다.

明治14年 東大 医学部를 最年少로 卒業후 陸軍軍医가 되어 明治17年 独逸로 留学, 베를린 라이프찌히에서 衛生学을 研究, 学術上으로나 実生活의 面에서 많은 成果를 올렸다.

帰国 후 抒情詩集『於母影』을 同僚들과 飜訳하여 유럽의 近代抒情詩를 처음으로 日本의 文学界에 소개하였다. 青春을 記念하는 浪漫主義的인 小説『舞姫』『埋れ木』『うたかたの記』三作 이외는 거의가 50歳 이후의 것이다.

본명은 林太郎로 島根県에서 출생, 일찍이 한학・蘭学・독일어 등을 익히고 젊은 나이로 동경대 의학부를 졸업, 군의로서 독일에 유학, 1888(明治21)년 귀국하여 서양 근대 문학 및 이론을 유입, 창작활동을 하였으며, 반자연주의 입장에 서서 소설, 희곡, 시가, 에세이 등 거대한 발자취를 남겼다. 그가 귀국 후 서양미학 특히, 하루트만(Hartmann)의 미학에 입각하여 시학의 법칙을 적용함에 의하여 유치하고 혼전한 문단에 확고한 지표를 수립하려고 하여 『草紙』(評論雑誌)를 창간하였다.

평론이 문학의 하나의 형태로서 독자적인 위치를 가진 것도 鷗外의 활약에 힘입는 바 크다. 鷗外와 坪内逍遥와의 没理想論争은 근대 일본 문학 사상 최초의 문학 논쟁이다.

이 논쟁은 사실주의 입장에서 「没理想」을 설파한 逍遥에 반하여 이상주의 입장을 견지한 鷗外와의 문학논쟁이며 鷗外의 논조에는 낭만주의에 통하는 문학이론의 태동을 엿볼 수 있다. 오가이의 작품에는 독일 유학 후 그의 독일유학에서 소재를 구한 『舞姫』를 집필하였다. 이들 작품은 鷗外 초기 문장의 필치는 미문이고, 청춘의 낭만적인 향기를 뿜어낸 비련의 소설이다. 『郎興時人』은 안데르센 원작을 번역한 작품으로 원작 이상이라는 평을 받고 있다. **鷗外는 漱石와 함께 반자연주의 입장에 서서 현대 소설에 있어서 커다란 영향을 주었으며 낭만적인 풍조를 고조시키는 결과를 가져 왔다. 후년에는 『青年』 등을 집필하고 역사소설로서 『阿部一族』, 『寒山拾**

得』, 『高瀬舟』 등 걸작을 내 놓았으며 만년작으로는 『渉江抽斉』 등이 있다.

낭만시집의 선구인 『於母影(おもかげ)』는 森鴎外를 중심으로 한 新声社 동인에 의한 번역 시집. 유럽시를 和歌식으로 번역. 한시역을 고전적인 기품이 있는 단어 사용하는 鴎外는 창작활동을 하였다. 1909년 잡지 『スバル』 창간, 그의 활동 무대는 주로 『スバル』이고 慶応대학 문학과의 기관지인 『三田文学』이었다.

작품에는 『三四郎』, 『青年』외에, 明治 초기의 서양풍을 배경으로 여성이 자아에서 눈을 뜬 『雁』 등이 있고 『妄想』(鴎外의 정신 형성 과정을 보여주는 중요한 자서전적 소설) 등의 단편이 있다. 그리고 鴎外는 歴史物에서 소재를 얻은 「史小説」을 발표하였다. 이들 작품을 보면 『阿部一族』, 『高瀬舟』, 『山椒大夫』, 『伊訳蘭軒』 등이다. 작가의 주관을 배제한 역사적 사실을 재현하려고 하는 객관적인 역사소설

·『山椒大夫(さんしょうだゆう)』, 『最後の一句』, 『寒山拾得(かんざんじっとく)』

→ 역사상의 사실에 속박되지 않고, 윤리 행위를 사회적 습관에서 찾음

·『高瀬舟』 : 무욕과 안락사의 문제를 주제로 함

★ 『舞姫』의 감상

太田豊太郎은 父親을 일찍 잃었지만 大学에서는 創立이래의 秀才라고 불렸으며, 某官庁에 赴任하자 얼마 안 있어 独逸勤務 発令받고 베를린으로 출발했다. 官庁일에 익숙해지자 시간 내어 베를린 大学의 聴講生으로 政治学을 공부했다.

이렇게 해서 三年이 지났고, 자유스러운 大学분위기 속에서 공부하는 동안에 豊太郎은 자신이 그때까지 느끼지 못했던 「真正한 나」에 눈뜨기 시작하여 「独立의 思想」을 갖게 되었다.

어느 날 저녁, 크로스탤의 옛 寺院 앞을 지나치려는데 16, 17세 가량의 少女가 寺院 대문에 기대어 울고 있었다.

입신출세의 코스를 쉬지 않고 달려온 주인공 太田豊太郎는 유학생으로서 독일에 파견되고 자유의 바람을 맞으며 진정한 자기 자신에 눈을 뜨나 무희 엘리스를 도와주었던 것이 계기가 되어 관직에서 물어나게 된다. 고국의 어머니는 돌아가시고 豊太郎는 베를린에 머물며 친우 相沢의 소개에 의한 신문사의 통신원으로서 엘리스와 함께 가난함 속에서도 즐거운 생활을 보낸다. 도요타로는 고뇌와 한기로 인해 인사불성의 병으로 쓰러지고 의식을 회복했을 때는 아이자와로부터 진상을 들은 엘리스는 이미 발광해 있었다. 광기의 엘리스와 그의 어머니에게 생계를 위한 자금을 남기고 귀국하는 도요타로의 마음에는 아이자와에 대한 일말의 원망이 언제까지나 남아 있다.

◈ 森 鴎外の『舞姫』

わが足音(あしおと)に驚かされてかえりみたる面(おもて)、余に詩人の筆なければこれを写すべくもあらず。この青く清らにて物問いたげに愁いを含める目(まみ)の、半ば露を宿せる長き睫毛(まつげ)におおわれたるは、何故(なにゆえ)に一顧したるのみにて、用心深きわが心の底までは徹したるか。

내 발소리에 놀라 돌아다보는 얼굴, 나에게 詩人으로서의 글재주가 없는 한 이를 표현할 길 없다. 이 푸르게 맑고 뭔가 알고 싶은 듯이, 그리고 수심을 담은 눈매에 거의 눈물을 적신 속눈썹은, 왠지 첫눈에 조심성 많은 나의 속까지 꿰뚫는 것 같았다.

鴎外(おうがい)는 독일에서 5년 간의 유학생활을 마치고 귀국하여 바로 이 작품을 발표하게 되는데, 독일에서 돌아온 鴎外(おうがい)의 뒤를 좇아 독일의 한 여성이 일본에 왔으며 鴎外(おうがい) 가족의 설득으로 다시 돌아갔다고 한다.

武者小路実篤(むしゃのこうじさねあつ)(1885~1976, 明治18~昭和51)

武者小路実篤(むしゃのこうじさねあつ)는 자신을 살리는 것이 인류 보편의 선이라 여겨 자기 긍정의 사고 방식을 주장하고 낙천적이고, 이상주의적인 이웃사랑을 주장하였다. 그는 『聖書』, 『톨스토이』 등에서 사상적 기반과 영향을 받아 인도주의 영향으로 이상적인 유토피아, 재산 공유의 이상적 사회를 주창하고, 소설 : 『お目出たき人』 『友情』 『愛と死』 희곡 : 『その妹』 『人間万歳』 등이 있다.

평범한 어조와 무기교의 작품에는 『お目出たき人』, 『その妹』, 『人間万歳』 등이 있다. 이 작품은 자신의 희생을 강요하는 톨스토이주의에서 벗어난 시기의 대표작이다. 이 작품에서 "여자에게 굶주리고 있다."라고 하는 노골적인 표현으로 詩에서 보여지는 반복적 묘사를 하고 있다. 또한 그의 작품은 시종 소박하고 낙천적인 인생 긍정의 태도로 일관하고 있으며 유머를 내포하고 있다.

志賀直哉(しがなおや)(1883~1971, 明治 16~昭和46)

志賀直哉(しがなおや)는 강한 자아의식을 가지고, 자기의 감정에 충실히 살아가려고 하는 자유스러움과 순수함을 가짐. '小説の神様'과 자기긍정의 정신으로 개인적 고뇌를 묘사한 심경소설 확립한 간결한 문체 『城の崎にて(きのさきにて)』와 리얼리즘의 기법으로 유명하다. 『網走(あばしり)まで』 『小憎の神様(こぞうのかみさま)』 『和解(わかい)』 『焚火(たきび)』

明治 말기부터 大正, 昭和의 3시대를 걸쳐 활약한 작가이다. **武者小路実篤(むしゃのこうじさねあつ)·有島武郎(ありしまたけお)와 함께 이상주의, 인도주의의 경향을 가진 작가로 허위·부정·부자연·부조화에 반발하는 윤리감이 강하고 강인한 자아를 성찰하는 작품을 이룩하였다.** 그는 휴머니즘을 기초로 하여 보다 나은 삶을 추구하려는 생명에의 강한 의욕을 가지고, 냉철한 인생관을 조명하고 작품 속에서 감성과 지성을 조화시켜 간결한 필치로 묘사하고 있다.

작품에는 『城の崎にて』 『和解』 『網走まで』, 등이 있고, 장편인 『暗夜行路』는 약 16년의 장시간에 걸쳐 완성한 작품이다.

밤사이에 심한 비가 내렸다. 아침은 개이고, 나뭇잎도, 지면도, 지붕도 깨끗하게 씻어졌다. 벌의 死骸는 어디에도 없었다. 지금도 벌집에서 벌들은 힘차게 일하고 있지만 죽은 벌은 물통을 통해서 흙탕물에 휩싸여 어딘가에서 조용히 있겠지, 외계에서 그것을 움직이는 다음의 변화가 일어날 때까지 死骸는 역시 그곳에 머물겠지, 그렇지 않으면 개미가 끌고 가던가 그건 그렇고 그것은 너무나 조용했다. 열심히 일하던 벌이 전혀 움직일 수가 없었던 것이므로 조용하다. 나는 그 조용함에 친밀감을 느꼈다.

- 『城の崎にて』 -

작자는 소동물의 죽음을 관찰하면서 그것을 통하여 자신의 존재 그 자체를 생각하고 거기에서 얻은 결론은 자연 앞에서는 인간도 동물도 같은 존재밖에는 아니라는 것을 깨닫게 된다. 작가는 이 작품 이전에는 자신은 인류를 멸망시키는 것으로부터 구제하여야 한다는 「空想」 등을 하는 청년이었다.

나에게 조부가 있다는 것을 내가 알게 된 것은 나의 어머니가 산후의 병고로 죽고 그 이후 2개월 정도 지나 불쑥 조부가 내 앞에 나타난 그때부터였다. 내가 여섯살 때이다.

어느날 저녁 무렵, 나는 홀로 문 앞에서 놀고 있을 때 낯모르는 노인이 내 앞에 와서 서 있었다. 눈이 푹 패이고 고양이 허리처럼 구부러진 어쩐지 초라한 노인이었다. 나는 어쩐 일인지 그에게 반감을 가지게 되었다. 노인은 미소를 지우면서 나에게 말을 걸려고 하였다. 그러나 나는 일종의 악의에서 그것을 피하여 고개를 숙여 버렸다. 치켜오른 입, 그 입을 둘러싼 깊은 주름 이상하게도 폼이 없는 인상을 받았다. "빨리가라"고 나는 내 마음속으로 그렇게 말하면서 고집스럽게 머리를 숙이고 있었다. 그러나 노인은 쉽게 그 자리를 떠나려고 하지 아니했다. **『暗夜行路』**

위의 暗夜行路의 본문은 주인공 謙作이 어렸을 때 어머니를 여의고 얼마 있다가 곧바로 조부와 상면하는 장면이다. 이 작품은, 그 처인 나오코의 불륜 등으로 심신이 지친 謙作은 大山에서 요양 중 그의 처와의 재회로 모든 것을 용서하고 평온을 되찾게 된 謙作, 인간의 극한적인 애정과 갈등 등을 통하여 작자는 조화를 추구하려는 이상성, 타협을 거부할 수 만은 없는 정의감, 그리고 냉철한 안목과 과격한 관능 등을 묘사한 문제의 작품이다.

★ 白樺派의 文学

자연주의의 전성기인 1910년경 당시 사회의 미성숙함을 주제로 묘사된 비속한 인간고 등의 작품은 당시 사회의 분위기를 어둡게 하였다.

白樺派의 작가들에게는 일종의 귀족적인 성향을 가지고 있었다. 인간 내부의 생명력을 믿어, 이상주의. 인도주의의 입장을 취하였다.

이러한 작품에 대한 반발로 밝은 이상주의적인 인도주의의 입장에 서서 개성과 자아를 존중하고 인간의 존엄성을 회복하려는 사상이 일어나게 된다. 이들 사상은 인간의 내부에 있는 「生命」의 힘으로 「인류의 意志」를 될 수 있는 대로 확충, 발전시켜 이것을 예술로서 표현하는 것이 자신들에게 주어진 사명이라고 주장하였다.

이들 작가는 武者小路実篤, 志賀直哉, 有島武郎 등이다.

有島武郎(ありしまたけお)(1878~1923, 明治11~大正12)

有島武郎(ありしまたけお)는 개인의 자유, 사회적 모순을 통해 사회주의적 관심 표방하고, 사랑을 기조로 한 이상주의 입장에서 자아와 본능의 발전과 확립을 추구하는 사회주의 성향을 가지고 있는 작가로 평가된다.

학습원 출신으로 황태자의 친구로 선정될 정도의 가문에서 태어났다. 그는 北海道의 삿뽀로 農学校에서 교육을 받고, 여기에서 그는 커다란 정신적인 감화를 받고 처음으로 기독교에 들어가 열렬한 신앙 생활을 하였다. 그런데 미국에 유학한 후 신앙심도 점차로 사라지고 호이트만, 톨스토이에게 점점 감화되어 제1차 대전 후, 점차로 대두한 사회주의적인 풍조에 마음을 쏟게 되어 지식인의 역할에 대하여 열심히 고뇌하게 된다.

『선언 하나』라는 논문은 이와 같은 고뇌에서 쓰게 된 논문이다. 소설에는『カインの末裔(まつえい)』『生まれ出づる悩み(うまれいづるなやみ)』『小さき者へ』『或る女』 등이 있다. 또 그의 동생인 里見弴은『善心悪心』『外情仏心』 등의 작품이 있다.

『惜しみなく愛は奪ふ』는 大正期 작가의 인생론・인간론을 대표하는 평론이며 본능적인 생활에 진실한 자유가 있다고 서술하고 있다.

> 사상과 실생활 등이 융합한 그로부터 생기는 현상 -그 현상은 언제나 인간 생활의 통일을 가장 순수한 형태로 가지게 하는 것이지만 그렇다고 해서 최근에 일본에서 가장 주의하지 아니하면 안 되는 문제는 사회 문제로서, 그리고 해결해야 하는 운동이 소위 학자 또는 사상가의 손에서 벗어나 노동자의 손으로 옮아가려고 하는 현상이다. ㅡ『선언 하나』

작가는 미국의 하바드 대학 대학원에 입학하여 미국생활을 하는 과정에서 기독교에 의문을 품게 되고, 결국 기독교를 떠나 휠트만 하이트만(Walit Whitman)에 영향을 받아 정치적으로는 무정부주의의 입장을 취하고 1910(明治43)년에 발표한『간간벌레』(굴뚝, 기선, 보일러 등에서 벌떼처럼 달라붙어 일하는 일꾼)에서 그의 사상을 잘 나타내고 있다.

위에서 소개한『선언 하나』는 문학 작품은 아니지만 有島의 사상을 담은 논문이다. 大正 중기 이후의 사회 문제 중 가장 중요한 것은 노동문제로 또 이 문제는 세계 제1차 대전을 전후하여 불어닥친 공황은 자본가 계급과 노동자 계급의 대결, 자본주의 필연적 모순 등이 노출되는 상황에서 有島의 사상을 엿볼 수 있다.

그러나 有島는 자신의 생각과는 정반대의 삶을 살게 된다.

※ 新思潮派와 私小説

1916~17(大正5, 6)년경에 「白樺派」의 뒤를 이어 독자적인 문학 세력이 등장하게 된다. 동경대 중심의 동인잡지 제3차·제4차 「新思潮」를 중심으로 한 芥川龍之介·菊池寛·久米正雄 등이다. 이들은 동경대의 엘리트들로 漱石·鴎外를 존경하고 당시 신선한 바람을 일으킨 志賀·武者小路 등에게 고무되어 문학활동을 하게 된다.

이들은 귀족적인 분위기에 있던 종래의 「白樺」의 작가들이 현실의 어두운 면이나 사회문제를 방관하는 식의 낙천적인 입장이 아니고 또 자연주의 문학의 작가들이 현실을 사실 그대로 적나라하게 파헤치면서도 해결 방안을 찾지 못한 태도 등에서 넓은 「教養」과 새로운 근대 사회를 이지적으로 예리한 각도에서 보려고 노력하였다.

우울한 사회의 현실이나 인간의 모습을 거리를 두고 관찰하면서 이 문제들을 지적인 해석으로 근대인으로서 사상이나 비애에 동참하고 접근하는 방법을 택하고 있다.

♧ 戦後의 文学

· 일본의 패전이후 억압된 언론·표현의 자유가 회복되어 전쟁으로 활동할 수 없던 작가와 젊은 세대가 작품을 발표함.

※ – 永井荷風の「踊子(おどりこ)」, 谷崎潤一郎の「細雪(ささめゆき)」
志賀直哉の「灰色(はいいろ)の月」, 川端康成の「千羽鶴(せんばづる)」, 「山の音」

芥川龍之介(1892~1927, 明治25~昭和2)

終始短編作家で通じた異色の存在である。代表作に『羅生門』·『地獄変』·『鼻』·『杜子春』などがある。역사소설로서 王朝物에 『羅生門(らしょうもん)』『鼻』←『今昔物語集』『地獄変(じごくへん)』←『宇治拾遺物語』·江戸物 :『戯作三昧(げさくざんまい)』『枯野抄(かれのしょう)』·キリス丹物 :『きりしとほろ上人伝』·開化物 :『開化の殺人』『舞踏会(ぶとうかい)』등이 있다.

芥川龍之介

大正期의 소설가. 동경에서 출생하여, 1916년 東京帝大 英文科를 졸업. 생후 어머니의 병으로 외가에서 성장하였으며 대학 재학중 『新思潮』를 창간, 세기말 문학에 심취하여 大正 4년(1915)년 『羅生門』을 발표, 그만의 독특한 문학세계를 펼쳐간다. 1916년 제4차 「新思潮」에 『鼻(はな)』를 발표하고, 그후 『地獄変』, 『枯野抄』 등 단편명작을 발표하여, 스승인 夏目漱石로부터 격찬을 받는다.

그 뒤 사회성 있고 풍자적이며, 시니컬한 문체에서 私小説로 전환하여 주력하게 되나 체력이 쇠약해져 자살한다. 후에 『河童(がっぱ)』 등 유고 등을 모은 유작집이 출간되었다.

芥川龍之介(あくたがわりゅうのすけ)는 『鼻』에 의해 문단에 등단하여 다채로운 양식·문체를 구사한 '단편소설'에서 재능을 발휘한 新思潮派의 대표작가이다.

초기에는 역사소설이 중심이었으나, 후기에 歴史離れ는 역사에서 제재를 구하면서 자유롭게 작가의 구상과 해석을 도모하는 주관적 예술의 가치를 인생보다도 높이 평가하는 芸術至上主義 작가로 활동하고, 『歯車(はぐるま)』 『或阿保(あるあほう)の一生』은 시대의 흐름에 따라가지 못하는 예리한 자아의식과 종교에의 희구를 소설화하였다. 작품에는 『羅生門』, 『鼻』, 『芋粥』, 『地獄変』, 『枯野抄』, 『戯作三昧』, 『舞踏会』, 『或阿保の一生』 등 다수의 작품이 있다. 이들 작품은 왕조물·기독교물·에로물·개화물·동화 등 다양하다.

芥川의 다양한 문학적 생애를 한마디로 말하기는 어렵지만 그는 작가 자신의 인생이나 인간에 대한 지적인 해석 또는 근대적 개인주의적 사상이나 기분을 작품 속에서 묘사하려고 노력하였다.

> 禅知内供는 태어날 때부터 특이하게도 코가 길었다. 그는 속으로 자신의 기형의 코를 고민하고 있었지만, 결코 그런 내색은 하지 않았다.
> 남몰래 시도해보는 치료법은 어느 것도 효과가 없었지만, 교토에서 제자에게 전해 들은 처방은 보기 좋게 그의 코를 짧게 만들었다. 内供는 안도의 기분을 갖지만, 주위의 시선은 전에 비하여 더욱더 노골적으로 조소를 하였다. (「鼻」)

이 소설이 시사함은 인간의 욕망을 성취하여도 별로 즐겁지 아니하다는 인간심리를 그린 점이고, 결국 인간의 진정한 행복도 상대적인 것에 불과하다는 점을 강조하고 있다.

> 어느 날 해질 무렵의 일이었다. 한 사람의 하인이 羅生門 밑에서 비가 그치기를 기다리고 있었다. 넓은 문밑에는 이 사내 외에는 아무도 없다. 그저 군데 군데 단청이 벗겨진 커다란 둥근 기둥에 여치 한 마리가 앉아 있다. 羅生門이 주작대로에 있는 이상은, 이 사내 외에도 비를 피하기 위하여 이지메갓이나 모미에모자를 쓴 사람이 있을 법하다. 그런데 이 사내 외에는 그 누구도 없다.
> 왜냐하면 요즘 이삼년사이 京都에는 지진이라던가 회오리바람, 화재라던가 기근 등의 재난이 계속해서 일어났다. **(「羅生門」)**

武者小路実篤(むしゃのこうじさねあつ) 明治 18년(1885)~1976

明治 18년(1885)東京 麹町에서 태어났다. 学習院高等科에 進学할 때, 叔父의 影響을 받아 『聖書』를 읽고 이어서 톨스토이에 傾倒했다. 東大 社会学科에 進学하고서부터 志賀直哉 등과 回覧雑誌『望野』를 刊行, 初期作品集『荒野』를 出版했다. 明治 43年 志賀 등과 『白樺』를 創刊, 큰 役割을 했다. 이 무렵은 톨스토이를 벗어나 個人의 欲求를 대담하게 肯定함으로써 자기를 確立하여 『お目出き人』, 그 외의 佳作을 썼으며 이어서 半世紀 이상에 걸쳐 『幸福者』 『その妹』 『人間

万歳』『愛慾』『真理先生』『一人の男』등 수많은 名作을 発表하였다.

★『友情(ゆうじょう)』의 감상

彼は皆に感謝したかった。ことに神に。

「私は謹(つつし)みます。できるだけのことをします。どうかたった一つのことは叶(かな)えて下さい。お願いですから。杉子を私のものにして下さい。杉子を私から奪わないで下さい。私はあなたのためにできるだけ働きます。皆の幸福のために働きます。あなたの意志にできるだけ従います。ですから、私を憐れんでこのあなたから与えられた限りない幸福を奪わないで下さい。」

그는 모두에게 감사하고 싶었다. 특히 神에게.

「나는 삼가하겠습니다. 할 수 있는 데까지의 일을 하겠습니다. 부디 단 하나만은 이루게 해 주십시오. 부탁입니다. 杉子를 나에게 주십시오. 杉子를 나로부터 빼앗아가지 말아 주십시오. 나는 당신을 위하여 할 수 있는 데까지 하겠습니다. 모두의 행복을 위해서 일하겠습니다. 될 수 있는 한 당신의 뜻에 따르겠습니다. 그러니, 나를 가엾이 여겨 당신으로부터 주어진 한없는 행복을 빼앗아가지 말아 주십시오.」

脚本作家인 野島는 친구 仲田의 여동생 杉子를 보고 첫눈에 그 뛰어난 아름다움과 맑은 인상에 매혹되어 깊은 恋情을 느낀다. 그대로만 있을 수가 없어 친구 大宮에게 사랑을 고백한다. 大宮은 힘이 돼 주겠다 하며 野島를 위해 할 수 있는 데까지 誠意를 다한다.

여름이 되어 野島는 大宮의 초대를 받아 鎌倉(かまくら)의 別荘에 갔다. 仲田 男妹도 와 있었으며 왕래하는 동안에 野島는 杉子가 大宮에게 마음 끌리고 있는 것이 아닌가 하는 두려움을 갖게 된다. 그러나 大宮은 野島에게 대담하게 행동하라고 권한다. 大宮은 海外로 나간다고도 했다. 野島는 감기를 앓아 열이 있었다. 열이 내리자 휘청거리는 걸음으로 海岸에 나가 수영 나온 杉子를 만났다.「어제 大宮氏가 당신을 칭찬하고 있었다」는 말을 듣고 그는 大宮에게 감격하며 행복을 느낀다.

佐藤春夫(さとうはるお)明治 25~昭和 39年(1892~1964)

和歌山県 新宮에서 태어났다. 15歳 때부터 詩歌의 習作을 시작,『明星』에 石川啄木이 春夫의 노래를 실은 일이 있다. 新宮中学 卒業 후 上京하여 生田長江에게 師事, 다시금 堀口大学를 알고 같이 慶応大에 入学,『三田文学』『スバル』에 詩文을 발표. 大正 2年, 慶応中退 후 괴로운 恋愛事件을 거쳐 散文의 世界로 들어가 詩情이 풍부한 幻想風의 作品에 자기의 青春의 위기를 표현했다.『田園の憂欝』를 계기로 文壇에 나와서는 小説, 詩, 評論, 随筆 등 모든 領域에서도 뛰어난 作品을 내어 한때 그 名声은 谷崎나 芥川을 앞질렀다.『殉情詩集』『近代日本文学의 展望』『晶子曼陀羅』등이 있다. 晩年은 高村光太郎, 永井荷風 등의 伝記小説風의 作品에 힘을 기울였다.

★『田園(でんえん)の憂欝(ゆううつ)』의 감상

武蔵野의 南端 맨 끝에 T와 Y와 H의 큰 都市를 옆에 두고 훤히 트인 푸르른 農村이 있었다. 詩人은

숨이 막히고 人間들의 무게에 눌려서 찌그러질 것 같은 都市를 벗어나 妻와 한 마리의 고양이와 두 마리의 개를 데리고 그 곳으로 옮겨왔다. 집은 완전히 황폐해 있었으며 뒤편은 산이 이어져 대나무 밭으로 되어 있었다. 夫婦가 좋아하는『雨月物語』중의「浅茅의 집」그대로였었다. 그들이 오기 수년 전 이 집에는 마을 제一의 부호인 老主人이 젊은 妾과 살고 있었지만, 女子는 젊은 男子와 도망가고 老人도 죽어 한동안 農家가 된 후로는 황폐한 채로 내버려졌다. 한여름의 廃園은 풀이 茂盛한 채로였다. 어느 날 뜰을 거닐고 있으려니 뜰 한구석에 몇 그루인가의 장미가 있었다. 八月 중순이 지났는데도 꽃은커녕 한 잎의 푸른 잎사귀조차 없다. 장미는 그가 깊이 사랑하는 것 중의 하나였다.

괴테의「장미라면 꽃피겠지」하는 위로에 찬 詩句를 그는 잊지 않고 있다.

彼は顔を洗うために井戸端へは毎朝来ながら、いつしか、それらの薔薇の木のことは忘れるともなくもう全く忘れ果てていた。

図らずも、ある朝ーそれは彼がそれの手入れをしてやってから二十日足らずの後である。彼は偶然、それらの木のある緑鮮やかな茎の新しい枝の上に花が咲いているのを見出した。

壺井 栄 明治 33～昭和 42年(1900～1967)

瀬戸内海의 小豆島에서 태어났다. 父親은 불황 때문에 형편이 어려워져, 家内業을 해가며 高等小学校를 卒業. 마을의 우체국, 읍사무소 같은 데에서 일하면서 同郷인 壷井繁治, 黒島伝治 등의 영향을 받아 文学을 가까이하게 됐다. 大正 14年 上京하여 繁治와 결혼. 坪田譲治의『風の中の子供』에 자극되어 昭和 13年에 쓴『大根の葉』으로 주목받았다. 이어서 生家一族의 変化를 그린『暦』에서 新潮文芸賞을 受賞하고 作家生活로 들어갔다. 그 후『妻の座』『岸うつ波』『雑居家族』『裲襠』『右文覚え書』등의 小説 외에도『柿の木のある家』『坂道』『母のない子と子のない母と』등의 児童文学이 있다.

★『二十四の瞳』의 감상

昭和3年4月 瀬戸内海邊의 岬의 寒村에 있는 分校場에 새로 女先生이 부임해 왔다. 이 分校場에는 그전부터의 예로서 나이 많은 男先生과 젊은 女先生의 두 교사가 本校에서 왔었다. 나이많은 男선생이 자리를 잡고 있는 것과는 반대로 女先生은 곧 転任해 갔다. 아이들 사이에는 女先生을 맞을 때 환영의 뜻을 보이는 의미에서 先生을 처음에 골탕먹이는 습관이 있었다 이번에는 女学校 師範科出身의 이력을 가진 先生님이 온다기에 아이들은 단단히 준비하고 기다리고 있었다.

道みちささやきながら歩いてゆく彼らは、いきなりどぎもをぬかれたのである。場所もわるかった。見通しのきかぬ曲がり角の近くで、この道にめずらしい自転車が見えたのだ。自転車はすうっと鳥のように近づいてきたと思うと、洋服を着た女が、みんなのほうへにこっと笑いかけて、

「おはよう!」と、風のように行きすぎた。

여기 저기서 소곤소곤 말을 주고 받으며 걸어가던 그들은 앞을 보는 순간 간담이 서늘해졌다. 때마침 이 장소가 나빴던 것이다. 잘 내다 볼 수 없는 꼬부라진 길모퉁이에서, 이런 길에서는 좀처럼 볼 수 없는 신기한 자전거가 보인 것이다. 자전거가 가까이 왔다. 그 위에 앉은 양복 입은 여자가, 그들에게 살짝 웃으며 「안녕!」하고 바람과 같이 가버렸다.

川端康成(かわばたやすなり)(1899～1972, 明治32～昭和47)

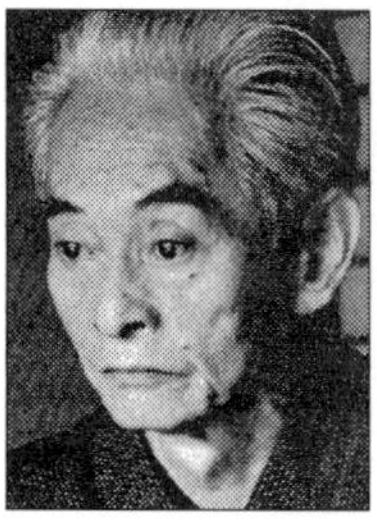

1924年創刊された「文芸時代」により、新感覚派運動を起こした川端康成の代表作『伊豆の踊子』『雪国』など。1968年にノーベル文学賞を受賞した。

大阪 天満此花町에서 태어났으며, 父親은 医師로서 漢詩文人画에 能했다. 두 살 반 때에 父母와 사별하여 병약하게 자라난 그는 15세에 祖父를 잃고 孤児가 됐다. 大正 6年 茨木中学에서 一高에 入学, 다음 해인 大正 7年에 伊豆로 旅行, 大正 9年 東大 英文科에 入学하고 大正 13年 東大를 卒業하고 이후 약 10年間을 <湯が島>에 出入하였으며, 『伊豆の踊子』이후 昭和 4年, 『浅草紅団』에서 <데카당>의 미를 그리고 이어서 6年에 人間心理의 미세한 断面을 담은 『水晶幻想』을, 다시 8年에 非情冷酷한 虚無를 담은 『禽獣』를 발표했다. 『雪国』이후 昭和13年에 本因坊秀哉名人引退碁를 歓戦하고 이것을 바탕으로 昭和17年에 秀作『名人』을 썼다. 戦後는 日本古来의 美에 되돌아 가고 싶다고 말하고 『反橋』三部作, 『千羽鶴』『山の音』, 決定稿『名人』『みずうみ』『眠れる美女』『片腕』 등 많은 名作을 남기고 昭和 43年에는 노벨文学賞을 受賞 등으로 文化交流를 위해서 힘썼다. 제6차『新思潮』発刊을 계획하여 菊池寛을 찾아갔으며 그 이후 오래도록 그의 恩顧를 입었다. 翌年에 創刊한 同誌二号에 『招魂祭一景』을 発表. 1921년 文芸春秋 동인으로 등단하여 横光利一, 今東光, 片岡鉄兵 등과 『文芸時代』를 創刊하여 신감각파 운동을 일으킨다. 大正 15年<掌の小説>『伊豆の踊子』를 発表. 処女小説集『感情装飾』을 刊行하고 昭和2年에 第二短篇集『伊豆の踊子』를 刊行.

川端만의 독특한 심미세계를 펼쳐가면서 일본인 특유의 심미안을 형성시켜간다. 그는 1968년 『雪国』으로 노벨상을 수상함으로써 일본의 美를 언어로써 세계에 알렸다는 평을 받게 되고, 日本 펜클럽 회장 등을역임하면서 문화훈장을 수상하는 등 국제적 작가로 부상하게 되나, 1972년 4월 가스자살로 생을 마감한다. 『雪国』이외에 대표작으로는 『名人』, 『古都』, 『山の音』, 『水晶幻想』 등이 있다.

川端의 작품은 작가가 언제 죽어도 미완성 작품이 되지 않도록 단편들을 모은 장편소설의 형식이다. 실례로 그는 단편소설을 150편 정도 썼다.

川端康成는 처음에 横光利一(よこみつりいち)와 함께 新感覚派의 대표적인 작가로 「문예시대」를 창간하고, 『掌의 소설』이라는 단편집을 발표하였다. 그의 작품에는 서정성이 풍부하지만 청순한 서정의 밑바닥에 흐르는 차가운 허무함이 흐르고 여성을 묘사함에 있어 뛰어난 기질을 발휘했다.

★ 『伊豆(いず)の踊子(おどりこ)』의 감상

道がつづら折りになって、いよいよ天城峠(あまぎとうげ)に近づいたと思う頃、雨脚(あまあし)が杉の密林を白く染めながら、すさまじい早さで麓(ふもと)から私を追って来た。

私は二十歳、高等学校の制帽をかぶり、紺飛白(こんがすり)の着物に袴(はかま)をはき、学生カバンを肩にかけていた。一人伊豆の旅に出てから四日目のことだった。修善寺(しゅぜんじ)温泉に一夜泊り、湯が島温泉に二夜泊り、そして朴歯(ほおば)の高下駄(たかげた)で天城を登って来たのだった。重なり合った山々や原生林や深い渓谷の秋に見惚(みと)れながらも、私は一つの期待に胸をときめかして道を急いでいるのだった。そのうちに大粒の雨が私を打ち始めた。折れ曲った急な坂道を駆(か)け登った。ようやく峠の北口の茶屋にたどりついてほっとすると同時に、私はその入口で立ちすくんでしまった。あまりに期待がみごとに的中したからである。そこに旅芸人の一行が休んでいたのだ。

길이 꾸불꾸불하여 겨우 天城峠에 가까워졌다고 생각했을 때쯤 빗발이 杉木林을 희게 물들이면서 기슭에서부터 굉장한 속도로 다가왔다.

나는 나이 스무 살, 고등학교 제모를 쓰고 紺飛白 着物에 袴를 입은 데에다 학생가방을 어깨에 메고 있었다. 혼자 伊豆(いず)로 길을 떠난 지 나흘째의 일이었다. 修善寺온천에서 일박, 湯ガ島온천에서 이틀밤을 지내고 호박 나무로 만든 굽 높은 나막신으로 天城을 올라왔던 것이다. 겹친 산들, 원시림, 깊은 계곡의 가을 경치 등에 도취되면서도, 나는 하나의 기대에 가슴을 두근거리면서 길을 서둘고 있었던 것이다. 그러는 사이에 굵은 빗방울이 나를 두드리기 시작하였다. 구부러진 가파른 비탈길을 달려 올라갔다. 겨우 산마루의 북편 찻집에 다다라 한숨을 돌리는 순간, 나는 그 입구에서 멈칫 서 버렸다. 너무도 기대가 어김없이 적중됐기 때문인 것이다. 그곳에 유랑 연예인들 일행이 쉬고 있었던 것이다.

『伊豆の踊(おど)り子(こ)』는 川端康成가 태어난 다음 해에 아버지, 그 다음 해에 어머니를 여의고 초등학교 입학한 해에 조모, 초등4년에 누나를 잃고 의지할 곳은 오로지 할아버지 한 사람이었다. 그러나, 중학교 3년 때 조부마저도 잃게 되자, 고아가 된다. 그는 동경 제1고등학교에 입학하여「伊豆」의 여행(1919년)을 하게 되고, 이 때「伊豆の踊(おど)り子(こ)」가 탄생한다.

이 작품은 康成 가 1926(大正15)년 2월「문예시대」에 발표했다.

伊豆(いず)의 여행을 하는 고등학생이 여행 중에 만난 유랑 여행을 하며 요정 등에서 노래부르고 춤을 추는 떠돌이 예인들과 동행하면서그 예인들 중의 가장 어린 무희에게 사랑을 느끼게 되고, 어린 무희도 이 청년에게 사랑을 느끼는 순박하고 청순한 서정적인 작품이다.

이 中篇은 大正 15年 1月과 2月의 『文芸時代』에 発表돼 昭和2年 吉田謙吉의 装幀으로 金星堂에서 出版하였다.

主人公인「나」는「自身의 성질이 孤児根性으로 비뚤어져 있다고 심각한 反省을 거듭하며 그 숨막히는 우울증에 못 이겨 伊豆로의 길을 떠나고」있지만 춤추는 소녀들이「좋은 사람이야」하고 주고 받는 이야기를 듣고, 자기 스스로가「자신을 좋은 사람이라고 솔직히 느낄 수가 있게 되어」말할 수없이 고맙게 생각한다.

★ 『雪国(ゆきぐに)』의 감상

国境の長いトンネルを抜けると雪国であった。夜の底が白くなった。信号所に汽車が止まった。

向側の座席から娘が立って来て、島村の前のガラス窓を落した。雪の冷気が流れこんだ。娘は窓いっぱいに乗り出して、遠くへ叫ぶように、

「駅長さあん、駅長さあん。」

明りをさげてゆっくり雪を踏んで来た男は、襟巻(えりまき)で鼻の上まで包み、耳に帽子の毛皮を垂れていた。

국경(県界와 같음)의 긴 터널을 빠지자 설국이었다. 밤이 밝아졌다. 신호소에 기차가 멎었다. 저쪽편 좌석에서 처녀가 일어나 와서 島村 앞의 창문을 열었다. 눈의 찬 냉기가 흘러 들어 왔다. 처녀는 창문에 꽉 차게 상반신을 내밀고 멀리 외치듯이,

「역장님, 역장님.」

灯을 들고 천천히 눈 위를 걸어오는 남자는 목도리를 코끝까지 여미고 귀에는 모자(방한모) 모피가 내려져 있다.

『雪国』은 昭和 10年 1月부터 12年 5月까지 『文芸春秋』『中央公論』기타 雑誌에 1章씩 독립한 短篇의 形式으로 단속적으로 발표되었으며 同年 6月 新稿를 가하여 創元社에서 出版되었다. 戦後『雪国抄』『続雪国抄』가 執筆되고 昭和 23年 12月에는 完結版『雪国』이 同社에서 刊行되었다.

이 小説은 詩的 文体로 夢想의 세계가 펼쳐져 하나 하나의 장면의 아름다움과 그 全体를 통한 청순한 분위기가 중요하기 때문에 原文 그대로를 음미하지 않으면 아무 도움이 안 되는 作品이다. 冒頭의 一節은 너무 유명한 부분이며 全篇의 序曲으로서 대단히 효과적이다. 터널을 빠져나오면 読者는 川端康成이 만든 非現実의 세계에 끌려간다. 作中의 人物도 事件도 모두가 「이 세상의 것이 아닌 象徵의 世界」로서 옮겨진다.

가을 바람이 일기 시작하고 나서 島村은 세 번 上越国境과 가까운 온천을 찾는다.

『雪国』의 주인공인 시마무라는 인생에 대해서 조금도 적극성이 없다. 그러나 이 주인공은 열심히 사는 요꼬나 고마꼬와 같은 인생을 애처로운 마음으로 응시하면서 이 가련한 인생에 감동하는 과정이 이 작품의 특징이다. 이 작품으로 川端康城는 1968년 노벨문학상을 수상하였다. 그는 그 뒤 1972년 4월 16일 자신의 서재에서 가스 자살로 생을 마감한다.

井伏鱒二(1898~1993, 明治31~平成5)

유머(humor)와 페이소스(pathos)를 포함한 독특한 문체로 에고이즘이나 인간의 비극을 부드럽게 감싸안는 작풍으로 수많은 명작을 남겼고, 문학 활동 50여년에 걸친 그 동안에 한번도 중단하는 일이 없고, 처음에는 문단의 傍系에 위치한다고 생각되었지만, 시간이 지나고 보니 흔들리지 않게 昭和 文学의 지위를 쌓아올린 개성적인 실력파 작가였다.

그는 1922년부터 본격적인 창작활동에 전념하며, 출세작 『谷間』을 비롯한 수많은 유니크한 작품을 발표. 1938(昭和13)년 『ジョン万次郎漂流記』(1937)로 나오키상(直木賞)을, 『今日休診』 및 『早稲田の森』으로 2회에 걸친 読売(よみうり) 문학상을, 『漂民宇三郎』로 芸術院賞을, 『黒い雨』로 野間文

芸賞을 각각 受賞. 1960(昭和35)년에는 芸術院 회원으로 추천되고, 1966(昭和41)년에는 문화 훈장을 받았다. 80세를 넘어서도, 雑誌『海』에 『徴用中のこと』을 연재하는 활동을 했다.

그는 초기 井伏 문학에 체호프의 영향이 있다는 것은 일찍부터 지적되어 왔었고, 또 井伏 자신도 말하고 있는 바이지만, 최근 연구에서는 독일 자연주의 작가 헤르만스 데르먼의 영향이 지적되기 시작하고 있다.(涌田佑 「초기 井伏 문학의 실상」 『すばる』1979・11) 어쨌든 러시아 문학을 포함한 서구 문학의 번역 문체가 출발기의 井伏 문학의 문체에 크게 관련되어 있다는 것은 사실일 것이다. 자연주의의 본거지라고 여겨지는 早稲田에서 배우면서, 모더니즘의 길을 최초부터 걷게 되지만, 『三田文学』나 「新興芸術派」의 동료들과의 상호 영향이 있었는지도 모른다.

太宰治(1909〜1948, 明治42〜昭和23)

1909(明治42)년 6월 19일, 青森県 北津軽郡 金木村에, 津軽 굴지의 대지주의 집에서 태어났다. 아버지 津島源右衛門, 6남으로, 본명은 津島修治. 青森중학교, 弘前고등학교를 거쳐, 東京제국대학 불문학과 중퇴. 1936년 『逆行』으로 芥川상 후보가 되고, 이듬해 제일 창작집 『晩年』을 간행했다.

戦後는 『斜陽』 『人間失格』 등을 남겨 두고 1948년 6월 13일, 玉川 상수도에서 투신 자살했다. 太宰는 이미 중학교2년경부터 습작을 시작했다고 하지만, 이 시대에는 주로 芥川竜之介, 菊池寛을 모방하였다. 고등학교 시대에 芥川 문학을 통하여 泉鏡花의 작품세계에도 친숙하게 되었다. 『無間奈落』등의 문체는 泉鏡花의 영향이 지적되고 있다. 한편, 고등학교 같은 학년의 上田重彦에 라이벌(rival) 의식을 갖고, 당시 유행의 프롤레타리아 문학의 영향을 받은 작품을 썼다. 스승이었던 井伏鱒二(いぶせますじ)에게 많은 것을 배웠다. 또 『善蔵を思ふ』(1940)에서 보는 것처럼, 동향의 선배 葛西善蔵의 생활 태도에 영향을 받기도 했다. 그 밖에 森鴎外・푸시킨・체호프・보들레르(Charles Baudelaire)등의 이름이 그의 작품 속에서 자주 눈에 띈다.

과잉한 자의식과 굴절된 소외감을 참신하고 다채롭게 표현하는 한편, 그 자유 분방한 이야기와 패러디(parody)의 재능에 의하여 익살꾼과 불안에 물들어진 독자적인 세계를 창출했다.

・초기 : 가정에서의 소외감과 엘리트 의식간의 동요로 공산주의 좌익 운동에 심취
→ 좌익운동의 좌절과 '存在의 罪'의 의식으로부터 자학적 분위기
・중기 : 비교적 안정적. 『富嶽百景(ふがくひゃっけい)』 『走れメロス』 『津軽(つがる)』
・후기 : 파멸적 경향. 삶을 묘사 『斜陽 (しゃよう)』 『人間失格(にんげんしっかく)』

★ 『走れメロス』의 감상

단편 소설. 1940년 5월『新潮』, 1940년6월 『女の決闘』수록, 河出書房 刊.

<메로스는 격노했다. > 마을의 牧者인 메로스는 사악함에 대해서는 남보다 더 민감했었다. 여

동생과 함께 살아왔는데 여동생이 결혼하기 때문에, 그녀를 위해 물건을 마을에 사러 왔던 메로스는 마을이 쓸쓸하고 사람들의 표정이 어두운 것을 알아차린다. 猜忌(시기)가 강한 왕이 잇달아 사람을 죽인다고 한다. 격노한 메로스는, 왕성에 들어가서 붙잡히고 만다. 메로스는 처해지게 되었지만, 여동생 결혼식을 끝낼 때까지 3일간의 유예를 청하여, 친우인 세리눈치우스를 인질로 있게 하고 가는 것으로 되었다. 왕은 어차피 메로스가 돌아올 리가 없다고 미소를 짓고 있었다.

◆『斜陽』중편 소설. 1947년『新潮』新潮社

패전 해의 12월, かず子는 어머니와 둘이서, 東京의 저택을 처분하고 伊豆의 산장으로 이전한다. 일본에서 최후의 귀부인이라고도 할 수 있는 어머니를 애모하고 있는 かず子는, 그 어머니와 두 사람만의 짧은 휴식을 즐기지만, 거기에는 이미 뭔가 불길하다, 어두운 그림자가 살며시 다가오고 있다> 이듬해의 여름, 南方에서 남동생인 直治가 복귀하여 온다. 直治는 소설가인 上原에게 배워서, 마약 중독에 관련되어 막대한 차용금을 썼던 적이 있고, 그 때, かず子는 上原를 만나러 가서 키스(kiss)를 당했던 일이 비밀로서 남아 있다. 복귀후의 直治는, 東京에서 上原 등과 함께 퇴폐적인 생활을 하게 된다.

三島由紀夫(1925~1970)

『仮面の告白』·『愛の渇き』·『金閣寺』などで作家的地位を確立した三島由紀夫は、理論的な文体や緻密な構成を特色としたフィクションの世界を展開した。

三島由紀夫(大正14~昭和45年)의 本名은 平岡公威. 東京四谷에서 태어났다. 学習院 初等科에서 高等科를 거쳐 昭和 22년에 東大法学部를 卒業. 最初의 習作은 昭和 13年 12세 때의『酸模』이며, 16年에는 三島由紀夫의 펜네임으로『花ざがりの森』를『文芸文化』에 連載하여 주목을 끌었다. 戦後인 昭和21年 6月, 短篇『煙草』를『人間』에 발표해서 주위로부터 認定받았다. 이어서『仮面の告白(かめんのこくはく)』을 쓰고 다시『青の時代』『愛の渇き(あいのかわき)』『禁色』등을 써서 좋은 반응을 불러 일으켰으며 매스컴의 총아가 되었다. 昭和29年에『潮騒』를, 다시『金閣寺(きんかくじ)』『美徳のよろめき』『鏡子の家』『豊饒の海』등에 윤리적 문체와 치밀한 구성을 특색으로 픽션 세계의 재능을 발휘했지만, 전후의 천황의 이미지를 강조, 극우체제. 1945年 11月 憂国하는 마음에 자극 받아 市ヶ谷의 自衛隊에서 割腹 自決하였다.

★ 三島由紀夫『金閣寺』의 감상

어릴 때부터 나는 父親으로부터 金閣寺의 아름다움에 관해서 이야기를 들어왔다. 어릴 때부터 말더듬이라는 生理上의 결함 때문에 外界와의 소외의식에서 고민해 온 나는 父親의 死後 鹿苑寺의 제자가 되었다. 戰局은 악화되고 차례 차례로 비보가 날아오는 시대였지만 흘리는 엄청스러운 피가 도리어 金閣의 아름다움을 더해주는 듯이 생각되어 나는 하루에도 몇 번이고 金閣을 보러 갔고 한편 친구들로부터는 웃음거리가 되었다.

本土 공습의 날이 가까워 왔다. 얼마 안 있어 金閣은 공습의 불에 타 없어질지도 모른다. 이대로 가면 金閣은 재가 될 것은 분명한 일이다. …이 같은 생각이 나의 마음 속에서 일기 시작하고부터 金閣은 더욱 그 비극적인 아름다움을 더했다. 나를 태워 없애는 불은 金閣마저도 태워 없애겠지 하는 생각이 나를 기쁘게 하고 격려하고 도취되게 하였다.

明日こそは金閣が焼けるだろう。空間を充たしていたあの形態が失われるだろう。…そのとき頂きの鳳凰は不死鳥のようによみがえり飛びたつだろう。そして形態に縛(いま)しめられていた金閣は、身もかるがると碇(いかり)を離れていたるところに現われ、湖の上にも、暗い海の潮(うしお)の上にも、微光を滴(したた)らして漂い出すだろう。… 待てども待てども、京都は空襲に見舞われなかった。

♧ 戦後派文学

- **잡지 『近代文学』(1946년) 창간, 자기존재와 삶의 방법을 모색함.**
- **プロレタリア 문학 영향, 근대 사회의 개인과 주체성을 존중함.**
- **한국전쟁 발발이라는 시대를 배경으로 제2차 전후파 등장.**

安部公房(あべこうぼう) : 초현실적 수법으로 사회와 인간의 소외관계를 그림.
『赤いまゆ』『壁』『砂の女』

大岡昇平(おおおかしょうへい) ; 전쟁이라는 환경이 인간 개인에게 어떤 의미를 주는가를 지적으로 추구함.
『俘虜記(ふりょき)』『野火(のび)』『武蔵野(むさしの)夫人』

大江健三郎(おおえけんざぶろう 1935～)

현존하는 일본의 대표적 소설가. 1994년 노벨 문학상을 수상함으로써 세계적 작가로 부상한 그는 東大 仏文科를 卒業하였으며 재학중에 단편 『飼育』이 인정을 받아 昭和 33년 『飼育』으로 芥川賞을 수상, 폐쇄된 상황에 갇힌 인간의 허무감을 묘사한 전후세대의 대표적 작

가로 주목을 받는다.

시대의 사회상황을 예리하게 묘사한 『ヒロシマーノート』 『沖縄ノート』 『死者の奢り(ししゃのおごり)』 『われらの時代』 『個人的な体験(こじんてきなたいけん)』와 核시대의 종말관을 묘사한 『洪水はわが魂におよぶ』와 함께 장애아인 작가의 장남을 테마로 한 『新しい人よめざめよ』 등을 발표하여 사회적 반향을 불러일으키게 되고, 노벨상 수상후 대표작 『万延(まんえん)元年のフットボール』와 기념강연을 수록한 작품집 『あいまいな日本の私』를 출간하였다. 大江健三郎(おおえけんざぶろう)는 기성의 가치관에 대한 도전, 날카로운 사회인식 일상 사회와 정치에 대해 예민한 감수성과 사고를 묘사하고 샤르트르의 영향을 받았다.

※ 무라카미 하루키(村上春樹)

베스트셀러 작품으로 노르웨이의 숲, 먼 북소리, 해변의 카푸카, 1Q84, 기사단장 죽이기, 일인칭 단수, 고양이를 버리다, 여자 없는 남자들 등이 있다.

※ 히가시노 게이고(東野圭吾)

추리소설의 거장으로 나미야 잡화점의 기적, 비밀, 가면산장 살인사건, 연애의 행방, 수상한 사람들, 용의자의 헌신 등이 있다.

적중예상문제

[問題1]
次の「A群」の作品と最も関係のある作者(編者)を「B群」の中から選び、記号で答えなさい。
「A群」 ① 方丈記　② 徒然草　③ 源氏物語　④ 奥の細道
　　⑤ 伊豆の踊子　⑥ 舞姫　⑦ こころ　⑧ 羅生門

「B群」 ア 松尾芭蕉　イ 吉田兼好　ウ 鴨長明　エ 森鷗外
　　オ 夏目漱石　カ 紫 式部　キ 川端康成　ク 芥川龍之介

[解答]
①ウ　②イ　③カ　④ア　⑤キ　⑥エ　⑦オ　⑧ク

[問題2] 森鷗外와 夏目漱石를 비교하시오.

森 鷗 外	夏 目 漱 石
・1909년 잡지 'スバル' 창간, 고독한 정신, 타인으로부터 경애	1905년 「ホトトギス」에 발표, 서민적, 제자들에게 경애
절대주의 속의 삶, 방관자적 개념	개인주의 입장의 삶, 則天去私의 사상 지향
반자연주의・高踏 주지적 ,독일유학	반자연주의・余裕 ・주지적, 영국유학
・「山椒大夫(さんしょうだゆう)」, 「寒山拾得(かんざんじっとく)」 → 역사상의 사실에 속박되지 않고, 윤리 행위를 사회적 습관에서 찾음 ・「高瀬舟(たかせぶね)」 : 무욕과 안락사의 문제를 주제로 함	「坊っちゃん」, 「草枕(くさまくら)」 : 자연주의와 대립하는 입장 ・전기 3부작 : 「三四郎(さんしろう)」, 「それから」, 「門」 ・후기 3부작 : 「彼岸過迄(まで) (ひがんすぎまで)」, 「行人(こうじん)」, 「こころ」

[問題3] 耽美派, 白樺派, 浪漫派の作家と作品そして特徴について書きなさい 。

<p.351, p.352 참고>

詩と歌(시와 노래)

< 道程 >

高村光太郎

僕の前に道はない
僕の後ろに道は出来る
ああ、自然よ
父よ
僕を一人立ちにさせた広大な父よ
僕から目を離さないで守ることをせよ
常に父の気迫を充たせよ
この遠い道程のため
この遠い道程のため

내 앞에 길은 없다
내 뒤에 길은 생긴다
아아, 자연이여
아버지여
나를 자립하게 한 광대한 아버지여
내게서 눈을 떼지 말고 지키도록 하시라
언제나 아버지의 기백이 내게 넘치게 하라
이 머나먼 길을 위하여
이 머나먼 도정을 위하여

★ **高村光太郎** - 탐미주의에서 탈피한 인도주의적 시인
- 격렬한 열정·힘찬 가락의 독자적 시풍
- '明星' 'スバル'를 통해 활동「道程」,「典型」

< 初恋(はつこい) >

島崎藤村

まだあげ初めし前髪の
林檎のもとに見えしとき
前にさしたる花櫛の
花ある君と思ひけり

やさしく白き手をのべて
林檎をわれにあたへしは
薄紅の秋の実に
人こひ初めしはじめなり

わがこころなきためいきの
その髪の毛にかかるとき
たのしき恋の杯を
君が清に酌みしかな

林檎畑の樹の下に
おのづからなる細道は
誰が踏みそめしかたみぞと
問ひたまふこそうれしけれ

갓 따아 올린 앞 머리카락이
사과나무 아래 나타났을 때
앞머리에 찌른 꽃빗의 모습
꽃 같은 그대라고 여겼더니라

정답게 하얀 손을 내밀어
사과를 나에게 건네 준 그대
연분홍 빛깔의 가을 열매로
비로소 그리움을 배웠더니라

하염없이 내쉬는 나의 한숨이
그대의 머리카락에 닿았을 때
달콤한 사랑의 술잔을
그대의 정으로 기울였더니라

사과밭 나무 아래로
절로 생긴 오솔길은
누가 처음 밟은 자리일까 하고
물으면 한결 더 그리워지노라

< 雨ニモマケズ >

宮沢賢治

雨ニモマケズ
風ニモマケズ
雪ニモ夏ノ暑サニモマケヌ
丈夫ナカラダヲモチ
慾ハナク
決シテイカラズ
イツモシズカニワラッテイル
一日ニ玄米四合ト
味噌ト少シノ野菜ヲタベ
アラユルコトヲ
ジブンヲカンジヨウニ入レズニ
ヨクミキキシワカリ
ソシテワスレズ
野原ノ松ノ林ノ陰ノ
小サナカヤブキノ小屋ニイテ
東ニ病気ノコドモアレバ
行ッテ看病シテヤリ
西ニツカレタ母アレバ
行ッテソノ稲ノ束ヲ負ヒ
南ニ死ニサウナ人アレバ
行ッテコハガラナクテモイイトイヒ
北ニケンカヤソショウガアレバ
ツマラナイカラヤメロトイヒ
ヒデリノトキハナミダヲナガシ
サムサノナツハオロオロアルキ
ミンナニデクノボウトヨバレ
ホメラレモセズ
クニモサレズ
サウイフモノニ
ワタシハ
ナリタイ

비에도 지지 않고
바람에도 지지 않고
눈에도 여름 더위에도 지지 않는
튼튼한 몸을 가지고
욕심은 없고
결코 성내지 않으며
언제나 조용히 웃고 있는
하루에 현미 4홉과
된장과 약간의 야채를 먹고
모든 것을
자신을 계산에 넣지 않고
잘 보고 들어 알며
그리고 잊지 않고
들판의 솔 숲 그늘의
작은 초가 지붕 오두막에 살며
동쪽에 병든 아이가 있으면
가서 간호해 주고
서쪽에 어머니가 지쳐 있으면
가서 그 볏단을 짊어지며
남쪽에 죽어가는 사람 있으면
가서 두려워하지 않아도 된다고 일러 주고
북쪽에 싸움이나 소송이 있으면
부질없으니 그만두라 말하고
가뭄이 들면 눈물을 흘리며
쌀쌀한 여름이면 허둥지둥 걸으며
모든 사람들로부터 멍청이라 불리우고
칭찬도 받지 않고
부담스럽게도 생각되지 않는
그런 사람이
나는 되고 싶다

중요 어휘

- **まける(負ける)** 지다. 패하다.「いくさに～ 전쟁에 지다」
- **じょうぶだ(丈夫だ)** 튼튼하다. 건장하다.「体は～ 몸은 튼튼하다」
- **けっして(決して)** 결코, 절대로「～ご恩(おん)は忘(わす)れません 결코 은혜는 잊지 않겠습니다」
- **あらゆる** 온갖. 모든「～人(ひと) 온갖 사람」
- **みきき(見聞き)** 보고듣기. 견문.「～したこと 보고 들은 일」
- **つかれる(疲れる)** 지치다. 피로하다.
- **つまらない** 하찮다. 시시하다. 부질없다.
- **ひでり(日照り)** 가뭄. 한발.
- **おろおろ** 허둥지둥.
- **やめる(止める)** 중지하다. 그만두다.

< 四季(しき)の歌(うた) >

1. 春を愛する人は
   心清き人
   すみれの花のような
   僕の友達

2. 夏を愛する人は
   心強き人
   岩を砕く波のような
   僕の父親

3. 秋を愛する人は
   心深き人
   愛を語るハイネのような
   僕の恋人

4. 冬を愛する人は
   心広き人
   雪をとかす大地のような
   僕の母親

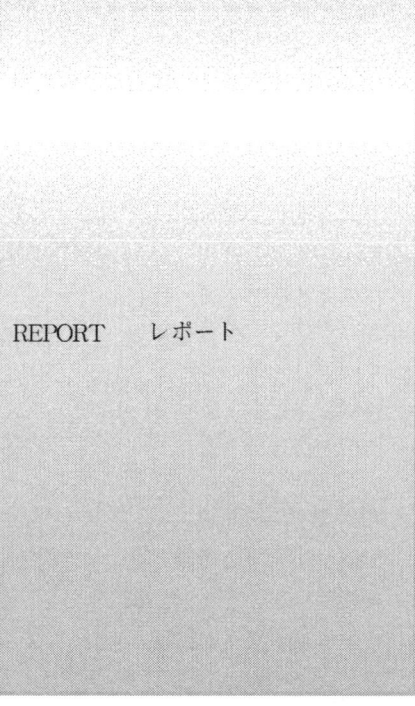

REPORT　レポート

恋人よ

1. 枯れ葉散る夕暮れは
来る日の寒さをものがたり
雨に壊れたベンチには
愛をささやく歌もない
恋人よそばにいて
こごえる私のそばにいてよ
そしてひとこと
この別れ話が
冗談だよと
笑ってほしい

2. 砂利道を駆け足で
マラソン人が行き過ぎる
まるで忘却のぞむように
止まる私を誘っている
恋人よ さようなら
季節はめぐってくるけど
あの日の二人宵の流れ星
光っては消える無情の夢よ
恋人よ そばにいて
こごえる私のそばにいてよ
そしてひとこと
この別れ話が
冗談だよと
笑ってほしい

1. 마른 잎 떨어지는 황혼은
닥쳐올 날의 추위를 이야기하고
빗방울에 부서진 벤치에는
사랑을 속삭이는 노래도 없네요
연인이여 곁에 있어주오
추위에 떠는 내 곁에 있어줘요
그리고 한마디, 이별 이야기는
농담이었다고 웃어 넘겨주세요

2. 자갈길을 달음박질하면서
마라톤하는 사람이 지나갑니다
마치 망각을 바라는 것처럼
서 있는 나를 유혹하고 있어요
연인이여 안녕
계절은 돌고 돌아 다시 오건만
행복했던 그날의 두 사람은 밤하늘의 별똥별처럼
반짝이다 사라지는 무정한 꿈인가요
연인이여 곁에 있어주오
추위에 떠는 내 곁에 있어줘요
그리고 한마디, 이별 이야기는
농담이었다고 웃어 넘겨주세요

▶ 중요 어휘 ◀

- **枯れ葉** 마른 잎
- **夕暮れ** 황혼, 해질녘
- **凍える** 얼다. 얼어붙다
- **宵の流れ星** 밤하늘의 별똥별
- **散る** (꽃, 잎)지다. 떨어지다.
- **ささやく** 속삭이다
- **駆け足** 달리는 걸음, 달음박질

I LOVE YOU

-尾崎豊

I LOVE YOU
今だけ悲しい歌聞きたくないよ
I LOVE YOU
逃れ逃れたどり着いたこの部屋
何もかも許された恋じゃないから
二人はまるで捨て猫みたい
この部屋は落ち葉に埋もれた空き箱みたい
だからお前は子猫のような泣き声で
*きしむベッドの上で優しさを持ち寄り
きつくからだ抱きしめあえば
**それからまた二人は目を閉じるよ
悲しい歌に愛がしらけてしまわぬように
I LOVE YOU
若すぎる二人の愛にはふれられぬ秘密がある
I LOVE YOU
今の暮らしの中ではたどり着けない
ひとつに重なり生きてゆく恋を
夢見て傷つくだけの二人だよ
何度も愛してるって聞くお前は
この愛なしでは生きてさえゆけないと

* Repeat
** Repeat

I LOVE YOU
지금만은 슬픈 노래를 듣고 싶지 않아요

도망치고 도망쳐 겨우 도착한 이방
모든 것이 허락된 사랑이 아니기 때문에
두 사람은 마치 버려진 고양이 같아요
이방은 낙엽에 묻힌 빈 궤 같아요
그래서 그대는 새끼 고양이 우는 듯한 소리로
삐걱거리는 침대 위에서 부드러움으로
꼭 서로 껴안으며
그리고 두 사람은 눈을 감아요
슬픈 노래에 사랑이 식어버리지 않도록 하기 위해
I LOVE YOU

너무나도 젊은 두 사람의 사랑에는 말할 수 없는 비밀이 있어요
I LOVE YOU
지금 삶 속에서는 도달할 수 없는
하나로 겹쳐져 살아가는 사랑을
꿈꾸다 상처만 입은 두 사람 이에요
몇 번이고 사랑하냐고 묻는 그대에게
이 사랑 없이는 살아갈 수 없다고

* Repeat
** Repeat

※ 일본 문학사 연표

시대	연도	운문	산문(극문학포함)	世界史와 관련사항
상 대	712		**古事記**	백제로부터 불교전래(538)
	720		**日本書紀**	大化개신(645)
	733		出雲風土記	百済멸망(663) 신라가 삼국통일 (676)
	751	懐風藻		**奈良(平城京)천도 (710)**
	759	**万葉集**		
중 고	797		続日本紀	**京都(平安京)로 천도(794)**
	824		日本霊異記	
			竹取物語(9C후반)	藤原良房가 섭정(858)
	905	古今和歌集	**伊勢物語(10C초)**	견당사 폐지(630~894), 국풍문화
	935			신라멸망(935)
	951	後撰和歌集	土佐日記	고려가 전국을 통일(936)
	974		蜻蛉日記	로마제국 성립(962)
			宇津保物語	송의 중국통일(979)
	976	古今和歌六帖		
	990		落窪物語	
	1002		**枕草子-清少納言**	
	1005	拾遺和歌集	**源氏物語-紫式部**	
	1007		和泉式部日記	
	1013	和漢朗詠集		
			堤中納言物語	
	1055			
	1059		更級日記	
	1077		大鏡	
	1086	後拾遺和歌集		白河上皇가 원정시작(1086)
	1120		今昔物語集	십자군 원정(1096)
	1127	金葉和歌集		保元의 乱(1156)
	1169	梁塵秘抄		平治의 乱(1159)
	1170		今鏡	
	1187	千載和歌集		
	1190	山家集		
중 세	1205	新古今和歌集		**鎌倉幕府 성립(1192)**
	1212		**方丈記-鴨長明**	징기스칸 몽고 통일(1206)
	1213	金槐和歌集		
	1220		愚管抄	
	1221		宇治拾遺物語	貞永式目제정(1232)
	1235	新勅撰和歌集	明月記	世界最古의 금속활자(1234)
	1242		**平家物語**	
	1265	続古今和歌集		
	1278	続拾遺和歌集		몽고침입(1274,1281)
	1283		沙石集	
	1303	新後撰和歌集		

시대	연도	운문	산문(극문학포함)	世界史와 관련사항
중 세	1313		とはずがたり	
	1320	続千載和歌集		
	1326	続後拾遺和歌集		
	1331		**徒然草-兼好法師**	**鎌倉막부 멸망(1333)**
	1349	風雅和歌集		**室町막부 시작(1338)**
	1359	新千載和歌集		프 · 영 100년전쟁(1339)
	1364	新拾遺和歌集		명나라 성립(1368)
	1371		太平記	
	1376		増鏡	
	1381	新葉和歌集		
	1384	新後拾遺和歌集	**曾我物語、義経記성립**	남북조 통일(1392)
	1402		風姿花伝	
	1424		花鏡	
	1439	新続古今和歌集		쿠텐비르크, 활판인쇄발명(1450)
	1518	閑吟集		콜럼부스 신대륙발견(1492)
	1592		平家物語	마틴루터 종교개혁(1517)
	1593		伊曾保物語	**豊臣秀吉임진왜란(1592)**
근 세	1603		歌舞伎踊り창시	徳川家康、江戸幕府시작(1603)
	1614		伊曾保物語	
	1633	犬子集-松江重頼		영국 청교도 혁명(1642)
	1648	山之井		영국 명예혁명(1688)
	1673		**好色一代男-井原西鶴**	
	1685	**野ざらし紀行 -松尾芭蕉**		
	1694	**奥の細道-芭蕉**		
	1716		折りたく柴の記-新井白石	
	1768		雨月物語-上田秋成	미국 독립선언(1776)
	1777	夜半楽－与謝蕪村		프랑스 대혁명(1789)
	1795		玉勝間-本居宣長	
	1802		東海道中膝栗毛	
	1809		浮世風呂-式亭三馬	
	1813		浮世床-式亭三馬	
	1819	おらが春-小林一茶		
	1840		勧進帳	
	1848	一茶発句集-一茶		
	1866		**西洋事情-福沢諭吉**	미국남북전쟁(1861)
근 대	1870		西国立志編	**明治維新(1868)**
	1874	찬미가(讃美歌)	**学問ススメ－福沢諭吉**	東京천도(1869)
	1882	新体詩抄		
	1885		小説神髄	
	1885		佳人之奇遇	1876 조 · 일수호조약
	1886		**雪中梅-末広鉄腸**	

시대	연도	운문	산문(극문학포함)	世界史와 관련사항
	1887		浮雲-二葉亭四迷	
	1889	於母影		동학농민혁명(1894)
	1890		舞姫-森鴎外	일 · 청 전쟁(1894)
	1897	若菜集-島崎藤村	金色夜叉-尾崎紅葉	청일강화조약(1895)
	1906		破戒-島崎藤村	포츠머스 조약(1905)
	1907		蒲団-田山花袋	新思潮창간「スバル」창간
	1909	邪宗門-北原白秋	それから-夏目漱石	
근 대	1914	道程	こころ-夏目漱石	제1차 세계대전(1914)
	1915		羅生門-芥川竜之介	
	1918		田園の憂鬱-佐藤春夫	3 · 1운동(1919)
	1919		友情-武者小路実篤	국제연맹 설립(1920)
	1926		伊豆の踊子-川端康成	
	1935		雪国-川端康成	
	1942	白桃		제2차 세계대전(1939)
	1948		斜陽(1947) 人間失格-太宰治	1945 한국해방
	1949		山の音-川端康成	1950 한국전쟁
	1952	二十億光年の孤独	玄海灘-金達寿 二十四の瞳-壷井栄	1965 한일국교정상화
	1956		金閣寺-三島由紀夫	
	1965		氷点-三浦綾子	川端康成노벨문학상(1968)
현 대	1966		ヒロシマノート-大江健三郎	1968 국민총생산 2위
	1967		万延元年のフットボール -大江健三郎	1972 일 · 중국교정상화
	1987	サラダ記念日 -俵万智	ノルウェイの森-村上春樹	平成時代(1989-시작) 1989 독일통일
	1988		キッチン-吉本ばなな	1992 소련연방해체 大江健三郎 노벨문학상(1994) 1995 神戸大地震

自分自信に欠けていたものが、息子に実現されるのを見ようとするのは全ての父親の敬虔な願いである。<ゲーテ>

자기 자신에게 결여되어 있던 것이 아들에게 실현되는 것을 보려고 하는 것은 이 세상 모든 아버지들의 경건한 바람이다.<괴테>

III
일본문화와 일본사정

제1장 일본의 자연환경(自然環境)과 지리(地理)

일본사정(日本事情)

최근의 일본사정의 출제경향에 맞추어, 일본의 지리, 정치, 경제, 사회, 문화, 교육, 종교, 연중행사, 재일 한국인, 한일역사 등, 일본의 모든 분야를 알기 쉽게 분류하고 폭넓은 정보와 지식을 함양하여 어떠한 시험문제가 출제되어도 해결 할 수 있도록 엮었다.

21세기의 국제화와 정보화시대에 한국과 일본은 서로 이해하고 협력하는 진정한 파트너로서 서로가 문호를 개방하여 정치·경제, 사회·문화적으로 모든 분야에서 교류를 확대해야 한다.

한일 양국의 관계는 지정학적으로 인접하여 과거 수천 년 동안 역사적으로 여러 분야에서 밀접한 교류를 가져왔다. 앞으로는 사회와 문화, 인적교류까지 더욱 더 확대될 것이다. 우리는 오늘의 일본과 일본사회, 일본인의 의식구조와 행동양식을 객관적으로 이해하여 미래 지향적인 한국과 일본으로의 관계 개선이 절실히 필요한 시기이다.

2004년은 8·15광복 59주년이며, 1965년 한일국교가 정상화되어 39년이 되지만, 한국과 일본이 아직도 서로를 잘 모르고 너무 과소평가하고 무시하는 경향이 있다. 이제는 서로를 있는 그대로 이해하고 객관적으로 평가하고 긍정적으로 협력하는 자세가 필요하다. 정치, 경제, 군사적으로 초강대국이 된 일본의 힘과 저력이 어디에 있는지 일본인의 성격과 문화 등을 알고, 과거와 현재의 일본을 심층분석하고 이해하여, 21세기의 국제화 시대에 진정한 동반자적인 한일관계를 지속할 수 있도록 냉정하게 서로 충고할 수 있도록 노력해야 할 것이다.

오늘의 일본과 일본인, 일본 사회의 모습을 정확하게 알고자하는 사람들에게 일본사정의 안내서로서 현대의 일본과 일본사회를 이해하는데 도움이 되리라 믿는다.

★ 일본의 모양 (日本のありさま)

1. 일본의 위치 (日本の位置)

日本はアジア大陸の東にある島国です。
日本の東と南西には太平洋があります。
日本はどこの国とも陸つづきに成っておらず四方を海に囲まれています。
大きい 島は、北から 北海道・本州・四国・九州といいます。
その回りを取り巻く約7000の島じまから成っています。
アジア大陸と日本の間には、オホーツク 海と日本海と東シナ海があります。
日本の西には、朝鮮半島や中国大陸があります。
また、北には樺太(サハリン)、南には台湾があります。日本の広さは37万平方キロメートルです。これは世界で一番広いロシアの約45分の1、アメリカの約25分の1に当たります。
一方、九州南部・南四国・本州の日本海側・東北地方・北海道などでは人口が減り、そこでは人手不足や、学校の廃止、ひどい所になると人口が減りすぎて生活ができなくなり廃村になった所もあります。これを過疎といいます。
この過密と過疎は、日本の新しい問題になっています。

2. 일본의 계절 (日本の四季)

日本は南北に2,500kmのほそ長い国で、あたたかい地方やさむい地方があります。
また、日本には、春・夏・秋・冬の四季があります。三月・四月・五月は春です。六月・七月・八月は夏で、九月・十月・十一月は秋です。十二月から二月までは冬です。北海道では、冬はたいへんさむいですが、夏はあまりあつくないです。沖縄や九州の南では、冬でも、あまりさむくはありません。
九州では、さくらの花は三月のおわりにさきますが、東京では四月のはじめに、北海道では五月のはじめにさきます。
日本では、夏は昼間の時間が長いですが、冬は昼間の時間がみじかいです。
三月二十一日ごろと、九月二十三日ごろは 昼間と夜の時間が同じになります。
春のこの日を春分の日、秋のこの日を秋分の日といいます。(※ 夏至、冬至、春夏秋冬)

3. 일본의 기후 (日本の気候)

日本は南北にほそ長い国で、国の中央に高い山があります。それで、日本の気候は、南と北では大変ちがいます。また、日本海側と太平洋側でも、大変ちがいます。

日本では、夏には太平洋から南東の風がふきます。冬にはアジア大陸から北西の風がふきます。そのため、夏には、太平洋がわでは雨がたくさんふります。日本海側で雪がたくさんふるとき、太平洋側では、いい天気がつづきます。

東京では、夏は大変あついですが、春と秋はいい天気になります。

東京の平均気温は、一月は 4.1度、四月は 13.5度、八月は 26.7度、十月は 16.9度です。

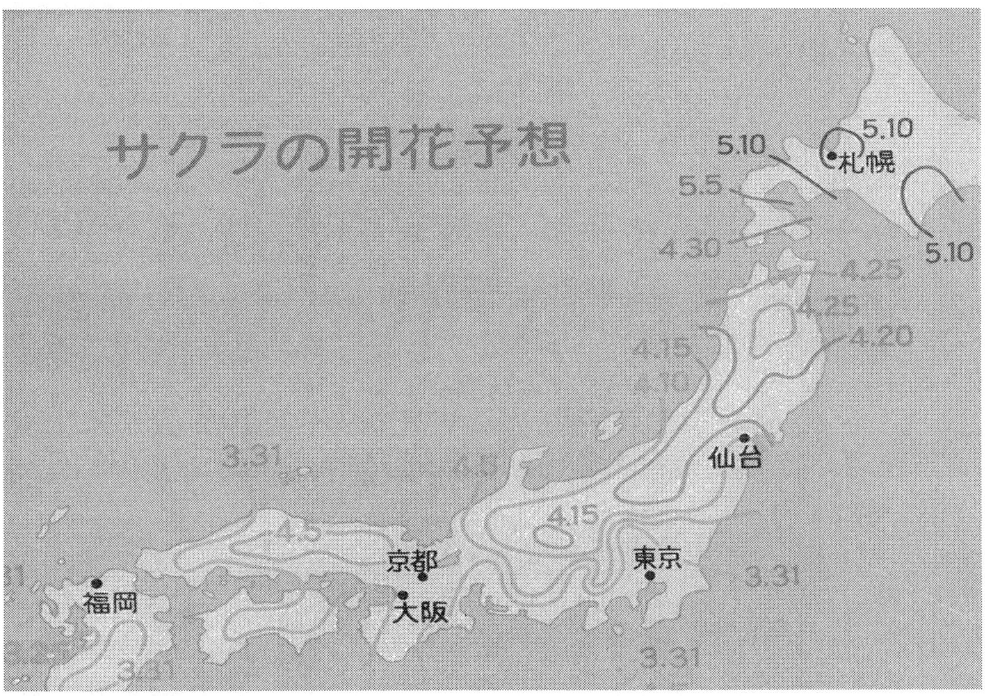

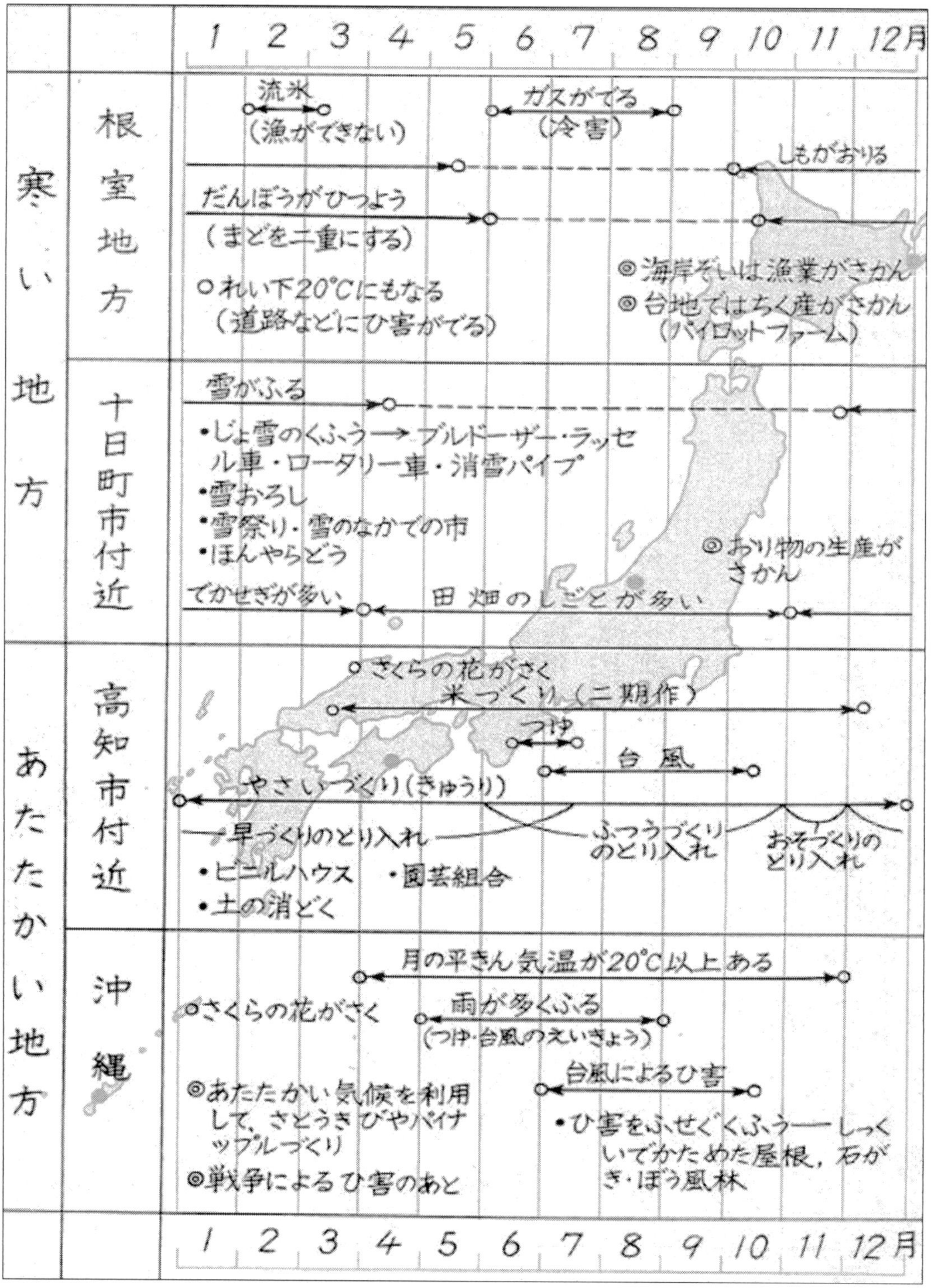
1 2 3 4 5 6 7 8 9 10 11 12月
寒い地方
根室地方
流氷
(漁ができない)
ガスがでる
(冷害)
しもがおりる
だんぼうがひつよう
(まどを二重にする)
○れい下20℃にもなる
(道路などにひ害がでる)
◎海岸ぞいは漁業がさかん
◎台地ではちく産がさかん
(パイロットファーム)
十日町市付近
雪がふる
•じょ雪のくふう→ブルドーザー・ラッセル車・ロータリー車・消雪パイプ
•雪おろし
•雪祭り・雪のなかでの市
•ほんやらどう
◎おり物の生産がさかん
でかせぎが多い
田畑のしごとが多い
あたたかい地方
高知市付近
○さくらの花がさく
米づくり(二期作)
つゆ
台風
やさいづくり(きゅうり)
早づくりのとり入れ
ふつうづくりのとり入れ
おそづくりのとり入れ
•ビニルハウス
•園芸組合
•土の消どく
沖縄
月の平きん気温が20℃以上ある
○さくらの花がさく
雨が多くふる
(つゆ・台風のえいきょう)
台風によるひ害
◎あたたかい気候を利用して，さとうきびやパイナップルづくり
•ひ害をふせぐくふう—しっくいでかためた屋根，石がき・ぼう風林
◎戦争によるひ害のあと
1 2 3 4 5 6 7 8 9 10 11 12月

4. 일본의 인구와 도시 (日本の人口と都市)

人口はやく 1億2千600万(2000年)です。

日本には人口100万 以上の都市が十あります。

東京都・大阪府・横浜市・名古屋市・京都府・神戸市・札幌市・北九州市・川崎市・福岡市です。

東京は日本の首都です。東京の人口は約810万人ですが、郊外を含むと2500万人です。

日本の人口の約1/6(六分の一)の人が東京に住んでいます。

大阪市は、日本で二番目に大きい都市で、人口は約260万人ですが、郊外を含むと大阪府は900万人です。大阪はむかしから、商業がさかんなところです。

京都市(150万)は、今から 110年前までは、日本の首都でした。

しずかできれいな町で、お寺や神社がたくさんあります。

札幌市(182万)は北海道の中心の町です。

横浜市(340万)や神戸市(150万)には大きい港がありますが、工業もさかんです。

名古屋市(220万)・川崎市・北九州市・福岡市は工業都市です。

日本では、人口が5万人以上の町を市といいます。

日本には、約669の市があります。

★ 일본의 행정구역 日本の行政区域(都・道・府・県)

日本には、1都(東京都)・1道(北海道)・2府(大阪府・京都府)・43の県があります。ふつう日本では、本州を五つの地方に分けます。

東北地方・関東地方・中部地方・近畿地方・中国地方です。

東北地方というのは、本州の東北部にある地方という意味です。東北地方には六つの県があります。関東地方というのは、東の地方にある地方という意味で、ここには、東京都のほかに六つの県があります。

中部地方というのは、本州の中部にある地方という意味で九つの県があります。

京都府・大阪府がある地方を近畿地方といいます。この地方には、そのほかに五つの県があります。近畿地方というのは、首都に近い地方という意味で、むかし、京都が日本の首都だったことから、こういわれるようになりました。

中国地方は、本州の西南の地方です。この地方は、京都と九州の中ほどにあるので、こういいます。 ここには、五つの県があります。

四国には県が四つ、九州には県が七つあります。九州の南には、沖縄県があります。北海道には、県はありません。

<東京23区의 읽는 법>

1. 千代田区(ちよだく)	9. 品川区(しながわく)	17. 練馬区(ねりまく)
2. 中央区(ちゅうおうく)	10. 大田区(おおたく)	18. 板橋区(いたばしく)
3. 港区(みなとく)	11. 目黒区(めぐろく)	19. 北区(きたく)
4. 新宿区(しんじゅくく)	12. 世田谷区(せたがやく)	20. 荒川区(あらかわく)
5. 文京区(ぶんきょうく)	13. 渋谷区(しぶやく)	21. 足立区(あだちく)
6. 台東区(たいとうく)	14. 杉並区(すぎなみく)	22. 葛飾区(かつしかく)
7. 墨田区(すみだく)	15. 中野区(なかのく)	23. 江戸川区(えどがわく)
8. 江東区(こうとうく)	16. 豊島区(としまく)	

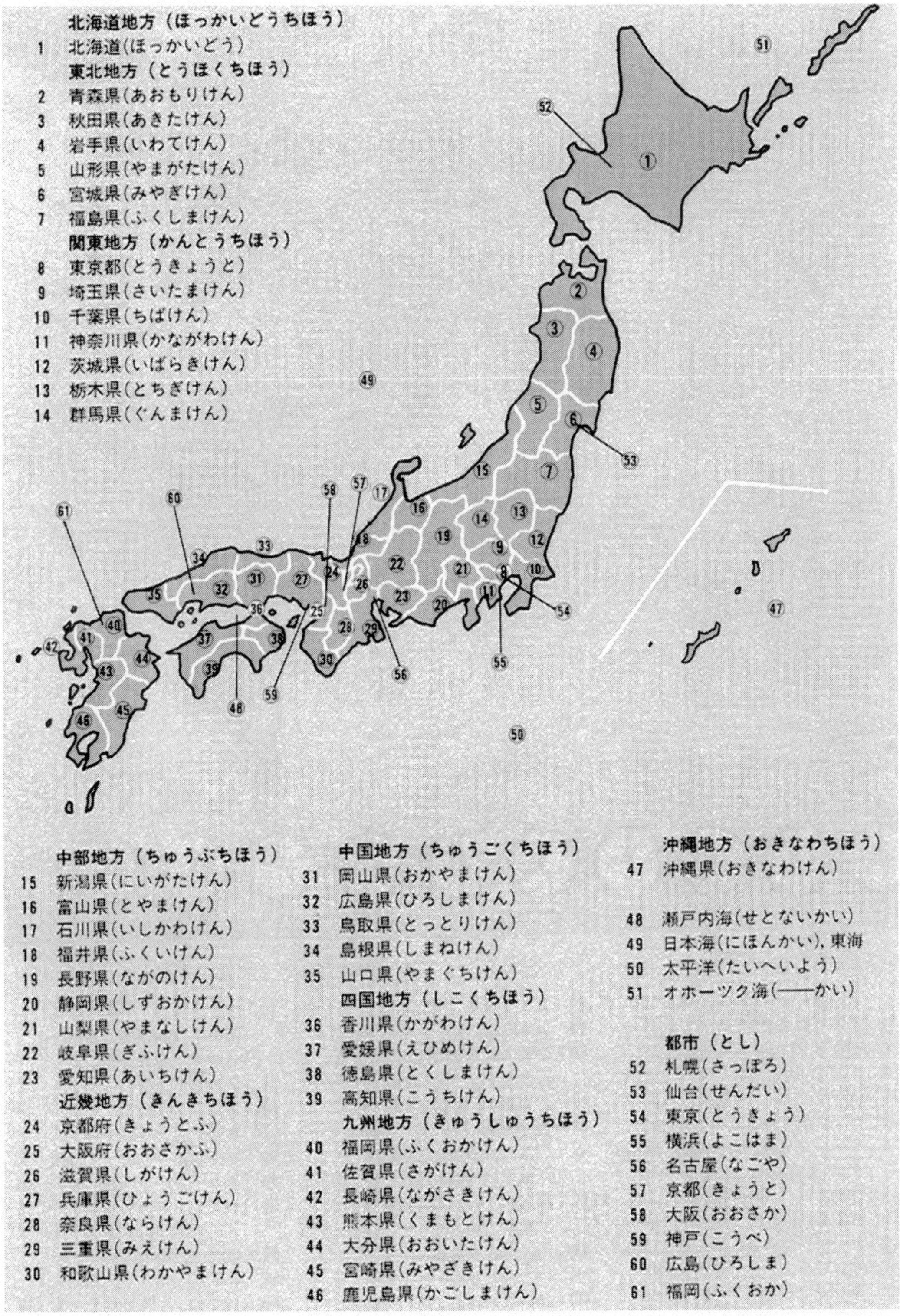

北海道地方（ほっかいどうちほう）

1 北海道(ほっかいどう)

東北地方（とうほくちほう）

2 青森県(あおもりけん)
3 秋田県(あきたけん)
4 岩手県(いわてけん)
5 山形県(やまがたけん)
6 宮城県(みやぎけん)
7 福島県(ふくしまけん)

関東地方（かんとうちほう）

8 東京都(とうきょうと)
9 埼玉県(さいたまけん)
10 千葉県(ちばけん)
11 神奈川県(かながわけん)
12 茨城県(いばらきけん)
13 栃木県(とちぎけん)
14 群馬県(ぐんまけん)

中部地方（ちゅうぶちほう）

15 新潟県(にいがたけん)
16 富山県(とやまけん)
17 石川県(いしかわけん)
18 福井県(ふくいけん)
19 長野県(ながのけん)
20 静岡県(しずおかけん)
21 山梨県(やまなしけん)
22 岐阜県(ぎふけん)
23 愛知県(あいちけん)

近畿地方（きんきちほう）

24 京都府(きょうとふ)
25 大阪府(おおさかふ)
26 滋賀県(しがけん)
27 兵庫県(ひょうごけん)
28 奈良県(ならけん)
29 三重県(みえけん)
30 和歌山県(わかやまけん)

中国地方（ちゅうごくちほう）

31 岡山県(おかやまけん)
32 広島県(ひろしまけん)
33 鳥取県(とっとりけん)
34 島根県(しまねけん)
35 山口県(やまぐちけん)

四国地方（しこくちほう）

36 香川県(かがわけん)
37 愛媛県(えひめけん)
38 徳島県(とくしまけん)
39 高知県(こうちけん)

九州地方（きゅうしゅうちほう）

40 福岡県(ふくおかけん)
41 佐賀県(さがけん)
42 長崎県(ながさきけん)
43 熊本県(くまもとけん)
44 大分県(おおいたけん)
45 宮崎県(みやざきけん)
46 鹿児島県(かごしまけん)

沖縄地方（おきなわちほう）

47 沖縄県(おきなわけん)

48 瀬戸内海(せとないかい)
49 日本海(にほんかい), 東海
50 太平洋(たいへいよう)
51 オホーツク海(――かい)

都市（とし）

52 札幌(さっぽろ)
53 仙台(せんだい)
54 東京(とうきょう)
55 横浜(よこはま)
56 名古屋(なごや)
57 京都(きょうと)
58 大阪(おおさか)
59 神戸(こうべ)
60 広島(ひろしま)
61 福岡(ふくおか)

※ 일본의 지도 (都·道·府·県)

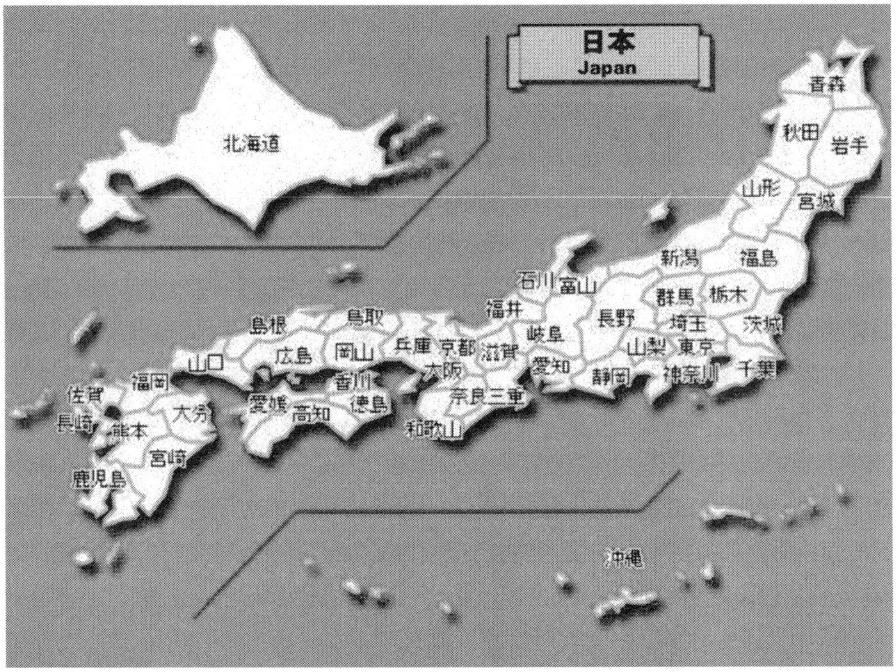
日本
Japan
北海道
青森
秋田
岩手
山形
宮城
新潟
福島
石川
富山
群馬
栃木
福井
長野
埼玉
茨城
島根
鳥取
岐阜
山梨
東京
山口
広島
岡山
兵庫
京都
滋賀
愛知
静岡
神奈川
千葉
福岡
香川
大阪
佐賀
愛媛
徳島
奈良
三重
長崎
熊本
大分
高知
和歌山
宮崎
鹿児島
沖縄

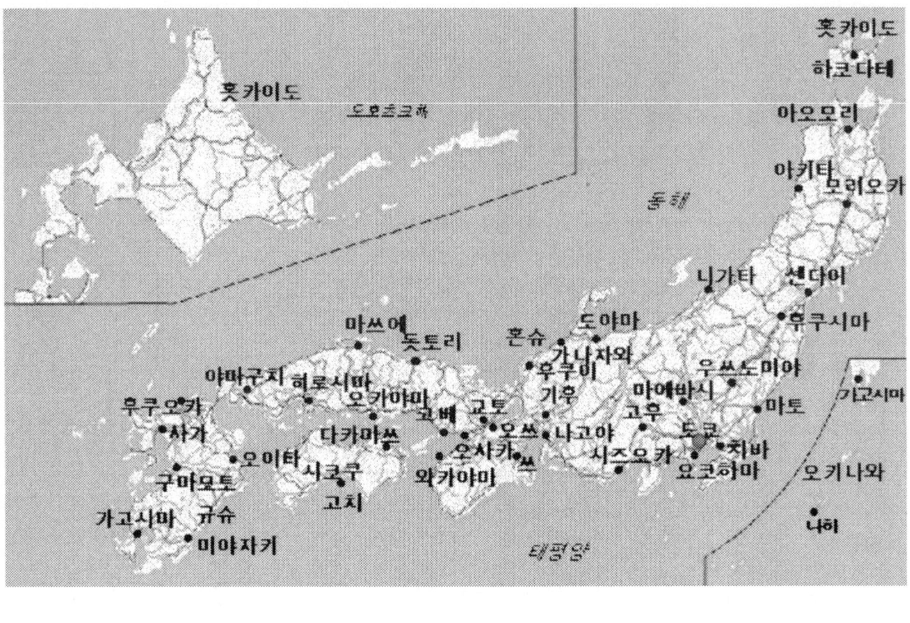
홋카이도
하코다테
홋카이도
아오모리
아키타
모리오카
동해
니가타
센다이
후쿠시마
마쓰에
도야마
돗토리
혼슈
가나자와
야마구치
히로시마
후쿠이
우쓰노미야
후쿠오카
오카야마
기후
마에바시
미토
사가
고베
교토
고후
오쓰
나고야
도쿄
다카마쓰
오이타
오사카
쓰
시즈오카
치바
시코쿠
요코하마
구마모토
와카야마
오키나와
고치
가고시마
규슈
나하
미야자키
태평양

◆ 일본의 Best 5

(일본의 산)
1 - 후지산(富士山/ふじさん) - 3776m
2 - 시라네산(白根山/しらねさん) - 3192m
3 - 호타카다케(穂高岳/ほたかだけ) - 3190m
4 - 야리가타케(槍が岳/やりがたけ) - 3180m
5 - 히가시다케(東岳/ひがしだけ) - 3141m

(일본의 강)
1 - 시나노가와(信濃川/しなのがわ) - 367㎞
2 - 토네가와(利根川/とねがわ) - 322㎞
3 - 이시카리가와(石狩川/いしかりがわ) - 268㎞
4 - 테시오가와(天塩川/てしおがわ) - 256㎞
5 - 키타카미가와(北上川/きたかみがわ) - 249㎞

(일본의 호수)
1 - 비와코(琵琶湖/びわこ) - 670.5㎢
2 - 카스미가우라(霞が浦/かすみがうら) - 167.6㎢
3 - 사로마코(サロマ湖/サロマこ) - 151.9㎢
4 - 이나와시로코(猪苗代湖/いなわしろこ) - 103.3㎢
5 - 나카우미(中海/なかうみ) - 86.8㎢

(일본의 섬)
1 - 에토로후토우(択捉島/えとろふとう) - 3139㎢
2 - 쿠나시리토우(国後島/くなしりとう) - 1500㎢
3 - 오키나와토우(沖縄島/おきなわとう) - 1185㎢
4 - 사도가시마(佐渡島/さどがしま) - 857㎢
5 - 아마미오오시마(奄美大島/あまみおおしま) - 709㎢

1. 일본의 지리

일본은 아시아 대륙의 동쪽에 위치해 있으며, 남북으로 길이가 2,500km(한국은 1,800km)에 이르는 섬나라이다. 서울에서 도쿄까지 비행기로 약 2시간, 부산에서 후쿠오카까지는 배로 3시간 정도 걸리는 가까운 나라이다. 북쪽의 위로부터 홋카이도(北海道), 혼슈(本州), 시코쿠(四国), 큐슈(九州) 등 4개의 큰 섬으로 되어 있고, 오키나와(沖縄)섬을 비롯한 3,900여개의 작은 섬으로 되어 있는 섬들을 총칭하여 일본열도(日本列島)라 한다.

일본열도는 북위 20°에서 46°, 동경 122°에서 154°에 위치하고 있고 수도 도쿄(東京)는 동경 140°북위 36°선상에 있으며, 인구는 약 2,500만 명이다.

국토 면적은 377,835㎢로, 우리나라(북한포함)의 약 1.7배에 해당하고, 인도의 9분의 1, 중국의 26분의 1, 미국의 25분의 1이며, 전세계 육지 면적의 0.3%정도에 불과하다. 일본열도는 8개의 지방으로 나눈다.

북쪽에서부터 홋카이도(北海道ほっかいどう)지방, 도호쿠(東北とうほく)지방, 간토(関東かんとう)지방, 츄부(中部ちゅうぶ)지방, 긴키(近畿きんき)지방, 츄고쿠(中国ちゅうごく)지방, 시코쿠(四国しこく)지방, 큐슈(九州きゅうしゅう)지방 등으로 부른다.

▶ **東北지방** : 本州의 동북부에 있는 지방이라는 의미이고, 6개의 県 –青森(あおもり), 岩手(いわて), 秋田(あきた), 宮城(みやぎ), 山形(やまがた), 福島(ふくしま) 등이 있다.

▶ **関東지방** : 동쪽에 있는 지방이라는 의미로, 여기에는 東京(とうきょう)都외에 6개의 県-神奈川(かながわ), 埼玉(さいたま), 千葉(ちば), 茨城(いばらぎ), 郡馬(ぐんま), 栃木(とちぎ) 등이 있다.

▶ **中部지방** : 本州의 중부에 있는 지방이라는 의미이고, 9개의 県-長野(ながの), 岐阜(ぎふ), 静岡(しずおか), 愛知(あいち), 富山(とやま), 山梨(やまなし), 福井(ふくい), 新潟(にいがた), 石川(いしかわ)-이 있다.

▶ **近畿지방** : 京都(きょうと)府, 大阪(おおさか)府 외에 5개의 県-三重(みえ), 滋賀(しが), 兵庫(ひょうご), 奈良(なら), 和歌山(わかやま)-이 있다. 近畿지방이라는 명칭은 수도에 가까운 지방이라는 의미로, 예전의 京都는 일본의 수도였으므로 그렇게 말하는 것이다.

▶ **中国지방** : 本州의 서남쪽에 위치한 지방이다. 이 지방은 京都와 九州의 중간 정도에 위치하고 있으므로, 그렇게 부르는 것이다. 여기에는 5개의 県- 鳥取(とっとり), 島根(しまね), 岡山(おかやま), 広島(ひろしま), 山口(やまぐち) 등이 있다.

▶ **四国지방** : 4개의 県-香川(かがわ), 徳島(とくしま), 高知(こうち), 愛媛(えひめ)-으로 나뉘어져서 붙여진 이름이다.

▶ **九州지방** : 県이 7개-福岡(ふくおか), 熊本(くまもと), 大分(おおいた), 宮崎(みやざき), 鹿児島(かごしま), 佐賀(さが), 長崎(ながさき)- 등이 있다. 九州의 남쪽에는 沖縄(おきなわ)県이 있으며, 北海道에는 県이 없다.

일본은 문화적 사회적 특징을 배경으로 크게 둘로 나누어, 中部지방을 기준으로 하여 북동쪽을 東日本, 남서쪽을 西日本이라고 부른다.

기후는 열도가 남북으로 좁고 길게 늘어져 있기 때문에 남쪽의 아열대(亜熱帯)에서 북쪽의 아한대(亜寒帯)에 걸쳐 있지만, 대부분의 지역은 온난성 해양기후라고 할 수 있고 사계절의 변화가 뚜렷하다.

기복이 심한 산맥이 일본열도를 종단하고 있어 태평양쪽과 동해(東海, 일본은 日本海라고 함)쪽과의 기후 차가 크다. 태평양쪽은 여름에는 남동계절풍이 불어 무덥고, 겨울에는 건조하며 맑은 날씨가 계속된다. 동해 쪽은 겨울에는 대체로 북서 계절풍에 의해 눈이 많다. 세계의 유명한 다설지대인 니이가타현(新潟県) 등에서는 4~5m의 눈이 쌓이기도 한다.

홋카이도를 제외한 전 지역에서는 6월 초순부터 7월 중순에 걸쳐 고온 다습한 장마(일본에서는 쓰유 또는 바이우<梅雨> 라함)가 계속된다. 일본열도의 남서부 지역은 8월부터 10월에 걸쳐 집중 호우를 동반하는 태풍의 영향권에 들게 된다.

수도인 도쿄(東京)의 연평균 기온은 15.6℃로 우리나라 서울의 11℃보다 높다. 월평균 기온이 가장 높을 때는 8월로 27.1℃(서울 25.4℃)이고, 가장 낮을 때는 1월로 5.2℃(서울 -4.9℃)이다. 특히 여름은 고온 다습하여 무덥고 후덥지근하다.

연평균 강우량은 1,405mm로, 연간 1,000mm내지 2,500mm의 비가 내린다. 온대 지방으로서는 상당히 많은 편인데, 가장 많을 때는 6월(185mm)이며, 가장 적을 때는 1월(45mm)이다. 평균 일주일에 한 번 정도 비가 오는 셈이지만, 장마철에는 기간 중의 4분의 3이 흐리거나 비가 내리고, 겨울철은 3분의 2가 맑은 날씨이다. 도쿄는 1년에 1~3번 정도 눈이 내리며, 그 양도 매우 적다. 홋카이도(北海道)에는 장마가 거의 없다.

일본열도의 태평양 바다 쪽은 깊이 6,000~10,000m가 되는 니혼해구(日本海溝)와 이즈(伊豆)·오가사와라(小笠原)해구가 있다. 일본에는 몇 줄기의 화산맥이 뻗어있어서 지형의 변화가 심하다. 강은 짧고 급류이며, 산골짜기는 깊은 협곡을 이루고, 해안선은 복잡하게 얽혀 있다. 따라서 경치가 아름다운 곳이 많고 온천지도 여기저기 많이 있다.

일본 전체가 환태평양 지진대에 속하고 있어 화산활동이 활발하고 세계에서도 유명한 지진다발지대로 되어있다.

1923년 9월 1일의 관동(関東) 대지진(진도 7.9, 10만명 사망)과 1995년 1월 17일의 한신(阪神)·아와지(淡路) 관서지방 고베 대지진(진도 7.2, 사망 6,279명)은 커다란 재해를 불러온

대지진이었다.

일본의 강과 산을 보면, 강은 짧고 급류를 이루는 것이 대부분이며, 가장 긴 강은 나가노県과 니이가다県을 지나는 시나노가와(信濃川, 367㎞)이고, 다음은 간토(関東)평야를 흐르는 토네가와(利根川, 322㎞)인데, 한국의 낙동강(525㎞), 한강(514㎞) 보다는 짧은 강이다. 도네가와 유역에는 일본에서 가장 넓은 간토평야(関東平野)가 있고, 홋카이도의 이시카리가와(石狩川)유역의 이시카리 평야가 있으며, 그외에도 니이가타현의 니이가타 평야가 있다.

일본국토의 약 70%는 산지이다. 가장 높은 산 후지산(富士山)은 일본을 상징하는 대표적인 산으로서 1707년에 대 분화가 있었는데, 그 이후 분화 활동은 없다. 해발 3,776m이고, 그 외에도 높은산이 많다. 특히 혼슈의 중앙부에는 3,000m이상의 산들이 50여개나 있다. 이 산들은 스위스의 알프스를 닮았다고 하여 일본 알프스라고 불려지고 있다. 현재 일본에는 아사마(浅間), 아소(阿蘇), 사쿠라지마(桜島), 운젠(雲仙), 미하라(三原)산 등 약 60여 개의 활화산이 있다.

그 중 규슈의 아소산은 한번 분화한 곳이 함몰해서 화구원이 되고, 그 속에 또 화구가 생긴 이중식 화산으로 유명하며 매년 관광객이 수백만 명이나 찾아오고 있다.

아소산의 화구는 동서가 18㎞, 남북이 24㎞나 되는 세계에서 가장 큰 화구이기도 하다. 아소산의 화구원(火口原)에는 현재 6만명 정도의 사람이 농업과 목축을 하면서 생활하고 있다. 산의 정상 중앙부분에서는 지금도 화산 연기를 뿜고 있다.

★ 日本三景

松島は、東北地方・宮城県にある美しい所です。

松島の美しさは古代から知られていて、「万葉集」という日本最古の歌集にも記録が残っています。松島湾と島々は、海の波や風化作用で、長い年月をかけて現在のような複雑で美しい形になりました。また、この近くには歴史的な建築物が数多くあり、人気のある観光地になっています。

京都府の天橋立、広島県の宮島(厳島)とともに日本三景(日本で最も景色の美しい三つの場所)の一つとされています。

俳句を始めたことで有名な江戸時代の松尾芭蕉も東北地方を旅したとき、松島に寄りその美しさを記しています。

2. 일본의 인구(人口)

일본의 총인구는 1**억**2**천**5**백만명**(2020**년**10**월 기준)으로, 중국**(14**억만명**), **인도**(13**억만명**), **미국**(3**억만명**), **인도네시아**(2**억만명**), **브라질**(1**억**5**천**3**백만명**), **러시아**(1**억**4**천**800**만명**), **파키스탄**(1**억**2**천**6**백만명)에 이어 세계 제**8**위이다. 따뜻하고 교통과 산업이 발전한 태평양쪽의 해안을 따라 평야지대에 인구가 많이 모여있고, 혼슈의 미나미간토(南関東)에서 기타큐슈(北九州)에 걸쳐 전체 인구의 약** 70%**가 모여 있다. 또 공업 발전과 함께 인구가 도시로 집중하고, 농촌 인구는 현저하게 감소했다. 도쿄**(865**만명**), **교외를 포함하면** 2**천**500**만명으로, 뉴욕**(1**천**967**만명**), **로스앤젤레스**(1**천**505**만명**), **멕시코시티**(1**천**388**만명**), **봄베이**(1**천**260**만명)에 이어 세계에서 첫번째로 인구가 많은 도시이다.**

도쿄를 비롯하여 인구 100**만명이 넘는 도시가** 11**개 있다(일본에서는 이들 도시를 政令指定都市 또는 政令市라고 부른다**). **오오사카, 나고야, 요코하마, 교토, 고베, 삿포로, 후쿠오카, 기타큐슈, 가와사키, 히로시마 등이다.**

그리고 인구 5**만 이상의 市는 전국에** 650**여개 정도 있다.**

일본이 근대국가로서 출발한 메이지(明治) 초기에 일본의 인구는 약 3천500만명이었다. 1997년에는 1억2천616만명으로 세계에서 8번째이다. 최근 100년 동안의 연간 인구증가율은 약 1%였다. 제2차대전 후, 출생률과 사망률은 남녀노소를 막론하고 저하했기 때문에 인구 증가율은 그다지 변화하지 않았다. 1993년 10월 현재 일본의 인구 구성은 15세미만 16.7%, 15세이상 64세이하 69.8%, 65세이상 13.5%로 나타나고 있다. 1950년에는 각각 35.4%, 59.7%, 4.9%였던 것과 비교해 보면 고령화 사회로 급속히 이행되고 있는 것을 알 수 있다. 2025년에 이 비율은 14.5%, 59.7%, 25.8%가 될 것이라고 예측하고 있다. 또한, 신생아 수가 해마다 감소하고 있기 때문에 일본의 젊은층 인구는 앞으로도 급속히 감소해 갈 것으로 예상된다.

일본인의 평균수명은 2020**년 현재 남자가** 82**세, 여자가** 88**세이고, 한국은** 2020**년 현재 남자**80**세, 여자**86**세이다.**

이것은 20세기 초와 비교해 볼 때 각각 32년 이상이 늘어났다. 수명이 연장된 최대 이유는 의학의 발달에 의한 유아 사망률의 대폭적인 감소와 청년층의 폐결핵의 현저한 감소이다. 인간의 수명은 120세까지 가능하다고 한다.

그리고 현재 일본에 거주하고 있는 외국인은 185개국 141만5천명으로 총인구의 1%를 차지하고 있다. 여기에는 약 30만 명에 이르는 불법체류자는 포함되어 있지 않다. 한국과 북한 국적을 가진 재일 동포는 65만 7천명으로 전체의 46%에 해당한다.

제2장 일본의 정치(政治)

일본 중의원 12·16 총선 결과

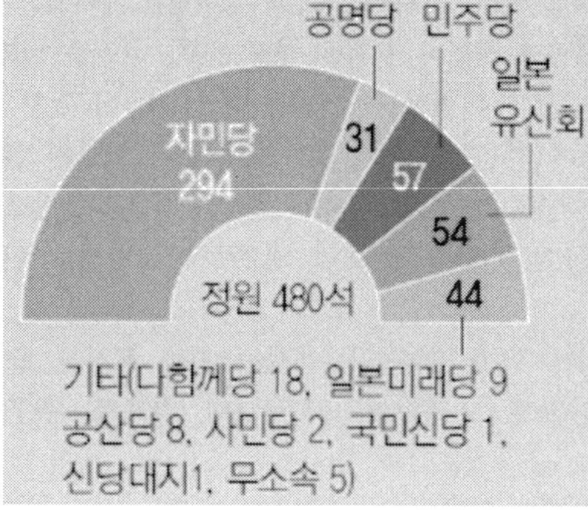

숫자로 보는 일본 중의원 12·16 총선

(괄호 안은 전체 480의석 대비 %)

- 평균연령: 51.9세
- 초선: 184명(38.3)
- 아베 칠드런(자민당 초선): 119명(24.8)
- 세습의원: 114명(23.8)
- 자민당 세습의원: 89명(19.0)
- 여성의원: 38명(8.0)

1. 현대일본의 정치 (現代日本の政治)

1) 日本国憲法の基本原則

日本の政治の現状を紹介するてがかりとして、まずはじめに、政治の基本をさだめた基礎法である憲法について説明しておきたいと思います。

現行の日本国憲法は1946年11月に明治憲法の改正案として可決・公布され、翌1947年5月から施行されたものです。この憲法の制定は形式的手続きのうえでは明治憲法の改正ということで行われましたが、実質的には連合国軍の占領政策の基本方針、すなわち、日本における軍国主義の除去、民主主義的傾向の復活・強化などという考え方にそって、まったく新しく書きかえられたもので、その内容は民主主義の諸原則によってつらぬかれています。それは、前文と11章、103条からなりたっていますが、明治憲法とくらべその特色を、次の3点に要約できると思います。

すなわち、国民主権の原則、基本的人権の尊重および永久平和主義ということになります。

2) 日本国憲法の制定

以上の民主的緒改革の方向は、明治時代に制定された憲法の改正を必然的なものとしました。憲法改正の最終草案は、1946年10月に若干の字句修正を加え、帝国議会で可決されたのち、11月3日に公布、明くる1947年5月3日に施行されています。

新憲法は主権在民と平和主義および基本的人権の尊重を基調とし、天皇は日本国民の統合の象徴とされ、また全国民を代表する議員の国会は国権の最高機関となり、衆議院と参議院の両院によって構成されることになりました。国民の基本的人権は、永久不可侵の権利として保障され、確立されることになりました。

さらに憲法は、その第9条で戦争放棄を定め、平和主義の原則を宣言しています。

3) 日本政治の現状と課題

民主政治とは、「国民主権のもと、何が国民のためであるかを、国民みずからの参加によってきめて行く政治のやり方」のことです。国民の政治への参加の仕方にはさまざまな方式がありますが、その中でいちばん重要なものが選挙です。選挙によって国民はみずからの代表者をえらび、その代表者をつうじて、政策の決定と執行にかかわるのです。日本国憲法も、その前文で、「日本国民は、正当に選挙された国会における代表者を通じて行動」するとのべており、代表者=議員の選挙が民主政治の欠くことのできない前提となっています。

こうしたことから、日本国憲法は、新しい体制のもとで、かずかずの選挙の機会を国民に保障しました。国会議員である①衆議院議員と②参議院議員の選挙、地方公共団体の長である③都道府県の知事の選挙および④市町村の長の選挙、地方議会の議員である⑤都道府県議会の選挙ならびに⑥市町村議会の議員の選挙。これら中央、地方にわたる六つの種類の選挙の権利が、20歳以上のすべての男女に与えられたのです。このほか、最高裁判所の裁判官にたいする国民審査、憲法改正のための最終手続きとしての国民投票、地方公共団体における直接請求なども選挙と同じ意味あいのものと言えましょう。

さて、こうした選挙が、国民の政治参加のしくみとして有効にその役割をはたすためには、少なくとも二つの条件が必要であると思われます。第一は、国民=選挙民が、政治にたいして十分な関心と理解力をもち、自主的にものごとを判断し、その判断にもとづいて積極的、能動的に選挙に参加するということです。第二の条件は、選挙の制度が適正にしくまれており、選挙が公正に行われるということです。これら二つの条件の観点から、日本の選挙について、その現状と若干の課題についてのべておきたいと思います。

現在の日本は教育が普及し、経済生活は向上し、余暇も増大しました。それとともに、新聞、ラジオ、テレビ、雑誌などマス・メディアもいちじるしく発達し、国内外の情報が多量に提供されています。こうした状況のなかで、国民は、とうぜん、政治にたいする知識や理解力を増し、時とともに選挙の経験もつみかさね、政治的にも熟してきました。けれども、投票行動の実際を総体として分析してみると、必ずしも十分なものとはいえません。民主主義の先進諸国にくらべると、いまだ棄権率が相対的に高いのです。衆議院議員選挙のばあいは、30パーセント前後、参議院選挙では、35パーセントから40パーセント前後の棄権率をしめしています。

棄権するということは、みずから政治にたいする権利を放棄することを意味します。

4) 日本政治の基礎知識

現代の日本国は、第二次世界大戦後の1946年、日本国憲法の公布により始まった。

日本国は、日本国憲法のもと、国会を国権の最高機関とし、天皇を日本国統合の象徴とする民主主義国家である。

主権は国民にあり、国民から選ばれた議員からなる国会が中心となって、議会政治をおこなう。国会の制定する法(憲法と法律)により日本国は統治され、国家権力は立法・行政・司法の三権に分立されている。立法をおこなう機関は、唯一の立法機関と定められる国会であり、行政をおこなう機関は内閣であり、司法をおこなう機関は裁判所である。

国会は、衆議院と参議院からなり、議員は国民の直接選挙で選ばれる。

内閣の下に、実際に行政事務をおこなう府・省・庁・委員会といった1府12省庁の行政機構がおかれ、総理大臣はこれら行政機関のすべてを指揮監督する。総理大臣は、実質的に日本のリーダーである。憲法第9条によって、日本は戦争をしないが、自衛のため、自衛隊をもつ。地方には、1つの都・1つの道・2つの府・43の県からなる47の地方公共団体(地方政府)があり、さらにその下には、区・市・町・村の地方公共団体がある。それぞれの首長と議会の議員は住民の選挙で選ばれ、地方自治をおこなっている。

5) 議院内閣制と大統領制

議院内閣制は、イギリスで発達し、完成された制度である。

三権分立の原理により、議会の信任に基づいて内閣は成立し、内閣は議会に対し連帯して責任を負う(責任内閣制)。責任内閣制のもとでは、議会の多数党が政権を担当するため、原則として政党内閣制をとる。

総選挙(下院の選挙)の結果、下院で多くの議席を獲得した政党の党首が、内閣総理大臣(首相)に選ばれ、内閣を組織する。原則として、首相は閣僚を下院議員から指名する。もし、下院が内閣の不信任案を決議すると、内閣は総辞職するか、下院を解散して総選挙をおこない、国民に信を問う(内閣を指示するかどうかを問う)。

◆ 일본의 정치

1868년 명치유신(明治維新)의 근대시대가 열렸을 때, 일본은 오랜 쇄국에 의해 빈약한 상태에 있었기 때문에 「문명개화」「부국강병」을 목표로 해서 국력의 신장을 위해 노력했다. 그 결과 자본주의 산업은 발전을 이루어 일・청전쟁(1894)과 일・로전쟁(1904)전쟁을 승리하여 국제간에도 확고한 위치를 점하게 되었다.

그러나 이와 같은 물질면에서의 근대화에 비해서 정신적인 근대화는 비교적 늦었다. 그것은 점차적으로 전제화한 메이지(明治)정부가 시민의 대두를 막고, 천황중심의 국가를 고취하고, 봉건도덕의 온존에 있던 사회주의 사상은 고사하고 개인주의 사상 조차도 위험시한 까닭에 있다.

제1차 세계대전(1914년~1918년)의 종결은 세계적으로 민주주의 운동을 일으켰으며, 일본도 "대정데모크라시"의 시대가 출현하고 개인의 존엄과 자유가 높이 평가되었다. 대정(大正) 7년이후는 정당내각이 조직되고 1940년에는 보통선거법이 공포되어 유권자의 수는 일거 4배로 증가했다. 그러나 한편으로는 노동자와 자본가의 대립은 점차적으로 격하게 되고 세계대전후의 공포와 관동(関東)대지진(1923.9.1)에 의한 경제적 타격을 계기로 하여 프로레타리아혁명을 지향하고, 사회운동이 활발했던 1929년 세계공황이 일어났다.

경제적 위기와 사회적 불안의 배출구를 찾기 위해서 군부와 우익 지도자는 중국대륙의 진출을 도모하고 정부의 의향을 무시한 채 1931년 만주사변을 일으켰다. 그 다음해 5.1사건에 의해서 정당내각의 시대는 끝나고 2.26사건에 의해서 군부독재의 파시즘체제가 확립되었다. 그 사이 사회주의 사상은 물론 민주주의, 자유주의적 언론까지 엄하게 탄압을 받았다. 전쟁에 의해서 일본은 일본의 새로운 건설을 지향하게 되었고, 경제재건, 민주주의의 부흥이 이루어져 이윽고 국제사회에의 복귀도 인정되었다.

일본은 전후의 대개혁에 의해서 대일본제국의 헌법을 개정하여 주권이 천황이 아닌 국민에 있는 국민의 기본적 인권보장 및 평화주의를 강조한 일본헌법으로서 1946년 공포되어 민주주의 국가로서 출발하게 되었다. 일본의 정치는 3권분립에 의한 입법, 행정, 사법으로서 국회의원은 국민이 직접 투표에 의해서 선출하고 있다.

국회는 중의원과 참의원으로서 구성되며, 4년 임기의 중의원은 512명이며 6년 임기의 참의원은 252명으로 되어있다. 중의원의 의원선거는 20세 이상의 남, 여 유권자에게 투표권이 있으며, 25세이상이면 피선거권을 가질 수 있다.

내각은 10개성과 1개부(내각부)로 구성되며, 일본의 행정을 담당하고 있다.

특히 일본은 관료주의사회가 확립되어, 국회가 공전되더라도 정책에 큰 변화를 주지 않는 것이 특징이다. 일본의 정치는 1993년 자민당에 의해 40여년간 유지해온 장기집권이 붕괴되고 호소카와정권에 의해 이제 연립시대를 맞이하였으며, 하타, 하시모토, 오부치 등의 현재에까지 이르고 있으나 연립정권의 변화는 일본의 민주주의 정치를 위한 하나의 커다란 전환점에 있다고 할 수 있을 것이다.

◆ 일본의 헌법

현재의 일본헌법은 1946년 전문(前文)을 비롯하여, 천황(天皇), 전쟁 포기, 국민의 권리와 의무, 국회, 내 각, 사법 등에 관한 103조로 이루어져 있다.

당시의 메이지 헌법과 다른 점은, 주권이 천황이 아닌 국민에게 있다는 점, 평화주의를 강조한 점, 국민의 기본적 인권을 보장한 점 등이다.

기본적 인권에는 먼저 종교의 자유, 사상・양심의 자유, 출판・언론의 자유 등과 더불어 국민의 한사람 한사람이 인간다운 생활을 할 수 있도록 국가에 요구할 권리(생존권), 사생활 보장의 권리 등도 포함되어 있다. 컴퓨터가 발달하면서 동시에 사생활 보장제도가 필요해져 1988년 「개인 정보 보호법」이 공포되었다. 최근 일본의 국회에서는 2008년을 시한으로, 일본의 헌법에 대한 개정 논의가 본격적으로 시작됐다. 1947년 미국이 만들어 준 헌법 9조의 전쟁포기와 군대보유 불허, 교전권 불허 등을 개정하는 문제가 최대의 촛점이다.

第七条 [天皇の国事行為]

天皇は、内閣の助言と承認により、国民のために、次の国事に関する行為を行ふ。
一. 憲法改正、法律、政令及び条約を公布すること。
二. 国会を召集すること。
三. 衆議院を解散すること。
四. 国会議員の総選挙の施行を公示すること。
五. 国務大臣及び法律の定めるその他の管理の任免並びに前件委任状及び大使及び公使の信任状を認証すること。
六. 大赦、特赦、減刑、刑の執行の免除及び復権を認証すること。
七. 栄典を授与すること。
八. 批准書及び法律の定めるその他の外交文書を認証すること。
九. 外国の大使及び公使を接受すること。
十. 儀式を行ふこと。

第八条 [皇室の財産授受] 皇室に財産を譲り渡し、又は皇室が、財産を譲り受け、若しくは賜与することは、国会の議決に基かなければならない。

第二章　戦争の放棄

第九条 [戦争の放棄、軍備及び交戦権の否認]

日本国民は、正義と秩序を基調とする国際平和を誠実に希求し、国権の発動たる戦争と、武力による威嚇又は武力の行使は、国際紛争を解決する手段としては、永久にこれを放棄する。

② 前項の目的を達するため、陸海空軍その他の戦力は、これを保持しない。国の交戦権は、これを認めない。

第二十条 [信教の自由、国の宗教活動の禁止]

信教の自由は、何人に対してもこれを保障する。いかなる宗教団体も、国から特権を受け、又は政治上の権力を行使してはならない。

② 何人も、宗教上の行使、祝典、儀式又は行事に参加することを強制されない。

③ 国及びその機関は、宗教教育その他いかなる宗教的活動もしてはならない。

적중예상문제

1. 日本の 地理について論じなさい。

2. 韓国と 日本の 政治制度を 比較しなさい。

3. 日本の 歴史教科書の 問題について論じなさい。

4. 日本の 行政区域について論じなさい。

※ 新しい中央省庁が発足 ※

2001年1月6日、中央省庁の再編が行われ、これまで1府22省庁だった官庁が約半分の1府12省庁に減りました。新しく内閣府が設けられたほか、2つあるいは4つ省庁が統合され、<文部科学省>や<厚生労働省>などが誕生しました。また大蔵省や通産省もそれぞれ<財務省><経済産業省>と名前が変わります。

今回の省庁の再編は、1996年、当時の橋本龍太郎首相が大構想を明らかにし、その後、着々と準備が進められてきたものです。1999年7月までに再編のために必要な法律がすべて成立し、今回の実施となりました。

再編の最大の目的は、これまで細切れのようになっていた行政を大きく統合し、総合的な計画を立てやすくしたい、というものです。同時に事務のむだをなくし、人員の合理化にも役立つとしています。

1월부터 새 중앙 정부 조직 발족

1월 6일, 중앙 정부 조직이 재편되어 이제까지 1부 22성청이었던 관청이 절반 정도인 1부 12성청으로 줄었습니다. 새롭게 내각부가 설치된 것 외에, 두 개 혹은 네 개의 성청이 통합되어 '문부과학성', '후생노동성'등이 탄생했습니다. 또한 대장성과 통산성도 각각 '재무성'과 '경제산업성'으로 명칭이 바뀝니다.

이번 정부조직 재편은 1996년, 당시의 하시모토 류타로 수상이 큰 구상을 발표해, 그 후 착실히 준비되어 온 것입니다. 1999년 7월까지 재편을 위해 필요한 법률이 모두 성립되어 이번 재편이 실시되었습니다.

재편의 최대 목적은 지금까지 세분화되어 있었던 행정을 크게 통합하여 종합적인 계획을 용이하게 세울 수 있도록 하려는 것입니다. 동시에 업무의 낭비를 없애고, 인원의 합리화에도 도움이 될 것으로 보고 있습니다.

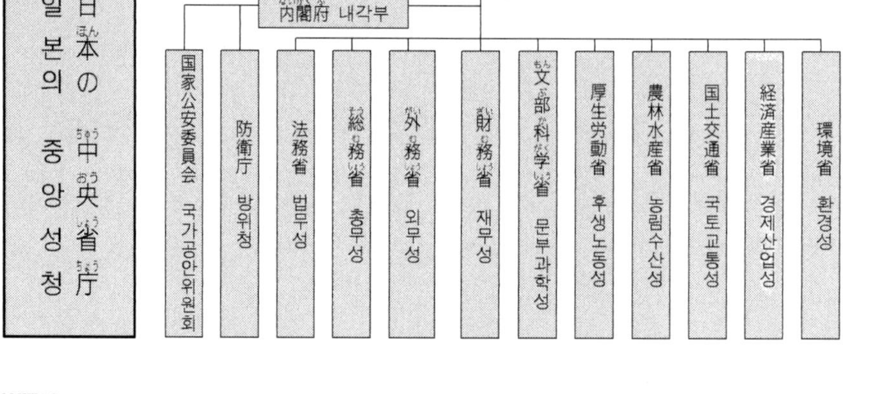

2. 상징적 천황제(天皇制)

1) 천황의 헌법상 지위

현행 헌법에는, 천황(天皇)은 일본국의 상징이고, 그 지위는 주권을 가진 일본 국민의 총의(総意)에 입각하며, 헌법이 정한 국사(国事)에 관한 일만을 행하고, 국정에 관한 일에는 관여하지 않는다고 되어 있다.

그리고 국사에 관한 행위에는 내각의 조언과 승인을 필요로 하며, 내각이 그 책임을 지는 것으로 되어 있다. 국사에 관한 행위라는 것은, 국회의 지명에 입각하여 내각총리대신을 임명할 것, 내각의 지명에 입각하여 최고 재판 소장을 임명할 것, 내각의 조언과 승인에 입각하여 헌법개정·법률·정령 및 조약 공포, 국회 소집, 중의원 해산, 총선거 시행의 공시, 영전수여, 비준서 및 그 외의 외교문서의 인정, 외국의 대사·공사의 접수를 행할 것 등으로 한정되어 있다. 이와 같이 현행헌법에 있어 일본천황은 정치상의 권한을 가지지는 않으나, 외교 의례상의 원수(元首)로서 대우받는다. **천황가를 상징하는 꽃은 국화이고, 일본의 国花(국화)는 없으며, 사쿠라(벚꽃)은 좋아하는 꽃이다. 일본의 국기는 「히노마루」(日の丸)이고, 국가는 「키미가요」(君が代)이다.**

2) 천황가의 역사

현존하는 일본 최고(最古)의 史書인 고지키(古事記)에 의하면, 기원전 660년에 초대 천황이 즉위한 것으로 되어 있다. 그러나 천황의 존재를 사실에 입각해서 설명할 수 있는 것은 4-5세기 이후이다.

7세기에 중국의 법률제도를 도입하여 천황은 직접 정치를 하게 되었으나, 실제로 정치를 행한 기간은 짧았다. 9세기 이후, 정치는 귀족이나 무사에 의해 행해졌다. 시대의 변천과정에 있어 조금씩 차이는 있으나 그때 그때의 실권자가 정치의 대권을 천황으로부터 받는 형식을 취했다는 점은 일관된다.

19세기, 에도막부에 의한 대정봉환(大政奉還)이 이루어 짐으로써 천황은 다시 나라의 통치권을 행사하게끔 되었다. 그러나 실제로 명치 신정부는 입법·사법·행정의 삼권 분립 형태를 취한 입헌군주제였다. 그 후 제2차 세계대전이 일본의 패전으로 끝나고 1947년 미군정에 의해 현행헌법이 만들어지면서 천황과 황실은 상징적인 존재로 남게 되었다.

이상과 같이, 일본의 천황은 고대이래 스스로 국정의 실권을 장악한 적은 거의 없다. 그 때문에 천황이 정쟁(政争)에 직접 연루되는 일은 거의 없었다. 오늘날 일본천황이 일본국민의 중심에 설 수 있게 된 것도, 고대 이래의 전통과 권위 이외에도 정치와는 어느 정도 거리를 유지하는 초연적인 존재였다는 점과 결코 무관하지는 않다.

일본에서는 보통, 천황이 살아 있는 동안에는 이름을 부르지 않고 죽은 다음에 시호를 붙여 부른다. 예를 들어 124대 천황의 이름은 히로히토(裕仁)였는데, 재위의 연호가 쇼와(昭和, 1926~1989)였기 때문에 지금은 "쇼와텐노"라고 부르고 있다.

현재의 일본천황은 125대 아키히토(明仁)천황이다. 1933년 12월 23일에 탄생하여 1989년 1월 7일에 왕위를 계승했다. 황후의 이름은 미치코(美智子)이다. 이 황후는 민간 출신이며 테니스를 통한 천황과의 로맨스가 유명하다. 황태자의 이름은 나루히토(徳仁)이며, 1960년에 탄생하여 가쿠슈인(学習院)대학 및 영국 옥스포드대학에서 공부를 하고, 1993년에 민간 출신인 오와다 마사코(小和田雅子)와 결혼하였다. 2019**년 5월 1일부터 나루히토(徳仁) 일왕이 즉위하고, 연호는 레이와(令和)를 사용한다.**

< 천황제도와 일본제국주의 >

일본에서 천황은 한마디로 일본을 대표하는 상징적으로 존재하는 신이다. 아직도 일본에는 전제군주인 왕이 존재하고 국민들은 지금도 왕에게 충성을 하고 있다. 1988년말, 히로히토 쇼와(昭和)천황이 쓰러지자, 많은 일본인들은 자숙한다는 의미에서 술도 안 먹고, 떠드는 것도 삼가고 심지어 연하장 보내는 것마저 포기하는 사람이 많았다.

1989년1월7일, 히로히토일왕이 죽자 7백억원의 장례비와 160개국에서 조문사절이 참가하여, 팔방미인 외교와 경제대국의 힘을 과시했던 쇼와(昭和)시대는 63년으로 막을 내렸고, 그의 아들인 아끼히토(明仁)가 125대 천황으로 즉위하여 연호를 헤이세이(平成)라 하였다.

매년 1월 초에 황거에는 성(姓)도 없는 일왕에게 신년인사로 수십만명의 일본국민이 열렬히 참배하는일본 국민들! 아직도 일본제국주의의 망령이 살아있는 듯했다.

오늘의 일본 천황제도는 하나의 상징적 존재 뿐만 아니라, 일본국민의 정신적인 지주요, 구심점이다. 일본헌법에는 "천황은 국가의 상징이며, 국민통합의 상징이다."고 규정하여, 신성불가침의 절대적 존재로 국민의 구심점 역할을 하고 있다.

일본헌법에 따르면, 천황은 법률 및 조약을 공포하고, 국회의 개회를 선포하며, 내각장관과 총리대신을 임명하고 훈장을 수여하는 등의 국사행위를 수행하고 있다.

1872년 메이지(明治)천황이 처음 사용했던 태양을 상징하는 "히노마루(日の丸)"라는 일본 국기를 앞세우고, "천황의 세대는 천년만년 조약돌이 바위되어 이끼가 낄 때까지"라는 내용이 담긴 1888년에 만든 "키미가요(君が代)"국가(国歌)를 학교에서 다시 제창하는 등 일본은 천황 붐이 일고있는데.....

과거 일본제국주의는 천왕에 대한 충성을 요구했고, 대동아공영권을 꿈꾸며 전쟁을 일으켜 놓고도, "전쟁의 책임은 쇼와 히로히토 일왕에 있다"고, 1988년 12월 7일, 올바른 말을 하였다는 이유로 우익단체 청년들에게 현청(도청)앞에서 세발이나 총을 맞고 입원해 있는 나가사끼시(長崎市)의 모토지마시장(本島市長)에게 6,000통의 위로편지와 그 이상의 비난편지가 날아왔다고 하니, 일본인의 이중성과 양면성을 알 수 있을 것 같다.

1994년 노벨 문학상을 받은 오오에겐자부로(大江健三郎)는 일본 천황이 수여하는 문화훈장과 연금 수억원을 거부하였는데, 우익단체들이 반일적인 행동이라고 비난하고 나서자 경찰이 비상경계태세에 들어가고, 여기서 우리는 일본인의 두 얼굴과 무서운 국수주의 현실을 알 수 있고 정신차려 내쇼날리즘으로 무장된 일본인의 정신구조와 국민의식을 올바로 직시하지 않으면 안된다.

일본인들의 천황제와 군국주의 사회구조는 위험한 발상으로 주변국들에게 불안과 불신을 조장하게 되어, 일본인의 양심적인 참모습을 찾을 수 없으며, 인종차별의 폐쇄적인 애매 모호한 이중성격의 일본인들을 양산하게 되므로, 일본의 보수우익 세력들이 반성하고 거듭나야만 일본은 국제사회에서 공존공생(共存共生)할 수 있을 것 같다.

오늘도 "일등국민"이라고 목에 힘주고 있는 일본인들이 존경하는 천황은 백제계로 한국인의 후손이라 한다. 천황이 살고 있는 황거에는 백제교(百済橋)라고 새겨진 돌다리가 남아 있으며, 천황만은 화장하지 않고 흙으로 묘를 만드는 봉분(封墳)을 하고, 숟가락으로 된장국을 먹는 습관 등의 여러 가지 한국의 풍습이 많이 남아 있으며, 아직도 일본의 전국 각지에는 高麗村, 百済寺, 奈良(나라), 王仁, 朝鮮寺 등의 지명이 많이 남아 있듯이 한국이 일본에 커다란 영향을 준 것은 사실이다.

김달수씨가 『日本속의 朝鮮文化』라는 제목으로 21년동안 일본전국의 방방곡곡을 샅샅이 뒤져서 글로 쓴 책 속에 잘 나타나 있다. 김향수씨의 『일본은 한국이더라』와 같이 과거문화는 우리가 앞서 있었지만, 현대문명은 일본이 지금 앞서가고 있다. 2000년 6월15일 남북정상회담을 하고, 2002년 6월 월드컵을 함께 하는 등, 서로 이해하고 미래지향적으로 협력해야 할 것이다.

3. 일본의 통치 제도

1) 국회와 내각

제2차 세계대전 이후 오늘날까지 일본의 수상(首相)은 26명이 취임하였다. 일본의 통치제도는 입법·사법·행정의 각 기관이 분립된 삼권분립제를 취하고 있다. 입법기관인 국회는 국가권력의 최고기관이고, 나라의 유일한 입법기관이며, **512명의 중의원(衆議院)과 252명의 참의원(参議院)의 양원제를 채택하고 있다.** 양원 모두 전 국민을 대표하는 선거를 통해 뽑힌 의원으로 조직되어 있다. **중의원(하원) 의원의 임기는 4년이지만, 임기 전에 중의원이 해산되면 임기가 단축될 수도 있다. 참의원(상원)의 경우는 6년 임기로 선출되나 3년마다 의원의 반수가 개선된다.** 국회의 권한으로는 내각총리대신의 지명, 내각불신임결의, 법률안의결, 예산의결, 조약승인, 재판관에 대한 탄핵재판, 헌법개정의 발의 등이 있다.

국회의 회기에는 통상회, 임시회, 특별회가 있다. 통상 국회는 매년 1회 12월에 소집되어 150일간 계속된다. 통상 국회에 제출되는 가장 중요한 안건은 이듬해 회계년도의 국가 예산안이나, **중의원은 내각이 작성하여 국회에 제출한 예산안을 참의원보다 먼저 심의할 권리를 갖는다. 중의원은 수상의 지명과 조양체결에 관한 심의에 있어서도 참의원보다 우선권을 갖는다. 중의원은 내각불신임안 또는 신임 동의안을 제출하는 권한을 부여받고 있다.** 이것이 의회정치에서 중의원이 보유한 가장 중요한 권한이다.

참의원에는 법률상으로 내각 불신임안을 제출할 권한이 없다. 중의원이 해산중일 때 내각이 긴급집회를 요구할 경우에는 참의원이 그 회기 중에 중의원을 대신하여 국회의 기능을 수행한다. 중의원과 참의원의 의장, 부의장은 회의장의 질서유지를 책임지며 의사일정을 정한다. 국회 의사진행의 공평을 기하기 위해 이들의 장단은 당적을 갖지 않는 것이 관례로 되어있다.

일본의 행정부는 의원내각제(議員内閣制)에 의해 운영된다. 행정권은 내각에 속하고, 내각은 내각 총리 대신과 그 외의 국무대신으로 조직되며, 행정권 행사에 관해서 국회에 대해 연대책임을 진다. 내각은 일반 행정사무 외에, 법률을 집행하고, 외교 관계를 처리하며, 조약을 체결하고, 예산을 작성하고, 정령(政令)을 제정한다. 이러한 업무를 분담하기 위해 국무대신을 장(長)으로 하는 **12성과 1부로 설치되어있다.**

2) 일본의 선거와 정당제도

국회의원·도도부현(都道府県)·시정촌(市町村)의 단체장(首長) 및 지방의회의 의원은 직접선거를 통해 선출된다. 선거권은 20세 이상의 남녀 모두에게 있지만, 피선거권의 경우는 참의원 선거와 도도부현 지사는 30세 이상, 그 이외는 25세 이상의 사람에게 주어진다. 여자는 1945년에 처음으로 선거권과 피선거권을 가지게 되었다.

현재, 국회의원과 광역자치체인 도도후켄(都道府県)의 지사 및 의회의원의 대부분은 정당의 당원이거나 정당의 추천을 받은 사람이다. 그러나 기초자치체인 시쵸손(市町村)의 장과 각 의회의원 중에는 특정한 정당에 속하지 않는다는 의미의 「무소속」을 표방하는 사람이 많다.

현행 선거제도는 중의원은 1선거구를 제외하고는 각선거구에서 인구에 비례하여 2~6명의 의석

정수가 할당되고 있는 중선거구제에 의해 선출된다. 1975년이후 130개지역 선거구가 있으며 중의원의 의석수는 512석이었으며 참의원의 경우 100명의 의원이 전국구 비례대표제에 의해 선출되고, 152명은 지역구에서 선출된다. 전국구의 선거는 유권자들이 정당을 선택 투표한다. 각 정당의 득표수에 비례하여 의석이 배분되며, 각 정당에서는 선거전에 제출된 입후보자의 명단순서에 따라 당선자가 결정된다.

선거운동은 포스터·TV·입회연설회·가두연설 등으로 행해진다. 선거는 무기명 자유투표로 실시하고, 뽑고 싶은 사람의 이름을 직접 적는다. 국회의원 선거의 투표율은 1958년(77%)이 가장 높았다. 일본의 주된 정당은 오랜 세월 동안 두 진영으로 나뉘어 왔다.

즉 한쪽은 정부 여당인 自由民主党(자민당)이고, 다른 한쪽은 야당인 일본사회당·공명당·민주사회당·일본공산당 등의 혁신진영이었다. 그러나, 1993년의 중의원 의원 선거에서 국민의 과거정치에 대한 불신과 새로운 정치에 대한 기대 심리가 표출되어 신당과 신진세력의 약진이 두드러지게 나타났다. 결국, 자유민주당은 과반수 의석을 확보하는데 실패하였다. 이렇게 해서 38년간 계속된 자유민주당의 일당정권은 막을 내리고, 연립정권이 탄생하였다. 그후 선거제도를 중심으로 한 「정치개혁」이 이루어졌다. 그 결과, 1994년에 선거법이 개정되어 국회의원의 선거 방식이 과거의 중선거구제(中選挙区制)에서 소선거구비례대표(小選挙区比例代表)병립제로 바뀌었다. **1996년 현재는 自由民主党·自由党·民主党·社会民主党(旧, 日本社会党)·公明党·日本共産党 등이 있다.**

자유민주당은 일본 최대의 보수정당이다. 1955년 자유당과 민주당이 합쳐져서 창당된 이래 일관되게 40여년간 정권을 담당해 왔었으나 1993년 총선에서 과반수를 얻지 못하여 처음으로 야당으로 전락하였으나 1996년에 자유당과 연립내각을 구성하여 여당으로 복귀했다.

자유당은 1993년 자유민주당에서 44명의 국회의원이 탈당하여 신생당을 결성했는데, 그 신생당이 1998년에 분열되어 결성된 것이 자유당이다. 소속의원의 대부분이 원래 자유민주당이었고 정책도 비슷하여 현재는 자유민주당과 연립정권을 형성하고 있다.

사회민주당은 과거의 일본사회당이 그 뿌리이다. 1945년에 결성된 일본사회당은 사회주의 실현을 목표로 하고 있었으나 1986년에 서구식 사회민주주의 정당과 같은 정책노선으로 전환을 선언하여 제2당의 위치를 유지해 왔다. 그러나 1993년 자유민주당과 연립정권을 만들어 총리 자리를 차지하기도 했으나 그 이후 사회당의 특색을 잃고 1998년에는 당명마저 사회민주당으로 바꾸면서 현재는 제6당으로 전락하였고, 자민당은 파벌정치로 비난을 받는다.

민주당은 1998년 자유민주주의를 표방하는 정당으로 결성되었다. 과거 사회당 소속의원이 많이 참가했고 노동조합의 지지도 획득하여 현재는 제2당의 위치를 차지하고 있다.

공명당은 원래 불교의 니찌렌(日蓮)정종(正宗)의 종교적 조직인 창가학회(創価学会)의 정치기반으로 결성된 정당으로 인도적 사회주의를 표방한 보수정당이다. 현재는 제3당의 위치를 차지하고 있다.

일본 공산당은 지하정치조직으로 출발하여 전후에 합법적인 정당이 되어, 일본에서의 공산주의 사회 실현을 강령으로 하고 있으나 북한과는 노선의 차이가 크다.

3) 평화헌법과 자위대

현재의 일본국 헌법은 태평양 전쟁이 종결된 이듬해(1946년)에 공포되어1947년 5월 3일부터 시행되었다. 이 헌법은 과거 군국주의의 상징이었던 明治憲法, 즉 "大日本帝国憲法"과는 그 내용에 있어 커다란 차이를 가진다. 명치헌법(明治憲法)과의 차이를 몇 군데 지적하자면 상징적천황, 주권재민, 평화주의, 인권존중, 국제분쟁을 해결하는 수단으로써의 전쟁의 포기 등을 들 수 있다. 특히 제9조의 전쟁포기 조항은 세계의 헌법 중에서도 그 유례가 드물다.

일본은 제2차 세계대전 종료시 항복 조약에 입각하여 모든 육·해군이 해체되었다. 1950년에 일본의 치안 유지를 위해 경찰예비대(警察予備隊)가 설치되었는데, 이것은 1952년에 보안대로 재편되고, 1954년에 현재의 자위대(自衛隊)가 되었다. 헌법 제9조에는, 국제 분쟁을 해결하는 수단으로써 국권이 발동하는 전쟁을 포기한다는 취지를 규정하고 있다.

그러나 이것은 국가 고유의 권리인 영토의 자위권(自衛権)마저 포기한 것이 아니라고 유권 해석하고 있다.

자위대는 "나라의 평화와 독립을 수호하고, 나라의 안전을 지키기 위해 직접 침략 및 간접 침략에 대해 나라를 방위하는 것을 주된 임무로 하며, 필요에 따라 공공 질서의 유지에 이용한다"라는 자위대법(自衛隊法) 제3조에 근거하여 설치되었다. 자위대의 최고 지휘권은 내각을 대표하여 내각총리대신이 가지고 있지만 보통 업무는 국무대신인 방위청장관이 맡고 있다. 현재 자위대의 정원은, 육상 자위대 18만명, 해상 자위대 4만6천명, 항공 자위대 4만7천5백 명이다.

자위대는 창설 이후 여러 차례에 걸쳐 그 인원과 장비면에서 대폭적으로 확대되고 있다. 특히 "방위비는 GNP의 1%내로 한다"는 종래의 입장을 바꾸어 지금은 GNP의 1%를 돌파하고 있으며 군사비면에 있어서 프랑스, 독일, 영국과 비슷한 수준이다. 뿐만 아니라 1990년의 중동전쟁 때에는 다국적군의 후방지원부대에 자위대가 파견되기도 했고, 1992년 6월에는 "유엔 평화유지활동협력법(PKO 협력법)"이 국회에서 성립되어, 자위대의 해외 파견에 대한 법적 근거가 확보됨으로써 1962년에는 자위대가 캄보디아에 파견하였고, 2003년6월에는 이라크에 파병하였다.

또한 최근에는 "미·일안전보장조약"의 개정에 따른 미·일공동방위지역이 동북아시아는 물론 태평양지역까지 광범위하게 확장되고 있다. 또 1997년에는 조직원 1600명에 이르는 "방위청정보본부(DIH)"가 창설되어 거의 모든 태평양지역을 감시할 수 있는 능력을 가지게 되었다. 이와 같이 자위대는 그 규모와 질적인 면에서 막강한 전력을 보유하고, 2002년5월21일에는 일본이 선제공격을 할 수 있는 법제를 참의원에서 논의하고 통과시켰다.

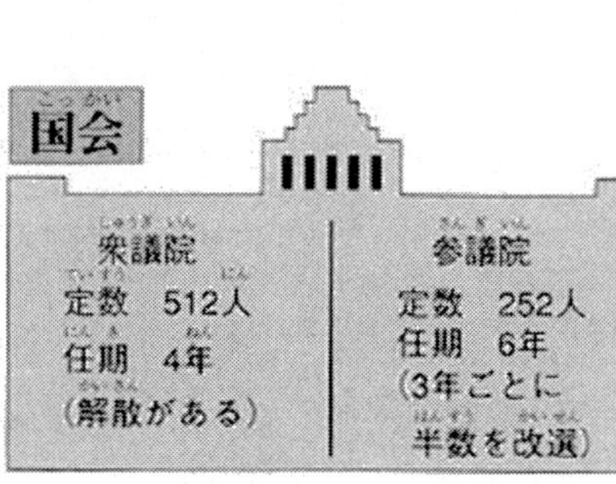

※ 일본의 중의원은 미국의 하원과 비슷하며, 참의원은 상원과 비슷하다.

중의원은 내각이 작성하여 국회에 제출한 예산안을 참의원보다 먼저 심의할 권리를 갖는다. 중의원은 수상의 지명과 조약체결에 관한 심의에 있어서도 참의원보다 우선권을 갖는다. 중의원은 내각불신임안 또는 신임 동의안을 제출하는 권한을 갖고 있다.

제3장 일본의 경제

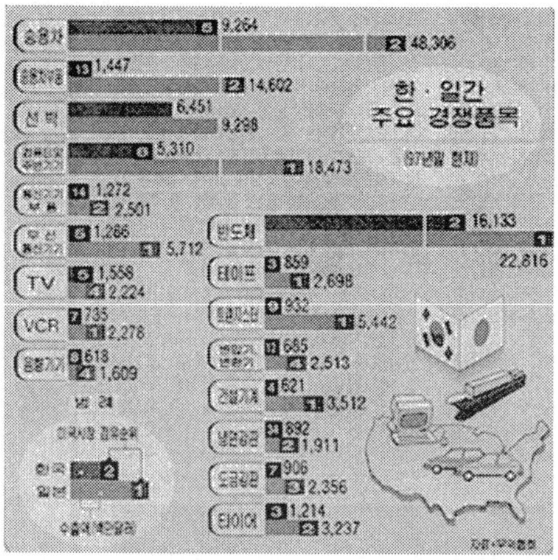

1. 오늘의 일본경제 (現代の日本経済)

1) 産業革命と資本主義

資本主義経済とは、①生活に必要なものを生産する工場・機械設備・原材料、あるいは土地などの生産手段を私有する制度(私有財産制) ②利潤追求の自由 ③自由競争 ④市場で価格が決定する市場経済 ⑤労働力の商品化などを特徴とする。

資本家が労働者を雇って企業を経営する。その企業は、市場で自由競争をおこない、経営の合理化や大量生産などによって生産コストの引き下げにつとめる。

市場での企業が利潤を求める自由な経済活動によって、社会全体の経済が発展する。

このような資本主義社会は、18世紀後半から19世紀前半にかけ、進んだ産業革命によって、イギリスで初めて成立した。

2) バブル経済の崩壊

大きな貿易黒字によって生じた余剰資金などで、多くの企業は、土地や株式を買った。

この動きがブームとなり、地価と株価が上昇し続け、1980年代の末ころにはバブル経済と呼ばれる好景気になった。一方政府は、政府開発援助を拡充し、発展途上国への援助を増やした。このため、韓国・台湾・香港・シンガポールなどのアジア諸国は、1970年代から急速に経済発展をとげた。

しかし、1991年に入ると日本経済はゆきづまり、不況へと転じた(バブル経済の崩壊)。

◐ 일본경제의 기초 (日本経済の基礎) ◐

1) 日本的な経営の形成

現在でも日本は西ドイツと並んで労働争議(春闘)が少ないこと、また西ドイツと異なって失業率が低いことが注目されています。なぜそうなのかという問いに対する答えの一つは日本には長い歴史的伝統をもつ日本的経営ともいわれる経営の特徴が存在するからであるといわれております。

通常日本的経営という場合には①終身雇用制 ②年功序列型賃金 ③経営家族主義という緒特徴が指摘されます。そしてこれらの特徴は第一次世界大戦から戦後恐慌にかけての時期に形成されてきたといわれております。

企業は必要な人材を長く経営内に維持しておくために、優秀な新規業卒者を採用し、これに必要な企業内教育を施して熟練度を高め、定年までこうした人材を確保するため終身雇用制度ができあがっていきました。そしてこうした人材の賃金は年齢に応じて必要となる制月日に対応する生活給的な年功序列型という形態をとるようになります。このような雇用関係に対応して経営者は経営があたかも家族のように親近感をもった集団的秩序の下にあるものと意識し、被雇用者もこうした集団に帰属して全体のために奉仕しようという意識をもつようになります。これが経営家族主義とよばれる日本の独特な経営理念であります。こうした特徴のある経営が戦前の経済の発展に一定の役割を果たしたといえましょう。

2) 経済発展

映画は戦後、日本人の大きな娯楽の一つであった。特にアメリカ映画の中には冷蔵庫、洗濯機、テレビ、車などの便利な品物がたくさん出てきた。そのころの日本人は貧しかったので、映画の中の生活は夢のようだった。

ところが、今ではこのような品物は少しも珍しくなくなってしまった。どうしてこうなったのか。それは日本人の所得が増えたからである。

しかし、それだけではない。もう一つ重要なことは、大量生産ができるようになり、品物の値段が安くなったからである。

統計によると、昭和30年代初めのころは14インチの白黒テレビの値段はサラリーマンの平均給与の数か月分だった。給与が10倍以上になった現在、14インチのカラーテレビは当時の白黒テレビの半分ぐらいの値段で買うことができる。

つまり、所得とくらべて品物の値段がずっと安くなったのである。

工業化が進んだ国では生産の効率が上がり、製品の値段が安くなる。だが、発展途上国では労働賃金は安いのに、技術や生産効率が低いため製品の値段がなかなか安くならない。例えば、ある発展途上国の自動車生産コストは日本の何倍もかかっているそうである。

★ < 일본경제의 개요 >

메이지유신(明治維新 1868년) 이후 일본의 근대화와 더불어 제1차 세계대전과 제2차 세계대전을 거쳐 한국전쟁(1950)과 1960년의 불황의 위기를 극복하면서 일본은 고도의 경제성장에 의해서 경제대국으로 1980년 말에는 최고 성장기에 달했지만, 1990년 초 버블경제에 의한 경기의 후퇴는 매년 1천억 달러 이상의 무역흑자로 인해 외국과의 경제마찰, 엔고, 산업구조의 변화 등의 문제에 걸쳐서 이것을 해결해야만 하는 상황에 있다.

특히 1992년부터 버블 경제에 의한 경기의 후퇴와 더불어 1992년 경제심의회의에서는 주민생활의 복지에 중점을 둔 "생활대국 5개년 계획"안의 제출은 연간 노동시간 1800시간 이하로 하고, 대도시 거주자의 주택구입비를 5배로 낮추는 계획이 수립되어 일본인의 생활향상을 위해 노력하고 있다.

1973년 일본의 엔화의 변동환율제 채택 후 일본 엔화의 상승으로 인한 일본의 경제는 시련에 직면해 오고 있다. 특히 일본의 수출은 많은데 비하여 수입은 적어서 외국과의 경제마찰을 불러 일으키고 있고, 그 중에서도 미국의 불만을 해소하기 위해서는 오로지 국내 수요의 확대속에 수출입의 균형을 유지하는 길만이 외국과의 경제마찰을 해소할 수 있을 것이다.

또한 종신고용제 종말과 더불어 경영의 합리화 방안이 절실히 필요한 상황에 직면해 있다. 수출입의 균형을 유지하고, 21세기의 정보화시대에 있어서 일본의 방향은 경제대국 일본에 있어서 꼭 넘어야 할 커다란 과제이기도 하다.

아시아 및 한국의 금융위기는 특히 1997년 불어닥친 금융개혁 등에 의한 IMF의 아시아의 경제위기와 더불어 일본에 있어서도 커다란 경제위기를 몰고 오고 있다. 이것은 서양의 합리주의와 동양의 윤리주의 사상과의 새로운 이데올로기 경제전쟁이다.

특히, 일본의 엔화가 강세하자, 기업은 현지 투자 확대 등, 엔고의 저항력을 키우고 있으며, 업무실적과 업무성격이나 근무지에 따라 임금체계를 달리하는 등, 기업의 대대적인 산업구조개혁을 추진하는 등, 일본은 경제 초강대국으로써 움직임을 보이고 있다.

2. 현대 日本사회의 문제

(1) 인구의 이동

1868년 메이지 정부 수립 후 1872년 일본의 인구는 약 3,480만명, 120여년이 지난 오늘날은 약 1억2천6백만명으로 증가하고, 일본 국토 면적은 약 37만 평방키로(4분의3이 산지)로서 일본의 인구 증가율 1.4% (2008년경 1억3000만명 예상)

고령화 추이가 심화하여 65세 이상의 노인 인구 비율이 1985년 10%, 2000년에는 15%이다.

(2) 도시화 현상

농촌 인구는 크게 감소하고 도시 인구는 증가하여, 일본 국민의 42%가 도쿄, 오사카, 나고야, 등 3대 도시와 주변의 위성 도시권내에 거주하고 있다.

산업별 취업 인구의 변화는 농림 수산업 종사자의 급격한 감소가 제조업을 중심으로 하는 제2

차 산업과 서비스산업, 상업, 금융업의 3차 산업의 증가로 이어지고 있으며, 제3차 산업 취업자 비율은 60%를 초과함.

(3) 핵가족화 현상

농촌에서 유입한 도시 생활자는 좁은 주택 환경에 적응하지 않으면 안되는 현실.

소득증대와 진학율의 상승으로 고학력 사회가 형성되고 자녀 교육비 증가.

남여 평등사상의 팽배, 부부 중심의 현실생활을 중시한다.

(4) 교육제도의 현상

의무 교육(소학교 6년+중학교 3년)과 대학교, 전문학교 진학률 증가로 수험 경쟁의 과다가 사회적 무리를 낳고 있으며, 수험 경쟁의 교육 문화는 학내 폭력과 사회적 왜곡을 낳아 교육제도가 문제화되어 1984년 이후 교육 개혁이 시작됨. 고교진학률은 96%이고, 대학의 졸업이 평생의 생활을 좌우한다는 생각에서 대학 진학률은 45%인 고학력 사회이다.

(5) 노동 문제

일본의 종신고용제도는 대부분 연공서열제이다. 임금액은 노동자의 근속년수에 비례함. 1970년 오일쇼크로 일본 경제가 침체 했을 때 고용조정을 하였으나 아직도 일본은 종신고용과 연공서열제이나 점점 서양의 능력급인 연봉 제도를 도입하고 있다.

1947년 노동 기준법에 따라 1일 8시간 주 48시간 근무제가 운영된다. 최근 대기업 중심으로 주휴 2일제를 채용하는 기업도 늘고 있다. 시간외의 잔업이 2시간 정도이지만, 구미의 년간 평균 노동시간 1,800시간에 비해 200~400시간이 많다.

노동자가 실업한 경우, 임금의60%를 30세 미만의 경우 90일간, 55세 이상에게는 300일간의 고용 보험을 준다.

여성노동자는 1960년 고도 성장기에 전체 노동자의 3분의 1을 차지했다. 그러나 임금, 승진, 정년, 시간외 수당, 심야 취업, 기타 제반 면에서 남자와의 차별이 존재하여 1985년에 남여 고용 기회 균등법이 제정 운영되고 있다.

일본의 사회 보장제도는 소득, 의료, 일상 생활에 대해서의 보장이며, 사회 보험, 특히 의료 보험,연금 보험에 의한 의료, 소득의 보장이 중심이고, 의료 보험, 연금 보험은 모든 국민을 대상으로 강제적으로 가입시키고, 생활 보조금은 생활 곤궁자를 대상으로 소득, 의료 보장을 최종적으로 시행하고 있다.

★ 日本(にほん)のお金(かね); これは今(いま)、日本(にほん)で使(つか)われているお金(かね)です。

硬貨(こうか)には1円、5円、10円、50円、100円、500円があります。

紙幣(しへい)(お札(さつ))には、1,000円、5,000円、10,000円があります。

1円玉の模様は、オリーブの葉です。5円玉は、稲と歯車で、農業と工業を表します。10円玉にある建物は、宇治の平等院です。50円玉には菊の花が、100円玉には桜の花が、500円玉には桐の花がかかれています。1,000円札の人物は夏目漱石という明治から大正にかけて活躍した小説家です。

5,000円札の新渡戸稲造は国際連盟(今の国際連合の前身)で活動した人です。

10,000円札の福沢諭吉は、明治時代の文化・思想の指導者で、慶応義塾大学を作ったことでも有名です。

적중예상문제

1. 日本経済の成功要因について論じなさい。

2. 日本経済の問題点について論じなさい。

3. 日本経済の長所について論じなさい。

◆ 일본의 화폐

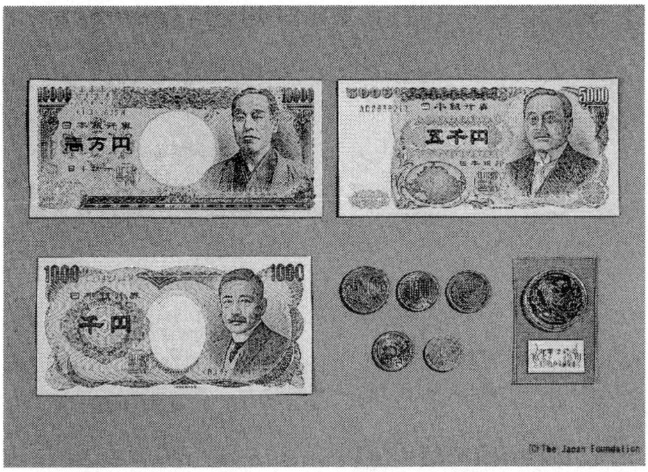

일본의 화폐 단위는 엔(円)이며, 주화와 지폐가 있습니다.

주화는 1엔, 5엔, 10엔, 50엔, 100엔, 500엔 6종류가 있으며, 지폐는 1.000엔, 2.000엔, 5.000엔, 10.000엔의 4종류가 있습니다. 일본의 화폐가 우리나라의 화폐보다 10배정도의 차이가 있습니다. 즉, 우리나라 10만원이 일본의 1만엔 정도입니다.

10.000엔 화폐의 인물은 福沢諭吉(1835~1901)로 계몽사상가 이며, 교육자로 慶応義塾大学의 설립자인 福沢諭吉(ふくざわゆきち)은 『西洋事情』『学問のすすめ』(학문의 권장)등의 책으로 서양문명을 소개하였습니다.

5.000엔 화폐의 인물은 新渡戸稲造(にとべいなぞう ; 1862~1933)로 일본의 교육자이며, 외교관이며, UN사무차장을 역임하였습니다.

2000년 여름에 나온 2.000엔 화폐는 오키나와(沖縄)의 守礼門과 1000년 전의 源氏物語り의 絵巻그림인 청귀뚜라미를 소개하고 있습니다.

1.000엔 화폐의 인물은 夏目漱石(なつめそうせき;1867~1916)로 일본의 근대 소설가이며, 작품은 『坊ちゃん』『こころ』 등으로 유명합니다.

제4장 일본의 사회(社会)

NTT
広島城

川の街 HIROSHIMA
NTT

NTT

NTT

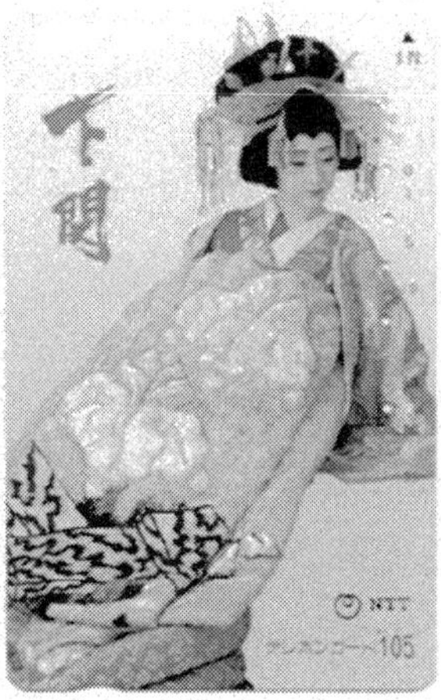
下関
NTT
テレホンカード 105

TELEPHONE CARD
韓日交流
1995.8.15
光復50周年記念論文

1. 일본의 사회 (日本の社会)

(1) 社会教育の展開

さて戦後発足した新しい学校制度はいちじるしい量的な拡大をとげるとともに、高等教育機関への進学率も上昇の一途をたどることになりますが、同時にここで見落としてはならないことは、学校教育以外においてもひろく国民の教育に対するニーズが増大し、多様化をしめしてきたということです。

これには産業社会の高度化による科学・技術の発達、高学歴化、余暇、自由時間の増大、あるいは高齢化社会の出現といったさまざまな要因が重なりあっていますが、今日日本で生涯教育に対する要求が高まっている背景をあげるならば、次のような諸点があげられるでしょう。

①技術革新の急速な進展にともなう職場および生活環境の変化とこれに対する適応の必要性 ②都市化にともなう価値の多元化 ③高学歴化による学習意欲の増大 ④高齢化社会の出現による教育需要の増大 ⑤高度産業社会における余暇・自由時間の増大。

いうまでもなくこのような社会的背景のもとに高まりをしめしてきた生涯教育を実現していくためには、何よりもそこにうみだされた新しい教育・学習のニーズに答えるとともに、個々の住民の学習と自己開発のための条件の整備がなされなければならないことになります。こうして学校以外に地域社会や職場においても、さまざまな国民ニーズに即応した教育の場と議会の充実がはかられてくることになりますが、とくに個々の地方自治体にとっては、このような生涯教育の要請にこたえていくことが大きな課題となってきました。人口は、依然増えつづけており、2008年ごろには1億3,000万近くに登りつめ、以後はゆるやかな人口減少がつづき、やがて出生と死亡が等しくなる静止水準に落ちつくと予測されています。

ともあれ今日の日本の人口は、少産少死を特徴としているため、出生数が少なくなる一方、すでに生まれた人たちが高齢化するので、人口構成で見ると、中高年の人々や老齢者が増え、いわゆる高齢化社会に突入することは必定です。65歳以上の老人人口の割合は、1985年には10パーセントですが、2000年には14.3パーセントに上昇するとみられています。

このことは生産年齢人口による高齢者扶養負担が大きく増大することを意味しています。

たとえば、1985年では生産年齢人口(15~64歳)6.9人で高齢者一人を支えているのですが、2000年にはそれが4.6人になり、日本は世界でもっとも速い速度で厳しい高齢化社会に突入するものと予想されています。

(2) 都市化現象

高度経済成長・重化学工業化とともに、資本・労働・技術などを含めた生産要素の配分に変化が生じ、産業構造の高度化と都市化の現象が進んできました。

この百数十年の間に、農村人口は大きく減少し、都市人口が増えて、現在日本国民のおよそ42パーセントは、東京、大阪、名古屋などの3大都市の50キロメートル圏内に住んでいることになります。3大都市圏のほかに、主要都市、中小都市群を加えると、今日の日本人の大部分が都市人口ということです。

産業別の就業人口の変化を見ても、農林水産業に従事している人たちの数が大幅に減少し、それに代わり製造業を中心とした第二次産業とサービス産業、商業、金融業の第三次産業に従事する人たちの数が増えています。

1975年には第三次産業の就業者構成比は５０パーセントを超え、日本は特にサービス産業中心の時代に入ったといえましょう。第三次産業のサービス業に従事している人たちは、事務、セールス、管理業務などにたずさわり、一般にホワイト・カラーとよばれ、新中間層を形成しています。

農村から都市への急激な人口の流入は、特に政治、経済、文化、教育、情報などの都市機能が大きく集積する大都市に、過密現象をひきおこし、そして交通、住宅、生活環境が悪化しました。また都市ないし都市近郊に立地する工場群は大気汚染、水質汚濁、騒音、振動、地盤沈下などの公害をひきおこし、人口流出のはげしい農村、特に都市から遠く離れた農産村では過疎化が進み、都市と農村との間に不均衡が生じました。これらの過密・過疎の問題は、高度経済成長がもたらした欠陥として、大きな社会問題となりました。

(3) 核家族化の進行

農村から流入した都市生活者は、まず狭い住宅環境に適合しなければなりませんでした。その上、高度経済成長によって、国民一般の所得が上昇し、進学率が高まり高学歴社会が出現するようになると、子弟の教育に経費がかさむようになっていきました。

地方では戦後民主主義によって、男女平等の思想がゆきわたり、また夫婦中心の生活が重視されるようになりました。そこでこれらの要因が重なりあって、今日の日本の社会では、家族計画が普及し、夫婦と二人前後の子供とからなる核家族が普通となっています。

(4) 余　暇

鈴木：山下君、きみ最近元気そうだね。

山下：ええ、3か月前から、仕事が終わった後で、プールで泳いでいますからね。

鈴木：へえ、毎日。

山下：いいえ、1週間に2回、2時間ずつですけど、いい運動になりますよ。

水泳を始めてから、疲れが残らなくなりました。ところで、課長は何かされていますか。

鈴木：ぼくは最近仕事がいそがしくて、何もできないよ。ふだんは家へ帰ってテレビを見るだけだなあ。ときどき夜、仲間と酒を飲みに行くけど……。

山下：課長は酒が強いですからね。でも、外で酒を飲むと、けっこう高いでしょう。

鈴木：まあね。でも、酒を飲むと話がはずむし、ストレスの解消には、これが一番だよ。

木村：あら、楽しいそうですね。何の話ですか。

鈴木：暇な時、どうしているかということさ。

仕事から解放された自由な時間を「余暇」といいます。日本では第二次世界大戦の後から、労働時間が少しずつ短くなり、余暇が増えてきました。土曜日が休みの会社も多くなりました。

また、1年間に2週間ぐらいの有給休暇や4~5日の夏休み、正月休みもあります。1960年代から始まった経済の高度成長の結果、勤労者の収入も増え、生活にゆとりが出てきました。そのため、余暇の活動にも、支出を回すことができるようになりました。

余暇は、仕事をしている時間と違って自分で自由に使えます。何もしないでぼんやり過ごすこともあれば、計画的に時間を使うこともあります。余暇を上手に使えば、いろいろな効用があります。例えば、

(1) ストレスを解消し、健康を維持するのに役立つ。
(2) 人生を楽しくすることができる。
(3) 人々との交流を深めることができる。
(4) 知識や教養を高めることができる。

などです。

2. 日本人の生活

今でも一緒に飲んだり食べたりすることを日本人はとても大切にします。サラリーマンは仕事が終わってから、会社の人と一緒によくお酒を飲みに行きます。また、政治やビジネスの世界でも、公式の会議をする前に、相手を食事に招待することがよくあります。食べたり飲んだりしながら話し合うと、会議がしやすくなるからです。

手紙も日本人の生活の中で大切な役割を果たしています。7月とお正月には、特別用事がなくても、親しい人、お世話になった人に葉書を送ります。7月は梅雨があけ、暑い夏に入る時なので、「大変暑いですが、お元気ですか」という葉書を送ります。これを「暑中見舞

い」といいます。また、お正月には、新しい年を祝う「年賀状」を送ります。郵便局では、暑中見舞い・年賀状用の特別の葉書が売り出されます。また、年賀状は、多くの人が自分で絵を描いたり版画を刷ったりして、楽しみながらつくります。ひとりで何百枚も送る人もいます。

結婚・出産・入学・成人などのお祝いや、病気・火事などのお見舞いに、親しい人には品物やお金を贈ります。

また「お盆」(7月13日～16日・祖先の霊をまつる日)の前と年末に、いつもお世話になっている人に感謝の気持をこめて物を贈ります。7月の贈り物を「お中元」、12月の贈り物を「お歳暮」といいます。お中元やお歳暮の季節になると、どこのデパートも買物客でいっぱいになります。では、日本人はどんな物を贈るのでしょうか。現在は食料品、日用品などいろいろな物を贈ります。

昔は主に食べ物を贈りました。昔はうれしい時、悲しい時、よく集まって一緒に食事をしました。そうして、喜びを分かち合い、悲しんでいる人を励ましたのです。食べ物を贈る習慣もここから生まれてきました。

※ 新入社員

毎年9月10日になると、日本全国の大学に求人票が張り出されます。翌年3月に卒業する学生たちは、自分が就職したいと思うところの求人票を見て、給与や仕事の内容を知ります。多くの学生が希望する就職先は大企業や官公庁ですが、その理由は「安定性」にあります。

最近の傾向としては自分の郷里へ帰って地方公務員になりたいという人がふえている点があげられます。これを「Uターン現象」と言います。

入社式には新入社員に対する社長の訓示があります。たとえば、「うそをつくな、一度言ったことをうそにするな。事務はするな、仕事をせよ。なになに屋と言われるな、ゼネラリストをめざせ。」と言ったような内容です。デパートなどに就職すると新入社員はまず接客用語を覚えさせられます。ことばには「日ごろ使いやすいことば」、「社内で好ましいことば」、「お客様に話すときの好ましいことば」があるとして次の例をあげているデパートもあります。「だれですか」→「どなたですか」→「どなたさまでいらっしゃいますか」。「どうですか」→「いかがですか」→「いかがでございましょうか」。

就職すると男は全員背広を着ます。背広を着るのは、正式の服装をして相手の人にきちんとした印象を与えたいからだと言われています。

3. 日本の家庭生活

1) 結 婚

1980年代までは男女の平均結婚年令は男性が28才、女性が25才ほどでしたが、最近の結婚年齢はかなり高くなっています。また、1950年代までは見合い結婚が普通でしたが最近ではほとんどが恋愛結婚です。

見合い結婚というのは、親が親類や知人に頼んで、娘や息子に適当な人を紹介してもらい結婚させる事です。その紹介された相手にはじめて合うことを「お見合い」といいます。

40~50年ぐらい前までは親が結婚相手を決めていました。そのころは女性は無口でおとなしい方が良いとされていましたので、見合いをしても、ひと言も話さないまま、結婚した夫婦もあるそうです。

当時は、結婚が人間としての男女の結びつきよりも家と家との結びつきとして考えられていた時代だったので、男女が恋愛をし、親の反対を押しきって結婚すると、親、兄弟、親類ばかりでなく、土地の人々からも非難されました。

現在は恋愛結婚の方が見合い結婚よりもずっと多くなっています。また、この見合いも昔とはちがい、紹介された後で、好きになれるかどうか何回も合って確かめることができます。

もし好きになれなかったら、そのときは断ります。このように自分の意思で自由に「結婚する、しない」を決めるように成ったのは日本では最近のことです。

ところで、最近のアメリカでは、結婚した男女の半数以上が離婚するそうです。日本でも43秒にひと組が結婚し、3分にひと組が離婚していることになります。離婚の原因としては、「性格が合わない」というのが第1位。どこの国でも、年々離婚の数が増えています。

1) 결 혼

일본인의 평균 결혼연령은 남자는 29세, 여자는 27세이다. 1945년까지는 남편과 아내는 4살 차이가 보통이었지만, 그 이후에는 연령차가 가까워져 2~3살 차이가 보통이다.

1990년 이후 일본에서는 85%가 「연애결혼」이고, 나머지는 중매결혼이다. 중매결혼의 경우는 두 사람 사이를 중개하는 소개자(중매인)가 결혼을 희망하는 남자와 여자를 소개한다. 맞선을 통해 둘은 서로를 관찰하여 결혼 상대로서 마음에 드는지 판단한다. 이때 쌍방의 부모가 참석하는 경우가 많다. 그 후 잠시 교제하고 나서 결혼할지 어떨지를 정한다.

중매인은 이것을 직업으로 하고 있는 것이 아니라 호의에 의해 또는 봉사로서 하고 있으며, 남의 일을 잘 돌봐 주는 연배자(年配者)가 많다. 맞선을 보고 결혼에 동의하면 약혼을 한다. **약혼의 정표로 남자는 여자 집으로 노시(색종이 속에 전복을 넣은 것), 절부채, 다시마, 말린 오징어, 버드나무통, 금포, 結納金(납폐금, 남자 월급의 2~3배)등을 보낸다. 여자 집에서는 이를**

받아 집안(도코노마)에 장식하고, 중매쟁이를 통해 남자 집으로 결납금(남자가 보낸 금액의 반액 정도)을 보낸다.

중매결혼의 장점으로서는, 인생 경험이 풍부한 중매자가 쌍방의 조건을 확인하여 서로에게 결혼 상대로서 적당하다고 판단되는 사람을 짝지어, 결혼 후에도 상담상대가 되는 것 등을 들 수 있다. 연애결혼의 경우, 상대는 같은 학교, 같은 직장, 지역활동·취미·서클 등의 친구, 선배나 후배 또는 그 형제, 자매 등 여러 가지이다.

2) 장례식

일본에서 사람이 죽은 밤에는 오츠야(お通夜)라 하여 밤샘을 한다. 가족이나 친척, 친했던 친구들만이 모여서 밤을 샌다. 집에는 현관에 발을 치고 忌中이라는 표찰을 붙인다. 죽은 사람에게는 스님에게 부탁하여 계명을 지어 받는다. **장례식은 대다수가 불교식으로 행한다. 일반사람들은 다음날이나 다다음날 행하는 고별식에 참가한다.** 고별식에 참여하는 사람들은 분향하고 유족에게 위로의 말을 하고 향전(고인에게 바치는 노자돈)을 한다. 돈 대신에 제단에 바치는 물건이나 조화를 보내는 사람도 있다. 고별식에 참가하지 못하는 사람은 조전을 보낸다. 공양은 7일, 35일, 49일의 3회에 걸쳐 하는 것이 보통이다. 가타미와케라 하여 고인의 의복과 소지품을 친족이 나누어 가지는 것도 49일째에 행한다.

※ 매스컴

일본은 인구 1인당 일간신문의 발행 부수가 세계에서 가장 많은 5,260만 부이며, 한 세대당 1.2부이다(1994년). 일본 신문의 특징은, 전국지가 몇 개 있다는 것이다. 전국지는 아사히朝日(あさひ)、마이니치毎日(まいにち), 요미우리読売(よみうり), 산케이産経(さんけい) 등이 있다. 발행 부수가 세계 1위인 요미우리 신문으로, 전국에서 조간1,012만부, 석간 446만부를 발행하고 있다(1994년 11월). 일본 국내의 영자 신문은, 조간 4종류와, 석간 1종류가 발행되고 있다. 일본 방송 협회(NHK)는 공공 방송이며, 전국 각지에 많은 민간 방송이 있다.

제5장 일본의 교육(教育)

◆ <일본교육의 개관>

일본의 근대적인 교육제도는 명치(明治)5년(1872년)에 시작되어 100년이상의 역사를 갖고 있다. 1947년에 교육제도는 커다란 개혁을 거쳐 금일에 이르고 있다. **현재의 제도는 6-3-3-4제로 소학교 6년, 중학교 3년, 고등학교 3년, 대학 4년간의 제도이다. 소학교와 중학교의 교육이 의무교육이다. 4월에 새학기가 시작된다. 2002년부터 소학교는 주 5일제 수업을 하고 있다.**

교육기본법은 제1조에 "교육은 인격의 완성을 목표로 하고 있으며 평화적인 국가 및 사회의 형성자로서 진리와 정의를 사랑하고 개인의 가치를 존중해야 한다. 또한, 근로와 책임을 중히 여기고 자주적 정신이 충만한, 심신이 모두 건강한 국민의 육성을 위하여 실시되지 않으면 안 된다."(제1조)라고 규정하고 있다. 그리고 교육행정에 대해서는 "교육은 부당한 지배에 복종하지 않고 국민 전체에 대해서 직접 책임을 져야 한다."(제10조)라고 규정하고 있다.

최근 일본의 교육에 새로운 고민이 생겼다. 집단 따돌림(이지메)현상, 잡담으로 수업불능, 교사에 반항, 개인중심의 사고방식, 가정교육의 소홀, 사회전반에 가치관 붕괴 등으로 학급 붕괴 현상에 문부성과 교사들은 고심하고 대책에 부심하고 있다.

1. 일본의 교육

☆ **留学生の実態**

日本で学ぶ外国人留学生の数は，年々増えています。

そして、政府は、21世紀初頭に「10万人の留学生受け入れ」を世界に公約しています。留

学生が多くなるにつれて、受け入れ態勢や研究条件などに、いろいろな問題が生じてきています。

留学生問題を考える上で、必要な資料を整理してみました。(文部省などの調べによる)。

☆ 出身国(地域)別留学生数

日本で学ぶ外国人留学生の数は、年々増えています。

では、2001年5月１日文部科学省の資料によると、留学生の数が多い国から見ると、中国(44,014)、韓国(14,725),台湾(4,252)、マレーシア(1,803),アメリカ合衆国(1,411)、インドネシア(1,388)、タイ、香港、フィリピン、ブラジルなどです。

☆ 専攻分野別留学生数

1996年5月文部省の発表によると、社会科学7567名、人文科学6368名、工学6214名、家政2588名、農学2361名、芸術2336名、教員養成2201名、医歯薬2198名、理学1637名、その他2173名、計35、643名です。

1998年5月文部省の発表によると、日本には、約5万1千298名の外国人留学生がいましたが、2001年5月文部科学省の資料によると、7万8千812名の外国人留学生がいます。

☆ 大学別 外国人留学生 数(2003年)

<国立大学>

1. 東京	2,070	2. 京都	1,244	3. 筑波	1,190
4. 東北	1,057	5. 東京工業	1,059	6. 大阪	1,037
7. 九州	1,034	8. 名古屋	1,013	9. 広島	1,029
10. 神戸	918	11. 千葉	914	12. 北海道	893
13. 横浜国立	874	14. 東京外国語	621	15. 東京学芸	869

<私立大学>

1. 日本	1,232	2. 早稲田	1,628	3. 拓殖	1,067
4. 慶応義塾	1,032	5. 明治	1,012	6. 上智	898
7. 亜細亜	816	8. 法政	813	9. 中央	710

☆ 高校生と大学入試(16才から18才まで)

日本では中学校までが義務教育なので、高等学校は義務教育ではありません。それにもかかわらず、中学校から高等学校へ進む者の進学率は現在90%を越しています。また、中途退学をする者はごくわずかで、卒業率は97.1%となっています。

高校3年生に将来のことをきいてみたところ、約8割の者が25才までの人生設計を決めていたそうです。そのうち故郷に定住を希望する者が多いです。また、将来自分の職業を選ぶときには、「地位や名声」を重視せず、「世のため人のために役立つこと」をあまり考えず、「自分の能力が生かせ」、「仕事が好みに合う」、「高い収入が得られる」で、「失業のおそれがない」職業につきたいと考えているようです。故郷に定住を希望する者が多いのは、男の子が一人だけという家庭が増えたためだと文部省では見ています。このように高校3年生のほとんどが、25才ごろまでの進路設計をしていることがわかったので、文部省は高校では長期の進路指導が必要だと考えているようです。
しかし、大学へ進学しようとしている高校生はのんきで、大学へ行ったら「楽しい学生生活を送りたい」と考えています。

現役で希望通り入学できる者もいますが、中には1年、2年と浪人して目的の大学をねらう者もいます。これは日本の社会が有名大学の卒業生を重視するためです。浪人のためには予備校があり受験のための勉強を指導しています。毎年2月、3月に受験地のホテルや旅館は毎年2月、3月になると受験生で満員になります。合格発表の日には大学の学生団体などが手数料を取って受験生に合否を電報で知らせますが、合格の時には「ハナヒラク」、落ちたときには「サクラチル」と打つのだそうです。日本国内にいても有名大学に入るのはむずかしいですから、海外から帰ってこの競争に加わるのはなかなかたいへんなことです。

☆ 大学時代(19才から22才まで)

別の調査では、東京の親の63%が「現代の日本は学歴社会」と感じていることが明らかになっています。教育に関する関心はもっとも高く、国民全体から見ると高い数字を示しています。

大学へ子弟を送る家庭は裕福な場合が多く、その点から次のような批判も出ています。「受験技術が高度化してきて、それを買える層が有利になる。大学入試はいまや受験生の幼児期からの教育投資の蓄積を競う機会になりつつある」という意見です。こうして大学に入っても、入学してしまうと目標を失って、何をしていいのか分からないままに3年間を過ごしてしまい、卒業論文のテーマが自分できめられない学生もいるそうです。今の学生たちの中では「働いて金持ちに成りたい」とか、「学問で有名になりたい」というのは少数派で、圧倒的に多いのは、「自分の趣味に合った暮らし方をしたい」(70%以上)という私生活中心主義者たちです。親たちよりも子どもたちの方が、日本の社会における学歴の価値をよく知っているせいかもしれません。大学の試験に失敗した人は次の年また受験します。こういう学生を「浪人」と呼んでいますが、たいていは予備校という大学の受験準備のための学校に入って勉強します。有名大学の入学者のおよそ半数は、一年くらい浪人を経験した学生だそうです。高校を一年長く通うのと同じです。

そうなんです。浪人しないで有名大学にはいるためにも、小学校のときから子供を塾に通わせる親も多いんです。小学生全体の25%は、夕方塾に通っています。小学校6年生と中学生は、半数が塾に通っているんですよ。

まあ、そうですか。日本の子供って勉強だけしかやっていないみたいですね。

そう見えるかもしれませんね。日本の教育制度はどうなっているんですか。

日本では、義務教育が小学校と中学校までの9年です。小学校は6年、中学校が3年、高校学校は3年、大学は4年です。大学院は修士課程が2年、その上の博士課程は3年になります。さらに2年制の短期大学や、中学卒業後5年間教育を行う高等専門学校があります。

それでは、高校を卒業してコンピュータやデザインを専門に勉強したい人はどこに行きますか。

もちろん大学に行く場合もありますが、専門の技術を教えるためのいろいろな専門学校があるので、そこに行く場合が多いですね。最近はそうした専門学校の人気も高まっているんですよ。

義務教育の就学率はほぼ100%です。高校への進学率はおよそ94%、短期大学や大学へは約39%です。現在では高校へ進学するのはあたりまえという感じですね。ずいぶん高い進学率ですね。そういえばこの間、新聞に世界の小学校・中学校の学力検査の結果が出ていましたが、日本は相当レベルが高いようですね。

日本の現在の教育制度は6・3・3・4制と言われています。これは6歳からはじめて、小学校が6年、中学校が3年、高等学校3年、大学4年という意味です。

일본의 고등교육 현황

※ 일본교육제도의 발전

19세기 전반까지 일본은 봉건시대였지만, 국민들 사이에는 교육열이 높았다. 당시는, 무사 계급이 군사 담당자임과 동시에 행정 담당자였다. 그 때문에, 그 역할에 필요한 교양·도덕·무예를 무사의 제자들에게 가르치는 학교(藩学)가 각지에 설치되어 있었다. 또, 농민을 위해서는 생활에 필요한 읽기·쓰기·계산을 가르치는 **데라코야(寺小屋)**가 전국에 2만여개나 설치되어 있었다(문자대로는 「절 학교」이지만, 절이 운영하고 있던 것은 아니다). 이 데라코야에 입학하는 것은 완전히 자유이며, 어떠한 강제도 없고 연한도 정해져 있지 않았다. 약 40%의 농민이나 정인(町人)이 데라코야에서 배웠던 것으로 추정된다. 寺小屋는 明治시대의 국민학교 전신으로 볼 수 있다. 1868년 메이지(明治)시대의 일본 근대화에 동반하여 정부는 서양의 학문을 도입해 산업·문화를 발전시키기 위해 초등학교부터 대학까지 일관한 교육제도를 정리했다. 1872년 문부성을 설치하여 1872년 학제가 시작되었는데, 여기에 「어떤 마을, 어떤 집에도 문맹이 없기를 바란다」 라는 말과 함께 일본에서 처음으로 **※ 일본의 의무교육 제도는 1900년에 6살부터의 4년제 무상의무교육이 발족되었다. 1907년에는 6년제의 의무교육으로 되어, 취학률은 99%가 되었다. 패전후, 1947년에 교육제도는 전면적으로 개정되어 의무교육의 기간은 3년 연장된 9년이 되었다. 학교교육은 부국강병의 국가정책에 부응하는 것이었다.**

◉ 교과서 검정 제도
소학교, 중학교, 고등학교 교과서에는 문부성 검정 교과서가 사용되며, 지도 내용은 미리 문부성의 검사를 받는다. 즉, 원고심사, 수정합격, 합격이라는 단계를 밟는다. 일본의 역사 교과서 서술방식을 둘러싸고 이에나가 사부로(家永三郎)교수는 문부성과 32년 동안에 걸쳐서, 「교과서 재판」이 벌어져, 검정제도가 일부 개정되기는 했지만, 문부성의 강력한 결정권은 여전히 남아 있다.

◉ 엄격한 교칙
「엄격한 교칙」이 중학교와 고등학교에서 문제가 되고 있다. 학생들의 행동을 하나의 틀에 맞추려는 교칙은 학생 스스로 판단하고 해결하는 힘을 빼앗아 자주성이 없는 학생으로 만든다. 일본 사회가 집단지향적이라고 불리는 원인 중 하나가 바로 이 교육제도에 있는 것 같다. 학교 교육 중에 흔히 듣게 되는 「다른 사람과 같은 행동을 하세요」「혼자서 특별한 행동을 하면 안돼요」같은 교사의 말이 뻗어나가려고 하는 개성을 말살하는 결과가 되는 것이다.

2. 한・일 역사교과서의 왜곡문제

최근 일본 소, 중, 고의 교과서에 도코다카모리 같은 군국주의자들이 등장하고, 기미가요(国歌)를 부르고, 히노마루(国旗)를 문부성의 지시로 다시 게양하는 학교가 늘어나고 있다.

하타다타가시(旗田)교수는 "일본정부와 문부성이 침략전쟁이나 식민지지배에 대하여 진정으로 반성하지 않고 그의 실태를 밝히기 꺼려하며, 교과서 검정을 통하여 역사 교과서의 기술을 제약, 왜곡하고 있으며, 일본정부는 침략행동을 반성하고 사죄하는 것이 아니라 자기행동을 정당화하려고 한다."고 말하고 있다.

이노우에 교수와 하타다 교수 이외에도 나쓰메소오세키, 야나기 무네요시, 모리오우가이, 하니코오로, 미키키요시 등, 일본에는 양식을 갖고 양심의 소리를 하는 사람들과 정직하고 친절한 일본인도 있고, 과거에 한・일관계에 어두운 그림자를 던졌던 나쁜 일본인도 많지만, 과거의 역사는 한・일관계의 일부분에 지나지 않는다.

그래서, 1965년6월22일 한・일 국교 수립이후, 양국의 국민들은 참된 우호관계, 가깝고도 가까운 나라로 만들려고 노력하고 있지만, 유감스럽게 아직도 걸림돌이 되고 있는 불행했던 과거의 일부를 날조 왜곡하거나 은폐하고 정당화하려는 일부의 일본인 때문에 전체의 일본인이 세계로부터 비난받고 왜곡의 책임을 지고 있을 뿐이다.

일본이 한국과 중국 등 아시아에 대한 침략과 만행을 은폐, 미화하려는 몇몇 국수주의 학자와 1982년 일본의 교과서 왜곡문제를 둘러싸고 한국, 중국, 대만 등에서 반일 여론이 비등했고, 1986년 7월 25일, 왜곡된 역사 교과서를 옹호하고 나선 후지오 마사유키 문부상의 "불평을 하는 놈은 세계사 속에서 그같은 일을 한 적이 없는지 생각해 보라."는 망언 외에도, 국사 교과서의 내용 서술문제로 문부성의 검인정에서 내용의 수정을 지시하자 소송을 재기했던 동경대학교수 이노우에 야스시는 "일본은 과거를 숨기거나 기피하지 말고, 죄의식과 도의적 책임을 갖고 사실을 기술하고 가르쳐야 할 것이다."라고 했다.

3. 일본여행, 일본 어학연수, 일본유학

국제화·정보화시대의 물결을 타고 2018년 한해 동안에 3천만명이 해외로 출국했다고 한다. 젊은이들의 해외유학, 어학연수, 해외여행이 자율화되어 방학을 이용하여 가깝고도 먼 나라 일본에도 문화체험과 산경험의 지식을 얻고 자신의 미래를 준비하기 위해 많이 가고 있다.

교통비와 물가가 비싼 일본에 여행을 하려면, 값싼 유스호스텔(1박 3만원)등의 숙박 장소와 음식점, 관광명소, 교통요금, 경비 등에 대해서 사전에 계획을 철저히 충분히 세워 예비지식을 가지고, 여유있는 마음으로 출발해야 후회 없는 즐거운 여행을 할 수 있을 것이다.

도쿄 시내(皇居, 国会, 明治神宮, 東京탑, 銀座, 靖国神社, 新宿, 秋葉原, 上野, 東京大学)의 1일 관광여행은 도쿄역 뒤에 있는 하토 버스(10만원)를 이용하면 좋다. 짐을 꾸릴 때는 상비약과 김치, 멸치, 고추장, 김 등의 밑반찬을 꼭 챙기고 가면 좋다. 일본 전국을 일주일 정도 여행하려면 한국의 여행사에서 팔고 있는 신간선(新幹線)일주일 정기권인 J. R패스(27만원)를 구입하면 교통비용이 싸게 들고 아주 편리하다. 특히, 부산항과 일본의 시모노세끼(下関)항에서 매일 오후 5시에 출항하여 다음날 오전 8시에 한국과 일본에 각각 도착하는 패리를 이용(왕복 10만원)해도 좋은 추억의 여행이 될 것이다. 도쿄의 날씨는 부산의 날씨 정도로 생각하면 된다.

일반적인 여행 코스로는 富士山 ↔ 大阪의 大阪城 ↔ 京都의 二条城 ↔ 奈良의 法隆寺와 東大寺 ↔ 広島와 宮島 ↔ 福岡의 大宰府 ↔ 九州의 활화산인 아소산(阿蘇山)등을 구경하고 別府에서 온천을 즐기는 것도 여행의 멋이 아닐까?

일본에 유학이나 어학연수를 계획하는 사람은 확고한 신념과 목표를 세우고 어학실력과 생활에 필요한 경비, 진학에 필요한 정보와 자료를 선후배, 지도교수와 상담하는 것이 중요하다.

한국에서 대학을 졸업하고, 대학원에 진학할 사람은 유명한 東京 6대학이나 지방 국립대학을 선정하여, 그 대학에서 연구생(청강생) 제도(6개월~2년 코스)를 활용하는 것이 좋다. 일본은 학비와 물가가 비싸서 1개월 어학연수는 약 150만원, 3개월에는 약 500만원, 1년에 약 1000만원 정도가 필요하다.

일본의 대학원에 유학할 경우는 1년에 국립은 학비가 700만원, 사립은 1,000만원이상이 들고, 생활비가 700만원 정도 들어 적어도 1년에 1,500만원 이상이 필요하다.

아르바이트를 매일 다섯 시간씩 한다면 생활비는 가능하지만, 학업에 열중하기 힘들며, 어학실력이 있어야 장학생 선발에 유리하다.

따라서 외국어, 과학, 기술 등의 국비유학생·연수생 등을 대폭 확대하는 정부의 유학정책과 지원이 정말 아쉽기만 하다. 아직도 우리는 해외유학, 해외연수가 부족하고 빈약하다.

일본인은 매년 15만명이 미국에 유학(1년에 5천만원이상 필요)을 가고, 3천만명 이상이 해외여행을 가고 한국에도 3백만명이상 오고 있으며, 일본의 중・고교 5백 개교 이상이 매년 한국으로 수학여행을 오고 있는데 우리는 어떠한가? 일본탐방, 세계연구, 국제화에 적응하기 위해서는 우리 젊은이들에게 해외연수, 유학, 해외여행의 기회를 대폭 늘려 주어야 할 것이다.

1980년 8월 조오련 수영선수가 부산에서 대마도까지 55Km를 13시간에 헤엄쳐서 갔는데, 요즘은 하루에 쾌속선이 3회 다니고, 약 2시간 걸리며 왕복 10만원이다.

오늘날 무한경쟁의 세계화・개방화시대에 우리 모두가 지혜롭게 대처하여 대외 경쟁력을 기른다면 한국의 내일은 밝을 것이다. 2020년 일본의 유학생 수는 약 15만명 정도이나 2030년까지 30만명을 목표로 하고 있다. 한국에서도 매년 5~10만명이 일본으로 취업하고 있으며, 여행은 매년 8백만명에 이른다.

4. 일본여행

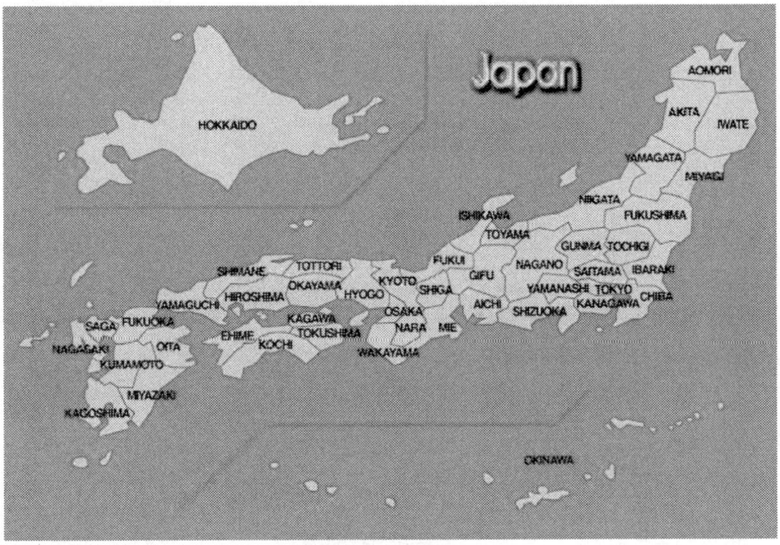

<日本観光>

日本には、国立公園が27ある。北海道の支笏洞爺国立公園·九州の雲仙天草国立公園·東京の近くにある富士箱根国立公園などには、山や温泉や湖があり、景色もきれいな所である。瀬戸内海国立公園や、沖縄の西表国立公園は、海岸や海のきれいなところである。ほかに、日光も有名な所である。日光には1617年に建てられた東照宮がある。その上、日光には、温泉や湖や滝がある。

日本の三景は仙台の松島、京都の天橋立、広島の宮島である。

1964年の東京オリンピックにつづいて、1972年には、札幌で冬のオリンピックが開かれた。

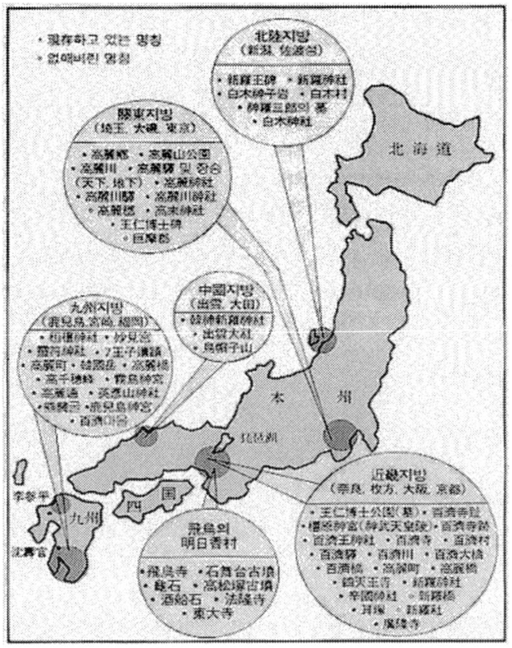

(일본 속의 한국문화)

※ 일본의 관광 명소

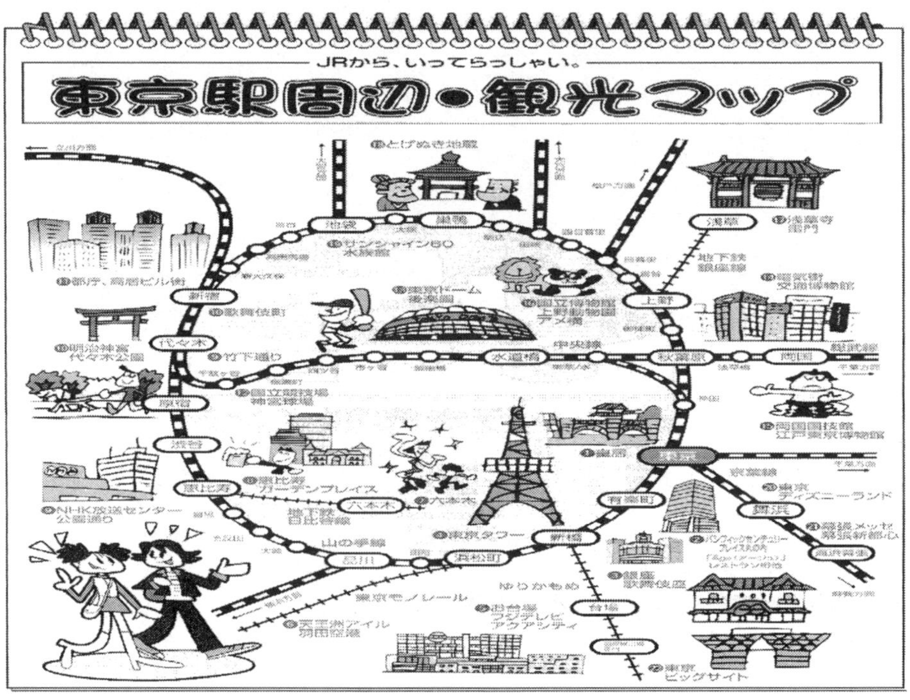

(東京의 주요 駅)

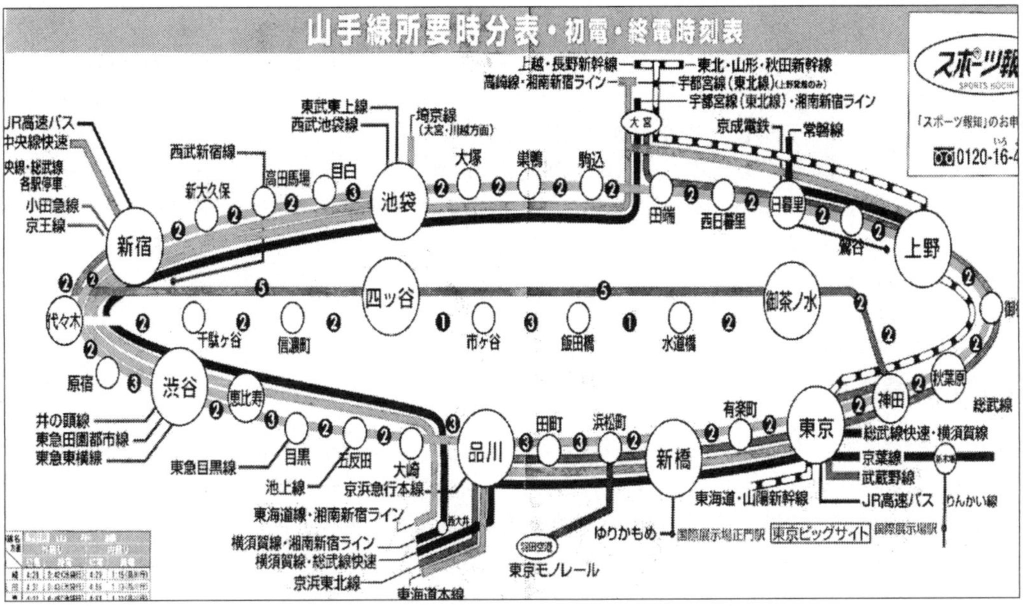

도쿄(東京)

도쿄는 일본의 수도이고, 행정, 교육, 재정의 중심지이다. 2,183㎢라는 광대한 지역에 1천2백만 명이 살고 있다. 도쿄(東京)는 일본 동쪽의 태평양에 펼쳐있는 도쿄만(湾)이며, 도쿄 북부는 비옥한 관동평야에 위치하고 있다. 도쿄는 현대적인 편리한 시설들을 갖추고 있으며, 전국적인 도로망은 도쿄에 집결해 있으며 도시철도나 지하철이 광범위하게 종횡으로 달리고 있다. **옛날에 에도(江戸)라고 불리웠던 도쿄는 1603년부터 1867년까지 도쿠가와막부(徳川幕府)의 소재지였다. 1868년의 메이지이신(明治維新)으로 에도는 도쿄로 개명되어 나라의 수도가 되었다.** 도쿄에는 옛 것과 새 것의 조화가 이루어져 있다. 초고층 빌딩의 바로 뒷쪽에는 옛 신사(神社)가 있다. 정서가 넘치는 이 대도시에는 가부키(歌舞伎)나 노(能)등의 전통예술과 더불어 빠징코, 디스코텍 등의 현대적인 오락도 만끽할 수 있다. 미술관이나 화랑은 도심지에 있으며, 세계 각국의 요리도 식도락가에게는 즐거움이 될 것이다. 오색찬란한 네온사인이 도쿄의 밤을 취하게 하고, 도쿄의 밤은 매혹적이어서 여행자의 욕구도 만족시켜 줄 수 있는 대도시이다.

도쿄 도심은 여행자의 편의를 위해 몇 개의 지역으로 나누면, 마루노우치(丸(まる)の内(うち))-고쿄(皇居)-긴자(銀座) 지역은 산보와 쇼핑에 안성맞춤이다. 관광에는 도쿄역을 출발점으로 하는 것이 좋다. 도쿄역은 백화점과 토산물 상점이 들어있는 5층 건물의 큰 역이다. 서쪽에 있는 것이 마루노우치(丸の内)라고 해서 은행이나 상사의 본사가 집결해 있는 비즈니스의 중심지이다. 마루노우치지역의 건너 쪽에는 황실일가(皇室一家)가 살고 있는 **고쿄(皇居(こうきょ))**가 있다. 이곳은 도쿄의 중심으로 성의 텐슈가쿠(天守閣)는 타 버렸으나 몇 개의 인상적인 망루(望楼)의 건물은 제2차 세계대전으로 파괴된 후 다시 세워진 것이다. **고쿄마에히로바(皇居前広場), 고쿄가이엔(皇居外苑), 기타노마루고오엔(北の丸公園)이 즐길 수 있는 장소이다.** 우아하고 넓은 고쿄마에히로바(皇居前広場)는 샐러리맨이나 젊은 연인들의 휴식처이기도 하고, 황태자와 황태자비의 결혼을 기념하여 만든 분수가 있다.

皇居 앞 광장에 인접해 있는 곳에 서양식과 일본식으로 설계된 유명한 히비야공원에는 히비야(日比谷) 공

회담과 히비야도서관이 이 안에 있고, 근처의 히비야지구는 영화관이나 극장이 많으며, 주변의 유라쿠쵸(有楽町)지역도 인기 있는 환락가이다. '히비야 시티'라는 빌딩은 뉴욕의 록펠러 프라자를 모델로 만들어진 것이다. 도쿄의 여러 지역 가운데서도 가장 뛰어난 곳은 제일 번화가인 쇼핑가 **긴자(銀座)**이다. 고급상점과 백화점이 중앙거리에 늘어서 있어 아이쇼핑하기에 좋다. 긴자의 밤은 네온사인이 찬란한 환락가로서 또 다른 면을 지니고 있다. 주변에 **가부키쵸(歌舞伎町)**가 있어서 일년 내내 전통적인 가부키가 공연되고 있다. 국회의사당과 가스미가세키(霞が関)지구도 인접해 있으며, 국회의사당은 고쿄(皇居) 옆에 있다. 66m의 묵직한 돔이 있는 3층의 석조 건물이다. 이 지역은 가스미가세키(霞が関)라고 부르며 국회도서관과 법원 등 모든 관청이 여기에 밀집해 있다.

♠도쿄타워(東京タワー) : 1958년 6월 완공. 높이 333m. 대전망대와 특별 전망대가 있으며 수족관, 인형의 집, 근대 과학관, 식당 등이 내부에 자리하고 있다.

우에노(上野)

우에노(上野)지역은 문화와 오락으로 유명하다. 도쿄의 문화중심지인 우에노는 긴자에서 지하철로 갈 수 있다. JR 우에노역 앞에 있는 우에노공원은 도쿄에서 가장 큰 공원으로 이 안에는 콘서트나 오페라를 공연하는 도쿄문화회관과 도쿄국립박물관, 국립서양미술관, 도쿄미술관, 우에노 동물원 등이 있다.

공원 안에 있는 시노바즈노이케(不忍の池)와 도쇼쿠(東照宮)도 둘러볼 만하다. 연못 주위에는 산책길이 있고, 그 출구에는 **'시타마치(下町)풍속자료관'**이란 희귀한 박물관이 있다. 이 곳에 전시되어 있는 것은 옛날 도쿄 시타마치(下町)에서 쓰던 기구나 도구들이다.

시타마치란 주로 상공업자와 서민들이 살던 도회지의 다운타운을 말한다.

아사쿠사(浅草)

우에노에서 가까운 아사쿠사(浅草)는 도쿄에서 가장 큰 밤의 환락가의 하나다. 아담한 토산품 상점이 즐비해 있는 '나카미세(仲見世)'를 지나면 **'아사쿠사간논지(浅草観音寺)'**이다. 이 절은 '자비의 여신'인 관음보살에게 바쳐진 것으로 7세기에 세워졌다고 한다. 이 후 도쿄 사람들에게는 물론 전국에서 모여드는 여행자들에게도 인기가 있으며, 근처의 **료우고쿠(両国)에 스모 경기를 하는 료우고쿠고쿠기칸(両国国技館)이 있고 바로 옆에는 유명한 에도 도쿄박물관(江戸東京博物館)이 있다.**

신쥬쿠(新宿)

신쥬쿠(新宿)근처의 신쥬쿠교엔(新宿御苑) 지역은 비즈니스와 오락환락가이다. 신쥬쿠(新宿)는 도쿄에서 가장 크고 화려한 부도심(副都心)이다. 신쥬쿠 길목은 큰 백화점과 유행의 첨단을 걷는 전문점, 레스토랑과 바가 늘어서 있는 쇼핑가이다. 카부키죠(歌舞伎町)는 고마극장과 영화관, 바, 디스코텍이 있는 호화찬란한 환락가이다. 역의 서쪽은 대규모의 도시개발계획에 따라 초현대적인 고층빌딩이 도쿄의 명물로 등장했다.

신쥬쿠교엔(新宿御苑)은 유명한 공원이다. 일본식과 서양식의 정원이 절묘하게 조화를 이루고 있다. 5월에는 창포가 피고, 11월에는 국화가 전시된다. 특히, **시부야-하라쥬쿠(原宿)-아카사카(赤坂)**-**록본기(六本木)지역**은 쇼핑, 공원, 정원, 밤의 환락가로 유명하다.

하라쥬쿠(原宿)

하라쥬쿠는 세련된 부티크와 국제적 감각의 레스토랑이 즐비하고, 1950년대 복장의 젊은이들이 일요일에 하라쥬쿠역 부근의 노상에서 록뮤직에 맞추어 춤을 추고 있는 것은 구경할 만하다. 하라쥬쿠역 앞의 **메이지**

진구(明治新宮)는 메이지텐노(明治天皇)와 그 황후를 위한 곳이다. 숲으로 둘러싸인 내원(内苑)과 벚꽃으로 가득찬 넓은 외원(外苑)은 유명하다. 외원에는 미술관과 국립경기장을 포함한 여러 가지 스포츠 시설이 있다.

하라쥬쿠역 가까이에는 고마자와(駒沢)경기장과 더불어 도쿄 사람들의 스포츠 메카인 **요요기(代々木)경기장**이 있다. 여기에는 1964년 도쿄올림픽을 위해 단게겐조(丹下健三)가 설계한 국립실내 경기장과 조개모양을 한 별관 외에, 두 개의 초현대적인 거대한 건물이 있다.

아카사카(赤坂)

아카사카는 다양한 나이트 라이프를 즐길 수 있는 밤의 환락가이다. 일본식 레스토랑은 고급이고 비싼 곳도 있지만, 빌딩 안의 바나 스낵바, 한국의 술집 등, 싸고 즐거운 곳이 많다. 또한 이 지역은 유행의 첨단을 걷는 상점이 많다.

록본기(六本木)

록본기는 젊은이들의 거리다. 블루진을 입은 틴에이저들이 길거리를 메우고 있다. 스낵바는 새벽까지 열고 있어 밤을 새운 사람들이 모여든다. 시바공원(芝公園)의 언덕에 우뚝 솟아 있는 333m의 거대한 TV라디오탑이 **도쿄타워**이다. 여기에는 2개의 전망대가 있고 도쿄의 전경, 도쿄만, 이즈반도(伊豆半島)와 보소반도(房総半島)까지 한 눈에 볼 수 있다.

도쿄디즈니랜드

도쿄디즈니랜드는 도쿄 중앙에서 10㎞ 떨어진 새로운 주택 개발지 우라야스(浦安)에 위치한 테마파크로 1983년 4월 개장했다. 미국 이외의 나라에 생긴 것으로는 이 곳이 처음이다.

위치는 JR 우라야스역에서 버스로 15분 정도거리에 있으며, 그 넓이는 미국 플로리다에 있는 디즈니월드를 능가한다. 유원지의 놀이시설들은 주로 미국 캘리포니아의 디즈니랜드와 플로리다의 디즈니월드에서 가장 인기 있는 것으로 마련했으며 오리지널도 비치되어 있다. 온 가족이 즐길 수 있는 스케일이 큰 유원지로 1년에 1천만명의 이용객들이 방문하고 있는데, 일본인 뿐만 아니라 외국인도 이곳을 많이 찾는다. **도쿄역에서 JR게이요센(京葉線)을 타고(약15분) 마이하마(舞浜)역**에서 내리거나, 직행버스로는 공항에서 또는 도쿄역에서 직접 갈 수도 있다.

【도쿄(東京)주변의 여행】

일본을 여행할 때 좋은 출발점이 되는 도쿄는 교통망이 각 방면으로 뻗어 있기 때문에 타 지역, 다른 도시로의 이동이 편리하다. 하루나 이틀 밖에 여유가 없는 사람에게 있어서도 주변의 **가마쿠라(鎌倉)**, **하코네(箱根)**, **후지산(富士山)**, **이즈반도(伊豆半島)**, **닛코(日光)**는 철도나 버스로 도쿄에서 2시간 이내에 갈 수 있다.

※ 도쿄역에서 출발하는 하토버스(はとバス)는 도쿄시내 1일 코스 12만원, 반일 코스 7만원 정도이며, 이용시 여러 곳을 관람할 수 있다.

제6장 일본의 문화(文化)

★ 일본 문화의 개관

섬나라인 일본은 외국의 침략을 받은 적이 거의 없지만, 대륙과 그다지 멀리 떨어져 있지 않는 까닭에 외국의 선진 문화(특히 대륙문화)를 받아들이기가 용이했다. 그리하여 대륙 문화와는 공통점이 많으면서도 어느 정도 일본적인 독자성을 가진 일본 문화를 키워갔다고 하겠다.

일본문화는 동양의 문화이면서도 매우 특색이 있는 것으로 알려지고 있다. 대체로 일본문화는 외면적인 화려함보다는 내면적인 우아함과 아름다움을 희구하는 경향이 강하다.

그런데, 근대에 들어와서부터 일본은 서구의 물질문명, 기계문명을 섭취하여 외래문화를 국풍화하면서 세계를 탐구하려는 일본인의 독자적인 미의식이 외래문명을 받아들여 소화해 가면서 전통문화로 융화시켜 특색 있는 것을 창조했기 때문이다.

말하자면 일본문화는 일본민족의 미의식과 더불어 이질(異質)문화에 대해 유연했던 국민성이 외래문화에다 정신적인 뒷받침을 해 가면서 국풍화(国風化)해 왔다고 볼 수 있겠다.

21세기는 문화의 세기이다. 국제 경쟁력을 배양하기 위해 일본은 개방적인 국제교류협력의 문화 개방정책을 서두르고 있다.

지금 일본에서는 "한국영화제"라 하여 '자유만세'부터 '영원한 제국', '아리랑'까지 "한국 영화 대표작 80편"을 선정하여 상영하고 있어, 가깝고도 먼 나라인 한국을 올바로 이해하고, 한국의 참모습을 일본에 널리 알리는 계기가 되고 있다. 일본을 좀 더 알기 위해서는 우리도 서둘러 일본의 좋은 영화가 있다면 골라서 상영하는 것이 옳은 일 아닐까?

몇년 전 서울대학교에서 일본영화를 상영했고, 1997년의 부산국제영화제에서 상영했던 칸영화제 대상작품 「우나기(뱀장어)」, 97베니스영화제 대상작품 「하나비(불꽃놀이)」와 최근 광주YMCA대강당에서 "영화로 일본읽기",청년글방의 주최로 15편의 일본영화 「라쇼몽」, 「하나비」, 「7인의 사무라이」가 상영되었다. 새로운 한·일 신시대를 위해서 자매교류와 민간외교가 더욱 더 필요한 것 같다. 서로가 양국을 오가며 번갈아 합동공연을 하고 노래로 한·일문화교류를 촉진하는 순수한 민간단체의 아마추어 문화사절단이 많이 필요 한 것 같다.

◎ 日本の風土と文化

日本の風土の特徴の第一は、夏を中心とした高温多湿なモンスーン的風土が、自然の恵みである豊かな水を供給し、水田耕作を可能にした点です。水田を中心とした農耕生活は、やがて自然と調和し、人々の間に和合を大事にする親密な共同社会をつくりあげ、他方共同の神を祭る同族意識のもとで生活する日本文化が形づくられました。

稲作には、それに必要な灌漑設備から田植え、収穫、脱穀などに至る共同作業が必要であり、そのため家族を単位として横に結合する村落共同生活が営まれ、人々の協力、団結や調和の精神が尊重されました。これらの仲間意識は、今日でも企業や団体などの集団的行動様式に受けつがれています。

高温多湿な風土条件から服装の面では植物繊維布地の利用、住居の面では防寒よりも夏のしのぎよさを中心とする建造物に日本の特色が見られ、建物内の仕切りは取り外しのきく障子やふすまを使用し、家族生活における個室は重視されませんでした。
そのために日本社会ではプライバシーや自我が発達しなかったのだといわれています。ただ最近では、服装、住居の構造、その他の面でも欧風化が進んでいます。

ところで紀元前3—2世紀ごろの弥生時代に、中国南部から朝鮮を経て稲作が伝えられ、農耕社会ができ、5世紀の終りごろから6世紀に入ると、大陸文化がさかんに流入し、漢字や仏教も日本に伝わってきました。以後、日本列島への異文化は、幕末以降、決定的影響を与える西欧文化が流入するまでは、日本に比較的近接した西の中国、朝鮮、南の沖縄を通じて流入してきたことになります。

日本列島の北の方は冬期が長く、雪の多い亜寒地帯であり、東の方は太平洋に面しているため、異文化との接触が西と南を通じて行われたのは地理的・風土的条件からして当然のことだったといえましょう。こうして日本は中国、朝鮮、東南アジアなどの社会とかなり類似した点を共有することになります。日本人は体質的にモンゴル人種の系統に入り、日本語はアルタイ語に属するといわれ、水田農業、衣食住などの生活様式、漢字、仏教文化などに共通点をいくつもあげることができます。

他方、日本は皿面を海に囲まれているところから、日本に伝わってきた外国の文化は、日本の伝統文化に接触するや、しだいに吸収変容されて日本文化そのものに包みこまれていったのです。またこのような地理的条件から、日本は多面的に外来文化を取り入れるという歴史的経験が豊富なため、明治以降、欧米文化に接触しても、それに対する反発や抵抗が比較的小さく、これが日本の近代化のエネルギーとなって、西欧化が急速に行われる梃になったと考えられるのです。

1. 일본의 전통연극

일본의 연극은 긴 역사를 가지고 있지만, 과거의 것이 차츰 발전하고 변화하여 현재의 연극이 된 것은 아니다. 과거의 것은 과거 그대로의 형태로 전해지며 차츰차츰 새로운 것이 더해져 현재의 다종 다양한 연극이 공존하고 있는 것이다.

전통적인 연극으로서 14세기부터의 「노(能)」, 17세기부터의 「분라쿠(文楽)」「가부키(歌舞伎)」가 알려져 있다. 이것들에는 현재 열성적인 애호자가 있으나, 일본인 전체로 해서 보면 극히 일부에 지나지 않는다.

한편, 전통적인 대중 예능으로서 「나니와부시(浪花節)」「라쿠고(落語)」「민요(民謡)」 등이 있고, 오히려 이것들이 훨씬 많은 일본인들에게 애호되고 친숙해져있다. 전통적인 호우가쿠(邦楽)로는 「소쿄쿠(箏曲)」「나가우타(長唄)」「고우타(小唄)」「요쿄쿠(謡曲)」 등이 있으며, 많은 애호가가 있다.

1) 노(能)

일본 최고의 연극인 「노」가 널리 상연되기 시작한 것은 14세기 이후이다. 「가부키」나 「분라쿠」가 서민의 연극인데 비해 「노」는 무사계급의 연극이다.

「노」는 독특한 무대 위에서 곡에 따라 춤을 추는 악극이다. 주역은 가면을 쓰고 매우 느리게 움직이며 극적인 요소는 적다. 「노」의 곡은 요쿄쿠(謡曲)라 불리우며, 이것만으로도 하나의 독립 예술이다. 「노」의 제재는 약 250가지가 있는데 이것들을 분류해 보면 신·남자·여자·광(狂)·귀신의 5종류가 되고, 사상적으로는 불교의 영향을 받고있는 것이 많다.

「노」의 가면은 개성적인 표정은 없지만 현실로부터 승화한 형상속에 표현된 유현미(幽玄美) 심오함이 노멘(能面)의 진수이다. 노멘은 극도로 추상화 된 연기자의 동작이 단조로운 음악과 어우러져 독자적인 예술미를 발휘한다. 「노」의 화려한 의상도 「노」의 깊은 맛을 구성하는 주요한 요소가 되고 있다.

노와 함께 발달한 것이 쿄겐(狂言)이다. 쿄겐은 노가 상연되는 각막의 사이에 행해지는 풍자와 해학을 말한다.

2) 가부키(歌舞伎)

가부키는 17세기부터 활성화 된 일본의 대표적인 서민 연극이다. 현재 노(能)나 분라쿠(文楽)보다도 애호자가 많다. 노나 분라쿠의 요소도 도입하고 있기 때문에 일본 전통 예능의 집대성한 것이라 할 수 있다.

가부키의 무대장치에는 하나미치(花道)나 회전무대 등 독특한 것이 있다. 화도는 무대를 향해 객석을 가로질러 설치된 통로이다. 이것은 배우가 등장·퇴장하기 위한 것 뿐만 아니라 배우와 관객과의 교류에도 그 목적이 있다.

연극으로서의 성격으로 말하자면 가부키는 음악극이며 무용극이다. 그 다수의 작품이 샤미센(三味線) 등에 의한 일본 고유의 음곡(音曲)을 반주로 하고, 대사와 동작에도 독특한 음악적 리듬감이 요구된다. 그리고 생략·과장·형식화 된 움직임이 하나의 양식을 만들어내고 근대적 사실주의에 입각한 연극과는 크게 다르다. 남자 배우가 여자로 분장하는 것이나, 순간적으로 옷을 갈아입는 기교 등도 하나의 특색이라 할 수 있다. 가부키의 주제로는, 옛 귀족이나 무사의 세계를 그린 것과 서민 생활을 그린 2종류가 있다.

3) 분라쿠(文楽)

「분라쿠」는 일종의 인형극이다. 노·가부키와 함께 일본 3대 고전 연극의 하나로, 17세기부터 활성화 되었다.

분라쿠에서 사용되는 인형은 머리·몸통·손·발·의상으로 되어 있고, 1m~1.5m의 크기이다. 무대 위에서는 인형 하나당 세사람이 움직인다. 인형을 다루는 사람은 검은 옷으로 얼굴을 가리고 있으며, 각각 머리와 오른손·왼손·다리의 움직임을 분담하고 있다. 여자 인형에는 다리가 없고 인형 옷의 옷자락 처리로 교묘하게 표현한다. **인형은 샤미센(三味線)의 반주와 독특한 가락으로 이야기하는 죠루리(浄瑠璃:음곡에 맞추어 노래하는 옛 이야기)에 맞춰 여러 가지 동작을 한다. 이 때문에 분라쿠를 인형 죠루리(浄瑠璃)라고도 한다.**

인형의 머리는 약 60종류가 있고 그 중 40종류는 하나의 머리를 여러 역(役)에 사용한다. 그 외에 일수일역(一首一役)의 특수한 머리가 있다. 눈이나 입이 열리고 닫히는 것, 눈썹이 깜빡거리는 것, 손가락이 움직이는 것도 있다. 감정의 움직임 등도 인형의 미묘한 동작으로 표현된다.

4) 호우가쿠(邦楽)

옛 부터 전해져 내려오는 일본의 방악에는 그 발생 시기에 따라 고대의 「가가쿠(雅楽)」, 중세의 「노가쿠(能楽)」, 근세의 「샤미센(三味線)」, 「고토(箏)」의 음악이 있는데, 각종 방악 중에서 현재에도 비교적 애호가가 많은 것은 「소쿄쿠」 「나가우타」 「고우타」 「요쿄쿠」 등이다.

소쿄쿠는 거문고로 연주하는 음악의 총칭으로서, 16세기 후반에 발달하여 샤미센·고큐·샤쿠하치와도 합주하게끔 되었다. 지금은 서양 음악과의 교류도 시도되고 있다. 나가우타는 샤미센 음악에 의한 장편 노래로서, 17세기 후반에 가부키 무용과 함께 발달했으며, 그 과정에서 요쿄쿠·지우타·죠루리·민요 등의 가사나 곡절이 도입되었기 때문에 다양성이 있고 반주에 호각·작은북·큰북의 박자 등을 이용하고 있어서 곡사(曲詞)가 경쾌하고 화려한 것이 특징이다. 고우타는 15~16세기경에 행해진 서민적인 짧은 가요인 소가(小歌)의 흐름을 짜 맞추어 19세기 초에 탄생한 소가곡(小歌曲)으로, 템포가 빠르고 소리를 억누르는 발성법으로 부르게 되며 반주를 하는 샤미센은 「발목(撥木)」을 사용하지 않고 손톱 끝으로 탄다. 19세기 말엽에 개성적인 작시·작곡, 독특한 반주가 행해지게 되었고 양식이 확립되었다. 요쿄쿠는 「노」의 대본이라고도 할 수 있는 성격을 가지는데 독립된 형태로도 불려진다. 대부분 15~16세기경에 만들어진 것으로, 특히 간아미(観阿弥)·제아미(世阿弥)부자에 의해 만들어진 것이 많다. 사장(詞章)은 7·5조 또는 5·7조의 운문이 주체이며 그 대부분은 「고지키」나 「니혼쇼키」, 「겐지모노가타리」나 「헤이케모노가타리」, 가마쿠라·무로마치 시대의 설화 등에서 제재를 구하고 있다. 일반적으로 능관(能管)·작은북·큰북·다이코(太鼓)의 반주로 연주되며 시테·와키·츠레등 등장인물이 노래하는 부분과 합창하는 부분으로 되어 있다.

5) 대중 예능

현재 대다수의 일본인에게 친숙해져 있는 전통적인 대중 예술을 몇 가지 들어보겠다. 라쿠고(落語)는 대화를 주로 한 해학적인 이야기를 혼자서 연기하고 청중을 웃기는 대중 예능중의 하나이다. 라쿠고의 원류는 16세기로 보여지며, 17세기 중엽에는 몸짓도 겸해 이야기하게끔 되고, 해학을 효과적으로 고조시키는 방법으로서 이야기의 마지막에 「오치(落ち:실수, 도망침)」가 붙여지게 되었다. 신출내기 만담가를 「젠자(前座)」라고 하는데, 이것은 연예장에서 손님이 모두 다 나올 때 까지의 시간을 채우기 위해 프로그램의 앞쪽에 출연한다라는 것에서 나온 명칭이다. 재주가 가장 뛰어난 만담가를 「싱우치(心打ち)」라고 하며 연예장에서는 가장 나중에 출연하는데, 이것은 손님을 부를 만큼의 가치가 있는, 또는 손님을 감동시킬 만큼의 뛰어난 기량을 가진 만담가라고 하는 의미이다.

고오단(講談)은 무용전(武勇伝)·정담(政談)·인정화(人情話) 등을 들려주는 것으로, 라쿠고와 함께 일본 특유의 화술 예능의 일종이다. 기원은 17세기이며, 처음에는 구독점이나 억양을 고려하지 않고 읽었으나 그 후 박자를 붙여 독특한 템포로 읽게끔 되었다.

나니와부시(浪花節)는 샤미센의 반주에 맞춰 은근한 멋이 있는 독특한 곡조로 부르는 부분과, 대화를 주로 한 이야기 부분으로 되어 있으며 이것을 혼자서 연기한다. 의리·인정이나 권선징악을 내용으로 하는 것이 많으며, 현재 애호가로는 중년층이 많다. 「나니와부시的」이라는 말이 있는데, 이것은 의리·인정에 안이하게 너무 치우쳐 있는 것을 말한다.

만자이(漫才)는 두명의 콤비가 해학적인 이야기를 번갈아 가면서 하는 연예(演芸)이다. 13-14세기경부터 전해지는 전통적인 万歳(초봄에 악마를 쫓고 복을 가져온다고 하는 풍습을 연예화 한 것으로, 두 명이 연기한다)를 현대화한 것으로, 19세기 말에 간사이 지방에서 발생했다. 상연물에는 자작자연(自作自演)물이 많다. 최근에는 세 명이서 연기하는 것이나 악기를 가지고 들어오는 것도 있다.

일본 민요에는 노동가, 신제가(神祭歌), 놀이가, 주연가(酒宴歌), 자장가 등 여러 종류가 있다. 민요의 역사는 오래되었는데, 지금도 들을 수 있는 곡절의 민요는, 16~17세기경은 노동가 중심이었으나 점차로 신앙이나 오락과 결부되어갔다. 산업의 기계화가 진전됨에 따라 민요는 일을 떠나 연회석용의 오락가가 되거나 봉오도리(盆踊り)의 노래 등으로 변질되면서 곡절이 재미있는 것만이 남아 있고, 제2차 세계대전 이후에는 유행가와 같이 불리우게 되었다.

2. 전통 예술공예

1) 生け花(꽃꽂이)

生け花는 일본의 꽃꽂이를 말한다.

꽃꽂이의 역사는 15세기경 일본의 가옥에 とこのま(방바닥을 약간 높여 화병 등을 놓아 두는 곳)라는 독특한 공간이 만들어지면서 시작되었다.

초기의 꽃꽂이는 자연 그대로의 소재와 모습을 중시했으나, 점차 소재는 자연물을 사용하면서 구성에는 이념적인 의미를 부여하게끔 되었다. 즉 꽃꽂이의 기본이 되는 꽃가지를 하늘(우주)·땅(지구)·사람이라는 세가지 것으로 하고, 이것들이 조화를 이룬 대자연을 표현한다. 그러나 전통적인 꽃꽂이에 비해 제 2차 대전 후 생명이 없는 철편·석고·유리등도 재료로 하여 거기에 생명감을 불어넣고 살아있는 형태로서 표현하려는 전위적인 꽃꽂이가 탄생했다. 현재 꽃꽂이의 유파는 3,000여 종류가 있다고 일컬어진다. 대표적인 것으로 릿카(立華), 세이카(生花), 나게이레(投入), 모리바나(盛花) 등이 있다.

꽃꽂이의 기초 기술로서는, 소재를 화기(花器)에 정착시키는 방법, 여분의 가지와 나뭇잎을 잘라내는 방법, 소재를 구부리는 방법, 비뚤어진 것을 바로 잡는 것 등 조형상의 기법이 있다. 지금은 실내장식의 하나로서, 또한 생활을 즐기기 위한 취미로서 생활 속에 침투되어 있다.

明治시대 이전에는 승려와 무사, 즉 남성의 전유물이었던 꽃꽂이가 이후부터 여성이 즐기는 생활 교양 문화의 한 장르가 되었다.

- **릿카(立華)** : 꽃이나 나무의 소재를 그대로 쓰는 것이 아니라, 철사 등을 사용하여 모양을 다듬어서 하나의 풍경을 재현한다.
- **세이카(生花)** : 꽃을 꽂는 그릇은 대지를 상징하며, 꽃의 부분적인 아름다움보다도 초목이 생장해 나가는 생명력을 나타내려고 한다.
- **나게이레(投入)** : 길숙한 그릇에 꽃가지를 자연의 모습 그대로 슬쩍 던져 넣은 것처럼 꽂는 것을 본령으로 하고 있다.
- **모리바나(盛花)** : 수반(水盤)이나 바구니를 사용하는데, 그릇에 꽃을 모양새 있게 담아 놓는 것을 본령으로 하는 양식이다.

2) 다도(茶道)

일본인이 차를 사랑하게 된 것은 9세기경 한국으로부터 차가 전해지면서이다. 주인과 손님이 차를 통해 대화하고 마음으로부터 교류한다는 것이 목적이다. 일정한 작법에 따라 주인과 손님이

마음의 공감대를 형성하면서 차를 마신다는 다도로 발전하게된 것은 아즈치·모모야마 시대(16세기 후반)에 센노리큐(千利休)라는 사람에 의해서이다. 센노리큐는 다도인이 갖춰야 할 기본 정신으로, 주인과 손님 모두가 대등하고, 서로를 존경하고, 깨끗한 마음으로, 정숙한 가운데 예의를 행해야 한다는 것을 강조하였다. 和敬清寂으로 표현되는 다도 정신의 わび茶로 구현되어 일본 다도를 형성하였다.

다도의 예법은, 다도를 위해 만들어진 관상 가치가 있는 독특한 찻잔에 향이 좋은 차를 끓여서 손님에게 권하는 방법과 손님이 이것을 받아 마시는 마음가짐으로 이루어진다. 다도의 예법에는 무사의 예법이나 노(能)의 영향이 보이며, 이것은 일본의 전통적인 예의작법에 강한 영향을 주었다. 형태보다도 마음을 중시하고, 헌신적으로 손님을 접대하는 것이 다도의 마음이라고 일컬어지고 있다. 다실(차를 끓이기 위해 만들어진 방)·노지(露地 ; 다실의 정원)·가이세키 요리(차 마시는 자리에서 내는 간단한 요리)·차 도구의 배열 등, 이 모든 것에 손님을 맞이하는 주인의 세심한 주의가 깃들어져 있다.

다회(茶会)의 손님으로 처음 초대되었을 경우, 다도의 예법을 아는 것 이상으로 좋은 것은 없지만, 손님으로서 가장 중요한 것은 주인의 배려에 대한 감사의 기분이다. 단순히 '차를 마신다'라는 일상 행위를 형식미를 동반한 일종의 예술로 완성시켰다는 점에 다도의 특색이 있다.

★ 차(茶)예절과 와비정신

차(茶)예절에서는 그러한 빈의 아름다움, 적의 아름다움을 '와비'라고 했다. 와비는 한적한 정취가 있는 모습을 말한다. '사비'라고도 말하지만 원래 '적'의 뜻으로 마쓰오 바쇼(에도시대의 하이쿠 작가) 및 그 문하생의 작풍인의 기본 개념이기도 했다.

『젠차로쿠』 등에 따르면 와비는 '부족의 뜻'이며 貧의 마음이다. 그리하여 부족한 것에서 만족을 아는 마음씨를 가리키는 것이다. "부자유하지만 부자유하다는 생각을 하지 않고 부족해도 부족하다고 생각하지 않고 부진해도 부진하다는 생각을 품지 않으면 와비라고 이해할 것"이라고 적혀있다. 따라서 와비에서 사람은 마음 속에 아무런 지장을 갖지 않는다. 그러므로 늘 마음에 충만한 것을 갖는 것을 의미하며 이것이야말로 貧의 富인 것이다.

'와비 차'라고 하지만 단지 형태만을 한정하여 정취있게 갖추어도 마음에 '와비'가 없으면 '차'가 되지 못한다. 사치를 뽐내는 차에 와비는 없다. 와비는 부족한 것에 괴로워하는 마음도 아니고 만족하려고 탐하는 마음도 아니고 또한 만족을 자랑하는 마음도 아니다. 있는 그대로에서 만족하는 것이다.

3) 우키요에(浮世絵)

일본의 회화에 있어 에도(江戸)시대에 발달하여 지금도 널리 감상되고 있는 것으로, 우키요에(浮世絵)가 있다. 이것은 민중적 풍속화의 한 양식으로 육필화(肉筆画)로도 행해졌는데, 특히 판화로써 널리 보급되었다. 그림의 주제로는, 연극의 정경·미녀·배우·씨름꾼의 초상화를 주로 하고, 역사화나 풍경화·화조화(花鳥画)도 많다. 18세기 중엽에 다색쇄판화(多色刷版画)가 스즈키 하루

노부(鈴木春信)에 의해 창시되어 황금기를 맞이했다. 우키요에의 대표적인 것으로서 슌가(春画)가 외국에 유포된 적이 있는데 이것은 우키요에의 극히 일부에 지나지 않는다. 우키요에의 화법이 후기 인상파 화가들(고흐·고갱)에게 커다란 영향을 주었고 이것이 새로운 사실(写実)기법으로 발전하였다고 말해지기도 한다.

4) 도자기

일본의 선사시대의 호칭을 죠몽시대·야요이시대 등 그 당시 토기의 명칭으로 표현하고 있는 것처럼 일본 도자기의 전통은 그 역사가 매우 길다. 예술품으로서의 도자기는 5~6세기경 조선과 중국에서 기술을 도입하거나 기술자의 도래에 의해 커다란 영향을 받은 후 독특한 발전을 이루었다. 영어로 도기(陶器)를 「차이나」라고 하는데, 일본에서는 도자기를 세토모노(瀬戸物)라고 한다. 이것은 중부지방의 세토시(瀬戸市) 부근이 유명한 산지였기 때문이다. 이 지역에서는 13세기부터 우수한 도자기가 만들어졌다. 규슈의 가라츠(唐津)도 도자기의 산지로서 유명하다. 이 외에 현재 예술적인 의미로서의 대표적인 일본 도기에는 교야키(京焼)·라쿠야키(楽焼)·시노야키(志野焼)·사츠마야키(薩摩焼)·오리베야키(織部焼) 등이 있다. 대표적인 자기로는 1592년 임진왜란때(16세기)에 조선에서 끌려온 도공에 의해 우수한 도자기가 만들어졌는데 아리타야키(有田焼)·가라쓰야키(唐津焼)·기요미즈야키(清水焼)·구타니야키(九谷焼) 등이 있다.

1592년 임진왜란 때 우리 선조들이 끌려와 15代 沈寿官의 사츠마야키(薩摩焼)·15代 李参平의 아리타야키(有田焼)는 400년 째 도자기로 대를 이어가고 있다.

5) 인 형

일본 원시시대의 유적에서 흙으로 만든 인형(토우)이 발견되고, 고대 고분에서 하니와(埴輪) 인형이 출토되는 등 옛부터 일본인과 인형의 관계는 따로 뗄 수 없다. 일본 전통 예술의 하나인 **분라쿠(文楽)는 커다란 인형을 조종하면서 연기하는 대규모 인형극이다.**

남자 아이의 명절에는 무사 인형을 장식하고 여자 아이의 명절에는 화려하고 아름다운 히나(雛) 인형을 장식한다.

일본에서 현재 만들어지고 있는 인형의 종류는 서양신 인형을 포함하여 상당히 많다. 그 중에서도 가장 인기 있는 것은 「하카타 인형」과 「고케시」일 것이다.

「하카타 인형」은 흙으로 형태를 만들어 유약을 바르지 않고 저열에 구운 뒤 채색하는 것으로, 규슈·후쿠오카현의 특산물이다.

사실적(写実的)이고 섬세한 자태와 채색을 특징으로 묘사가 뛰어나며 세계 각국의 풍속, 고금(古今)의 미인화, 가부키 배우 등을 제재로 하고 있다.

「고케시」는 도호쿠지방 전통의 목각인형이다. 녹로를 돌려서 만든 원통형의 동체에 둥근 머리를 붙여 여자의 얼굴을 그리고 동체에 적·청·황색 등의 색으로 선이나 국화 문양을 그린다. 소박하지만 얼굴이나 채색에 소박한 매력이 있다.

3. 한·일 양국의 의식주

1. 衣食住

野菜 1

日本では食糧の輸入率が年々高くなっていますが、野菜の大部分は国内生産されています。これは野菜が悪くなりやすいからです。高速道路などの交通網が発達し、日本国内のいろいろな地方の野菜が食卓に並ぶようになりました。また、昔は季節によって食べられる野菜が決っていましたが、最近は温室栽培などで季節を問わず食べられるようになりました。しかし、旬(その季節に取れる)の野菜のほうが味もよく値段も安く、健康にもよいようです。

野菜 2

日本で収穫される野菜を多い順に並べると、1位じゃがいも、2位大根、3位キャベツ、4位さつまいも、5位白菜となります(1991年)。
また、ある調査によると、日本人が好きな野菜は、1位 じゃがいも、2位 大根、3位 ほうれんそう、4位 トマト、5位 とうもろこしの順になっています。
ねぎ、白菜などは冬野菜として、すき焼きなどのなべ料理に使われます。

果物 1

日本で収穫される果物を収穫量の多い順に並べると、1位 みかん、2位 りんご、3位 なし、4位 ぶどう、5位 かきの順になります(1991年)。みかんは暖かい地方でよく取れ、愛媛県や和歌山県や静岡県などが産地として有名です。りんごは青森県や長野県などでよく取れます。

果物 2

最近はハウス栽培などによる果物の生産が盛んになり、一年中いろいろな果物が食べられるようになりましたが、季節感がなくなったと残念がる人もいます。

また、果物の輸入量も年々多くなっていてその種類も増えています。1991年に日本で消費された果物のうち約40%が外国産です。輸入量の多い果物は、1位 バナナ、2位 グレープフルーツ、3位 パイナップルの順になっています(1991年)。オレンジは日本で取れるみかんとは違うものです。

朝食 1

日本人の食生活は多様化しています。以前は米が主食中心でしたが、パンやめんなどを食べることも多くなりました。どこの家庭でも朝食は「ごはんにみそ汁」と決っていましたが、朝は忙しいので手間のかからないパン食が多くなりました。それでも一日に一回は米を食べないと気がすまないという人が男女とも65%以上います(1992)。

日本料理 2：すし・さしみ

ごはんを使った料理の中で日本人に一番人気があるのがすしです。すしは一口大のごはんの上にいろいろな魚介類をのせて握ったもので、わさびがついています。しょうゆをつけて手で食べることが多いです。

四方を海に囲まれた日本は魚介類が豊富で、新鮮な材料が簡単に手に入りましたが、最近では魚介類を輸入することが多くなりました。

★ 초밥용어

握りずし(=にぎり)：손으로 주물러 만든 밥 위에 생선을 얹은 것
ちらしずし：식초를 뿌려 만든 밥 위에 생선을 얇게 썰어 얹어 놓은것
のり巻き：김밥처럼 김으로 말아서 만든 밥으로 안에 오이가 든 것은 'カッパ巻き', 다랑어를 넣은 것을 '鉄火巻き', 단무지를 넣은 것을 'おしんこ巻き'라고 한다.
むらさき：간장(しょうゆ)
がり：초에 절인 생강
あがり：녹차(お茶)

2. 日本の食文化 (일본의 음식문화)

일본식 김치인つけもの와 梅干し(매실장아찌)、沢庵(たくわん)을 즐겨먹고, 納豆(메주콩을 띄운것)를 먹고있다. 횟집에서 와사비와 겨자를 같은 양념으로 혼동하는 경우가 있으나, 겨자는 일본말로 가라시(からし)이고, 와사비(わさび)는 회를 먹을 때에만 사용한다.

동료와 같이 식사해도 식사 후 계산 할 때에는 割り勘(각자 부담)하는 것이 습관이다.

도시락은 500엔, 1,000엔 정도라면 먹을만하다.

일본에서는 여름철 더위를 이기려고 중복에 장어 양념구이(うなぎのかばやき)를 먹는다.

아직도 한·일 양국민은 차별 의식이 강하며, 많은 편견과 오해가 남아 있어 유감이다. 지난 올림픽에서 그 동안 유도의 종주국인 일본 선수를 한국 선수가 제압하자, 일본에서는 김치 파워다, 불고기 파워다, 마늘의 힘이다 하면서, 소학교 학생은 물론, 야구선수, 씨름 선수, 여성과 노인들까지 김치와 불고기, 마늘을 많이 먹기 시작했다.

우리도 김치 종주국의 위상을 지키기 위해선 더욱더 과학적인 연구가 필요한 것 같다. 가만히 이대로 앉아 있다가는 김치가 키무찌로 깍두기가 가꾸또기로 이름마저 변할지 모른다. 지금 일본은 질 좋은 무우, 배추로 김장하여 김치를 대량으로 외국에 수출하고 있다. 일본 여행자들이 한국에 와서 사가지고 가는 김치의 원료가 일본에서 역수입되고 있는 무서운 시대이다. 아! 종주국의 부끄러움을 어찌할꼬!

우리 사회의 일부가 일본 컴플렉스에 걸려 있어서, 권투, 야구, 배구, 축구, 유도 등의 스포츠 대회에서 지기만 하면 모두들 야단법석이다. **요즘 일본이 자랑하는 샤도우(茶道)문화 역시, 옛 한국의 예절이었다. 신라 흥덕왕때에 지리산에서 대렴이 차(茶)를 재배하여 전래한 다도(茶道)풍습이 한국에서는 거의 사라지고 있지만**, 일본인들은 차(茶)를 하루에 6~10잔씩 마시고, 우리보다 평균 10년 이상 장수하고 있으며, 분배와 절약정신의 습관과 식생활을 하고 있다.

그러나, 일본의 조선 정복에 대한 컴플렉스는 잊고 없다. 젊은이들이 과거사를 실감할 수 없기 때문일까? 일본이 싫은 이유는 가난했던 과거나 부자인 현재나 간사하고 교활한 일본인이 많기 때문이며, 요즘 한국 사회에서는 대부분이 허심탄회하게 일본인, 일본사회, 일본문화, 일본기술, 일본의 힘을 있는 그대로 비판하고 칭찬도 하고 인정도 하고 있는 여유를 보이고 있어 다행인 것 같다.

이 또한 한국인의 대장부다운 기질이며, 한국 국민의 성장된 모습일 것이다. 김치와 닥광처럼, 한국은 숟가락을 중심으로 된장국을 공동으로 떠먹는 공동 중심이고, 양을 중시하는데 비하여, 일본은 젓가락을 중심으로, 된장국을 나무그릇에 담아 각자 훌훌 마시는 위생을 중시하며, 한국처럼 국에다 밥을 안 말아 먹었으나, 최근에 비빔밥이 일본에서 유행하고 있다. 한·일 양국의 의식주 문화의 차이는 많은 것 같다.

한국인은 불고기에 마늘, 고추장을 넣어 먹지만 일본인은 생선에 와사비를 발라서 먹는 문화의 차이와, 한복을 유행에 따라 입는 한국인과 유행이 없는 기모노를 입는 일본인, 일본의 젊은이 72%가 셋방 신혼생활을 하고 10평정도의 좁은 APT에서 월평균 20만 엔으로 생활하면서도 일본인은 만족하지만, 30평의 넓은 APT에 살면서, 월 100만원 이상의 생활비를 쓰면서도 불만족해 하는 차이가 바로 일본과 한국의 국민의식 차이라 할까?

망년회와 신년회가 있지만, 한국인들은 12월만 되면 망년회로 바쁘다. 1차, 2차, 3차 소주, 맥주, 폭탄주 잔을 돌리고 또 마시고 목이 터져라 노래 불러야만 직성이 풀리는 것 같다.

그러나, 일본인들은 망년회보다 신년회를 더 중요시하며 그냥 적당히 조용히 보내는 것 같다. 일본인과 한국인의 의식구조와 행동 양식은 서로 다를 수밖에 없는 것일까!

옛 전통을 소홀히 여기는 한국인과 옛 전통을 소중히 여기는 일본인, 이력서의 학교나 이름 등의 형식을 중요시하는 한국인과 학벌보다 개성과 능력을 중시하는 일본인의 사고 의식의 차이인가.

과거보다는 오늘의 현실이 중요한데, 과거에 부모가 양반이었다고, 일도 안하고 놀고먹고, 세계에서 8백번째 가는 서울대를 옛날에 다녔다고 오늘도 으시대고 다니는걸 보면 거만한 자들이 너무 많아 한국이 발전 못하는 것 같다.

한국에서 한자, 주판, 매운 김치, 은둔적인 산속의 불교를 받아 가지고, 일본식 한자와 일본어를 만들고, 일본식 주판, 안 매운 백김치를 만들고, 적극적인 대승불교로 재창조하고 개량하는 힘이 오늘의 일본을 만들고 있는 것이다.

세계제일의 섬세하고 세련미 넘치는 제품을 만들어 내려는 정신력이 세계 제패의 꿈을 실현시켜 주고 있다는 사실을 우리는 직시하고 연구해야 할 것이다. 지금 일본 사회는 군국주의 비극의 재연을 방지할 만한 체제나 안전장치가 없다. 일본인의 행동양식은 전통적인 미(美)에 동조하면서도 치열한 경쟁의식을 갖고 있어 무서운 비극의 역사를 초래할 수 있다.

일본에는 일본인의 고뇌와 부조리를 묘사한 벼랑에서 구원을 희구한 작품 「The Silent Cry」(만연원년의 풋볼)을 쓴 오오에겐자부로(大江健三郎)같은 노벨상(1994년)을 받은 위대한 작가도 있지만, 「NO라고 말하는 일본」을 쓴 이시하라신타로(石原慎太郎)같은 괴상한 극우파 정객작가도 있고, 「추한 한국인」을 쓴 가세히데아키(加瀬英明)같은 야비하고 추한 일본인 극우 평론가도 있다. 일본 사회도 부정부패와 야쿠자, 도둑들이 점점 늘어나니 사회가 위축되고, 국민들이 소시민으로 전락하고 있는 것 같다.

서로를 반밖에 알지 못하는 양국민은 한일관계를 개인의 일시적 감정으로 과거사를 처리하지 말고, 정확히 인식하여 갈등을 풀고 마음을 열어 미래지향적으로 서로가 신중히 대처해 나가야 할 것이다.

3. 日本のお風呂文化 (일본의 목욕 문화)

온천지대에는 남녀 혼탕이 있다. 남탕에는 검은 천 위에 殿方(とのがた 신사)라고 씌어있고, 여탕에는 분홍색 천에 乙姫(おとひめ 용궁의 미녀)라고 씌어있다.

옥외 노천탕까지 준비되어 있는 호텔이 많으며, 유카타로 갈아 입고 호텔 내 아무 곳이나 돌아다닌다. 물론 お盆祭り나 밖으로 외출 할 때에도 입고 있다.

목욕탕 안에서 때 미는 사람은 없으며, 칫솔, 면도기, 수건은 제공하지 않기 때문에 각자가 들고 가야 한다. 하루 2번 온천욕을 하고, 탕 안에서 10분이 적당하며, 공복이나, 식사, 음주 직후에는 입욕을 삼가한다.

4. 한국 속의 일본과 일본 속의 한국

-- 낮의 문화와 밤의 문화 --

요즘 한국의 거리에는 국어순화 정책을 비웃기라도 한 듯, 야키니쿠, 스키야키, 도리탕, 도쿄, 삿포로, 쿄토, 오사카, 나고야 등의 일본식 이름으로 된 음식점이 대유행하고 있으며, 음식점의 장식도 일본풍으로 흉내 내고 있다. 깨끗하고 철저한 위생시설을 갖추고 있으니, 좀 여유가 생긴 중상류층의 많은 사람들이 여름에도 일식집에 가서 비싼 생선회를 맛있게 냠냠 먹고 있는 실정인데..... 우리 젊은이들의 국제적인 경영 마인드가 절실히 필요한 것 같다.

너무 더럽고 지저분하게 운영하는 한국의 생선 횟집은 여름에는 장사가 안되어 휴업을 하고 있는 실정이니, 음식문화에서도 일본의 힘은 유감없이 발휘되고 있는 것 같다.

한국과 일본의 음식 문화는 비슷하지만, 방법과 맛이 조금 다르다.

한국의 김밥과 일본의 노리마키, 한국의 단무지와 일본의 다쿠왕, 한국의 배추김치와 일본의 기무치인 시오쯔케(백김치), 한국의 두부와 된장, 일본의 도우후와 미소시루, 한국의 생선회와 일본의 사시미..... 한국음식과 한국문화가 세계적 표준이 되어가고 있다.

특히, 일본의 벤토(도시락)는 2000여종의 신토불이(身土不二)의 전통식품으로 시간과 돈을 절약시켜 경제대국의 힘을 기르는데 일익을 담당하고 있다.

세계에서 한국과 일본만이 지금도 생달걀을 밥에 비벼서 먹는다 한다. 밥, 국수, 라면은 거의 동일하지만 맛이 다르고 먹는 방법에 차이가 있다. 일본인은 밥을 공기에 담아서 왼손으로 들고, 입에다 대고 오른손의 나무젓가락으로 긁어서 입에다 넣어 먹는다. 국은 국그릇을 두손으로 들고 입에다 대고 훌훌 소리 내며 마신다. 일본인은 젓가락으로만 밥을 먹고, 숟가락과 포크는 거의 사용하지 않는다. 그런데도 숟가락과 포크, 칼등을 세계에 가장 많이 수출하고 있고, 한국의 김치도 직접 만들어 세계에 수출하고 있으니 무서운 사람들이 아닌가? 일본인은 국수와 라면 등을 먹을 땐 후룩후룩 소리를 내면서 면을 입으로 맛있게 빨아먹어야 하지만, 한국에선 양반의 격식 때문에 밥이나 국수를 후룩후룩 소리 내어 먹으면 큰일 난다.

한·일 양국의 서로 다른 습관의 식사예절이며, 문화의 차이인 것 같다. **최근 도쿄의 민예관 소장의 한국유물 1천 5백점 등 일본속의 우리문화재 수만 점의 소재파악을 한다니, 늦게나마 불행중 다행이며 시선을 끈다.** 이 기회에 세계의 한국문화재를 되찾는 운동이 전개되었으면 더욱 좋을 것 같다. “귀중한 문화재는 약자의 것이 강자의 손으로 넘어간다”지만, 부끄럽게도 우리 문화재가 다른 나라에 더 많이 남아 있다는 것은 힘없는 우리 국가를 입증하고 있으며 우리의 문화 수준을 엿볼 수 있는 것 같다.

현재, 일본에 신라의 종이 6개, 고려의 종이 50개이상 있는데, 한국 내에는 신라의 종이 2개, 고려의 종이 20여개 있다 하니 부끄러운 일이다.

김달수씨가 쓴 “일본 속의 한국문화”에 잘 나와 있지만, 과거의 일본문화에 영향을 준 한국문화와 한국인은 너무 많다.

특히, AD6세기경에는 백제의 왕인과 아직기가 일본에 건너가 논어와 천자문을 전래하고 응신천왕(応神天皇)의 아들을 가르치고 일본왕실의 기록을 맡았다고 니혼쇼키(日本書記)와 고지키(古事記)에 기록되어 있다.

이를 계기로 일본에 가나 문자가 생겨났다. 또한, 백제 26대 성명왕은 538년 일본의 흠명천왕에게 불교를 전달하였다. 597년 위덕왕44년에 아좌태자가 일본에 가서 성덕태자상을 그렸다. 이처럼 옛날부터 일본과 한국은 불가분의 관계로 서로 우호관계를 유지하여 왔고, 지금도 일본 속에 살아 있는 한국 문화와 한국인은 너무 많지 않은가?

교토에 있는 다카야마지(高山寺)에선 화엄종의 조사(祖師)인 원효대사와 의상대사를 모시고 있으며, 도쿄(東京)의 근교에 있는 고마진자(高麗神社)는 지금으로부터 1천2백여년전인 나라시대때 고구려로부터 귀화한 약광(若光)을 모신 곳으로 이곳을 참배한 사람 중에서 일본의 수상(首相)이 6명이나 나와서 더욱 유명해졌다고들 하지만.....

그 외에도 **담징의 벽화가 있는 607년에 창건한 호우류우지(法隆寺)에는 세계에서 최고로 오래된 13층목탑이 있고, 일본의 국보 제1호인 백제관음미륵보살상과 돌담장 등은 한국 것과 너무나 똑같아 놀랍다.**

나라(奈良)의 토우다이지(東大寺)에는 세계 최대의 청동불상인 대불(大仏)이 있는데, 목조건물 등은 한국계 도래인 (귀화인)들에 의해 만들어 졌다고 한다.

과거엔 우리가 일본에 한자와 도자기 기술 등 모든 문물을 가르쳐 주었다지만, 지금은 일본에 한국식의 성(城)과 절이 있고 한국 문화재인 고려청자와 조선백자 등이 더 많이 남아 있으며, **한복을 기모노로, 소승불교를 대승불교로 만들고, 상여를 축제에 쓰는 미코시로, 씨름을 스모와 유도 등으로 계승 발전시키는 일본인의 장점은 배워야 할 것 같다.**

야나기무네요시(柳宗悦)는 「조선을 생각한다.」라는 책 속에서 한국의 예술에 대해서 절찬하고 있다. 우리도 문화국민이라는 긍지를 가지고 힘차게 살아가야 할 것이다.

21세기는 한국의 예술문화가 세계를 리드하는 국제화, 세계화가 되고 있다.

☺ 일본의 문화 기행 ☺

※ 스모(相撲)

스모는 몽고에서 생겨서 한국의 씨름을 통해서 일본에 전래되었다. 한국의 씨름은 삼세판이라는 3판승부인데, 일본의 스모는 단판승부이다. 매년 5일간의 정기대회를 여섯 차례 씩 하고 있다. 스모는 일본의 국기(国技)이며, 인기가 높다. 도효(씨름판)에서 밖으로 밀어내든지 넘어 뜨리면 이기는 것이다. 특징은 옷을 벗고 마와시(샅바)만을 두루고 시합을 한다. 한국의 '천하장사' 를 '요코즈나' 라고 하며, 시합하기 전에 정정당당히 대결하자는 뜻에서 소금을 뿌린다. 시합에 이긴 선수는 마음 심(心)자를 쓰면서 마음으로부터 감사의 뜻을 표시한다.(2004년 2월 15일 서울에서 경기가 있었다.)

1. 일본의 스모(相撲)

스모(相撲)는 '마와시'(回し-샅바)와 '오이초'라고 불리는 독특한 은행잎 모양으로 한 머리에 '도효'(모래로 만든 경기장)에서 한다. 신도의 종교적 의식과 결합되었다. 스모라는 단어는 중국어로 '서로를 해치다'라는 뜻이며, 江戸時代(1600-1868년)에 붐이 일었다.

2. 相撲의 기원과 역사

일본의 전통 스포츠인 스모 선수들이 시합 직전에 링을 한 바퀴 돌고 있다. 스모는 매우 인기있는 스포츠로 자주 텔레비전으로 중계된다.

日本을 대표하는 국기인 相撲는 한국의 씨름과 같이 몽골이 원류라는 설이 있다. 「古事記」에는 建御雷神(다케미카즈치신)과 建御名方神(다케미나카타신)이라는 두 신의 힘 겨루기 이야기, のみのすくね와 だいまのけはや의 격투에 관한 이야기가 나온다. 일본에서 가장 오래된 역사책인 「日本書紀」에는 서기 642년에 일본 왕이 백제에서 온 사신을 환대하기 위하여 병사들 가운데 장사를 뽑아 궁궐 안에서 相撲를 공연했다는 기록이 있다. 8세기초에 편찬된 『고사기(古事記)』와 『일본서기(日本書紀)』에 스모에 관한 기록이 있다. '스모'는 한국의 '씨름', 러시아의 '삼보(sambo)'와 비슷한 운동 경기이고, 이름도 비슷하다.

한반도에서 살았던 수메르인과 아리아인의 일부가 일본으로 이주했다. 스모는 이들이 가져가 전승시킨 것이다.

明治維新때는 相撲가 벌거숭이로 사람들 앞에서 추는 미개한 춤이라고 비하되었고, 1871년에는 力士(りきし)들에게도 단발령이 내려져서 力士들의 독특한 상투머리(ちょんまげ)를 잘라야만 했는데, 그러나 '力士들에게는 단발령의 예외조항'이 적용되어 力士들은 전통적인 머리모양을 유지할 수 있었다. 相撲가 인기를 다시 회복하게 된 시점은 1889년 천황이 직접 相撲를 관람하던 때부터이다. 그리고 1909년에 相撲 전용경기장인 「国技館」이 도쿄시내(両国)에 건립되어 相撲는 대중적인 운동이 되었다.

경기장 중앙에서 시합이 붙기 전에 두 명의 선수들은 두 팔을 벌리고 발을 동동 구르며 쪼그려 앉아서 상대편을 노려보는 의식을 치른다. 경기장에 입장한 力士 두 사람은 정정당당히 싸우자는 의미로 시합을 하기 전에 물로 입을 행구고 부정을 없애기 위해 소금을 씨름판 위에 뿌리는 등의 의식을 행하고 나서 본 시합에 들어간다. 경기장인 도효에 올라갈 때에는 샅바와 비슷한 허리띠(まわし)를 두른다. 상대방을 '도효'밖으로 밀어내는 등 스모의 기술은 70가지가 있다.

스모는 위엄과 침착함으로 특히 존경을 받는다. 심판의 판정에 대한 항의 등은 용납되지 않는다. 스모의 등급에는 '요코즈나(横綱)'(그랜드 챔피언), '오제키(大関)'(챔피언), '세키와케(関脇)'(주니어 챔피언), '고무스비(小結)', '마에가시라(前頭)'의 순으로 그 지위가 정해져 있다. '요코즈나'는 영구적인 순위이며, 결과가 좋지 않은 시합으로 인해서 강등되지는 않지만 그들의 지위가 요구하는 기준에 맞지 않게 되면 은퇴해야 한다.

이러한 순위가 수세기에 걸쳐 내려오는 동안 65명의 선수들만이 '요코즈나'에 등극하였다. 현대에 가장 유명한 '요코즈나' 선수로는 69회의 연승을 포함하여 866회를 이긴 '후타바야마'(요코즈나,

1937-1945)와 총32회의 시합에서 승리하고 45회의 연속경기에 참가한 '타이호'(1961-1971), 요코즈나에 오른 선수 중 가장 어린 21세 2개월의 '키타노우미' (1974-1985), 30회의 시합 후 요코즈나가 되어 가장 빠른 기록을 보유한 '아케보노'(1993-), 19세의 나이로 시합의 가장 어린 우승자로 2003년 1월말에 은퇴한 '타카노하나'(1994-2003) 등이 있다.

프로 스모에는 체급이 없기 때문에 체중이 150킬로그램이상 나가며 또 어떤 선수는 200킬로그램의 거대한 몸집의 선수가 작은 선수와 시합을 하는 경우가 종종 있다. 30대 초반까지 선수생활을 하는 경우는 극히 드물다.

'세키토리'(프로선수)의 봉급을 받기까지는 5년 이상이 걸린다. 선수촌에 있는 900명의 선수들 중 66명만이 현재 '세키토리'로 활동중이다.

선수들의 생활은 매우 엄격하여, 새벽 4시 또는 5시에 일어나 '마와시'를 입고 '게이코'(훈련)를 시작한다.

일본 스모 협회의 주관으로 15일간의 '그랜드 스모 대회'가 매년 6회씩 개최되는데 이 공식 경기를 本場所(ほんばしょ)라고 한다. 3번은 도쿄(1월, 5월, 9월)에서 나머지 3번은 오사카와 나고야, 후쿠오카(각각3월, 7월, 11월)에서 열린다.

'핫케요이'는 '할께요이', '....을 할께요', 즉 '...을 하겠다'라는 의사 표시는 2천여 년 전의 한국어라고 박병식씨는 주장하고 있다.

※ 일본의 영화

1) 1990년대의 일본영화

일본영화 키타노 다케시北野(きたの) 武(たけし)의 「花火(はなび)하나비」가 한국의 문호를 연지 1년이 되었다. 지금까지 「하나비」「카게무사影武者(かげむしゃ)」「우나기鰻(うなぎ)」「나라야마부시코」가 개봉되었다. 초반의 기대에 못 미치는 결과를 낳았다. 이는 첫째 너무 예술적이기 때문에 재미가 없고 둘째 시대적 감각이 떨어지며 일본영화에 대한 어느 정도의 거부감 때문이라는 것이 이유였다. 그러나 「러브레터」는 개봉이후 지금까지 150만명 이상이 관람하여 흥행하였다.

2) 공포물의 유행

90년대가 세기말이라는 특징을 갖고 있어서인지 일본영화의 90년대 후반은 애니메이션이외에 공포영화가 제법 유행하였다. 물론 공포영화가 90년대에 급작스럽게 나타난 신종장르는 아니지만 「학교 괴담」이나 「링」이 관객들로부터 좋은 반응을 얻으면서 공포영화의 양산을 가져왔다. 90년대 일본영화의 특징중의 하나로 공포를 손꼽는 이유는 한국영화와도 조금은 연결선을 긋고 있다는 점이다. 예를 들어 학교의 무서운 이야기를 소재로 「여고괴담」이 만들어졌으며 일본 「링」을 그대로 베껴 만든 「링 바이러스」는 그 원전보다 한국영화가 더 많은 관객을 모았다. 그리고 「고지라」의 원형을 복사한 「용가리」역시 일본 괴수공포영화의 뒤를 이었다.

1. 일본영화감독

(1) 키타노 다케시(北野 武)

키타노 다케시는 90년대 일본 영화의 중심이다. 「하나비」의 국제 영화제 수상을 들 수 있지만, **「하나비」**로 '세계의 다케시'란 별명을 얻은 그이지만 90년 「3-48×10月」은 물론 「그 여름 가장 조용한 바다」(91) 「소나티네」(93) 「모두 하고 있나?」(95) 까지 일관된 이미지를 구축해 온 결과 98년 「하나비」의 대성공이 이어진 것이라 할 수 있다. 그리고 90년대를 마무리하는 99년 「키쿠지로의 여름」역시 칸느영화제에서 연일 화제였으며 일본 자국내에서도 좋은 평가를 얻었다.

(2) 모리타 요시미츠(森田芳光)

「실락원」이 와타나베 쥰이치(渡辺 俊一)의 초베스트셀러라는 부담감에도 불구하고 '실락원 현상'을 일으킬만큼 영화 「실락원」은 영화자체로도 대성공했다. 그러나 그의 가치는 '히트감독'이라는 명함보다 '변신의 귀재'라는 점에서 더욱 빛난다. 80년대 아이돌 영화 「보이스 앤 걸스 ボイズ & ガルズ」와 로망 포르노 「엄청난 소문의 스트립퍼 ストリッパー」 그리고 홈드라마 「가족 게임 家族ゲーム」 그리고 요시모토 바나나(吉本 ばなな)의 베스트 셀러 「키친 キッチン」까지. 그는 언제나 새로운 스타일을 만들어 낸다는 것이 그의 가장 큰 장점이라 할 수 있다.

일본의 90년대 영화계에는 감독도 수 없이 많지만, **「러브레터」**로 한국에서 가장 인기 있는 영화감독이 되어있는 **이와이 슌지**. 미국에서 흥행에 성공해 일본 영화의 이미지를 한 차원 높인 **「shall we dance」**의 **스오마사유키(周防正行)**, 「달은 어디에 떠 있는가」로 한국에는 재일동포 감독으로 알려져 있는 사이 요우이치(한국이름 최양일) 등이 주목 받는 감독들이다.

1. 제목 : 「함께 춤 추실까요? Shall We Dance?」

감 독 ; 스오마사유키(周防正行)

1956년 도쿄에서 태어난 周防正行 감독은 立教대학 재학중 조감독으로 영화계에 입문, 1983년 '変態家族 兄貴の嫁さん' 으로 감독에 데뷔한다.
1993년에는 영화 제작사 アルタ 'シコピクチャース' 를 설립. 'shall we dance' 의 첫 번째 극장용 영화이기도 하다.

◉ 줄 거 리

스기야마 쇼헤이(42세)는 고대하던 내집 장만의 꿈도 실현하며 착실하게 자신과 가족의 생활을 구축해온 극히 평범한 샐러리맨이다. 그에게 불만이란 없다. 회사에도 가정에도 만족하고 있다.

그러나 댄스 교실에서 춤을 추는 미녀, 마이(舞)의 모습을 통근전철의 창문너머로 매일 쳐다보

는 사이 스기야마는 어느덧 그녀에 반해버렸다. 언제부터인가 발걸음이 댄스교실로 향하고, 입회 신청을 하게 된다. 그런데 댄스교실은 완전 딴 세상으로 번쩍번쩍하고 요란한 곳에서, 아저씨 아줌마들이 춤추고 있다. 스기야마의 회사동료인 아오키(竹中直入)도 곱슬머리에 가발을 쓰고 허리를 신나게 돌리면서 춤을 추고 있다. 파워댄서(?)인 토요코(渡邊えり子)의 도움을 받아 스기야마도 점점 능숙하게 변하고, 댄스교실을 시작한지 얼마 안되어 스기야마는 마이에게 식사를 같이 하자고 요청해보지만 거절당한다. 마이에게는 누구에게도 말할 수 없는 마음의 상처가 있기 때문에 남자에겐 무척이나 쌀쌀했다. 스기야마는 데이트 거절에 낙심하지만 이를 이겨내기 위해 댄스레슨에 더욱 열심이다. 스기야마(役所広司)는 댄스를 배우고 나서 살아있다는 기쁨을 처음 느끼고 있는 것이다. 정말 오랜만에 맛보는 희열감이었다. 한편 그의 부인은 점점 늦게 귀가하는 스기야마가 혹시 바람이라도 피우고 있는 것이 아닌지 걱정이 되어 사설탐정을 찾아간다.

그리고 마침내 대회날, 모두가 지켜보는 가운데 긴장이 극한 상태에까지 다다른 스기야마는 젊은날의 청춘으로 다시 돌아간 듯, 플로어에 입장한다.

그런데 이게 웬일인지 객석에 그의 부인과 딸이 와 있는 것이 아닌가?

사교댄스를 음지의 문화에서 양지의 문화로 전환시키는 등 일반대중 사이에서 일대 센세이션을 일으킨 **셸 위 댄스 (shall we dance?)**

Shall We Dance? 의 한 장면

昌子：お父さんが遅くなるなんて珍しいでしょ。
娘：なに喜んでんの。
昌子：だって、たまには飲んで帰ってきてもらわないと、何となく気が引けるじゃない。
娘：どうして。
昌子：だって、お父さん真面目過ぎるじゃないの。毎日きちんと会社に行って、きちんきちんと帰ってきて、家までかっちやって。
娘：ひと事みたい。
昌子：何だか悪くない？
娘：別にお母さんだって遊んでるわけじゃないんだから、いいんじゃないの。
昌子：だけどね、最近何となく元気がないような気がして。だいたい、お父さんが早起きしてるっていうのに、お母さんが寝てるっていうのもけっこうつらいのよ。
娘：だったら一緒に起きればいいじゃん。

2. 제목 : 「러브레터」

감독소개 ; 이와이 슌지(岩井俊二)

1963년 1월 24일 미야자키현 센다이 시 출생
1987년 요코하마 국립대학 졸업
이와이 슌지 감독은 TV 드라마, 뮤직 비디오, TV CM으로 먼저 이름을 날리기 시작한 특이한 경력을 가지고 있다. 그의 첫 번째 TV 드라마인 「본적 없는 내 아이(1991)」으로 평단과 일반인들의 관심의 집중을 받았다.
이밖에 [La Cuisine]이라는 특별 TV 드라마 시리즈로 제작된 「고스트 수프(Ghost Soup, 1992)」, 「오믈렛(1992)」, 「프라이드 드래곤 피쉬(Fried Dragon Fish, 1993)」 등은 1993년 '이와이 미학'이라는 이름으로 재편성 방영되기까지 했다. 스크린을 울리는 감성주의 자이다.
1995년 「러브레터」의 대성공으로 감독으로서의 명성을 재확인한 이와이 슌지는 이듬해 '이와이 월드'라는 신조어를 탄생시키며 일본 젊은이들 사이에 신드롬이 되어버린 「스왈로우테일 버터플라이(Swallowtail Butterfly, 1996)」를 발표한다.
그리고 부산 영화제때 「4월이야기(April Story, 1998)」가 예매 시작 30분만에 매진 사례를 빚으며 국내의 이와이 슌지 열풍을 실감케 했다.

◉ 줄 거 리

고베에 살고 있는 와타나베 히로꼬(나카야마 미호)는 등산중의 조난사고로 피앙새(연인)인 후지이 이츠키를 떠나 보내고 2년의 세월이 흘렀다. 삼년상을 마치고 돌아오는 길, 이츠키의 어머니와 이츠키의 집을 방문한 히로꼬는 이츠키의 중학교 졸업앨범의 주소록에 있는 이츠키의 주소를 손목에 옮겨 적는다.

천국으로 보내진 한통의 편지....

며칠 후 그녀는 후지이 이츠키로부터의 답장편지를 받는다. 스스로도 놀란 히로꼬는 그녀의 새로운 연인이자 죽은 후지이의 친구인 이끼바에게 이를 알린다. 죽은 사람에게서 답장이 올리 없다고 믿는 이들은 이 새로운 후지이 이쯔키와 몇 번 편지를 주고받은 후 확인하기 위해 그를 찾아간다. 그러나 그녀에게 답장을 보낸 사람은 죽은 옛 연인이 아니라 그와 동명이인이며 시립도서관에서 일하고 있는 여인이었다. 비록 오따루까지 찾아가 만나고 싶어했던 사람이었으나 집 앞까지 가서도 결국 만나지 못하게 되는 히로꼬는 후지이로부터 그녀와 죽은 애인과는 중학교시절, 3년 동안 같은 반을 지낸 급우였다는 사실을 편지로 확인하게 된다. 히로꼬의 부탁으로 후지이는 편지로 그와의 옛 추억을 떠올리며 그의 어린 시절을 알려주게 되는데.....

LOVE LETTER 의 한 장면

- 山 -
秋　:「ひろこちゃん、ひろこちゃん。」
ひろこ:「どうしたの。」
秋　:「ちょっと来てみ、きれいな夜明けやで。」
ひろこ:「なに。」
妹　:「きずきへん。」
ひろこ:「なにが。」
妹　:「あれが お山やで、ちゃんとみてあげーな 藤井は あそこに おるんや。」
秋　:「藤井, おまえまだ 松田聖子うとっとんのか そんちは 寒ないんか、
博子ちゃっは おれがもろーたでー、え-よ、え-よ、え-よ-。
ほら、ええ 言いてんねん。」
ひろこ :「ずるいよ 秋場さん。」
秋　:「博子ちゃんも 何か言うたれよ文句も ぎょうさん あるんやろ。」
ひろこ :「お元気ですか、私は元気です。」
樹　:「はいけい、ふじい いつきさん、お元気ですか。」
ひろこ :「お元気ですか。」
樹　:「私は元気です。」

3. 제목 : 「4월 이야기」

감독소개 ; 이와이 슌지(岩井俊二)

◉ 줄 거 리

홋카이도(北海道)의 작은 도시에서 자란 楡野卯月는 대학에 다니기 위해 가족들 곁을 떠나 도쿄의 무사시노(武蔵野)라는 낯선 도시로 오게 된다.

우즈키의 생활은 온통 새롭기만 하다... 새 아파트, 낯선 학교, 새 이웃, 새 자전거...

우즈키는 같은 과의 특이한 성격의 사에코라는 친구를 알게 되고, 사에코의 권유로 얼떨결에 낚시 동아리에 가입하게 된다.

하지만 언제나 그녀의 머리 속에는 고교 시절부터 짝사랑해 온 선배와 그가 아르바이트를 하고 있다는 '무사시노도(武蔵野堂)'라는 서점만 자리하고 있어, 그녀의 자전거는 매일같이 그곳으로 향한다.

'무사시노도'에 들르는 것이 일상이 되어 버린 우즈키. 여느 때와 다름없이 '무사시노도'에 들어간 우즈키는 아르바이트를 하고 있는 선배를 발견하게 되는데...

4월 이야기의 한 장면

母：何分?
姉：23分。
母：もうすぐね。
父：じゃ...。
母：もうちょっと?
駅員：楡野さん。
父：あー、これはこれは。庄司さん。
駅員：どこまで行くの？
父：え、あの、娘が大学いくんですよ。
駅員：あー、そうですか。で、どちらへ?
父：東京の方です。
駅員：東京の大学?すごいね、独り暮らしで?
母：そうなんです。
駅員：それは大変だわ。ご両親、寂しくなるね。
父：恥ずかしいとこ見られちゃったな。
駅員：何がはずかしいの!

4. 제목 : 「철도원」

감 독 ; 후루하타 야스오(降旗康男)

도쿄대에서 프랑스 문학을 전공하면서 프랑스 영화를 보기 시작한 그는 자연스럽게 영화와 친하게 되었고, 도에이 영화사에 취직하여 8년간의 조감독 생활 끝에1966년 「비행소녀 요코」로 영화감독에 입문하게 된다.

1999년 「철도원」으로 후루하타 야스오 감독은 그해 몬트리올 영화제 남우주연상과 제23회 일본 아카데미 시상식 9개 부문을 석권하게 되고 (최고의 영예인 감독상과 작품상을 수상) 전 일본 영화계의 대부로 군림하게 된다.

「호타루 : (반딧불)」를 내놓아 역시 450만이라는 경이적인 흥행 기록을 세워 엄청난 흥행작으로 만들었다.

◉ 줄 거 리

하얀 눈으로 뒤덮인 어느 시골 마을 종착역, 호로마이...

이 마을의 종착역을 반평생 지키며 살아온 철도원 오토마쓰는 하염없이 내리는 눈송이를 바라본다. 지난 날을 회상하며...

17년 전 겨울, 오랜 기다림. 아내 시즈에 사이에 딸 유키코가 태어난다. 그런데 몇 달 후 유키코가 열병에 걸려 위독해진다. 오토마쓰는 역을 내버려두고 갈 수 없다며 아내에게 병원에 다녀오라고 한다. 다음날, 아내는 눈처럼 차갑게 식어버린 딸의 시신을 안고 돌아온다. 딸이 죽은 지 십여 년 후, 아내마저 병으로 죽고 만다. 병원에서 아내가 죽어가던 날도 오토마쓰는 기차역을 지켜야만 했다. 아내와 딸의 마지막 모습을 보지 못한 채 저세상으로 떠나 보내고 깊은 회한으로 살아온 오토마쓰는 이제 곧 정년퇴직으로 이 역마저 떠나야 한다.

그러던 어느날, 오토마쓰 앞에 낯선 꼬마 여자아이가 찾아온다. 그 다음날에는 초등학생 여자아이가, 그리고 그 다음날엔 고등학생 여자아이가 찾아와 반갑게 인사를 건네오는데...

철도원의 한 장면

仙次：うまれたか？
乙松：シッ!
仙次：うちの母ちゃんは？汗、汗拭け。あはは、照れてる。
仙次の妻：生まれた!おめでとう、乙松さん。
乙松：うれしい。
仙次：おめでとう。
仙次の妻：駅長昇進と、おめでた続きだね。
乙松：うれしい。
仙次の妻：でも、高年初産だから、静枝さん大変だったわ。
仙次：男か、女か？
仙次の妻：フフッ、女の子。
乙松：大丈夫だったか？
静枝：見た?ほっほやになれないね。
乙松：バカ。雪子にしないか？名前、雪子。
静枝：この雪みたく、きれいな子になっかな。

센 지 : 태어났나?
오 토 : 쉿!
센 지 : 우리 집사람은? 땀, 땀 좀 닦게나. 하하하, 쑥스러워 하긴.
센지의 아내 : 태어났어요! 축하해요, 오토마쓰 씨
오 토 : 기쁩니다.
센 지 : 축하해.
센지의 아내: 역장 승진에다, 겹경사네요.
오 토 : 기쁩니다.
센지의 아내 : 하지만 고령에 초산이라서 시즈에 씨 아주 고생했어요.
센 지 : 아들이야, 딸?
센지의 아내 : 후훗, 딸이에요.
오 토 : 괜찮아?
시즈에 : 아기 봤어요? 철도원이 못 되겠네요.
오 토 : 바보. 유키코로 하지 않을래? 이름. 유키코가 어때?
시즈에 : 이 눈처럼 예쁜 아이가 될까요?

5. 제목 : 「호타루」

감 독 : 후루하타 야스오(降旗康男)

◉ 줄 거 리

야마오카와 그의 아내 도미코는 오랜 세월을 함께 살아온 부부이다. 부부는 2차대전 당시 죽은 전우 가네야마의 유품을 전해주기 위해 한국 안동 하회 마을을 찾는다. 그 당시 도미코는 가네야마의 약혼녀였다.

일본 가고시마의 조용한 어촌 마을. 야마오카(다카쿠라 켄 분)는 수십년간 원양 고기잡이로 명성을 떨쳐온 실력있는 어부이다. 그에게는 사랑하는 아내 도모코(다나카 유코 분)와 그녀의 이름을 딴 어선 '도모마루'가 인생의 전부. 그러나 도모코에게 신장병이 생기자 야마오카는 간병을 위해 인근해 양식업으로 생계를 이어간다. 소박하지만 행복한 이들의 일상에 천황의 서거에 뒤이어 옛 친구 후지이(이가와 히사시 분)가 죽었다는 소식이 전해지고, 야마오카 부부는 가슴속에 묻어왔던 과거를 회상한다.

2차대전이 막바지로 치닫고 있던 1945년. 당시 특공대원이었던 야마오카와 동료 후지이는 마지막 출격을 눈앞에 둔 가네야마 소위의 유언을 듣게 된다. 조선인 출신인 그의 이름은 김선재. 그는 돌아갈 수 없는 고향의 가족에게, 그리고 사랑하는 약혼녀에게 닿을 수 없는 이별을 고한 채 폭탄을 안고 하늘로 날아오른다. 야마오카는 사랑하는 사람을 잃고 실의에 빠진 가네야마의 약혼녀, 도모코와 대면하게 된다. 이후 도모코가 가네야마를 잊지 못하는 것을 알면서도 그녀의 상처까지 사랑한 야마오카는 그녀와 인연을 맺고 서로 의지하며 살아간다.

한편 전쟁 당시 특공대원들을 따뜻하게 보살펴주던 치란의 여관주인 도미코 여사(나라오카 오모코 분)는 야마오카에게 몸이 불편한 자신 대신 가네야마 소위의 유품을 한국에 있는 유족들에게 전해달라는 간절한 부탁을 한다.

야마오카는 얼마 남지 않은 생을 안고 있는 아내의 회한을 달래주기 위해, 그리고 상처받은 과거와의 화해를 시도하기 위해 한국을 방문할 것을 결심하는데......

호타루의 한 장면

도모코의 병을 고치려 애쓰는 야마오카에게, 주어진 생만 살겠다고 말하는 도모코

智子 : 二人で支え合って、寿命をまっとうすることだけはしようって約束したでしょ。
寿命に逆らわんでいいの。
山岡 : ......二人で一つの命じゃろうが。
智子 : ......。

도모코 : 둘이 서로 의지하며 주어진 생만 다하자고 약속 했잖아요?
운명을 거스르지 않아도 돼요.
야마오카 : .... 둘이 한 목숨인데.
도모코 : ....

죽은 후지이의 편지를 전하러 가고시마로 온 후지이의 손녀 마사미. 동네 청년인 데쓰오와 배를 타고 바다로 나간다.

真美 : すごい！きれい！
鉄男 : ははは。よかちうか、海は。おいも、山岡さんみたいな漁師になっと。
山岡さんの奥さんみたいな嫁さんをもろうて。

마사미 : 멋져요! 아름다워요!
데쓰오 : 하하하. 바다 좋죠? 나도 야마오카씨 같은 어부가 될꺼예요. 야마오카씨 부인 같은 신부 얻어서.

※ 일본의 애니메이션

(1) 역사와 배경

일본 애니메이션의 시작은 제2차 세계대전 후, 미국 애니메이션을 쫓는 데서 출발했으며, 영화사 전속의 애니메이션 작품들이 미국에서 계속 수입되었기 때문에, 교육용 애니메이션 분야에서만 그 명맥을 이어갔다. 일본에 처음으로 공개된 디즈니 장편 애니메이션 "백설공주"는 태평양전쟁이 끝난 후, 폐허가 되어 버린 마을에서 눈부신 컬러로 나타난 디즈니 만화는 문화적 충격이었다.

1945년, 전쟁으로 폐허가 된 일본은 그때까지 금지되었던 미국의 만화가 1950년부터 약 3년 반 동안 밤비(1942), 피노키오(1940) 등의 장편 애니메이션들이 동시에 상영되었고, 미국 애니메이션의 성공 등에 자극을 받아, 일본의 대형 영화사인 도에이 영화가 자회사로 애니메이션 전문업체인 도에이 동화를 1956년에 설립하였다.

1956년 일본에서는 처음으로 기업 수준의 대규모 애니메이션 제작에 뛰어든 도에이 동화는 스스로 "동양의 디즈니"를 목표로 하여, 설립한 후 2년만인 1958년에 일본 최초의 장편인 "백사전"을 완성시켰다.

또한, 디즈니의 작품에 영향을 받은 데즈카 오사무도 1961년에 무시프로덕션을 설립하였고, 1963년 "철완 아톰"을 만들어 방영하였고, 도에이도 "늑대소년 겐" "소년닌자 바람의 후지마루"(64년), "우주패트롤 훗파"(65년) 등 TV용 작품을 제작, 본격적으로 TV애니메이션 시대로 접어든다.

1970년대, 거대 로봇물의 효시는「마징가 Z」이다.「철완 아톰」이나「에이트 맨」,「우주 에이스」등 기존의 애니메이션에 나오는 로봇들은 사람들처럼 스스로 생각할 수 있고 몸집도 인간과 동일한 수준이었다. 또한, 반대편에는 소녀들을 대상으로 하는 작품들이 나왔고 그 중에서도「캔디 캔디-들장미 소녀 캔디」가 방송기간도 2년이 넘는 대히트를 거두었다. 일본 애니메이션 사상 최초로 주제가 음반이 100만장 넘게 판매된 작품이기도 하다.

애니메이션의 전환점이라 할 수 있는 "미래소년 코난" 이라는 만화가 등장하면서 뛰어난 작품성으로 인정받고 그 속의 주인공들의 제스처와 행동양식, 미래 암시적인 줄거리들은 이후의 수많은 작품들에 영향을 주었다.

그러나 사회의 인식은 '만화영화는 애들이나 보는 것'이라는 정도의 수준이었고, '불건전 만화책 추방운동' 캠페인이 전개되면서 애니메이션에까지 좋지 않은 눈길이 주어졌다. 그러나 1997년에 "신세기 에반게리온"과 "원령공주"로 세계를 향한 도약대에 서 있는 일본 애니메이션은 디즈니 배급망을 타고 수출될 예정으로 확실히 세계시장에서 메이저급으로 성큼 발돋움하고 있다.

일본은 또한 세계 제일의 만화 수출국으로 세계 10여 개 국에 연간 4백여 종류의 만화를 수출하고 있다.

90년대 후반의 일본영화계는 애니메이션 천하라고 해도 과언이 아닐 정도로 애니메이션이 벌어들이는 극장수익은 극영화를 훨씬 상회한다.

(2) 일본만화의 역사

1977년	마츠모토 레이지 감독의 「우주전함 야마토」가 20억엔이 넘는 수익을 거두면서 일본 애니메이션은 10년간 계속되어온 불황을 극복할 수 있는 계기가 되었다. TV용의 부진한 성적에 비해 뜻밖의 대성공을 거둔 극장용「우주전함 야마토」는 성인관객동원에 성공하여 성인층을 애니메이션에 끌어들이는 효시가 됐다. 76년에는 8편의 극장용 애니메이션이 개봉되었고 77년에는 14편이 개봉된 이후 매년 평균 30편이상의 극장용 애니메이션이 개봉되었다.
주요작	「엄마찾아 삼만리(76)」 「캔디캔디(76)」 「우주전함 야마토(77)」 「집없는 아이(77)」 「미래소년 코난(78)」 「보물섬(78)」 「루팡 3세-카리오스트로의 성(79)」 「빨강머리 앤(79)」 「기동전사 건담(79)」 「은하철도 999(79)」 「베르사이유의 장미(79)」
1980년	프랑스와 합작으로 도쿄무비신사에서 만든 TV물 「율리시즈31」이 프랑스에서 대성공을 거두었다. LA에서는 일본서적과 비디오 전문점인 'BOOKS NIPPON' 이 오픈되었고 미국의 웨스트코스트를 중심으로 '저패니메이션 오타쿠'들이 탄생되었다.
1981년	이탈리아 국영방송 RAI가 도쿄무비신사와 합작으로 「명탐정 홈즈」의 제작을 시작하였고 순정영화의 거장 야마다 요지(山田洋次)감독은 중일합작애니메이션인 「숍바오 이야기 타오타오」를 완성하였다.
주요작	「쟈린코 치에」 「닥터슬럼프 아라레쨩」 「우르세이 야츠라」 「내일의 죠2」
1982년	「초시공요새 마크로스」가 홍콩.대만.태국에서 방영되어 대성공을 거두었고 적극적으로 일본 애니메이션을 받아들인 유럽에서 저패니메이션붐이 일기 시작했다.
주요작	「초시공요새 마크로스」 「첼리스트 고슈」 「천년여왕」 「스페이스 어드벤쳐 코브라」 「전설거신 이데온」
1983년	옴니버스식으로 구성된 「환마대전」이 개봉되었고 TV용으로 「기갑창세기 모스피다」 「미래경찰 우라시맨」 등이 방영되어 '아니메 오타쿠'들이 본격적으로 형성되기 시작했다. 이 해 반다이사가 제작한 세계최초의 OVA 「다로스」가 만들어지면서 비디오 시장을 개척하는 출발점이 되었다.
주요작	「환마대전」 「기갑창세기 모스피다」 「미래경찰 우라시맨」 「우르세이 야츠라-Only You」 「다로스」 「나의 청춘 아르카디아」 「레이디 조지」 「나인」
1984년	「바람계곡의 나우시카」가 흥행과 비평에 성공하면서 가족용 애니메이션이 문화현상으로 다루어지는 계기가 되었으며 「초시공요새 마크로스」가 극장용으로 완성되었고 시리즈화되면서 애니메이션의 원작이 영화나 비디오. 특히 컴퓨터 게임으로 다양하게 상품화 될 수 있는 계기가 되었다.
주요작	「바람계곡의 나우시카」 「초시공요새 마크로스(극장)」 「우르세이 야츠라-Beautiful Dreamer」 「명탐정 홈즈」 「미유키」
1985년	'스튜디오 지브리'가 설립되었다. 애니메이션에서 OVA로 제작된 「메가존23」이 화제와 함께 새로운 시도로 받아들여졌다. 유럽에서 저패니메이션을 가장 적극적으로 받아들인 이탈리아에서 저패니메이션 전문지인 '야마투(YAMATU)' 가 발행되었고 미국에서 「초시공요새 마크로스」 「기갑창세기 모스피다」가 방영되어 커다란 화제를 일으켰다.
주요작	「메가존23」 「천사의 알」 「오렌지 로드」 「더티페어」
1986년	「천공의 성 라퓨타」로 미야자키 감독은 비평과 흥행면에서 또한번 인정받았다. 「장귀병 MD가이스트」 「메가존23 part2」 「그레이 디지틀 타겟」등의 OVA가 화제작이 되었다.(이중 「장귀병 MD가이스트」는 한국에도 공식적으로 들어와 있는데 일본에서는 분명 연소자용이 아닌것이 한국에서는 허다한 일이지만 예의 가위질을 남발한 것도 아닌 것이 '연소자 관람가'등급으로 매겨져있다.)
주요작	「천공의 성 라퓨타」 「메가존23」 「강식장갑 가이버」 「드래곤 볼」 「메존일각」 「세기말구세주전설 북두의 권」 「터치」
1987년	카와지리 요시아키의 「요수도시」가 등장하여 하드 고어에 대한 새로운 시도를 이루었고 「초신전설 우로츠키 동자」가 공개되면서 하드 코어에 대한 커다란 화제와 논란의 중심이 되었다. 이후 「초신전설 우로츠키 동자」는 하드코어 저패니메이션의 기이한 문화를 전세계에 알린 계기가 되었다.이 해 6월. 홍콩에서 「천공의 성 라퓨타」가 개봉되어 큰 성공을 서두었고 미국에서는 저패니메이션 오타쿠들의 컬트 잡지인 '아니그마'가 창간되었다.
주요작	「요수도시」 「초신전설 우로츠키 동자」 「왕립우주군 오네아미스의 날개」 「미궁이야기」 「기즈오이비토」 「시티헌터」 「트왈라잇Q2미궁사건FILE538」 「블랙매직M-66」
1988년	「이웃의 토토로」 「아키라」 「기동전사 뉴건담-샤아의 역습」이 모두 개봉되었다. 「이웃의 토토로」는 비평가 집계1위를 하였으며 흥행에도 큰 성공을 거두었고 「아키라」는 일본내에서의 예상외의 흥행부진을 해외에서 깨끗이 만회했으며 저패니메이션이라는 세계어를 만들어냈다. 사이버 펑크의 장르적 도입을 완성한 「아키라」는 사이버 펑크 저패니메이션붐을 일으켰고 수많은 국제 환타스틱 영화제에 초대되었다.
주요작	「이웃의 토토로」 「아키라」 「기동전사 뉴건담-샤아의 역습」 「반딧불의 묘」 「기동경찰 패트레이버(OVA)」 「마계도시 신주쿠」 「톱을 노려라」
1989년	「마녀우편배달부」가 개봉되어 흥행과 비평에서 좋은 성적을 거두었고 극장판 「기동경찰 패트레이버」의 등장으로 메카닉 애니메이션의 새로운 분야를 개척하였다. 「비너스 전기」와 「파이브스타 스토리즈」와 같은 방대한 스케일의 대서사시가 발표되었고 건담의 외전인 「기동전사 건담0080」은 OVA시장에서 대성공을 거두었다. 애니메이션은 일본영화에서 빠놓을 수 없는 중요한 부분을 차지하게 되었다.
주요작	「마녀우편배달부」 「기동경찰 패트레이버」 「기동전사 건담0080」 「파이브스타 스토리즈」「비너스 전기」 「강식장갑 가이버(OVA)」 「미드나잇 아이고쿠」 「데빌맨」

1. 애니메이션 감독들

1) 미야자키하야오 宮崎 駿(みやざき はやお)

1968년 「태양의 왕자 홀스의 大모험 (太陽の王子ホルスの大冒険)」 이 첫 작품이다. '아이누 유-카라'의 「오키쿠루미와 악마의 아들」과 '후쿠자와 노부오'의 인형극 「치키사니의 태양」을 원작으로 한 오리지널 작품이며 마을 공동체의 일상생활과 노동의 아름다움을 그림으로서 '만화는 어린이들의 것'이라는 애니메이션의 오랜 이미지를 바꾸어 놓았다. **宮崎 駿(みやざき はやお)**는 30여 년 이상 애니메이션의 길을 걸어오면서, 세계 애니메이션史 속에서 일본 애니메이션을 발전시켜 그 위상을 높이는 데 가장 큰 공헌을 한 인물이기 때문이다. 일본에서는 그를 '애니메이션界의 代父'로 칭하고 있다. 미야지키 하야오의 세계는 한마디로 이상향에 대한 개인적 추구이다. 단순히 애니메이션 감독이 아닌 사상가 내지는 시인 또는 철학자로 인식되어 있다고 한다. 자연이나 사람, 그리고 미래에 대해서 그가 작품을 통하여 전하는 메시지는 그만큼 설득력이 있다. 세계적인 영화감독 구로사와 아키라(黒沢 明)와 같은 단상에까지 올려서 '국민감독'으로 얘기하는 사람도 많다. 『となりのトトロ』는 지금까지도 일본인이 좋아하는 최고의 애니메이션으로 인정받고 있다.

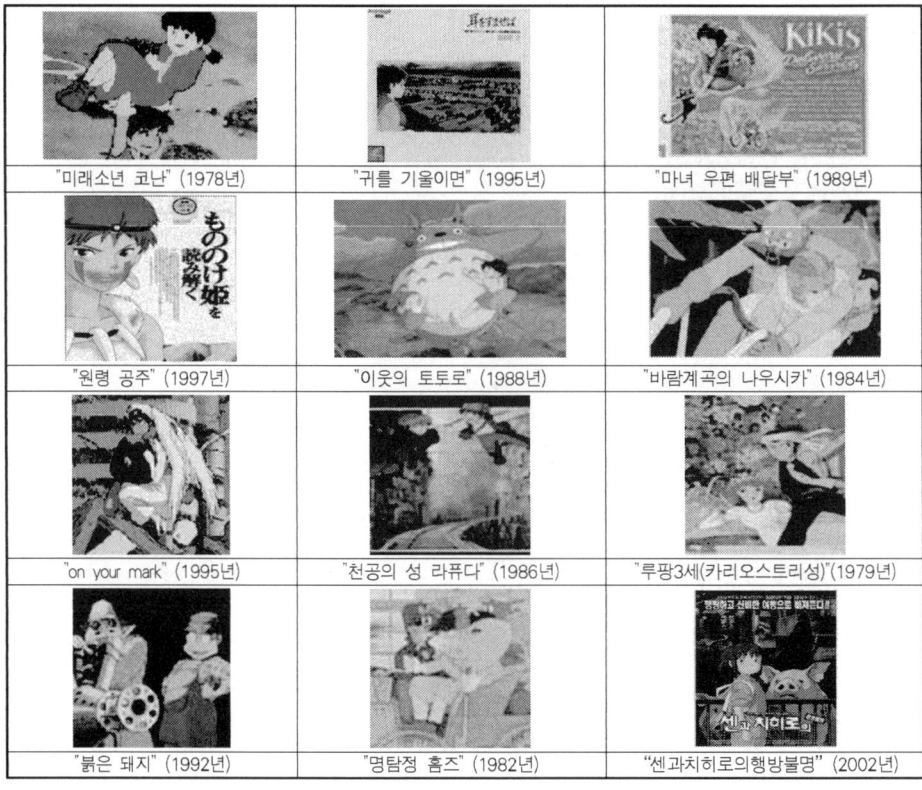

◆ 작품들

"미래소년 코난" (1978년)	"귀를 기울이면" (1995년)	"마녀 우편 배달부" (1989년)
	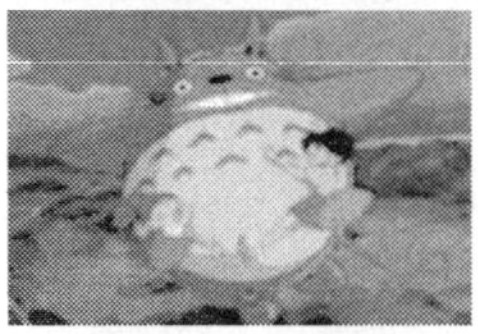	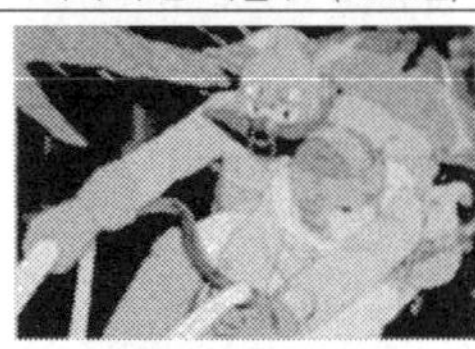
"원령 공주" (1997년)	"이웃의 토토로" (1988년)	"바람계곡의 나우시카" (1984년)

"on your mark" (1995년)	"천공의 성 라퓨다" (1986년)	"루팡3세(카리오스트리성)"(1979년)
	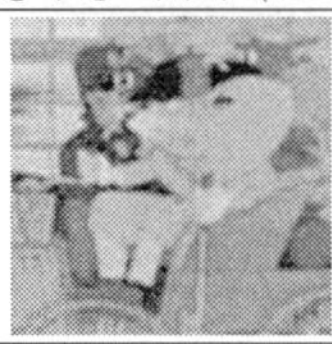	
"붉은 돼지" (1992년)	"명탐정 홈즈" (1982년)	"센과치히로의행방불명" (2002년)

2) 다카하타 이사오

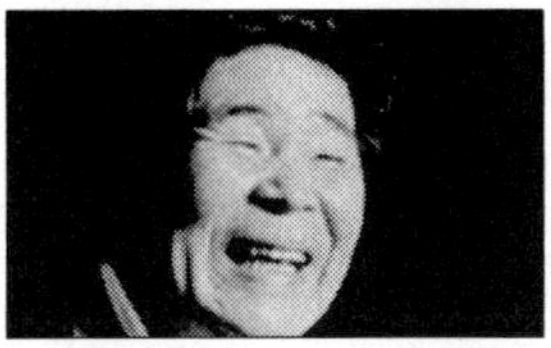

미야자끼와 오랜 동료 관계 속에 일본의 70년대 TV만화와 8, 90년대 극장 장편 만화영화를 대표해온 일본 만화영화계의 거장이다. 그는 곧잘 미야자키 하야오 감독과 비교가 된다. 다카하타는 미야자키보다 6살이나 많은 선배이자 친구이자 스승이다. 그는 1935년에 태어나, 당시 일본에서 가장 명문인 도쿄대학교 법정학부를 졸업하였으나, 특이하게 새로이 설립된 애니메이션 스튜디오인 도에이 동화에 1959년에 합류했다. 다카하타와 미야자끼는 도에이 동화에서 애니메이터들의 노조 활동을 통해 친구가 되었는데, 미야자끼는 노조의 위원장이었고 그는 부위원장이었다. 그가 감독한 첫 영화인, 1968년 작 "태양의 왕자 호루스의 대 모험"은 지금까지도 일본 만화영화 중 가장 훌륭한 작품의 하나로 꼽히고 있다.

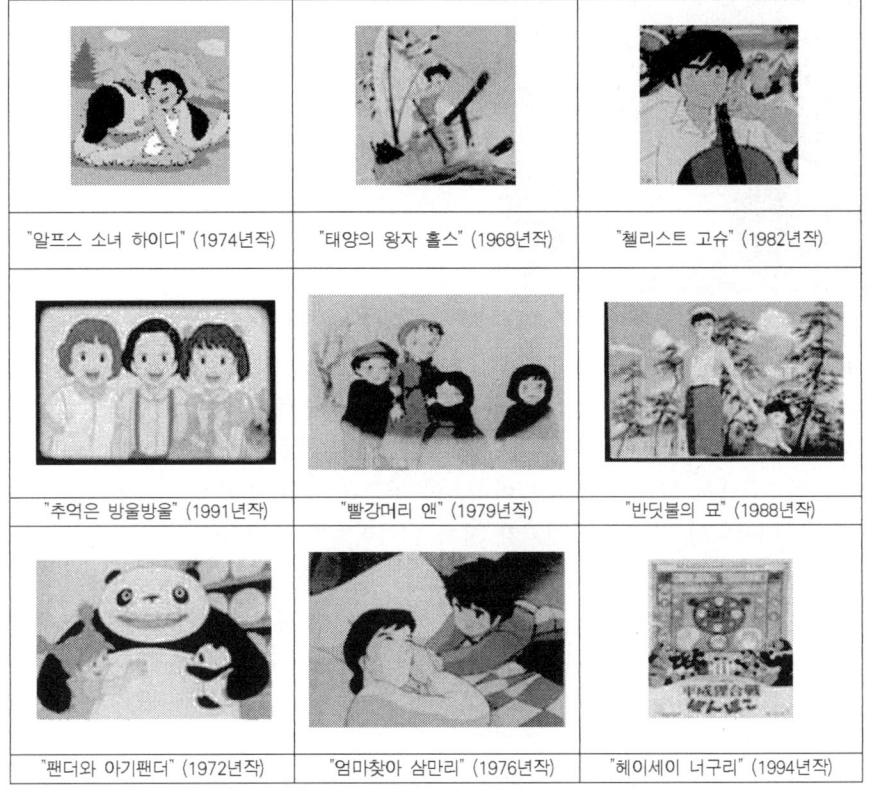

◆ 작품들

"알프스 소녀 하이디" (1974년작)	"태양의 왕자 홀스" (1968년작)	"첼리스트 고슈" (1982년작)

"추억은 방울방울" (1991년작)	"빨강머리 앤" (1979년작)	"반딧불의 묘" (1988년작)

"팬더와 아기팬더" (1972년작)	"엄마찾아 삼만리" (1976년작)	"헤이세이 너구리" (1994년작)

2. 애니메이션

감 독 ; 미야자키 하야오(宮崎 駿)

1941년 도쿄 태생. 대학졸업 후 도에이동화에 입사하여 훗날 자신과 명콤비를 이루게 되는 다카하타 이사오를 만난다. 1971년, 다카하타 이사오와 함께 도에이동화를 퇴사하고 A프로덕션으로 이적. 몇 차례의 실패 끝에 1984년 극장판 '바람 계곡의 나우시카'가 흥행에 성공. 이를 기반으로 1986년 애니메이션 제작소 '스튜디오 지브리'를 설립한다.

'천공의 성 라퓨타', '이웃집 토토로', '마녀 우편 배달부', '붉은 돼지', '원령 공주' 등을 연이어 히트시켰으며, 1997년 작품 '원령 공주'는 관객 1천 4백만 명 동원이라는 대기록 세운다. 2002년에는 '센과 치이로의 행방불명'으로 베를린 영화제 금곰상을 수상했다. 최근작인 '바람이 분다'도 유명하다.

1. 제목 : 「이웃집 토토로」

◎ 줄거리

천진난만한 어린이와 요정의 마음의 교류를 그린 애니메이션 영화.

상냥하고 의젓한 사츠키와 장난꾸러기지만 호기심 많은 메이는 사이좋은 자매다. 둘에게는 도쿄에서 대학 연구원으로 일하는 자상한 아버지와 지금은 입원 중이지만 따뜻한 미소를 잃지 않는 어머니가 있다. 어머니의 병세가 호전되자 자매는 아버지를 따라 어머니가 퇴원 후 요양할 수 있는 한적한 시골로 이사한다. 도토리 나무가 우거진 숲 한복판에 위치한 다 쓰러질 것처럼 낡은 집. 자매는 두려움을 느끼지만 집안 구석구석을 청소하면서 새로운 생활에 마음이 설레인다. 학교에 다니는 언니 때문에 항상 혼자인 메이는 어느날 신기하게 생긴 작은 동물을 좇아 숲속을 헤매다가 도토리 나무의 요정인 토토로를 만난다. 메이는 사츠키가 돌아오자마자 토토로를 만난 것을 자랑하지만 사츠키는 믿지 않는다.

그러나 비가 몹시 쏟아지던 날, 아버지가 비 맞을 것을 염려한 두 자매는 우산을 들고 정거장으로 마중나간다. 아버지가 오시길 기다리던 중 사츠키도 토토로를 만나게 된다. 비를 맞는 토토로에게 사츠키가 우산을 빌려주자, 아이처럼 좋아하는 천진난만한 토토로는 답례로 도토리 씨앗을 건넨다. 그리고 사츠키, 메이 두 소녀는 숲의 정령이라는 토토로와 우정을 나누기 시작한다.

2. 제목 : 「센과 치히로의 행방불명」

감 독 ; 미야자키하야오(宮崎駿)
(2002년 베를린 영화제 최우수 작품상인 금곰상 수상)

◎ 줄 거 리

이사가던 날 길을 헤매다 들어간 터널의 저편은 이상한 마을이었다.
그곳에서 10살짜리 소녀 '치히로'의 부모는 돼지로 변하고, 미지의 세계에 홀로 남겨진 치이로의 모험이 시작된다.

인간 세계 바로 옆에 있으면서 인간의 눈에는 결코 보이지 않는 세계. 그곳은 예로부터 이 나라에 사는 정령들이 병과 상처를 치유하기 위해 다니는 온천마을 이었다.

이 세계에서 치히로가 살아남은 조건은 단 두가지.

마을의 중심을 차지하고 있는 거대한 온천장을 지배하는 '유바바'라는 이름의 탐욕스런 마녀 밑에서 일하는 것과 이름을 빼앗겨 인간 세계의 사람이 아니게 되는 것이었다.

'치히로'는 이름을 빼앗기고 '센'이라는 이름으로 일하게 되는데..

▣ 볼 만한 애니메이션 웹사이트

http://www.gainaz.co.jp :
「에반게리온」 「톰을 노려라」 「신비한 바다의 나디아」 등을 제작한 가이낙스의 공식홈페이지
http://www.tezuka.co.jp :
「철완 아톰」 「정글대재」 등을 감독한 아니메의 아버지 데즈카오사무의 홈페이지
http://www.bandai.co.jp :
「건담」 「울트라맨」 등을 만날 수 있는 반다이사의 홈페이지
http://looney.physics.sunysb.edu/~daffy/jukebox.html :
애니메이션 주제가 등의 음악파일이 많은 곳
http://www.anipike.com :
방대한 양를 자랑하는 애니메이션 사이트
http://www.ntv.co.jp/ghibli :
아니매의 거장 미야자키 하야오 감독이 소속된 스튜디오 지브리의 홈페이지
http://otakuworld.com :
오타쿠들의 세계를 엿볼 수 있는 곳

제7장 일본의 종교

1. 일본의 종교(宗教)

「あなたの宗教は何ですか」—外国人からこう聞かれると、たいていの日本人は困ってしまいます。「ええと、そうですねえ……仏教かなあ。でも、宗教のことを深く考えたことはないなあ」というようなはっきりしない返事が多いのです。これはどうしてでしょうか。

日本人は宗教に関心がないのでしょうか。

現在、日本にはいろいろな宗教がありますが、そのなかでもっとも信者が多いのは、神道と仏教のふたつです。このふたつの宗教は、日本人の生活や習慣、季節の行事と深く結びついています。例えば、お正月には神社やお寺へ「初詣で」に行って、その年の幸運を祈ります。

また、結婚式の多くは神社で行われるし、子供が生まれた後も神社へお参りに行きます。一方、葬式や祖先の霊を慰めるお彼岸やお盆の行事などは仏教式で行います。

このように日本人の生活や習慣の中で、おめでたいことは神道、不幸なことは仏教という役割がだいたい決まっています。そして宗教を信じていない人もこのような行事には参加するのが普通です。

日本の宗教人口は神道、仏教の信者数にキリスト教、そのほかの宗教を加えると、全部で2億2千万人ぐらいで、日本の総人口の約2倍です。このように宗教人口が多いのはひとりの人が同時に仏教と神道の信者であるからです。そして多くの日本人の家には神道の神棚と仏教の仏壇の両方が置かれています。

では、日本人は宗教に熱心な国民だといえるでしょうか。ある統計によると、日本人の宗教心はかなり低いそうです。政府の20年間の調査でも宗教をしんじない人が65~75%もいます。ですから数は多くても大部分は名ばかりの信者と言えるかもしれません。本当の信者は少ないが、宗教的行事や習慣には関心を持ち、参加する人が多い—これが今の日本人と宗教の関係だと言えそうです。

★ 일본의 종교

일본에는 국교(国教)가 없고 신앙이 자유로운 나라이다.

일본의 주된 종교로는 신도·불교·크리스트교가 있다. 특히 신도와 불교는 생활 종교로서, 일본인의 가정에는 신토를 상징하는 神棚와 불교의 仏壇을 함께 모시고 모두에게 예배를 하는 신불신앙(神仏信仰)의 독특한 신앙생활을 한다

통계에 의하면, 특정 종교를 열심히 믿고 있다고 말하는 일본인은 적고, 종교에는 무관심하다고 스스로 말하는 이들이 많다. 일본인은 대부분 어떤 종교를 믿든지 좋은 일을 하면 천국에 갈 수 있다는 보편적인 생각을 갖고 있다. 이러한 이유는 몇 가지로 생각해 볼 수가 있다. 먼저 일본인의 현세적인 성격 때문이다. 아름다운 자연과 사계의 혜택 속에서 일본인은 외적의 침입 없이 수세대에 걸쳐 지내왔다. 그 때문에 종교를 열심히 찾는 기풍이 생기지 않았을지도 모른다. 또, 원래 다신교적이었던 일본古来의 神道의 영향으로 어떤 종교에 대해서도 전통적으로 관대했다.

대부분의 일본인들은 탄생이나 결혼의식은 신토(神道)식으로 장례는 불교식으로 치른다. 한 사람이 신사에 참배도 하고, 추석 때는 절에 가서 참배 하며, 크리스마스도 경축한다. 한사람이 두 종류 이상의 종교를 가지고 있는 것이 일본종교의 특징이다.

각 종교가 발표한 신자수는 신도 1억1,700만명, 불교 9,000만명, 크리스트교 152만명이다. 종교인구를 합산해 보면 일본인구의 약 2배에 달한다는 사실은 외국에서는 예가 없다.

1) 신토(神道)

신토의 기본 이념은 동물이나 식물 그리고 모든 자연현상에 정령(精霊)이 있다고 하는 생각이다. 신토는 일본고유의 자연종교이며 신도의 신에게 제사를 지내는 곳이 진쟈(神社)이다. 전국에 8만 군데 정도의 진쟈고 있고 진쟈의 상징인 鳥居는 일본의 가는 곳마다 볼 수가 있다. 신도에서 말하는 신은 무수히 많으며 처음에는 자연물이나 자연현상을 신으로 삼았다. 그리고 점차로 선조에게 제사를 지내게 되었다.

따라서 신토에는 특정한 교조(教祖)는 없고 교전(教典)도 없다.

일본 신화에는 「八百万의 神」이라는 말이 있듯이 신들의 수는 매우 많았다. 후에 신도는 불교와 유교의 영향을 받아 이론화 되었다.

19세기 이후에는 국교와 같이 취급되고 천황이 신격화되었다. 그러나 제2차세계대전 후에는 국가와의 관계를 끊고 각지에 있는 신사의 신앙이 되었다.

일본인은 태어날 때 그 고장 수호신에게 참배를 하고, 결혼식을 신전에서 행한다. 또한 신사에 입학과 합격을 기원하거나 자동차를 운전하는 사람이 교통안전을 빈다.

高麗神社는 동경근처의 武蔵野国 지금의 사이타마(埼玉)에 있는 신사로 고구려인 약광(若光)을 모시는 곳인데 기도의 효과가 커서 일본수상의 출마자들도 와서 기도를 한다.

집안의 가미다나(神棚)에 제사하는 경우도 많다. 정월에는 신사에 가족모두가 참배를 하고, 각 신사마다 1년에 한 번씩 열리는 축제에는 그 지역주민이 많이 모인다. 이처럼 신사와의 인연은 깊으나 대부분의 국민은 신도의 교리에는 무관심하여, 현대 일본인에 대한 사상적인 영향은 적은 것 같다.

2) 불교

불교는 백제26대 성명왕 538년에 한국을 거쳐 일본에 전해졌다. 7세기 초반 당시의 황태자이며 실제로 정치를 행했던 쇼토쿠태자(聖徳太子)가 불교를 깊이 학문하고 이것을 보급시키는 역할을 수행했다. 12세기경까지는 불교는 귀족을 위한 종교였다. 그러나 13세기부터 서민들 사이에서도 상당히 유행하고 동시에 무사들에게는 「선(禅)」이 보급되었다. 17세기 江戸시대에는 막부(幕府)의 적극적인 보호로 더욱 크게 발전하였다.

일본인의 대부분은 형식적으로는 불교도이다. 그러나 대개의 가정에는 불단과 나란히 가미다나(집안에 신령을 모시는 조그만 선반)도 있다. 신사와 절의 행사에 같이 참가하는 것이 일본인의 일상적인 습관이다.

선종은 12~13세기에 중국에서 귀국한 일본인 승려(에이사이, 도겐)에 의해 전해졌다. 선종에서는, 진리는 우리의 언어와 문자에 의한 표현을 초월한다고 간주하고 좌선수도에 의해 직접 체득함으로써만 파악되는 것이라고 말한다. 선종은 무사도나 다도, 꽃꽂이 등의 중심사상이 되어 현재의 일본사상이나 문화, 생활 전반에 영향을 미치고 있다.

일본인의 생활은 불교와의 연관성이 매우 강하고 신자가 아니더라도 절에 참배하며 장례식을 불교식으로 행하고 죽은 후에는 불교상의 이름(戒名)을 붙인다. 또, 대부분의 가정이 집에 불단을 만들어 공물을 놓고 선향을 피우며 선조의 명복을 빌고 있다.

일본의 종교는 백제26대 성명왕 538년에 전래해준 불교와 민속종교로 발전해온 신토가 있다. 지금 일본에서는 때아닌 신토(神道)붐이 일고 있다.

신토란 일본인의 생활 속에서 생겨난 것으로 원시시대의 샤마니즘, 토템신앙의 일종으로 신토를 믿는 일본인은 1억 명 이상이고, 일본인들은 정초가 되면 진자(神社 : 8만채)에 참배하러 온 사람으로 줄을 잇는다. 메이지(明治)시대에는 신토(神道)가 국교였다. 일본인은 다신교이므로 종교인수는 2억 1천 7백만 명이라 한다.

한국에서 묵은해의 때를 지워 버리고, 새해에는 보다 많은 복을 달라고 기원하는 것처럼, 이 날 밤 참배자 수는 전국적으로 1천만 명을 넘는다 하니, 일본인의 신토(神道)에 대한 관심도를 가히 짐작할 수 있을 것이다.

최근 문부성 조사에 의하면, 신토 이외에 불교의 스님은 18만명이고, 절은 7만 5천채, 불교

도가 9천 2백 6만명, 교회는 5천채이고 기독교도가 1백 69만명이라고 한다. 가벼운 마음으로 가볍게 기원하는 시도 때도 없는 다신교 붐은 일본 열도를 열대풍으로 강타하고 있다. 한국도 종교천국으로 불교도가 1천 2백만 명이고 기독교도가 8백만 명이라 한다.

3) 크리스트교

일본에 처음으로 크리스트교가 전해진 것은 1549년 카톨릭교회의 예수교선도사인 프란시스코·자비엘이 가고시마(鹿児島)에 도래한 때이다. 처음에 지배층 중에는 서양문물에 대한 관심이 있어서 예수교의 카톨릭 포교에 호의적인 사람도 있었다. 17세기초의 최전성기때는 신도가 약 75만명에 달했다고 한다. 그 후, 봉건체제의 유지에 유해하다고 생각되어 점차 억압하고 금지하게 되었다. 신자는 박해를 받고 1613년에 외국인 선교사는 외국으로 추방되었다. 카톨릭 금지령 이후에도 비밀리에 신앙생활을 유지하는 사람도 적지 않았다. 나중에 개항과 함께 1859년 이후, 프로테스탄트 선교사가 미국에서 파견되고 카톨릭·러시아정교도 포교활동을 시작했다. 이들 외국인 선교사는 일본에서 사회사업이나 교육사업에도 종사하고 유럽·미국 문화도입에도 공헌했다. 일본의 근대문화라는 것은 대부분 구미문화를 의미했는데 구미문화의 중심을 이루는 크리스트교적 사상과 생활방식의 일부 도덕등도 일본에 들어왔다. 현재의 일부일처제 등도 그 한 예이다. 현재 일본의 크리스트교 신자는 프로테스탄트 53만명, 카톨릭 45만명, 그 외 54만명으로 추산된다(1994년 문화청). 일본에는 이들 각 파가 만든 대학도 있다. 또, 종파를 초월한 국제 기독교 대학도 설립되어있다. 전 인구의 1%에 해당하는 정도의 신도가 있고 요즈음에는 기독교식 결혼식을 하는 사람이 늘어난 편이다.

2. 야스쿠니 진자의 참배 문제

일본의 정치가와 국민들은 전쟁을 반성하고, 전범을 찾아 처벌하기는커녕 250만 명의 전몰자들이 있는 야스쿠니진자(靖国神社[やすくにじんじゃ])를 참배하여 빌고 있으니 놀라움을 금할 수 없다. 매년 8월 15일, 일본은 '종전 기념식'을 야스쿠니진자 바로 옆의 일본무도관에서 행하고 있다. 1985년 나카소네 일본수상이 처음으로 수 만명의 전몰자들과 2차대전 전범의 원흉이 있는 야스쿠니진자를 참배하여 일본 국내와 아시아는 물론 전세계로부터 비난을 받았다. 그 이후 일본의 정치가들이 매년 참배하였으나, 종교의식과 정치행사의 분리를 주장하는 일본국민들로부터 비난을 받아 일본의 정치가들이 참배를 꺼려하다가, 패전 51주년인 1996년 8월 15일에는 각료 6명과 국회의원 183명, 하시모토 수상이 참배하여 일본은 중국과 한국은 물론 전세계에 그들의 힘을 과시했다.

1994년 1월 1일, 서울의 보신각에서 제야의 종소리가 울려퍼지는 밤12시에 나는 야스쿠니진자에 제자들과 함께 구경갔다가 삽시간에 몰려오는 수 만명의 인파에 놀라지 않을 수 없었다.

참배온 수 만명의 군중들은 늙은이가 아닌 과거역사도 모르고 과거엔 관심이 없다고 말하는 일본의 젊은이들이어서 더욱 놀랐으며, 일본에서는 제국주의의 망령이 되살아 나는 행사를 하는 것 같은 느낌을 받았다.

아직도 노병은 살아 있다는 듯이 옛 군복을 입고 군가를 나팔로 불어 대는 노병들 앞에서 군중들은 전몰 전범자들에게 명복을 빌고 있지 않는가! 수많은 우익단체들과 일본의 우익정치가들이 "일본을 수호하는 회"를 만들고, 야쿠자집단까지 설치고 있으니 웃지 못할 일이 일어나고 있는 사실을, 현실을 어떻게 우리는 받아 들여야 할 지 걱정스러웠다.

일본은 과거의 잘못을 솔직히 시인하고, 반성하는 겸손한 자세로 이웃나라와 협력하고, 세계 평화와 인류복지에 봉사해야 세계로부터 신뢰 받을 수 있을 것이다.

제8장 일본의 풍속과 연중행사

(端午 ; 5월 5일, こいのぼり)
5월 5일 남자아이의 건강을 기원하는 잉어모양 풍선 매달기

◈ 연중행사의 개관

일본인들의 사고의식은, 세계 속에 살면서도 세계 속에 속하지 않고 세계의 상식이 일본에서는 상식으로 잘 통하지 않는 이상한 나라가 일본이다.
일본의 연중행사와 관혼상제는 민속적·불교적인 것이 많아 우리와 비슷하다.
정월 초하루인 쇼오가츠(正月)는 신(神)을 맞이하는 행사로 집의 현관문에는 가도마츠(門松)라는 생명력이 강한 대나무와 소나무 가지를 장식하고 집안의 여기저기에 시메카자리(새끼금줄)를 쳐서 악귀를 쫓고 있다.
1월 3일까지는 휴일이므로 신사나 절에 하츠모우데(初詣 : 참배)한다. 5월 5일은 단오제를, 7월 7일은 칠석의 풍습이 있다. 8월 13일부터 8월 16일까지 오봉(추석)행사때는 선조의 묘소를 참배하고 마츠리(축제)를 한다. 11월 15일은 시치고상(七五三)이라 하여 3살, 7살인 여자아이와 3살, 5살의 남자아이를 데리고 신사를 참배하여 건강하게 자라도록 기원하는 날이다.

1. 일본의 연중행사(日本の年中行事)

日本では、季節の変化の中で、特定の行事が秩序正しく毎年くりかえし行われます。現代の日本社会の年中行事は、古い習慣や制度である民族的なものと、社会の変化に応じて変わっていく風俗的な物が、仲良く解け合っているといえます。

古くから日本の伝統として伝えられた行事とともに、高度成長期以降とくにさかんになった、バレンタインデーやクリスマスもあります。

◐ お正月

1年の初め、正月は年中行事の中でもっとも重要なものです。正月は年の神を迎える行事で、きちんと迎えないと、その年が不幸になってしまうと信じられています。

家の門には門松をたてたり、床の間に鏡もちをお供えしたり、お正月のためにおせち料理をつくったりするのは、全部その年の神様を迎えるための行事です。

◐ 門松

門松は常緑樹の松と生命力の強い竹の組み合わせで、健康で長生きできるようにとの願いからです。最近では、アパートに住む人も増えたため門松をたてる家は少なくなりました。それでも、ホテルやデパート、会社などの玄関には大きな門松がたち、都会も新年らしい装いになります。

◐ おせち料理

昔は、お正月のためにどの家もおせち料理を作りましたが、最近ではデパートの食料品売り場などでも買うことができます。おせち料理は日持がするように甘い味付けが多く、若者たちにはあまり人気がありません。食べ物の好みの変化や、冷蔵庫の普及によって、おせち料理はだんだん姿を消す傾向にあるようです。

◐ しめ飾り

悪い神様を追い出すために、家の中のあちこちに、しめ飾りが飾られます。これは人間に災いをもたらす悪い神が入って来ないようにというの意味があるのです。

◐ 4月 — 入学式・入社式

日本では会計年度は3月31日に終わり、4月1日から新会計年度が始まる。新学期も4月に始まるため、4月はじめに日本中で入学式と入社式が行われる。

学歴を重視する社会であり、サラリーマンも大部分が終身雇用であるため、入学式も入社式も人生の重要な節目として厳粛なセレモニーと見なされている。

そのため、小学校、中・高校はもちろん、大学の入学式にまで親(主として母親)が正装してついていくことも多い。また、最近は入社式にまで親が出席することも珍しくなくなった。

◐ 12月

一年の終りの12月は、昔から貸借の清算や大掃除など新しい年を迎えるための準備であわただしい月だった。現在も、12月にボーナスが出て、お歳暮の贈答や忘年会など、年の終りの行事であわただしい生活を送る。

◐ 忘年会

会社・学校などの職場では12月に忘年会を催すところが多い。そのため温泉や観光地をはじめとして、料亭やレストランなどでは、忘年会の会場として大にぎわいとなる。

◐ 七五三(3才、5才、7才)

毎年11月15日はどこの神社も晴れ着を着た子供たちでにぎわいます。その年に3才になった男の子と女の子、5才になった男の子、7才になった女の子が親につれられて神社にお参りするのです。

この祝は今では11月15日とはっきりきまっていますが、江戸時代には11月中のいい日ならば月始めでも月末でもかまわなかったようです。15日ときまったのは江戸末期のことですが、この日にお参りする人が多かったからだと言われています。

江戸時代にはこの日を「七五三」と言わずに「宮参り」と言っていました。3才の子がこの日を祝うのは、この日から髪の毛をのばし始めるという意味で、その式を「髪置き」と言いました。5才の男の子が祝うのは、この日に初めてはかまをつけて公式の場に出るという意味で、その式を「はかま着」と言いました。7才の女の子が祝うのは、この日から着物のつけひもをとって帯をしめるという意味で、その式を「帯とき」と言いました。しかし、こういう意味は現在ほとんど忘れられているようです。

この日の子どもたちの服装はその年の世相をはっきりとうつし出していておもしろいものです。

この日の子どもの衣装には、江戸時代の親たちもかなりのお金をかけたらしく、中には花嫁衣装ほどするものもあったようです。明治時代にもこの日の衣装にお金をかける傾向はつづきましたが、時代を反映して「水兵服」が流行したこともあったそうです。

昭和35年(1960)ごろから女の子の振りそでが目につくようになり、昭和45年(1970)には女の子の9割が着物姿でした。男の子の服装にはテレビの影響がはっきり現れ、昭和37年(1962)にはカウボーイ・スタイル、47年(1972)には宇宙服やよろいかぶと姿が話題になりました。47年にはテレビで「新・平家物語」が放送され人気だったようです。

♧ 일본의 주요 연중행사

① **元日(1월 1일)** : 신년의 출발을 축하하는 설날이 元日(元旦)이다. 새해 첫날부터 1월 3일까지의 3일간을 「오쇼가츠(お正月)」 또는 「산가니치(三が日)」 라고 해서 일을 쉰다.

「쇼가츠正月」는 본래 「1월」을 말하는데 관습적으로 이 3일간을 가리키게 되었다. 세배돈(お年

玉)을 주기도 한다.

제야의 종소리를 들으면서 새해를 기원하는 것이 보통 일본인의 모습이다. 연말연시를 이용하여 해외여행을 떠나는 사람, 도회지를 떠나 스키를 즐기는 사람, 호텔에 숙박하여 설을 맞이하는 사람들도 많다.

도코노마(床の間)에는 가가미모치(鏡もち)라는 둥근 떡을 올려 놓는다. **오토소(お屠蘇)와 오조니(お雑煮), 오세치요리(お節料理)를 먹으면서 신년을 맞는다. 새해 첫날 아침에 배달되는 연하장(年賀状)을 읽기도 하며, 하츠모우데(初詣で) 즉, 새해인사를 하러 간다. 신사에 참배하며 お賽銭을 받치거나, 지인(知人)의 집을 방문해서 신년인사를 주고 받고, 술을 마시며, 정월의 요리인 오세치 요리를 먹으며 즐긴다. 정월에는 신을 맞아들이기 위하여 대문에 금줄을 치고 소나무와 대나무를 묶어서 만든 가마츠(門松: 장식 소나무)를 세운다.** 신이 강림하기 위한 수목을 세운다는 의미가 있다. 장식 소나무를 세워 두는 기간은 새해 첫날부터 7일까지(옛날은 15일까지)이며, 이 기간을 「마츠노우치(松の内)」라고 하며, 행운을 기원한다. 이것을 14일에 거두어 태운다. 가마츠나 시메나와 등을 모아 불태우는 행사를 돈마츠리(トンドン祭り)라 하며 전국 각지에서 행해지고 있다. 도시가미(年神)를 보내는 행사라고 한다.

毎年1月15日(現在は1月3日日曜日)「成人の日」(満20才)

② 節分(2월3일 또는 4일) : 태음태양력의 입춘 전날을 말하며 세츠분의 밤에 각 가정에서는 **「잡귀는 밖으로, 복은 안으로」(鬼は外, 福は内)**라고 외치면서 집 안팎에 콩(年取り豆)을 뿌리(まめまき)고 잡귀(재난)를 내쫓으며, 자신의 나이 만큼 콩을 먹으면 재앙을 피할 수 있다면서 출입구를 닫지 않는 행사가 행해진다. 환절기에 발생하기 쉬운 재해나 병을 악귀라 하여 곡물의 신비스런 힘으로 봄을 맞이하기 전에 나쁜 것을 털어내고 행운을 맞이한다는 의미가 있다고 한다. 최근에는 이 날에 신사, 사원에 많은 참배자가 몰려든다.

2月14日「バレンタインデー가 있으며, 入学試験도 있다.

③ ひな祭り(3월 3일) :ももの節句라고도 하며, 여자아이의 행복을 기원하는 축제이다. 옛날의 **궁정 풍속을 모방한 예쁜 히나인형(ひな人形)과 복숭아꽃(桃の花)과 함께 장식한다.** 찹쌀죽에 누룩을 섞어서 양조한 단술(白酒)을 마시면서 축하한다.

④ 단고노셋쿠(端午の節句) : 5월 5일은 남자아이가 건강하게 자라기를 기원하는 축제이다. 무사인형(五月人形)을 장식하고 나쁜 기운을 물리치기 위한 창포를 처마에 꽂고 **잉어모양의 풍선(こいのぼり고이노보리)을 띄우고 가시와모치(かしわもち)를 먹으면서 즐긴다.**

⑤ 다나바타(七夕, 7월 7일) : 중국 전래의 풍습과 일본 고유의 신앙이 결합된 것으로 알려져 있다. 은하의 양 끝에 있는 견우성과 직녀성이 1년에 한 번 만나는 것을 축하하는 七夕축제이다. 정원 앞에 옥수수나 가지 등을 바치고 소망을 적은 노래나 글을 쓴 5색의 단책(短冊)을 대나무에 매달아 장식하며 직녀성을 닮아 여자아이의 손재주가 향상되기를 기원한다.

각 지역에서 불꽃놀이로 **다나바타 축제를 한다.**
(특히 仙台가 유명하다)

⑥ 오봉(お盆, 8월 15일 전후 4일) : 각종 음식을 조상의 영에 바치고 그 명복을 빈다. 도시에서 일하고 있는 사람은 고향으로 가서 성묘한다. 또, 도쿄 등의 대도시에서는 음력 7월 13~15일 사이에 불단에 공물을 바치고 조상의 혼령을 모시는 곳도 있다. 많은 사람이 참가하여 오봉마츠리(ゆかた차림으로 춤을 추는 盆踊는 지역의 공동체 의식을 다지는 의미)를 한다. 中元이라 하여 신세진 사람에게 선물하고 편지를 보낸다. 음력 7월 13~15일 사이에 불단에 공물을 바치고 조상의 혼령을 모신다. 관동지방에서는 양력 8월에 행해진다. 설과 함께 일본의 2대 명절로 오봉을 보내기 위해 고향으로 돌아가는 귀성인파는 우리의 추석과 비슷하다.

⑦ 츠키미(月見, 음력 8월 15일밤, 9월 13일밤) : 억새풀을 장식하고, 술과 경단을 달에 바치며 달을 보면서 가을밤을 즐긴다.

⑧ ひがん彼岸(춘분날과 추분날을 중심으로 전후 7일간) : 히간이란 강 저편이라는 의미로서 불교에서는 깨달음의 세계를 말한다. 선조의 영을 불러 불사(仏事)를 행하고 묘에 참배한다.

⑨ **시치고상(七五三)** : 홀수를 행운의 숫자로 보고 그 중에서 3개를 취한 것이다.

남자아이는 3살(髪置)과 5살(はかま着), 여자아이는 3살과 7살(紐落し)에 해당하는 해의 11월 15일에 아이의 성장을 기원하고, 새 옷을 입혀 신사에 참배한다.

신사에 찾아가서 조상신들에게 어린이의 성장을 고함으로써 신에게도 사회로부터도 이치닌마에(一人前), 즉 한사람의 개체로서 완전한 자격을 인정받을 수 있었던 것이다.

여자어린이는 이날 '오비토키(帯解)'를 한다. 7살이 되기 전까지는 간단한 끈으로 옷의 허리를 조여 매고 지냈으나, 이후로는 헝겊으로 만든 띠 즉, 오비를 허리에 매고 지내게 된다.

⑩ **오세이보(お歳暮)**

12월 15일을 전후하여 주위의 여러 사람들에게 지난 1년 동안 신세를 진 사람이나 감사를 표해야 할 사람에게 사례의 뜻으로 보내는 연말 선물이다.

일본에서는 연말 선물을 보내는 것이 예의로 되어 있다.

⑪ **오미소카(大晦日)**

12월 31일을 오미소카라고 하여, 밤 11시반 부터 전국 각지의 절에서 제야의 종을 치기 시작한다. 종은 인간의 백팔번뇌를 없애주는 것이라고 하여 108번 친다. 섣달 그믐날에는 각 사찰마다 종루의 범종을 108번씩 치는 풍습이 있다. '제야의 종' 또는 '하쿠하치노카네'라 하는 이 풍습은 중국의 송나라에서 시작되었다고 한다. 108이라는 수는 범부(凡夫)는 108가지의 번뇌를 가지고 있다는 불교의 가르침에 기원을 둔다. 종을 칠 때마다 번뇌가 한 가지씩 사라진다는 뜻으로 일본에서는 제야의 종을 108번 친다.

저녁을 먹은 후 밤이 깊어지면 밤참으로 국수를 먹는 풍습이 있는데 이를 '도시코시소바'(としこしそば)라 한다. 특히 이 식사는 긴 국수처럼 오래 장수하기를 기원하는 의미가 담겨져 있으며 또한 일년 중의 식사 가운데에서도 가장 중요한 식사로 여겨지고 가족의 연대감을 확인할 수 있는 중요한 식사가 되기도 한다.

정각 12시가 되면 절에서 종을 108번 울려 번뇌가 없어지기를 기원하는 제야의 종소리(除夜の鐘)를 들으면서 "새해 복 많이 받으세요"(明けましておめでとうございます)라는 인사말을 서로 주고 받으며, 신사에 건강과 행운을 기원하는 하츠모우데(初詣で) 즉, 새해인사를 하러 간다.

◉ **成人式(20才)**

毎年1月15日｢成人の日｣と言って、この日までに満20才になった人たちの成年に達したことを祝います。これはごく新しいことで、昭和23年(1948)に始められたものです。この日は国民の祝日になっていて、市区町村が20才の人たちを公会堂や区民会館に招いて｢成人式｣を行います。この日の服装に決まりはありませんが、男子は洋服で女子は和服が多いよう

です。男も女も満20才になれば選挙権を持ち、法律上すべての権利が保障されます。

現在の法律では人が罪を犯した場合、20才未満ならば少年法の対象になります。運転免許は18才に達していなければ取ることができません。結婚は、男は18才、女は16才にならなければすることができません。また、15才以下の人は会社などで働くことができません。

昔は「元服」が成人の式でした。この「元服」というのは、唐の制度を日本にとりいれたものですが、奈良時代にすでに行われていたという記録があります。「元服」は奈良時代から平安時代にかけて、天皇家や貴族の間で行われていたようです。そのころまでは男女ともに「元服式」を行いました。男子は13才から16才、女子は12才から16才の間に行いました。男も女もこのときもらいま初めて大人の髪を結い、大人の衣装を身につけたのです。

2. 일본의 社会生活

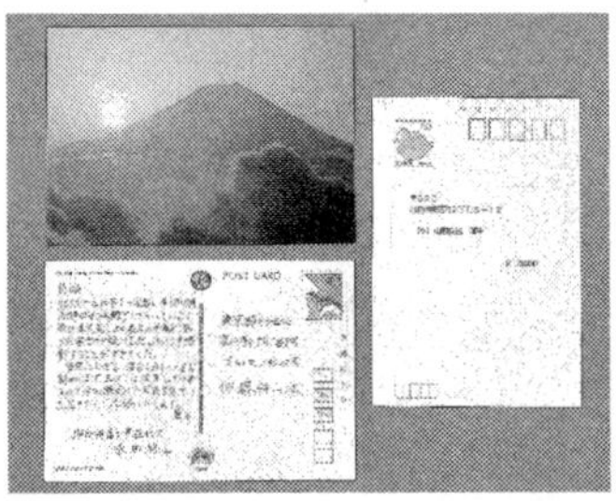

☆ **はがき**：これははがきです。左のはがきは絵はがきです。

はがきは1枚50円です(1996年)。1993年には、国民一人当たり1年間にはがきを平均77通出しています。年賀はがきはこれとは別に一人当たり約30通出しています。相手の名前や住所の書き方は封書のときと同じです。自分の名前と住所は、表なら左隅、裏でも左側下に書くのが普通です。

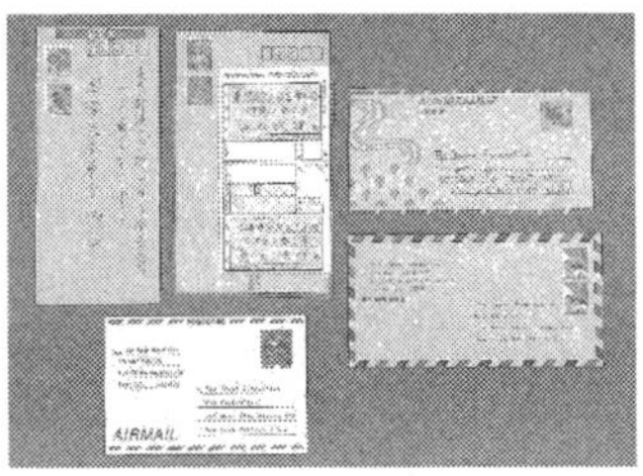

☆ **郵便**

特に早く配達される速達、大切な手紙を送るための書留、海外に出される航空便と航空はがきです。

★ 速達は、早く届けたいときに使います。書留は大切な手紙のときに使うもので、郵便局から出します。お金を送るための「現金書留」というものもあって、これは特別の封筒を郵便局で買ってその中にお金を入れて出します。航空便は海外へ送りたいときに使います。大きな荷物は船で送る船便のほうが安いですが、時間がかかります。

☆ **お中元**

正月15日を上元、10月15日を下元というのに対して7月15日を中元と呼びますが、今では、中元の日の前後に贈り物をすることを「お中元」といいます。7月15日は旧暦ではお盆に当たり、昔はこの時期に故郷へ帰ったり、目上の人のお宅を訪ねる風習がありました。そのときにお土産を持っていくことが多く、これが現在のようなお中元の風習になったのだろうと考えられています。

デパートなどではこの時期にお中元のための特別な売り場を設けることが多いです。贈り物はデパートなどから直接贈り先に配達してくれます。

☆ 暑中見舞い

「暑中」は夏の暑い間という意味ですが、夏の土用の18日間を表します。土用というのは立秋前の18日間で、ふつう7月20日から8月7日まででです。暑中見舞いのはがきはこの期間に届くように出します。立秋を過ぎてから着く場合には残暑見舞いになります。

「お年玉付き年賀はがき」と同じように、毎年郵便局から暑中見舞いまたは残暑見舞い用のはがきが売り出されます。1986(昭和61)年からは年賀はがきと同様、くじが付くようになりました。1994(平成6)年は3億1、800万枚が発行され全部売れました。

ふだん手紙をあまり書かなくても、年賀状が暑中見舞いのはがきだけは書くという人も多いです。

※ 7월에는 お中元, 12월에는 お歳暮라 하여 평소에 신세를 진 사람들에게 감사의 선물을 보내는 일을 한다. 더위가 한창인 여름에 暑中見舞를 보낸다.

◎ 일본의 연중행사 ◎

一月　睦月

一日	元日(元旦),
	お正月:神社参拝
十五日	成人の日(20歳)
	とんどん祭り

2月　如月

1日	旧正月
4日ごろ	立春
11日	建国記念の日
14日	バレンタインデー

3月　弥生

3日	ひな祭り
21日ごろ	春分の日
14日	ホワイトデー

4月　卯月

1日	入学式
5日ごろ	清明、花見
29日	みどりの日

5月　皐月・

三日	憲法記念日
	博多どんたく
四日	国民の休日
5日	子供の日・端午の節句
第2日曜日	母の日

6月　水無月

第3日曜日	父の日
22日ごろ	夏至

7月　文月

7日	七夕
20日	海の日
20日ごろ	暑中見舞い

8月　葉月

8日ごろ	立秋
13日～16日	お盆

9月　菊月

15日	敬老の日
15日ごろ	お月見
23日ごろ	秋分の日

10月　神無月

1日	芸術祭
10日	体育の日
	(1964.10.10 동경올림픽기념)

11月　霜月

3日	文化の日
8日ごろ	立冬
15日	七五三
23日	勤労感謝の日

12月　師走

7日ごろ	大雪
10日～20日	お歳暮
22日ごろ	冬至
25日	クリスマス
31日	除夜お鐘

◆ 일본의 연중행사

1月	**お正月 : 설** 神社 : 참배 **初詣で** : 첫 참배(1~3일까지 천황가 방문) ・お雑煮 : 떡국같은 정초 음식 ・かがみもち : 설음식 **오토소(お屠蘇)**와 **오조니(お雑煮), 오세치요리(お節料理)**를 먹으면서 신년을 맞는다. 御用始め : (시무식) 관공서 3일까지 연휴 門松(대문앞에 장식한 소나무, 대나무) 7일까지 그대로 놓아둠. 이기간을 松の内라고 함. 年始回り(세배)는 가급적 이 기간에 함. 正月の晴れ着(설빔)를 차려입는다.
2月	節分 : 입춘 전날(2,3일경) 豆撒き행사 : 鬼(도깨비)의 탈을 쓴 사람에게 콩을 뿌림. 「福は内、鬼は外 : 복은 들어오고 액은 나가라.」를 외치며 한해의 액막이를 함
3月	3月3日 : **雛祭り**(여자어린이날) 왕과 왕비의 인형을 중심으로 시녀, 신하, 악사등의 인형(雛人形)을 차려놓고, 그 앞에서 여자아이들이 菱餅(떡의 일종)와 白酒(감주)을 먹으면서 귀인이 된 기분을 냄. ・복숭아 꽃이 피는 계절의 명절이란 뜻으로 이 날을 「桃の節句」라고도 함.
4月	**花見** : 꽃놀이 계절. (さくら: 일본의 나라 꽃일 정도로 일본을 대표하는 꽃) 29日 : 「みどりの日」(식목일) ⇒ 植樹の日 (식수의 날)
5月	4월말부터 5월초에 걸쳐 약 일주일 간 이어지는 휴일을 **『ゴールデンウイーク』**라고 하며, 해외여행을 가는 사람이 많다. 5月5日 : **子供の日**(어린이 날) 남자 어린이가 있는 집에서는 높은 대나무 장대에 **鯉幟**를 달아 잉어처럼 씩씩하게 자라기를 염원함. 집안에는 武者人形(사무라이 인형)를 장식하여 장차 용맹한 남자로 자라기를 기원함 . 5月14~15日에 행해지는 **東京神田祭り**가 유명하다.
6月	入梅(장마가 시작 되는 날) : 대개 6月 12日경 장마가 시작됨.(우리나라보다 일찍 시작) 6月(水無月) : 음력 6月22日(夏至)
7月	7월7일**「七夕(칠석)」** : 우리는 음력 7일을 칠석이라 하나 일본은 모든 행사가 양력이다. 彦星(견우)와織姫(직녀)의 전설. 이날 마당에 笹竹(가는 대나무)를 세우고 대나무 가지에는 기원하는 바를 색종이에 적어 매단다. 7月20日(海の日) : 바다의 날 7月24~25日에 열리는 大阪天神祭는 일본의 3대 축제로 유명하다. 7月1~31日까지 열리는 **京都祇園祭り**는 각국에서 많은 관광객이 온다.
8月	8月6日 : 히로시마에 원폭 투하, 8月7日 : 나가사키에 원폭 투하 **8月 13日~16日 : お盆 → お盆祭り(축제)**
9月	오곡백과가 여무는 가을의 문턱. 음력 8月15日의 둥근달을 満月, 또는 中秋の名 月見(달맞이) 즐김. すすき(억새풀)와 月見団子(멥쌀로 만든 경단)를 달님에게
10月	완연한 가을. 더위 때문에 못했던 운동을 마음껏 즐길 수 있다. 10月10日 「体育の日(체육의날)」는 공휴일 : 학교, 직장 할 것 없이 運動会가 열린다. 10月둘째주(10일頃) ⇒ 神無月(귀신없는 날)로 이사 시기
11月	11月3日 「文化の日(문화의 날)」 : 이때를 전후해서 각종 문화 행사가 열림 **11月 15日(七五三)**
12月	관공서에서는 28日 : 御用納(종무식) 섣달이라 이웃끼리 お歳暮(세찬)를 주고 받음. 신세를 진 분들게 **年賀状**(연하장)를 보낸다. 12月22日 冬至

꼭 알아둡시다!

日本의 陰暦月名一覧

月	月　名	月	月　名
1月	睦月(むつき)	7月	文月(ふみづき・ふづき)
2月	如月・更月(きさらぎ)	8月	葉月(はづき)
3月	弥生(やよい)	9月	長月・菊月(ながつき・きくづき)
4月	卯月(うづき)	10月	神無月(かんなづき)
5月	早月・皐月(さつき)	11月	霜月(しもつき)
6月	水無月(みなづき)	12月	師走・極月(しわす・ごくげつ)

3. 일본의 축제(마츠리, 祭(まつ)り, MATSURI)

풍작과 풍년을 비는 의식에서 유래한 축제는 사계절의 변화에 맞춰 일본 전역에서 다채로운 형식으로 일년 내내 전국 곳곳에서 열리고 있다. 대부분이 지역주민이나 신사와 절을 중심으로 발달한 마을행사인 마츠리는 일본인들의 민속과 전통의식에 대한 애착을 준다.

신도(神道)나 불교에서 유래하는 축제를 비롯하여, 여름의 불꽃놀이 축제, 민요 춤, 겨울의 눈 축제 등 주민의 레크리에이션이나 단합을 위해서 축제를 즐겨 하고 있다.

예로부터, 일본인은 자연의 힘을 믿고 「신」으로 섬겨왔으며, 이러한 믿음이 신도의 기원이 되었고, 신도에 뿌리를 둔 마츠리는, 신을 찬양하며, 신과의 교류를 통해, 오곡풍성, 상업번창, 이웃이나 가족의 번영을 기원하고 있다.

1월 마츠리(祭(まつ)り)

1월6일- 도쿄하루미(東京晴海)의 소방 마츠리

9일11일- 오사카(大阪)의 이마미야신사(今宮神社), 도오카에비스(十日戎)마츠리 ; 전통복장의 '복을 나누어 주는 여인'들이 상가번영을 기원하는 부적을 판매하는 가운데 기녀복장 여인들의 꽃가마 행렬이 이어진다.

15일 -나라(奈良)의 와카쿠사야마(若草山)의 산불제

17일 -아키타시(秋田市)의 미요시신사(三吉神社)

2월 마츠리(祭り)

5일-11일 -**삿포로의 유키 마츠리(札幌の雪祭り)**(홋카이도의 눈축제);大通公園에 170여개의 눈 조각이 세워지는 세계적으로 유명한 눈축제.

3월 마츠리祭り

3일 -전국적으로 **히나마츠리(雛祭り)** ; 3월 3일은 어린아이들이 건강하게 성장하기를 기원하는 날이다. 전국각지에서 어린아이축제가 열리며 도쿄에서는 시부야의 妙円寺에서 함.

3일 혹은 4일 -나라의 가스가다이샤(春日大社)의 만등롱(万灯籠)

3일 혹은 4일 -전국적으로 세츠분(節分)

12일 -나라의 도다이지(東大寺)의 물긷기마츠리

4월 마츠리祭り

8일 -전국적으로 절에서 꽃마츠리(仏陀誕生祭り)

14일-15일 -다카야마(高山)의 히에신사(日枝神社)의 다카야마 마츠리

16일-17일 -닛코(日光)후타라산신사(二荒山神社)의 야요이(弥生)마츠리

5월 마츠리祭り

3일-4일 -후쿠오카시(福岡市)의 하카타(博多)의 하카타돈타쿠마츠리

15일 -교토(京都)의 시모카모신사(下鴨神社)의 가미카모(上賀茂)신사, 아오이(葵) 마츠리. 東京 아사쿠사진쟈의 三社마츠리 5월중순의 4일 江戸時代부터 계속되어온 전통적인 축제로 아름답게 장식된 3기의 神輿가 아사쿠사 44개 마을을 순회한다.

제3일요일 -교토의 구루마자키신사(車折神社)의 미후네(三船)마츠리

6월 마츠리祭り

9일-17일 -도쿄 히에신사(日枝神社)의 **산노(山王)마츠리**

14일 -오사카의 스미요시다이샤(住吉大社) 모심기 마츠리

千代田町 미부노하나다우에 6월 첫째 일요일; 가을의 풍작을 기원하는 다우에(田植)마츠리가 전국각지에 열린다. 千代田町에서는 악기를 연주하는 사람들의 지휘에 맞추어 여인들이 노래를 부르며 밭작물을 심는 행사를 한다.

7월 마츠리祭り

1일-15일 -**후쿠오카의博多마츠리**
7일 -전국적으로 다나바타(七夕)(일부지역은 8월에 실시)
13일-16일 -전국적으로 **오봉 (お盆)마쓰리** (일부지역에서는 8월중에 실시)
14일 -와카야마(和歌山)의 나치카쓰우라(那智勝浦)
15일 -히로시마(広島) **미야지마(宮島)의 이츠쿠시마신사 (厳島神社)마츠리**
16일-17일 -**교토**(京都) **아사카(八坂)진자의 기온(祇園) 마츠리;** 7월 17일 전염병을 퇴치하기 위한 것으로부터 유래되어 1100년 이상 계속되어온 일본 3대 마츠리의 하나.

8월 마츠리祭り

1일-7일 -**아오모리(青森)의 네부타(ねぶた) 마츠리**;여름철의 졸음을 쫓기 위하여 시작된 마츠리로 '하네토'들이 '랏세라 랏세라 랏세 랏세 랏세라'를 외치며 길을 지나고 그 뒤로 거대한 무장그림이 뒤따른다.
24일-25일 -후쿠시마(福島) 하라마치(原町)의 히바리가오카의 馬마츠리
24일-25일 -**오사카 덴만구(天満宮)의 덴진(天神)마츠리**
5일-7일 -아키다(秋田)의 간토(干灯) 마츠리
6일-8일 -센다이(仙台)의 다나바타(七夕)마츠리
12일-15일 -도쿠시마(徳島)의 아와오도리(阿波踊り)
16일 -교토(京都)의 다이몬지 오쿠리비(大文字送り火)

9월 마츠리祭り

14일-16일-가마쿠라(鎌倉)의 야부사메(流鏑馬)마츠리

10월 마츠리祭り

7일-9일 -나가사키(長崎)의 오쿤치(おくんち) 마츠리
9일-10일 -다카야마의 하치만구(八幡宮) 마츠리
11일-13일 -도쿄의 혼몬지(本門寺), 오에시키(御会式) 마츠리
17일 -닛코의 도쇼구(東照宮), 가을 마츠리
22일 -교토(京都)의 헤이안진구(平安神宮), 지다이(時代) 마츠리

11월 마츠리祭り

3일 -하코네(箱根), 다이묘교레츠(大名行列) 마츠리

3일-4일 -사가(佐賀)가라츠 ; 佐賀 唐津市 唐津(가라츠)군찌 11월 2일~4일 사자, 물고기 등의 모형을 만들어 마을을 순회하는 마츠리 300년 이상 계속되어 온 전통적인 행사이다.

15일 -전국적으로 시치고산(七五三) 마츠리

12월 마츠리祭り

埼玉 秋父市 夜마츠리 12월 2일 ~ 3일 ; 거대한 山車위에서 가무를 하는 마츠리. 저녁이 되면 山車를 장식한 호화로운 등이 일제히 켜지며 아름다운 불꽃놀이가 펼쳐진다.

17일 -나라의 가스가다이샤, 와카미야온 마츠리(若宮おん祭り)

31일 -교토의 야사카신사, 오케라 마이리(おけら参り)

축제때 메고다니는 お神輿

제9장 재일 한국인

1. 재일 한국인의 조직

중국은 전 세계에 퍼져있는 5천만 명의 화교들이 '화교 네트워크'를 만들어 중국에 투자하고 중국 상품의 세계시장 개척에 첨병 역할을 하고 있다.

재일 한국인의 역사를 살펴보면 다음의 두 가지 측면에서 설명되어질 수 있다. 하나는 식민지 통치 하에서 일자리를 찾아 일본으로 건너간 경우이다. 1876년 일본과 강화도 조약이 체결되어 1910년 한일합방이 강제로 이루어지기까지의 시기에는 탄광이나 철도공사의 현장 노동자로 도일한 사람들이 대부분이었다. 그 후 식민지 통치 하에서 토지를 박탈당한 농민들의 생활은 대단히 빈곤해졌다. 당시에 생활기반이 없는 많은 사람들이 만주와 일본으로 일자리를 찾아 나섰다. 두 번째는 일본이 독일 이탈리아와 동맹을 맺어 제2차 세계대전을 일으키면서 강제 연행과 강제 징용을 통해 수많은 한국인을 일본으로 데리고 갔다.

이렇게 하여 **일본에서 생활하고 있던 한국인들은 해방을 맞이하면서 대부분이 귀국을 하였지만 약 60만 정도가 일본에 잔류하게 되었다.** 이들 가운데는 스스로 일자리를 찾아 일본에 와 생활기반을 마련한 사람들이 많았고, 또 강제로 연행되어 온 사람들로서 귀국의 의사를 갖고 있으면서도 해방된 조국이 돌연 분단되고, 6.25 전쟁으로 인해 조국의 혼란상태가 계속되자 귀국을 늦추고 있던 사람들이 그 사이에 일본에서 경제적 기반을 쌓아올려 조국에로의 귀국이 멀어지고 일본에서의 정착이 이루어져 현재의 재일 한국인을 만들기 시작한 것이다.

현재 일본에는 외국인 등록의 46.4%에 이른 657,159명(1996년)의 재일 한국인(북한계도 포함, 그러나 귀화해서 일본 국적을 가진 자는 제외)이 살고 있다. 또 귀화인, 한일혼열, 게다가 한국인으로부터의 밀입국자를 합치면 그 수는 100만 명에 이른다고 한다.

오사카(재일 한국인 전체인구의 30%)를 위시하여 대도시인 도쿄, 효오고, 교토, 가나가와, 후쿠오카에 살고 있는 재일 한국인의 수가 전체의 74%가 된다고 한다.

현재는 2세, 3세가 해마다 계속 증가해 1988년도에는 전체 90% 가까이 달해 80년대에는 세대교체가 완전히 끝날 것으로 예측된다.

한국국적과 조선국적의 비율은 1971년 1월에 한·일 법적 지위협정에 의한 협정 영주권의 신청이 마감되어 한국 국적 취득자가 급증하여 현재 한국국적 68%, 조선국적32%이다.

출신지역은 경상남도 38.6%, 경상북도 24.8%, 제주도 15.9%, 전라남도 9.6%, 전라북도 1.9%, 충청남도 2.0%, 충청북도 1.8%,경기도 0.9%, 서울1.5%, 강원도 0.8%로 남한 출신이 전체의 98%를 차지하고 있다.

2. 재일 한국인의 생활

재일 한국인의 밀집지대 오사카시 이쿠노구에서 볼 수 있는 종업원 5,6명의 소영세 기업에 의한 비닐샌들 만들기, 자질구레한 플라스틱 제품가공, 핸드백에 부착하는 쇠붙이 제조, 안경의 렌즈 깍기, 철제 의자, 책상의 하청이란 형태가 그 전형이라고 할 수 있다.

민족학교로서는 조총련계의 학교 교육이 일찍부터 행하여져 도쿄의 고다이라시(小平市)의 조선대학교를 정점으로 소, 중, 고 대학교의 일관된 교육체계가 구축되어 있으며, 그 수는 29도도부현(都道府県)에 153교를 헤아리고 학생수는 약 4만명에 달해, 양적으로 민단의 교육기관을 능가하고 있다.

한편 민단계의 교육기관은 도쿄 한국학원(소, 중, 고등학교), 교토 한국학원(중, 고), 금강학원 오사카 한국학교(고등학교 : 한국 문교부가 인정한 유일한 학교), 오사카시에 있는 백두학원 건국학교(소, 중, 고 : 일본 문부성이 인정한 유일한 학교)등 4개교이다.

우리의 해외동포는 중국에 200만명, 미국에 160만명, 일본에 80만명, 러시아에 50만명 등, 약 500만명이 해외에서 거주하면서 활동하고 있다. 교포들이 열등감을 버리고 자존심을 살려 자신의 역량을 최대한으로 발휘하여 한국과 그 나라의 우호협력과 관계개선에 밑거름이 된다면 얼마나 좋은 일인가?

지금 일본에 살고 있는 우리 교포들은 약 80만명이 있지만, 아직 정치가는 없고, 자유업 종사자가 대부분이나 교수, 변호사, 의사도 많고 지방자치이므로 지역에 따라서 공무원, 교사들도 있지만, 일본사회는 아직 폐쇄적이어서 외국인들은 선거권도 없고 공무원도 될 수 없으니 일본인으로 많이 귀화하고 있다.

현재 일본에서 살고 있는 재일교포 중에 한국국적을 가진 사람이 약 50만명이고, 이북국적을 가진 사람이 약 30만명 있다.

재일교포인 정동필씨가 나카지마(中島)로 귀화하였지만, 지금 일본에서 제일부자로 활약하고 있으며, 빠징고 오락실의 대부로 알려져 있고, 김달수씨, 이회성씨 등은 작가로써 활동하고 있으며, 교토의 MK택시 사장 유봉식씨는 일본에서 제일 친절한 사람으로 알려져 있다. 악전고투 끝에 1991년에는 재일교포 6명이 1995년에는 700명 모집에 3명이나 사법시험에 합격하여 수십 명이 일본의 법조계에서 변호사로 활동하고, **400년전 임진왜란 때 끌려가서 규슈(九州)의 가고시마에서 도자기로 소문난 미야마지역의 사츠마야키의 15대손 심수관과 아리타지역의 영웅 이삼평 등은 세계적으로 유명한 도예가 들이다.** 의사들도 300명 이상이 활동하고 있다. 롯데재벌의 총수인 신격호씨 외에도 불고기집, 김치집, 술집 등을 경영하는 교포들이 많으며, 주로 상업을 하고 있다.

도쿄의 고마진자(高麗神社)와 나라의 호류지(法隆寺)에는 담징의 금당벽화와 백제관음상이 있고, 교토의 고류지(広隆寺)에 있는 일본국보1호인 미륵보살 반가사유상, 교토박물관에 소장되어 있는 원효와 의상의 자화상, 황거에 있는 백제교, 하카타(博多)의 다이자이후 유적, 나라(奈良)의 도다이지(東大寺)와 같이 일본 속에는 한국인과 한국 문화재가 아직도 많이 남아 있다.

민방TV 아사히의 최대 주주로서 자본참여를 결정한 재일한국인 3세인 손정의씨(60)는 소프트 뱅크사를 설립하여 "일본의 빌 게이츠"로 불리고 21세기 일본의 경제를 리더할 기업인 1위로 뽑혔지 않는가. 재일교포도 자신에게 주어진 환경을 최대한 이용하면 크게 성공할 수 있다.

제10장 일본관련 중요학습사이트

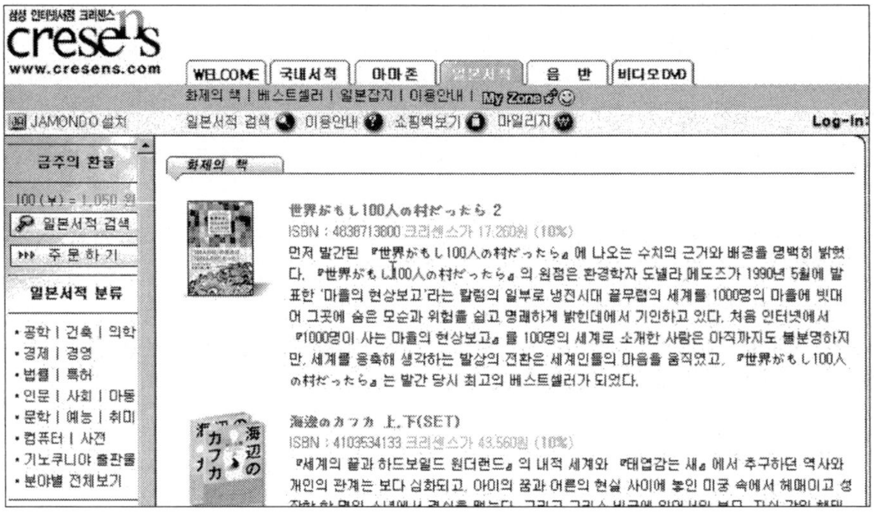

일본의 책이나 물품을 주문할 수 있는 홈페이지로 편리하다.
♣ http://www.cresens.com

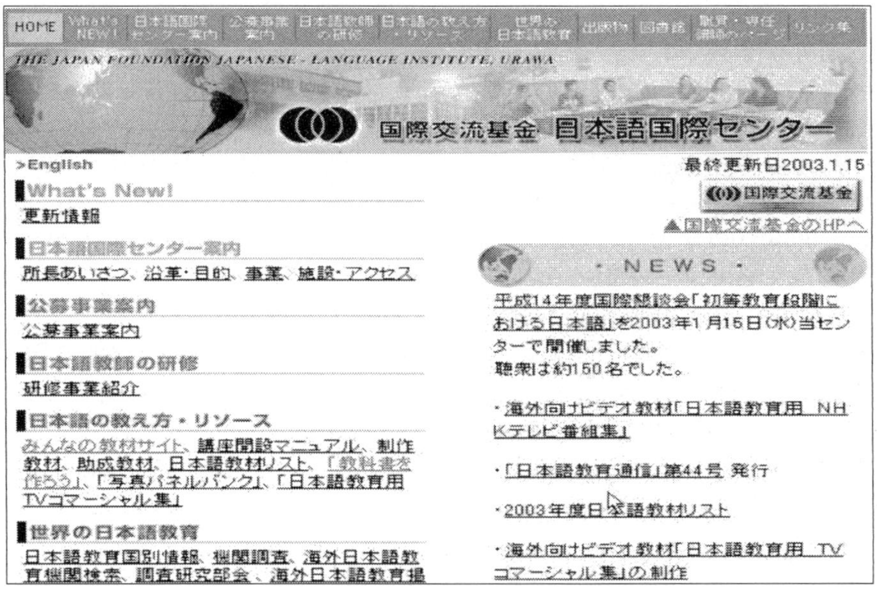

일본의 국제교류기금 사이트에는 일본 연수 프로그램 소개 및
일본의 교육 자료등을 제공하고 있다.

「월간 일본어」는 일본 アルク사에서 출판하고 한국 시사일본어사에서
라이센스로 간행해 왔으나 2003년 3월부터는 인터넷으로만 자료를 제공하고 있다.

일본의 유명한 아사이 신문의 공식 홈페이지로 매일 뉴스 뿐만 아니라
지난 자료와 뉴스도 검색할 수 있다. ♣ http://www.asahi.com -朝日新聞社

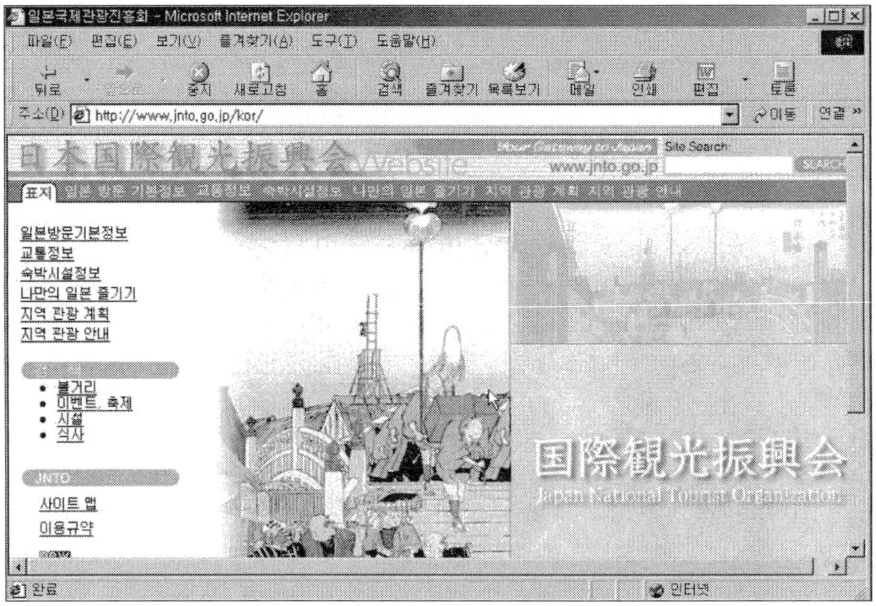

일본 국제 관광 진흥회 사이트로 일본의 관광에 관한 자료를 많이 제공하고 있다.

국내외 학위 논문의 검색 사이트로 많은 정보를 제공하고 있다.

♣ http://www.riss4u.net/

도쿄대학 공식 홈페이지로서 대학의 각종 생활을 엿볼 수 있으며 도서관 사이트에 많은 정보가 있다.

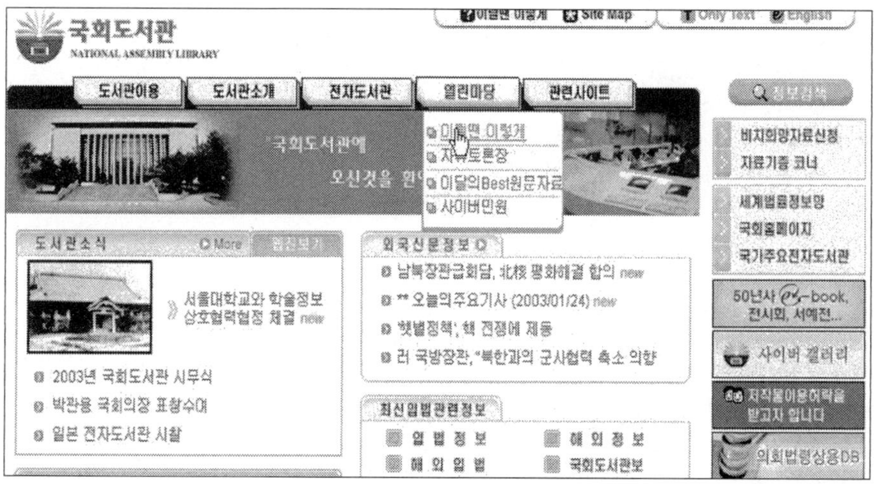

국회 도서관 사이트에서는 학술 논문 및 기타 많은 정보를 얻을 수 있다.

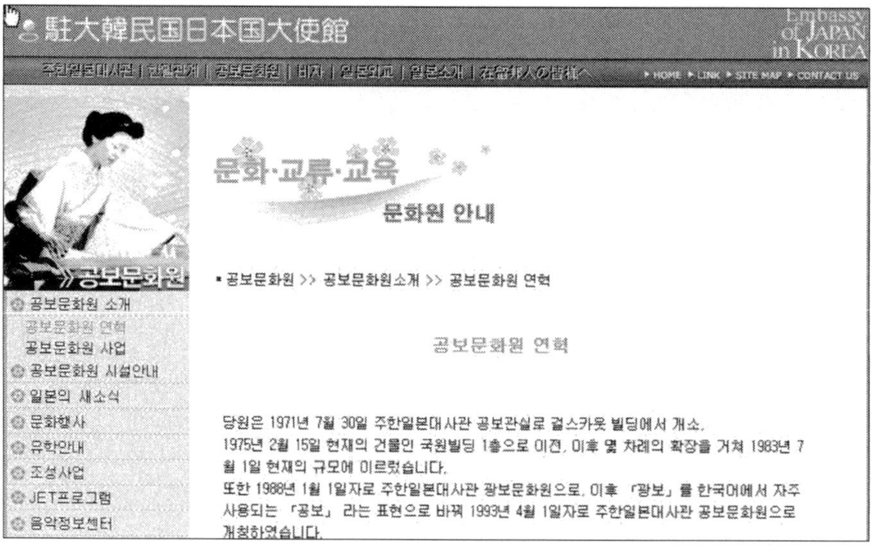

주한 일본 대사관 사이트로 각종 일본의 정보와 서비스를 받을 수 있다.

1. 한 · 일 참고 사이트

♣ http://www.sla.purdue.edu/fll/japanProj -日本語教育資料
♣ **http://www.alc.co.jp/nj/index.html 日本語ジャーナル사이트**
♣ **http://www.koukou.net 일본어 고등학교 포털 서비스**
♣ http://www.alc.co.jp/후/gnhome.html -月刊日本語
♣ **http://202.32.192.20/bbs/jedbbsrd.qry?function=search 日本語教育**
♣ **http://www.alc.co.jp/nihongoji/center -日本語教育情報センター**
♣ http://www.plaza.hitachi-sk.co.jp/~jpnedu -日本語プラザ
♣ http://www.alc.co.jp/nihongoji/center/institute.html日本語教育機関紹介
♣ http://www.alc.co.jp/jpn/jpgnlink.html -日本語教育サイト・リンク
♣ http://www.tjf.or.jp -(財)国際文化フォーラム
♣ http://www.sla.purdue.edu/fll/JapanProj -アメリカ 大学日本語教育資料
♣ http://www.alc.co.jp/bazzar/abc/index.html -日本語教育書籍の最新情報及び購入
♣ http://www.info.cop.com -IBM環境での日本語検索・自動翻訳エンジン
♣ http://www.kaja.or.kr -韓国日本学会
♣ **http://www.jpf.go.jp/j/ -国際交流基金**
♣ **http://www.kokken.go.jp -国立国語研究所**
♣ **http://www.nijl.ac.jp -国文学研究資料館**
♣ **http://www.jpf.go.jp/j/learn_j/jedu_j/test10:j.html -日本語能力試験**
♣ **http://www.soc.nacsis.ac.jp/nkg -日本語教育学会**
♣ **http://www.jpf.go.jp/j/learn_j/jedu_j/urawa_j/ -日本語国際センター**
♣ **http://www.japanem.or.kr -주한 일본 대사관, 日本文化院(韓国)**

♣ http://www.unesco.or.jp -ユネスコ世界の文化遺産(日本)
♣ http://www.hello.hello.nttls.co.jp/ 地域別イベント情報、名や電話番号案内
♣ http://www.ke3.ecs.toyama-u.ac.jp/~ohgiya/dic/ -辞書検索
♣ http://www.ndi.go.jp -国立国会図書館
♣ http://www.toyo-bunko.or.jp -東洋文庫
♣ http://www.tulips.tsukuba.ac.jp/other/other_libs.html (筑波大学図書館)
♣ http://www.tulips.tsukuba.ac.jp/~ueda/libwww/liwww.html"
-日本の大学図書館・公共図書館
♣ http://www.asahi.com 朝日新聞社 ♣ http://www.mainichi.co.jp/ -毎日新聞社
♣ http://www.yomiuri.co.jp/ 読売新聞社 ♣ http://www.sankei.co.jp/ -産経新聞社
♣ http://www.nikkei.co.jp/ -日本経済新聞社
♣ http://www.tv-asahi.co.jp/ -TV아사히 ♣ http://www.tv-tokyo.co.jp/ -TV동경
♣ http://www.nhk.or.jp/ - NHK ♣ http://www.fujitv.co.jp/ 후지TV
♣ http://www.kyodo.co.jp/ -共通通信社
♣ http://www.waseda.ac.ip/index-j.html 早稲田大学
♣ http://www.meiji.ac.jp/ 明治大学
♣ http://www.lib.u-tokyo.ac.jp 東京大学図書館
♣ http://www.ndl.go.jp/ 国立国会図書館
♣ http://www.sisaj.ac.kr/ -시사일본어사
♣ http://www.nevspaper.co.kr/japanese/ -일본신문
♣ http://www.crecens.com/ -크리센스 일본어 서적
♣ http://www.kinokuniya.co.jp 일본의 대형 서점 기노쿠니야
♣ http://www.rap.tregami.com/mag2/ -インターネットの本屋さん「まぐまぐ」
♣ http://www.netomo.com/ -한・일 일・한 자동 번역사이트
♣ http://www.aaaaaa.co.jp/gakkou/top.htm -대학, 전문대 검색 사이트
♣ http://www.jls.co.kr JLS 韓日学術研究所
♣ http://www.iresys.pe.kr/seven/belive/b033.htm 중국 / 일본 / 아시아 신화 사전
♣ http://www.jls.co.kr//japan/publish/liter3_6.htm 日本 神話必須
♣ http://www.miyagawa.com/syuha/syu/sinwa.html#m5 日本神話
♣ http://www.ab.aeonnet.ne.jp/~ark/myths/神話への門
♣ http://www.fujipan.co.jp/link/mw/民話の部屋
♣ http://www.linkclub.or.jp/~pip/ututu/仏と日本神話、古事記の私訳
♣ http://www.neonet.to/kojiki/仮説、資料「国宝真福寺本古事記」
♣ http://www9.plala.or.jp/juraku/日本書紀、古事記の解読
♣ http://www.rs.kagu.tus.ac.jp/kyoyo/saitoh/kojiki/古事記学会
♣ http://www.platz.or.jp/~hvhy/系譜、説話の固有名詞から読解、分析
♣ http://www2.plala.or.jp/cygnus/日本書紀を調査した独自の説を発表

2 일본문화 사이트

▣ **http://www.tcp-ip.or.jp/~chobi/s-g**
신칸센에서 판매하는 에키벤토를 지역별로 1개씩 정리해 놓은 홈페이지

▣ http://www.hakodate.or.jp/JR
JR 홋카이도 하코다테 지사에서 만든 홈페이지로 열차안내와 하코다테에 관한 관광안내.
▣ http://www.hsba.go.jp/index.htm
혼슈 · 시코쿠 연결교공단의 홈페이지로 각 도로의 교통안내 등이 있다.
▣ http://www.yado.co.jp/ 큐슈의 여행에 관한 정보가 체계적으로 많이 있다.
▣ http://www.shimonoseki-port.go.jp/whats/index.html
일본의 국토교통성 시모노세키 항만에 관한 정보와 시모노세키 주변의 볼거리
▣ http://hp1.cyberstation.ne.jp/tt-musium 여러 나라의 희귀한 여행 시간표 등이 소개되어 있다.
▣ http://www.jnto.go.jr **여행관련 사이트**
▣ http://www.fix.co.jp/kabuki/kabuki-j.html
가부끼의 역사, 작품 해설, 국립 극장의 공연 상연 목록 소개하는 사이트
▣ http://www.bekkoame.ne.jp/~pajero2/sentou/Esento.htm
온천의 역사와 유래와 에히메현 소재의 온천 목록 및 특징 등을 소개.
▣ http://www5.gunmanet.ne.jp/TAKARAGAWA/
일본의 대표적인 온천인 다카라가와 온천의 역사, 유래, 노천탕, 혼욕탕, 교통편 .
▣ http://ticket11.hoops.ne.jp/ 일본 철도에 대해서 자세한 설명을 하고, 한국어로도 번역이 되어 있다.
▣ http://plaza16.mbn.or.jp/%7ertr_cs/
지금 현재 일본에서 운행중인 JR과 사철의 종류를 모형을 통해 소개하고 있다
▣ http://greathiphop.com.ne.kr/chongcun18.jpg
青春18きっぷ라는 완행 열차표를 방학동안에 이용하면 싸게 전국여행을 할 수 있다.
▣ http://www.jpf.or.kr
일본국제 교류기금 서울 문화센터 : 주한일본대사관과 일본문화원과 함께 일본 관련 행사
▣ http://www.kakaku.com 일본상품 시세알기 : 일본 최대의 가격 비교 사이트
▣ http://www.food.nara-wu.ac.jp/link
일본 음식 총집합 : 일본 음식에 대한 요리법, 상식 음식관련 단체
▣ http://www.tcvb.or.jp/korea 도쿄의 모든 것 : 도쿄의 관광지 숙방정보등 여러 정보가 있는 사이트
▣ http://www.tnk.gr.jp/search/young/index.asp
신세대 신조어 사전 : 신조어, 은어, 속어는 물론 사투리까지 들어 있다.
▣ http://www.d2.dion.ne.jp/~agm/link.html
일본의 마츠리 링크집 : 일본에서 열리는 마츠리를 모두 각 홈페이지로 링크해 놓은 곳
▣ http://www.matsuri.com 각 지방별 마츠리 정보 소개
▣ http://tsuyama-web.hp.infoseek.co.jp/myouji.shtml 일본인 성씨를 검색할 수 있는 곳.
▣ http://ilovejpop.com 일본 음악 정보
▣ http://jmusic.co.kr 일본 가요 월드, 가사 검색 가능
▣ http://www.music.yahoo.co.jp/ 일본음악의 장르별 검색 가능
▣ http://www.azn.ne.jp/SUMO/ 스모와 관련된 그림들
▣ http://www.pref.nara.jp/ 나라에 관한 영어, 중국어, 한국어 등으로 번역된 내용 제공
▣ http://www.kyohaku.go.jp 교토의 국립 박물관
▣ http://www.jal.co.jp/ JAL항공사 ▣ http://www.koreanair.co.jp/ KAL 항공사
▣ http://www.meijimura.com/ 메이지무라 박물관

※ 메이지무라(明治村)는 나고야(名古屋) 근교인 이누야마(犬山)시에, 150년전의 메이지시대(明治時代) 옛 건물들을 100만평의 부지로 조성하여 모아둔 메이지시대 박물관 마을로 유명한 관광지이다.

제11장 일본의 역사

한·일 50년사 연표

◇ 45. 8.15 광복
◇ 48.10 이승만대통령 비공식방일
◇ 49. 1 주일대한민국대표부 설치
◇ 49. 4 한일통상협정 조인
◇ 52. 2 제1차 한일회담
◇ 65. 6.22 한일회담타결. 한일기본조약 및 협정 서명
◇ 65. 9 주한일본정부사무소 설치
◇ 66. 1 일본, 한국문화재 2천 3백 28점 반환
◇ 71. 6 사토총리, 박정희대통령 취임식 참석차 방한
◇ 73. 8 김대중납치사건 발생
◇ 73.11 김종필국무총리 방일
◇ 75. 9 조총련계동포 성묘단 모국 방문
◇ 82. 7 일본 역사교과서 왜곡, 외교문제로 비화
◇ 83. 1 나카소네총리 공식방한(일본총리의 최초 공식방한)
◇ 84. 9 전두환대통령 공식방일(한국대통령 최초의 공식방일)
◇ 90. 9 가네마루자민당부총재 등 3당대표 방북. 일-북수교원칙 합의
◇ 91. 1 가이후총리 방한
◇ 92. 7 일본정부, 종군위안부조사결과 발표. 정부관여 인정
◇ 93.11 호소카와총리 방한
◇ 94. 3 김영삼대통령 방일
◇ 96. 6 김영삼대통령과 하시모토 류타로 일본총리의 제주정상회담
◇ 98.10 김대중대통령 일본 방문. 오부치 게이조총리와 정상회담.
아키히토(明仁)천황과 면담. -21세기 공동선언-

1. 일본의 기원

일본 민족의 기원에 관해서는 명확하지 않은 점이 많은데, 일본인 유아의 대다수가 둔부에 몽고반(蒙古斑)이라는 파란 점이 있는 것으로 보아 아시아 몽고 인종에 속한다고 말해진다.

일본열도에는 지금으로부터 1만년 전까지의 일본은 아시아 대륙과 연결되어 있었지만, 지각변동에 의해 대륙으로부터 떨어져 나갔다고 한다.

1만년 이상전의 구석기 시대부터 인간이 살고 있었으며, 그때의 석기나 인골(人骨)도 발견되고 있다. 이 사람들은 지금의 일본인과는 다른 선주민족이었으며, 나중에 현재 일본인의 조상이 들어와서 선주민족(先住民族)을 구축했다고 한다. 그러나 최근의 연구에 의하면 일본인의 선조는 구

석기시대부터 살던 사람만이 아니고, 그 후에 중국·조선·동남아시아 등의 지역에서 많은 사람들이 일본으로 이주하여 문화를 전달하고 점차 그들과 섞여 지금의 일본인이 되었을 것으로 본다.

기원 1세기경 일본 각지에는 100여개의 소국(小国)이 분립해 있었는데, 이들 나라는 점차 통일되어 갔다. 4세기경에는 간사이(関西) 지방에 비교적 큰 나라가 생겼는데, 마지막으로 이것을 통일한 사람이 지금의 천황가의 선조라고 한다. 그 당시 통일국가의 범위는 혼슈의 서쪽 절반과 규슈의 북쪽 절반 및 시코쿠였다.

이처럼 오랜 기간에 걸쳐 서서히 나라가 통일되어 갔기 때문에, 몇년 몇개월만에 나라가 생겼다고는 할 수 없다. 8세기초에 만들어진 역사서인 「고지키(古事記)」와 「니혼쇼키(日本書紀」에는 기원전 660년에 초대의 진무천황(神武天皇)이 나라를 건국하고 즉위했다고 쓰여져 있다. 그 즉위한 날이 지금의 달력으로 2월 11일에 해당하기 때문에 이날을 「건국기념일」로 축일(祝日)하고 있다.

日本の歴史のあらまし

1. 日本の古代

それまで、狩り・漁・採集で食料をえる生活をしていた人々は、1万年くらい前から土器をつくって、食料を煮たり、たくわえるようになった。この土器は縄目の文様が特徴で、そのため縄文土器と呼ばれる。この土器を使う生活を営んでいた時代を縄文時代という。

紀元前3世紀ころになると、九州地方で、文様の少ない実用的な土器(弥生土器)や祭祀用の金属器の使用を特徴とする、稲作を中心とした新しい文化が生まれた。ほどなく稲作は東北地方まで広まり、紀元3世紀ころまでこの文化はさかえた。この時代を弥生時代と呼び、この文化を弥生文化という。

弥生時代には、富をたくわえる人があらわれ、身分のちがいも生まれた。そのなかからやがて支配者が登場し、国をつくった。

紀元3世紀ころを境に、国の支配者たちは、土を盛った大きな墓をつくるようになった。これは古墳といい、前方後円墳と呼ばれる巨大な古墳がさかんにつくられた6世紀ごろまでを、古墳時代と呼ぶ。

※ 일본의 연호

∴ 慶応(けいおう) : 1865～1868　∴ 明治(めいじ) : 1868～1912　∴ 大正(たいしょう) : 1912～1926
∴ 昭和(しょうわ) : 1926～1989　∴ 平成(へいせい): 1989～2019　∴ 令和(れいわ): 2019～현재

2. 일본의 역사개요

(1) 고대에서 에도(江戸)시대까지

일본이 언제 태동하였는지 아직 확실하지는 않다. 토기, 석기를 생활의 용구로 쓴 죠오몬 시대 후에, 농경에 의한 야요이 시대가 시작된다. 일본은 전기구석기 유물이 없다.

기원전 3~2세기경의 야요이 시대에 한반도에서 벼농사 기술이 전해지면서 농경화가 시작되면서 야요이식 문화가 형성되고, 이어서 4세기에는 야마토 조정이 지배하는 국가가 성립하고, 5세기 말 부터 6세기에 들어서면서 대륙문화가 유입되어 한자나 불교가 일본에 전해졌다.

7세기 중반에는 황실을 중심으로 하는 지배계급의 결집과 율령제도에 의한 국가 체제가 강화되었다.

그러나 율령제도의 기초를 이루고 있던 토지 제도는 점차 변화하여 8세기 말에는 장원이 발달했다. 10세기에 들어서면서 무사가 대두하고, 귀족 출신인 헤이시나 겐지가 그들의 무사를 이끌고 싸워, 승리한 겐지가 가마꾸라에 막부를 개설한다(1192년). 이렇게 해서 12세기 말에 시작된 무사 계층이 지배하는 봉건제도는 19세기 중엽까지 약 700년간 계속 되게 되었다. 16세기 후반에는 오다노부나가가 전국제패를 이룩하고, 17세기(1603년)에는 도쿠가와 이에야스가 에도에 막부를 개설하고, 막부 통치하에서 거의 2세기 반 동안 태평한 시대가 계속 되었다. 막부는 그리스도교 탄압을 계기로 1633년 쇄국을 실시하여 외국과의 접촉을 금지하였다. 산업 경제의 급속한 발전에 의해 봉건 부조를 토대로 성립된 봉건 경제는 붕괴되어 가고 막부 체제의 변혁이 요구되기 시작하였다.

1853년에는 미국의 사절인 M.C.Perry가 흑선을 이끌고 도쿄에 내항하고, 일본은 막부를 반대하는 세력에 의해 도쿠가와(徳川) 막부는 멸망하고 메이지(明治)시대가 시작된다.

(2) 메이지(明治)維新에서 제2차 세계대전까지

메이지 정부가 착수한 최초의 과제는 국내를 통일하고 중앙집권에 의한 근대국가의 기초를 다지는 것이었다. 1869년에는 막부가 토지와 백성을 천황에게 반납하게 하고, 1871년에는 藩(번) 을 폐지하고 県(현)을 설치하여 중앙 집권 체제를 확립하였다. 이로 인해 士農工商의 신분제도나 무사에게 지급되던 封禄(봉록) 제도는 철폐되고 1872년에는 새로운 학제가 공포되었다. 1873년에는 地租(지조) 개정을 실시해서 재정의 기초를 획립하므로서 근대국가의 준비가 완비되었다.

한편 정부는, 구미 선진 제국으로부터 기계생산 방법을 도입하여 전신, 철도, 토목, 조선, 제철 등의 관영 사업을 일으켰으며, 1871년에는 새로운 화폐 조례를 제정하여 1872년에 국립은행의 설립을 보았다. 메이지 정부는 경제 분야뿐만 아니라 농업, 목축업, 그리고 가공 부문으로의 방적소 설립 등 각종 산업의 진흥에 노력했다. 러일전쟁(1904~1905년)을 계기로, 일본의 자본주의 경제는 중공업 부문을 중심으로 발전이 두드러졌다.

메이지 말엽, 일본은 제1차 세계대전으로 일본 상품의 진출을 꾀해 큰 호황을 맞았다. 이때의

1923년 9월 1일 간토오 대지진은 일본의 경제, 사회적 불안을 더욱 증폭시켰다. 1927년에는 예금 인출 소동이 일어나고 중소 은행의 휴업이나 도산이 속출하여 금융 공황으로 발전했다.

그러나 1929년에 미국의 경제 불황이 세계 공황으로 번짐으로써 일본 경제는 심각한 형편에 빠지게 되었다. 경제, 사회의 불안과 세계 정세의 악화로 일본은 제2차 세계대전에서 패전하여 잿더미로 되었으나, 최근 일본의 외환보유고는 5,000억 달러로 세계1위이다.

1) 원시 시대 (기원 3세기까지)

1만년 전부터 기원전 2-3세기경까지의 죠오몬시대(縄文時代)는 주로 수렵·어업·채집 등에 의해 생활하고 있었다. 그 후 기원 3세기까지의 야요이시대(弥生時代)에는 금속기를 사용하여 벼농사를 지었다. 이 시기에는 씨족국가의 형태로 작은 소국(小国)들이 전국에 산재해 있었다.

2) 고대 시대 (4세기-12세기)

3~4세기경에 야마토(大和)족은 작은 소국(小国)을 이루어 서로 경쟁하고 다투던 종족 또는 씨족들 사이에서 우월한 지위를 획득하게 되었고 주변의 소국들을 지배하게 되었다. **야마토의 지배자는 일본천황(天皇)의 선조가 되었고, 대륙으로부터 문자·제도·불교·유교·공예기술 등의 문물을 도입하여 나라의 기초를 세웠다.** 천황은 자신의 힘을 과시하기 위하여 거대한 고분(古墳)을 만들었다. 따라서 이 시대를 고분시대라고 부른다. 당시의 고분에서는 우리나라의 삼국시대의 유물도 적지 않게 출토되고 있어 그 무렵의 일본은 한반도의 영향을 많이 받았던 것을 알 수 있다.

이 무렵 천황은 유력한 호족(豪族)의 협력에 의해 정치를 행하고 있었다. 즉 천황이 호족을 지배한 것이 아니라 그 대표적인 역할을 담당했다. 국민은 주로 벼농사 중심의 농업에 종사하고 있었다.

7세기에 들어서면서 야마토정권(大和政権)은 중국의 당(唐)나라의 제도를 모방하여 법치국가 제도(律令政治)를 만들었다. 토지와 인민은 호족의 지배에서 벗어나 국가의 소유가 되고, 일반 농민은 국가로부터 토지를 분배받아 경작하고 그에 대한 일정한 세금을 납부하고 국방에도 종사하게 되었다. 그러나 이 제도도 8세기부터 무너지기 시작하고, 귀족이 토지를 사유지화(荘園이라고 함)해 갔다. 귀족은 토지와 인민을 지배하여 부를 축적하고 독자적인 귀족문화를 형성했다.

당시의 수도인 나라(奈良)는 인구 20만명의 대도시로 발전하여 화려한 불교문화를 꽃피웠다. 당시의 불교는 단순히 종교로써 뿐만 아니라 학문, 과학, 예술, 철학, 도덕 등을 망라한 것으로서 **이 불교가 대륙, 즉 한반도를 통해 전래되었고 그 종사자가 도래인(渡来人또는 帰化人이라고 함) 또는 도래인의 가르침을 받은 사람들이었다.**

3) 중세 시대 (12세기-17세기 전반)

귀족에 고용되어 있던 무사(武士)는 각 지방에서 농민을 직접 지배함으로써 힘을 길러 12세기 말에는 정권을 잡았다. 이후 19세기까지 약 700년간 무사정권은 유지되었다.

무사의 우두머리는 천황으로부터 정이대장군(征夷大将軍)으로 임명되어 막부(幕府)를 설치

하고, 각 지역의 무사 우두머리(가마쿠라시대는 슈고<守護>, 무로마치시대는 슈고다이묘<守護大名>, 에도시대는 다이묘<大名>)를 지배했다. 즉 쇼군과 무사 사이에는 주종관계(主従関係)가 형성되었다. 각 지역의 무사(武士) 우두머리는 쇼군(将軍)으로부터 승인을 받아 토지와 백성을 지배했고 그 대가로 쇼군에게 충성을 맹세했다.

① 가마쿠라(鎌倉)시대

1192년 당시의 무사 우두머리가 된 미나모토노 요리도모(源頼朝)는 정치에 대한 귀족의 영향력을 배제시키기 위하여 가마쿠라에 막부를 세우고 무사에 의한 정치를 시작하였다. 장군(将軍)은 각 지방의 무사 우두머리를 슈고로 임명하여 각 지방을 다스리게 하였다. 초기에는 천황이 파견한 국사(国司)와 세력다툼을 하였으나, 무력을 가진 슈고의 세력이 강력해지면서 결국 국사의 존재는 유명무실해졌다.

가마쿠라(鎌倉) 막부는 1274년과 1281년의 두 차례에 걸친 元나라의 침략으로 쇠약해지고 지방의 슈고들은 장군에 대한 충성심이 약해져 자기 마음대로 움직이기 시작하였다. 결국 1333년 힘이 약해진 막부는 아시카가다카우지(足利尊氏)를 중심으로 한 무사들에 의해 타도되었다.

② 무로마치(室町)시대

아시카가다카우지는 교토의 무로마치에 막부를 세우고 얼마간은 천황을 중심으로 한 정치를 펼쳤다. 그러나 천황을 중심으로 한 고대 중앙집권제도에로의 복귀는 많은 무사들로부터 반발을 샀으며 결국은 무사를 중심으로 하는 정치가 실시되었다.

그러나 장군 아시카가(足利)는 본래 슈고 중에서 압도적인 힘을 갖고 있지 않았기 때문에 무로마치(室町)막부는 가마쿠라(鎌倉) 막부보다 슈고에게 더 많은 자치권(自治権)을 허락할 수밖에 없었는데 이때의 강력한 힘을 가진 슈고(守護)를 슈고다이묘(守護大名)라고 불렀다.

장군은 비록 지배하는 영토는 많지 않았지만, 해외무역을 독점함으로써 부를 축적하여 자신의 위신을 높일 수 있었다. 그러나 1467년부터 1477년에 걸쳐 일어난 오오닌(応仁)의 난(장군의 후계싸움)으로 수도는 황폐해지고 장군의 위신은 떨어져, 장군은 완전히 형식적인 존재가 되고 말았다. 이때부터 슈고다이묘(守護大名)는 다이묘(大名)라고 불려졌고 지방마다 완전자치를 행하여 서로가 영토확장을 위해 싸웠다. 이를 전국(戦国)시대라 한다.

③ 전국(戦国)시대

이 시대는 하극상(下剋上)의 시대로 힘이 있는 자만이 살아남았다. 계급은 완전히 무시되어, 예를 들면 **도요토미히데요시(豊臣秀吉)와 같이 농민의 아들이 천하의 제일인자가 되기도 하였다.** 그때 무사들은 자기가 섬기는 다이묘(大名)를 위해 충성을 다 하였지만, 한편으로는 다이묘를 살해하고 자기가 그 자리에 오르는 일도 많았다. 가독(家督 : 그 집의 상속인)상속문제로 형제가 싸워 서로 죽이기도 하고 때로는 부모를 죽이기도 했다.

도요토미히데요시가 섬기던 오다노부나가(織田信長)는 동생을 죽이고 다이묘(大名)가 되었

고, 노부나가(信長)가 죽은 후 히데요시(秀吉)는 노부나가의 아들을 죽이고 천하를 통일하였다. 그리고 히데요시가 죽은 후, 히데요시의 부하였던 도쿠가와이에야스는 히데요시의 아들을 죽이고 천하의 제일인자가 되었다. 그러한 이에야스는 자신을 보호하기 위해 부인과 아들을 죽게 하기도 하였다.

이러한 전국시대를 일단 통일시킨 사람이 도요토미히데요시 였으나, 그는 임진왜란을 일으켜 조선에 막대한 피해를 주었다. 이로 인해 자신도 커다란 손실을 입고 힘이 쇠퇴해 짐으로써 권력은 이에야스의 손으로 넘어 가게된다.

이에야스는 1600년 세키가하라의 싸움에서 히데요시 집안을 따르는 세력을 물리치고 1603년에 장군의 지위로 올라, 에도(江戸 : 현재의 東京)에 막부(幕府)를 설치하여 일본 전국을 제패한다. 이렇게 하여 약100년에 걸친 戦国시대는 끝나게 된다.

4) 근세 시대 (17후반~19세기 중반)

織田信長(오다 노부나가), 豊臣秀吉(도요토미 히데요시), 徳川家康(도쿠가와 이에야스)등의 중세 영웅들이, 그와 같이 각지에 군립(群立)하던 大名들 위에 통일 정권을 수립하던 시대가 일본의 근세(近世)이다. 따라서 근세란 安土桃山(아즈치모모야마)・江戸(에도)의 두 시대를 포함한다. 그 초기의 安土桃山(아즈치모모야마)시대는 室町幕府가 멸망하고 織田信長가 천하를 통일(1573년)한 후 豊臣秀吉의 멸망(1615년)까지의 시기를 말한다. 정치가 안정되어 산업이 발달하고 생활이 풍요했다.

에도(江戸)막부의 통치제도를 일반적으로 바쿠한(幕藩)체제라고 한다. 막부의 최고 권력자인 장군은 일본 전국을 100여개의 소국(藩)으로 나누어 분할통치 하였다. 각 소국은 어느 정도의 자치권을 행사하고 있었다. 그러나 이것은 전국(戦国)시대와 같은 무통제(無統制)가 아니었다. 도쿠가와家의 강력한 통솔하에서 전국의 다이묘(大名)들은 장군에 대해 완전할 정도로 충성심을 보였다. 장군은 오사카(大阪)·교토(京都) 등 중요도시를 포함한 일본영토의 약 6분의1 정도에 해당되는 지역을 직할통치지역으로 하여 다른 다이묘(大名)들을 압도하고 있었다.

제1대 장군인 이에야스(家康)는 히데요시(秀吉)와 마찬가지로 해외무역에 힘을 기울였다. 이는 지금까지의 한반도를 중심으로 한 대륙무역만이 아닌, 필리핀, 타이 등 동남아시아로 널리 진출하였다. 그 때의 해외주민은 약 10,000명을 넘었었다. 그리고 동남아시아 각지에 일본인 마을을 세워 활발히 무역을 하였다. 또한 이에야스(家康)는 조선왕조에 사신을 보내 화평교섭을 맺었다. 그 결과 **에도시대에는 조선으로부터 통신사(通信使)라고 불리우는 사절단이 12차례에 걸쳐 일본을 오고 가면서 대륙문화를 전래해 주었다.**

이와 같이 에도시대 초기에는 해외 각국과의 교역이 활발히 전개되었으나 나중에는 무역업의 발달과 함께 유럽으로부터 그리스도교가 들어와 일본의 봉건체제에 대한 사상적인 위기감이 고조되면서 막부는 쇄국정책(鎖国政策)을 쓰기 시작한다. 특히 막부 아시아 국가들 사이에서는 그리스도교의 유입과 함께 식민지화된 나라가 많다는 사실을 알고, 해외 무역의 필요성을 느끼면서도 그로 인해 얻게될지도 모르는 害悪으로부터 벗어나고자 1612년에 그리스도교 금지령을 내리고,

1635년에는 일체의 日本船과 일본인의 외국도항을 엄금함과 동시에 해외로부터의 일본인의 귀국도 일체 허용하지 않는 鎖国令을 내리게 된다.

에도막부의 그리스도교에 대한 박해는 아주 강력하여 1635년까지 28만 명의 신자가 살해되었다. 이때 모든 백성은 불교를 강요당해 자기가 살고 있는 지역에 있는 절에 등록하여 시주하게끔 되었다.

그러나 에도막부의 쇄국정책은 외국과의 접촉을 완전히 단절한 것은 아니었다. 비교적 그리스도교와의 관계가 없었던 네덜란드와 중국은 나가사키(長崎)의 데지마(出島)라는 작은 섬에서 한정적으로 무역을 할 수가 있었고 조선과의 교류도 유지되었다.

에도시대는 士(무사)・農(농민)・工(기술자)・商(상인)의 철저한 신분제도를 기반으로 하고 있었다. 지배계급인 무사는 피지배계급인 농민, 기술자, 상인, 천민 등이 무례함을 범했을 때는 그 자리에서 죽일 수도 있었다.

주된 산업은 농업이었으나 차차 공업 및 상업이 성행하게 되고 18~19세기에 접어들면서부터는 평화스런 시기가 계속되었기 때문에 때로는 상인의 경제력이 무사를 압도하여 무사의 지배체제를 흔드는 일도 생겨났다. 정치는 무사가, 경제는 도시서민이 중심이 되었다. 17C말에는 에도의 인구가 10만 명, 오사카가 50만 명, 교토가 30만 명에 이르게 되었으며, 지방의 藩에는 다이묘가 거주하는 성(城)을 중심으로 하여 시가지(城下町)가 형성되었는데 이들 중에는 인구 10만이 넘는 도시도 적지 않았다. 특히 오사카는 거대한 상업도시로 발전하여 전국의 쌀 등 주요상품이 여기에 모아졌다가 다시금 전국각지로 보내졌다. 상인 중에는 오사카의 고오노이케(鴻池) 등과 같이 다이묘를 압도하는 힘을 가진 자도 나타났다. 일본에서는 이때에 이미 자본주의의 싹이 보였다.

또 경제력을 배경으로 한 도시서민이 중심이 된 서민대중문화가 꽃피워진 것도 이 시기이다. 현재 일본의 전통문화라고 불리워지는 것들의 대부분이 이때에 완성된 것이라 해도 과언이 아니다.

-織田信長- : 급한 성질(잔인성)
鳴かぬなら殺してしまえホトトギス。 (울지 않는 두견새는 죽여버려라.)
-豊臣秀吉- : 교활한 성질
鳴かぬなら鳴かしてみようホトトギス。 (울지 않는 두견새는 울게 하여라.)
-徳川家康- : 참을성이 강함(인내심)
鳴かぬなら鳴くまで待とうホトトギス。 (울지 않는 두견새는 울 때까지 기다리자.)

(3) 근대 (19세기 후반-1945년)

일본은 1853년 미국 페리제독이 4척의 군함과 함께 우라가(浦賀)에 와서 개국을 요구하면서부터 그 동안의 쇄국정책을 풀고, 통상 무역을 다시 시작하게 되었다. 그러나 개국은 염려했던 대로 에도 막부를 궁지로 몰아넣게 된다. 무역업의 발달과 함께 과거의 산업구조는 위기를 맞게 되고 정치적으로도 반 막부세력이 더욱 강해졌다. 반 막부세력의 힘이 점점 우세해지자 막부는 결국

1867년에 통치권을 천황에게 돌려준다는 의미의 대정봉환(大政奉還)을 단행하게되고 다음 해에는 메이지(明治) 천황을 받드는 신정부가 수립되었다. 이 과정에서 막부와 반 막부의 양 세력은 서로간의 무력 충돌이 일어나지 않도록 노력했다. 1868년 明治維新이후 일본은 정치, 경제적으로 근대화가 시작되었다.

막부 붕괴 후, 메이지 신정부는 유럽 국가들을 모델로 하여 근대화 정책을 펴 나갔다.

즉, 통치제도 면에서는 내각제 실시, 헌법 제정(의회의 개설, 사법권의 독립, 국민의 권리와 의무를 제정), 독일식 육군과 영국식 해군 창설, 지방제도의 개혁 등이 이루어졌으며, 경제면에서는 토지제도의 개혁과 관영 사업에 의한 산업 진흥, 화폐제도의 통일이 이루어졌다. 사회·문화면에서는 근대적 학교제도의 수립, 무사의 경제적·사회적 특권 폐지가 이루어지고, 구미 문화가 받아들여 근대화의 기초를 다진 일본의 국력은 날로 증대해졌고, 아시아 각지에서 미국·영국·프랑스·네덜란드·러시아 등 기득권 세력과 충돌을 하였다.

이와 같이 국내의 정치적 개혁이 진전됨에 따라서 메이지 신정부는 마침내 밖으로 눈을 돌려 대륙진출을 하게 된다. 1871년 清나라와 "청일수호조약"을 맺어 대륙 진출의 발판을 구축하였다. 그 후 대만에서 일본인 어부 살해 사건이 생기자 어민보호의 명목으로 일본군대를 파견하게 된다. 결국 청나라는 일본의 출병을 정당한 것으로 인정하고 배상금마저 지불하였다. **명치 정부는 조선에 대해서도 1875년 "강화도의 운양호 사건"을 원인으로 "조일수호조약"을 체결하여 조선의 개항을 강요하고, 1894년에는 갑오농민전쟁을 계기로 청일전쟁을 일으켜 조선에서의 청의 영향력을 배제하고 일본의 영향권을 확보하였다.**

그리고 일본은 1904년 러일전쟁에서도 승리함으로써 아시아에서의 일본의 영향력을 극대화하는데 성공하였다. 이러한 과정을 거쳐 일본은 마침내 1910년 조선의 주권을 빼앗고 식민지로 만들었다.

한편, 일본의 국내에서는 19세기말 무렵부터 산업혁명이 진전되고 자본주의가 발달했다. 제1차 세계대전 이후에는 정당 정치도 일반화되었다. 그러나 1929년의 세계공황을 계기로 군부가 대두하고 일본의 정치외교를 마음대로 지배하게끔 되었으며 **1937년에는 중·일 전쟁을 일으켜 대동아공영권(大東亜共栄圏) 건설이란 미명아래 침략주의적 군국주의로 치닫게 된다.**

제2차 세계대전 무렵, 아시아에서는 일본과 선진 제국들간에 자국의 권익확보를 위한 경쟁이 한층 심화되었고, 마침내 1941년 12월에는 일본과 미국·영국간의 태평양전쟁이 발발했다. 1939년 독일이 유럽에서 도화선을 당긴 전쟁은 3국동맹을 체결한 일본·독일·이탈리아군과 연합군과의 세계분쟁으로 확대되었다. 1945년 미국은 오키나와에 상륙하고, 히로시마와 나가사키에 최초로 원자폭탄을 투하했으며, 소련의 대일 참전이 이어졌다. 결국 일본은 1945년 8월에 무조건 항복을 선언하고 태평양전쟁은 끝이 났다. 이미 이탈리아와 독일도 항복을 선언했으므로 이렇게 해서 제2차 세계대전은 종결되었다.

전후 체제는 1945년 8월 15일, 태평양 전쟁을 끝내면서 일본은 연합군의 점령하에 놓이게 되고 포츠담 선언의 조항을 실시하도록 요구되었다. 맥아더 원수의 연합국 총사령부가 일본 정부에 명령이나 권고를 발동하고 간접 통치 방식이 실행되었다. 점령 정치의 근본 목적은 일본이 다시금 세계의 위협이 되지 않도록 비군사화와 민주화를 추진하는 것이었다.

1) 민주화 정책의 실시

일본군 해체, 전범 용의자 체포, 치안 유지법 폐지(1945년 10월)에 의한 정치범 석방이 추진되고 "5대 개혁"에 의해 12월에는 부인의 참정권 인정, 노동 조합법 제정, 神道가 국가에서 분리되고 다음해 1946년에는 군국주의 지도자에 대한 공직 추방이 개시되었다.

2) 재벌해체와 농지개혁

1945년 11월에는 미츠이, 미츠비시, 스미토모, 야스다 등 4대 재벌의 본사를 비롯한 계열 회사 83사가 해체 명령을 받는다. 1947년에는 독점금지법이 또한 12월에는 과도 경제력 집중 배제법이 제정되어 본격적인 재벌 해체를 이루었다. 한편 1945년 12월에는 농지개혁의 명령을 발동하고 1946년부터 49년에 걸쳐 두 차례의 농지 개혁을 실시했다. 이로서 자작지는 90%에 이르고 농촌의 생활이 향상되었다.

3) 일본국 헌법의 제정

헌법 개정의 최종 초안은 1946년 10월에 약간의 수정을 거쳐 11월 3일에 공포, 이듬해 5월부터 시행되었다. 신 헌법은 주권재민과 평화주의 및 기본적 인권의 존중을 기조로 하고 천황은 일본 국민의 통합의 상징으로 되고, 전국민을 대표하는 의원으로 구성된 국회는 국권의 최고 기관이 되어 중의원과 참의원의 양원으로 구성되었다. 특히 일본의 헌법은 제9조에서 전쟁의 포기를 규정하고 평화주의의 원칙을 선언하고 있다.

4) 제반 제도의 개혁

1947년에는 지방자치법이 제정되고 지방 공공 단체장에 대한 직접선거가 실시되었다. 한편 같은 해에 8시간 노동의 노동 기준법이 적용되고 노동 조건의 최저 기준 등이 정해졌다. 새로운 민법에서는 호주제도나 호주 상속제도가 폐지되어 개인의 인격을 존중하는 새로운 가족제도가 정해졌다. 1947년 3월에는 교육기본법, 학교교육법이 제정되어 개인의 존엄이나 풍요로운 인간 교육으로 지향되었으며, 6-3-3-4제의 학제에 의해서 의무교육은 중학교 3학년까지 9년으로 연장되었다.

국가의 권력을 입법, 행정, 사법으로 3분하고 국회, 내각, 재판소가 담당하였다. 국회는 국권의 최고 기관으로서 법률을 제정하고 예산 심의권과 국권 조사권을 행사한다. 국회는 중의원과 참의원으로 구성되어 양원의 의견이 일치하지 않을 경우에는, 법률안의 의결, 예산의 의결, 조약의 승인, 내각총리대신의 지명 등에 관해서는 중의원의 의결이 우선 하도록 정해져 있다. 행정권은 내각에 속해 있고 내각은 총리대신과 국무대신으로 구성된다. 내각은 일반 행정 사무 외에 법률의 집행, 외교 관계의 처리, 조약의 체결, 예산의 작성 등 사무를 집행하고 천황의 국사 행위에 대한 조언과 승인 등의 권한을 갖고 있다. 사법권의 재판소는 최고재판소와 하급재판소가 있다. 재판소는 다른 국가 기관으로 부터 독립하고 또한 법률 등이 헌법에 적합한지 어떤지를 심사할 수 있는 위헌입법 심사권을 갖고있다.

◘ 近現代の日本

1. 日本の開国

このころ、アメリカは中国に進出していたイギリス・フランスに対抗するため、中国への航路を開こうとしていた。そこで、アメリカ政府は、1853年、ペリー提督の率いる艦隊を、航路の途中にある日本に派遣した。ペリーの艦隊は東京湾に入って、大統領の手紙を幕府に渡し、軍艦の威力を背景に開国を強く迫った。これに対して、幕府は翌年、開国するかしないか答える約束をしたため、ペリーは日本を離れた。

幕府が答えを用意できないうちに、翌年、ペリーの艦隊はふたたび来航した。幕府は、軍艦による威圧に押されて日米和親条約をむすび、2つの港をアメリカに開くことを認めた(開国)。

さらに1858年には、アメリカと日米修好通商条約をむすび、5つの港を貿易港として開くことにした。同じような条約は、オランダ・ロシア・イギリス・フランスともむすばれ、日本の鎖国は完全に終わった。しかし、各国とむすんだ条約は、不利な条約であったため(不平等条約)、大きな問題を残すことになった。

2. 明治維新

新政府は、1869年、天皇の住まいを京都から江戸へ移し、東京に名前をかえて日本の首都とした。政府は、近代的な中央集権国家をつくるため、まず、大名たちに領地と人民を朝廷に返させ(版籍奉還)、1871年には、260の藩からなる封建体制を廃止し、全国を府・県に分けて、政府が府・県の知事を任命した(廃藩置県)。

政府は、身分制度を廃止するため、市民平等政策をおしすすめ、ことなる身分間の結婚、職業選択・居住・旅行の自由など認めた。

欧米の文明・慣習をとり入れる政策もおしすすめたため、民間でも文明開化のなのもと、欧米の文化が紹介され、とりいれられていった。このような近代的な統一国家の成立と、さまざまな分野で進められた一連の改革をまとめて、明治維新という。

◎ 戦後の再出発

日本が降伏すると、連合国軍総司令部(GHQ)の最高司令官としてアメリカのマッカーサー元帥が来て、日本を占領し、沖縄や小笠原諸島はアメリカ軍が直接統治した。元帥は、日本政府を管理し、日本政府に命令し、軍国主義を取りのぞき、戦争の原因となった制度を次々に改革していった。

まず、極東国際軍事裁判所が設けられ、戦争中の政府・軍の首脳者は戦争犯罪人として裁判された。また、政治の民主化では、治安維持法が廃止され、20歳以上の男女に選挙権があたえられ、婦人の参政権も実現した。

経済の民主化では、軍部とともに戦争をすすめた三井、三菱、住友などの財閥の解体を行い、独占禁止法をつくって自由に経済活動ができるようにした。また農地については、不在地主や広い土地をもつ地主の土地を小作人に分け与える農地改革を行い、自作農を多くした。その結果、農村の地主と小作人の封建的な関係がなくなり、自作農の努力で農業の生産が大きくのびた。

教育の民主化では、教育基本法をつくり、学校制度は六・三・三・四制として、義務教育をこれまでの6年間から9年間にのばし、男女共学にかえた。

さらに、1946(昭和21)年に国や政治の基本となる新しい憲法が、日本国憲法として公布され、翌年5月3日に施行された。この憲法は民主主義を基本とし、国民が主権をもっていること(主権在民)、戦争を放棄すること(平和主義)、国民の基本的人権を犯さないこと(人権尊重)の三つを原則とし、戦前の主権者であった天皇を国家の象徴とした。とくに、第9条の戦争放棄では国際紛争解決のために武力を使わないことを定めた。このほか労働者の団結権やストライキ権を認め、「健康で文化的な最低限度の生活をいとなむ権利」(生存権)も規定した。

戦後の日本は、国土は荒れ、産業もおとろえて、国民の生活も最悪の状態であった。都市の人々は食糧が不足し、インフレで物価はどんどんあがった。また海外からたくさんの人が引き揚げてきて失業者が町にあふれていた。しかしこのような終戦後の苦しい混乱の中から、人々の生活再建の努力がつづけられ、数年を経て生活が安定した。精神面でも、思想・言論・信仰が自由になり、民主主義精神にたった文化活動がさかんになった。そして、個人の解放と民主化を重視する新しい価値観が普及した。

1949年、湯川秀樹が日本人としてはじめてノーベル賞(物理学)を受賞し、人々に喜びと自信をあたえた。

◆ 오늘의 일본

① 1945-1980년대 후반

미국군을 주력으로 하는 연합국군의 점령과 간접 통치하에서 일본은 민주주의적 평화 국가로의 길을 걷게 되었다. 민주화의 기반은 신 헌법의 제정(1947년), 여성 참정권을 인정한 선거법 시행, 노동자의 권리를 지키는 노동관계법 제정 등에 의해 이루어졌다. 1951년, 샌프란시스코 평화조약의 조인에 의해 일본은 독립을 되찾았다. 그러나 미·소의 대립으로 조약에 조인한 것은 미국과 서쪽 자유주의 제국뿐이었다. 같은 날 미국과 일본은 미·일 안전 보장 조약을 체결하고 일본은 미국에 기지를 제공하기로 합의했다. 이리하여 일본은 서방국가 진영의 일원이 되었다. 일본은 또, 사회주의 제국과의 우호 관계를 회복하려는 노력도 계속했다. 1956년에는 러·일 공동선언이 발표되고, 그 결과 같은 해 일본의 국제연합 가맹이 승인되었다. 중화인민공화국과의 국교는 1972년에 회복되었고, 78년에는 중·일 평화 우호조약이 조인되었다. 이 사이의 일본의 경제적 성공은 전세계의 주목을 받았다. 1965년 6월 22일 한, 일 국교도 정상화되었다.

전쟁후 일본의 경제력은 빠른 속도로 회복되었고, 미국의 지원아래 몇 가지 근본적인 개혁이 이루어졌다. 그 개혁은, 독점 금지법의 제정과 재벌의 해체, 농지개혁 등이었다. 또 세제 개혁을 중심으로 하는 일련의 재정정책에 의해 한때 격심했던 인플레이션도 극복되었다.

1960년대의 일본 경제는 철강·조선·자동차·화학 등의 중화학 공업 주도로 고도 성장을 실현했다. 60년대 말까지의 국민 총생산액(GNP)은 자유주의 제국 중에서 제2위로 약진했다. 이 때 일본은 국제통화기금(IMF) 8조국이 되고, 경제협력개발기구(OECD)에 가입하는 등 세계 경제속에서 중요한 위치를 차지하게 되었다.

일본 기업은 하이테크놀러지 기기의 도입에 의한 에너지 절약과 수출의 확대 등으로 70년대의 석유위기를 극복했다. 75년에 발족된 제1회 주요 선진국 수뇌 회담에 일본은 미국·영국·프랑스·구 서독·이탈리아와 함께 참가했다(제2회부터 캐나다도 참가).

1980년대의 일본 경제는 한층 국제 경쟁력을 강화했다. 80년대 후반부터 일본 엔의 급격한 상승에도 불구하고 일본의 공업 제품은 잇따라 세계 시장에 수출되었다(이때의 일본 경제지표는 눈부신 것이 있었다). 즉, 거액의 무역 흑자, 낮은 실업률, 소비자 물가의 안정 등이다. 달러 환산에 의한 1인당 국민소득도 세계의 선두로 올랐다. 이러한 전후의 경제 발전은 일본인의 생활 태도에도 커다란 변화를 가져왔다. 그 중에서도 변화가 두드러지게 나타난 것은 1964년부터이다. 같은 해에 도카이도 신칸센(東海道新幹線)이 개통되고, 아시아에서는 처음으로 東京올림픽이 개최되었다. 또, 가정의 전기화, 승용차의 보급, 고속도로망과 내외 항공로 정비, TV·전화·팩시밀리 등의 통신망 발달에 의해 국민 생활은 매우 편리하고 쾌적하게 되었다. 또, 강한 엔화의 덕택으로 현재는 3500만 명의 일본인이 외국 여행을 하게 되었다.

이러한 사회 상황은 2차대전 직후의 일본인에게는 상상도 할 수 없는 것이었으나, 지금은 정치·경제·군사대국으로 성장했다.

② 1980년대 후반 이후

80년대 후반이후 최근에 이르는 10년 간에 있어서의 커다란 변화의 하나로는 일본 전신전화공사와 일본 전매공사 등 커다란 공공 기업체의 민영화를 들 수 있다. 1985년에 각각 일본 전신전화(주)와 일본 담배산업(주)으로 민영화되고, 1987년에는 국철이 JR각사(各社)로 분할·민영화되었다. 1989년에는 처음으로 3%의 소비세(부가가치세)가 도입되었다. 1986년 후반부터 급격한 주식과 지가 상승에 의해 생긴 자산익(資産益)을 토대로 소비와 일반 기업의 설비 투자가 진행되었고, 경제는 이른바 버블경제(거품경제)에까지 이르러 눈덩이처럼 부풀었다. 그러나 금융긴축정책 등에 의해 90년대 초반부터 주식·토지·건물가격 등이 폭락하고 버블경제가 붕괴되었다. 이렇게 해서 생긴 대량의 불량자산 때문에 경기는 장기간 침체되고, 그 회복 속도는 매우 느리다. 더구나 1993년부터 엔이 급등하여 기업은 살아남기 위한 구조작업에 몰두하였다. 한편, 이러한 경제 상황 속에 그동안 각국으로부터 대일 비판의 표적이 되었던 매년 1천억달러 이상의 무역흑자 수치는 조금씩 감소하고 있는 추세이다.

1993년에는 38년 만에 보수계의 자유민주당이 정권을 놓쳤다. 1992년에 유엔평화유지활동(PKO)법이 제정되어 자위대의 해외파견에 대한 법적 근거가 생겨나 국제사회에서의 일본의 활동이 더욱 자유로워짐과 동시에 그 영향력도 증대하였다. 앞으로 일본은 수출입의 균형을 유지하여 외국과의 마찰을 해소해야 할 것이다.

— アジアと日本 —

アジアは現在23か国を数え、人口では世界の3分の2、一人当たりの所得水準では、日本を除くと先進国のおよそ8分の1、面積では約6分の1となっています。日本は古くからアジアの文化に触れ、またそれらを吸収し、他方アジアと交易を重ねつつ、その歴史を形づくってきました。アジアは日本にとって、もっとも交流の深い国々であり、そしてもっとも身近な近隣諸国といえましょう。

経済の面に限ってみても、近くは第二次世界大戦を軸とし、その前後にわたって長い間、非常に重要な国々となっています。1934—36年の平均では、日本の総輸出と総輸入に占めるアジアのシェアは、それぞれ51.6パーセント、36.2パーセントで、1983年現在では38.0パーセント、52.7パーセントもあります。

アジアと一口に言ってもそれらの国々は、政治や経済体制も異なり、近代化や経済の発展段階も違います。国々相互の宗教、文化、人種、歴史も違えば、それら一つの国をとりあげても、その中身は多種多様であって、アジアという言葉で一元化するわけにはいきません。しかし、それにもかかわらず、一つ共通していることは、それぞれの国々が、経済を発展させ、社会のしくみを近代化し、豊かで平和な国造りを願っていることでしょう。

多様性を特質とするアジアを前提とすれば、平和で豊かな国を希求する国家目標を実現するためには、アジアはアジアでそれぞれの国の違いを十分認識し合い、それぞれの国の主義主張を寛大に尊重し、相互に協力し会いながら主体的な努力を重ねていくことが重要な要件となります。

アジアの経済と日本との関係で、日本が現在なしうることは、それぞれの国の経済社会開発や、平和・秩序の建設にちからをかすことでしょう。しかし世界経済の一割を占める大規模経済国家となった日本は、そのいずれにもきわめて繊細・慎重な配慮が必要です。善意で出発した経済援助が、その国の実情を無視して日本ペースの押し売りであったり、それらの国々の発展の芽をつんだり、オーバー・プレゼンスがあっては、その目的は成功しないでしょう。

アジアの国々が豊かになるためには、その国々の産業や市場の発展が前提となります。そこで日本は、近代化の初期に選択的に取り組んだ基本的な工業や、中間技術をおりこんだ産業などは、これら新興国に移譲し、自らは産業構造のよりいっそうの高度化を進め、また独自の技術開発に新しい役割を見つけ、アジアのプロダクト・サイクルの先導役を担うべきでしょう。

他方、民主主義と平和主義を基調とする国に生まれ変わった日本は、アジアに紛争なき平和な国際関係ができるように、その推進役として外交的役割を果たすとともに、それら近隣諸国の平和・秩序の建設に応分の協力をしていくべきでしょう。

それら経済社会開発、平和・秩序建設への試みは、単に政府だけに委ねるべきではなく、民間の交流、大衆レベルの参加をも組み入れて幅広く行う必要があると思われます。

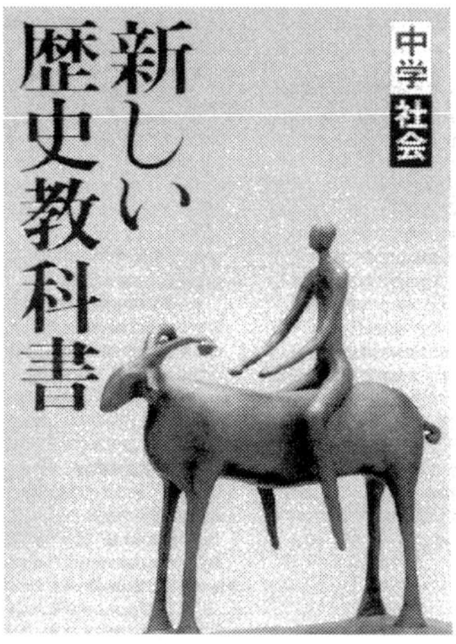

※ 일본사와 한국사의 연표

	日本		韓国と世界	
	旧石器時代	대륙과 연결되어 있었음? 原始時代: 동남아시아와 남태평양에 서온 혼혈민족이다.	원시시대	
50만년		구석기의 유물과 수렵생활 구석기문화 출토 안됨. 일본열도가 생김?		구석기문화 출토됨.
1만년		신석기, 縄文文化		신석기문화 농경의 시작
5000	縄文時代	縄文時代의 죠오몬토기와 弥生時代의 야요이토기가 출토되는 시대		
1000			고조선	청동기문화 지석묘 고조선이 나라를 세움
500		弥生文化		철기문화가 발달
300		금속기가 조선에서 전해옴		
200			삼한시대	108 한이 고조선을 멸망시킴.
紀元前				
기원	弥生時代			
(1C)				
100		57 중국에 사신을 보냄	고구려	
(2C)				
200				
(3C)		239 중국에 사신을 보냄		
300	古墳時代	大和정권탄생		
(4C)		조선으로부터 많은 도래인이 옴. 고분이 만들어 짐.	삼국	313 고구려가 낙랑군을 멸망시킴
400		직물 등 기술・한자・유교・불교(538)가 조선에서 전해짐.	신라 백제 고구려	고구려, 백제에 불교가 전래.
(5C)				고구려・백제・신라 삼국분립

500	古墳時代		삼국 (고구려, 백제, 신라)	
(6C)		593 聖徳太子가 섭정함 헌법17조 만듬. 세계 最古의 목조건물인 法隆寺건립		
600	飛鳥時代			612 고구려, 살수에서 수군을 격파
(7C)		607 견수사를 보냄. 630 견당사 게시. 646 大化改新 663 日本軍 백촌강에서 당에 패함.		660 신라와 당이 백제를 멸망시킴 668 신라와 당이 고구려를 멸망시킴 676 신라가 삼국통일 함 699 발해가 나라를 세움
700	奈良時代	701 대보율령이 정해짐. 710 도읍을 奈良로 정함(平城京) 727 발해의 사신이 옴.	신라	751 불국사의 석굴암이 완성
(8C)		752 東大寺의 대불이 완성. 794 수도를 京都로 옮김(平安京)		
800	平安時代			
(9C)		894 견당사를 폐지. 일본풍의 문화가 번성.		
900 (10C)		972 고려 사신이 対馬에 옴.		918 왕건이 고려를 건국 935 신라, 고려에 항복, 신라가 멸망 936 고려가 전국 통일함
1000 (11C)			고려	1018 강감찬이 계단군 격파
1100 (12C)		1192 鎌倉에 막부를 세움		
1200 (13C)	鎌倉時代	1274 文永の役 1281 弘安の役		1231 몽고의 제1차 침입 1234 세계 최고의 금속활자(다라니경)에 의한 인쇄 1259 고려국왕, 몽고에 항복 1270~73 삼별초군 몽고와 싸움 1274 몽고군 고려인을 동원해 일본 침략 1281 제2차 일본 침략
1300 (14C)	室町 / 南北朝	1333 鎌倉막부 멸망		왜구의 침략이 심해짐 1392 이성계가 고려를 멸망시킴 1393 이성계가 조선을 건국

1400	南北朝		조선시대	
(15C)	南北朝 / 室町時代	1401 日・明무역 시작 1402 日・朝무역 시작	조선시대	1442 측우기를 만들어 전국의 강우량을 측정 1443 한글창제
	室町時代 (전국)	하극상의 사회 무사의 사회	조선시대	
1500 (16C)	室町時代 (전국) / 安土・桃山時代	1573 室町막부 멸망 1592 豊臣秀吉 조선 침략 1597~8 豊臣秀吉의 제2차 침략	조선시대	1592 豊臣秀吉의 침략(임진왜란) 1597 豊臣秀吉의 침략(정유재란) 1598 이순신장군이 일본군을 격퇴
1600 (17C)	安土・桃山時代 / 江戸時代	1603 徳川家康가 에도막부 1607 조선과의 국교재개 조선통신사가 옴 1639 쇄국령을 내림	조선시대	1636~7 청의 침략(병자호란)
1700 (18C)	江戸時代		조선시대	
1800 (19C)	江戸時代 / 明治時代	1854 日美화친 조약을 맺고 개국 1858 日美 수호 통산 조약을 맺음 1868 めいじ 1873 정한론이 일어남 1894 청일전쟁이 일어남	조선시대	1811 평안도 농민 봉기 1840경 외국선박 근해에서 출몰 1864 흥선 대원군의 정치 집권 1875 일본군의 강화도 공격 1876 일조 수호 조약, 조선개국 1882 임오군란이 일어남 1894 동학 농민전쟁이 일어남. 조선을 전쟁터으로 청일전쟁 시작 1897 국호를 대한제국으로 고침
1900 (20C)	明治時代	1904 러일전쟁이 일어남	대한제국	1905 을사조약(보호조약)을 체결 반일 의병투쟁 활성 1907 조선군대를 해산 1909 안중근이 이토오히로부미를 암살

1910	大正時代	1910 한국을 합병		1910 한일 합병조약 체결 조선총독부를 둠 토지 조사사업
20		1919.2・8 동경YMCA에서 재일한국유학생 들이 독립선언문 발표. 1923 관동 대지진, 많은 한국인을 학살	일본의 식민지 지배	1919 3・1독립운동 상해에 대한민국 임시정부 수립 1926 6,10 독립운동
30	昭和時代	1931 「만주사변」이 일어남 1937 중일전쟁 시작		1929 광주학생 항일운동 1937 「황국신민서사」를 만듬
40		1941 태평양전쟁 시작 1945 일본 항복 1947 일본국 헌법 시행 (재일) 외국인 등록령 1948 (재일) 민족학교 폐쇄령이 나옴. 한신 교육사건 일어남.		1939 창씨개명 강요 일본 본토로 강제연행 시작 1944 한국인에게 징병제 실시 1945 8・15 한국민족 해방 1948.10 이승만대통령 비공식 방일
			미・소 주둔	1948 대한민국 정부수립 조선 민주주의 인민 공화국 성립
50		1951 샌프란시스코 평화 조약에 조인 (재일 출입국 관리령 제정 1952 (재일) 외국인 등록법 → 55년부터 지문 등록 1956 국제연합가입 1964동경올림픽 1965 한일조약, 한국과 국교정상화 1965 川端康成 노벨 문학상	대한민국	1950 한국전쟁 1956 일.소 국교회복 1953 한국전쟁 휴전협정 성립 1965.6.22 (남) 한・일조약 체결
64	平成時代	1972 삿포로 동계올림픽 1983. 1 나카소네 일본총리의 최초 공식 방한 헤이세이지다이(平成時代 1989-) ; 1989년 1월7일 裕仁天皇사망. 125대 明仁天皇즉위. 大江健三郎(1994)노벨문학상, 『만연원년의 풋볼』 1995년 神戸대지진.5천명사망 1996. 6 김영삼대통령과 하시모토 류타로 일본총리의 제주정상회담 1998 長野동계올림픽 2002.6 한.일world cup		1965 (북한) 무효선언 1972.9.29 일.중 국교회복 1984. 9 전두환대통령 최초의 공식방일 1994 김일성 주석 사망 1998.10 김대중대통령 일본 방문. 오부치 게이조 리와 정상회담. -문화개방- 아키히토(明仁)천황과 면담. -21세기 공동선언- 2000.9.22 김대중대통령 일본 방문. 모리요시오총리와 정상회담.

※ 일본의 제126代 나루히토(徳仁) 일왕이 2019년 5월1일 즉위하여 현재는 레이와(令和)시대이다.

Ⅳ
일본어시험 총정리

1. 전국대학생 · 고등학생 외국어 경시대회 기출문제
2. 대학수학능력시험문제
3. 일본 문부성 국비유학생 선발 제1차 모의시험 문제
4. 司法試験 기출문제 및 예상문제
5. 일본어능력시험 N1 · N2 · N3 기출문제 및 예상문제
6. 전공일본어 임용시험 문제 및 답안
7. 通訳案内員 試験問題 및 예상문제

1. 전국대학생 외국어 경시대회 기출문제

1. 일본어 수필 : 大学生活と友情について論じなさい。

2. 일본어 청취

※ 次の話を聞いて、質問に答えましょう。

日本列島の三が日は典型的な冬型の気圧配置となり、東北・北陸地方は風雨に見舞われ、中国・西国地方は好天に恵まれた。警察庁の調べでは全国で約8256万人が初詣をした。出足も早く、東京・代々木の明治神宮は、大晦日から2日までに約342万人が訪れ、1980年以来連続トップの座を維持した。成田市内の成田新勝寺の境内も縁起物のくま手や破魔矢を手にした家族連れのほか、和服姿の若いカップルであふれ、おみくじ売り場には今年の運勢を占う人たちの長い行列ができた。川崎市の川崎大師は京浜急行の駅から続く約500メートルの参道が人波でうずまり、参拝するのに1時間以上かかったという人もいた。

首都圏に戻る人のUターンラッシュも5日に本格化し、東名高速道路は乗用車が数珠つなぎで、夕方5時には静岡県内から横浜インターまで渋滞。新幹線の博多発「ひかり」6号は乗車率200%。東京駅ホームはすし詰めの車内で長時間、閉じ込められていたりした表情の親子連れでごった返していた。今年は低気圧の影響で当初3日から4日に予想されていたラッシュのピークが、6日にずれ込み、混雑は7日まで続く。

1. このニュースの主題は何ですか。

① 日本の天気
② 日本の正月の風景
③ 日本の宗教
④ 日本の交通事情
⑤ 日本のおみくじ

2. 日本列島で快晴だった地域はどこですか。

① 東北・北陸地方
② 北海道地方
③ 関東地方
④ 九州地方
⑤ 中国・西国地方

3. もっとも参拝が多かったのはどこですか。

① 明治神宮　② 東名　③ 川崎大師　④ 横浜インター　⑤ 成田新勝寺

4. 首都圏がUターンラッシュで混むのはいつですか。

① 4日から6日まで

② 3日から9日まで
③ 大晦日から6日まで
④ 5日から7日まで
⑤ 2日から4日まで

5. 正しいものを選びなさい。
① 交通機関は比較的順調である。
② 東名高速道路は空いている。
③ 東京駅は大変混雑している。
④ 新幹線はまだ空席がある。
⑤ 空路は定刻どおりの運行である。

※ キムさんは部長の家に行くことになりました。次の会話を聞いて、質問に答えましょう。

キム：部長のお宅にはどう行ったらいいんでしょうか。
部長：私のうちですか。まず、中央線か東西線で中野駅まで来てください。
キム：中野ですね。
部長：はい。改札を出ると北口と南口があります。北口に向かってください。そこがロータリーになっています。
キム：ロータリーですか。
部長：ロータリーを出てずっとまっすぐ行くと、大きな通りに出るので、そこをわたって、正面に見える細い路地に入ってください。
キム：何か目印はありますか。
部長：そば屋とパン屋の間の道ですよ。
キム：わかりました。
部長：その路地に入って、つきあたりがわたしが住んでいるマンションです。4号棟の7階の8号室です。
キム：708号室ですね。
キム：よくわかりました。では1月ようかにお目にかかります。
部長：家内、息子ともども、楽しみにしてるよ。

6. 部長の家はどこにありますか。
① 中央線東中野駅
② 中央線中野駅
③ 東西線東中野駅
④ 総武線中野駅
⑤ 東西線中野坂上駅

7. 部長の家はマンションの何号棟、何号室ですか。
① 3号棟 408号室

② 3号棟 708号室
③ 3号棟 808号室
④ 4号棟 408号室
⑤ 4号棟 708号室

8. キムさんはいつ部長の家にいきますか。

① 1月4日 ② 1月8日 ③ 1月20日 ④ 11月4日 ⑤ 11月8日

9. 部長の家族構成はどうなっていますか。

① 部長、部長の奥さん、息子さん
② 部長、部長の奥さん、お母さん、息子さん
③ 部長、部長のお母さん、娘さん
④ 部長、部長のお母さん、息子さん
⑤ 部長、息子さん

※ よく聞いて質問に答えなさい。

みなさんは1匹の蚊のために眠れなかった、という経験はありますか。蚊は世界で約1,500種類もいるそうです。日本にはそのうちの約60種類います。
これまで日本では、蚊は夏だけのものと決まっていました。ところが最近になって、秋はもちろん、冬になっても活動する蚊が増えているそうです。この蚊は「地下家蚊」つまり、「地下の家にいる蚊」という種類で家やビルの地下や、エレベータの中、地下鉄の線路のそばなどで発生します。ですから当然、田舎より都会の方に多いのです。この蚊は寒さに強く冬でも10度以上になると活動します。人間の田舎離れが一つの原因でしょう。

10. 世界中に蚊は何種類いますか。

① 1000種類 ② 400種類 ③ 1100種類 ④ 2500種類 ⑤ 1500種類

11. 正しいものを一つ選んでください。

① 世界中にいる蚊のほとんどの種類が日本にもいる。
② 世界中にいる蚊のうち、日本にいるのはその一部分である。
③ 世界中にいる蚊の種類は、日本にいる蚊の約10倍である。
④ 日本にいる蚊の種類は、110種類である。
⑤ 蚊の種類は年々増えつづけている。

12. 日本で最近増えている蚊はどんな蚊ですか。

① 夏だけ活動する蚊
② 夏と秋に活動する蚊
③ 冬だけ活動する蚊
④ 冬にも活動する蚊

⑤ 夏と冬に活動する蚊

13. この蚊が発生しないところはどこですか。
① ビルの地下
② 地下鉄の線路
③ 自然の多い田舎
④ 家の地下
⑤ エレベーターの中

14. どうしてこのような種類の蚊が生まれたのですか。
① 日本の気候が以前よりも寒くなったから
② 田舎の空気が汚れてきたから
③ 人間が田舎に少なくなったから
④ 都会から田舎にうつる人が増えたから
⑤ 田舎の気温が寒すぎるから

※ 二人の会話をきいて、答えなさい。

吉田：池田さんのところ行ってきたんでしょ。
桜井：うん、でも会えなかったのよ。面会謝絶だって。
吉田：えっ！だって、回復に向かってるって聞いてたけど。
桜井：うん、なんでも、ゆうべ状態が急変したらしくてさ。

15. どうして池田さんに会えなかったのですか。
① 池田さんが会ってくれなかったから
② 池田さんが行方不明になってしまったから
③ 池田さんが亡くなってしまったから
④ 池田さんの病気がひどくなったから
⑤ 池田さんがゆうべ退院したから

※ 外国人の生け花についての話です。よく聞いて質問に答えなさい。

生け花の流派は、全国で約3千あまりもあると言われ、生け方も流派によって異なります。

その中で外国人が中心となって活動する、生け花愛好家団体の会員が一万人を超える勢いです。

外国人が生け花を習う動機にはいくつかありますが、第一は花が好きだから、第二は日本文化に触れるため、第三は美術や造形の勉強のためとなっています。

日本人の場合、ひとつの流派と長く付き合いますが、外国人はいくつもの流派を習いたがる傾向があります。

ルールにもこだわらず、庭の花や草を生けたり、ティーポットやサラダボールをたくみに利用し、日本の生け花界に、今外国人が新風を吹き込んでいます。

16. 生け花愛好団体の会員数はどのくらいですか。

① もうすぐ1万人以上になりそうだ
② まだまだ1万人には足りない
③ すでに1万人を大きく超えている
④ 約12,000人ほどだ
⑤ 約3,000人ほどだ

17. 外国人が生け花を習う動機として、違うものを選びなさい。

① 花が好きだから
② 日本文化理解のため
③ 自身の専門分野に生かすため
④ 日本の生け花界に新風を吹き込むため
⑤ 日本のことを少しでも知るため

※ 添乗員の今井さんにインタビューしています。よく聞いて質問に答えなさい。

聞き手：今井さんは添乗員の仕事を始められてからもう何年くらいになるんですか。
今井：もうなんだかんだ３０年でございます。
聞き手：３０年前とおっしゃいますと、まだあまり海外には出なかった時代ですよね。
今井：そうですね。観光で行かれる方はあまり・・でしたね。やはり業務渡航が多くて後はお金持ちの奥様とか、女性は今ほど多くなかったですね。
聞き手：そのころはどちらに行かれる方が多かったんですか。
今井：そうですね。やはり東南アジアでしたね。ホンコンとか、遠くてもシンガポールくらいでした。
聞き手：じゃあ最近はどちらが人気があるんですか。
今井：最近は圧倒的にオーストラリアですね。あっ、もちろんハワイはだんぜん１位ですが。アメリカやヨーロッパは数にしてはまだまだでしょうね。

18. 今井さんが添乗員の仕事を始めた頃はどんな時代でしたか。

① 外国へ行く女性にはお金持ちの奥様などが多かった。
② 男性しか外国へ行くことができなかった。
③ 観光で行く人も多かった。
④ 行き先としてはオーストラリアが人気だった。
⑤ 外国へ行く人は女性のほうが多かった

19. 最近一番人気のある旅行先はどこですか。

① オーストラリア
② ハワイ
③ ヨーロッパ
④ ホンコン
⑤ シンガポール

일본어시험 총정리

20. **今井さんが添乗員の仕事をしてから「なんだかんだ３０年」と言っているのはどういう意味ですか。**

① はっきりと分からないけど３０年くらい
② まだ３０年しかたっていない
③ やっと３０年になった
④ いろいろなことがあったが３０年たった
⑤ あっという間に30年たった

정 답
1. ② 2 .⑤ 3.① 4. ④ 5. ③ 6. ② 7. ⑤ 8. ② 9. ① 10. ⑤
11.② 12. ④ 13. ③ 14. ③ 15. ④ 16. ① 17. ④ 18. ① 19. ① 20. ④

3. 일본어(번역 · 작문) 경시대회 문제

1. 번역문제

翌朝、目を覚ますと、宿はもぬけの殻になっていた。どこへ行ったんだろうと思って取りあえず玄関まで出てみると、朝日を背にした一団がこちらへ向かって来る。皆、申し合わせたようにズボンをひざまでたくしあげ、両手に靴やサンダルをぶら下げている。どの顔も朝の日差しに笑顔が輝いている。ミエなどは、昨夜とは別人のような顔をしている。驚いたことに、先頭に立っているのは民宿の主人だった。「困った時はお互い様や」と、泣き続けるミエを見るに見かねて、夜が白み始めるや否や、学生を連れて堤防(突堤)に向かったいきさつを、にこやかに話してくれた。堤防(突堤)での指輪探しは不首尾に終わったということだが、指輪をなくした悲しみを自分の事として受け止めてくれたクラスメートや宿の主人の気持が、そして、腰をかがめながらテトラポッドの間を隅々まで探してくれたその姿がどうやらミエの心を晴らしてくれたようだ。

2. 작문문제

옛날 얘기 중에 어느 것보다도 재미나고, 알기 쉽고, 마음에 드는 것은 우리 나라에 전해 내려오는 옛날 얘기들입니다. 이러한 이야기들은, 그저 신기하고 재미나는 데 그치는 것이 아닙니다. 아득한 옛적부터, 우리들의 가슴속에 줄기차게 흘러 내려오고 있는, 착하고 아름답고, 씩씩한 마음씨가, 여러 가지 이야기 속에 담뿍 담기어 있습니다. 그리고 그 고운 마음씨가 우리들의 가슴 속에 전해질 때, 새로 어여쁜 꽃을 피우는 것입니다. 다시 말하면 우리민족에게 전해지는 이 이야기들은 우리들의 마음의 보물이라고도 할 수 있습니다.

<일본어 (번역 · 작문) 경시문제 해답>

1. 번역문제의 답

다음 날 아침, 눈을 뜨니, 숙소는 텅 비어 있었다. 어디에 간 것일까 라고 생각하며 일단(우선) 현관에(까지) 나와 보니, 아침 해를 등에 진 일행(一団)이 이 쪽을 향해 온다. 모두, 약속이나 한 듯이 바지를 무릎까지 걷어 올리고, 양 손에 구두랑 샌들을 들고 있다. 어느 얼굴(어떤 얼굴)도 아침 햇살에 웃는 얼굴(미소)이 빛나고 있다. 미에등(等)은 어젯밤과는 딴 사람 같은 얼굴이다(얼굴을 하고 있다). 놀랍게도, 선두에 서 있는 사람은 민박집(민박의) 주인이었다. 「어려울 때는 서로 돕고 사는 거야(돕는 거야)」라며, 계속 울고 있는 미에를 차마 보고만 있을 수 없어, 날이 밝자 마자, 학생들을 데리고 제방(둘제)에 간 경위를 부드럽게(상냥하게) 얘기해 주었다. 제방(둘제)에서의 반지 찾기는 실패로 끝났다지만, 반지를 잃어 버린 슬픔을 자기 일처럼 생각해 준(여겨 준) 클라스메이트(同級生)들이랑 숙소(민박집)의 주인의 마음이, 그리고 거의 기다시피 하면서(허리를 움추리면서) 테트라포드(콘크리트로 만든 護岸壁, 불록) 사이를 구석구석까지 찾아 준 그(그들의) 모습이 아무래도 미에의 마음(기분)을 풀게 해 준 것 같다.

2. 작문문제의 답

昔話(むかしばなし)の中で、どれよりも面白く(興味深く)て、分かりやすく、楽しめる(気に入る)のは、わが国に伝わる(伝えられる)昔話です。このような話は、ただめずらしく面白いというだけではありません。遠い遠い(とおいとおい)昔から、私たち(我々)の胸の中にたゆまず流れ続けている、善良で美しく、勇ましい心が、いろいろなお話の中にたっぷりと盛り込まれているのです。そして、そのきれいな心が私たちの胸の中に伝わるとき、新しく美しい花を咲(開)かせるのです。繰り返して言う(言います)と、我が民族に伝えられるこれらのお話は、私たち(我々)の心の宝物だとも言うことができます(言えそうです)。

전국고등학생 외국어 경시대회 기출문제 및 예상문제

(제 _1_ 교시) (일본어강독)

1. 밑줄 친 부분의 음절(박자)의 수가 나머지 넷과 다른 것은?
① 田中さんはけっこんしていますか。
② 教室にがくせいが何人いますか。
③ しゃしんをとってもいいですか。
④ わたしはコーヒーが好きです。
⑤ ここはきょうしつじゃありません。

2. 밑줄 친 これ가 가리키는 것은?

> 外国語の勉強をする時、これを使います。
> 知らない言葉が出たら、これをひきます。

① 사전 ② 잡지 ③ 소설 ④ 신문 ⑤ 공책

3. 빈 칸에 들어갈 말을 바르게 짝지은 것은?

> 木村：田中さん、休日は何をしますか。
> 田中：本を読ん___、テレビを見___します。

① で　　て
② だ　　た
③ だり　　たり
④ でも　　ても
⑤ だら　　たら

4. 다음 대화의 상황으로 알맞은 것은?

> A：もうすこしどうですか。
> B：いいえ、もうおなかがいっぱいです。
> ごちそうさまでした。

① 식사 후의 대화이다.
② 다른 사람을 소개하고 있다.
③ 길을 묻고 있다.
④ 병원에서의 환자와 의사의 대화이다.
⑤ 전화를 하고 있다.

5. 다음 초대장의 내용과 다른 것은?

> 山本さんへ
> **たんじょうび　パーティー**
> 時：11月 なのか(きんようび)ごご よじ
> ところ：わたしの家

① 田中가 山本에게 보낸 초대장이다.
② 초대의 목적은 생일 파티이다.
③ 파티가 열리는 장소는 田中의 집이다.
④ 파티가 열리는 날은 11월 7일 금요일이다.
⑤ 파티가 열리는 시간은 오후 8시이다.

6. 次のなかで読み方が正しくない単語を選びなさい。
① 出席(しゅせき)
② 準備(じゅんび)
③ 正月(しょうがつ)
④ 紹介(しょうかい)
⑤ 小説(しょうせつ)

7.「高嶺の花」ということわざの意味はどれですか。
① 住めば都。
② 絵にかいたもち。
③ 火の車。
④ 石の上にも三年。
⑤ 子はかすがい。

8. 次の単語の読み方が志向と違うものを一つえらびなさい。
① 試行　② 施工　③ 思考　④ 事項　⑤ 指向

9. 次の単語の中で、同音異義語でないものを選びなさい。
① 私立 —— 自立
② 幸福 —— 降伏
③ 就職 —— 修飾
④ 干渉 —— 鑑賞
⑤ 観察 —— 監察

10. 다음 밑줄 친 ひらがな를 한자로 쓰시오

山本：あの人のしごとは何か、ごぞんじですか。
中村：はい、しっています。あのひとはアナ ウンサーです。

11. 문장 ①을 문장 ②로 바꿀 때, □□속에 들어갈 가장 알맞은 것을「ひらがな」로 쓰시오.

① 私は友達に本をもらいました。
② 友達は私に本を□□ました。

※ 次の文の下線をつけたことばは、どのように読みますか。

12. 近年、わが国の経済の発展に(1)伴い、女性の社会的な進出が(2)活発化している。
(1) 伴い　(　　　　)
(2) 活発化 (　　　　)

13. わが国は資源が(1)乏しいため、それらの(2)供給を世界の国々に依存している。
(1) 乏しい　(　　　　)
(2) 供給　(　　　　)

※ 次の文の下線をつけたことばを漢字に書き入れなさい。

14. じぶんのあやまちを(1)すなおにみとめて、(2)しゃざいすべきだ。
(1) すなお (　　　　) (2) しゃざい(　　　　)

15. (1)ちつじょを(2)いじするうえではおだやかな意見が必要だ。
(1) ちつじょ (　　　　) (2) いじ (　　　　)

전국고등학생 외국어 경시대회 기출문제 및 예상문제

(제 _1_교시) (일본어강독)

16. 部屋の窓(㉠)海(㉡)見える。

㉠ ㉡
① しか ——— で
② から ——— が
③ しか ——— へ
④ から ——— を
⑤ が ——— より

※ [17~22] 다음 중에서 가장 알맞은 말을 고르시오.

17. 次の表現が正しくないものを選びなさい。
① 手をやく - 솜씨가 늘다.
② 腹が 立つ - 화가 나다.
③ 夢中に なる - 열심히 하다.
④ 首を 長く する - 학수고대하다.
⑤ 身に つく - 익숙해지다.

18. 次の表現が正しくないものを選びなさい。
① 감기에 걸리다. - 風邪を ひく。
② 사진을 찍다. - 写真を とる。
③ 약을 먹다. - くすりを たべる。
④ 거만하다. - 鼻が 高い。
⑤ 주의하다 - 気を つける。

19. 都心はもとより郊外______一戸建てを買うのは難しいです。
① にしても ② ときたら ③ ならでは
④ にもまして ⑤ ばかりでなく

20. 中学時代の先生と折に___手紙のやりとりをしている。
① 触れて ② 触って ③ 接して
④ 付いて ⑤ 当てて

21. この店の店員は客に___のがていねいで、気持ちがいい。
① ふれる ② 寄せる ③ 触る
④ 接する ⑤ 通る

22. 勉強を始めて2か月の彼の完全な日本語に、みんな舌を______。
① 曲げた ②たたんだ ③ 折った
④ ゆがんだ ⑤ 巻いた

23. 밑줄친 부분의 읽기가 다르게 발음되는 것은 ?
① 仲人 ② 外人 ③ 新人
④ 黒人 ⑤ 名人

24. 밑줄친 부분을 순서대로 바르게 표기한 것은?
午後 二時に牛乳をのむ
① こご、きゅうにゅう
② ここ、きゅうにゅ
③ ごご、きゅうにゅう
④ ここ、ぎゅにゅう
⑤ ごご、 ぎゅうにゅう

25. 日本では四季______さまざまな景色が楽しめる。
① をめぐって ② をおいて ③ を通って
④ を通じて ⑤ を取って

26. 母の誕生日に感謝の気持ち_____花束を贈った。
① を入れて ② をおいて ③ を込めて
④ をつめて ⑤ を巡って

27. 彼は絵に興味がない。いくら高い絵をあげても_______ですよ。
① すすめの涙 ② 焼け石に水
③ 立て板に水 ④ 猫に小判
⑤ 紙一重

28. 次の反対語が正しくないものを選びなさい。
① たかい ー やすい
② やさしいー のぼる
③ あかるい ー くらい
④ じょうずだ ー へただ
⑤ みじかい ー ながい

29. 優勝するため、練習に_____選手たち。
① 努める ② ためらう ③ 励む
④ 興じる ⑤ 避ける

30. 다음 밑줄친 문장을 일본어로 가장 적절하게 옮긴 것은?

이 가방 근사하군요.
누가 사 줬습니까?

① 誰かくださいましたか。
② どなたが買って受けたんですか。
③ 誰に買ってもらったんですか。
④ 誰に売ってもらったんですか。
⑤ どれがくれたんですか。

< 강독 해답 >
1. ③ 2. ① 3. ③ 4. ① 5. ⑤ 6. ① 7. ② 8. ④ 9. ① 10. 仕事, 存じ 11. くれ 12. (1) ともない (2) かっぱつか
13. (1) とぼしい (2) きょうきゅう 14. (1) 素直 (2) 謝罪 15. (1) 秩序 (2) 維持 16. ② 17. ① 18. ③ 19. ① 20. ①
21. ④ 22. ⑤ 23. ① 24. ⑤ 25. ④ 26. ③ 27. ④ 28. ② 29. ③ 30. ③

전국고등학생 외국어 경시대회기출문제 및 예상문제

(제 _3_ 교시) (일본어회화)

(面接の問題)

1. 最近、読んだ小説や日本の映画の中で一番感銘を受けた点は何ですか。

2. 韓国を訪ねる日本の友達に韓国を紹介して下さい。

3. 高校生活(人生)の中で何が一番大事だと思っていますか。

4. あなたは 2002年 韓・日 ワ-ルドカップを通じて何を学びましたか。

5. 韓国人(あなた)の短所と長所について話して下さい。

6. 指導者の条件は何であると思いますか。

7. 韓国が日本に学ばなければならない点は何であると思いますか。

8. あなたが尊敬する人物はどなたですか。 そして、その理由は何ですか。

9. もしあなたが100万ウォンを自由に使えるようになったら、何が一番やりたいですか。

10. 国際化・世界化の中で異文化(外国文化)の開放についてどう思いますか。

전국고등학생 외국어 경시대회기출문제 및 예상문제

(제 _2_ 교시) (일본어청해)

※ 次の文章をよく聞いて、問題1から問題2まで答えてください。

新宿銀行は月曜日から土曜日までです。営業時間は月曜日から金曜日までが午前9時から午後5時まで、土曜日は午前9時から午後2時までです。日曜日は定休日です。

1. 新宿銀行の営業日はいつですか。
① 月曜日から金曜日まで
② 月曜日から日曜日まで
③ 年中無休
④ 月曜日から土曜日まで
⑤ 月曜日から木曜日まで

2. 平日の営業時間は何時から何時までですか?
① 午前9時から午後2時まで
② 午前10時から午後5時まで
③ 午前9時から午後5時まで
④ 午前10時から午後2時まで
⑤ 午前9時から午後10時まで

※ ある小学生の作文です。よく聞いて、問題3から問題6まで答えてください。

今年のお正月、親戚や知っているおうちへ、お父さんとおめでとうを言いにいきました。そのたびにお年玉をいただき、あとで数えると、1万4千円もありました。お母さんは、この中から千円だけ僕にくれて、あとは貯金をするといって郵便局へ行きました。13万円もたまったそうです。お正月っていいですね。

3. この男の子はお正月にどこへ行きましたか。
① 神社 ② 郵便局 ③ 銀行
④ 親戚のうち ⑤ 遊園地

4. 今年、男の子はお年玉を全部でいくらもらいましたか。
① 1万4千円 ② 5千円 ③ 13万円
④ 1万6千円 ⑤ 4千円

5. 誰といきましたか。
① おじいさん ② おばあさん ③ おかあさん
④ ひとり ⑤ おとうさん

6. お母さんはどうして郵便局にいきましたか。
① お金をもらうために ② お金を払うために
③ お金を借りるために ④ お金を預けるために
⑤ 切手を買うために

— (이하 생략) —

<청해 해답>
1. ④ 2. ③ 3. ④ 4. ① 5. ⑤ 6. ④

2. 대학수학능력시험문제

일본어 선택과목

1. 밑줄 친 한자를 바르게 읽은 것은? [1점]

この 時計は あたらしいです。

① じけ ② じけい ③ とけ ④ とけい ⑤ とげい

2. 빈칸에 들어갈 말로 알맞은 것은? [1점]

(1) 田中さんの ________ は 先生です。 (2) キムさんの ________ も 先生です。

	(1)	(2)		(1)	(2)
①	おとさん	おかさん	②	おとおさん	おかさん
③	おとうさん	おかさん	④	おとさん	おかあさん
⑤	おとうさん	おかあさん			

3. 밑줄 친 숫자를 바르게 읽은 것은?

A：すみません。この 本、おねがいします。 B：はい、1,300円です。

① せんさんはく ② せんさんぱく ③ せんさんひゃく
④ せんさんびゃく ⑤ せんさんぴゃく

4. 빈칸에 공통으로 들어갈 말로 알맞은 것은? [1점]

○ イさんは 今 電話を ______ います。 ○ 山田さんは かべに えを ______ います。

① きて ② あって ③ かけて ④ しめて ⑤ すわって

5. 방향을 나타내는 말이 아닌 것은?

① にし ② とき ③ きた ④ ひがし ⑤ みなみ

6. 빈칸에 공통으로 들어갈 말로 알맞은 것은? [1점]

○ ____ 少し ちいさい くつは ありませんか。 ○ わかりませんから、____ 一度 言って ください。

① まだ ② もう ③ よく ④ すぐ ⑤ ぜひ

7. 빈칸에 공통으로 들어갈 글자로 알맞은 것은? [1점]

○ ここに 名前を か__て ください。 ○ 海で およ__で いる 人は だれですか。

① き ② ぎ ③ ん ④ っ ⑤ い

8. 올바른 문장이 되도록 배열한 것은? [1점]

(1) なかなか (2) 読んだ (3) 本は (4) けさ (5) おもしろかったです。

① (1)-(2)-(3)-(4)-(5) ② (4)-(1)-(2)-(3)-(5)
③ (2)-(3)-(1)-(4)-(5) ④ (4)-(2)-(3)-(1)-(5)
⑤ (2)-(3)-(4)-(1)-(5)

9. 빈칸에 공통으로 들어갈 말로 알맞은 것은? [1점]

○ こちらは 友だち__ キムさんです。 ○ てがみが 来る__を 待って います。

① の ② が ③ で ④ も ⑤ と

10. 빈칸에 들어갈 말로 알맞은 것은? [1점]

A：____________。 B：しろい いぬです。

① どなたですか ② いくつですか
③ だれの いぬですか ④ どこの いぬですか
⑤ どんな いぬですか

11. 빈칸에 들어갈 말로 알맞은 것은? [1점]

A：この かばんは 高いですか。 B：いいえ、高く ありません。とても ________。

① くらいです ② ひろいです ③ ちかいです
④ やすいです ⑤ やさしいです

12. 엽서의 일부분이다. 내용으로 알맞은 것은?

体の ほうは どうですか。はやく 元気に なって ください。 よく なったら、また 映画を 見に 行きましょう。	〒 ○○○○様

① 축하 인사
② 쾌유 기원
③ 영화 안내
④ 상품 광고
⑤ 생일 초대

13. 안내문의 내용과 가장 관련이 있는 곳은?

○ 大きい 声で 話さないで ください。 ○ 食べ物を もって 入らないで ください。 ○ ざっしを かりる 人は かかりに 言って ください。 *かかり: 담당자

① にわ ② へや ③ こうえん
④ スーパー ⑤ としょかん

14. 빈칸에 들어갈 말로 알맞은 것은?

A：あしたの コンサートには 行けなく なりました。 B：そうですか。それは ________。 *コンサート: 콘서트

① 好きですね ② 行きましょう ③ ならいましょう
④ ざんねんですね ⑤ たのしいですね

15. 게시문의 내용으로 알맞은 것은? [1점]

ごぜんちゅうは あめが ふるでしょう。 でも、ここからは はれるでしょう。

① てんき ② スポーツ ③ おんがく
④ なつやすみ ⑤ コンピューター

16. 빈칸에 공통으로 들어갈 말로 알맞은 것은?

A：どうしたんですか。 B：それが、かぜを ひいたんです。 A：医者に ____________か。 B：はい、____________。

① みて もらいました ② たって もらいました
③ なって もらいました ④ おわって もらいました
⑤ わすれて もらいました

17. 대화의 내용으로 보아 약속 시간은? [2점]

A：いま、何時ですか。 B：12時 5分まえです。 A：あ、よかった。まだ やくそくの 時間の 5分まえですね。

① 11時 50分 ② 11時 55分 ③ 12時
④ 12時 5分 ⑤ 12時 10分

18. 대화의 장면으로 알맞은 것은?

A：あのう、すみません。ぎんこうに 行きたいんですが。 B：ぎんこうですか。ぎんこうは あの みせの となりですよ。

① バスに のる ② さんぽを する
③ 食事を する ④ 道を おしえる
⑤ べんきょうを する

19. 대화의 내용으로 보아 알 수 있는 것은? [1점]

A：おはようございます。 B：あ、おはよう。今日は さむいね。 A：そうですね。さむいですね。

① 오늘은 무덥다. ② A는 취미를 묻고 있다.
③ B가 윗사람이다. ④ 오늘은 날씨가 따뜻하다.
⑤ 두 사람은 저녁 인사를 하고 있다.

20. 대화의 내용이 가장 자연스러운 것은?

① A：こんにちは。 B：おやすみなさい。
② A：いただきます。 B：いって いらっしゃい。
③ A：はじめまして。 B：しばらくですね。
④ A：どうぞ おあがりください。 B：さようなら。
⑤ A：おめでとうございます。 B：ありがとうございます。

21. 게시문의 내용과 일치하는 것은?

★ ラジオ 売ります! ★ 1年ぐらい 使った 5,000円の ものが 1,000円です。 ほしい かたは、お電話ください。 ☎ 03-5978-5693 田中

① 라디오는 1년 이상 사용할 수 있다.
② 다나카 씨는 라디오를 5,000엔에 사려고 한다.
③ 다나카 씨는 라디오를 1,000엔에 팔려고 한다.
④ 다나카 씨는 텔레비전을 1,000엔에 사려고 한다.
⑤ 다나카 씨는 텔레비전을 5,000엔에 팔려고 한다.

22. 빈칸에 공통으로 들어갈 말로 알맞은 것은?

○ ここで 歌っても ________。 ○ まどを あけても ________か。 ○ くすりを のんだ ほうが ________。

① いいです ② いけません ③ できません
④ ありません ⑤ ほんとうです

23. 대화의 내용과 일치하는 것은?

A：ちょっと、買い物に 行って きます。 B：何を 買いに 行くんですか。 A：カメラを 買おうと 思います。

① A는 카메라를 샀다. ② A는 쇼핑을 하는 중이다.
③ A는 쇼핑을 가려고 한다. ④ B는 쇼핑을 하였다.
⑤ B는 카메라를 사려고 한다.

24. 빈칸에 들어갈 말로 알맞은 것은? [2점]

A：山田さん、キムさんが いませんね。 B：はい。きのう、____________。

① うちへ 帰ります ② おいしかったです
③ ほんとうに そうですね ④ 日本に 着きそうです
⑤ 日本に 行ったそうです

25. 다음은 준호의 일기이다. 내용과 일치하지 않는 것은?

あした チェジュド(済州道)へ 行く。ぼくは チェジュドへ 行った ことが ない。ぼくは 旅行が 好きなので、とても うれしい。いっしょに 行く 友だちと 写真も たくさん とりたい。

① 준호는 여행을 좋아한다. ② 준호는 혼자서 여행을 간다.
③ 준호는 내일 여행을 간다. ④ 준호는 매우 기뻐하고 있다.
⑤ 준호는 제주도에 처음 간다.

26. 빈칸에 들어갈 숫자로 알맞은 것은?

A：いらっしゃいませ。何に なさいますか。 B：コーヒー、それから ぎゅうにゅうも ひとつ ください。いくらですか。 A：はい。コーヒーと ぎゅうにゅうで ____円です。

① 300 ② 350 ③ 400 ④ 450 ⑤ 500

27. 대화의 내용으로 보아 관련이 있는 계절은?

A：あしたから しがつですね。 B：そうですね。あたたかく なりましたね。 A：ええ、きれいな 花も さいて いますね。

① はる ② なつ ③ あき ④ ふゆ ⑤ よる

28. 광고문의 내용과 관련이 있는 것은?

・駅から 歩いて 5分 ・2LDK ・おふろ(有・無) ・つき 10万円

① 저축 안내
② 여행 안내
③ 할인 판매
④ 주택 임대
⑤ 수강생 모집

29. 다음 설명과 관련이 있는 것은? [1점]

○ 日本料理の 一つです。 ○ 韓国でも 食べる ことが できます。 ○ さかなと ごはんで 作ります。

① そば ② すし ③ うどん
④ おでん ⑤ てんぷら

30. 그림과 관련이 있는 것은?

① おぼん
② こいのぼり
③ ひなまつり
④ おしょうがつ
⑤ たんじょうび

제2외국어(일본어) 정답

문항번호	정답	배점	문항번호	정답	배점	문항번호	정답	배점
1	4	1	11	4	1	21	3	1.5
2	5	1	12	2	1.5	22	1	1.5
3	4	1.5	13	5	1.5	23	3	1.5
4	3	1	14	4	1.5	24	5	2
5	2	1.5	15	1	1	25	2	1.5
6	2	1	16	1	1.5	26	3	1.5
7	5	1	17	3	2	27	1	1.5
8	4	1	18	4	1.5	28	4	1.5
9	1	1	19	3	1	29	2	1
10	5	1	20	5	1.5	30	2	1.5

※ 駐韓日本大使館 日本政府(文部省) 奨学制度 案内

일본정부는 매년, 일본정부(문부성)장학금에 의해 일본의 대학, 대학원, 고등전문학교, 전수학교에서 연구, 학습을 할 유학생을 모집하고 있습니다.

한국에서는 다음과 같이 5종류의 유학생을 모집하고 있습니다.

종 류	연구유학생	고등전문학교유학생	전수학교유학생	교원연수유학생	일본어일본문화 연수유학생
전문교육	* 대학원에서 전문분야를 전공	* 고등전문학교 3년차에 편입학하여 교육을 받는다.	* 전수학교의 전문과정 교육을 받는다.	* 교원양성 학부에서 특별연수	* 일본어 또는 일본 사정의 특별연수
자 격	* 대학(학부)졸업이상 * 만35세미만(채용시)	* 고졸이상 * 만17~22세미만 (채용시)	* 고졸이상 * 만18~22세미만(채용시)	* 대학(학부)졸업이상 * 교사경력 5년이상 * 만35세미만(채용시)	* 대학(학부) 재학중 * 만18~30세미만(채용시)
신청방법	(1) 해당자는 출신학교 및 기관에 신청 (2) 학교 및 기관은 교육부 국제교육 진흥원으로 추천 (3) 교육부주최 선발시험을 봐서 1차 합격자를 일본대사관에 추천	(1) 출신학교통해 교육청에서 신청 (2) 교육청에서 국제교육진흥원으로 추천 (3) 진흥원은 일본대사관에 배정 인원을 추천	(1) 출신학교통해 교육청에서 신청 (2) 교육청에서 국제교육 진흥원으로 추천 (3) 진흥원은 일본대사관에 배정 인원을 추천	(1) 소속학교통해 교육청으로 신청 (2) 교육청은 배정인원만큼 교육부 국제교육진흥원으로 추천 (3) 진흥원에서 일본대사관에 추천	(1) 학교(학과장)에 신청 (2) 학과장은 교육부 국제교육진흥원으로 추천 (3) 진흥원은 일본대사관에 추천
모집시기	* 5월경 교육부 국제교육 진흥원에서 각 기관으로 모집공고 * 신청마감 : 5월말(예정)	* 5월경 교육부 국제교육진흥원에서 각 교육청에 공문 보내 각 교육청에서 각 학교에 모집공고	* 5월경 교육부 국제교육진흥원에서 각 교육청에 공문 보내 각 교육청에서 각 학교에 모집공고	* 1월경 교육부 국제교육진흥원에서 각 시도교육청에 공문발송 각 교육청에서 학교에 모집공고	* 1월경 교육부 국제교육진흥원에서 각 기관 및 학교에 모집공고
시험 1차	* 영어(필기), 일어(필기, 듣기) 장소는 서울대어학연구소 =시기 : 6월중순(예정) * 합격자 발표는 7월초 (예정, 교육부)	* 각 시도교육청에서 교육부 국제교육 진흥원으로 추천	* 각 시도교육청에서 교육부 국제교육 진흥원으로 추천	* 각 학교장 통해 각 시도 교육청으로 신청하여, 교육부 국제교육진흥원으로 추천	* 각 대학 일본어 학과장으로부터 교육부 국제교육진흥원으로 추천
시험 최종	* 일어, 일어면접 (시험문제는 비공개) =시기 : 9월초순 * 최종발표는 내년 2월말 (예정, 일본대사관)	* 일어, 수학, 물리 또는 화학(전공에 따라) (시험문제는 비공개) * 일어면접 =시기 : 9월초순	* 일어, 수학, 영어 (시험문제는 비공개) * 일어면접 =시기 : 9월초순	* 일어, 영어 (시험문제는 비공개) * 면접 =시기 : 4월초순	* 일어(시험문제는 비공개) * 일어면접 =시기 : 4월초순
도 일	* 4, 10월 첫주 (희망에 따라)	* 4월 첫주	* 4월 첫주	* 10월 첫주	* 9월 첫주, 10월 첫주
기 간	* 연구생 2년 (석사 2년, 박사 3년연장 신청 가능)	* 4년, 4년 6개월	* 3년	* 일본어교육 포함 1년 6개월	* 1년
합격자	* 97년도 60명	* 97년도 1명	* 97년도 7명	* 97년도 26명	* 97년도 24명
장학금	* 185,500엔/월	* 142,500엔/월	* 142,500엔/월	* 185,500엔/월	* 142,500엔/월

일본정부(문부성) 장학금에 대해서는, 각 출신 대학 학교 등의 유학 담당자에게 신청방법을 물고 또한, 일본대사관 홈페이지에서도 정보를 제공하고 있습니다.
인터넷 홈페이지 [http://www.japanem.or.kr]

3. 일본 문부성 국비유학생 선발 제1차 모의시험 문제

일본 문부성 국비유학생 선발 제1차 모의시험 문제

※ '답안 작성시 수험생의 유의 사항'에 따라 가장 옳은 답 하나를 골라 답안지에 표기하시오.

청취 1 ～ 25

[1~9] 次を聞いて、発音の正しいものを選んで下さい。

1.
① きむぎょういく ② ぎむきょういく
③ ぎむぎよいく ④ きくきよいく

2.
① しんがくりつ ② しゅうかくりつ
③ しゅうがくりつ ④ しんかくりつ

3.
① ぶぎょう ② ぶっきょう
③ ぶつきょう ④ ふつぎょう

4.
① しゅど ② しゅと ③ しゅとう ④ しゅどう

5.
① ごっくうりつ ② こぐこうりつ
③ ごくこうりつ ④ こっこうりつ

6.
① ちょぐこ ② ちょくご ③ ちぐご ④ ちくうこ

7.
① しゅんがしゆとう ② しゆんかしゆと
③ しゅんかしゅうとう ④ じゅんかじゅうど

8.
① ど、と、ぶ、げん ② と、どう、ふ、けん
③ とう、ど、ふ、げん ④ どう、とう、ぶ、げん

9.
① ほかいど ② ほっかいどう
③ ほかいとう ④ ほっがいど

[10~11] 質問をよく聞いて正しい答えを選んでください。

10.
① 1週間 ② 2週間 ③ 3週間 ④ 4週間

11.
① 60% ② 70% ③ 80% ④ 90%

[12~13] 質問をよく聞いて正しい答えを選んでください。

12.
① 1946 ② 1975 ③ 1968 ④ 1964

13.
① 552キロメートル ② 525キロメートル
③ 215キロメートル ④ 255キロメートル

14. 質問をよく聞いて正しい答えを選んでください。
① 第1次産業 ② 第2次産業
③ 第3次産業 ④ 第4次産業

[15~16] 次の会話を聞いて質問に答えて下さい。

15.
① テニス ② すいえい ③ スキー ④ やきゅう

16.
① 2回、2時間ずつ ② 2回、1時間ずつ
③ 3回、3時間ずつ ④ 1回、2時間ずつ

[17~18] 次の文章を聞いて質問に答えてください。

17.
① 1億2,500万人 ② 2億1,450万人
③ 1億5,200万人 ④ 2億5,200万人

18.
① 6.6% ② 6.0% ③ 0.6% ④ 0.66%

[19~23] 次の文章を聞いて質問に答えて下さい。

19.
① 社会科学 ② 人文科学 ③ 自然科学 ④ 医学部

20.
① 教育漢字 ② 生活漢字 ③ 当用漢字 ④ 常用漢字

21.
① 酒屋 ② 喫茶店 ③ 食堂 ④ 八百屋

22.
① 8月13日から15日 ② 1月15日から25日
③ 3月1日から10日 ④ 7月1日から5日

23.
① 1月 ② 7月 ③ 9月 ④ 12月

[24~25] 次の中から正しい擬声語・擬態語を選んで下さい。

24.
① ごろごろ ② めきめき ③ ぬるぬる ④ まじまじ

25.
① しげしげ ② ひらひら ③ もりもり ④ みえみえ

일본 문부성 국비유학생 선발 제1차 모의시험 문제

※ '답안 작성시 수험생의 유의 사항'에 따라 가장 옳은 답 하나를 골라 답안지에 표기하시오.

필기 26 ~ 50

26. 次の自動詞と他動詞の関係が正しくないものは。
① あく —— あける ② のびる —— のばす
③ おちる —— おとす ④ わく —— わけす

27. 次の中、可能の意味をもつ動詞の可能形が違うのは。
① 読む —— 読める ② する —— しめる
③ 書く —— 書ける ④ 行く —— 行ける

28. 次の動詞の活用の種類が他のものと違うのはどれですか。
① 降る ② 移る ③ 居る ④ 切る

29. 次の単語の読み方が間違っているものは。
① 掲載(けいさい) ② 取扱(とりあつかう)
③ 七夕(たなばた) ④ 生憎(あいぞく)

30. 「上代」の「上」と同じ発音のものはどれですか。
① 上告 ② 上靴 ③ 上側 ④ 上歯

31. 次の単語の読み方が正しいものは。
① 野原(のばら) ② 大和(やまど)
③ 小豆(あすき) ④ 海女(あま)

32. 次の「送りがな」が正しいのは。
① 新らしい ② 楽い ③ 暖かい ④ 与る

33. 次の単語の「送りがな」が正しくないものは。
① 率いる ② 控える ③ 省く ④ 報る

34. 次の文を読んで、( )の中に適当なものを選びなさい。

先生、今日は車で来ていますので、駅まで(㉠)。 金さん、この小説は、もう(㉡)か。

㉠ ㉡
① お送りします —— お読まれいたしました
② お送りします —— 読まれました
③ 送ってさしあげます —— 読まれました
④ 送ってさしあげます —— お読まれいたしました

35. 彼女の帰国は____だ。ずっと帰らないと思っていたのに。
① すずめの涙 ② 馬の耳に念仏
③ 寝耳に水 ④ 焼け石に水

36. 「先生にほめられる時が多い。」の「られる」の意味は。
① 可能 ② 自発 ③ 尊敬 ④ 受動

37. 次の「が」の用法が他のものと違うのは。
① よく食べるが、ちっとも太らない。
② 私は水が飲みたい。
③ 考えたがわからなかった。
④ 運動もするが研究もする。

38. 次の慣用句の意味が正しいものは。
① 気になる —— 車に乗る
② あとの祭り —— 油にのる
③ 手が出ない —— 腹が立つ
④ 高嶺の花 —— 絵にかいたもち

39. 次の単語の中で、同音異義語でないものを選びなさい。
① 私立 —— 自立 ② 幸福 —— 降伏
③ 就職 —— 修飾 ④ 干渉 —— 鑑賞

40. 「彼女の態度は男らしい。」の「らしい」の用法と同じものは。
① あの人はどうも学者らしいです。
② あの人は学者らしい生活をしています。
③ あっちから来る人は女でなく男らしい。
④ 彼はほんとうに病気らしい。

41. 次の「そうだ」の用法が他のものと違うのはどれですか。
① この小説はすっかり読んだそうだ。
② 雨が降るそうです。
③ 日本は物価が高いそうです。
④ 試験はむずかしそうです。

42. 次の「ない」の用法が他のものと違うのは。
① 学校は広くない。
② 彼女は行かない。
③ 金もなく、時間もない。
④ それはつまらないものです。

43. 次の単語の読み方が正しいものは。
① 睦月(むつき) ② 水無月(みむづき)
③ 神無月(かみなづき) ④ 菊月(きくつき)

44. 次の動詞に「れる」「られる」が正しいものは。
① 開く —— 開かれる ② 見る —— 見れる
③ 話す —— 話られる ④ 来る —— 来れる

[45~47] 次の( )に入る最も適当なものは。

45.

韓国の留学生(㉠)漢字(㉡)たくさん読むこと (㉢)できる。

㉠ ㉡ ㉢
① を —— は —— が
② が —— は —— を
③ は —— を —— が
④ が —— に —— は

일본어시험 총정리

일본 문부성 국비유학생 선발 제1차 모의시험 문제

※ '답안 작성시 수험생의 유의 사항'에 따라 가장 옳은 답 하나를 골라 답안지에 표기하시오.

46.

日本の大学院は修士課程が2年、(㉠)の博士課程は3年になります。(㉡)2年制の短期大学があります。

㉠ ㉡
① また —— その上
② その上 —— さらに
③ さらに —— その上
④ さえ —— また

47.

参議院には解散はなくて、3年(㉠)に議員の半分(㉡)選挙します。

㉠ ㉡
① ずつ —— また
② また —— ごと
③ ごと —— ずつ
④ まだ —— さえ

48. 日本のおもな行事ですが、正しくないものは。
① 1月 10日 —— 成人の日
② 11月 15日 —— 七五三
③ 2月 3日 —— 節分
④ 3月 3日 —— ひな祭り

49. 次の文章の内容が正しくないものは。
① 時間がないから気分がそよそよしている。
② 星がきらきらかがやく。
③ 時間がぎりぎりで間に合う。
④ 小川の水がさらさらと流れる。

50. A：「では、山本先生の話です。先生は、最近テレビなどでも活躍なさっています。」
B：「今、(　　　　)、山本です。」
① 紹介いたしました　② ご紹介なさいました
③ ご紹介いただきました　④ 紹介させていただきました

(해　답)
1. ② 2. ③ 3. ② 4. ② 5. ④ 6. ② 7. ③ 8. ②
9. ② 10. ② 11. ① 12. ④ 13. ② 14. ③ 15. ②
16. ① 17. ① 18. ④ 19. ② 20. ④ 21. ②
22. ① 23. ④ 24. ④ 25. ① 26. ④ 27. ②
28. ③ 29. ④ 30. ① 31. ④ 32. ③ 33. ④
34. ② 35. ③ 36. ④ 37. ② 38. ④ 39. ①
40. ② 41. ④ 42. ② 43. ① 44. ① 45. ③
46. ② 47. ③ 48. ① 49. ① 50. ③

※ 일본유학 문부성 모의시험 청취대본

※ 皆さん、これから日本語の聞き取りのテストを行います。
よく聞いて、質問に答えて下さい。

[1~9] 次を聞いて、発音の正しいものを選んで下さい。

1. 日本では小学校と中学校が義務教育で、6歳から15歳までの9年です。(義務教育)

2. 小学校と中学校の就学率はほぼ100%ですが、高校への進学率はおよそ94%です。(就学率)

3. 韓国から6世紀ごろ伝わった仏教は、その後の日本文化に大きな影響を与えた。(仏教)

4. 平安時代には、京都が日本の首都であった。この時代には武士によって、日本独自の文化が作られた。(首都)

5. 国公立大学の場合は、全大学共通の試験と各大学の二次試験を受けます。(国公立)

6. 日本は、1890年に教育勅語を発布して教育の基本を示した。(勅語)

7. 日本には、春、夏、秋、冬の春夏秋冬の四季があります。(春夏秋冬)

8. 日本には、1都・1道・2府・43の県があります。(都、道、府、県)

9. 日本の大きい島は、北から北海道、本州、四国、九州などがあります。(北海道)

[10~11] 質問をよく聞いて正しい答えを選んでください。

A：会社の有給休暇はどのくらいあるんですか。
B：そうですねえ。有休は何年勤めているかによって違いますが、平均2週間ぐらいですね。でも、有休の消化率は60%未満だそうです。

10. 日本の会社の有給休暇は、平均するとだいたい何週間くらいですか。

11. 会社員の有給休暇の消化率は、何パーセント未満ですか。

[12~13] 質問をよく聞いて正しい答えを選んでください。

1964年に開通した東海新幹線は、時速200キロメートル以上のスピードをだすことができ、東京・新大阪間552キロメートルを3時間10分で走ります。
1975年、新幹線は博多までのびました。

12. 新幹線はいつ開通しましたか。

13. 東京から新大阪まで何キロメートルですか。

14. 質問をよく聞いて最も正しい答えを選んでください。

運輸、通信、商業、金融、医療、サービス業などは何と言いますか。

[15~16] 次の会話を聞いて質問に答えて下さい。

A：金君、最近 元気そうだね。
B：ええ、3か月前から、仕事が終わった後で、泳いでいますからね。
A：へえ、毎日。
B：いいえ、一週間に2回、2時間ずつですけど、いい

15. 金君は何の運動をしていますか。

16. 金君は1週間に何回、何時間ずつ運動しますか。

[17~18] 次の文章を聞いて質問に答えてください。

日本の人口は1億2,500万人(1994年)で世界第7位です。
しかし、最近5年間の平均人口増加率は0.66%です

17. 日本の人口は何人ですか。

18. 最近5年間の平均人口の増加率は何パーセントですか。

19. 人間の歴史と文化、文学、美術に関する学問を何と言いますか。

20. 日常生活でふつうに使う漢字として、1981年に政府が1,945字を定めた漢字は何と言いますか。

21. コーヒーや紅茶を中心に軽食を提供する飲食店を何と言いますか。

22. 日本の全国でお盆の行事が行われる日はいつですか。

23. 正月の前の年の月で、「師走」と呼ばれ、1年間の仕事を全部終えて、新年を迎える準備をする月は何月ですか。

[24~25] 次の中から正しい擬声語・擬態語を選んで下さい。

24. (　　)と人の顔を見る。

25. 彼は(　　)と喫茶店に通っている。

※ 文部省奬學生選拔試驗 기출문제

I. 다음 漢字의 읽기가 다른 것과 같지 않은 것은?

1. 生
① 生涯 ② 生育 ③ 生死 ④ 生存

2. 中
① 家中 ② 村中 ③ 日中 ④ 世界中

3. 物
① 異物 ② 禁物 ③ 事物 ④ 俗物

4. 日
① 日記 ② 日課 ③ 日程 ④ 日月

5. 正
① 正月 ② 正午 ③ 正直 ④ 正殿

II. 다음 漢字의 [よみがな]가 바른 것은?

1. 七夕
① なななせき ② なななゆう ③ しちせき ④ たなばた

2. 飛鳥
① とぶとり ② あすか ③ あつか ④ ひちょう

3. 健気
① けんけ ② けなげ ③ けんき ④ けなき

4. 建立
① けんりつ ② けんたて ③ こんりゅう ④ こんりつ

5. 言語道断
① げんごどうだん ② ごんごどうだん
③ げんごどうたん ④ ごんごとうだん

III. (　　)안에 들어갈 의성어·의태어로서 알맞은 것은?

1. 足の傷が(　　)痛む。
① ぴくぴく ② びりびり ③ ちくちく ④ かちかち

2. 小雨が(　　)降る。
① ざあざあ ② しとしと
③ ばらばら ④ ちょろちょろ

3. 大きな岩が(　　)転がっている。
① ころころ ② ごろごろ ③ がらがら ④ ごつごつ

4. どんよりした空から雪が(　　)まいおちてくる。
① ちらちら ② ぼそぼそ ③ ばらばら ④ ちとちと

-이하생략-

정 답
I 1. ① 2. ③ 3. ② 4. ④ 5. ④
II 1. ④ 2. ② 3. ② 4. ③ 5. ②
III 1. ③ 2. ② 3. ② 4. ①

4. 司法試験 기출문제 및 예상문제

1. 次の韓国語の正しい日本語訳は?
「오빠가 돌아올 때는 꼭 마중 나갔습니다.」
① 兄が帰るときにはかならずむかえに行きました。
② 兄が帰るときはぜひむかえて行きました。
③ 兄が帰るときにはかならずむかえて行きました。
④ 兄が帰るときはきっとむかえて行きました。

2. 次の下線部分の正しい日本語訳は?
「한 시간이나 기다리고 있는데 아직 오시지 않습니다.」
① まだいらっしゃらない。
② まだおいでになりません。
③ まだ来られない。
④ まだ参りません。
⑤ まだ来ません。

3. 次の文の(　)内に入れる適当なことばは?
「どんなに多く来ても(　)二十人ぐらいだ」
① あらかた ② なるべく ③ まったく
④ まさか ⑤ せいぜい

[問4~問6]次のことばの意味は?

4. 「道草を食う。」
① 来る ② 途中でひまをつぶす ③ 死ぬ
④ 生きる ⑤ 帰る

5. 「生きがいい。」
① 新鮮である。 ② 健康である。 ③ 長命である。
④ 高貴である。 ⑤ 快適である。

6. 「命拾い」
① 命を投げる。 ② 命をもらう。 ③ 命かける。
④ 命を拾う。 ⑤ あぶないところで運よくたすかること。

7. 「家」をケと読めるのは?」
① 家主 ② 家族 ③ 大家 ④ 一家 ⑤ 家来

8. 「送りがな」が正しくないのは?
① かがやかしい(輝かしい) ② いさましい(勇ましい)
③ あさましい(浅ましい) ④ なつかしい(懐かしい)
⑤ あたらしい(新しい)

9. 次のはつおんの中で「えんぴつ」と同じく発音するものはどれですか。
① しんせつ ② たんじょうび ③ せんせい
④ しんぶん ⑤ はんたい

10. 次の中でつまるおんの発音が違うものを選びなさい。
① けっか ② がっこう ③ いっさつ
④ にっき ⑤ せっけん

11. 次の中で読み方が正しくない単語を選びなさい。
① 大切(だいせつ) ② 大事(だいじ)
③ 大丈夫(だいじょうぶ) ④ 大使館(たいしかん)
⑤ 大学生(だいがくせい)

12. つぎの中で読み方が正しくない単語を選びなさい。
① 旅行(りょこう) ② 両親(りょしん)
③ 練習(れんしゅう) ④ 予習(よしゅう)
⑤ 授業(じゅぎょう)

13. 次のなかで読み方が正しくない単語を選びなさい。
① 出席(しゅせき) ② 準備(じゅんび)
③ 正月(しょうがつ) ④ 紹介(しょうかい)
⑤ 小説(しょうせつ)

14. 「馬があう」と言うことわざの意味はどれですか。
① 後の祭り。 ② いのちのせんたく。
③ いきがあう。 ④ 急がば回れ。
⑤ ペンはけんよりもつよし。

15. 「高嶺の花」ということわざの意味はどれですか。
① 住めば都。 ② 絵にかいたもち。 ③ 火の車。
④ 石の上にも三年。 ⑤ 子はかすがい。

16. 次の単語の読み方が志向と違うものを一つえらびなさい。
① 試行 ② 施工 ③ 思考 ④ 事項 ⑤ 指向

17. 次の文の中ではんたいのことばが正しくないものを選びなさい。
① バスにのります。バスをおります。
② ねだんがあがりました。ねだんがさがりました。
③ 車をかいたいのです。車をうりたいのです。
④ にもつをのせました。にもつをおろしました。
⑤ でんきをつけてください。でんきをいれてください。

18. 次の「ない」の品詞が違うものを選びなさい。
① きょうは寒くない。 ② 誰にも知られたくない。
③ 本はあまりよくない。 ④ 彼は知らない。
⑤ 彼女は美しくない。

19. 「高成長を世界からほめそやされている」を韓国語に訳しない。
① 고도성장을 세계에서 지적하였다.
② 고도성장을 세계에서 지적하고 있다.
③ 고성장을 세계에서 부러워하고 있다.
④ 고성장을 세계로부터 격찬되고 있다.
⑤ 고성장을 세계로부터 격찬되었다.

20. 「金融危機に見舞われると一年前にだれが予想しただろう。」を韓国語に訳しなさい。
① 금융위기에 대처한다고 1년 전에 누군가 예상했을 것이다.
② 금융위기에 헤쳐왔다고 1년 전에 누군가 예상했을 것이다.
③ 금융위기에 휩쓸리리라고 1년 전에 누군가 예상했을 것이다.
④ 금융위기에 안 당했다고 1년전에 누군가 예상했을 것이다.
⑤ 금융위기에 문안 하다고 1년전에 누군가 예상했을 것이다.

21. 「経済危険がみるみる深まってしまった。」を韓国語に訳しなさい。
① 경제위기를 보고있을 때 깊어졌다.
② 경제위기를 보고있는 동안에 깊어졌다.
③ 경제위기가 순식간에 깊어졌다.
④ 경제위기가 미숙하게 깊어졌다.
⑤ 경제위기가 더욱 깊어졌다.

22. 次の文章を正しく訳したのを選びなさい。
「학교는 참된 의미의 교육을 되찾는 일이 중요하다고 할 수 있습니다.」
① 学校は覚えなければならないことが大事である。
② 学校は本当の意味の教育を取り戻すことが大切だと言えます。
③ 学校はただしい教育を解決するには大きな問題になっています。
④ 学校はまじめな意味の教育を大事にしています。
⑤ 学校はきびしい教育にもとすことを勉強しています。

23. 次の「られる」の用法のうち、外のものと違うのはどれですか。
① 法案が国会にかけられる。
② ぼくは父に考えられることが多い。
③ そんなに腹を立てられる覚えはない。
④ 病気が治れば何でも食べられる。
⑤ 雨に降られる。

24. 次のぎせいご、ぎたいごが間違っているものを選びなさい。
① 雨がしとしと降っていて静かな夜。
② 約束の時間がすぎると彼女はいらいらしている。
③ 歩き疲れて、もうへとへとです。
④ 雪がごろごろ降ってきた。
⑤ 他人の家をじろじろのぞきこむのは失礼だ。

25. ことばの意味が間違っているものを選びなさい。
① 気を配る。 ー 注意する。
② 生きがいい。 ー 高貴でする。
③ 骨を折る。 — 苦心する。
④ 目がまわる。 ー とても忙しい。
⑤ 手が出ない ー 高くて買えない。

26. 次の下線部分にはんたいする単語を選びなさい。
「こんな深刻な通貨、経常赤字などの問題を軽視した。」
① しろじ ー けいそつ　② くろじ ー じゅうし
③ おかじ ー じゅうし　④ あおい ー けいかい
⑤ きいろ ー いきんし

27.「韓国の通貨ウォンの下落に歯止めがかからず。」
① 한국의 통화 원의 하락에 제동이 걸리다.
② 한국의 통화 원의 하락에 제동이 걸리지 않는다.
③ 한국의 통화 원의 하락에 시원하지 않다.
④ 한국의 통화 원의 하락에 시원하다.
⑤ 한국의 통화 원의 하락에 제동을 걸다.

28.「金融機関は外貨繰りが厳しい状況が続いている。」
① 금융기관은 외화벌이가 상당히 어려운 상황이다.
② 금융기관은 외화상태가 계속된다.
③ 금융기관은 외화융통이 어려운 상황이 계속되고 있다.
④ 금융기관은 외화가 점점 좋은 상황이 되었다.
⑤ 금융기관은 외화가 아주 좋은 상황이 되었다.

29. 次の文の(　　)内に入れる適当なことばは?
「にほんについ(　　)おでんわいたします。」
① あら　② なる　③ たら　④ まさか　⑤ から

30. 次の文の(　　)内に入れる適当なことばは?
「ソウルは人が多い(　　)でなく、くるまもおおいです。」
① ぐらい　② くらべる　③ まったく
④ ばかり　⑤ らしい

정 답
1. ①　2. ②　3. ⑤　4. ②　5. ①　6. ⑤　7. ⑤　8. ⑤
9. ④　10. ③　11. ①　12. ②　13. ①　14. ③　15. ②
16. ④　17. ⑤　18. ④　19. ④　20. ③　21. ③
22. ②　23. ④　24. ④　25. ②　26. ②　27. ②
28. ③　29. ③　30. ④

해 설
9. はつおんい ま、ば、ぱ行 앞에서는 m(ㅁ)으로 발음한다.
10. か行앞에서 K(ㄱ)일 때 いっさつ처럼 さ行 앞에선 S(ㅅ)이다.
11. 大切의 読み方는 だいせつ가 아니고 たいせつ이다.
12. りょうしん의 단어는 장음 う가 필요하다.
13. 出席의 読み方는 しゅっせき이며 つまるおん을 넣어야 한다.
16. 旅行의 読み方는 りょこう인데, 事項는 じこう이다.
17. 「でんきをつける」의 반대는 「でんきをけす」이므로 でんきをけしてください가 옳다.
18. 부정을 나타내는 동사의 미연형에 「ない」가 붙으면 조동사이고, 형용사의 부정은 형용사의 어미「い」를 「く」로 바꾸고, 「ない」를 붙이며, 강조 할 때는 「は」 또는 「も」를 넣어 「くは」 「くも」로 할 수 있다.
23. 上1, 下1단 동사의 미연형에 붙여서 수동의 의미와 가능의 의미를 나타냄으로 문장전체의 뜻을 알아본다.
24. 정답은 雪がちらちら降ってきた。

일본어능력시험 (N1. N2. N3. N4. N5)

JLPT

1. 시험일정

제2회 시험일	2022년 12월 4일(일)

2. 시험접수일정 및 접수방법

구 분	2회 시험접수 일정	접수방법
인터넷접수	2022년 9월 1일(목) ~ 2022년 9월 18일(일)	www.jlpt.or.kr(시험장 선택 가능)
방문접수	2022년 9월 5일(월) ~ 2022년 9월 8일(목)	시사일본어학원 (신촌, 종로, 강남점)에 방문하여 접수 (시험장 선택 불가) 당 사무국 접수 불가
우편접수	2022년 9월 8일(목) 소인까지 유효	원서작성(홈페이지에서 다운), 증명사진1매, 수험료(우체국 통상환)와 함께 등기우편으로 발송(시험장 선택 불가)
추가접수	2022년 9월 26일(월) ~ 2022년 10월 2일(일)	인터넷 접수만 가능

※ 방문접수는 주말 및 공휴일은 접수 불가함.

3. 수험료(VAT 포함)

레 벨	일반접수	추가접수
N1~N3	60,000원	66,000원
N4~N5	45,000원	49,500원

4. 접수준비물

사 진 (6개월 이내)	인터넷접수	사진파일 사이즈 : 360x480픽셀 / 용량: 30~200kb / 형식: jpg
	방문/우편접수	증명사진 사이즈 : 3x4cm(사진 뒷면에 이름, 생년월일, 휴대폰 번호 기재 필수)

5. 시험실시지역

서울권	서울, 인천, 부천, 수원, 안양, 성남, 고양, 천안, 청주, 대전, 전주, 광주, 춘천, 원주
부산권	영남지역-JLPT부산사무국(www.bsjlpt.or.kr)
제주권	제주지역-JLPT제주사무국(www.jlpt.or.kr)

※ 서울권에서는 서울을 제외한 기타 지역에 레벨별 인원 제한이 있음.

JLPT

6. 접수취소 및 환불

환 불 기 준	일 반 접 수 자	2022년 9월 1일 ~ 9월 25일(24:00)까지 취소시	수험료의 100% 환불
		2022년 9월 26일 ~ 10월 2일(24:00)까지 취소시	수험료의 70% 환불
	추 가 접 수 자	2022년 9월 26일 ~ 10월 9일(24:00)까지 취소시	수험료의 100% 환불
접수취소 방법	인터넷 접수자	www.jlpt.or.kr에서 직접 취소 가능	
	방문/우편 접수자	www.jlpt.or.kr에서 「접수취소신청서」를 다운받아 작성후 메일, 등기우편으로 신청	

※ 접수 취소 기간 이후 시험의 취소, 수험료 환불은 불가함.

7. 수험표 출력

수험표 출력은 아래 지정된 날짜부터 시험일까지 당 사무국 홈페이지에서 출력 가능	
N1	2022년 10월 24일(월) 10:00 ~ 시험일까지
N2	2022년 10월 25일(화) 10:00 ~ 시험일까지
N3 ~ N5	2022년 10월 26일(수) 10:00 ~ 시험일까지

8. 접수정보 변경

(1) 레벨 · 응시지역, 시험장 변경 : 접수 후 ~ 10월 9일(일) 24:00까지		
인터넷 접수자	www.jlpt.or.kr에서 직접 변경 가능	
방문/우편 접수자	www.jlpt.or.kr에서 「접수변경신청서」를 다운받아 작성후 당 사무국으로 팩스, 이메일로 변경 신청	
(2) 영문명 변경 : 접수 후 ~ 10월 9일(일) 24:00까지		
인터넷 접수자	www.jlpt.or.kr에서 직접 변경 가능	이후의 영문명, 생년월일 변경은 12월 7일까지 당 사무국으로 팩스, 이메일로 변경 신청
방문/우편 접수자	당 사무국으로 팩스, 이메일로 변경 신청	
(3) 사진 변경 : 접수 후 ~ 10월 9일(일) 24:00까지		
인터넷 접수자	www.jlpt.or.kr에서 직접 변경 가능	이후의 변경은 10월 23일까지 당 사무국 이메일로 변경 신청
방문/우편 접수자	당 사무국 이메일로 변경 신청	
(4) 주소, 연락처 변경 : 접수 후 ~ 2023년 1월 31일(화)		
인터넷 접수자	www.jlpt.or.kr에서 직접 변경 가능	
방문/우편 접수자	당 사무국으로 팩스, 이메일로 변경 신청	

9. 시험결과 통지

시험결과 통지는 2023년 1월말에 인터넷 발표(www.jlpt.or.kr) 후
2023년 2월말~3월초에 우송할 예정.

※ 2023년 1월말에 인터넷(www.jlpt.or.kr)에서 시험결과 확인 후, 성적증명서 발행 신청 가능.

10. 시간표

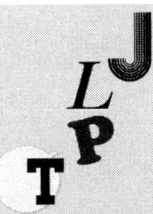

입실시간	레벨	1교시		휴식	2교시
13:10	N1	언어지식(문자 · 어휘 · 문법) · 독해 13:30 ~ 15:20		15:20 ~ 15:40	청 해 15:40 ~ 16:40
	N2	언어지식(문자 · 어휘 · 문법) · 독해 13:30 ~ 15:15		15:15 ~ 15:35	청 해 15:35 ~ 16:30
	N3	언어지식(문자 · 어휘) 13:30 ~ 14:00	언어지식(문법).독해 14:05 ~ 15:15	15:15 ~ 15:35	청 해 15:35 ~ 16:20
	N4	언어지식(문자 · 어휘) 13:30 ~ 13:55	언어지식(문법) · 독해 14:00 ~14:55	14:55 ~ 15:15	청 해 15:15 ~ 15:55
	N5	언어지식(문자 · 어휘) 13:30 ~ 13:50	언어지식(문법) · 독해 13:55 ~ 14:35	14:35 ~ 14:55	청 해 14:55 ~ 15:30

11. 신분증 규정사항 (택1)

① **일반인/대학생** : 주민등록증, 운전면허증, 여권, 주민등록증발급신청서, 공무원증, 장애인 복지카드
② **중 · 고등학생** : 주민등록증, 여권, 학생증, 청소년증, JLPT신분확인증명서, 장애인 복지카드
③ **만 15세 이하 청소년** : 주민등록등(초)본, 여권, 건강보험증, 청소년증, JLPT신분확인증명서, 장애인 복지카드
④ **군인** : 주민등록증, 운전면허증, 공무원증(장교, 부사관, 군무원), 공익근무요원증, JLPT신분확인증명서
⑤ **외국인** : 외국인등록증, 여권, 국내거소신고증, 영주증
※ JLPT신분확인증명서 양식은 홈페이지에서 다운받아 출력 가능하며, 반드시 학교장 직인/부대장인이 사진에 날인되어야 합니다.
※ 대학생 학생증, 국가자격증, 사진 부착된 신용카드, 모바일 신분증 등은 신분증으로 인정되지 않습니다.
※ 여권 : 기간만료 여권은 불가하며, 주민등록번호 없는 여권은 '여권정보증명서'를 제시해야 합니다.
기타 상세한 규정은 www.jlpt.or.kr을 참조하시기 바랍니다.
★ 신분증 미지참시 시험응시 절대 불가합니다. ★

우편접수 : 03060 서울시 종로구 율곡로 53 (해영빌딩) 1007호 JLPT 서울실시위원회
전화 : 1544-9760 팩스 : 02-725-3997 이메일 : webmaster@jlpt.or.kr

※ JLPT일본어능력시험 합격 대책

2010년부터 일본어능력시험의 방식이 바뀌었으며 4월과 9월에 접수하여 시험은 7월과 12월에 2회로 실시한다. N1과 N2의 합격점은 180점 만점에 100점 이상이 합격이다. 즉, 언어지식 60점 만점에 19점, 독해 60점 만점에 19점, 청해 60점 만점에 19점 이상을 받아야 합격하는 과락제도가 도입되었다.

언어의 4기능인 읽기, 쓰기, 듣기, 말하기의 기능을 레벨별로 평가한다. 의사소통을 위한 기본어휘력, 일상생활의 회화능력, 듣고 이해하는 청해능력, 읽고 쓸 수 있는 능력을 종합적으로 평가한다.

JLPT의 N1에 합격하기 위해서는 기본어휘 3,000개와 한자읽기능력을 기르고 TV를 보면서 뉴스를 듣고 신문을 읽고 이해하는 독해능력과 청해능력을 배양하면 합격할 수 있다.

5. 일본어능력시험 N1, N2, N3기출문제 및 예상문제

1. 다음의 はつおん중 「でんき」와 発音이 같은 것은?
① かんばい ② しんばい ③ せんぶ ④ じんこう

2. 다음 중 つまるおん의 発音이 다른 것을 고르시오.
① ざっし ② いっさつ ③ けっせき ④ きっぷ

3. 다음 중 読み方가 정확하지 않은 것을 고르시오.
① 玄関(けんかん) ② 都合(つごう)
③ 人口(じんこう) ④ 田舎(いなか)

4. 다음 단어 중 読み方가 정확하지 않은 것을 고르시오.
① 土産(みやげ) ② 時雨(しぐれ)
③ 合図(あいす) ④ 八百屋(やおや)

5. 다음 중, 표현이 적당하지 못한 것은?
① 電車をのります。 ② せんせいになる。
③ 切手をはる。 ④ ズボンをはく。

6. 自動詞와 他動詞의 使用方法이 정확한 文章을 고르시오.
① ドアの開けます。 ② 人を集まる。
③ 風を吹く。 ④ 水が増す。

7. 다음의 文章 중, 정확한 것을 고르시오.
① 彼は英語をできる。② 私はテニスを上手だ。
③ 学校がどこですか。
④ 雨は降っていますが、風はないようです。

8. 다음의 문 중, 反対의 意味가 틀린 것을 고르시오.
① ひろい — せまい ② べんり — ふべん
③ あたらしい — きれい ④ はやい — おそい

9. 다음의 自動詞와 他動詞의 関係가 다른 것을 고르시오.
① あがる — あげる ② あてはまる — あてはめる
③ あつまる — あつめる ④ 起きる — 起ける

10. 다음의 反対語가 다른 것은?
① けいし — じゅうし ② あかじ — くろじ
③ さんせい — はんい ④ きょか — きんし

※ 다음의 문장 중, 밑줄 친 부분의 읽는 방법이 바른 것을 고르시오.

11. 地震の被害者に対する、彼らの速やかな 救援活動は、賞賛に値する。
① 被害者 a.かがいしゃ b.きがいしゃ c.はがいしゃ d.ひがいしゃ
② 速やかな a.なごやかな b.すみやかな c.ゆるやかな d.はなやかな
③ 救援 a.きゅうえん b.きゅうかん c.きゅうだん d.きゅうめん
④ 値する a.ねする b.ちする c.あたいする d.くらいする

12. 夫婦は互いに 束縛したり干渉したりさない方がいいという考え方に共鳴する人が多くなった。
① 互いに a.たがいに b.ただいに c.ちがいに d.ちだいに
② 束縛 a.そくせん b.そくてん c.そくばく d.そくぼく
③ 干渉 a.かんしょう b.かんほ c.せんしょう d.せんほ
④ 共鳴 a.こうちょう b.こうめい c.きょうちょう d.きょうめい

13. 彼は前途 有望な青年で、視野を広げるために外国に留学し、現地で充実した毎日を送っている。
① 前途 a.せんと b.せんど c.ぜんと d.ぜんど
② 有望な a.ゆうぼうな b.ようぼうな c.ゆうもうな d.ようもうな
③ 視野 a.きや b.しや c.けんや d.こうや
④ 充実 a.せいじつ b.じゅうじつ c.ちゃくじつ d.ちゅうじつ

14. 福祉予算の規模が縮小されたため、老人の介護をする人の負担が増えてしまった。
① 縮小 a.しゅしょう b.しゅうしょう c.しゅっしょう d.しゅくしょう
② 介護 a.かいかく b.かんかく c.かいご d.かんご
③ 負担 a.ふたん b.ふだん c.ふうたん d.ふうだん

※ 다음의 문 중, 밑줄 친 부분을 한자로 바르게 나타낸 것을 고르시오.

15. かいしゅうしたアンケートのぶんせきには、コンピューターがいりょくをはっきする。
① かいしゅう a.回周 b.回集 c.回拾 d.回収
② ぶんせき a.分折 b.分析 c.分析 d.分訴
③ いりょく a.依力 b.偉力 c.為力 d.威力
④ はっき a.発起 b.発気 c.発企 d.発揮

16. 製品のかかくをいじするためにけいやくをむすんだ。
① かかく a.価角 b.価格 c.稼角 d.稼格
② いじ a.緯持 b.緯治 c.維持 d.維治
③ けいやく a.計約 b.係約 c.契約 d.継約
④ むすんだ a.結んだ b.締んだ c.絞んだ d.紡んだ

17. 父は、ひっしに努力して借金をへんさいし、店の経営をきどうに乗せた。
① ひっしに a.必支に b.必仕に c.必死に d.必使に
② へんさい a.返済 b.返債 c.返財 d.返材
③ きどう a.基道 b.基動 c.軌道 d.軌動

18. 人にごかいされるようなぶれいな げんどうは、つつしんだ方がいい。
① ごかい a.誤悔 b.誤戒 c.誤怪 d.誤解
② ぶれいな a.無礼な b.無札な c.不礼な d.不札な
③ げんどう a.原動 b.言動 c.現動 d.見動
④ つつしんだ a.悩んだ b.悟んだ c.慎んだ d.愼んだ

※ 다음의 문 중, ____부분에 들어갈 적당한 것을 고르시오.

19. 平行な二つの直線は決して____。
① まじえない ② まじらない
③ まざらない ④ まじわらない

20. 建物に入るのに、いちいち証明書を見せなければならないので、本当に______。
① わずらわしい ② まちどおしい
③ みすぼらしい ④ はなはだしい

21. 不況の影響で、この地域の中小企業は____倒産した。
① いまさら ② ひたすら ③ のきなみ ④ ひいては

22. いつもは厳しい先生だが、おもしろい＿＿＿もあることがわかった。
① 一見 ② 一日 ③ 一部 ④ 一面

23. わたしには小さくなったスーツを息子に着せてみたが、だった。
① だぶだぶ ② ふらふら ③ のろのろ ④ ぺこぺこ

24. 道で子供たちが遊んでいたので、車のスピードを＿＿＿通り過ぎた。
① へらして ② ゆるめて ③ よわめて ④ なくして

25. 話し合いは＿＿＿終わった。
① 健全に ② 寛容に ③ 精巧に ④ 円満に

26. 林さんは、いつも＿＿＿洋服を着ているので、みんなのあこがれの的だ。
① エレガントな ② コントロールな
③ ナンセンスな ④ プラスチックな

27. 計画がうまく行くように、みんなで作戦を＿＿＿。
① こめに ② ねった ③ ほどこした ④ あつらえた

28. 小松さんの迫力に＿＿されて、思わず同意してしまった。
① 抑圧 ② 重圧 ③ 圧倒 ④ 圧縮

29. ＿＿＿数の貝がらが、遺跡から発掘された。
① はなばなしい ② おびただしい
③ やかましい ④ なやましい

30. 電車の中で突然気分が悪くなったが、親切な人が＿＿＿してくれた。
① 救済 ② 養護 ③ 介抱 ④ 奨恋

31. 事故で電車が止まって遅刻しそうになったが、バスに乗り換えたので、＿＿＿間に合った。
① おのずから ② かろうじて
③ やむをえず ④ ことによると

32. 試験の日に朝寝坊をした弟のあわてようと＿＿なかった。
① いっても ② いうけど ③ いうのに ④ いったら

33. 彼女は3度の足のけがを＿＿＿オリンピックの代表選手になった。
① ものともせず ② ものにせず
③ ものにして ④ ものではなく

34. 田中さんは周囲の心配＿＿＿ヨットで長い航海に出た。
① はもとより ② をよそに
③ によらず ④ はおろか

35. このたび代表として国際会議に＿＿＿いただくことになりました。
① いかれて ② いかせて
③ いかされて ④ いかせられて

36. わたしの＿＿＿未熟者にこんな重要な役が果たせるでしょうか。
① ごとき ② ごとの ③ ごとく ④ ごとし

37. 休養に徹すると言い＿＿＿頭から仕事のことが離れない。
① ながらに ② かたがた ③ ながらも ④ ついでに

38. 鈴木アナウンサーはきょうのサッカーの試合の中継放送を＿＿＿引退した。
① かぎりに ② かぎって ③ しまって ④ ばかりに

39. 姉と＿＿＿、最近おしゃれのことばかり気にしている。
① すれば ② したら ③ あれば ④ きたら

40. 選手＿＿＿もの、試合においては堂々と戦え。
① する ② おる ③ たる ④ ある

41. どんな小さな成功も努力＿＿＿ことだ。
① あっては ② あってで ③ あっても ④ あっての

42. 父親が帰ると、待っていたと＿＿＿娘はおみやげをねだった。
① ばかりに ② ばかりか ③ ばかりも ④ ばかりで

43. 掃除が終わったらおやつがもらえる＿＿＿子供は一生懸命 手伝っている。
① とあって ② として ③ とあっても ④ とすると

44. 昔は親に反抗＿＿＿、すぐにたたかれたものだ。
① しそうものなら ② しようものなら
③ しないものなら ④ しようものの

45. 息子はこづかいをやったそば＿＿＿使ってしまう。
① にも ② まで ③ から ④ でも

46. どろ＿＿＿になって働いても、もらえる金はわずかだ。
① まみれ ② ぎみ ③ くさく ④ ながら

47. あの子はいったん遊びに出たが＿＿＿、暗くなるまでもどって来ない。
① 終わり ② 始末 ③ しまい ④ 最後

48. 地震のことなど想像する＿＿＿恐ろしい。
① だの ② でも ③ だに ④ では

49. 見舞いに来ない＿＿＿電話ぐらいはするものだ。
① からに ② までに ③ からも ④ までも

50. 結婚をひかえ、家具はもちろん、さらやスプーンに＿＿＿新しいのを買いそろえた。
① いたりで ② いたっては
③ いたっても ④ いたるまで

51. コンピューターに入れておいても、うっかり消してしまえば＿＿＿。
① そのものだ ② それまでだ
③ そのまま ④ それだけだ

52. 課長である以上、そんな大事なことを知らなかった＿＿＿だろう。
① でもすまされない ② でもとまらない
③ ではすまされない ④ ではとまらない

53. 友達の励まし＿＿＿作品の完成はなかったであろう。
① なくとも ② なくしては ③ ないまでも ④ ないでは

54. 知らないくせに知っているようなふりをする＿＿。
① ことじゃない ② ようじゃない
③ までじゃない ④ ものじゃない

55. そんな簡単なこと、わざわざあなたに説明してもらう＿＿。
① までもない ② ものではない
③ わけでもない ④ ところではない

56. 事故で家族を失った人の話を聞いて、なみだを＿＿。
① 禁じなかった ② 禁じ得なかった
③ 禁じざるを得なかった ④ 禁ぜずにはおれなかった

57. 台風によって交通機関が止まってしまい、旅行の中止を＿＿。
① 余儀なくした ② 余儀なくさせた
③ 余儀なくされた ④ 余儀なくなった

58. みんなから信頼されている彼をおいてほかに適当は人が＿＿。
① いるだろう ② いるだろうか
③ いないだろうか ④ いはしないだろうか

59. うるさいと感じるかもしれないが、親があれこれ言うのはあなたのことを心配して＿＿。
① いたらこそだ ② いればこそだ
③ いるならこそだ ④ いたならこそだ

60. 問題がこじれてしまう前に対策をたてるべきだったのに、ことここにいたっては＿＿。
① どうかしなくては ② どうにかしている
③ どうしようもない ④ どうしたというのか

61. この奨学金は留学生のためのものです。出身国の＿＿によらず応募することができます。
① どこ ② なに ③ いかん ④ どちら

62. 人には精神の豊かさこそが第一に必要なものである。どんなに物質的に豊かになった＿＿。
① だけあって ② のみならず
③ にかかわらず ④ からといって

63. 父も母も、これまではただ仕事ひとすじで、人生を楽しむゆとりなどなかった。海外旅行は＿＿国内さえもほとんど見て回ったことがない。
① おろか ② わずか ③ 限らず ④ 問わず

64. 世界経済の自由化の波は、日本の農業にも深刻な影響を与えた。米は一粒＿＿輸入させないと言っていた人々も、もうそんなことは言っていられなくなった。
① ばかりも ② だけさえ ③ たりとも ④ とはいえ

65. ラジオから流れてくる日本の民謡を＿＿聞いていると、何だか懐かしい気分になった。どうしてだろうと思ってよく聞いてみると、私のふるさとの音楽とリズムが一緒だった。
① 聞かないまでも ② 聞くともなしに
③ 聞くこともせずに ④ 聞かないながらも

일본어 능력시험 N1,N2,N3 예상문제 해답

1. ④ 2. ④ 3. ① 4. ③ 5. ① 6. ④ 7. ④ 8. ③
9. ④ 10. ③ 11. ⓓ ⓑ ⓐ ⓓ 12. ⓐ ⓒ ⓐ ⓓ
13. ⓒ ⓐ ⓑ ⓑ 14. ⓓ ⓒ ⓐ 15. ⓓ ⓑ ⓓ ⓓ
16. ⓑ ⓒ ⓒ ⓐ 17. ⓒ ⓐ ⓒ 18. ⓓ ⓐ ⓑ ⓒ
19. ④ 20. ① 21. ③ 22. ④ 23. ① 24. ②
25. ④ 26. ① 27. ② 28. ③ 29. ② 30. ③
31. ② 32. ④ 33. ① 34. ② 35. ② 36. ①
37. ③ 38. ① 39. ④ 40. ③ 41. ④ 42. ①
43. ① 44. ② 45. ③ 46. ① 47. ④ 48. ③
49. ④ 50. ④ 51. ② 52. ③ 53. ② 54. ④
55. ① 56. ② 57. ③ 58. ② 59. ② 60. ③
61. ③ 62. ④ 63. ① 64. ③ 65. ②

◈ 시험에 자주 나오는 일본어 능력시험 N1 문제 분석

※ 次の文の(　)には、どんな言葉を入れたらよいか。a~dの中から最も適当なものを一つ選びなさい。

1. **頭が痛くて(　　)にも起きられない。**(90年)
 a. 起きた　b. 起きる　c. 起きない　d. 起きよう

2. **最近、父(　　　)、兄の就職のことばかり気にしているのよ。**(93年)
 a. ときたら　b. にきては　c. とすれば　d. にすると

3. **姉と(　　)、最近体重のことばかり気にしている。**(97年)
 a. すれば　b. したら　c. あれば　d. きたら

4. **見舞いに物を持って來ない(　　　)、電話くらいはするものだ。**(97年)
 a. からに　b. までも　c. からも　d. までに

5. **彼をおいて、この研究を任せられる人間は(　　)。**(92年)
 a. いるかもしれない　b. いないだろう
 c. いなければならない　d. いるだろう

6. **あの時もっとがんばっていれば、と悔やんでみた(　　　)で、いまとなってはしょうがない。**(94年)
 a. の　b. もの　c. こと　d. ところ

7. **戦後の日本経済の発展は、その時々の最先端技術をとりいれた技術革新なしには、(　　)。**(93年)
 a. ありえなかっただろう　b. あったといえよう
 c. あるわけではない　d. ありえただろう

8. **環境に関する間題は、ここ数年、以前(　　　)もまして高まっている。**(94年)
 a. まで　b. から　c. で　d. に

9. **みんなから信頼されているあの人をおいてほかに適当な人が(　　)。**(97年)
 a. いるだろう　b. いはしないだろうか
 c. いないだろうか　d. いるだろうか

10. **彼は、連絡(　　)会社を休んだ。**(93年)
 a. にしろ　b. ですら　c. ばかりに　d. なしに

11. **父も母もこれまではただ仕事ひとすじで人生を樂しむゆとりなどなかった。**
 海外は(　　)国内さえもほとんど旅行したことがない。(97年)
 a. おろか　b. わずか　c. 限らず　d. 問わず

12. **彼女は絵をかくことにかけては天才とは(　　)までも才能豊かな人だ。**(92年)
 a. 言う　b. 言って　c. 言わない　d. 言わずに

13. **10時間とは(　　　)、せめて一日に3時間くらいは勉強したほうがいいんじゃないですか。**(94年)
 a. いうほどで　b. いうまでも
 c. いわないほどで　d. いわないまでも

14. **運命にもてあそばれたあの人の人生は、涙なくしては(　　)。**(94年)
 a. 語る　b. 語らない　c. 語れる　d. 語れない

15. **任務(　　　)、富士山の頂上で冬を越すのは大変なことだろう。**(96年)
 a. といえば　b. とばかりに　c. とはいえ　d. ともなく

16. **試験終了のベルが鳴る(　　　)、学生たちはいっせいに飛び出して行った。**(91年)
 a. やいなや　b. とたんに　c. ばかりに　d. が最後

17. **太郎は親の心配(　　　)、パチンコばかりして、遊んでいる。**(92年)
 a. をよそに　b. はもとより　c. はやはり　d. をかぎりに

18. **姉が派手なタイプなの(　　)、妹は地味なタイプだ。**(93年)
 a. にひきかえ　b. はもとより　c. とはいえ　d. とともに

19. **宿題が終わったらおやつがもらえる(　　　)子供は一生懸命やっている。**(97年)
 a. として　b. とあって　c. とあっても　d. とすると

20. **喫茶店で後ろの人の話を聞く(　　　)聞いていたら、私の会社のことだったので驚いた。**(94年)
 a. ばかりか　b. のみならず
 c. ともなしに　d. どころではなく

21. **テレビに出演するのは初めての経験(　　　)、彼はひどく緊張していた。**(95年)
 a. とあって　b. にあって　c. として　d. にして

22. **今月末までにレポートを提出しなければならず、今は1時間(　　)おろそかにできない。**(95年)
 a. よりも　b. だけは　c. たりとも　d. ばかりか

23. **子供たちは遊園地に着くが(　　)お弁当を食べだした。**(96年)
 a. はやいか　b. はやるか　c. はやくて　d. はやめて

24. **きょうは朝からいいこと(　　)最高に気分がいい。**(96年)
 a. ずくめで　b. よりで　c. あふれて　d. かぎりで

25. **笑っては失礼だと思い(　　　)、笑わずにはいられなかった。**(95年)
 a. きり　b. につけ　c. がちに　d. つつ

26. **引き受けた(　　)には、最後までやりたいと思います。**(90年)
 a. の　b. から　c. より　d. とか

27. **趣味もいろいろある。掃除の好きな人も(　　　)、洗濯が趣味という人もいる。**(90年)
a. いても　b. いたら　c. いると　d. いれば

28. **この会社の株価(　　)、今後も注目していく必要がある。**(91年)
a. にあたっては　b. にかけては
c. に関しては　d. に際しては

29. **もし、部下のしたことに何か失礼があった(　　　)、深くおわびします。**(91年)
a. につけ　b. にせよ　c. としたら　d. としても

30. **先輩が手伝ってくれた(　　　　)、仕事がだいぶ早く終わった。**(93年)
a. のおかげで　b. おかげで
c. のおかげさまで　d. おかげさまで

31. **大気汚染の解決策を(　　)、活発な議論が続いている。**(94年)
a. 通じて　b. めぐって　c. まわって　d. こめて

32. **私たちも残念ですが、父は長い間楽しみに待っていた(　　)、あきらめられないようです。**(90年)
a. ばかりに　b. ように　c. だけに　d. ためで

33. **暑く(　　)とたん、クーラーの売れ行きがよくなった。**(92年)
a. なる　b. なるか　c. なった　d. なろう

34. **勉強する(　　　)、遊ぶことも忘れない、そんな学生が増えている。**(93年)
a. までか　b. 以上で　c. ほどか　d. 一方で

35. **アクセントから(　　)、彼は東京の人ではないようだ。**(91年)
a. いると　b. すると　c. あると　d. くると

36. **女性の政治家が増えたといわれているが、まだ全体からすればほんの少数(　　)。**
a. に限らない　b. に達している
c. にすぎない　d. に及んでいる

37. **ほかのことは別として、食べること(　　　)、だれにも負けない。**(90年)
a. に対して　b. にかけては　c. によると　d. にとっては

38. **小学生(　　　)知っているようなことを大人の私が知らなかったのは、恥ずかしい。**(91年)
a. なら　b. だから　c. だけが　d. でさえ

39. **たとえ(　　　)、親子いっしょに同じ家で暮らせることがいちばんだ。**(92年)
a. せまくても　b. せまいなら
c. せまければ　d. せまいのに

40. **弟は肉が食べられない(　　　)ぜんぜん食べないわけではない。**(91年)
a. といっても　b. としたら　c. どころか　d. というより

<정　답>

1	b	11	a	21	a	31	b
2	a	12	c	22	c	32	c
3	d	13	d	23	a	33	c
4	b	14	d	24	a	34	d
5	b	15	c	25	d	35	b
6	d	16	a	26	b	36	c
7	a	17	a	27	d	37	b
8	d	18	a	28	c	38	d
9	d	19	b	29	c	39	a
10	d	20	c	30	b	40	a

◈ 일본어 능력시험 N2 출제 문제

1. **今まで何度酒をやめようと思った＿＿＿。**
① ことだ　② ことか　③ ものだ　④ ものか
연구) ~ことか : ~했던가 (화자의 감탄, 탄식, 감개의 기분을 표현)　정답) 2

2. **通り＿＿＿食べ物を売る店が並んでいる。**
① にそって　② について　③ によって　④ にわたって
연구) ~にそって : ~에 따라서(강, 길, 순서 등 작업이 길어질 때의 표현)　정답) 1

3. **この映画は大人向けなので、子どもは＿＿＿。**
① 見てもおもしろい　② 見てもつまらない
③ 見るところだ　④ 見るところではない
연구) ~向け : ~용(大人向け:성인용)　정답) 2

4. **田中さんのプランは、その発想＿＿＿独特だ。**
① をして　② からは　③ をもって　④ からして
연구) ~からして : ~부터가　정답) 4

5. **知人の会社は経営が相当苦しそうで、このままではつぶれる＿＿＿。**
① わけがある　② ことである　③ おそれがある　④ しだいである
연구) ~おそれがある : ~할 우려(염려)가 있다. (동사의사전형+~おそれがある)　정답) 3

6. **多くの国で公害が年々ひどくなっているが、一方では、それをなくすために、技術協力をする国々も増え＿＿＿。**
① がたい　② つつある　③ きれない　④ がちである
연구) ~つつある : 점점 ~ 하는 중이다 (동사ます형+つつある)　정답) 2

7. **私は仕事でしばしば出張するので、あちこち旅行できていいとみんなに言われるが、いつも忙しくて見物する＿＿＿。**
① はずではない　② べきではない　③ ものではない　④ ところではない
연구) ~ところではない : ~할 수 있는 상황이 아니다.(동사의 기본형+~ところではない)　정답) 4

8. **その問題についていろいろな意見が出ているが、それは、みんなが関心を持っているからに＿＿＿。**
① かぎらない　② ほかならない　③ ともなわない　④ かかわらない
연구) ~にほかならない : 바로~이다/~라고 밖에는 할 수 없다. (단정적 의미)　정답) 2

9. **大学時代にいつもとなりの席に座っていた内田さんは今ごろどうしているだろう。卒業した翌年に一度会った＿＿＿。**
① きりだ　② わけだ　③ ところだ　④ ばかりだ
연구) ~きりだ : ~뿐,~채이다 (동사た형+きりだ : 과거부터의 상태의 계속)　정답) 1

10. **まんがの種類が増えている。子どものためのもの＿＿＿大人が読むための歴史や経済のまんがもよく見かける。**
① をとわず　② はもとより　③ もかまわず　④ にさきだって
연구) ~はもとより : ~은 말할 것도 없고, ~은 물론　정답) 2

일본어시험 총정리

◈ 일본어 능력시험 N2 출제 문제

1. **私の見る________、彼は信頼できる人物だ。**
① ほどでは　② だけでは　③ とおりでは　④ かぎりでは
연구) ~かぎりでは : ~인(하는) 한은 (시간, 범위, 한계의 표현)　정답) 4

2. **さっきの態度から________、あの人はあやまる気は全然なさそうだ。**
① すると　② いると　③ あると　④ くると
연구) ~からすると/すれば/したら : ~의 입장에서 판단하면　정답) 1

3. **日本に來たばかりのときは、あいさつ________日本語でできなかった。**
① でも　② さえ　③ だけで　④ のみで
연구) ~さえ :~조차, ~마저도 (さえ뒤에는 부정문이 온다)　정답) 2

4. **それぞれの説明をよく聞いた________、旅行のコースを選びたいと思います。**
① うちに　② うえで　③ ところに　④ おかげで
연구) ~うえで : ~한 후에, ~한 뒤에 (동사た+うえで)　정답) 2

5. **この子は小学生________ずいぶんしっかりしている。**
① にすると　② にしては　③ にするなら　④ にしてから
연구) ~にしては : ~치고는　정답) 2

6. **若い________いろいろなことを経験させた方がいい。**
① くらいは　② よりは　③ ほどは　④ うちは
연구) ~うちは : ~동안은, ~사이는　정답) 4

7. **台風で電車が不通になっていたが、10時間________運転を始めたそうだ。**
① ごろに　② ほどに　③ ぶりに　④ ぐらいに
연구) ~ぶりに : ~만에(시간의 길이)　정답) 3

8. **料理の勉強を始めたといっても、まだ3か月________。**
① にわたる　② に先立つ　③ にすぎない　④ にかぎらない
연구) ~にすぎない : ~에 불과하다, ~에 지나지 않다　정답) 3

9. **田中さんが、病気の子どもを一人で家においておく________。**
① ことでもない　② はずがない　③ ものにはしない　④ ほかではない
연구) ~はずがない : ~할(일)리가 없다.　정답) 2

10. **なぜ彼女を好きになってしまったのかは、説明の________。**
① わけがない　② もとがない　③ しだいがない　④ しようがない
연구) しようがない : ~할 도리(방법)가 없다. ~할 수 없다.　정답) 4

※ 일본어 능력시험 N1 출제 문제

1. **田中さんは、責任はお前にあると＿＿＿＿＿ばかりの態度だった。**
① 言う　② 言わん　③ 言った　④ 言わず
연구) ~んばかりだ:~할 듯하다.~んばかりに:~할 듯이.~んばかりの:(곧)~할 듯한　정답) 2

2. **この事業が成功したのも、貴社のご協力が＿＿＿＿＿こそです。**
① なければ　② 会ったら　③ なかったら　④ あれば
연구) ~ばこそ : ~이기(하기)에, ~이기(하기) 때문에　정답) 4

3. **もうすぐ海外旅行に行くというのに切符の手配 ＿＿＿＿＿ 、パスポートも用意していない。**
① をとわず　② はおろか　③ にひきかえ　④ といえども
연구) ~はおろか : ~은 말할 것(나위)도 없고, ~은 고사하고　정답) 2

4. **警官 ＿＿＿＿＿ 者、そのような犯罪にかかわってはいけない。**
① なる　② たる　③ なりの　④ ならではの
연구) ~たる : ~된, 적어도 ~로서의 자격을 갖추고 있는 (명사+たる+명사)　정답) 2

5. **戦争の映画や写真を見るたびに、戦争への怒りを＿＿＿＿＿。**
① 禁じえない　② 禁じかねない
③ 禁じざるをえない　④ 禁じないではすまない
연구) ~を禁じえない : ~을 금할 수 없다.　정답) 1

6. **これは早急に結論を出さなければならない議題だ。全員集まろうが集まるまいが、予定どおりに審議を始め＿＿＿＿＿。**
① るだろうか　② てはならない　③ ないであろう　④ なくてはならない
연구) ~なくてはならない : ~하지 않으면 안 된다　정답) 4

7. **海辺の町で育ったと聞いていたので、さぞかし泳ぎがうまいだろうと思いきや、＿＿＿＿＿ 。**
① ほどほどに泳ぐことができる　② 水に浮くこともできないらしい
③ とても速く泳げるということだ　④ 泳ぐのは浮かぶのよりもむずかしい
연구) ~と思いきや : ~라고 생각했는데 뜻밖에도　정답) 2

8. **夏は体の調子を崩しやすく、私にとっては冬の方が過ごしやすい。そうは言っても、毎日こう寒くては＿＿＿＿＿。**
① かなわない　② かまわない　③ かなうだろう　④ かまうだろう
연구) ・かなわない : 견딜 수가 없다　・かまわない : 상관없다.　정답) 1

9. **A社とB社は合併することになったらしい。C社に対抗するため＿＿＿＿＿ 、思い切った決断をしたものである。**
① といえば　② というなら　③ とはいえ　④ とはいって
연구) ~とはいえ : ~라고는 해도, ~라고는 하나　정답) 3

10. **坂本さんの論文は大変すばらしい。山田教授の指導＿＿＿＿＿修正を重ねた結果だということだ。**
① ときたら　② となると　③ のあげく　④ のもとに
연구) ~のもとに : ~하에, ~아래(어떤 상황이나 사람의 지배・영향이 미쳤음)　정답) 4

※ 일본어 능력시험 N1 출제 문제

1. **かたづける________子どもがおもちゃを散らかすので、いやになってしまう。**
① おとでは　② そばから　③ よそには　④ ことまで
연구) ~そばから : ~하자마자 곧(금방)　정답) 2

2. **この子は小学生_________ずいぶんしっかりしている。**
① にしては　② にすると　③ にするなら　④ にしてから
연구) ~にしては : ~치고는　정답) 1

3. **貧しい _________十分な教育を受けられない人々がいる。**
① ものから　② がゆえに　③ とすると　④ わけもなく
연구) ~がゆえに : ~ 때문에　정답) 2

4. **あの店の服は、品質 _______ デザイン________ 申し分ない。**
① といい／といい　② をより／をより
③ として／として　④ をよそに／をよそに
연구) ~といい~といい : ~으로 보나 ~으로 보나, ~면에서나 ~면에서나　정답) 1

5. **大災害により財産_________ 肉親までも失った。**
① のみか　② だけに　③ あまり　④ さえも
연구) ~のみか : ~뿐만 아니라, ~뿐인가　정답) 1

6. **どんな相手でも、試合が終わるまでは一瞬 _________油断はできない。**
① ばかりか　② たりとも　③ ならでは　④ どころか
연구) ~たりとも : ~이(일지)라도　정답) 2

7. **孫が無事生まれたとの知らせに、彼が喜んだのは __________。**
① いうくらいだ　② いうまでもない
③ いうきらいがある　④ いうにあたらない
연구) いうまでもない : 말할 것(필요)도 없다　정답) 2

8. **今年の米のできは、まあまあと_______________。**
① いったことだ　② いったところだ
③ いわないものだ　④ いわないまでだ
연구) ~といったところだ : ~한 정도다　정답) 2

9. **夏祭りの計画は、予算不足のため、変更を _____________。**
① 余儀なくした　② 余儀なくできた
③ 余儀なくさせた　④ 余儀なくされた
연구) ~を余儀なくされる : 어쩔 수 없이 ~하게 되다　정답) 4

10. **結婚する二人の _________やまない。**
① 両親の反対を思って　② 今後の幸せを願って
③ これからの勞働を考えて　④ 幸福になれると言って
연구) 願って+やまない : 바라 마지않다　정답) 2

6. 전공일본어 임용시험 문제 및 답안

【1】 다음 각 문항을 읽고, 물음에 답하시오. [총 3점]

1-1. 다음 글을 읽고, (　) 안에 들어갈 알맞은 말을 쓰시오. (2점)

제7차 교육과정에서의 일본어 과목의 내용은 '의사 소통 활동'과 '언어 재료'로 나뉘어지는데, '의사 소통 활동' 영역에는 듣기, 말하기, 읽기, 쓰기 등 네 가지가 있고, '언어 재료' 영역에는 의사 소통 기능, 발음, 문자, (　　), (　　), (　　), (　　) 등의 일곱 가지가 있다.

[答え] 語彙. 文法, 文体, 文化 (한국어도 가능)

1-2. 아래 <보기>의 문제는 위 7가지 '언어 재료' 중에서 어느 영역을 평가한 것인지 하나를 골라 쓰시오. (1점)

◆ 빈칸에 공통으로 들어갈 말로 알맞은 것은? (2004학년도 수능 기출문제) • イムさんは きれい、げんきです。 • あしたは 4月 27日、父の たんじょうびです。 ① か ② は ③ で ④ へ ⑤ を

[答え] 文法

【2】 다음은 한국인 일본어 학습자의 작문 오용 예이다. 밑줄 친 부분의 일본어 오류를 바르게 고쳐 쓰시오. [총 2점]

2-1. 강원도의 풍경도 유명했다. → 江原道の風景も有名した。(1점)
2-2. 2층에서 발소리가 난다. → 二階で足音がでる。(1점)

[答え] 2－1有名だった　　2－2する

【3】 다음 글을 읽고, (①)과 (②)에 들어갈 알맞은 말을 쓰시오. [2점]

한국인은 일본어의 파열음과 파찰음 발음 시, 무성음・유성음을 구별하지 못해 오류를 범하는 일이 많다. 즉 「ぎん(銀)」을 「きん」으로 발음하여 듣는 사람이 '金'과 혼동한다든지, 「また(또)」를 「まだ」로 발음하여 '아직'이라는 의미와 혼동하게 된다든지 하는 것이다. 이는 근본적으로는 한국어와 일본어의 음운체계가 다른 것에 기인하지만, 구체적으로는 한국어의 다음과 같은 발음 특징 때문이다. ・한국어의 파열・파찰음은 어두에서 (　①　)으로 소리나는 일이 없다. ・한국어의 파열・파찰음은 유성음과 유성음 사이에서는 (　②　)으로 소리난다.

[答え] ① 有声音 ② 有声音

【4】 다음 각 문항을 읽고, 물음에 답하시오. [총 7점]

4-1. 다음 (1)과 (2)는 어떤 교수법의 장점과 단점을 설명한 글이다. (1)과 (2)에 해당하는 각각의 교수법을 <보기> 에서 골라 번호를 쓰시오. (2점)

(1)	主な長所	ⓐ無意識のうちに驚くべきほどの記憶力の増加が期待できる。ⓑ幼児化、ロールプレイを通じ自己からの解放があり、その結果学習者はより素直になって学習が促進される。ⓒ短期間のうちに膨大な内容が学習できる。ⓓ音楽や学習環境の整備が言語習得に深く関係していることを示した。ⓔ言語的な能力開発だけではなく潜在する美的感覚を刺激し豊かな感性を育てる。
(2)	主な短所	ⓐ導入形式が命令形ということで、内容が限定されやすい。ⓑ抽象的概念の導入が難しい。ⓒ命令に従って身体を動かすことに対する反感がある学習者も多くいる。ⓓ聴解力から発話力への移行は必ずしも容易ではない。ⓔ発音の指導・矯正が不十分である。ⓕ学習者からの自発的発話がい ⓖ実際の自然な言語運用からかなりかけ離れている。

<보 기>

① サイレント・ウェイ　　② コミュニティ・ランゲージ・ラーニング
③ トータル・フィジカル・リスポンス　　④ 認知学習
⑤ サジェストペディア

[答え] (1) ⑤　(2) ③

4-2. 다음은「コースデザイン」의 흐름에 관한 설명이다. (①)과 (②)에 각각 들어갈 적당한 말을 가타카나로 쓰시오. (2점)

コースデザインを行うための最初の情報は、学習者の学習目標と目標言語使用の(　①　)の分析から得られる。学習者がいったいなんのために目標言語を学習するのか、また、学習した目標言語を使用する場面、状況としてどんなものがあるかなどがここで分析され、その結果は主としてコースデザインの次の段階である(　②　)・デザインのために使われる。

① [　|　|　]　　② [　|　|　|　]

[答え] ① ニーズ　② シラバス

4-3. 문장①~⑩은「オーディオリンガル・メソッド」와「機能-概念アプローチ」의 특징을 나타내고 있다. 전자(前者)의 특징을 나타내는 문장을 6개만 골라 번호를 쓰시오. (3점)

「オーディオリンガル・メソッド」의 특징						

[答え] ② ③ ⑤ ⑦ ⑨ ⑩

① 意味内容こそ、最優先する。 ② 言語学習とは、構文、音声、単語を学習することである。 ③ ネイティブスピーカーのような発音が求められる。 ④ 学習の最初からコミュニケーションをすることを奨励してよい。 ⑤ 生徒の母語を使用することは禁止される。 ⑥ 学習者が望むなら読むことも書くことも、最初の日から行ってよい。 ⑦ 単元の配列は、言語学的にみた複雑さの尺度だけを考慮して決める。 ⑧ 一番の目標は、流暢で許容できる言語であって、正確さは観念的に判断するものではなく、文脈の中でこそ判断できるものである。 ⑨学習者が相手にするのは、学習機器や練習教材にある言語体系である。 ⑩ 教師は、学習者が使うべき表現をはっきりと示さなければならない。

【5】 다음 각 문항을 읽고, 물음에 답하시오. [총 5점]

5-1. 다음 글을 읽고, 물음에 답하시오. (3점)

일본어의「ん」은 하나의 음처럼 인식되지만, 실제로는 뒤에 오는 음에 따라 여러 가지 異音으로 나타나며 그 異音들은 상보분포를 이룬다.「ん」 뒤에 모음이나 반모음이 오면「ん」은 그 모음이나 반모음에 가까운 鼻母音으로 발음되는데, 그 鼻母音은 대략 [ĩ]과 [ɯ̃]의 두 가지로 나눌 수 있다.

어떤 음들이「ん」 뒤에 올 때「ん」이 [ĩ] 또는 [ɯ̃]으로 발음되는가 히라가나로 모두 쓰시오.

(1) [ĩ]으로 소리날 때 :「ん」 뒤에　가 올 때

(2) [ɯ̃]으로 소리날 때 :「ん」 뒤에　가 올 때

[答え] (1) い, え, や, ゆ, よ (2) あ, う, お, わ, を

5-2. (　) 안에 들어갈 알맞은 말을 한자(漢字)로 쓰시오. (1점)

二つの語が結合する場合に、 後にくる語の頭の清音が濁音になることを(　　)という。

[答え] 連濁

5-3. <보기>와 같이 [　　] 에 알맞은 축약형을 쓰시오. (1점)

<보 기>
行けば　→　行きゃ

行ければ → [　　　　]

[答え] 行けりゃ

일본어시험 총정리

【6】 다음 각 문항을 읽고, 물음에 답하시오. [총 6점]

6-1. 문장 (1)과 (2)의 의미에 해당하는 각각의 외래어를, <보기>에서 골라 번호를 쓰시오. (2점)

(1) 学生などが、たがいに費用を出しあってする懇親会。 (2) 食通。美食家。

<보 기>

① ワークショップ　② フルーツ　③ ミート　④ コンパ　⑤ グルメ　⑥ ゼミ

[答え] (1) ④ (2) ⑤

6-2. 문장 (1)~(3)의 (　　) 안에 공통으로 들어갈 말을 한자(漢字)로 쓰시오. (1점)

(1) 子どもの使いでは(　　)もとない。 (2) 君が疑われているらしいといわれて、(　　)なしか彼の顔色が変わったようだ。 (3) 留守番があるので(　　)おきなく出かけられる。

[答え] 心
心もとない＝어쩐지 불안하다
心おきなく＝거리낌 없이
心なしか＝그래서 그런지

6-3. 문장 (1)과 (2)의 설명에 해당하는 말을 각각 한자(漢字)로 쓰시오. (2점)

(1) 日本語の文の切れ目に付ける符号。 文の最後の字の右下に小さく添える中白の点。 (2) 文章を書くとき、文中の切れ、続きを明らかにするために、切れ目に入れる符号。

[答え] (1) 句点 (2) 読点

6-4. <보기>의 어휘들 중 밑줄 친 「雨」를 「さめ」라고 읽는 것을 모두 골라 번호를 쓰시오. (1점)

<보 기>

① 五月雨　② 大雨　③ 春雨　④ 梅雨　⑤ 小雨　⑥ 氷雨

[答え] ③ ⑤ ⑥　はるさめ　こさめ　ひさめ

【7】 밑줄 친 부분의 보통어 표현을 겸양어 표현으로, 존경어 표현을 보통어 표현으로 고쳐 쓰시오. [총 2점]

7-1. これからも世界の動向にたえず注目していこうと思います。(1점)

[答え] 存じます

7-2. そんなにお酒を召し上がったら、お体に毒ですよ。 (1점)

[答え] 飲んだら

8. 다음 각 문항을 읽고, 물음에 답하시오. [총 3점]

8-1. 문장 (1)과 (2)의 밑줄 친「ぬ」에 대해 그 의미와 활용형을 <보기>에서 골라 쓰시오. (2점)

	意味	活用形
(1) 風と共に去りぬ。	( )	( )
(2) 言わぬが花。	( )	( )

<보 기>

意味 :	過去	完了	推量	断定	否定	比況
活用形 :	未然形	連用形	終止形	連体形	已然形・仮定形	命令形

[答え] (1) 完了, 終止形 (2) 否定, 連体形

8-2. ( ) 안에 공통으로 들어갈 알맞은 말을 쓰시오. (1점)

平安時代に語中のハ行が( )に変化したが、 この( )に変わったハ行を「ハ行転呼音」と呼ぶ。

[答え] ワ行

【9】 다음 각 문항을 읽고, 물음에 답하시오. [총 4점]

9-1. ①~⑩의「작품 - 작가」가 잘못 이어진 것을 3개만 찾아서 번호를 쓰고, 그리고 그 작품에 해당하는 작가를 <보기>에서 골라 기호를 쓰시오. (3점)

① 金閣寺 - 高村光太郎　② 羅生門 - 芥川竜之介
③ 暗夜行路 - 志賀直哉　④ 坊っちゃん - 夏目漱石
⑤ 浮雲 - 二葉亭四迷　⑥ 一握の砂 - 石川啄木
⑦ みだれ髪 - 田山花袋　⑧ たけくらべ - 島崎藤村
⑨ 高瀬舟 - 森鴎外　⑩ 俘虜記 - 大岡昇平

<보 기>

ⓐ 三島由紀夫　ⓑ 太宰治　ⓒ 正岡子規　ⓓ 川端康成　ⓔ 永井荷風
ⓕ 与謝野晶子　ⓖ 樋口一葉　ⓗ 横光利一　ⓘ 泉鏡花　ⓙ 有島武郎

번호			
작가			

[答え] ① ⑦ ⑧ 작가 : ⓐ ⓕ ⓖ

9-2. 다음은 어느 소설의 모두(冒頭)에 나오는 글이다. (　　) 안에 들어갈 적당한 말을 한자(漢字)로 쓰시오. (1점)

国境の長いトンネルを抜けると(　　　　)であった。夜の底が白くなった。信号所に汽車が止まった。向側の座席から娘が立って来て、島村の前のガラス窓を落した。雪の冷気が流れこんだ。娘は窓いっぱいに乗り出して、遠くへ叫ぶやうに、「駅長さあん、駅長さあん。」

[答え] 雪国

【10】 다음 각 문항을 읽고, 물음에 답하시오. [총 4점]

(1)	むかし、をとこ、初冠して、平城の京、(　　)日の里にしるよしして、狩に往にけり。その里に、いとなまめいたる女はらから住みけり。このをとこ、かいまみてけり。おもほえずふるさとに、いとはしたなくてありければ、心地まどひにけり。
(2)	(　　)はあけぼの。やうやう白くなり行く、山ぎはすこしあかりて、むらさきだちたる雲のほそくたなびきたる。夏はよる。月の頃はさらなり、やみもなほ、ほたるの多く飛びちがひたる。
(3)	祇園精舎の鐘の声、諸行無常の響きあり。娑羅双樹の花の色、盛者必衰のことわりをあらはす。おごれる人も久しからず、只(　　)の夜の夢のごとし。たけき者もつひには滅びぬ、ひとへに風の前の塵に同じ。

10-1. (1)에 해당하는 작품을 <보기>에서 골라 번호를 쓰시오. (1점)

<보 기>

① 源氏物語　② 枕草子　③ 方丈記　④ 平家物語　⑤ 大和物語　⑥ 伊勢物語

[答え] ⑥

10-2. (2)와 관련이 깊은 것(文芸理念)을 <보기>에서 골라 번호를 쓰시오. (1점)

<보 기>

① もののあはれ　② をかし　③ さび　④ 粋　⑤ 義理・人情

[答え] ②

10-3. (1)～(3)의 (　　) 안에 공통으로 들어갈 말을 한자(漢字)로 쓰시오. (1점)

[答え] 春

10-4. 아래 표의 (1)과 (2)에 각각 들어갈 작품명의 마지막 부분(●표)만 한자(漢字)로 쓰시오. (1점)

作品名	編者	成立	目的	内容
(1) ○○●	稗田阿礼が誦習。 太安万侶が撰録。	712年	国内的に朝廷の権威を示そうとする。	神話・伝説などが多く、文学的性格が強い
(2) ○○○●	舎人親王ら。	720年	対外的に国威を示そうとする。	史実に重点を置き、歴史的性格が強い。

[答え] (1) 記 (2) 紀

【11】 다음 각 문항을 읽고, 물음에 답하시오. [총 4점]

11-1. <보기>의 일본어 복합동사 중에 전항과 후항의 조합이 바르지 않은 것 2개를 골라 번호를 쓰시오. (1점)

<보 기>

① 食べ始まる ② 走り終わる ③ 駆け上がる ④ 這い上げる ⑤ 張り上げる ⑥ 運び上げる

[答え] ① ④
자타동사를 묻는 문제

11-2. 다음은 일본어의 주어와 주제에 관한 설명이다. 맞는 것에는 (○)표, 틀린 것에는 (×)표를 하시오. (2점)

(1) 主語と主題は文法的に全く異なる概念である。 ( )
(2) 一つの文には必ず主語がある。 ( )
(3) 主語に対応する語は述語である。 ( )
(4) 主題はすべて「名詞＋は」の形をとる。 ( )

[答え] (1) (○) (2) (×) (3)(○) (4) (×)

11-3. 일본어 형용사의 어간에 「～がる」를 붙여서 사용할 수 없는 것 2개를 골라 번호를 쓰시오. (1점)

① 悲しい ② 痛い ③ 太い ④ 懐かしい ⑤ 薄い ⑥ おもしろい

[答え] ③ ⑤

【12】 다음 각 문항을 읽고, 물음에 답하시오. [총 4점]

12-1. <보기>의 일본어 표현은 말하는 이의 기분(마음가짐)을 나타내는 것들이다.
문법적 의미로서의 「불필요」를 나타내는 표현이 아닌 것 2개를 골라 번호를 쓰시오. (2점)

<보 기>

① なくてもいい ② ことはない ③ なければいけない ④ ものではない ⑤ 必要はない
⑥ までもない

[答え] ③ ④

12-2. 가장 자연스러운 일본어문의 완성을 위해 <보기>의 부사들 중에서 각각 1개만 골라 그 번호를 쓰시오. (2점)

(1) (　　　　)植えた木が、 台風で倒れてしまったんです。

(2) いつまで昔の恋人の写真をとっておくの。 (　　　　)燃やしてしまいなさい。

<보 기>

① つい　② さっさと　③ せっかく　④ ひととおり　⑤ あまり　⑥ かえって

[答え] ③ ②

【13】 다음 각 문항을 읽고, 물음에 답하시오. [총 3점]

13-1. 두 사람의 대화를 읽고 빈칸에 들어갈 적합한 말을 쓰시오. (1점)

キム ：これ俺のおふくろが送ってくれた韓国のおかしです。 どうぞ。
先生 ： だけどキムさん、今「俺のおふくろ」って言っていたけど、目上の人と話すときは、その言葉は使わないほうがいいわよ。
キム ：あ、すみません。「です」を使っているから丁寧でいいと思ったんですが…。
先生 ：「俺」とか「おふくろ」という言葉と「です」ではバランスが悪くて、不自然な感じがするの。
キム ：そうですか。
先生 ：こういう場合は「　　　　　」などと言ったほうがいいわね。
キム ：はい、分かりました。

[答え] 私の（うちの）母

13-2. 일본어 대화체에는 「です・ます体(정중체)」와 「友達言葉(반말체)」가 있다. <보기>와 같이 밑줄 친 부분의 정중체를 적합한 반말체로 고치시오. (1점)

<보 기>

鈴木さんも来ますよ。　→　鈴木さんも来るよ。

名古屋に住んでいるんですか。　→ 名古屋に

[答え] 住んでいるの

13-3. 다음 대화체 문장의 밑줄 친 부분을 일본어로 고치시오. (1점)

キム ：先生、合格しました。誰よりも先に先生にお知らせしたくて。
先生 ：おめでとう、**정말로 잘 됐다**。
キム ：ありがとうございます。志望校に合格できたのは先生のおかげです。
先生 ：ううん、あなたが努力したからよ。

[答え] 本当によかった

【14】 밑줄 친 우리말을 일본어로 바꿀 때, 빈칸에 들어갈 적당한 말을 히라가나로 쓰시오. [총 5점]

(1) 잔디밭에 들어가지 말 것.(「べし」활용형 사용할 것) (2점)

| | | | に | 立 | ち | 入 | る | | | | |。

[答え] しばふに立ち入るべからず (2) (3) (4)

(2) 아무리 괴롭더라도 살지 않으면 안 된다.(「ず」활용형 사용할 것) (1점)

いかに苦しくとも | 生 | | | | | | |。

[答え] 生きねばならぬ。

(3) 일부러 갔던 보람은 있었다. (1점)

わざわざ | 行 | っ | た | | | | | | はあった。

[答え] だけのこと

(4) 하면 된다. (1점)

| な | | | | |。

[答え] せばなる

【15】 다음 글을 읽고, 물음에 답하시오. [총 2점]

(1)

唐代(618~907)は文学史上、一般に初唐、盛唐、中唐、晩唐に分けられる。その中唐期のこと。科挙の試験を受けるため都の長安にやってきた賈島は、驢馬の背に乗って詩作にふけっていた。「僧は推す月下の門」という詩句を得たが、「推す」という語を「敲く」にすべきかどうかと思索しているうちに、都の長官である韓愈の行列に突き当たってしまった。そこで賈島は(2)無礼を詫びるとともに、事情を説明した。当時を代表する詩文の大家であった韓愈は、事情を聞くと許すともに、「敲くのほうがよい」と助言してくれた。そして、 二人は、そのままくつわを並べて進みながら、詩を論じあったという。

15-1. (1)에 들어갈 글의 제목을 위 글에서 찾아 2자로 된 한자어(漢字語)로 쓰시오. (1점)

[答え] 推敲
(퇴고すいこう)

15-2. 밑줄 친 (2)를 우리말로 번역하시오. (1점)

[答え] 무례함을 사과함과 동시에

일본어시험 총정리

【16】 다음 글을 읽고, 물음에 답하시오. [총 6점]

(A) 読書の最良の方法は、書物を手紙として読むということ、直接自分にあてて書き送られた手紙として読むということである。手紙として読むことができないのは、書かれたものに魂がないか、読む方に魂がないか、どちらかだろう。その両方であることが近ごろはずいぶん多いように思われる。魂のこもっていないものを読むことは、結局こちらの魂を安く売り渡すことになるだろう。このように自分にとっていちばんたいせつなものを失ってしまう行為は、なかなか気づかれないけれども、(ⓐ)、こういう行為が重なってどんな人間ができ上がるかを思うと恐ろしい気がする。

(B) (ⓑ)。同じようなことが音楽や美術のような芸術の場合にもいえるだろうし、(ⓒ)、私たちの日常生活についてもあてはまるだろう。私たちの人生という布は、いうまでもなく、この㉠**かけがえのない**たいせつな織物も、近ごろはますますお粗末に、 安手なものになっていくようだ。

(C) 子どものとき、私たちは二つ三つの友情を大事にしている。(ⓓ)、しだいに大人になり、交際が広くなり、生活が複雑にそして忙しくなってくると、人との関係はそれぞれの奥行きを失って、㉡**とおりいっぺんの**つきあいに色あせてしまう。習慣や利害が簡単に人を結びつけたり引き離したりする。「生まれつき筆不精で」とか「とてもいそがしくて」とか言って、事務的な手紙しか書かなくなる。

(D) 人生というものが私たちにとって、一回限りの織物であるならば、私たちはそれを織る糸を美しくじょうぶなものにしなければならないだろう。

16-1. (ⓐ), (ⓒ), (ⓓ)에 들어갈 알맞은 것을 <보기>에서 골라 쓰시오. (2점)

<보 기>

• たとえば • それだけに • それで • さらに • けれども • それとも

[答え] ⓐ それだけに ⓒ さらに ⓓ けれども

16-2. 문맥 흐름상 (ⓑ)에 들어갈 가장 알맞은 것을 <보기>에서 골라 번호를 쓰시오. (1점)

<보 기>

① 魂の場合だけではない ② 人間がこわくなるだけではない
③ 読書の場合だけではない ④ 自分にとっていちばんたいせつなものだけではない

[答え] ③

16-3. 밑줄 친 ㉠을 우리말로 번역하시오. (1점)

[答え] 둘도 없는
(단 하나 뿐인 더 없이 소중한)

16-4. 밑줄 친 ㉡과 의미가 가장 가까운 것을 <보기>에서 골라 번호를 쓰시오. (1점)

<보 기>

① ほんとうに親しい ② 中身のある ③ むつまやかな ④ 上辺だけである

[答え] ④

16-5. 아래 문장은 (A)~(D)의 단락 중 맨 마지막 부분이다. 어느 단락의 마지막 부분인지 그 단락의 기호를 쓰시오. (1점)

> こういうことも、 やはり自分の魂を失ってしまう行為ではあるまいか。

[答え] (C)

【17】 (　) 안에 들어갈 알맞은 말을 <보기>에서 골라 번호를 쓰시오. [2점]

(1) 年長者の長い間の経験は尊重すべきである。	—	亀のこうより年の(　)。
(2) 水泳の達者な河童でも時には押し流されてしまう。	—	河童の(　)流れ。
(3) 風流より実利の方がよいというたとえ。	—	(　)より団子。
(4) どれもこれも同じように平凡で、 特にすぐれたものがないこと。	—	どんぐりの(　)くらべ。
(5) 不幸や不運が重なることをいう。	—	泣き面に(　)。

<보 기>

① 背　② 花　③ 甲　④ 川　⑤ 火　⑥ 劫　⑦ 蜂　⑧ 蝿

[答え] (1) ⑥ (2) ④ (3) ② (4) ① (5) ⑦

【18】 다음은 ○○고등학교의 일본문화 연구부가 학교 문화제에 참가하기 위해 조별로 계획한 준비 내용이다. (①), (②), (③)에 들어갈 알맞은 말을 한자(漢字)로 쓰시오. [3점]

> **日本文化研究部の文化祭参加計画**
> A組：韓国の「シルム」と似ている日本の伝統的なスポーツである(　①　)について調査する。
> B組：日本の三大祭りである東京の神田祭り、(　②　)の祇園祭り、大阪の天神祭りについて調査する。
> C組：日本で入学試験の季節になると、 合格祈願のために神社を訪れ、 (　③　)に志望校と名前を書いてお願いすることのようなイベントを準備する。

[答え] ① 相撲　② 京都　③ 絵馬

【19】 다음 각 문항을 읽고, 물음에 답하시오. [총 3점]

19-1. <보기>는 일본의 근대 이후의 연호(年号)를 순서대로 나열한 것이다. (　) 안에 들어갈 알맞은 연호를 한자(漢字)로 쓰시오. (1점)

<보 기>

明治 — 大正 — (　　) — 平成

[答え] 昭和

19-2. 다음 글의 (　) 안에 들어갈 알맞은 말을 한자(漢字)로 쓰시오. (1점)

江戸時代の統治体制は、幕府の将軍と藩の支配権をもった(　　　)が主従関係をむすび、幕府と藩が全国の土地と人民をそれぞれ支配するしくみであったが、これを幕藩体制という。

[答え] 大名

19-3. 다음 글은 무엇에 관한 것인지 적당한 말을 가타카나로 쓰시오. (1점)

1980年代後半からの日本は、急激な円高によって、大幅な貿易黒字が生まれたものの、設備投資が停滞したために、余剰資金が生じるようになった。多くの企業や金融機関では、余剰資金で土地や株式を投機的に買ったり、資金の貸付を積極的におこなうようになった。そのため、地価と株価は急激に上昇し、企業収益は回復して景気回復をたすけたものの、資産や所得の格差が拡大した。

			経	済

[答え] バブル

- 수고하셨습니다 -

7. 通訳案内員 試験問題 및 예상문제

1. 「皆目」の正しい意味はどれですか。
① ほとんど ② ぜんぜん ③ すこし ④ たくさん

2. 「出納」の読み方は?
① しゅっのう ② しゅつなう ③ すいとう ④ すいのう

3. 「行灯」の読み方は?
① こうとう ② ぎょうとう ③ あんどん ④ あんとう

4. 「境内」の読み方は?
① けいだい ② けいない ③ きょうない ④ きょうだい

5. 「ねる」の反対語は?
① ねむる ② やすむ ③ すわる ④ おきる

6. 「~たい」の活用形は?
① 動詞型 ② 名詞型 ③ 形容詞型 ④ 形容動詞型

7. 「歩く」の活用形でないのはどれですか。
① あるいて ② あるいは ③ あるけ ④ あるけば

8. 次の( )の中に入ることばとして適当なものは?
鐘が( )鳴る
① ケンケン ② カンカン ③ コンコン ④ ゲンゲン

9. 「本物」の反対語?
① うそもの ② にるもの ③ はんもの ④ にせもの

10. 「本音」の読み方は?
① ものおと ② もとね ③ ほんね ④ ほんおと

※다음( )속에 들어갈 말을 고르시오.

11. ハングルは漢字から作り出したもの( )、よその文字から借りたもの( )。
① ではなければ、ではない ② でないけれども、ではある
③ でもなければ、でもない ④ でないならば、でもない

12. 吉田博司さま、奥さまがお迎えに(　　　)。

① 参ってきました　　② 参りました

③ 参られております　④ きておられます

13. 彼は財界の(　　)である。

① 大役物　② 大立者　③ 大立物　④ 大物者

14. 外国旅行をする(　　)、その国のことを前もって調べておくべきだ。

① くらいだから　② ものだから　③ ことだから　④ からには

15. 一度あきらめてみた(　　)、どうしても思い切れない。

① ものの　② ものに　③ ものなら　④ ものを

16. バスがこなくて人々(ひとびと)が(　　)している。

① うとうと　② うきうき　③ いらいら　④ がたがた

17. 運動場(うんどうじょう)で学生(がくせい)たちが(　　)している。

① かちかち　② がたがた　③ からり　④ がやがや

정 답	1. ② 2. ③ 3. ③ 4. ① 5. ④ 6. ③ 7. ② 8. ② 9. ④ 10. ③
	11. ③ 12. ④ 13. ② 14. ④ 15. ① 16. ③ 17. ④

学校(がっこう)で学(まな)んだことを一切忘(いっさいわす)れてしまった時(とき)に、なお残(のこ)っているもの、それこそ教育(きょういく)だ。

<アインシュタイン><아인슈타인>

학교에서 배운 것을 모두 잊어버렸을 때, 그래도 기억에 남아있는 것, 그것이야말로 교육이다.

V
시험에 자주 나오는 중요단어 총정리

일본어 정복의 지름길을 제시하고자 일본어 능력시험 N1·N2·N3 출제 기준이 기본어휘를 중심으로, 시험에 자주 나오는 필수 단어를 총정리 하였습니다. 이 어휘만 암기하여도 각종시험에서 답이 보이고, 합격의 길이 열릴 것입니다. 자신감을 가지고 열번 쓰고 열 번 읽어서 마스터하시길 바랍니다.

꼭 알아야 할 중요한 단어 분석·정리

＊표는 일본어 능력시험 필수 기본 어휘

● あ ●

＊**あ/ああ** 아! 응 (감탄, 놀람)
あい(愛) 사랑
あいかわらず(相変わらず) 변함 없이
＊**あいさつ(挨拶)** 인사
あいする(愛する) 사랑하다
あいず(合図) 신호
＊**あいだ(間)** 사이, 동안
あいて(相手) 상대
＊**あう(合う)** 맞다
＊**あう(会う)** 만나다
＊**あおい(青い)** 푸르다
＊**あかい(赤い)** 빨갛다
あかちゃん(赤ちゃん) 아이
あかんぼう(赤ん坊) 갓난아이
＊**あがる(上がる)** 올라가다
＊**あかるい(明るい)** 밝다
＊**あき(秋)** 가을
＊**あく(開く)** 열리다(자동사)
あくしゅ(握手) 악수
＊**あける(開ける)** 열다(타동사)
＊**あける(明ける)** 밝아오다
＊**あげる(上げる)** 드리다(やる의 존경어)
＊**あさ(朝)** 아침
あさい(浅い) 얕다
＊**あさって(明後日)** 모레
あさねぼう(朝ねぼう) 잠꾸러기
＊**あし(足)** 발
＊**あした(明日)** 내일
＊**あじ(味)** 맛
あじわう(味わう) 맛보다
あす(明日) 내일
あせ(汗) 땀
＊**あそこ** 저기
＊**あそぶ(遊ぶ)**놀다
あたえる(与える) 주다, 수여하다
＊**あたたかい(暖かい)** 따뜻하다
＊**あたま(頭)** 머리
＊**あたらしい(新しい)** 새롭다
あたり(辺り) 주변, 근처
＊**あちら/あっち** 저쪽
＊**あつい(暑い)** 덥다
＊**あつい(熱い)** 뜨겁다
あつかう(扱う) 취급하다
＊**あつまる(集まる)** 모이다(자동사)
＊**あつめる(集める)** 모으다 (타동사)
＊**あと(後)** 뒤
あな(穴) 구멍
＊**あなた(貴方)** 당신
＊**あに(兄)** 형
＊**あね(姉)** 누나
＊**あの** 저
＊**あぶない(危ない)** 위험하다
あぶら(油) 기름
あまい(甘い) 달다
＊**あまり** 별로, 그다지, 너무
＊**あめ(雨)** 비
＊**あらう(洗う)** 씻다
あらゆる 모든
あらわす(表す) 표현하다
あらわす(現わす) 나타내다(타동사)
あらわれる(現れる) 나타나다(자동사)
＊**ありがとうございます**고맙습니다
＊**ある(存在)** 있다(사물. 무생물)
＊**ある(或る)** 어떤, 어느(연체사)
＊**あるく(歩く)** 걷다
＊**あれ** 저것
あんき(暗記) 암기
あんぜん(安全) 안전
＊**あんな** 저런
＊**あんない(案内)** 안내
アイスクリーム 아이스크림
アイドル 우상, 동경의 대상
アイロン 다리미
アジア 아시아
アパート 아파트
アメリカ 미국
アルバイト 아르바이트
アルバム 앨범

い

*いい /よい 좋다
*いいえ 아니오
*いう(言う) 말하다
*いえ(家) 집
いかがですか 어떠세요?
いがい(意外) 의외로, 뜻밖에
いがい(以外) 이외
いき(息) 숨, 호흡
いきいき(生き生き) 생생한
いきかた(行き方) 가는 법
いきなり 갑자기
*いきる(生きる) 살다
*いく/ゆく(行く) 가다
*いくつ(幾つ) 몇 개, 몇 살
*いくらですか 얼마입니까
いけ(池) 연못
*いけない ~해서는 안 된다
いけん(意見) 의견
いざかや(居酒屋) 일본의 선술집
いし(石) 돌
いしき(意識) 의식
*いしゃ(医者) 의사
いじめる(苛める) 괴롭히다
いじょう(以上) 이상
*いす(椅子) 의자
*いそがしい(忙しい) 바쁘다
*いそぐ(急ぐ) 급하다, 서두르다
*いた(板) 판자
*いたい(痛い) 아프다
*いただく(頂く) もらう의 겸양어
いたみ(痛み) 아픔, 통증(명사)
いたむ(痛む) 아프다(동사)
*いち(一) 1, 일
*いちがつ(一月) 1월
いちご 딸기
いちど(一度) 한 번
いちにち(一日) 하루
いちねん(一年) 일년
いちば(市場) 시장
いちばん(一番) 가장, 제일
*いつ 언제
*いつか(五日) 5일
いっかい(一回) 한 번
いっしゅうかん(一週間) 일주일
*いっしょ(一緒) 함께
*いっしょうけんめい(一所(生)懸命) 열심히
いったい(一体) 도대체
*いっぱい(一杯) 한 잔, 가득
いつつ(五つ) 5개
*いつも 항상, 언제나
*いと(糸) 실
いなか(田舎) 시골
*いぬ(犬) 개
いのち(命) 목숨
いのる(祈る) 빌다, 기원하다
*いま(今) 지금
*いみ(意味) 의미
*いもうと(妹) 여동생
*いや(嫌) 싫음
いよいよ 점점, 더욱 더, 드디어
いらっしゃいませ 어서 오세요
*いらっしゃる 계시다, 오시다(いる・くる의 경어)
いりぐち(入口) 입구
*いる(居る) (사람, 동물) 있다
いる(要る) 필요하다
*いれる(入れる) 넣다
*いろ(色) 색
*いろいろ 여러 가지
いわう(祝う) 축하하다
いわゆる(所謂) 소위, 이른바
イギリス 영국
*インターネット(internet) 인터넷

う

*う/よう ~하자, 일 것이다(권유, 추측)
*うえ(上) 위
うえる(植える) 심다
*うかがう(伺う) 여쭙다
うけとる(受け取る) 수취하다, 받다
*うける(受ける) 받다
*うごく(動く) 움직이다
うし(牛) 소
*うしろ(後ろ) 뒤
*うすい(薄い) 얇다
*うそ 거짓말
*うた(歌) 노래
*うたう(歌う) 노래하다
うたがう(疑う) 의심하다
*うち(家) 집(가정)
うち(内) 안
*うつ(打つ) 치다
*うつくしい(美しい) 아름답다
*うつす(写す) 베끼다
*うつる(移る) 옮기다
*うで(腕) 팔, 솜씨

うま(馬) 말
*うまい(甘い) 달다, 맛있다
*うまれる(生れる) 태어나다
*うみ(海) 바다
うむ(生む) 낳다
*うら(裏) 안, 속
うらやましい 부럽다
*うる(売る) 팔다
*うるさい 시끄럽다
うれしい(嬉しい) 기쁘다
*うんてん(運転) 운전
*うんどう(運動) 운동
うんどうじょう(運動場) 운동장
ウォン 원, 한국 화폐 단위

え

*え(絵) 그림
*えいが(映画) 영화
えいきょう(影響) 영향
えいご(英語) 영어
*えいせいほうそう(衛星放送) 위성방송
*ええ 감동을 나타내는 말, 에에
*えき(駅) 역
えつらんしつ(閲覧室) 열람실
えほん(絵本) 그림 책
*えらぶ(選ぶ) 고르다
*えん(円) 엔, 일본 화폐 단위
えんそく(遠足) 소풍
*えんぴつ(鉛筆) 연필
エアコン 에어컨
エネルギー 에너지
エレベーター 엘리베이터

お

*お　존경의 접두어
おい(甥) 조카, 생질
*おいしい(美味しい) 맛있다
おうふく(往复) 왕복
おおあめ(大雨) 큰 비
*おおい(多い) 많다
*おおきい(大きい) 크다
おおごえ(大声) 큰 소리
おおさか(大阪) 오사카
おおぜい(大勢) 많은 사람
おおやさん(大家さん) 집주인
*おかあさん(お母さん) 어머니
おかげさまで 덕분에
おかし(お菓子) 과자
*おかしい 이상하다
おきゃくさん(お客さん) 손님
*おきる(起きる) 일어나다
*おく(置く) 두다
*おくさん (奥さん) 부인
*おくる(送る) 보내다
*おくる(贈る) 선물하다
*おくれる(遅れる) 늦다
おこなう(行う) 행하다
おこる(怒る) 성내다, 화내다
おさけ(お酒) 술
おさしみ(お刺身) 생선회
おさめる(収める) 얻다, 거두다
*おしえる(教える) 가르치다
*おじいさん 할아버지
おじさん 아저씨, 삼촌, 백부, 숙부
*おす(押す) 밀다
*おそい(遅い) 느리다
おそらく(恐らく) 아마, 어쩌면
おそわる(教わる) 배우다
*おたく(お宅) 댁
おちゃ(お茶) 차
*おちる(落ちる) 떨어지다
*おっしゃる 言う의 존경어
おつり(お釣) 거스름돈
*おと(音) 소리
*おとうさん(お父さん) 아버지
*おとうと(弟) 남동생
*おとこ(男) 남자
*おとす(落す) 떨어뜨리다
*おととい(一昨日) 그저께
*おとな(大人) 어른
おとめ(乙女) 소녀, 처녀
おどる(踊る) 춤추다
おどろく(驚く) 놀라다
*おなか(お腹・中) 배
*おなじ(同じ) 같음
おに(鬼) 귀신, 도깨비
おねがいします 부탁합니다
*おはよう 안녕(아침인사)
おはようございます 아침인사
*おばあさん 할머니
おばさん 백모, 숙모, 고모, 이모
おふろ(お風呂) 목욕탕
*おぼえる 기억하다, 배우다
おぼん(お盆) 추석
おまえ 너, 자네
*おめでとう 축하한다
おめでとうございます 축하합니다

*おもい(重い) 무겁다
おもいで(思い出) 추억
*おもう(思う) 생각하다
*おもしろい(面白い) 재미있다
おもて(表) 표면, 겉, 바깥
おや(親) 어버이, 부모
*おやすみ 잘 자
おやすみなさい(お休みなさい) 안녕히 주무세요
*およぐ(泳ぐ) 헤엄치다
*おりる(降りる) 내리다
*おる(居る) 있다
おる(折る) 접다, 포개다
おれい(お礼) 사례, 사례선물
*おわる(終わる) 끝나다
*おんがく(音楽) 음악
*おんな(女) 여자
オフィス(office) 사무실
オリンピック 올림픽
オーケー O.K
オートバイ 오토바이

か

*が <접속사> ~ 만
*が <조사> ~이, ~가
*か <의문사> ~까?
かい(階) 층
かい(買い) 사기, 삼
かいがい(海外) 해외
かいぎ(会議) 회의
*かいしゃ(会社) 회사
かいすいよく(海水浴) 해수욕
かいだん(階段) 계단
*かいもの(買い物) 쇼핑, 장보기
*かいわ(会話) 회화
*かう(買う) 사다
*かえる(帰る) 돌아가다
かえる(代える) 대신하다
かえる(変える) 바꾸다, 변하다
*かお(顔) 얼굴
かおいろ(顔色) 얼굴 색, 안색
*かかる(掛かる) 걸리다
かがくしゃ(科学者) 과학자
かぎ(鍵) 열쇠
かぎる(限る) 경계짓다, 제한하다
かく(書く) 쓰다
*かさ(傘) 우산
かざる(飾る) 장식하다, 꾸미다
かしこまりました 알겠습니다
かしら ~일까, ~인지 몰라
かじ(火事) 화재
*かす(貸す) 빌려주다
かず(数) 숫자
*かぜ(風) 바람
*かぜ(風邪) 감기
かぜをひく 감기가 들다
*かぞえる(数える) 세다
*かぞく(家族) 가족
*かた(肩) 어깨
*かた(方) 분
*かたい(硬い) 단단하다
カタカナ 가타카나, 일본어의 문자
*かたち(形) 모양, 형태
*かつ(勝つ) 이기다
かつどう(活動) 활동
かてい(家庭) 가정
かてい(過程) 과정
かない(家内) 아내, 집사람
かなしい(悲しい) 슬프다
*かならず(必ず) 꼭
かなり 꽤, 매우
*かね(金) 돈
かねもち(金持ち) 부자
*かのじょ(彼女) 그녀
*かばん 가방
*かべ(壁) 벽
*かみ(紙) 종이
かみ(神) 신, 귀신
*かむ(噛む) (깨)물다, 씹다
かもく(科目) 과목
*かゆい 가렵다
*かよう(通う) 다니다
*かようび(火曜日) 화요일
*から <시점> ~부터
からい(辛い) 맵다
カラオケ 가라오케, 노래방
*からだ(体) 몸
*かりる(借りる) 빌리다
*かるい 가볍다
*かれ(彼) 그
*かわ(川) 강
*かわいい 귀엽다
かわいそう 불쌍한, 가엾은
*かわる(変わる) 변하다
*かんがえる(考える) 생각하다
かんけい(関係) 관계
かんこうち(観光地) 관광지
かんこく(韓国) 한국
かんこくご(韓国語) 한국어

かんこくじん(韓国人) 한국인
かんしゃ(感謝) 감사
かんしょう(鑑賞) 감상
*かんじ(漢字) 한자
かんじる(感じる) 느끼다
かんぜん(完全) 완전
*かんたん(簡単) 간단
かんぱい(乾杯) 건배
*がいこく(外国) 외국
*がいこくご(外国語) 외국어
がいしゅつ(外出) 외출
がくせい(学生) 학생
がくもん(学問) 학문
がっこう(学校) 학교
*がんばる(頑張る) 노력하다, 힘내다
*カメラ 카메라
カラー 컬러
カレンダー 달력
カーテン 커텐
カード 카드
ガス 가스
ガラス 유리
~かもしれない ~일지 모른다
*~がつ(月) ~월

き

*き(気) 기운, 마음, 정신
*き(木) 나무
*きいろい(黄色い) 노랗다
*きえる(消える) 사라지다
きかい(機械) 기계
きかい(機会) 기회
きかん(期間) 기간
*きく(聞く) 묻다, 듣다
*きこえる(聞える) 들리다
きず(傷) 상처
*きせつ(季節) 계절
きそ(基礎) 기초
きた(北) 북쪽
*きたない(汚い) 더럽다
きっさてん(喫茶店) 찻집, 다방
*きって(切手) 우표
*きっと 반드시, 꼭
*きっぷ 표
きねん(記念) 기념
*きのう(昨日) 어제
きびしい(厳しい) 엄하다, 혹독하다
きぶん(気分) 기분
きほん(基本) 기본
*きみ(君) 자네
*きめる(決める) 결정하다
*きもち(気持ち) 기분
*きもの(着物) 옷
*きゃく(客) 손님
*きゅう(九) 9, 아홉
きゅうか(休暇) 휴가
きゅうじつ(休日) 휴일
きゅうに(急に) 갑자기
*きょう(今日) 오늘
きょういく(教育) 교육
きょうかしょ(教科書) 교과서
きょうくん(教訓) 교훈
*きょうしつ(教室) 교실
*きょうだい(兄弟) 형제
きょうと (京都) 교토
きょうみ(興味) 흥미
きょうむしつ(教務室) 교무실
きょうりょく(協力) 협력
*きょねん(去年) 작년
きらきら 반짝반짝
きり(霧) 안개
きる(切る) 자르다
きる(着る) 입다
きれい(綺麗) 깨끗함, 아름다운
きんようび(金曜日) 금요일
ぎゅうにく(牛肉) 쇠고기
*ぎゅうにゅう(牛乳) 우유
ぎょうじ(行事) 행사
*ぎんこう(銀行) 은행
キムチ 김치
キャンペーン 캠페인
キーボード 키보드
ギター 기타

く

*く/きゅう(九) 9, 아홉
*くうき(空気) 공기
*くうこう(空港) 공항
くさ(草) 풀
*くすり(薬) 약
*くださる(下さる) 주시다
*くだもの(果物) 과일
*くち(口) 입
*くつ(靴) 신발
くつした(靴下) 양말
*くに(国) 나라, 국가, 고향

くび(首) 목
くみ(組) 학급, 반, 쌍, 짝
くも(雲) 구름
*** くもる(曇る)** 흐리다
*** くらい(暗い)** 어둡다
*** くらい/ぐらい** ~정도, 가량
くらす(暮す) 살아가다, 지내다
*** くらべる(比べる)** 비교하다
*** くる(来る)** 오다
くるしい(苦しい) 괴롭다
*** くるま(車)** 차
*** くれる** 주다
くろい(黒い) 검다
*** くわしい(詳しい)** 자세하다
クラス 반
グラス 유리잔
グループ 그룹
~くん(君) 군

け

けいかく(計画) 계획
けいけん(経験) 경험
けいさつ(警察) 경찰
*** けいざい(経済)** 경제
けいしき(形式) 형식
けが(怪我) 상처
けさ(今朝) 오늘 아침
*** けしき(景色)** 경치
*** けす(消す)** 끄다, 지우다
けっか(結果) 결과
*** ~げつ** ~개월
*** けっこうだ(結構だ)** 충분하다
*** けっこん(結婚)** 결혼
けっして(決して) 결코, 절대로
けっせき(欠席) 결석
*** けれども** 하지만, 그렇지만
けんがく(見学) 견학
*** けんきゅう(研究)** 연구
けんこう(健康) 건강
げいじゅつ(芸術) 예술
*** げつようび(月曜日)** 월요일
げんいん(原因) 원인
*** げんかん(玄関)** 현관
げんき(元気) 건강
げんざい(現在) 현재
げんだい(現代) 현대
ケーキ 케익
ケース 케이스
ゲーム 게임

こ

*** ご(五)** 5, 다섯
*** ご(語)** 어, 말, 이야기
*** ご(御)** 존경, 겸양의 뜻
こいびと(恋人) 연인, 애인
*** こい(濃い)** 진하다
*** こうえん(公園)** 공원
こうがい(公害) 공해
こうぎょう(工業) 공업
*** こうこう(高校)** 고교
こうこうせい(高校生) 고등학생
*** こうじょう/こうば(工場)** 공장
こうちょう(校長) 교장선생님
こうつう(交通) 교통
こうりゅう(交流) 교류
*** こえ(声)** 소리
*** こえる(越える)** 넘다, 초월하다
こきょう(故郷) 고향
こくさいでんわ(国際電話) 국제전화
こくない(国内) 국내
*** こくばん(黒板)** 칠판, 흑판
こくみん(国民) 국민
*** ここ** 여기
*** ごご(午後)** 오후
*** ここのか(九日)** 9일
*** ここのつ(九つ)** 9개, 아홉, 9살
*** こころ(心)** 마음
こしょう(故障) 고장
こたえる(答える) 대답하다
*** こちら/こっち** 이쪽, こちら의 준말
こっか(国家) 국가
こづつみ(小包) 소포
*** こと(事)** 것, 일
*** ことし(今年)** 금년
*** ことば(言葉)** 말, 언어
ことわざ(諺) 속담
*** こども(子供)** 어린이
*** この** 이
このごろ 요즘, 요사이
このむ(好む) 좋아하다, 즐기다
こまかい(細かい) 세세하다
こめ(米) 쌀
これ 이것(지시대명사)
これから 앞으로, 지금부터
*** こわい(怖い)** 무섭다
*** こんげつ(今月)** 이번 달

*こんしゅう(今週) 이번 주
*こんど(今度) 이번
*こんな 이러한, 이런
こんなん(困難) 곤란
*こんにちは 낮인사
*こんばんは 저녁인사
ごうかく(合格) 합격
*ごぜん(午前) 오전
ごちそうさまでした 잘 먹었습니다
*ごはん(ご飯) 밥
ごみ 쓰레기
ごみばこ 쓰레기통
ごめんなさい 미안해요
ごらんなさい(ご覧なさい) 보십시오
*コップ(cup) 컵
コンサート 콘서트
*コンピューター(computer) 컴퓨터
コート 코트
*コーヒー(coffee) 커피
*コピー(copy) 복사

さ

さ(差) 차, 차이
*さい(歳) ~살
さいきん(最近) 최근
さいこう(最高) 최고
さいしょ(最初) 최초
さいふ(財布) 지갑
さえ ~조차, 마저
*さがす(探す) 찾다
*さかな(魚) 생선
*さがる(下がる) 내려가다
*さき(先) 앞, 먼저
*さく(咲く) 피다
さくひん(作品) 작품
さくら(桜) 벚꽃, 벚나무
さけ(酒) 술
*させる/せる 하게 하다
さっそく 즉시, 당장
*さつ(冊) ~권
*さとう(砂糖) 설탕
*さびしい(寂しい) 쓸쓸하다, 허전하다
さまざま 여러 가지
*~さま/さん ~님, 씨
*さむい(寒い) 춥다
*さようなら 안녕히 가십시오
*さら(皿) 접시
さらいしゅう(再来週) 다다음 주
さらに(更に) 그 위에, 더욱, 조금도
さる(猿) 원숭이
*さん(三) 3, 셋
*さんがつ(三月) 3월
*さんぽ(散歩) 산보
ざいりょう(材料) 재료
ざせき(座席) 좌석
ざっし(雑誌) 잡지
*ざんねんだ(残念だ) 유감이다
サイクル 사이클
*サッカー 축구
サラリーマン 샐러리 맨
サンドイッチ 샌드위치
サービス 서비스

し

*し(四) 4, 넷
し(死) 죽음
しあい(試合) 시합
しあわせ(幸せ) 행복
*しお(塩) 소금
*しか ~밖에
*しかし 그러나
しかたがない(仕方がない) 할 수 없다
しかも 그 위에, 더구나, 그런데도
しかられた 야단맞았다
*しかる(叱る) 꾸짖다
しき(四季) 4계절
*しけん(試験) 시험
しこう(思考) 사고
*しごと(仕事) 일
しずかだ(静かだ) 조용하다
した(舌) 혀
*した(下) 아래, 밑
したがう(従う) 따르다
したがって ~따라서
*したく(支度) 준비
したしい(親しい) 친하다, 의좋다
*しち(七) 7, 일곱
*しっかり 확고히, 단단히, 꽉
しつない(室内) 실내
*しっぱい(失敗) 실패
*しつもん(質問) 질문
*しつれい(失礼) 실례
しない(市内) 시내
*しぬ(死ぬ) 죽다
*しばらく 잠시
*しま(島) 섬

しまい(姉妹) 자매
*しまう(仕舞う) 마치다, 끝내다
しまぐに(島国) 섬나라
*しまる(閉まる) 닫히다
*しめる(締める) 매다
*しめる(閉める) 닫다
しゃいん(社員) 사원
しゃかい(社会) 사회
*しゃしん(写真) 사진
しゃちょう(社長) 사장
しゅうかん(習慣) 습관
しゅうがくりょこう(修学旅行) 수학여행
しゅくじつ(祝日) 축일
しゅくだい(宿題) 숙제
しゅくはくりょう(宿泊料) 숙박료
しゅじゅつ(手術) 수술
*しゅっぱつ 출발
しゅみ(趣味) 취미
しゅんかしゅうとう(春夏秋冬) 춘하추동
*しょうかい(紹介) 소개
しょうがい(生涯) 생애
しょうがっこう(小学校) 소학교
*しょうがつ(正月) 정월
しょうしょう(少々) 조금, 약간, 사소
しょうせつ(小説) 소설
しょうたい(招待) 초대
しょうひしゃ(消費者) 소비자
しょうゆ(醤油) 간장
しょうらい(将来) 장래
しょくご(食後) 식후
しょくじ(食事) 식사
しょくどう(食堂) 식당
しょくひ(食費) 식비
しょちゅうみまい(暑中見舞) 복중문안
しょるい(書類) 서류
しらせる(知らせる) 알리다, 보고하다
しらべる(調べる) 조사하다
しりょう(資料) 자료
しる(知る) 알다
しるし(印・標) 표지, 표, 기호
しろい(白い) 하얗다, 희다
しんがっき(新学期) 신학기
しんさつ(診察) 진찰
しんし(紳士) 신사
*しんせつだ(親切だ) 친절하다
しんねん(新年) 신년, 새해
*しんぱい(心配) 걱정, 염려
*しんぶん(新聞) 신문
*~じ(時) 시간
*じ(字) 글자
じ(地) 땅
*じかん(時間) 시간
じき(時期) 시기
じこ(事故) 사고
*じしょ/じてん(辞典) 사전
じしん(自身) 자신
*じしん(地震) 지진
じじつ(事実) 사실
じだい(時代) 시대
じつりょく(実力) 실력
*じてんしゃ(自転車) 자전거
*じどうしゃ(自動車) 자동차
*じぶん(自分) 자기, 자신
じめん(地面) 지면
じゃ 그럼
じゃがいも 감자
*じゃま(邪魔) 방해
*じゅう(十) 10, 열
*じゅうしょ(住所) 주소
じゅうぶん(十分) 충분
じゅうよう(重要) 중요
*じゅぎょう(授業) 수업
じゅけん(受験) 수험
じゅんび(準備) 준비
*じゆう(自由) 자유
*じょうずだ(上手だ) 능숙하다
じょうぶだ(丈夫だ) 튼튼하다
じょうほう(情報) 정보
じょせい(女性) 여성
じんかく(人格) 인격
じんこう(人口) 인구
じんじゃ(神社) 신사
じんせい(人生) 인생
*シャツ(shirt) 셔츠
*ジャズ(jazz) 재즈
シンボル 심벌, 상징
ジュース 쥬스
ジョギング 조깅

す

~ず ~않다(~ない)
すいえい(水泳) 수영
すいか 수박
*すいようび(水曜日) 수요일
*すう(吸) 들이마시다
すえっこ(末っ子) 막내
すがた(姿) 모습, 형체, 자태
*すきだ(好きだ) 좋아하다

すきやき(すき焼き) 전골
*すぎる(過ぎる) 지나다
*すくない(少ない) 적다
すぐ 곧, 바로
すぐれる(優れる) 우수하다
*すこし(少し) 조금
すごす(過ごす) 보내다, 지내다
すし 초밥
*すすむ(進む) 진행되다
すすめる(勧める) 권하다
すずき(鈴木) 스즈키(姓)
*すずしい(涼しい) 시원하다
*すっかり 말끔히
すっぱい 시다, 시큼하다
すでに(既に) 이미, 벌써
すな(砂) 모래
すなわち 곧, 즉
*すばらしい 멋있다
すべて 전부, 모두
*すみません 미안합니다
*すむ(住む) 살다, 거처하다
*すもう(相撲) 씨름
*する 하다
*すわる(座わる) 앉다
ず(図) 그림
ずいぶん 매우, 꽤
ずっと 줄곧, 계속, 훨씬
スイッチ 스위치
*スカート(skirt) 스커트
スキー 스키
スケジュール 스케줄
スケート 스케이트
*スポーツ 스포츠
*スーパー(super) 수퍼마켓
スープ 스프
ズボン 바지

せ

*せ(背) 키, 신장
*せいかつ(生活) 생활
せいこう(成功) 성공
せいしつ(性質) 성질
せいしゅん(青春) 청춘
せいしん(精神) 정신
せいじ(政治) 정치
せいじんしき(成人式) 성인식
せいせき(成績) 성적
*せいと(生徒) 학생
せいねんがっぴ(生年月日) 생년월일
せいふ(政府) 정부
せいりつ(成立) 성립
*せかい(世界) 세계
*せき(席) 자리
せきにん(責任) 책임
せっかく 모처럼
せっけん 비누
*せつめい(説明) 설명
せつやく(節約) 절약
*せなか(背中) 등
*せまい(狭い) 좁다
*せわ(世話)になる 신세를 지다
せんげつ(先月) 전월
せんしゅう(先週) 지난 주
*せんせい(先生) 선생
せんせんしゅう(先々週) 지지난 주
せんたくき(洗濯機) 세탁기
せんぱい(先輩) 선배
*ぜひ 꼭, 제발, 반드시
ぜんこく(全国) 전국
*ぜんぜん(全然) 전혀
ぜんたい(全体) 전체
ぜんぶ(全部) 전부
セーター 스웨터
ゼロ 제로, 0

そ

*そう 그렇게
*そうじ(掃除) 청소
そうぞう(想像) 상상
そうぞう(創造) 창조
*そうだ ~인 것 같다
*そうだん(相談) 상담
そうべつかい(送別会) 송별회
*そこ 그곳
*そこ(底) 바닥
そこで 그래서
*そして/そうして 그리고
そせん(祖先) 조상
そだつ(育つ) 자라다
そだてる(育てる) 기르다, 키우다
*そちら/そっち 그 쪽
そつぎょうしき(卒業式) 졸업식
そで(袖) 소매
*そと(外) 바깥
そなえる(備える) 준비하다
*その 그

そのうえ 더구나, 게다가
そのまま 그대로
***そば** 옆, 곁
そふ(祖父) 조부, 할아버지
そぼ(祖母) 조모, 할머니
***そら(空)** 하늘
***それ** 그것
***それから** 그리고
***それじゃ(=それでは)** 그럼
それぞれ 각각
それだけ 그 만큼, 그 정도
それで 그래서
それでも 그런데도, 그래도
それほど 그처럼, 그토록
そろそろ 슬슬
そんけい(尊敬) 존경
そんな 그러한
ソウル 서울

た

***~た** ~했다(과거)
~だ/です ~다, 입니다
***~たい** ~하고 싶다
たいいくかん(体育館) 체육관
たいいん(退院) 퇴원
たいかい(大会) 대회
たいけん(体験) 체험
たいしょう(対照) 대조
***たいせつだ(大切だ)** 중요하다
***たいてい(大抵)** 대부분, 거의
たいふう(台風) 태풍
***たいへんだ(大変だ)** 큰일이다
たいよう(太陽) 태양
たかい(高い) 높다, 비싸다
たが(互)い 서로
たく(宅) 댁
***たくさん** 많이, 충분함
***たす** 더하다
***たすける(助ける)** 살리다, 돕다
***たずねる(訪ねる)** 방문하다
たたみ(畳) 다다미(돗자리)
ただ(只) 무료, 공짜, 단지, 다만
ただいま 다녀왔습니다
***ただしい(正しい)** 올바른
***たち** (복수) ~들
たちば(立場) 입장
***たつ(立つ)** 서다
た(建)つ 서다, 세우다
た(経)つ 지나다
***たてもの(建物)** 건물
***たとえば(例えば)** 예를 들면
たなか(田中) 다나카(姓)
たね(種) 씨, 종자
***たのしい** 즐겁다(동사)
たのしみ 즐거움(명사)
***たのむ** 부탁하다
***たばこ/タバコ(煙草)** 담배
たび(旅) 여행
たびたび 자주
***たぶん(多分)** 아마
***たべもの(食べ物)** 음식
***たべる(食べる)** 먹다
***たまご(卵)** 계란
たまに 가끔
***ため** 위해서, 때문에
たより(便り) 편지
たら ~하면(가정)
***たり** ~하기도 하고
たりる(足りる) 족하다
たんご(単語) 단어
***たんじょうび(誕生日)** 생일
たんとう(担当) 담당
だく(抱く) 안다
だいいち(第一) 제일
だいがく 대학
だいがくせい 대학생
だいきぎょう(大企業) 대기업
だいきらい(大きらい) 아주 싫어함
だいこんざつ(大混雑) 대혼잡
だいじ(大事) 중요함, 소중함
だいじょうぶ(大丈夫) 괜찮음
だいどころ(台所) 부엌
だいひょう(代表) 대표
だから 따라서, 그러니까
だけ ~만큼, ~만
***だす(出す)** 내다, 부치다
だめ 못 씀, 안 됨, 불가능함
***だれ(誰)** 누구
だんせい(男性) 남성
だんたい(団体) 단체
***だんだん** 점점
だんぼう(暖房) 난방
タクシー(taxi) 택시

ち

ち(散)る 떨어지다, 흩어지다

*ち(血) 피
ちい(地位) 지위
ちいき(地域) 지역
*ちいさい(小さい) 작다
ちえ(知恵) 지혜
ちか(地下) 지하
*ちかい(近い) 가깝다
*ちがう(違う) 다르다
ちかく(近く) 근처
*ちかてつ(地下鉄) 지하철
*ちから(力) 힘
ちがい(違い) 차이
ちきゅう(地球) 지구
ちこく(遅刻) 지각
*ちず(地図) 지도
*ちち(父) 아버지
ちちおや(父親) 부친
ちっとも 조금도
ちほう(地方) 지방
ちゃわん 밥공기
ちゃんと 정확히, 단정하게
ちゅうい(注意) 주의
ちゅうかん(中間) 중간
ちゅうがっこう(中学校) 중학교
ちゅうもん(注文) 주문
ちょうし(調子) 상태
ちょうじょう(頂上) 정상
*ちょうど 마침
ちょきん(貯金) 저금
ちょくせつ(直接) 직접
*ちょっと 잠깐, 좀
チュソク 추석
チョコレート 쵸코렛
チョーク 분필
チーズ 치즈

● つ ●

*ついたち(一日) 초하루
ついて ~에 관해서, 대해서
つうじる(通じる) 통하다
つうか(通過) 통과
つうか(通貨) 통화
*つうしん(通信) 통신
*つかう(使う) 사용하다
*つかれる(疲れる) 피곤하다
*つき(月) 달
つきみ(月見) 달구경
*つぎ(次) 다음
つぎつぎ(次々) 차례차례
*つく(着く) 도착하다
*つく(付く) 붙다
*つく(就く) 취임하다
*つくえ(机) 책상
つくりかた(作り方) 만드는 법
*つくる(作る) 만들다
*つける(付ける) 붙이다, 기입하다
つける(漬ける) 담그다
*つごう(都合) 형편, 사정
つた(伝)える 전하다
つち(土) 흙, 땅
つつ(包)む 싸다, 포장하다
つつじ 철쭉, 진달래
*つづく(続く)계속되다
*つとめる(勤める) 근무하다
つとめる(努める) 노력하다, 힘쓰다
*つまらない 재미없다, 하찮다
*つめ 손톱
つめ(冷)たい 차갑다
*つもり 예정
つゆ(梅雨) 장마
*つよい(強い) 강하다, 세다
つらい 고통스럽다, 괴롭다
*つれる(連れる) 동행하다

● て ●

*で <동작의 장소> ~에서
<수단・방법> ~로
*~で <명사문접속> ~이고
~でしょう ~이겠죠
~です ~입니다
*て(手) 손
てあらい(手洗い) 화장실
ていしゅつ(提出) 제출
ていねい(丁寧) 정중함
てがみ(手紙) 편지
てきとう(適当) 적당
*てつだう(手伝う) 돕다
てつづき(手続き) 수속
てつどう(鉄道) 철도
てにもつ(手荷物) 수화물
てぶくろ(手袋) 장갑
てん(点) 점
てんき(天気) 날씨
てんきよほう(天気予報) 일기예보
てんのう(天皇) 천황
てんぷら 튀김

てんぼう(展望) 전망
てんらんかい(展覧会) 전람회
であう(出会う) 만나다
*できる 가능하다
でぐち(出口) 출구
ですから 그러니까
では 그러면, 그렇다면
*でも 하지만
*でる(出る) 나오다
*でんき(電気) 전기
でんし(電子) 전자
*でんしゃ(電車) 전차
でんとう(伝統) 전통
でんぽう(電報) 전보
*でんわ(電話) 전화
でんわばんごう(電話番号) 전화번호
テスト 테스트
テニス 테니스
*テレビ(television) 텔레비전
テーブル(table) 테이블
テープ 테이프
デザイン 디자인
デザート 디저트
*デパート 백화점
デート(date) 데이트

● と ●

*と(戸) 문
*と <접속조사> ~와, ~과
*と ~라고, ~하면
とうがらし(唐辛子) 고추
とうきょう(東京) 도쿄
とうざいなんぼく(東西南北) 동서남북
とうよう(東洋) 동양
*とお(十) 열, 열 살
とお(遠)く 멀리
とおい(遠い) 멀다
とおか(十日) 십일
とき(時) 때
ときどき 때때로, 자주
と(解)く 풀다, 녹이다
とくい(得意) 자신 있음
とくさんぶつ(特産物) 특산물
とくしょく(特色) 특색
とくちょう(特徴) 특징
とくに(特に) 특히, 특별히
とくべつ(特別) 특별
とけい(時計) 시계
ところ 곳, 장소, 형편
ところが 그러나
ところで 그런데
とざん(登山) 등산
とし(年) 나이
とし(都市) 도시
とじる(閉じる) 닫히다
としょ(図書) 도서
としょかん(図書館) 도서관
としより(年寄り) 노인
とちゅう(途中) ~하는 도중
とつぜん(突然) 갑자기, 돌연
とても 매우
とどく(届く) 도달하다
となり(隣) 이웃, 옆
とにかく 하여간, 어쨌든
*とぶ(飛ぶ) 날다
とまる(止まる) 멈추다
*とまる(止まる) 묵다
とめる(止める) 세우다
とも ~하더라도
ともだち(友達) 친구
ともに(共に) 함께, 같이, 동시에
とり(鳥) 새
と(取)りだ(出)す 꺼내다
とる(取る) 취하다
とる(捕る) 잡다, 포획하다
とる(採る) 채용하다, 채집하다
とる(撮る) (사진을)찍다
*とる(取る) 잡다, 들다, 쥐다
どうしても 아무리 해도, 꼭
どういたしまして 천만에
どうか 제발, 부디, 아무쪼록
どうぞ 부디, 자
どうですか 어떻습니까?
どうぶつえん(動物園) 동물원
どうも 대단히 감사합니다
どうろ(道路) 도로
どおり ~대로
どきどき 두근두근, 울렁울렁
どくしょ(読書) 독서
どちら 어느 쪽
どちらさま(どちら様) 어느 분
どっち 어느 쪽
どなた 어느 분
どようび(土曜日) 토요일
どりょく(努力) 노력
どれ 어느 것
どんどん 자꾸
トイレ 화장실

トラック 트럭
トンネル 터널
ドア(door) 문
ドイツ 독일
ドライブ 드라이브
ドラマ 드라마
ドル 달러

な

*ない(無い) 없다
ないよう(内容) 내용
なお 역시, 아직, 더구나
*なおる(直る) 고쳐지다, 좋아지다
*なおす(直おす) 고치다
なかば(半ば) 중순
なか(中) 안, 속
*なかなか 대단히
なかま(仲間) 한패
*ながい(長い) 길다
ながす(流す)흘리다
*ながれる(流れる) 흐르다
ながめる(眺める) 바라보다
ながら ~하면서
なくす(亡くす) 잃다
なくなる(亡くなる) 죽다
なくなる(無くなる) 없어지다
*なく(泣く) 사람이 울다
*なく(鳴く) 새가 울다
なぐる(殴る) 때리다
*なげる(投げる) 던지다
なければならない ~하지 않으면 안 된다
なさい ~하세요
*なさる 하시다
*なぜ 왜, 어째서
*なつ(夏) 여름
なつかしい 그립다
*なつやすみ(夏休み) 여름방학
*など ~등
*なな(七)つ 7개, 7살
*なに(何) 무엇
なに(何)より 무엇보다도
なにか(何か) 뭔가
*なのか(七日) 7일
なべ 냄비
*なまえ(名前) 이름
なまなましい(生々しい) 생생하다
なまみず(生水) 생수
なみ(波) 파도
なみだ(涙) 눈물
なら(奈良) 나라(地名)
ならす(鳴す) 소리를 내다
*ならべる(並べる) 늘어놓다, 진열하다
*ならぶ(並ぶ) 늘어서다
*ならう(習う) 배우다
なりた(成田) 나리타(地名)
なりたつ(成り立つ) 성립하다
*なる(成る) 되다, 완성되다
なん(何) 무엇
なんかげつ(何カ月) 몇 개월
なんじ(何時) 몇 시
なんにち(何日) 며칠
なんにん(何人) 몇 명
ナイフ 나이프

に

*に(二) 2, 둘
*に ~에, ~으로(격조사)
にあう(似合う) 어울리다
*におい(臭い) 향기, 냄새
にがい(苦い) 괴롭다, 쓰다
*にがつ(二月) 2월
にがてだ(苦手だ) 서툴다
にぎやか 번화함, 왁자지껄 함
*にく(肉) 고기, 살
にげる(逃げる) 도망치다
にこにこ 싱글벙글
*にし(西) 서쪽
にしがわ(西側) 서쪽
にじ 무지개
にちじょう(日常) 일상
*にちようび(日曜日) 일요일
にっかんじてん(日韓辞典) 일한사전
*にっき(日記) 일기
にほん(日本) 일본
にほんご(日本語) 일본어
にほんじん(日本人) 일본인
にほんりょうり(日本料理) 일본요리
*にもつ(荷物) 짐, 하물
にゅういん(入院) 입원
にゅうじょう(入場) 입장
に(似)る 닮다
*にわ(庭) 정원
にわとり(鶏) 닭
にん(人) 사람
にんき(人気) 인기
にんぎょう(人形) 인형

にんげん(人間) 인간
にんじょう(人情) 인정
*ニュース 뉴스

ぬ

*ぬ ~하지 않다(ない, ず의 뜻)
*ぬう(縫う) 바느질하다
ぬく(抜く) 뽑다, 줄이다
*ぬぐ(脱ぐ) 벗다
ぬすむ(盗む) 훔치다
*ぬる(塗る) 바르다
ぬれる(濡れる) 젖다

ね

*ね ~하군요
ね(根) 뿌리
ねがい(願い) 소원(명사)
*ねがう(願う) 부탁하다, 원하다
*ねこ(猫) 고양이
*ねだん(値段) 가격
*ねつ(熱) 열
ねっしん(熱心) 열심
ねぶそく(寝不足) 수면부족
ねぼう(寝坊) 잠꾸러기
*ねる(寝る) 자다
*ねん(年) ~년
ねんがじょう(年賀状) 연하장
ねんちゅうぎょうじ(年中行事) 연중행사
ねんぱい(年配) 연배
ネクタイ(necktie) 넥타이

の

*の ~의
のうぎょう(農業) 농업
のうさんぶつ(農産物) 농산물
のうそん(農村) 농촌
のうみん(農民) 농민
のうりょく(能力) 능력
のこす(残す) 남기다(타동사)
*のこる(残る) 남다(자동사)
のぞむ(望む) 바라다
のぞく(覗く) 엿보다
のぞく(除く) 제외하다
*ので ~이기 때문에
*のど(喉) 목구멍
*のに ~는데
のはら(野原) 들판
のばす(伸す) 펴다
のばす(延ばす) 연기하다
のびる(伸る) 펴지다
のびる(延る) 연기되다
*のぼる(登る) 오르다
のぼる(昇る) 오르다
のみもの(飲み物) 음료수
*のむ(飲む) 마시다
のりおり(乗り降り) 타고 내림
のりかえる(乗り換える) 바꾸어 타다
*のる(乗る) 타다
*ノート(note) 노트

は

*は<조사> ~은, ~는
*は(歯) 이, 이빨
*は(葉) 잎
*はい 예
*はい(入)る 들어가다
はいけい(拝啓) 편지 첫머리에 쓰는 말
はいたつ(配達) 배달
はかい(破壊) 파괴
はがき(葉書) 엽서
はく(掃く) 쓸다
*はく(履く) 입다, 신다
はこ(箱) 상자
はこぶ(運ぶ) 운반하다
*はさみ(鋏) 가위
*はし(橋) 다리
*はし(箸) 젓가락
*はしる(走る) 달리다
*はじまる(始まる) 시작되다(자동사)
はじめる(始める) 시작하다(타동사)
*はじめて(始めて) 처음으로
はじめまして 처음 뵙겠습니다
はず ~할 예정
はずかしい 부끄럽다
はたけ(畑) 밭
はたち 20살
*はたらく(働く) 일하다
*はち(八) 여덟
*はっきり 분명히, 똑똑히
はっけん(発見) 발견
はったつ(発達) 발달
はつおん(発音) 발음
*はつか(二十日) 20일

はで(派手) 화려함
はなれる(離れる) 떨어지다
*はな(鼻) 코
*はな(花) 꽃
*はなす(話す) 이야기하다, 말하다
はなぢ(鼻血) 코피
はなみ(花見) 꽃구경
はなや(花屋) 꽃가게
*はは(母) 어머니
ははおや(母親) 모친
*はや(速)い 빠르다
*はや(早)い 이르다
はら(腹) 배
はら(払)う 지불하다
*はる(春) 봄
*はれる(晴れる) 개다
はん(半) 반
はんい(範囲) 범위
はんせい(反省) 반성
はんたい(反対) 반대
はんだん(判断) 판단
はんとし(半年) 반년
はんぶん(半分) 반
ば ~하면(가정)
ばあい(場合) 경우
ばかり 뿐, 만
ばしょ(場所) 장소
ばつ(罰) 벌
ばめん(場面) 장면
ばら 장미
ばん(晩) 저녁
ばんぐみ(番組) 프로그램
ばんごう(番号) 번호
*ハンカチ 손수건
ハングル 한글
ハンドバック 핸드백
ハンバーガー 햄버거
*バス 버스
バスケットボール 농구
バドミントン 배드민턴
バナナ 바나나
バレーボール 배구
パパ 아빠
パン 빵
パーセント 퍼센트
パーソナルコンピューター(personal computer) 퍼스널컴퓨터
*パソコン 퍼스널 컴퓨터, pc
パーティ 파티

ひ

*ひ(日) 태양
*ひ(火) 불
ひかる(光る) 빛나다
ひがし(東) 동쪽
ひきだし(引き出し) 서랍
*ひく (악기)를 켜다, 연주하다
*ひく(引く) 찾다, 끌다
*ひく(低)い 낮다
*ひこうき(飛行機) 비행기
ひさしぶり(久しぶり) 오랜만
*ひざ 무릎
ひじょう(非常)に 대단히
*ひだり(左) 왼쪽
ひだりて(左手) 왼손
ひっこす(引っ越す) 이사하다
*ひつよう(必要) 필요함
*ひと(人) 사람
*ひと(一)つ 1개
ひとくち(一口) 한 입
ひとびと(人々) 사람들
*ひとり(一人) 한 사람
ひとりっこ(一人っ子) 외아들
ひどい 심하다
ひなまつり 3월3일, 여자아이를 위한 행사
ひはん(批判) 비판
*ひま(暇) 한가함
ひみつ(秘密) 비밀
ひゃく(百) 백
ひゃくしょう(百姓) 농민
ひゃくせい(百姓) 일반 백성
ひょうげん(表現) 표현
*ひらく(開く) 열다
*ひる(昼) 낮, 점심
ひるごはん 점심밥
ひるま(昼間) 낮동안
*ひろい(広い) 넓다
ひろがる(広がる) 펼쳐지다(자동사)
ひろげる(広げる) 펼치다(타동사)
*ひろう(拾う) 줍다
びじゅつかん(美術館) 미술관
びっくり 깜짝 놀람
*びょういん(病院) 병원
*びょうき(病気) 병
ぴかぴか 반짝반짝
ビデオ 비디오
ビル 빌딩
ビール(beer) 맥주

ピアノ 피아노
ピンポン 탁구

ふ

*ふえる(増える) 늘다, 증가하다
*ふかい(深い) 깊다
*ふく(吹く) 불다
ふくむ(含む) 포함하다
ふくしゅう(复習) 복습
ふそく(不足) 부족
*ふたつ(二つ) 두 개
*ふたり(二人) 두 사람
ふつう(普通) 보통
ふつか(二日) 이틀
ふでばこ(筆箱) 필통
*ふとい(太い) 굵다
ふとん(布団) 이불
ふなびん(船便) 배편, 선편
*ふね(船) 배
*ふべん(不便) 불편
ふ(踏)む 밟다
*ふゆ(冬) 겨울
ふゆやすみ(冬休み) 겨울방학
ふりだす(降り出す) 내리기 시작하다
*ふる(降る) 내리다, 오다
*ふるい(古い) 오래되다
ふるえる(震える) 흔들리다, 떨리다
ふるさと(古里) 고향
ふるほん(古本)や 고서점
*ふろ(風呂) 목욕, 목욕탕
ぶしつ(部室) ~부실
ぶじ(無事) 무사함
ぶた(豚) 돼지
ぶたい(舞台) 무대
ぶっか(物価) 물가
ぶぶん(部分) 부분
*ぶん(分) 분
*ぶんか(文化) 문화
ぶんがく(文学) 문학
ぶんしょう(文章) 문장
ぶんぼうぐや(文房具屋) 문방구가게
ぶんぽう(文法) 문법
*ファン(fan) 팬
フィルム 필름
プレゼント 선물
プール 풀, 수영장

へ

*~へ <方向> ~로, ~에
へいきん(平均) 평균
へいせい(平成) 일본의 연호(平成1년은 1989년)
へいわ(平和) 평화
*へただ(下手だ) 서투르다
*へや(部屋) 방
へらす(減す) 줄이다(타동사)
へる(減る) 줄다, 적어지다(자동사)
*へんじ(返事) 대답, 답장
*べんきょう(勉強) 공부
*べんとう(弁当) 도시락
*べんりだ(便利だ) 편리하다
ベッド 침대
ペン(pen) 펜
ペンパル 펜팔
ページ 페이지

ほ

*ほう(方) 방향
ほうげん(方言) 방언
ほうこう(方向) 방향
ほうそうきょく(放送局) 방송국
ほうほう(方法) 방법
ほうもん(訪問) 방문
ほえる 짖다
*ほか 다른 것, 외
ほこうしゃ(歩行者) 보행자
ほご(保護) 보호
*ほし(星) 별
*ほしい 가지고 싶다
ほしょうにん(保証人) 보증인
*ほそい(細い) 가늘다
ほっとする 안심하다
ほとんど 거의, 대체로
*ほど 정도, 쯤
ほね(骨) 뼈
ほぼ 거의 대부분
*ほん(本) 책
ほんだな(本棚) 책장
*ほんとう(本当)に 정말로
ほんぶん(本文) 본문
ほんや(本屋) 서점
*ぼうし(帽子) 모자
*ぼく(僕) 나
ぼん(盆) 음력 7월 15일, 조상에게 제사(추석)
ぼんおど(盆踊)り 추석의 축제때 추는 춤

ホテル 호텔
ボクシング 권투
ボーリング 볼링
ボール 볼, 공
ボールペン 볼펜
*ポケベル 무선호출기
ポスター 포스터
ポスト 우체통

ま

まいあさ(毎朝) 매일 아침
まいしゅう(毎週) 매주
まいとし(毎年) 매년
まいにち(毎日) 매일
*まいる(参る) 오다, 가다(겸양어)
まう(舞う) 춤추다
*まえ(前) 앞
*まがる(曲る) 돌다, 구부러지다
まく(巻く) 감다
まご(孫) 손자
まさか 설마
まじめ(真面目) 성실함
*ます ~합니다
*まず 우선
*まずい 맛없다
*また 또
*まだ 아직
*まち(町) 거리
まちがう(間違う) 잘못되다
*まつ(待つ) 기다리다
ま(真)っか(赤) 새빨간
ま(真)っくら(暗) 컴컴한
ま(真)っさお(青) 새파란
ま(真)っしろ(白) 새하얀
*まっすぐ 똑바로
まったく(全く) 완전히, 아주
*まつり(祭り) 축제
*まで ~까지
まとめ 정리, 요약
まど(窓) 창문
まどぐち(窓口) 창문, 창구
まなぶ(学ぶ) 배우다
まめ(豆) 콩
*まもる(守る) 지키다
*まるい(丸い) 둥글다
まるで 마치, 꼭
*まわり(回り) 주변
まわる(回る) 돌다
まんが(漫画) 만화
ま(真)んなか(中) 한 가운데
まんねんひつ(万年筆) 만년필
マラソン 마라톤
マンション 맨션

み

*みえる(見える) 보이다
みおくる(見送る) 환송하다
*みがく(磨く) 닦다
*みぎ(右) 오른쪽
*みじか(短)い 짧다
*みず(水) 물
*みせ(店) 가게
みせる(見せる) 보여주다
みそしる(味噌汁) 된장국
みち(道) 길
みつける(見つける) 발견하다 (타)
み(見)つける 발견하다 (타)
*みっか(三日) 초사흘
*みっ(三)つ 셋
みとめる(認める) 인정하다
みなさん(皆さん) 여러분
*みなみ(南) 남
みまい(見舞い) 문안, 문병
*みみ(耳) 귀
*みやげ(土産) 선물(토산물)
*みる(見る) 보다
みんな 모두
ミルク(milk) 우유

む

*むいか(六日) 6일
む(向)かう 향하다
むか(迎)える 맞이하다
*むかし(昔) 옛날
むかしばなし(昔話) 옛날이야기
むく(向く) 향하다
むくげ 무궁화
むしあつ(暑)い 무덥다
*むすこ(息子) 아들
むすぶ(結ぶ) 맺다
*むすめ(娘) 딸
*むずかしい(難しい) 어렵다
むだ(無駄) 헛됨
*むっつ(六つ) 여섯
*むね(胸) 가슴

*むら(村) 마을
むり(無理) 무리
むりょう(無料) 무료

め

*め(目) 눈
*め(芽) 싹
めいし(名刺) 명함
めいれい(命令) 명령
*めがね(眼鏡) 안경
めしあがる(召し上る) 드시다
*めずらしい(珍しい) 진기하다
メニュー 메뉴
メモリー 메모리

も

*～も ～도
*もう 벌써, 이미
もうしあげる(申し上げる) 말씀드리다
*もうす(申す) 말씀드리다, 아뢰다
もくてき(目的) 목적
*もくようび(木曜日) 목요일
*もし 만약
もじ(文字) 문자
もち 떡
*もつ(持つ) 가지다
もっと 더욱
もと(元) 근본
もどる(戻る) 되돌아가(오)다
ものがたり(物語) 이야기
もみじ(紅葉) 단풍
*もらう 받다, 얻다
もん(門) 문
*もんだい(問題) 문제

や

*や ～이랑(셋 이상)
*や(屋) 가게
やおや(八百屋) 식료품점
やきゅう(野球) 야구
や(焼)きにく(肉) 불고기
*やく(焼く) 태우다
*やくそく(約束) 약속
*やさい(野菜) 야채
*やさ(易)しい 쉽다
*やさしい(優しい) 상냥하다
*やすい(安い) 싸다
*やすむ(休む)휴식하다
やっぱり 역시
やはり 역시
*やま(山) 산
やまのぼり(山登り) 등산
やめる(止める) 그만두다
や(病)む 병들다, 앓다
*やる 하다
やわ(柔)らかい 부드럽다

ゆ

ゆうがた(夕方) 저녁때
ゆうしょく(夕食) 저녁식사
*ゆうびんきょく(郵便局) 우체국
ゆうべ 어제 저녁
*ゆうめい(有名) 유명
*ゆき(雪) 눈
*ゆしゅつ(輸出) 수출
*ゆっくり 천천히
*ゆにゅう(輸入) 수입
*ゆび(指) 손가락
ゆびわ(指輪) 반지
ゆめ(夢) 꿈
*ゆる(許)す 허락하다
ユニホーム 유니폼

よ

*よ ～요, 군요
よい 좋다
ようい(用意) 준비, 주의
ようか(八日) 8일
ようこそ 잘 오셨습니다
ようし(用紙) 용지
ようじ(用事) 용건
*ようす(様子) 모양
*ようだ ～인 것 같다
ようちえん(幼稚園) 유치원
ようてん(要点) 요점
*ようふく(洋服) 양복
*よく 잘, 자주
*よこ(横) 가로
よこはま(横浜) 요꼬하마(地名)
よしゅう(予習) 예습
よちよち 아장아장, 걸음걸이
よてい(予定) 예정

よ(世)のなか(中) 세상
よぶ(呼ぶ) 부르다
よみかた(読み方) 읽는 법
よ(読)む 읽다
*__より__ ~보다
*__よる(夜)__ 밤
よ(寄)る 들르다
*__よろこ(喜)ぶ__ 기뻐하다
*__よろしい__ 즐겁다, 기쁘다
ヨーロッパ 유럽

ら

らいげつ(来月) 다음달
*__らいねん(来年)__ 내년
らしい ~인 것 같다(추측)
*__られる/れる__ ~할 수 있다
ライス 쌀
*__ラジオ__(radio) 라디오
ラーメン 라면

り

りかい(理解) 이해
*__りっぱだ(立派だ)__ 훌륭하다
りゅうがく(留学) 유학
りゆう(理由) 이유
りょうきん(料金) 요금
*__りょうしん(両親)__ 부모
*__りょうり(料理)__ 요리
*__りょこう(旅行)__ 여행
りんご 사과

る

*__るす(留守)__ 부재중, 외출중

れ

れい(零) 제로
*__れきし(歴史)__ 역사
れんあい(恋愛) 연애
*__れんしゅう(練習)__ 연습
れんらく(連絡) 연락
レストラン 레스토랑
レポート(report) 보고서

ろ

ろうか(廊下) 복도
ろうじん(老人) 노인
*__ろく(六)__ 6,여섯
*__ろくがつ(六月)__ 6월
*__ロック__(rock) 록
ロボット 로보트

わ

わ ~군요(중조사)
わあ <감탄사>와!
わ(我)が 나의, 우리의
わか(若)い 젊다
*__わ(分)かる__ 알다, 이해하다(자동사)
わかりません 모릅니다
わ(分)ける 나누다(타동사)
わざわざ 일부러, 고의로, 각별히
*__わすれる(忘れる)__ 잊다
わすれもの(忘れ物) 잊은 물건
*__わたる(渡る)__ 건너다(자동사)
*__わたし/わたくし(私)__ 나, 저
*__わらう(笑う)__ 웃다
*__わる(割る)__ 나누다
*__わるい(悪い)__ 나쁘다
われわれ(我々) 우리
*__ワープロ__(word processor) 워드프로세서
ワンワン 개가 멍멍 짖는 소리

ん

~んです=~のです(の의 변형)

종합일본어백과

꼭 알아야 할 상용한자

常用漢字表とその音訓一覧

常用漢字表（昭和五六年一〇月一日内閣告示第一号）の本表に掲げられた常用漢字一九四五字とその音訓を一覧表にして示した。カタカナは音、ひらがなは訓である。訓のうち、細いひらがなの部分は送り仮名である。

ア
亜 ア
哀 アイ あわれ あわれむ
愛 アイ
悪 アク、オ わるい
握 アク にぎる
圧 アツ
扱 あつかう
安 アン やすい
案 アン
暗 アン くらい

イ
以 イ
衣 イ ころも
位 イ くらい
囲 イ かこむ かこう
医 イ
依 イ、エ
委 イ
威 イ
胃 イ
為 イ
尉 イ
異 イ こと
移 イ うつる うつす
偉 イ えらい
意 イ
違 イ ちがう ちがえる
維 イ
慰 イ なぐさめる なぐさむ
遺 イ、ユイ
緯 イ
域 イキ
育 イク そだつ そだてる
一 イチ、イツ ひと ひとつ
壱 イチ
逸 イツ
芋 いも
引 イン ひく ひける
印 イン しるし
因 イン よる
姻 イン
員 イン
院 イン
陰 イン かげ かげる
飲 イン のむ
隠 イン かくす かくれる
韻 イン

ウ
右 ウ、ユウ みぎ
宇 ウ
羽 ウ は はね
雨 ウ あめ、あま
運 ウン はこぶ
雲 ウン くも

エ
永 エイ ながい
泳 エイ およぐ
英 エイ
映 エイ うつる うつす はえる
栄 エイ さかえる はえ はえる
営 エイ いとなむ
詠 エイ よむ
影 エイ かげ
鋭 エイ するどい
衛 エイ
易 エキ、イ やさしい
疫 エキ、ヤク
益 エキ、ヤク
液 エキ
駅 エキ
悦 エツ
越 エツ こす こえる
謁 エツ
閲 エツ
円 エン まるい
延 エン のびる のべる のばす
沿 エン そう
炎 エン ほのお
宴 エン
援 エン
園 エン その
煙 エン けむる けむり けむい
猿 エン さる
遠 エン、オン とおい
鉛 エン なまり
塩 エン しお
演 エン
縁 エン ふち

オ
汚 オ けがす けがれる けがらわしい よごす よごれる きたない
王 オウ
凹 オウ
央 オウ
応 オウ
往 オウ
押 オウ おす おさえる
欧 オウ
殴 オウ なぐる
桜 オウ さくら
翁 オウ
奥 オウ おく
横 オウ よこ
屋 オク や
億 オク
憶 オク
虞 おそれ
乙 オツ
卸 おろす おろし
音 オン、イン おと ね
恩 オン
温 オン あたたか あたたかい あたたまる あたためる
穏 オン おだやか

カ
下 カ、ゲ した しも もと さげる さがる くだる くだす くださる おろす おりる
化 カ、ケ ばける ばかす
火 カ ひ、ほ
加 カ くわえる くわわる
可 カ
仮 カ、ケ かり
何 カ なに なん
花 カ はな
佳 カ
価 カ あたい
果 カ はたす はてる はて
河 カ かわ
科 カ
架 カ かける かかる
夏 カ、ゲ なつ
家 カ、ケ いえ や
荷 カ に
華 カ、ケ はな
菓 カ
貨 カ
渦 カ うず
過 カ すぎる すごす あやまつ あやまち
嫁 カ よめ とつぐ
暇 カ ひま
禍 カ
靴 カ くつ
寡 カ
歌 カ うた うたう
箇 カ
稼 カ かせぐ
課 カ
蚊 か
我 ガ われ わ
画 ガ、カク
芽 ガ め
賀 ガ
雅 ガ
餓 ガ
介 カイ
回 カイ、エ まわる まわす
灰 カイ はい
会 カイ、エ あう
快 カイ こころよい
戒 カイ いましめる
改 カイ あらためる あらたまる
怪 カイ あやしい あやしむ
拐 カイ
悔 カイ くいる くやむ くやしい
海 カイ うみ
界 カイ
皆 カイ みな
械 カイ
絵 カイ、エ
開 カイ ひらく ひらける あく あける
階 カイ
解 カイ、ゲ とく とかす とける
塊 カイ かたまり
壊 カイ こわす こわれる
懐 カイ ふところ なつかしい なつかしむ なつく なつける
貝 かい
外 ガイ、ゲ そと ほか はずす はずれる
劾 ガイ
害 ガイ
涯 ガイ
街 ガイ、カイ まち
慨 ガイ
該 ガイ
概 ガイ
垣 かき
各 カク おのおの
角 カク かど つの
拡 カク
革 カク かわ
格 カク、コウ
核 カク
殻 カク から
郭 カク
覚 カク おぼえる さます さめる
較 カク
隔 カク へだてる へだたる
閣 カク
確 カク たしか たしかめる
獲 カク える
嚇 カク
穫 カク
学 ガク まなぶ
岳 ガク たけ
楽 ガク、ラク たのしい たのしむ
額 ガク ひたい
掛 かける かかる かかり
潟 かた
括 カツ
活 カツ
喝 カツ
渇 カツ かわく
割 カツ わる わり われる さく
滑 カツ すべる なめらか
褐 カツ
轄 カツ
且 かつ
株 かぶ
刈 かる
干 カン ほす ひる
刊 カン
甘 カン あまい あまえる あまやかす
汗 カン あせ
缶 カン
完 カン
肝 カン きも
官 カン
冠 カン かんむり
巻 カン まく まき
看 カン
陥 カン おちいる おとしいれる
乾 カン かわく かわかす
勘 カン
患 カン わずらう
貫 カン つらぬく
寒 カン さむい
喚 カン
堪 カン たえる
換 カン かえる かわる
敢 カン
棺 カン
款 カン
間 カン、ケン あいだ ま
閑 カン
勧 カン すすめる
寛 カン
幹 カン みき
感 カン
漢 カン
慣 カン なれる ならす
管 カン くだ
関 カン せき
歓 カン
監 カン
緩 カン ゆるい ゆるやか ゆるむ ゆるめる
憾 カン
還 カン
館 カン
環 カン
簡 カン
観 カン
艦 カン
鑑 カン
丸 ガン まる まるい まるめる
含 ガン ふくむ ふくめる
岸 ガン きし
岩 ガン いわ
眼 ガン、ゲン まなこ
頑 ガン
顔 ガン かお
願 ガン ねがう

キ
企 キ くわだてる
危 キ あぶない あやうい あやぶむ
机 キ つくえ
気 キ、ケ
岐 キ
希 キ
忌 キ いむ いまわしい
汽 キ
奇 キ
祈 キ いのる
季 キ
紀 キ
軌 キ
既 キ すでに
記 キ しるす
起 キ おきる おこる おこす
飢 キ うえる
鬼 キ おに
帰 キ かえる かえす
基 キ もと もとい
寄 キ よる よせる
規 キ
喜 キ よろこぶ
幾 キ いく
揮 キ
期 キ、ゴ
棋 キ
貴 キ たっとい とうとい たっとぶ とうとぶ
棄 キ
旗 キ はた
器 キ うつわ
輝 キ かがやく
機 キ はた
騎 キ
技 ギ わざ
宜 ギ
偽 ギ いつわる にせ
欺 ギ あざむく
義 ギ
疑 ギ うたがう
儀 ギ
戯 ギ たわむれる
擬 ギ
犠 ギ
議 ギ
菊 キク
吉 キチ、キツ
喫 キツ
詰 キツ つめる つまる つむ
却 キャク
客 キャク、カク
脚 キャク、キャ あし
逆 ギャク さか さからう
虐 ギャク しいたげる
九 キュウ、ク ここの ここのつ
久 キュウ、ク ひさしい
及 キュウ およぶ および およぼす
弓 キュウ ゆみ
丘 キュウ おか
旧 キュウ
休 キュウ やすむ やすまる やすめる
吸 キュウ すう
朽 キュウ くちる
求 キュウ もとめる
究 キュウ きわめる
泣 キュウ なく
急 キュウ いそぐ
級 キュウ
糾 キュウ
宮 キュウ、グウ、ク みや
救 キュウ すくう
球 キュウ たま
給 キュウ
窮 キュウ きわめる きわまる
牛 ギュウ うし
去 キョ、コ さる
巨 キョ
居 キョ いる
拒 キョ こばむ
拠 キョ、コ
挙 キョ あげる あがる
虚 キョ、コ
許 キョ ゆるす
距 キョ
魚 ギョ うお さかな
御 ギョ、ゴ おん
漁 ギョ、リョウ
凶 キョウ
共 キョウ とも
叫 キョウ さけぶ
狂 キョウ くるう くるおしい
京 キョウ、ケイ
享 キョウ
供 キョウ、ク そなえる とも
協 キョウ
況 キョウ
峡 キョウ
挟 キョウ はさむ はさまる
狭 キョウ せまい せばめる せばまる
恐 キョウ おそれる おそろしい
恭 キョウ うやうやしい
胸 キョウ むね、むな
脅 キョウ おびやかす おどす おどかす
強 キョウ、ゴウ つよい つよまる つよめる しいる
教 キョウ おしえる おそわる
郷 キョウ、ゴウ
境 キョウ、ケイ さかい
橋 キョウ はし
矯 キョウ ためる
鏡 キョウ かがみ
競 キョウ、ケイ きそう せる
響 キョウ ひびく
驚 キョウ おどろく おどろかす
仰 ギョウ、コウ あおぐ おおせ
暁 ギョウ あかつき
業 ギョウ、ゴウ わざ
凝 ギョウ こる こらす
曲 キョク まがる まげる
局 キョク
極 キョク、ゴク きわめる きわまる きわみ
玉 ギョク たま
斤 キン
均 キン
近 キン ちかい
金 キン、コン かね、かな
菌 キン
勤 キン、ゴン つとめる つとまる
琴 キン こと
筋 キン すじ
禁 キン
緊 キン
謹 キン つつしむ
襟 キン えり
吟 ギン
銀 ギン

ク
区 ク
句 ク
苦 ク くるしい くるしむ くるしめる にがい にがる
駆 ク かける かる
具 グ
愚 グ おろか
空 クウ そら あく あける から
偶 グウ
遇 グウ
隅 グウ すみ
屈 クツ
掘 クツ ほる
繰 くる
君 クン きみ
訓 クン
勲 クン
薫 クン かおる
軍 グン
郡 グン
群 グン むれる むれ むら

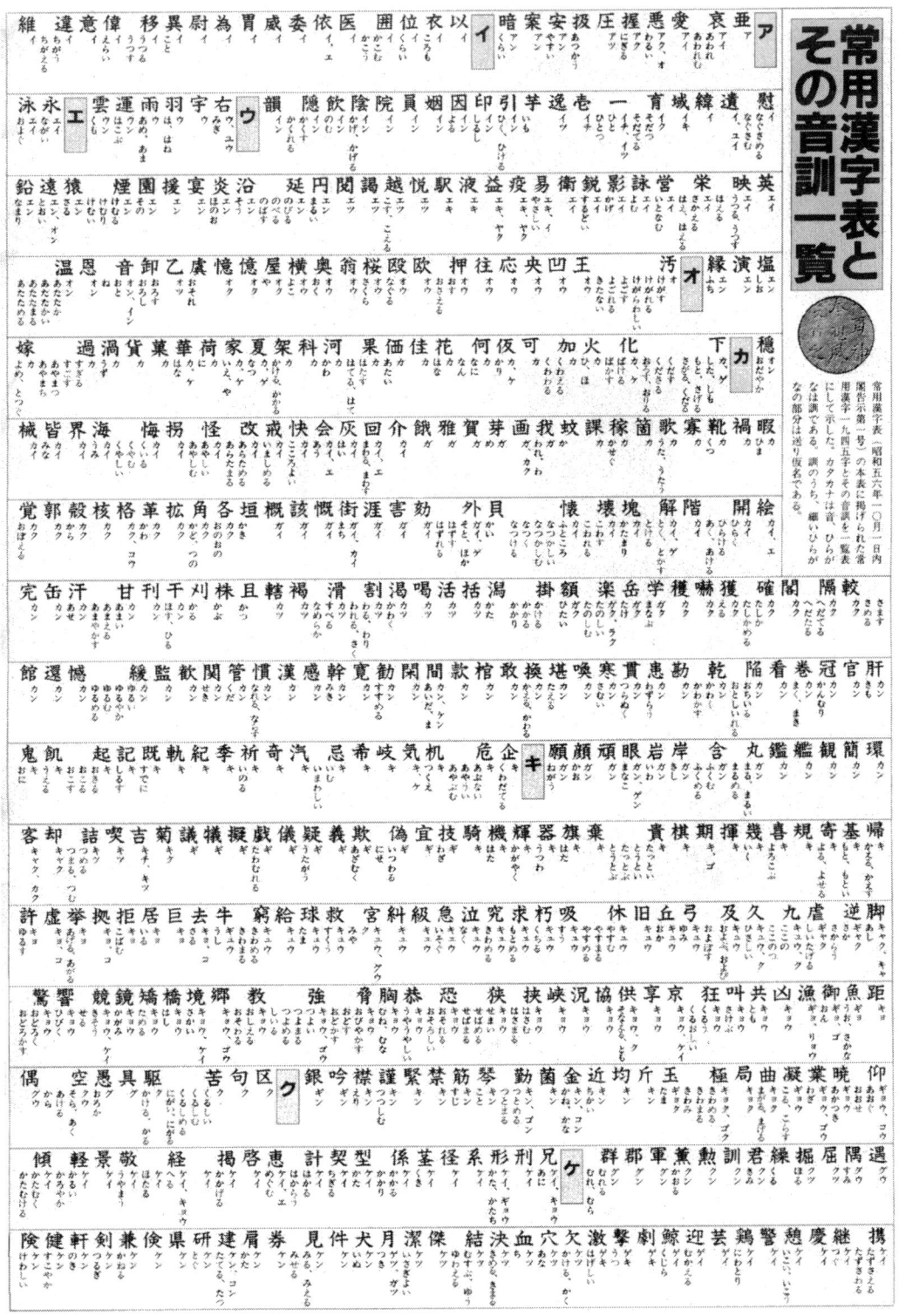

ケ
兄 ケイ、キョウ あに
刑 ケイ
形 ケイ、ギョウ かた かたち
系 ケイ
径 ケイ
茎 ケイ くき
係 ケイ かかる かかり
型 ケイ かた
契 ケイ ちぎる
計 ケイ はかる はからう
恵 ケイ、エ めぐむ
啓 ケイ
掲 ケイ かかげる
経 ケイ、キョウ へる
敬 ケイ うやまう
景 ケイ
軽 ケイ かるい かろやか
傾 ケイ かたむく かたむける
携 ケイ たずさえる たずさわる
継 ケイ つぐ
慶 ケイ
憩 ケイ いこい いこう
警 ケイ
鶏 ケイ にわとり
芸 ゲイ
迎 ゲイ むかえる
鯨 ゲイ くじら
劇 ゲキ
撃 ゲキ うつ
激 ゲキ はげしい
欠 ケツ かける かく
穴 ケツ あな
血 ケツ ち
決 ケツ きめる きまる
結 ケツ むすぶ ゆう ゆわえる
傑 ケツ
潔 ケツ いさぎよい
月 ゲツ、ガツ つき
犬 ケン いぬ
件 ケン
見 ケン みる みえる みせる
券 ケン
肩 ケン かた
建 ケン、コン たてる たつ
研 ケン とぐ
県 ケン
倹 ケン
兼 ケン かねる
剣 ケン つるぎ
軒 ケン のき
健 ケン すこやか
険 ケン けわしい

圏 ケン / 堅 ケン かたい / 検 ケン / 嫌 ケン、ゲン きらう いや / 献 ケン、コン / 絹 ケン きぬ / 遣 ケン つかう つかわす / 権 ケン、ゴン / 憲 ケン / 賢 ケン かしこい / 謙 ケン / 繭 ケン まゆ / 顕 ケン / 験 ケン、ゲン / 懸 ケン、ケ かける、かかる / 元 ゲン、ガン もと / 幻 ゲン まぼろし / 玄 ゲン / 言 ゲン、ゴン いう、こと / 弦 ゲン つる / 限 ゲン かぎる / 原 ゲン はら / 現 ゲン あらわれる あらわす / 減 ゲン へる、へらす / 源 ゲン みなもと / 厳 ゲン、ゴン おごそか きびしい

コ

己 コ、キ おのれ / 戸 コ と / 古 コ ふるい ふるす / 呼 コ よぶ / 固 コ かためる かたまる かたい / 孤 コ

弧 コ / 故 コ ゆえ / 枯 コ かれる からす / 個 コ / 庫 コ、ク / 湖 コ みずうみ / 雇 コ やとう / 誇 コ ほこる / 鼓 コ つづみ / 顧 コ かえりみる / 五 ゴ いつ、いつつ / 互 ゴ たがい / 午 ゴ / 呉 ゴ / 後 ゴ、コウ のち うしろ あと おくれる / 娯 ゴ / 悟 ゴ さとる / 碁 ゴ / 語 ゴ かたる かたらう / 誤 ゴ あやまる / 護 ゴ / 口 コウ、ク くち / 工 コウ、ク / 公 コウ おおやけ / 孔 コウ / 功 コウ、ク / 巧 コウ たくみ / 広 コウ ひろい ひろまる ひろめる ひろがる ひろげる / 甲 コウ、カン / 交 コウ まじわる まじえる まじる

まざる まぜる かう、かわす / 光 コウ ひかる ひかり / 向 コウ むく、むける むかう むこう / 后 コウ / 好 コウ このむ、すく / 江 コウ え / 考 コウ かんがえる / 行 コウ、ギョウ、アン いく、ゆく おこなう / 坑 コウ / 孝 コウ / 抗 コウ / 攻 コウ せめる / 更 コウ さら、ふける ふかす / 効 コウ きく / 幸 コウ さいわい さち しあわせ / 拘 コウ / 肯 コウ / 侯 コウ / 厚 コウ あつい / 恒 コウ / 洪 コウ / 皇 コウ、オウ / 紅 コウ、ク べに くれない / 荒 コウ あらい あれる、あらす / 郊 コウ / 香 コウ、キョウ か かおり かおる / 候 コウ そうろう / 校 コウ / 耕 コウ たがやす

航 コウ / 貢 コウ、ク みつぐ / 降 コウ おりる おろす ふる / 高 コウ たかい、たか たかまる たかめる / 康 コウ / 控 コウ ひかえる / 黄 コウ、オウ き、こ / 慌 コウ あわてる あわただしい / 港 コウ みなと / 硬 コウ かたい / 絞 コウ しぼる しめる しまる / 項 コウ / 溝 コウ みぞ / 鉱 コウ / 構 コウ かまえる かまう / 綱 コウ つな / 酵 コウ / 稿 コウ / 興 コウ、キョウ おこる おこす / 衡 コウ / 鋼 コウ はがね / 講 コウ / 購 コウ / 号 ゴウ / 合 ゴウ、ガッ、カッ あう、あわす あわせる / 拷 ゴウ / 剛 ゴウ / 豪 ゴウ / 克 コク / 告 コク つげる / 谷 コク たに

刻 コク きざむ / 国 コク くに / 黒 コク くろ、くろい / 穀 コク / 酷 コク / 獄 ゴク / 骨 コツ ほね / 込 こむ こめる / 今 コン、キン いま / 困 コン こまる / 昆 コン / 恨 コン うらむ うらめしい / 根 コン ね / 婚 コン / 混 コン まじる まざる まぜる / 紺 コン / 魂 コン たましい / 墾 コン / 懇 コン ねんごろ

サ

左 サ ひだり / 佐 サ / 査 サ / 砂 サ、シャ すな / 唆 サ そそのかす / 差 サ さす / 詐 サ / 鎖 サ くさり / 座 ザ すわる / 才 サイ / 再 サイ、サ ふたたび / 災 サイ わざわい / 妻 サイ つま / 砕 サイ くだく くだける

宰 サイ / 栽 サイ / 彩 サイ いろどる / 採 サイ とる / 済 サイ すむ すます / 祭 サイ まつる まつり / 斎 サイ / 細 サイ ほそい ほそる こまか こまかい / 菜 サイ な / 最 サイ もっとも / 裁 サイ たつ さばく / 債 サイ / 催 サイ もよおす / 歳 サイ、セイ / 載 サイ のせる のる / 際 サイ きわ / 在 ザイ ある / 材 ザイ / 剤 ザイ / 財 ザイ、サイ / 罪 ザイ つみ / 崎 さき / 作 サク、サ つくる / 削 サク けずる / 昨 サク / 索 サク / 策 サク / 酢 サク す / 搾 サク しぼる / 錯 サク / 咲 さく / 冊 サツ、サク / 札 サツ ふだ

刷 サツ する / 殺 サツ、サイ、セツ ころす / 察 サツ / 撮 サツ とる / 擦 サツ する、すれる / 雑 ザツ、ゾウ / 皿 さら / 三 サン み、みつ みっつ / 山 サン やま / 参 サン まいる / 桟 サン / 蚕 サン かいこ / 惨 サン、ザン みじめ / 産 サン うむ うまれる うぶ / 傘 サン かさ / 散 サン ちる、ちらす ちらかす ちらかる / 算 サン / 酸 サン すい / 賛 サン / 残 ザン のこる のこす / 暫 ザン

シ

士 シ / 子 シ、ス こ / 支 シ ささえる / 止 シ とまる とめる / 氏 シ うじ / 仕 シ、ジ つかえる / 史 シ / 司 シ / 四 シ よ、よつ よっつ、よん / 市 シ いち

矢 シ や / 旨 シ むね / 死 シ しぬ / 糸 シ いと / 至 シ いたる / 伺 シ うかがう / 志 シ こころざす こころざし / 私 シ わたくし / 使 シ つかう / 刺 シ さす、ささる / 始 シ はじめる はじまる / 姉 シ あね / 枝 シ えだ / 祉 シ / 肢 シ / 姿 シ すがた / 思 シ おもう / 指 シ ゆび さす / 施 シ、セ ほどこす / 師 シ / 紙 シ かみ / 脂 シ あぶら / 視 シ / 紫 シ むらさき / 詞 シ / 歯 シ は / 嗣 シ / 試 シ こころみる ためす / 詩 シ / 資 シ / 飼 シ かう / 誌 シ / 雌 シ め めす / 賜 シ たまわる

諮 シ はかる / 示 ジ、シ しめす / 字 ジ あざ / 寺 ジ てら / 次 ジ、シ つぐ、つぎ / 耳 ジ みみ / 自 ジ、シ みずから / 似 ジ にる / 児 ジ、ニ / 事 ジ、ズ こと / 侍 ジ さむらい / 治 ジ、チ おさめる おさまる なおる なおす / 持 ジ もつ / 時 ジ とき / 滋 ジ / 慈 ジ いつくしむ / 辞 ジ やめる / 磁 ジ / 璽 ジ / 式 シキ / 識 シキ / 軸 ジク / 七 シチ なな ななつ、なの / 失 シツ うしなう / 室 シツ むろ / 疾 シツ / 執 シツ、シュウ とる / 湿 シツ しめる しめす / 漆 シツ うるし / 質 シツ、シチ、チ / 実 ジツ み、みのる / 芝 しば / 写 シャ うつす、うつる

社 シャ やしろ / 車 シャ くるま / 舎 シャ / 者 シャ もの / 射 シャ いる / 捨 シャ すてる / 赦 シャ / 斜 シャ ななめ / 煮 シャ にる、にえる にやす / 遮 シャ さえぎる / 謝 シャ あやまる / 邪 ジャ / 蛇 ジャ、ダ へび / 勺 シャク / 尺 シャク / 借 シャク かりる / 酌 シャク くむ / 釈 シャク / 爵 シャク / 若 ジャク、ニャク わかい もしくは / 弱 ジャク よわい、よわる よわまる よわめる / 寂 ジャク、セキ さび さびしい さびれる / 手 シュ て、た / 主 シュ、ス ぬし、おも / 守 シュ、ス まもる、もり / 朱 シュ / 取 シュ とる / 狩 シュ かる、かり / 首 シュ くび / 殊 シュ こと / 珠 シュ / 酒 シュ さけ、さか

種 シュ たね / 趣 シュ おもむき / 寿 ジュ ことぶき / 受 ジュ うける、うかる / 授 ジュ さずける さずかる / 需 ジュ / 儒 ジュ / 樹 ジュ / 収 シュウ おさめる おさまる / 囚 シュウ / 州 シュウ す / 舟 シュウ ふね ふな / 秀 シュウ ひいでる / 周 シュウ まわり / 宗 シュウ、ソウ / 拾 シュウ、ジュウ ひろう / 秋 シュウ あき / 臭 シュウ くさい / 修 シュウ、シュ おさめる おさまる / 終 シュウ おわる、おえる / 習 シュウ ならう / 週 シュウ / 就 シュウ、ジュ つく、つける / 衆 シュウ、シュ / 集 シュウ あつまる あつめる つどう / 愁 シュウ うれえる うれい / 酬 シュウ / 醜 シュウ みにくい / 襲 シュウ おそう / 十 ジュウ、ジッ とお、と / 汁 ジュウ しる / 充 ジュウ あてる

住 ジュウ すむ、すまう / 柔 ジュウ、ニュウ やわらか やわらかい / 重 ジュウ、チョウ え、おもい かさねる かさなる / 従 ジュウ、ショウ、ジュ したがう したがえる / 渋 ジュウ しぶ、しぶい しぶる / 銃 ジュウ / 獣 ジュウ けもの / 縦 ジュウ たて / 叔 シュク / 祝 シュク、シュウ いわう / 宿 シュク やど、やどる やどす / 淑 シュク / 粛 シュク / 縮 シュク ちぢむ ちぢまる ちぢめる ちぢれる ちぢらす / 塾 ジュク / 熟 ジュク うれる / 出 シュツ、スイ でる だす / 述 ジュツ のべる / 術 ジュツ / 俊 シュン / 春 シュン はる / 瞬 シュン またたく / 旬 ジュン / 巡 ジュン めぐる / 盾 ジュン たて / 准 ジュン / 殉 ジュン / 純 ジュン / 循 ジュン / 順 ジュン

準 ジュン / 潤 ジュン うるおう うるおす うるむ / 遵 ジュン / 処 ショ / 初 ショ はじめ はじめて はつ うい そめる / 所 ショ ところ / 書 ショ かく / 庶 ショ / 暑 ショ あつい / 署 ショ / 緒 ショ、チョ お / 諸 ショ / 女 ジョ、ニョ、ニョウ おんな、め / 如 ジョ、ニョ / 助 ジョ たすける たすかる すけ / 序 ジョ / 叙 ジョ / 徐 ジョ / 除 ジョ、ジ のぞく / 小 ショウ ちいさい こ、お / 升 ショウ ます / 少 ショウ すくない すこし / 召 ショウ めす / 匠 ショウ / 床 ショウ とこ、ゆか / 抄 ショウ / 肖 ショウ / 尚 ショウ / 招 ショウ まねく / 承 ショウ うけたまわる

昇 ショウ のぼる / 松 ショウ まつ / 沼 ショウ ぬま / 昭 ショウ / ショウ よい / 将 ショウ / 消 ショウ きえる、けす / 症 ショウ / 祥 ショウ / 称 ショウ / 笑 ショウ わらう、えむ / 唱 ショウ となえる / 商 ショウ あきなう / 渉 ショウ / 章 ショウ / 紹 ショウ / 訟 ショウ / 勝 ショウ かつ、まさる / 掌 ショウ / 晶 ショウ / 焼 ショウ やく、やける / 焦 ショウ こげる こがす こがれる あせる / 硝 ショウ / 粧 ショウ / 詔 ショウ みことのり / 証 ショウ / 象 ショウ、ゾウ / 傷 ショウ きず、いたむ いためる / 奨 ショウ / 照 ショウ てる、てらす てれる / 詳 ショウ くわしい / 彰 ショウ / 障 ショウ さわる

衝 ショウ / 賞 ショウ / 償 ショウ つぐなう / 礁 ショウ / 鐘 ショウ かね / 上 ジョウ、ショウ うえ、うわ かみ、あげる あがる のぼる のぼせる のぼす / 丈 ジョウ たけ / 冗 ジョウ / 条 ジョウ / 状 ジョウ / 乗 ジョウ のる、のせる / 城 ジョウ しろ / 浄 ジョウ / 剰 ジョウ / 常 ジョウ つね、とこ / 情 ジョウ、セイ なさけ / 場 ジョウ ば / 畳 ジョウ たたむ たたみ / 蒸 ジョウ むす、むれる むらす / 縄 ジョウ なわ / 壌 ジョウ / 嬢 ジョウ / 錠 ジョウ / 譲 ジョウ ゆずる / 醸 ジョウ かもす / 色 ショク、シキ いろ / 食 ショク、ジキ くう、くらう たべる / 植 ショク うえる うわる / 殖 ショク ふえる ふやす / 飾 ショク かざる

触 ショク ふれる さわる / 嘱 ショク / 織 ショク、シキ おる / 職 ショク / 辱 ジョク はずかしめる / 心 シン こころ / 申 シン もうす / 伸 シン のびる、のばす / 臣 シン、ジン / 身 シン み / 辛 シン からい / 侵 シン おかす / 信 シン / 津 シン つ / 神 シン、ジン かみ かん、こう / 唇 シン くちびる / 娠 シン / 振 シン ふる、ふるう / 浸 シン ひたす ひたる / 真 シン ま / 針 シン はり / 深 シン ふかい ふかまる ふかめる / 紳 シン / 進 シン すすむ すすめる / 森 シン もり / 診 シン みる / 寝 シン ねる、ねかす / 慎 シン つつしむ / 新 シン あたらしい あらた にい / 審 シン / 震 シン ふるう ふるえる

薪 シン、たきぎ / 親 シン、おや、したしい、したしむ / 人 ジン、ニン、ひと / 刃 ジン、は / 仁 ジン、ニ / 尽 ジン、つくす、つきる、つかす / 迅 ジン / 甚 ジン、はなはだ、はなはだしい / 陣 ジン / 尋 ジン、たずねる / **ス** / 図 ズ、ト、はかる / 水 スイ、みず / 吹 スイ、ふく / 垂 スイ、たれる、たらす / 炊 スイ、たく / 帥 スイ / 粋 スイ / 衰 スイ、おとろえる / 推 スイ、おす / 酔 スイ、よう / 遂 スイ、とげる / 睡 スイ / 穂 スイ、ほ / 錘 スイ、つむ / 随 ズイ / 髄 ズイ / 枢 スウ / 崇 スウ / 数 スウ、ス、かず、かぞえる / 据 すえる、すわる / 杉 すぎ

寸 スン / **セ** / 畝 せ、うね / 瀬 せ / 是 ゼ / 井 セイ、ショウ、い / 世 セイ、セ、よ / 正 セイ、ショウ、ただしい、ただす、まさ / 生 セイ、ショウ、いきる、いかす、いける、うまれる、うむ、おう、はえる、はやす、き、なま / 成 セイ、ジョウ、なる、なす / 西 セイ、サイ、にし / 声 セイ、ショウ、こえ、こわ / 制 セイ / 姓 セイ、ショウ / 征 セイ / 性 セイ、ショウ / 青 セイ、ショウ、あお、あおい / 斉 セイ / 政 セイ、ショウ、まつりごと / 星 セイ、ショウ、ほし / 牲 セイ / 省 セイ、ショウ、かえりみる、はぶく / 逝 セイ、ゆく / 清 セイ、ショウ、きよい、きよまる、きよめる / 盛 セイ、ジョウ、もる、さかる、さかん / 婿 セイ、むこ / 晴 セイ、はれる、はらす / 勢 セイ、いきおい / 聖 セイ

誠 セイ、まこと / 精 セイ、ショウ / 製 セイ / 誓 セイ、ちかう / 静 セイ、ジョウ、しず、しずか、しずまる、しずめる / 請 セイ、シン、こう、うける / 整 セイ、ととのえる、ととのう / 税 ゼイ / 夕 セキ、ゆう / 斥 セキ / 石 セキ、シャク、コク、いし / 赤 セキ、シャク、あか、あかい、あからむ、あからめる / 昔 セキ、シャク、むかし / 析 セキ / 隻 セキ / 席 セキ / 惜 セキ、おしい、おしむ / 責 セキ、せめる / 跡 セキ、あと / 積 セキ、つむ、つもる / 績 セキ / 籍 セキ / 切 セツ、サイ、きる、きれる / 折 セツ、おる、おり、おれる / 拙 セツ / 窃 セツ / 接 セツ、つぐ / 設 セツ、もうける / 雪 セツ、ゆき / 摂 セツ / 節 セツ、セチ、ふし

説 セツ、ゼイ、とく / 舌 ゼツ、した / 絶 ゼツ、たえる、たやす、たつ / 千 セン、ち / 川 セン、かわ / 仙 セン / 占 セン、しめる、うらなう / 先 セン、さき / 宣 セン / 専 セン、もっぱら / 泉 セン、いずみ / 浅 セン、あさい / 洗 セン、あらう / 染 セン、そめる、そまる、しみる、しみ / 扇 セン、おうぎ / 栓 セン / 旋 セン / 船 セン、ふね、ふな / 戦 セン、いくさ、たたかう / 践 セン / 銭 セン、ぜに / 銑 セン / 潜 セン、ひそむ、もぐる / 線 セン / 遷 セン / 選 セン、えらぶ / 薦 セン、すすめる / 繊 セン / 鮮 セン、あざやか / 全 ゼン、まったく / 前 ゼン、まえ / 善 ゼン、よい

然 ゼン、ネン / 禅 ゼン / 漸 ゼン / 繕 ゼン、つくろう / **ソ** / 阻 ソ、はばむ / 祖 ソ / 租 ソ / 素 ソ、ス / 措 ソ / 粗 ソ、あらい / 組 ソ、くむ、くみ / 疎 ソ、うとい、うとむ / 訴 ソ、うったえる / 塑 ソ / 礎 ソ、いしずえ / 双 ソウ、ふた / 壮 ソウ / 早 ソウ、サッ、はやい、はやまる、はやめる / 争 ソウ、あらそう / 走 ソウ、はしる / 奏 ソウ、かなでる / 相 ソウ、ショウ、あい / 荘 ソウ / 草 ソウ、くさ / 送 ソウ、おくる / 倉 ソウ、くら / 捜 ソウ、さがす / 挿 ソウ、さす / 桑 ソウ、くわ / 掃 ソウ、はく / 曹 ソウ / 巣 ソウ、す / 窓 ソウ、まど

創 ソウ / 喪 ソウ、も / 葬 ソウ、ほうむる / 装 ソウ、ショウ、よそおう / 僧 ソウ / 想 ソウ、ソ / 層 ソウ / 総 ソウ / 遭 ソウ、あう / 槽 ソウ / 操 ソウ、みさお、あやつる / 燥 ソウ / 霜 ソウ、しも / 騒 ソウ、さわぐ / 藻 ソウ、も / 造 ゾウ、つくる / 像 ゾウ / 増 ゾウ、ます、ふえる、ふやす / 憎 ゾウ、にくむ、にくい、にくらしい、にくしみ / 蔵 ゾウ、くら / 贈 ゾウ、ソウ、おくる / 臓 ゾウ / 即 ソク / 束 ソク、たば / 足 ソク、あし、たりる、たる、たす / 促 ソク、うながす / 則 ソク / 息 ソク、いき / 速 ソク、はやい、はやめる、すみやか / 側 ソク、かわ / 測 ソク、はかる

俗 ゾク / 族 ゾク / 属 ゾク / 賊 ゾク / 続 ゾク、つづく、つづける / 卒 ソツ / 率 ソツ、リツ、ひきいる / 存 ソン、ゾン / 村 ソン、むら / 孫 ソン、まご / 尊 ソン、たっとい、とうとい、たっとぶ、とうとぶ / 損 ソン、そこなう、そこねる / **タ** / 他 タ / 多 タ、おおい / 打 ダ、うつ / 妥 ダ / 堕 ダ / 惰 ダ / 駄 ダ / 太 タイ、タ、ふとい、ふとる / 対 タイ、ツイ / 体 タイ、テイ、からだ / 耐 タイ、たえる / 待 タイ、まつ / 怠 タイ、おこたる、なまける / 胎 タイ / 退 タイ、しりぞく、しりぞける / 帯 タイ、おびる、おび / 泰 タイ / 袋 タイ、ふくろ

逮 タイ / 替 タイ、かえる、かわる / 貸 タイ、かす / 隊 タイ / 滞 タイ、とどこおる / 態 タイ / 大 ダイ、タイ、おお、おおきい、おおいに / 代 ダイ、タイ、かわる、かえる、よ、しろ / 台 ダイ、タイ / 第 ダイ / 題 ダイ / 滝 たき / 宅 タク / 択 タク / 沢 タク、さわ / 卓 タク / 拓 タク / 託 タク / 濯 タク / 諾 ダク / 濁 ダク、にごる、にごす / 但 ただし / 達 タツ / 脱 ダツ、ぬぐ、ぬげる / 奪 ダツ、うばう / 棚 たな / 丹 タン / 担 タン、かつぐ、になう / 単 タン / 炭 タン、すみ / 胆 タン / 探 タン、さぐる、さがす

淡 タン、あわい / 短 タン、みじかい / 嘆 タン、なげく、なげかわしい / 端 タン、はし、は、はた / 誕 タン / 鍛 タン、きたえる / 団 ダン、トン / 男 ダン、ナン、おとこ / 段 ダン / 断 ダン、たつ、ことわる / 弾 ダン、ひく、はずむ、たま / 暖 ダン、あたたか、あたたかい、あたたまる、あたためる / 談 ダン / 壇 ダン、タン / **チ** / 地 チ、ジ / 池 チ、いけ / 知 チ、しる / 値 チ、ね、あたい / 恥 チ、はじる、はじ、はじらう、はずかしい / 致 チ、いたす / 遅 チ、おくれる、おくらす、おそい / 痴 チ / 稚 チ / 置 チ、おく / 竹 チク、たけ / 畜 チク / 逐 チク / 蓄 チク、たくわえる

築 チク、きずく / 秩 チツ / 窒 チツ / 茶 チャ、サ / 着 チャク、ジャク、きる、きせる、つく、つける / 嫡 チャク / 中 チュウ、なか / 仲 チュウ、なか / 虫 チュウ、むし / 沖 チュウ、おき / 宙 チュウ / 忠 チュウ / 抽 チュウ / 注 チュウ、そそぐ / 昼 チュウ、ひる / 柱 チュウ、はしら / 衷 チュウ / 鋳 チュウ、いる / 駐 チュウ / 著 チョ、あらわす、いちじるしい / 貯 チョ / 丁 チョウ、テイ / 弔 チョウ、とむらう / 庁 チョウ / 兆 チョウ、きざす、きざし / 町 チョウ、まち / 長 チョウ、ながい / 挑 チョウ、いどむ / 帳 チョウ / 張 チョウ、はる / 彫 チョウ、ほる / 眺 チョウ、ながめる / 釣 チョウ、つる

頂 チョウ、いただく、いただき / 鳥 チョウ、とり / 朝 チョウ、あさ / 脹 チョウ / 超 チョウ、こえる、こす / 腸 チョウ / 跳 チョウ、はねる、とぶ / 徴 チョウ / 潮 チョウ、しお / 澄 チョウ、すむ、すます / 調 チョウ、しらべる、ととのう、ととのえる / 聴 チョウ、きく / 懲 チョウ、こりる、こらす、こらしめる / 直 チョク、ジキ、ただちに、なおす、なおる / 勅 チョク / 沈 チン、しずむ、しずめる / 珍 チン、めずらしい / 朕 チン / 陳 チン / 賃 チン / 鎮 チン、しずめる、しずまる / **ツ** / 追 ツイ、おう / 墜 ツイ / 通 ツウ、ツ、とおる、とおす、かよう / 痛 ツウ、いたい、いたむ、いためる / つか / 漬 つける、つかる / 坪 つぼ

テ / 低 テイ、ひくい、ひくめる、ひくまる / 呈 テイ / 廷 テイ / 弟 テイ、ダイ、デ、おとうと / 定 テイ、ジョウ、さだめる、さだまる、さだか / 底 テイ、そこ / 抵 テイ / 邸 テイ / 亭 テイ / 貞 テイ / 帝 テイ / 訂 テイ / 庭 テイ、にわ / 逓 テイ / 停 テイ / 偵 テイ / 堤 テイ、つつみ / 提 テイ、さげる / 程 テイ、ほど / 艇 テイ / 締 テイ、しまる、しめる / 泥 デイ、どろ / 的 テキ、まと / 笛 テキ、ふえ / 摘 テキ、つむ / 滴 テキ、しずく、したたる / 適 テキ / 敵 テキ、かたき / 迭 テツ / 哲 テツ / 鉄 テツ

徹 テツ / 撤 テツ / 天 テン、あめ、あま / 典 テン / 店 テン、みせ / 点 テン / 展 テン / 添 テン、そえる、そう / 転 テン、ころがる、ころげる、ころがす、ころぶ / 田 デン、た / 伝 デン、つたわる、つたえる、つたう / 殿 デン、テン、との、どの / 電 デン / **ト** / 斗 ト / 吐 ト、はく / 徒 ト / 途 ト / 都 ト、ツ、みやこ / 渡 ト、わたる、わたす / 塗 ト、ぬる / 土 ド、ト、つち / 奴 ド / 努 ド、つとめる / 度 ド、ト、タク、たび / 怒 ド、いかる、おこる / 刀 トウ、かたな / 冬 トウ、ふゆ / 灯 トウ、ひ / 当 トウ、あたる、あてる / 投 トウ、なげる

豆 トウ、ズ、まめ / 東 トウ、ひがし / 到 トウ / 逃 トウ、にげる、にがす、のがす、のがれる / 倒 トウ、たおれる、たおす / 凍 トウ、こおる、こごえる / 唐 トウ、から / 島 トウ、しま / 桃 トウ、もも / 討 トウ、うつ / 透 トウ、すく、すかす、すける / 党 トウ / 悼 トウ、いたむ / 盗 トウ、ぬすむ / 陶 トウ / 塔 トウ / 搭 トウ / 棟 トウ、むね、むな / 湯 トウ、ゆ / 痘 トウ / 登 トウ、ト、のぼる / 答 トウ、こたえる、こたえ / 等 トウ、ひとしい / 筒 トウ、つつ / 統 トウ、すべる / 稲 トウ、いね、いな / 踏 トウ、ふむ、ふまえる / 糖 トウ / 頭 トウ、ズ、ト、あたま、かしら / 謄 トウ / 闘 トウ、たたかう

騰 トウ / 同 ドウ、おなじ / 洞 ドウ、ほら / 胴 ドウ / 動 ドウ、うごく、うごかす / 堂 ドウ / 童 ドウ、わらべ / 道 ドウ、トウ、みち / 働 ドウ、はたらく / 銅 ドウ / 導 ドウ、みちびく / 峠 とうげ / 匿 トク / 特 トク / 得 トク、える、うる / 督 トク / 徳 トク / 篤 トク / 毒 ドク / 独 ドク、ひとり / 読 ドク、トク、トウ、よむ / 凸 トツ / 突 トツ、つく / 届 とどける、とどく / 屯 トン / 豚 トン、ぶた / 鈍 ドン、にぶい、にぶる / 曇 ドン、くもる / **ナ** / 内 ナイ、ダイ、うち / 南 ナン、ナ、みなみ / 軟 ナン、やわらか、やわらかい / 難 ナン、かたい、むずかしい

ニ / 二 ニ、ふた、ふたつ / 尼 ニ、あま / 弐 ニ / 肉 ニク / 日 ニチ、ジツ、ひ、か / 入 ニュウ、いる、いれる、はいる / 乳 ニュウ、ちち、ち / 尿 ニョウ / 任 ニン、まかせる、まかす / 妊 ニン / 忍 ニン、しのぶ、しのばせる / 認 ニン、みとめる / **ネ** / 寧 ネイ / 熱 ネツ、あつい / 年 ネン、とし / 念 ネン / 粘 ネン、ねばる / 燃 ネン、もえる、もやす、もす / **ノ** / 悩 ノウ、なやむ、なやます / 納 ノウ、ナッ、ナ、ナン、トウ、おさめる、おさまる / 能 ノウ / 脳 ノウ / 農 ノウ / 濃 ノウ、こい / **ハ** / 把 ハ / 波 ハ、なみ / 派 ハ

破 ハ、やぶる、やぶれる
覇 ハ
馬 バ、うま、ま
婆 バ
拝 ハイ、おがむ
杯 ハイ、さかずき
背 ハイ、せ、せい、そむく、そむける
肺 ハイ
俳 ハイ
配 ハイ、くばる
排 ハイ
敗 ハイ、やぶれる
廃 ハイ、すたれる、すたる
輩 ハイ
売 バイ、うる、うれる
倍 バイ
梅 バイ、うめ
培 バイ、つちかう
陪 バイ
媒 バイ
買 バイ、かう
賠 バイ
白 ハク、ビャク、しろ、しろい、しら
伯 ハク
拍 ハク、ヒョウ
泊 ハク、とまる、とめる
迫 ハク、せまる
舶 ハク
博 ハク、バク
薄 ハク、うすい、うすめる、うすまる、うすらぐ、うすれる

麦 バク、むぎ
漠 バク
縛 バク、しばる
爆 バク
箱 はこ
畑 はた、はたけ
肌 はだ
八 ハチ、や、やつ、やっつ、よう
鉢 ハチ、ハツ
発 ハツ、ホツ
髪 ハツ、かみ
伐 バツ
抜 バツ、ぬく、ぬける、ぬかす、ぬかる
罰 バツ、バチ
閥 バツ
反 ハン、ホン、タン、そる、そらす
半 ハン、なかば
犯 ハン、おかす
帆 ハン、ほ
伴 ハン、バン、ともなう
判 ハン、バン
坂 ハン、さか
板 ハン、バン、いた
版 ハン
班 ハン
畔 ハン
般 ハン
販 ハン
飯 ハン、めし
搬 ハン
煩 ハン、ボン、わずらう、わずらわす
頒 ハン
範 ハン

繁 ハン
藩 ハン
晩 バン
番 バン
蛮 バン
盤 バン

ヒ

比 ヒ、くらべる
皮 ヒ、かわ
妃 ヒ
否 ヒ、いな
批 ヒ
彼 ヒ、かれ、かの
披 ヒ
肥 ヒ、こえる、こえ、こやす、こやし
非 ヒ
卑 ヒ、いやしい、いやしむ、いやしめる
飛 ヒ、とぶ、とばす
疲 ヒ、つかれる、つからす
秘 ヒ、ひめる
被 ヒ、こうむる
悲 ヒ、かなしい、かなしむ
扉 ヒ、とびら
費 ヒ、ついやす、ついえる
碑 ヒ
罷 ヒ
避 ヒ、さける
尾 ビ、お
美 ビ、うつくしい
備 ビ、そなえる、そなわる
微 ビ

鼻 ビ、はな
匹 ヒツ、ひき
必 ヒツ、かならず
泌 ヒツ、ヒ
筆 ヒツ、ふで
姫 ひめ
百 ヒャク
氷 ヒョウ、こおり、ひ
表 ヒョウ、おもて、あらわす、あらわれる
俵 ヒョウ、たわら
票 ヒョウ
評 ヒョウ
漂 ヒョウ、ただよう
標 ヒョウ
苗 ビョウ、なえ、なわ
秒 ビョウ
病 ビョウ、ヘイ、やむ、やまい
描 ビョウ、えがく
猫 ビョウ、ねこ
品 ヒン、しな
浜 ヒン、はま
貧 ヒン、ビン、まずしい
賓 ヒン
頻 ヒン
敏 ビン
瓶 ビン

フ

不 フ、ブ
夫 フ、フウ、おっと
父 フ、ちち
付 フ、つける、つく
布 フ、ぬの
扶 フ
府 フ

怖 フ、こわい
附 フ
負 フ、まける、まかす、おう
赴 フ、おもむく
浮 フ、うく、うかれる、うかぶ、うかべる
婦 フ
符 フ
富 フ、フウ、とむ、とみ
普 フ
腐 フ、くさる、くされる、くさらす
敷 フ、しく
膚 フ
賦 フ
譜 フ
侮 ブ、あなどる
武 ブ、ム
部 ブ
舞 ブ、まう、まい
封 フウ、ホウ
風 フウ、フ、かぜ、かざ
伏 フク、ふせる、ふす
服 フク
副 フク
幅 フク、はば
復 フク
福 フク
腹 フク、はら
複 フク
覆 フク、おおう、くつがえす、くつがえる
払 フツ、はらう
沸 フツ、わく、わかす

仏 ブツ、ほとけ
物 ブツ、モツ、もの
粉 フン、こ、こな
紛 フン、まぎれる、まぎらす、まぎらわす、まぎらわしい
雰 フン
噴 フン、ふく
墳 フン
憤 フン、いきどおる
奮 フン、ふるう
分 ブン、フン、ブ、わける、わかれる、わかる、わかつ
文 ブン、モン、ふみ
聞 ブン、モン、きく、きこえる

ヘ

丙 ヘイ
平 ヘイ、ビョウ、たいら、ひら
兵 ヘイ、ヒョウ
併 ヘイ、あわせる
並 ヘイ、なみ、ならべる、ならぶ、ならびに
柄 ヘイ、がら、え
陛 ヘイ
閉 ヘイ、とじる、とざす、しめる、しまる
塀 ヘイ
幣 ヘイ
弊 ヘイ
米 ベイ、マイ、こめ
壁 ヘキ、かべ
癖 ヘキ、くせ
別 ベツ、わかれる
片 ヘン、かた

辺 ヘン、あたり、べ
返 ヘン、かえす、かえる
変 ヘン、かわる、かえる
偏 ヘン、かたよる
遍 ヘン
編 ヘン、あむ
弁 ベン
便 ベン、ビン、たより
勉 ベン

ホ

歩 ホ、ブ、フ、あるく、あゆむ
保 ホ、たもつ
捕 ホ、とらえる、とらわれる、とる、つかまえる、つかまる
浦 ホ、うら
補 ホ、おぎなう
舗 ホ
母 ボ、はは
募 ボ、つのる
墓 ボ、はか
慕 ボ、したう
暮 ボ、くれる、くらす
簿 ボ
方 ホウ、かた
包 ホウ、つつむ
芳 ホウ、かんばしい
邦 ホウ
奉 ホウ、ブ、たてまつる
宝 ホウ、たから
抱 ホウ、だく、いだく、かかえる
放 ホウ、はなす、はなつ、はなれる

法 ホウ、ハッ、ホッ
泡 ホウ、あわ
胞 ホウ
俸 ホウ
倣 ホウ、ならう
峰 ホウ、みね
砲 ホウ
崩 ホウ、くずれる、くずす
訪 ホウ、おとずれる、たずねる
報 ホウ、むくいる
豊 ホウ、ゆたか
飽 ホウ、あきる、あかす
褒 ホウ、ほめる
縫 ホウ、ぬう
亡 ボウ、モウ、ない
乏 ボウ、とぼしい
忙 ボウ、いそがしい
坊 ボウ、ボッ
妨 ボウ、さまたげる
忘 ボウ、わすれる
防 ボウ、ふせぐ
房 ボウ、ふさ
肪 ボウ
某 ボウ
冒 ボウ、おかす
剖 ボウ
紡 ボウ、つむぐ
望 ボウ、モウ、のぞむ
傍 ボウ、かたわら
帽 ボウ
棒 ボウ
貿 ボウ
暴 ボウ、バク、あばく、あばれる
膨 ボウ、ふくらむ、ふくれる

謀 ボウ、ム、はかる
北 ホク、きた
木 ボク、モク、き、こ
朴 ボク
牧 ボク、まき
僕 ボク
墨 ボク、すみ
撲 ボク
没 ボツ
堀 ほり
本 ホン、もと
奔 ホン
翻 ホン、ひるがえる、ひるがえす
凡 ボン、ハン
盆 ボン

マ

麻 マ、あさ
摩 マ
磨 マ、みがく
魔 マ
毎 マイ
妹 マイ、いもうと
枚 マイ
埋 マイ、うめる、うまる、うもれる
幕 マク、バク
膜 マク
又 また
末 マツ、バツ、すえ
抹 マツ
万 マン、バン
満 マン、みちる、みたす
慢 マン
漫 マン

ミ

未 ミ
味 ミ、あじ、あじわう
魅 ミ
岬 みさき
密 ミツ
脈 ミャク
妙 ミョウ
民 ミン、たみ
眠 ミン、ねむる、ねむい

ム

矛 ム、ほこ
務 ム、つとめる
無 ム、ブ、ない
夢 ム、ゆめ
霧 ム、きり
娘 むすめ

メ

名 メイ、ミョウ、な
命 メイ、ミョウ、いのち
明 メイ、ミョウ、あかり、あかるい、あかるむ、あからむ、あきらか、あける、あく、あくる、あかす
迷 メイ、まよう
盟 メイ
銘 メイ
鳴 メイ、なく、なる、ならす
滅 メツ、ほろびる、ほろぼす
免 メン、まぬかれる
面 メン、おも、おもて、つら
綿 メン、わた

モ

茂 モ、しげる
模 モ、ボ
毛 モウ、け
妄 モウ、ボウ
盲 モウ
耗 モウ、コウ
猛 モウ
網 モウ、あみ
目 モク、ボク、め、ま
黙 モク、だまる
門 モン、かど
紋 モン
問 モン、とう、とい、とん
匁 もんめ

ヤ

夜 ヤ、よ、よる
野 ヤ、の
厄 ヤク
役 ヤク、エキ
約 ヤク
訳 ヤク、わけ
薬 ヤク、くすり
躍 ヤク、おどる

ユ

由 ユ、ユウ、ユイ、よし
油 ユ、あぶら
愉 ユ
諭 ユ、さとす
輸 ユ
癒 ユ
唯 ユイ、イ
友 ユウ、とも
有 ユウ、ウ、ある

勇 ユウ、いさむ
幽 ユウ
悠 ユウ
郵 ユウ
猶 ユウ
裕 ユウ
遊 ユウ、ユ、あそぶ
雄 ユウ、お、おす
誘 ユウ、さそう
憂 ユウ、うれえる、うれい、うい
融 ユウ
優 ユウ、やさしい、すぐれる

ヨ

与 ヨ、あたえる
予 ヨ
余 ヨ、あまる、あます
誉 ヨ、ほまれ
預 ヨ、あずける、あずかる
幼 ヨウ、おさない
用 ヨウ、もちいる
羊 ヨウ、ひつじ
洋 ヨウ
要 ヨウ、いる
容 ヨウ
庸 ヨウ
揚 ヨウ、あげる、あがる
揺 ヨウ、ゆれる、ゆる、ゆらぐ、ゆるぐ、ゆする、ゆさぶる、ゆすぶる
葉 ヨウ、は
陽 ヨウ
溶 ヨウ、とける、とかす、とく

腰 ヨウ、こし
様 ヨウ、さま
踊 ヨウ、おどる、おどり
窯 ヨウ、かま
養 ヨウ、やしなう
擁 ヨウ
謡 ヨウ、うたい、うたう
曜 ヨウ
抑 ヨク、おさえる
浴 ヨク、あびる、あびせる
欲 ヨク、ほっする、ほしい
翌 ヨク
翼 ヨク、つばさ

ラ

裸 ラ、はだか
羅 ラ
来 ライ、くる、きたる、きたす
雷 ライ、かみなり
頼 ライ、たのむ、たのもしい、たよる
絡 ラク、からむ、からまる
落 ラク、おちる、おとす
酪 ラク
乱 ラン、みだれる、みだす
卵 ラン、たまご
覧 ラン
濫 ラン
欄 ラン

リ

吏 リ
利 リ、きく

里 リ、さと
理 リ
痢 リ
裏 リ、うら
履 リ、はく
離 リ、はなれる、はなす
陸 リク
立 リツ、リュウ、たつ、たてる
律 リツ、リチ
略 リャク
柳 リュウ、やなぎ
流 リュウ、ル、ながれる、ながす
留 リュウ、ル、とめる、とまる
竜 リュウ、たつ
粒 リュウ、つぶ
隆 リュウ
硫 リュウ
旅 リョ、たび
虜 リョ
慮 リョ
了 リョウ
両 リョウ
良 リョウ、よい
料 リョウ
涼 リョウ、すずしい、すずむ
猟 リョウ
陵 リョウ、みささぎ
量 リョウ、はかる
僚 リョウ
領 リョウ
寮 リョウ
療 リョウ
糧 リョウ、ロウ、かて

力 リョク、リキ、ちから
緑 リョク、ロク、みどり
林 リン、はやし
厘 リン
倫 リン
輪 リン、わ
隣 リン、となる、となり
臨 リン、のぞむ

ル

涙 ルイ、なみだ
累 ルイ
塁 ルイ
類 ルイ

レ

令 レイ
礼 レイ、ライ
冷 レイ、つめたい、ひえる、ひや、ひやす、ひやかす、さめる、さます
励 レイ、はげむ、はげます
戻 レイ、もどす、もどる
例 レイ、たとえる
鈴 レイ、リン、すず
零 レイ
霊 レイ、リョウ、たま
隷 レイ
齢 レイ
麗 レイ、うるわしい
暦 レキ、こよみ
歴 レキ
列 レツ
劣 レツ、おとる
烈 レツ

裂 レツ、さく、さける
恋 レン、こう、こい、こいしい
連 レン、つらなる、つらねる、つれる
廉 レン
練 レン、ねる
錬 レン

ロ

炉 ロ
路 ロ、じ
露 ロ、ロウ、つゆ
老 ロウ、おいる、ふける
労 ロウ
郎 ロウ
朗 ロウ、ほがらか
浪 ロウ
廊 ロウ
楼 ロウ
漏 ロウ、もる、もれる、もらす
六 ロク、む、むつ、むっつ、むい
録 ロク
論 ロン

ワ

和 ワ、オ、やわらぐ、やわらげる、なごむ、なごやか
話 ワ、はなす、はなし
賄 ワイ、まかなう
惑 ワク、まどう
枠 わく
湾 ワン
腕 ワン、うで

常用漢字表・付表

（いわゆる熟字訓・当て字）

あす	明日
あずき	小豆
あま	海女
いおう	硫黄
いくじ	意気地
いちげんこじ	一言居士
いなか	田舎
いぶき	息吹
うなばら	海原
うば	乳母
うわき	浮気
うわつく	浮つく
えがお	笑顔
おかあさん	お母さん
おじ	叔父 伯父
おとうさん	お父さん
おとな	大人
おとめ	乙女
おば	叔母 伯母
おまわりさん	お巡りさん
おみき	お神酒
おもや	母屋 母家
かぐら	神楽
かし	河岸
かぜ	風邪
かな	仮名
かや	蚊帳
かわせ	為替
かわら	河原 川原
きのう	昨日
きょう	今日
くだもの	果物
くろうと	玄人
けさ	今朝
けしき	景色
ここち	心地
ことし	今年
さおとめ	早乙女
ざこ	雑魚
さじき	桟敷
さしつかえる	差し支える
さつきばれ	五月晴れ
さなえ	早苗
さみだれ	五月雨
しぐれ	時雨
しない	竹刀
しばふ	芝生
しみず	清水
しゃみせん	三味線
じゃり	砂利
じゅず	数珠
じょうず	上手
しらが	白髪
しろうと	素人
しわす（「しはす」とも言う。）	師走
すきや	数寄屋 数奇屋
すもう	相撲
ぞうり	草履
だし	山車
たち	太刀
たちのく	立ち退く
たなばた	七夕
たび	足袋
ちご	稚児
ついたち	一日
つきやま	築山
つゆ	梅雨
でこぼこ	凸凹
てつだう	手伝う
てんません	伝馬船
とあみ	投網
とえはたえ	十重二十重
どきょう	読経
とけい	時計
ともだち	友達
なこうど	仲人
なごり	名残
なだれ	雪崩
にいさん	兄さん
ねえさん	姉さん
のら	野良
のりと	祝詞
はかせ	博士
はたち	二十 二十歳
はつか	二十日
はとば	波止場
ひとり	一人
ひより	日和
ふたり	二人
ふつか	二日
ふぶき	吹雪
へた	下手
へや	部屋
まいご	迷子
まっか	真っ赤
まっさお	真っ青
みやげ	土産
むすこ	息子
めがね	眼鏡
もさ	猛者
もみじ	紅葉
もめん	木綿
もより	最寄り
やおちょう	八百長
やおや	八百屋
やまと〃（大和絵 大和魂 等）	大和〃
ゆかた	浴衣
ゆくえ	行方
よせ	寄席
わこうど	若人

人名用漢字一覧

常用漢字（一九四五字）のほかに、人名に使用できる漢字として、平成二年三月に法務省令で新たに定められた「人名用漢字別表」の二八四字である。省令では読み方の定めはない。部首別に配列。

丑 丞 乃 之 也 亘 亥 亦 亨 亮 伊 伍 伎 伶 伽 佑 侃 侑 倖 倭 偲 允 冴 冶 凌 凜

凪 凱 勁 匡 卯 叡 只 叶 吾 呂 哉 唄 啄 喬 嘉 圭 尭 奈 奎 媛 嬉 孟 宏 宥 寅 峻

崚 嵐 嵩 嵯 嶺 巌 巳 巴 巽 庄 弘 弥 彗 彦 彪 彬 怜 恕 悌 惇 惟 惣 慧 憧 拳 捷

捺 敦 斐 於 旦 旭 旺 昂 昌 昴 晃 晋 晏 晟 晨 智 暉 暢 曙 朋 朔 李 杏 杜 柊 柚

柾 栗 栞 桂 桐 梓 梢 梧 梨 椋 椎 椰 椿 楊 楓 楠 榛 槙 槻 樺 橘 檀 欣 欽 毅 毬

汀 汐 汰 沙 洲 洵 洸 浩 淳 渚 渥 湧 滉 漱 澪 熙 熊 燎 燦 燿 爽 爾 猪 玖 玲 琢

琳 瑚 瑛 瑞 瑠 瑶 瑳 璃 甫 皐 皓 眉 眸 睦 瞭 瞳 矩 碧 碩 磯 祐 禄 禎 秦 稀 稔

稜 穣 竣 笙 笹 紗 紘 紬 絃 絢 綜 綸 綺 綾 緋 翔 翠 耀 耶 聡 肇 胡 胤 脩 舜 艶

芙 芹 苑 茉 茄 茅 茜 莉 莞 菖 菫 萌 萩 葵 蒔 蒼 蓉 蓮 蔦 蕉 蕗 藍 藤 蘭 虎 虹

蝶 衿 袈 裟 詢 誼 諄 諒 赳 輔 辰 迪 遥 遼 邑 那 郁 酉 醇 采 錦 鎌 阿 隼 雛 霞

靖 鞠 須 頌 颯 馨 駒 駿 魁 鮎 鯉 鯛 鳩 鳳 鴻 鵬 鶴 鷹 鹿 麟 麿 黎 黛 亀

参考文献

(辞典)

金素雲(1979) 『새韓・日辞典』 民瑞出版社
安田吉実(1994) 『엣센스 日韓辞典』 民衆書林
이희승(1994) 『国語大辞典』 民衆書林
梅棹忠夫ほか(1989) 『日本語大辞典』 講談社
大阪外国語大学(1987) 『朝鮮語大辞典 上、下』 角川書店
金田一春彦ほか(1988) 『日本語百科大辞典』 大修館書店
西尾実ほか(1980) 『岩波国語辞典』 岩波書店
文化庁(1978) 『外国人のための基本語用例辞書』
松村明(1981) 『日本文法大辞典』 明治書院

(日本語文献)

井上尚美(1977) 『言語論理教育への道』 文化開発社
梅田博之(1982) 『朝鮮語と日本語』『講座日本語学 10 』 明治書院
大久保忠利(1968) 『日本文法陳述論』 明治書院
大槻和夫編著(1990) 『国語教育学』 福村出版
大野 晋 (1978) 『日本語文法を考える』 岩波書店
奥田邦男編著(1992) 『日本語教育学』 福村出版
影山太郎(1993) 『文法と語形成』 ひつじ書房
金田一春彦 (1988) 『日本語』 岩波書店
北原保雄(1984) 『文法的に考える』 大修館書店
久野 すすむ(1983) 『新日本文法研究』 大修館書店
国立国語研究所(1997) 『日本語と朝鮮語(上・下)』 くろしお出版
佐久間鼎(1983) 『現代日本語法の研究』 くろしお出版
佐治圭三(1991) 『日本語の文法の研究』 ひつじ書房
柴谷方良(1978) 『日本語の分析』 大修館書店
鈴木重幸(1972) 『日本語文法・形態論』 むぎ書房
鈴木 忍(1985) 『文法 1 - 助詞の諸問題- 』 凡人社
寺村秀夫、鈴木泰、野田尚史(1987) 『ケーススタディ-日本文法』 桜楓社
時枝誠記 (1965) 『国語学原論』 岩波書店
富田隆行(1991) 『基礎表現50とその教え方』 凡人社
永野 賢(1970) 『日本語文法の研究』 東京堂出版
西尾実編(1952) 『現代語の助詞・助動詞—用法と実例』 秀英出版
縫部義憲(1991) 『日本語教育学入門』 創拓社
橋本進吉(1969) 『助詞・助動詞の研究』 岩波書店
文化庁(1973) 『日本語と日本語教育 —文法—』 大蔵省印刷局
松下大三郎(1930) 『標準日本文法』 勉誠社

三上 章 (1972) 『現代語法序説』 くろしお出版
森田良行(1990) 『日本語学と日本語教育』 凡人社
森山卓郎(1988) 『日本語動詞述語文の研究』 明治書院
渡辺 実(1974) 『国語構文論』 笠間書院
金仁炫(2001) 『韓・日両語の対照言語学的研究』 제이앤씨

(韓国語文献)

康寿彦(1989) 『韓国語와 英語의 比較研究』 翰信文化社
高永根(1983) 『国語文法의 研究』 塔出版社
金敏洙(1988) 『新国語学』 一潮閣
金完鎮(1985) 『韓国語音韻体系의 研究』 一潮閣
남기심(1993) 『国語助詞의 用法』 서강학술자료사
徐正洙(1994) 『国語文法』 뿌리깊은나무
송병학(1984) 『現代国語의 分析』 翰信文化社
申昌淳(1984) 『国語文法研究』 博英社
李崇寧(1981) 『中世国語文法』 乙酉文化社
李翊燮・任洪彬(1983) 『国語文法論』 学研社
任洪彬(1988) 『国語文法論』 学研社

(英語文献)

Radford、A(1981) *Transformational Syntax A student's guide to Chomsky's Extended Standard Theory*, Cambridge.
[吉田正一訳(1984)「変形統語論」・チョムスキー・一拡大標準理論解説- 研究社]
Billows, F.L.(1961)*The Techniques of Language Teaching*. [納谷友一訳注(1972) 『外国語教育の指導技術』大修館書店]
Chomsky, N.(1957)*Syntactic Structures*.
The Hague, Moton.[勇康雄訳(1963) 『文法の構造』研究社]
Di Pietro(1971)*Language Structure in ontrast*.
[小池生夫訳(1974) 『言語の対照研究』大修館書店]

(日本語音声学)

古田東朔(1995) 『日本語学概論』 放送大学教育振興会
天沼寧他(1986) 『日本語音声学』 くろしお出版
川上奏(1991) 『日本語音声概説』 おうふう
音声文法研究会 編(1988) 『文法と音声』 くろしお出版
金田一春彦(1987) 『日本語音韻研究』 東京堂出版
小森法孝(1990) 『日本語アクセント教室』 新水社
日本語音声学会 (1976) 『音声学大辞典』 三修社
日本放送出版協会 (1977) 『NHK発音アクセント辞典』
민광준(1998) 『일본어학의 이해-음성-』 시사일본어사

(日本文学)

西尾実ほか(1986) 『日本文学史』 秀英出版

小高敏郎ほか(1970) 『日本文学史の指導と実際』 明治書院
이일숙(2002) 『시대별 日本文学史』 제이앤씨
김인문(2002) 『일본근・현대작가연구』 제이앤씨
신현하(1996) 『日本文学史』 学文社
三谷栄一ほか(1990) 『大修館国語要覧』 大修館書店
『改正新版 国語便覧』(1994) 第一学習社
江藤淳(1995) 『漱石とその時代』 新潮選書
정봉택, 박길장, 사희만(2000) 『동양문학의 이해』 朝鮮大学出版

(日本文化事情)

細川英雄(1994) 『実践 日本事情入門』 大修館書店
細川英雄(1999) 『日本語教育と日本事情』 明石書店
細川英雄(2002) 『ことばと文化を結ぶ日本語教育』 凡人社
縫部義憲(1991) 『多文化共生時代の日本語教育』 歴々社
水谷修 他(1995) 『日本事情ハンドブック』 大修館書店
家永三郎(1990) 『日本文化史』 岩波新書
金仁炫 (1999) 『현대일본의 이해』 学文社
国際交流基金(1994) 『日本語能力試験』 凡人社
佐藤丈夫(1998) 『TOP JAPANESE』 시사일본어사
佐佐木瑞技(1998) 『日本事情入門』 다락원
富田降行(1993) 『基礎表現50とその教え方』 凡人社
日本語教育学会(1988) 『日本語の地理』 凡人社
日本語教育学会 (1988) 『日本語の歴史』 凡人社
『高等学校 日本史』(1996)清水書院

(日本語教育)

日本語教育学会編(1982) 『日本語教育事典』大修館書店
国際文流基金(1998) 『写真パネルバンク ⅠⅡⅢⅣⅤ』
国際文流基金(1983) 『日本語教科書 ガイド』 北星当書店
国際文流基金(1994) 『日本語能力試験 出題基準』 凡人社
富田隆行(1991) 『文法の基礎知識とその考え方』 凡人社
富田隆行(1993) 『教授法マニュアル70例(上)』 凡人社
木村宗男(1982) 『日本語教授法』 凡人社
小林ミナ(1992) 『よくわかる教授法』 アルク
高見沢孟(1994) 『新しい外国語教授法と日本語教育』 アルク
横山信子(1996) 『実用日本語事典』 洋販出版
文部省(1992) 『日本語をまなぼう』
이덕봉(1998) 『일본어 교육의 이론과 방법』 시사 일본어사
우찬삼(2000) 『일본어 교육학 개론』 계명출판사
교육부(2000) 『고등학교 교육과정 해설-외국어』

특별부록

1. 일본어능력시험 기출문제 및 예상문제
2. 2009개정교육과정 및 임용고사예상문제
3. 외국어 교수법과 일본어교육
4. 독해와 작문에 강해지는 비밀노트
5. 시험에 자주 나오는 소설의 독해 문제
6. 시험에 자주 나오는 일본의 속담
7. 일본어시험에 꼭 나오는 기본 어휘
8. 일본의 언어문화관광 예상문제
9. 면접시험에 꼭 나오는 중요문제

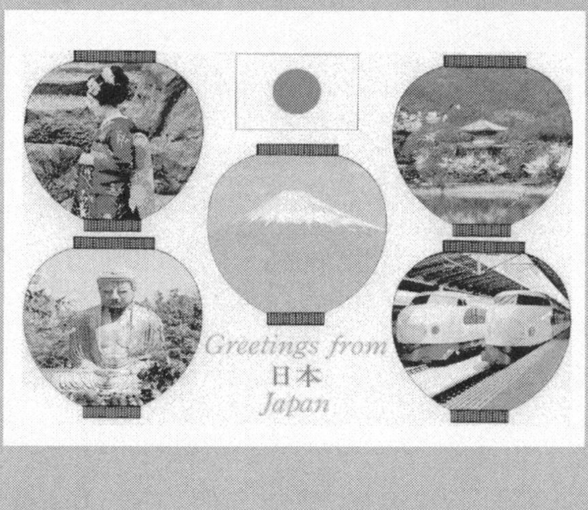

1. 일본어능력시험 기출문제 및 예상문제

日本語能力試験 N1（文字・語彙・言語）

問題 I　次の文のをつけた言葉は、どのように読みますか。その読み方を、それぞれの1・2・3・4から一つ選びなさい。

問1　社長は、工場を閉鎖するに至った経緯を詳しく説明した。
(1)　(2)　(3)　(4)

(1) 閉鎖	1 かんさ	2 へいさ	3 かんさく	4 へいさく
(2) 至った	1 おおった	2 とおった	3 いたった	4 わたった
(3) 経緯	1 けいい	2 けいえい	3 けいか	4 けいかん
(4) 詳しく	1 くやしく	2 くわしく	3 むなしく	4 よろしく

問2　優勝チームの監督を囲んで盛大な祝賀会が催された。
(5)　(6)　(7)　(8)

(5) 監督	1 かんもく	2 かんとく	3 しんもく	4 しんとく
(6) 盛大	1 さいだい	2 じょうだい	3 せいだい	4 そうだい
(7) 祝賀会	1 しゅうかかい	2 しゅうがかい	3 しゅくかかい	4 しゅくがかい
(8) 催された	1 もらされた	2 もたらされた	3 もてなされた	4 もよおされた

問3　彼は17世紀に書かれた戯曲をもとに、新しい芝居の脚本を執筆している。
(9)　(10)　(11)　(12)

(9) 戯曲	1 ぎきょく	2 げきょく	3 がっきょく	4 げききょく
(10) 芝居	1 しばきょ	2 しばい	3 しきょ	4 しい
(11) 脚本	1 きゃほん	2 きょほん	3 きゃくほん	4 きょくほん
(12) 執筆	1 しつひつ	2 しっぴつ	3 しゅうひつ	4 しゅっぴつ

問4　輝く太陽の光が雪山の斜面に反射している。
(13)　(14)　(15)

(13) 輝く	1 かがやく	2 かたむく	3 きらめく	4 まぶしく
(14) 斜面	1 しゃおもて	2 しゃめん	3 ななめおもて	4 ななめめん
(15) 反射	1 はんい	2 はんえい	3 はんしゃ	4 はんのう

問題Ⅱ　次の文の＿＿＿をつけた言葉は、ひらがなでどう書きますか。同じひらがなで書く言葉を、1・2・3・4から一つ選びなさい。

(16)　レースの途中で棄権してしまった。
　1 用件　2 拝見　3 危険　4 封建

(17)　病気に感染しないように注意している。
　1 換算　2 幹線　3 簡素　4 乾燥

(18)　事故で行方がわからなくなった人の捜索が続いている。
　1 検査　2 審査　3 創作　4 操作

(19)　値引きしてくれるよう店の人と交渉した。
　1 高尚　2 好評　3 公募　4 候補

(20)　彼の入れた1点がゲームの均衡を破った。
　1 金庫　2 近郊　3 勘定　4 鑑賞

《N1 文字・語彙・言語 正解》

1	2	3	4	5	6	7	8	9	10	11	12	13	14	15	16	17	18	19	20
2	3	1	2	2	3	4	4	1	2	3	2	1	2	3	3	2	3	1	2

問題Ⅳ　次の文の＿＿＿にはどんな言葉を入れたらよいか。1・2・3・4から最も適当なものを一つ選びなさい。

(23)　連休中、海や山は言うに＿＿、公園や博物館まで親子連れであふれていた。
　1 および　2 およんで　3 およばず　4 およばなくて

(24)　新入社員＿＿、入社8年にもなる君がこんなミスをするとは信じられない。
　1 とすれば　2 ともなれば　3 なるがゆえに　4 ならいざしらず

(25)　彼に一言でも＿＿、あっという間にうわさが広がってしまうだろう。
　1 話そうとも　2 話すにしても　3 話そうものなら　4 話すにとどまらず

(26)　彼女はここ1ヶ月＿＿授業を休んでいる。
　1 としては　2 というもの　3 ともなると　4 としてみると

(27) 私の妹は両親の反対____結婚した。

1 をおして　2 をおいて　3 につけても　4 にてらして

(28) 皆の前でこれが正しいと言ってしまった____、今さら自分が間違っていたとは言いにくい。

1 てまえ　2 ものの　3 ところ　4 ままに

(29) 部屋の中の物は、机____いす____、めちゃくちゃに壊されていた。

1 によらず/によらず　2 というか/というか

3 といわず/といわず　4 においても/においても

(30) 好きなことを我慢____長生きしたいとは思わない。

1 してまで　2 せずとも　3 させないで　4 されるくらい

(31) 日本全国、その地方____名産がある。

1 なみに　2 ながらの　3 なりとも　4 ならではの

(32) 周囲の人々の興奮____、賞をもらった本人はいたって冷静だった。

1 ときたら　2 かたがた　3 にひきかえ　4 のかぎりに

(33) そのパソコン、捨てる____私にください。

1 のみか　2 もので　3 くらいなら　4 かいもなく

(34) 新しい条約は、議会の承認を____認められた。

1 経て　2 機に　3 かねて　4 ひかえて

(35) 彼のやったことは、人としてある____残酷な行為だ。

1 べき　2 まじき　3 ごとき　4 らしき

(36) 皆さんお帰りになった____、そろそろ会場を片づけましょう。

1 ことに　2 ことで　3 ことだし　4 こととて

(37) いたずらをしていた生徒たちは、教師が来たと____いっせいに逃げ出した。

1 みるや　2 みたら　3 してみると　4 するならば

(38) こんな貴重な本は、一度手放した____、二度と再びこと手には戻って来ないだろう。

1 そばから　2 とたんに　3 ところで　4 がさいご

(39) 昨日の飛行機事故は、世界中に衝撃____伝えられた。

1 めいて　2 をもって　3 なしには　4 にそくして

(40) わざわざ＿＿、私は自分の責任を認めている。

1 言われるには　2 言うにあたらず　3 言うからしても　4 言われるまでもなく

《N1 読解・文法 正解》

23	24	25	26	27	28	29	30	31	32	33	34	35	36	37	38	39	40
3	4	3	2	1	1	3	1	4	3	3	1	2	3	1	4	2	4

日本語能力試験 N2(文字・語彙・言語)

問題Ⅰ　次の文の＿＿をつけた言葉は、どのように読みますか。その読み方を、それぞれの1・2・3・4から一つ選びなさい。

問1　話しあいで決まった(1)ことを記録(2)する。

(1) 決まった　1 きまった　2 おさまった　3 かたまった　4 まとまった
(2) 記録　1 きえん　2 きろく　3 きじゅつ　4 きりょく

問2　子どもは成長(3)するにしたがって知恵(4)がつく。

(3) 成長　1 せいなが　2 ぜいなが　3 せいちょう　4 ぜいちょう
(4) 知恵　1 しえ　2 ちえ　3 しけい　4 ちけい

問3　このことについて例外(5)は認めません(6)。

(5) 例外　1 れがい　2 れいがい　3 れつがい　4 れんがい
(6) 認めません　1 すすめません　2 つとめません　3 ふくめません　4 みとめません

問4　エンジンに異常(7)があるという連絡(8)があった。

(7) 異常　1 いじょう　2 こしょう　3 ししょう　4 ひじょう
(8) 連絡　1 てんかく　2 てんらく　3 れんかく　4 れんらく

問5　この機械は操作(9)が比較的(10)簡単です。

(9) 操作　1 そうさく　2 ぞうさく　3 そうさ　4 ぞうさ
(10) 比較的　1 ひかくてき　2 ひがくてき　3 ひこうてき　4 ひごうてき

問6　この政党から総理大臣が出たことはない。
　　　(11)　　　(12)

(11) 政党	1 せいと	2 せいとう	3 せいど	4 せいどう
(12) 大臣	1 たいしん	2 たいじん	3 だいしん	4 だいじん

問7　この説は誤りだと仮定してみよう。
　　　(13)　　(14)

(13) 誤り	1 あやまり	2 いつわり	3 こだわり	4 さだまり
(14) 仮定	1 かてい	2 かりてい	3 はんてい	4 ばんてい

問8　昨年度の日本における総医療費は30兆3583億円であった。
　　　(15)　　(16)　(17)

(15) 医療	1 いりゅう	2 いりょう	3 ちりゅう	4 ちりょう
(16) 兆	1 ちゅ	2 ちゅう	3 ちょ	4 ちょう
(17) 億	1 おく	2 おうく	3 おくう	4 おっく

問9　世界の主要都市の暮らしやすさについて調査する。
　　　(18)　　(19)　　　(20)

(18) 主要	1 しゅよ	2 しゅよう	3 しゅうよ	4 しゅうよう
(19) 暮らし	1 ならし	2 てらし	3 さらし	4 くらし
(20) 調査	1 ちょうさ	2 こうさ	3 しんさ	4 けんさ

《N2 文字・語彙・言語 正解》

1	2	3	4	5	6	7	8	9	10	11	12	13	14	15	16	17	18	19	20
1	2	3	2	2	4	1	4	3	1	2	4	1	1	2	4	1	2	4	1

問題Ⅳ　次の文の＿＿＿にはどんな言葉を入れたらよいか。1・2・3・4から最も適当なものを一つ選びなさい。

(22)　彼女はいろいろと悩んだ＿＿、結婚をやめてしまった。
1 反面　　2 以上　　3 とたん　　4 あげく

(23)　この作家の作品は、若い女性＿＿読まれている。
1 を中心に　　2 と同時に　　3 と思えば　　4 を問わずに

(24)　内田さんは＿＿髪型が違う。
1 会ったなら　　2 会うたびに　　3 会ううちに　　4 会ったところ

(25) 引き受ける＿＿引き受けない＿＿、なるべく早く決めたほうがいい。

1 にも/にも　2 につれ/につれ　3 なんて/なんて　4 にしろ/にしろ

(26) 彼はチームのキャプテン＿＿、みんなに信頼されている。

1 のみで　2 にとって　3 だけあって　4 かというと

(27) 原料が安い＿＿、この製品は値段が安い。

1 ものの　2 せいか　3 くせに　4 わりには

(28) 先生に教えて＿＿数学のおもしろさがわかりました。

1 いただくために　2 いただいてはじめて
3 いただこうとしても　4 いただいたことだから

(29) オリンピックの成功(せいこう)＿＿、競技場や道路の整備が行われている。

1 にむけ　2 として　3 にそって　4 のように

(30) 人生の短さを花＿＿、さくらの花だ。

1 にくらべて　2 に応じては　3 にたとえると　4 について言えば

(31) 明日もまた仕事を休む＿＿、会社をやめてもらいます。

1 ようなら　2 ついでに　3 ことには　4 あまりに

(32) 先生のご都合＿＿来週の講演は延期になります。

1 上は　2 ほどで　3 ばかりに　4 次第では

(33) 彼があんなに喜んでいる＿＿、彼の成績はかなり上がったにちがいない。

1 どころか　2 ところまで　3 ところをみると　4 どころではなく

(34) この新しい薬は、何年にもわたる研究＿＿作り出されたものだ。

1 の末に　2 でさえ　3 ぬきでは　4 ばかりか

(35) 今日の会合には、どんな手段を＿＿時間通りに到着しなければならない。

1 使いつつ　2 使ってでも　3 使ううちに　4 使おうとして

(36) 大切な用事があって遅刻してはいけない時に＿＿、寝坊してしまう。

1 よって　2 つれて　3 かぎって　4 ともなって

(37) あの工場は、設備＿＿周りの環境もすばらしい。

1 だけは　2 だけなら　3 だけでも　4 だけでなく

(38) 日本語のクラスは、テストの点数と今までの学習期間を____決定される。

1 もとに　2 かねて　3 こめて　4 めぐって

(39) 一度行って____、どんな所かわからないだろう。

1 みて以来　2 みるとともに　3 みたからには　4 みないことには

(40) 私が皆様のご意見を____うえで、来週ご報告いたします。

1 うかがった　2 うかがわれた　3 うかがわせる　4 うかがっている

《N2 讀解・文法 正解》

22	23	24	25	26	27	28	29	30	31	32	33	34	35	36	37	38	39	40
4	1	2	4	3	2	2	1	3	1	4	3	1	2	3	4	1	4	1

日本語能力試験 N1,N2,N3 豫想問題

Ⅰ. 次の 下線に読み方または漢字を選びなさい.

1. 兄から大学院の試験にうけるように<u>すすめられた</u>.

① 奨められた　② 薦められた　③ 勧められた　④ 進められた

2. 彼女の考え方はちょっと<u>かたよっている</u>.

① 偏っている　② 遍って　③ 編って　④ 扁って

3. ここで記念写真を<u>とる</u>ことはいいですね.

① 採る　② 取る　③ 撮る　④ 捕る

4. 物質文明は<u>豊か</u>になったが，人情がないです.

① ゆたか　② ねたか　③ はたか　④ ふたか

5. 大雨で建物が<u>崩れ</u>，この道は通行禁止になった.

① おわれ　② こわれ　③ くずれ　④ みたれ

6. 私は 評論家を<u>こころざして</u>いる.

① 心して　② 逃して　③ 志して　④ 認定して

7. 卒業すると日本語を生かして行きたい.
① なかして ② まかして ③ なまかして ④ いかして

8. 父と母は小さな書店を営んでいる.
① いとなんで ② よんで ③ はこんで ④ こんで

9. 事件を解決するために, 基準を設けなければならない.
① せつけ ② もうけ ③ とけ ④ あずけ

10. 交流会のパ―ティ―に参加者を募っている.
① あっめて ② したって ③ つのって ④ はかって

11. おかしの古い習慣が現代化を阻んでいる.
① はばんで ② にらんで ③ うらんで ④ なやんで

12. 最近, 教育費が高くなって一人の子供を養う場合が増えている.
① そたう ② やしなう ③ になう ④ えいよう

13. 出発の前日に発表会と修了式が催された.
① かいされた ② もよおされた ③ さいされた ④ おこされた

14. 異文化をうけつぐ人 が増えた.
① 受け継ぐ ②受け築ぐ ③ 受付 ④ 受け付ぐ

15. 日本語教育に携わっている人が多くなった.
① さたわって ② かまわって ③ たずさわって ④ すわって

16. 彼は将来に自分の会社を持つという目標を遂げた.
① なげた ② つげた ③ あげた ④ とげた

17. まつりの時 水をくんで神社に奉ることがある.
① ささげる ② たてまつる ③ もらう ④ さしあげる

18. 彼女は体を鍛えようと, 毎日2時間以上も泳いでいる.
① きたえよう ② こたえよう ③ ささえよう ④ たてるよう

19. われわれはとなりの人との人間関係が煩わしいのが問題だ.
① めずらしい ② まずらわしい ③ わずらわしい ④ まどわしい

20. 彼女は彼の願いを快く引き受けてくれた.

①まもなく　② こころよく　③ きもちよく　④ おもむく

21. 駅に着いた時には，すでに列車が出てしまった.

① 即ち　② 既に　③ 概に　④ 選びに

22. パーテイーははなやかなふんいきだった.

① 花やかな　② 華やかな　③ 鼻やかな　④ 麗やかな

23. 彼は人柄もいいし，あかるい人である.

① じんせい　② ひとみ　③ ひとがら　④ じんがら

24. ラーメンのしるがとてもおいしかったので，全部飲んでしまった.

① 知る　② 汁　③ 物　④ 味

25. 時間がなかったので，話し合いは中途半端で終わった.

① まんば　② はんば　③ はんはた　④ はんぱ

26. 東の果てから北の北海道まで，一週間にかけて旅行してまわる.

① はて－回る　② かて－周る　③ あて－回る　④ たて－周る

27. 水の音や虫の音におもむきを感じて絵に表した.

① おと－思　② おん－赴　③ ね－趣　④ いん－重

28. 毎日お忙しいところをお越しいただいてしあわせです.

① 幸せ　② 試案　③ 思案　④ 計画せ

29. 学校内では禁煙運動をすいしんしている.

① 推新　② 推進　③ 維新　④ 異心

30. 国際的なスポーツを通して交流をすすめる.

① 進める　② 閉める　③ 縮める　④ 締める

31. 日曜日には高速道路の渋滞が厳しいた.

① 重大　② 重態　③ 渋滞　④ 重体

32. 私のりょうしんが友達を裏切ることは許さない.

① 良心　② 両親　③ 良識　④ 両心

33. 彼女は自分の弱点を克服し，一流選手になるためいっしょうけんめい努力した.
① かくふく　② こくふく　③ かつやく　④ こくむく

34. 他人にめいわくをかけるこういはよくないです.
① 迷惑－行位　② 米惑－行為　③ 迷或－行位　④ 迷惑－行為

35. 自分の誤りを認めて，反省するしせいが大事である.
① 心性　② 姿勢　③ 自勢　④ 私性

36. 彼は成績もいいし，態度も良く，もはん的な学生だ.
① 謨範　② 模範　③ 募集　④ 謀議

37. そろそろご自分の名札を銘　お取りください.
① おのおの　② いろいろ　③ めいめい　④ かくかく

38. 朝早くドアを開けて，しんせんな空気を入れます.
① 新善　② 清洗　③ 新鮮　④ 信先

39. なぜ女性の平均寿命は男性より長いですか.
① しゅうめん　② じゅうめい　③ じゅみょう　④ しゅみょう

40. 丘の上のりっぱな別荘は会社のりょうより地震に強い.
① はか－立破－べっそう－僚　② おか－立派－べっそう－寮
③ おか－泣派－べっしょう－自寮　④ はか－立派－へっそう－寮

41. 21せいきこそ，世界平和を実現する唯一の機会である.
① 世紀－ゆいいつ－きかい　② 世記－ゆいいつ－きかい
③ 世器－ゆいつ－きがい　④ 世界－ゆいつ－きあい

42. 道を摸索しないで，文句ばかり言っている.
① もうさく－ぶんく　② もさく－もんく　③ ぼさく－もんく　④ もさく－ぶんく

43. 詩人は描写が大事である.
① しにん－びょうしゃ　② しじん－みょうしゃ
③ しじん－びょうしゃ　④ しにん－みょしゃ

44. 大学で何をせんこうするかげんこうに書きなさい.
① 専攻－原稿　② 選考－現行　③ 先行－言行　④ 先考－言行

45. 彼は酔っ払い運転こういでたいほされた.
① 好意－逮捕 ② 行為－逮捕 ③ 抗議－鉄砲 ④ 講義－巡査

46. 今回はとにかく富士山をせいふくしてみよう.
① 制服 ② 往復 ③ 回復 ④ 征服

47. 日本のけんぽうは9条と20条が問題である.
①憲宝 ②憲法 ③連方 ④連法

48. しんかんせんはおうふくきっぷがやすい.
① 新幹線-往復 ② 新刊線-往福 ③ 新間線-王復 ④ 新幹線-片道

49. りれきしょを送って会社におうぼした.
① 利歴書-往訪 ② 履歴書-応募 ③ 履歴書-募集 ④ 履歴書-王法

50. 政治家に________うわさが毎日きこえる.
① 関する ② あたる ③ 通じる ④ めぐる

51. 子供________父親の存在はとても大きい.
① によって ② にとって ③ について ④ 対して

52. 私はたばこを________て，食べ物がおいしくなった.
① 吸いたい ② 吸まない ③ 吸わなくなって ④ 吸えないの

53. 経済の________悪い時代に，________になってはいけないよ.
① 状態-強気 ② 状況-弱気 ③ 人気-必要 ④ 経営-成功

54. 不景気だ________，積極的な経営が必要である.
① さえ ② こそ ③ からこそ ④ばこそ

55. 一生懸命勉強すればする________，成績が上がる.
① くらい ② ぐらい ③ だけ ④ ほど

56. 21世紀の環境問題は，わが国________世界全体の問題である.
① のみならず ② だけ ③ のみ ④ だけに

57. 日本人________難しい敬語を外国人が勉強するなんて，大変なことでしょう.
① まで ② ほど ③ でさえ ④ だけ

58. **バスが遅れて，兄を1時間も________しまいました.**

① 待つ　② 待って　③ 待たせて　④ 待たされて

59. **予定が決まったら________ください.**

① 知らせて　② 知られて　③ 知って　④ 知る

《日本語能力試験 豫想問題　正解》

1	2	3	4	5	6	7	8	9	10	11	12	13	14	15	16	17	18	19	20
3	1	3	1	3	3	4	1	2	3	1	2	2	1	3	4	2	1	4	2
21	**22**	**23**	**24**	**25**	**26**	**27**	**28**	**29**	**30**	**31**	**32**	**33**	**34**	**35**	**36**	**37**	**38**	**39**	**40**
2	2	3	2	4	1	3	1	2	1	3	1	2	4	2	2	3	3	3	2
41	**42**	**43**	**44**	**45**	**46**	**47**	**48**	**49**	**50**	**51**	**52**	**53**	**54**	**55**	**56**	**57**	**58**	**59**	
1	2	3	1	2	4	2	1	2	1	2	3	2	3	4	1	3	3	1	

일본어능력시험 N1 기출문제 -（文字 · 語彙 · 文法）讀解 -

問題１　＿＿＿の言葉の読み方として最もよいものを、１・２・３・４から一つ選びなさい。

1 去年より利益がわずかに増えた。

1　りし　2　りそく　3　りえき　4　りじゅん

2 橋本(はしもと)選手の活躍で、なんとかピンチを逃れた。

1　のがれた　2　はなれた　3　それた　4　まぬがれた

3 子どものおもちゃは、安全性を考慮して選ぶようにしている。

1　こうろ　2　こうりょ　3　こうろう　4　こうりょう

4 この辺りは視界を遮る物が何もない。

1　さまたげる　2　さえぎる　3　せばめる　4　へだてる

5 この説は科学的な根拠に乏しい。

1　こんしょ　2　こんじょ　3　こんきょ　4　こんぎょ

6 何事も初めが肝心だ。

1　たんしん　2　かんしん　3　たんじん　4　かんじん

問題2 (　　　) に入れるのに最もよいものを、1・2・3・4から一つ選びなさい。

7 物置の隅で、ほこり (　　　) になっている古い人形を見つけた。

1 ぐるみ　　2 がらみ　　3 まみれ　　4 ずくめ

8 木村(きむら)さんとは共通の趣味があるので、いつも会話が (　　　)。

1 舞う　　2 弾む　　3 転がる　　4 跳ねる

9 地域の (　　　) に合った医療のシステムが求められている。

1 実情　　2 実況　　3 実権　　4 実在

10 その選手は、十年に一人の (　　　) だと言われている。

1 玄人(くろうと)　　2 大家(たいか)　　3 巨匠(きょしょう)　　4 逸材(いつざい)

11 書類に (　　　) があった場合、申請は受理されません。

1 不穏　　2 不当　　3 不備　　4 不順

12 約300年前の絵画の (　　　) が終わり、来月から公開される予定だ。

1 回復　　2 修復　　3 復旧　　4 復興

13 経済だけでなく、法律にも詳しいのが彼の (　　　) だ。

1 深み　　2 強み　　3 高み　　4 重み

<일본어능력시험 정답>

1	2	3	4	5	6	7	8	9	10	11	12	13
3	1	2	2	3	4	3	2	1	4	3	2	2

2. 2009 개정교육과정 및 임용고사예상문제

개정교육과정 '영어·수학 편중' 심해지나(동아일보 2010.9.7)

2011년부터 적용되는 2009 개정교육과정의 영향으로 전국 중학교 10곳 중 6~7곳에서 영어, 수학 등 입시과목 수업시간을 늘릴 계획인 것으로 밝혀져 일부 과목편중에 대한 우려가 제기됐다.

전국교직원노동조합이 미래형교육과정 저지 공동대책위원회와 함께 전국 3144개 중학교의 2011학년도 교육과정 편성현황을 분석한 결과에 따르면 영어시간을 늘린 학교는 전체의 69.9%에 달했다. 수학시간을 늘린 학교도 56.8%에 이르렀다.

반면에 선택과목, 가정, 도덕 등 비입시 과목의 수업시간을 줄인 학교비율은 각각 전체의 58.7%, 38.7%, 29.8%였다.

2009 개정교육과정은 단위학교별로 제시된 수업시간의 20%범위 안에서 수업시간을 조절할 수 있도록 하고 있다.

전교조 측은 "새 교육과정이 특성화 교육과정이 아닌 획일적 입시교육으로 운영될 것임을 보여주는 자료"라며 "당장 새 교육과정 시행을 유보하고 전면 재검토해야 한다"고 주장했다.

또 "개정교육과정이 학생들의 학습부담이 줄여주지 않을 뿐 아니라 전국의 선택과목 교사, 기술·가정·도덕 교사 등 선택률이 낮은 교과의 교원수급문제도 발생할 것"이라고 덧붙였다.

교육과학기술부는 이런 흐름을 일부 인정하면서도 중단 없이 개정교육과정을 추진하겠다는 입장이다.

교과부 측은 도덕, 기술·가정 등 일부 과목은 시대적·사회적 변화에 따라 수업시수 감축이 있는 것으로 파악하고 있다고 설명했다. 또 영어와 수학의 시수가 늘어난 부분에는 기존에 교과재량 활동과 사교육 중심으로 운영되던 부분을 공교육 안으로 끌어들이겠다는 학교의 의지가 반영된 것으로 분석했다.

교과부 관계자는 "2009 개정 교육과정은 학생의 진로와 적성을 고려해 다양하고 특성화된 교육과정 운영에 중점을 두고 추진하고 있으며 안정적인 정착을 위해 필요한 사항이 있다면 이를 적극적으로 지원할 것"이라고 설명했다.

1. 성 격

현재의 한국과 일본은 정치, 경제, 사회, 문화적으로 긴밀한 상호 협력 관계에 있지만, 오랜 선린의 관계가 깨어진 바 있는 근대사의 영향으로 양 국민의 감정의 골은 아직 깊다. 오늘날 세계는 인접 국가 간의 결속이 강화되어 지역 단위로 통합 또는 협력 체제를 구축하고 있으며, 문화의 교류를 통해 서로를 이해하고 협력하는 국제화 활동이 활발하게 전개되고 있다. 이러한 시대적 요구를 배경으로 '일본어 Ⅰ' 과목은 한 · 일 간의 각종 교류 활동의 일익을 담당할 수 있는 인재를 기르기 위한 기초 과정으로서, 언어의 네 기능을 기초적인 수준에서 모두 다루어, 균형 잡힌 의사소통 능력을 기르는 기초적인 과목이다.

일본어는 경제력과 정보력 면에서 언어 세력이 큰 언어이며, 현대와 같은 정보의 대량 유통 시대에 있어서 인쇄 매체와 인터넷을 통한 신속한 정보 수집은 일본에 대한 이해는 물론이고 한국의 발전을 위해서 매우 유익하다. 따라서, '일본어 Ⅰ' 과목은 정보 수집 능력의 바탕을 이루기 위하여, 일본어에 대한 흥미와 관심을 높이고 일본어에 의한 정보 수집에 흥미를 가질 수 있도록 도움을 주는 과목이다.

'일본어 Ⅰ' 과목은 일본어를 통해 일본 문화의 특징을 이해하고, 한국의 문화를 일본에 소개하여 한・일 양 국민의 상호이해를 돈독히 하며, 양국 간의 정치, 경제, 사회, 문화적 교류에 긍정적이고 적극적으로 참여할 수 있는 기초적 역량을 기르는 데에 역점을 두고 있는 과목이다.

2. 목 표

2009년 교육과정에서도 제7차 교육과정에서 처럼 일상생활에서 사용되는 쉬운 일본어를 이해하고, 쉬운 일본어로 의사소통을 할 수 있는 기초적인 능력을 기른다. 일본어 말하기 능력의 신장과 일본어에 의한 정보 검색에 적극적이며, 일본인의 일상 언어생활과 문화에 대한 관심과 이해를 깊게 하여 일본인과의 의사소통에 능동적으로 참여하는 태도를 기른다.

가. 일상의 의사소통 기능 수행 과정에서 사용되는 쉬운 일본어를 알아들을 수 있고, 일본어 듣기 학습의 중요성을 깨달아, 듣기 학습 활동에 능동적으로 참여하는 태도를 가진다.

나. 일상의 의사소통 기능 수행 과정에서 사용되는 쉬운 일본어를 원어민이 알아들을 수 있도록 말할 수 있고, 일본어 말하기 학습의 필요성을 깨달아, 말하기 학습 활동에 적극적으로 참여하는 태도를 가진다.

다. 일상의 의사소통 기능 수행 과정에서 사용되는 쉬운 일본어를 읽어 그 뜻을 알 수 있고, 읽기 학습을 위해 스스로 노력하는 태도를 가진다.

라. 일상의 의사소통 기능 수행 과정에서 사용되는 쉽고 간단한 일본어를 글로 쓸 수 있고, 쓰기 학습 활동에 스스로 참여하는 태도를 가진다.

마. 인터넷을 통하여 일본어에 의한 정보 검색의 기초적인 방법을 알고, 정보검색에 흥미를 가진다.

바. 일본의 일상생활 문화에 대해 깊은 관심을 가지고, 일본문화를 이해하고자 하는 자세를 기르며, 일본과의 국제 교류에 적극적으로 참여하는 태도를 가진다.

3. 내 용

일본어에 의한 의사소통 능력과 대화에 적극적으로 임하는 태도를 기르기 위하여 다음과 같은 언어 활동을 전개한다.

가. 의사소통 활동

(1) 듣기 활동 (2) 말하기 활동 (3) 읽기 활동 (4) 쓰기 활동

나. 언어 재료

의사소통 기능 중에서 '일본어' I 과목의 수준에 맞는 언어 능력을 효율적으로 기른다.

(가) 인사 기능 : 인사, 소개, 안부, 칭찬, 격려, 축하, 감사, 위로 등의 표현

(나) 정보 전달의 기능 : 설명, 정보 전달, 제안, 조언, 안심, 사과, 대답, 추측, 주장

(다) 요구의 기능 : 질문, 허가, 확인, 선택, 설명, 의뢰, 지시 등의 표현

(라) 의사 및 태도의 전달 기능 : 반론, 의문 제기, 부정, 비난, 놀람, 희로애락, 반문,

(마) 담화의 전개 기능 : 담화의 시작, 전개, 전환, 종결과 관련된 표현

다. 문 화

일상생활 문화를 소재로 선택하되, 의사소통 능력 습득에 도움이 되는 것으로 한다.

(1) 개인 생활과 일상적인 인간관계에 대한 것

(2) 교우 관계와 학교생활에 대한 것

(3) 기본적인 사회생활에 대한 것

(4) 취미, 오락, 관광 등 여가 선용에 대한 것

(5) 일본인의 언어 행동을 이해하는 데 도움이 되는 것

(6) 일본인의 일상생활을 이해하는 데 도움이 되는 것

(7) 우리 문화에 대한 것

4. 교수 · 학습 방법

가. 수업의 전과정을 의사소통 기능의 습득을 중심으로 구성한다.

나. 의사소통 기능별로 듣기, 말하기, 읽기, 쓰기가 상호 연계성을 갖도록 수업한다.

다. 듣기와 말하기 활동은 분리하지 말고 통합 기능으로 진행하는 수업계획을 세운다.

라. 청각 인지에 의한 외국어 습득에 역점을 두어, 구두 언어 습득의 효율성을 높인다.

마. 창의력 신장을 위하여 학생의 자율성을 최대로 반영하는 수업 계획을 세운다.

바. 학생의 흥미와 욕구를 충분히 반영하여, 학습의욕을 높이는 수업을 한다.

사. 자료를 통하여 학습자 스스로가 발견하도록 학생 중심의 수업 계획을 세운다.

적중예상문제

1. 제7차 교육과정에서 제시하고 있는 고등학교 일본어Ⅰ의 '목표' 중 3가지를 쓰고, 제6차 고등학교 일본어Ⅰ의 '목표'와 다른 점을 간단히 기술하시오. (4점 2002 임용고사)

2. 일본어 교육 내용 구성 시 적용되는 교수요목(syllabus)의 종류를 4가지만 들고, 각각의 개념을 간단히 설명하시오. (2002 임용고사)

3. 현재 고등학교 학생들에게 적용되고 있는 제6차 교육과정의 가장 두드러진 특징은 학생의 자율학습을 중시한 점과 정확성보다 유창성을 중시한 점이라고 할 수 있다. 고등학교 제7차 교육과정은 제6차 교육과정의 기본 정신을 계승·강화하여 2002학년도부터 시행하게 된다. 제7차 일본어과 교육과정은 제6차의 경우와 비교해 보면 특히 내용체제, 어휘, 교수 학습 방법, 평가방법 등에서 많은 변화를 보이고 있다. 이 중 <u>어휘와 평가방법 면</u>에서 어떤 변화가 있는지 기술하시오. (임용고사)

4. 평가 방법에 대하여 쓰시오. (임용고사)

정 답

1. 7차교육과정 및 해설서 신・구 교육과정의 비교
2. 구조, 문법, 문형, 機能, 장면 (7차 교육과정 해설서 P184～185)
3. 제6차 일본어과 교육과정(이하 제6차)의 경우 어휘수가 일본어Ⅰ이 600어, 일본어Ⅱ가 800어로 총 1400어로 제한하고 있으며, 제7차의 경우는 일본어Ⅰ이 500어, 일본어Ⅱ가 400로 총 900어로 감소하였다. 기본어휘는 제6차에서는 771어인데 비하여, 제7차에서는 823자로 증가하였다. 교육과정 상 최초로 표기용 한자를 733자 이내로 제한하였다.
4. 평가 방법 ; 학생의 서열화 된 평가보다는 학습 진단을 위한 평가, 말하기 평가를 중시하고 문화 이해에 대한 참여도를 평가에 반영, 정보 검색 및 언어 능력의 응용력을 평가에 반영한다.

일본어교사 임용시험 기출문제

1. 日本語辞典では、 次の五つの言葉は、どんな順番でならべられているか。その順番を記号で書きなさい。<1点>

① 抗争　　② 交渉　　③ 更生　　④ 故障　　⑤ 恒常

2. 次の文の（　　）に入れるのに最も適当なものを選びなさい。 <1点>

赤ちゃんが（　　　　）寝ている。

① ほやほや　　② もやもや　　③ すやすや　　④ どやどや　　⑤ さやさや

3. 次の文の中で敬語に直せる言葉を全部敬語にして、なるべく丁寧な言い方に書き直しなさい。<2点>

さあ、 遠慮しないで、 ゆっくり見ろ。

4. 次の文を口語（現代日本語）に訳しなさい。 <2点>

人の心すなほならねば、 偽りなきにしもあらず。

5. 次を韓国語に訳しなさい。 <2点>

(1) 買おうと思っているうちに、 つい買いそこねてしまった。
(2) 泣きつらにはち

6. 次の語句の解釈が下に書いてある。 当てはまる記号を書き入れなさい。 <2.5点>

(1) 鼻にかける（　　　）	(2) 寝耳に水（　　　）	(3) 目にあまる（　　　）
(4) 合点がいかない（　　　）	(5) 油を売る（　　　）	

ア. しゃくにさわる。
イ. 無道で、だまってみていられない。
ウ. しんとして、静かなようす。
エ. 自慢する。
オ. 怒ったり、驚いたりした目を大きく見開く。
カ. だ話をし、なまける。
キ. なんとなく好きではない。
ク. 納得できない
ケ. 不意の出来事におどろく。
コ. 一生懸命に働く。

7. 次の文の中から表現のしかたにあやまったところを抜き出し、正しく書きなさい。 <2点>

(1) 湯気を噴出する口を求めて釜の蓋をゆるぐように、 数分の間を置いては大地を震わしていた。
(2) 彼は今日こそは彼女に結婚を申し込むべき彼女の家へと向かった。

8. 次の事項について日本語で説明しなさい（但し、(1)(2)は例を三つ以上あげること）。 <11点>

(1) 湯桶読み <2点>	(2) 連声 <3点>
(3) 係り結び <3点>	(4) 日本語のアクセントの特徴 <3点>

9. 다음 글을 읽고 물음에 답하시오. (총 4점)

9-1. 근 우리나라는 일본 대중문화를 적극적으로 이해하고 수용하기 위한 가시적인 조치의 하나로 1998년 10월 20일 '문화의 날'을 맞아 일본 대중문화에 대한 제한적인 개방을 하게 되었다. 아직 모든 분야에서 개방이 이루진 것은 아니지만 영상 분야 등이 일차적으로 개방되었다. 이에 따라 수 편의 일본 영화가 일반 극장에서 상영된 바 있다. 개방 조치 이후 우리나라의 일반 극장에서 상영되었거나 상영되고 있는 영화의 제목을 일본어로 2개만 쓰시오. (2점)

(정답) (はなび), 鰻(うなぎ), 影武者(かげむしゃ), ラブレター, 楢山節考(ならやまぶしこう), リング

9-2. 우리나라의 행정구역은 특별시, 광역시, 도 단위의 광역 자치단체와 시, 군, 구의 기초 자치단체로 나뉘어진다. 일본은 [1都, 1道, 2府, 43県]의 광역 자치단체와 [市, 町, 村]의 기초 자치단체로 되어 있다. [1都, 1道, 2府]는 각각 어디를 가리키는지 그 이름을 한자로 쓰시오. (2점)

(정답) 東京都, 北海道, 大阪府, 京都府

10. 한국어는 평음(平音 : ㄱ.ㄷ.ㅂ.ㅈ), 경음(硬音 : ㄲ.ㄸ.ㅃ.ㅉ), 기음(気音 : ㅊ.ㅋ.ㅌ.ㅍ)의 세 가지로 말의 뜻이 구별되는 언어이지만, 일본어는 영어처럼 무성음과 유성음이라는 두 가지로 말의 뜻이 구별되는 언어이다. 따라서 일본어의 음성 교육에서 가장 중요한 것은 무성음과 유성음을 구분하여 발음하는 일이다. 예를 들면 [だいがく][daigaku]는 '大学이지만 [たいがく][taigaku]는 '退学으로 써 서로 전혀 다른 뜻이 된다. 일본어의 오십음도에 나타나는 46개의 음절 중에서 무성자음이 포함되는 음절을 행(行)으로 구분하여 쓰시오. (5점)

(정답) · か行(또는 か,き,く,け,こ)　· さ行(또는 さ,し,す,せ,そ)
· た行(또는 た,ち,つ,て,と)　· は行(또는 は,ひ,ふ,へ,ほ)

11. 커뮤니케이티브 어프로치(Communicative Approach)는 1970년대부터 학습자에게 언어를 지식이 아닌 사용 장면과 결부된 실제 사용능력으로 가르치고자 하는 외국어 교수법이다. 이러한 커뮤니케이티브 어프로치 교수법을 일본어 교수-학습 현장에 적용하고자 할 때 사용할 수 있는 방법 중에서 다섯 가지를 쓰시오. (5점)

(정답) ① 타스크(Task)　② 인포메이션 갭(Information gap)　③ 역할놀이(Role play)
④ 게임(game)　⑤ 시뮬레이션(simulation)　⑥ 프로젝트 워크(project work)
⑦ 드라마(drama)　⑧ 페어(pair)학습

12. 현재 고등학교 학생들에게 적용되고 있는 제6차 교육과정의 가장 두드러진 특징은 학생의 자율학습을 중시한 점과 정확성보다 유창성을 중시한 점이라고 할 수 있다. 고등학교 제7차 교육과정은 제6차 교육과정의 기본 정신을 계승.강화하여 2002학년도부터 시행하게 된다. 제7차 일본어과 교육과정은 제6차의 경우와 비교해 보면 특히 내용체제, 어휘, 교수학습 방법, 평가방법 등에서 많은 변화를 보이고 있다. 이 중 어휘와 평가방법 면에서 어떤 변화가 있는지 기술하시오. (총 6점)

13. 1997학년도부터 초.중등학교에 교육정보화 기반이 구축되면서 멀티미디어 매체를 일본어 교수-학습에도 활용하고 있다. 멀티미디어 매체는 질 높은 음향과 영상 그리고 방대한 자료를 저장할 수 있다는 일반적인 장점을 가지고 있으므로 다른 교과에 비해 외국어교과인 일본어 교육에서도 보다 효과적으로 활용할 수 있을 것이다. 이러한 멀티미디어 매체를 일본어 교육 현장에 적용했을 때의 장점을 기술하시오. (5점)

(힌트) 반복학습이 용이, 흥미를 유발하여 학습 동기를 부여, 풍부한 학습 환경, 상호작용 학습이 가능, 개별화 학습이 가능, 자기 주도적 학습(자율 학습)이 가능 등의 내용

13. 次の問いに答えなさい。 (총 4점)

◆ (　)の中に入る最も適当な言葉を選び，その記号を書きなさい。

1) 銭湯は夜10時(ⓐまで ⓑまでに)ですが,
2) 9時(ⓐまで ⓑまでに)入らなければなりません。
3) 君が寝ている(ⓐあいだ ⓑあいだに)地震が3回もあったよ。

◆ 下線部「れ」の文法的意味を下の例ⓐ~ⓓから選び，その記号を書きなさい。

1) この絵はあの方がかかれました。
2) この子は，父に死なれて，学校へも行けなくなりました。
3) まだ若いのに気の毒に思われてならない。

例) ⓐ可能 ⓑ自発 ⓒ受身 ⓓ尊敬

14. 次の問いに答えなさい。 (총 6점)

◆ (　)に接頭語「お・ご」を付けなさい。ただし，両方とも付けにくいのは(×)にしなさい。

1) ( )料理　2) ( )学校　3) ( )希望　4) ( )味　5) ( )ゆっくり

◆ 次の下線部のところをひらがなで書きなさい。

1) 커피 4잔　2) 자동차 2대　3) 소 1마리　4) 비둘기 3마리　5) 볼펜 3자루

15. 次の問いに答えなさい。 (총 4점)

◆ 1)~4)の意味に当てはまるものを選び，その記号を書きなさい。

1) 焦点に集中しない　2) 雨が静かに降る
3) 油気なくて，ざらざらする　4) 勢いよく伸びる

例) ⓐ しとしとと ⓑ ぼんやりと ⓒ がさがさ ⓓ もぐもぐと ⓔ すくすくと

16. 다음 글을 읽고 물음에 대한 답을 답안지에 적으시오. <5点>

> 교수 이론은 언어관의 변천과 시대적 요구에 따라 끊임없이 새로운 교수 이론이 등장하게 된다. 80년대 이후의 대표적인 교수법으로는 내추럴 어프로치(Natural Approach), 커뮤니커티브 어프로치(Communicative Approach), 내용 중심 교수 이론(CBI : Content Based Instruction)을 들 수 있다.
>
> 기존의 오디오링걸 메서드(Audio-Lingual Method)에서는 학습자의 오용을 모어(제1언어)의 영향에 의한 것으로 해석하였으나, 내추럴 어프로치에서는 모어나 목적 언어에 상관없이 발달상의 현상으로 취급하고, 문법 구조의 습득 또한 언어의 종류에 상관없는 보편적인 것으로 보았다. 제6차 교육과정에서 이해 과정을 우선으로 한 것은 이러한 내추럴 어프로치의 이론을 근간으로 한 것이다.
>
> <u>일본어 교육에 있어서 초급 학습자를 위한 효과적인 내추럴 어프로치의 교수법의 주요목적을 들고, 교수방법상의 유의점(Guide Line)을 구체적으로 제시해 보시오.</u>(400자 정도)

일본어 임용고사 예상문제

1. 일본어과 교육과정에 제시된 목표의 언어기능 항목으로 옳지 않은 것은?

① [듣기] 친숙한 주제에 관한 간단한 말을 듣고 상황에 맞게 행동할 수 있다.
② [말하기] 의사소통 기본 표현을 언어행동 문화에 맞추어 적절하게 말할 수 있다.
③ [읽기] 기본어휘에 사용된 한자를 문장 속에서 일본어로 읽을 수 있다.
④ [쓰기] 히라가나와 가타카나를 필순에 맞게 쓸 수 있다.
⑤ [듣기] 주제에 관한 전문적인 대화를 듣고 이해한다.

2. 다음 보기는 무엇에 관한 설명인가?

> 近世初期に発生、江戸時代の文化が育てた日本固有の演劇。先行の舞踊・音楽・科白劇(かはくげき)などの諸要素を集大成した、庶民的な総合演劇として今日に至る。

① 분라쿠　② 노　③ 가부키　④ 교겐　⑤ 호우가쿠

3. 아래의 밑줄 친 용법과 같이 쓰인 예문을 고르시오.

例) パクさんは一人で福岡に行ってみたい<u>そうです</u>。

① 日本の着物は高<u>そうです</u>。
② 練習より良い方法はなさ<u>そうです</u>。
③ あしたは天気が良さ<u>そうです</u>。
④ あのラーメン屋はおいしい<u>そうです</u>。
⑤ 田中先生は<u>やさしそうな</u>女の先生です

4. **일본의 연중행사에 관련된 내용이다. 옳지 않은 것은?**

① 1월 1일 쇼가쓰에는 도시코시소바를 먹고 절이나 신사에 하쓰모데를 하러 간다.

② 2월 3일 또는 4일에 세쓰분은 귀신을 쫓아내는 전통행사이다.

③ 7월 13일~15일에 열리는 불교행사로 우라본 오본이라고도 한다.

④ 5월5일 고이노보리는 원래는 여자아이들의 축제였고 잉어를 높은 대에 매달아 장식한다.

⑤ 일본의 골든위크는 4월 29일부터 5월 5일 까지를 말한다.

5. **일본의 역사에 관련된 내용이다. 옳지 않은 것은?**

① 飛鳥時代)―大化の改新으로 율령제국가 출현 [일본] 국호등장

②奈良時代 ―奈良에서 京都로 천도 한국-통일신라

③ 室町時代―足利尊氏의 室町幕府개설, 조선의 대마도정벌 이종무 세종1년

④安土桃山時代―그리스도교전파 豊臣이 전국통일 임진왜란 정유재란

⑤1768明治時代―메이지유신 東京로 천도

6. **다음 중 『の』와『こと』의 사용법이 올바르지 않은 것은?**

① 雨なので花見にいくのをやめました。

② このパソコンを運ぶことを手伝ってください

③ ここから子供たちが遊んでいるのが見えます

④ いっしょに海外旅行に行くことを約束しました

⑤ ゼミにてられないことを先生に伝えてください

7. **2007년 개정 일본어과 교육과정에 제시된 문화항목으로 옳지 않은 것은?**

① 일본인의 일상생활 문화를 이해한다. ② 일본인의 언어행동 문화를 이해한다.

③ 일본인의 중요한 전통문화와 대중문화를 이해한다

④ 일본의 중요한 정치 문화와 종교 문화를 이해한다.

⑤ 한.일 양국 문화의 공통점과 차이점을 이해하여 문화의 다양성을 인식한다.

8. **2007년 개정 일본어과 교육과정에 제시된 평가에 대한 설명으로 옳은 것은?**

① 듣기 → 다소 긴 일본어를 듣고 글의 세부사항을 이해하는 능력을 평가한다

② 말하기 → 만화나 드라마를 보고 정확하게 설명,묘사하는 능력을 평가한다.

③ 읽기 → 가나와 상용한자가 포함된 다소 긴 글을 읽게 하여 그 능력을 평가한다

④ 쓰기 → 컴퓨터를 이용한 일본어 입력능력을 평가한다.

⑤ 문화 → 문화에 대한 조사와 유창한 발표력을 중심으로 평가한다.

9. **2007년 교육과정 일본어 청해에 제시된 목표에 대한 설명으로 옳지 않은 것은?**

① 예측이나 추측과 같은 듣기 전략을 사용하면서 들을 수 있다.

② 일본어 발음을 듣고 정확하게 구별할 수 있다.

③ 일상생활에서 사용되는 다소 길 말을 듣고 글로 옮길 수 있다.

④ 일상생활에서 사용되는 다소 긴 말을 대화 속도에 따라 듣고 이해할 수 있다.
⑤ 일상생활에서 사용되는 다소 긴 말을 듣고 원어민과 똑같은 억양으로 표현 할 수 있다.

9. 紫式部와 清少納言에 대한 설명이다. 다음 보기 중 옳지 않은 것은?
① 紫式部と清少納言は平安時代の宮仕えの二大女流文学者である。
② 紫式部は「あはれ」、清少納言は「をかし」の文学だと言われている。
③ 代表作としては、紫式部は『源氏物語』清少納言は『枕草子』をあげられる。
④ 日本三大随筆は紫式部の『枕草子』は鴨長明の方丈記』』、吉田兼好の『徒然草』である。
⑤ 紫式部は『紫式部日記』に清少納言の人格と業績を否定する筆誅を加えている。

10. 次の文の（ ）に入れるのに最も適当なものを選びなさい。
▸ 皆が（ ）入って来た。
①さやさや　②どやどや　③もやもや　④ぼやぼや　⑤すやすや

11. 다음 상황에서 커뮤니커티브 어프로치의 특징 중 틀린 것은?
① 일본어의 정확한 발음보다는 문장의 이해 가능한 수준의 발음이면 충분하다.
② 일본어 읽기, 쓰기 학습도 학습 초기부터 병행한다.
③ 학습자가 어떠한 언어 표현을 사용할 것인지 예측하기가 쉽다.
④ 일본어 지식의 획득이 아닌 능력의 습득을 중시한다.
⑤ 일본어의 문법 체계보다는 기능을 중시한다.

12.다음의 接頭語「お·ご」의 쓰임이 틀린것을 고르시오.
① お料理　②ご希望　③ごゆっくり　④お味噌　⑤ご学生

12. 다음은 어떤 테스트를 설명하는 것인가?

◇ 学習者の現在の機能や知識を調べ、これからどんな学習を必要としているかを分かるためのテストである。 ◇ コースを始める前、若しくは途中の形成的評価として使われることが多い。

① 到達度テスト(achievement test)
② 熟達度テスト(proficiency test)
③ 診断テスト(diagnostic test)
④ プレースメント・テスト(placement test)
⑤ 言語学習適性テスト(language aptitude test)

13. 다음 각각의 실러버스에 대한 설명으로 옳지 않은 것은?
① 概念シラバス：言語の形式ではなく、単語間の細かな違いなどを教授するためのシラバス
② 先行シラバス：教育が始まる前に全体的に完成しているシラバス
③ 折衷シラバス：幾つかのシラバスを総合し作ったシラバス
④ 機能シラバス：言語の機能、表現の意図などを中心とするシラバス
⑤ プロセス・シラバス：目標言語を易しいものから難しいものの順に教えるシラバス

3. 외국어 교수법과 일본어교육

외국어 교수법에 관한 이론은 끊임없이 연구되어 왔고 지금도 진행 중이다. 일본어 교수법도 마찬가지로 전통적인 문법 번역식 교수법에서 부터 의사소통 중심의 교육법으로 바뀌고 있으며, 우리나라와 같은 교육현장에서는 짧은 일본어 수업시간에 많은 학생수라는 부담을 안고 어떻게 하는 것이 가장 효과적인 일본어 수업인지 부단히 연구하지 않으면 안 될 것이다.

본론에서는 高見沢孟 著『新しい外国語の教授法と日本語教育』(アルク)의 내용을 요약 정리하고 결론에서는 각 교수법을 이용해 현실수업에 어떻게 적용하는 것이 좋을 것인가에 대하여 논해보았다.

제 1장 오디오 링걸 어프로치(AudioLingual Method)와 일본어교육

1. 오디오 링걸 어프로치에 의한 언어교수법

언어학습의 단계를 5개로 나누어 학습을 심화시키고 최종적으로는 자동적으로 말할 수가 있도록 하는 방법. 이 5개의 순서그대로 교재를 도입, 훈련하는 순서로서 응용되고 있다.

언어학습의 단계

① 귀로 들음으로서 이해 (recognition) ② 모델발음의 모방 (imitation)
③ 발음과 문형의 반복연습 (repetition) ④ 문의 일부를 변화시키는 연습 (variation)
⑤ 질문에 대해 적절한 대답을 하는 연습 (selection)

2. 오디오 링걸 어프로치의 교수기법

1) 밈멤 연습 (Mim-Mem Practice, 모방 - 기억법)

교사가 구두로 소개하는 기본문을 학습자가 흉내 내어(=모방) 발음하고 그것을 반복,연습함에 따라 모음과 자음, 악센트, 인토네이션, 리듬 등을 바르게 말할 수 있게 됨과 동시에 그 기본문을 완전하게 암기하는(=기억) 교수기법이다.

이 밈멤연습의 실시에 있어서 교사는 늘 교사자신이 보통 때 말하는 속도로 모델발음을 제시해야 한다. 초급자라고 해서 의식적으로 천천히 정확하게 발음하는 것은 안된다. 또한 학습자도 모국어화자와 같은 속도로 바르게 발음할 수 있을 때까지 연습해야 한다. 이것은 언어와 그 모국어화자가 이야기 하는 것의 사고에 기초를 두고 거기에 도달목표를 두고 있기 때문으로 초급단계에서부터 반복연습에 따른 철저한 교정이 중시되고 있기 때문이다. 이는 발음, 문법, 용법등 모든 면에서 나쁜 버릇이 드는 것을 막고 바른 언어습관을 형성하기 위해서 초급단계에서부터 정확함을 요구하는 것이다. 밈멤연습은 오디오링걸 어프로치의 학습도달목표를 실현하는데 없어서는 안 되는 기법이다.

2) 문형연습 (Pattern Practice)

밈멤연습에 의해 도입된 기본문을 문형으로 인식하고 그 문형 안에 있는 구성요소를 바꿈으로써 새로운 문장을 만들어내는 습관을 반복시키기 위한 연습으로 오디오링걸 어프로치를 대표하는 교수법이다. 문으로 도입된 것을 문형으로 해서 연습함에 따라 그 이용범위를 넓힐 수가 있고 효율적인 학습이 된다고 할 수 있다.

① 단순대입연습(Simple substitution drill)

교사가 구두로 제시하는 기본문의 발음연습을 하고 그것을 통해서 기본문의 문형을 충분히 확인한 후에 연습이 시작되는데 기본문의 연습은 학습자가 바른 발음으로 술술 말할 수 있게 될 때까지 실시한다. 이 단순대입연습에서는 문의 구성 요소 중 한군데가 바뀌어야하기 때문에 초급학습자용이라 할 수 있다.

예) 教　師：(基本文) 机の上に本があります。
　　学習者：机の上に本があります。
　　教　師：(キュ-) 新聞
　　学習者：机の上に新聞があります。

② 복식대입연습 (Double substitution drill)

단순대입연습과 같은 방식으로 이뤄지나 대입이 행해지는 곳이 두군데 혹은 세군데가 되게 한 대입연습이다. 이것도 기본문의 발음연습을 충분히 하고 그 문형을 잘 이해한 후에 연습에 임한다.

예) 教　師：(基本文) 銀行の隣は本屋です。
　　学習者：銀行の隣は本屋です。
　　教　師：(キュ-) 肉屋, 花屋
　　学習者：肉屋の隣は花屋です。

③ 다각적 대입연습 (Multiple substitution drill)

대입연습의 일종이지만 주어진 큐싸인에 따라 대입되는 장소가 변하고 다소 복잡한 연습이 되기 때문에 대입연습은 되어도 빠르게 자동적인 연습으로는 힘든 경우가 많다.

예) 教　師：(基本文) 田中さんは今日横浜へ行きます。
　　学習者：田中さんは今日横浜へ行きます。

教　師：(キュ-) 行きました。
学習者：田中さんは今日横浜へ行きました。

④ 전환연습 (Transformation drill)

교사가 제시하는 문장을 일정한 규칙에 따라 새로운 문장으로 전환하는 연습. 긍정형을 부정형으로, 현재형을 과거형으로, 능동태를 수동태로 바꾸는 등이 그 전형적인 형태이다. 우선 기본문의 발음연습을 하고 거기에 대한 모범해답의 발음 연습을 하고 그 두 문장의 차이 즉, 전환해야 할 규칙을 학습자가 충분히 이해하도록 연습에 임한다.

예) 教　師：(基本文) 田中さんが英語を教えてくれました。
学習者：(模範答案) 田中さんに英語を教えてもらいました。
教　師：(キュ-) 父が車を買ってくれました。
学習者：父に車を買ってもらいました。

⑤ 합성연습 (Synthesis drill)

일종의 전환연습으로 두 개의 문장을 일정한 규칙에 의해 하나의 문장으로 만들기 때문에 합성연습이라 불린다. 연습방식은 교사가 제시하는 두 개의 문장발음연습을 하고 나서 모범해답의 발음연습을 하고 합성방법을 이해한 후에 연습을 개시한다.

예) 教　師：(基本文) 田中さんが来ました。 勉強していました。
学習者：(模範解答) 田中さんが来た時,勉強していました。
教　師：(キュ-) 散歩していました。 雨が降ってきました。
学習者：散歩していた時、雨が降ってきました。

⑥ 응답연습 (Response drill)

교사의 질문에 학습자가 대답하는 형태로 목표문형의 연습을 한다. 일정의 규정에 따라 대답하게 하는 방법(예를 들면 모두 부정으로 대답하는 등)이나 그림, 사진등을 보면서 거기에 제시되는 사실에 따라 대답하게 하는 방법, 힌트로써 대답하게 하는 방법등이 있다. 가장 먼저 교사의 질문문장의 발음연습을 하고 이어서 모범해답의 발음연습을 하고 그 대답방식의 규칙을 이해한 후에 연습을 개시한다.

예 1) 教　師：(質問文) もう京都へ行きましたか。
学習者：(模範解答) いいえ、まだ行きません。(부정의 대답)
教　師：(キュ-) もうあの映画を見ましたか。
学習者：いいえ、まだ見ません。

예 2) 教 師：(質問文) 何を読んでいますか。/母からの手紙/
学習者：(模範解答) 母からの手紙を読んでいます。
教 師：(キュ-) どこに住んでいますか。/ 青山 /
学習者：青山に住んでいます。

⑦ 확대연습 (Expansion drill)

이 연습은 학습자는 문장의 일부를 바꾸거나 바꾸어 말하거나 대답하거나 하지 않지만 교사가 제시하는 문장을 복창하는 중에 점점 문장이 길어져서 꽤 복잡한 문장도 쉽게 연습할 수 있는 것이 특징이다.

예) 教 師：(キュ-) 買うことにしました。。
学習者：買うことにしました。
教 師：(キュ-)その車を買うことにしました。
学習者：その車を買うことにしました。
教 師：(キュ-)気に入ったので、その車を買うことにしました。
学習者：気に入ったので、その車を買うことにしました。
教 師：(キュ-)高かったけれど、気に入ったので、その車を買うことにしました。
学習者：高かったけれど、気に入ったので、その車を買うことにしました。

이상과 같이 문형연습에는 여러 종류가 있고 각각의 문형연습은 다른 연습형태를 띠고 있지만 어느 것이나 목표문형을 연습하고 그것을 필요한 때에 자유로이 사용할 수 있도록 자동적 무의식적인 습관으로 하는 것이 목적이 되고 있다.

3. 오디오링걸 어프로치에 대한 비판

a. 패턴 연습 등의 구두연습에서 언어조작능력은 양성되지만 그것이 반드시 커뮤니케이션 능력으로 이어지지는 않는다.

b. 언어구조의 습득에 중점을 두기 때문에 연습하고 있는 문장의 전달내용 (의미)과 그것이 사용되는 상황에 대한 설명이 경시되는 경향이 있다.

c. 초보단계에서 그 언어의 모국어화자와 같은 음성적인 정확함을 요구하기 때문에 일부 언어습득능력이 높은 학습자를 제외한 대부분의 학습자는 매우 어려움을 겪고 학습의욕이 저하되기도 한다.

d. 구두연습이 중심이고 목표언어 문자의 교육이 뒤에 이뤄지기 때문에 학습자의 문자에 대한 관심이 무시되어 어떤 타입의 학습자에게는 불안감을 주기도 한다.

제 2장 새로운 외국어교수법

1. 토탈 피지컬 리스판스(Tptal Physical Response, TPR)

미국의 심리학자 제임스 아더가 개발한 교수법으로 구두연습보다도 청해연습을 중시하고 알아들었다는 말을 신체로 반응해 보임에 따라 그 정착을 도모하는 점이 특징이다. 이 이론은 유아가 제1언어(모국어)를 습득해가는 과정을 관찰한 연구에서 생겨난 것이다.

<TPR의 지도법>

우선 교사가 어떤 명령을 내리고 다음으로 그 동작을 해 보이고 그 명령문이 요구하는 내용을 학습자에게 깨닫게 하는 방법으로 동사(명령형)의 도입을 행한다. 다음으로 학습자에게 명령문에 따라서 같은 동작을 시키고 그것을 반복하게 함으로써 명령문의 음과 그 지시하는 동작을 강하게 연관지어 간다. 이 중간에 학습자는 교사가 말하는 명령문에 따라서만 동작을 해야 하고 스스로 그 명령문을 발음하는 것은 금지된다. 즉, 이 교수법에서는 듣기가 가장 중시되고 다음으로 지시내용을 실현함으로써 그 명령문의 정착을 꾀하는 것이 목적이다. 이러한 연습을 통하여 듣기 능력이 충분히 발달하게 되면 학습자는 자연히 말할 수 있게 될 것이다.

2. 사일렌트 웨이(Silent Way)

미국의 수학자이자 심리학자인 가텐노(C. Gattegno)에 의해 고안된 외국어교수법으로 다른 말로는 침묵식 교수법이라고도 한다. 다른 교수법과 달리 교사자신은 많은 말을 하지 않고 도구를 이용해 지시를 내리고 학습자는 그 지시에 따라 발화연습을 하기 때문에 침묵교수법이라 불린다.

1) 사일렌트 웨이의 지도원리

① 교육에 있어서 중요한 것은 가르치는 것이 아니라 배우는 것이다. 학습하는 것은 학습자자신이고 교사는 그것을 도와주는 보좌역으로서 학습자의 학습의욕을 강화시키고 학습을 활성화하는 것이 그 임무이다.

② 학습은 오디오 링걸 어프로치 등이 중시하는 밈멤연습법과 패턴 프렉트스로는 불충분하며 자극 - 반응의 연습보다도 학습자자신의 주체적인 인지가 중요하다.

③ 학습에서 학습자의 지성이 효과적인 기능을 수행하며 교사는 학습자의 자율적인 지성의 작용을 신뢰하고 학습활동을 학습자에게 위임할 것을 권장한다.

④ 학습자가 가지고 있는 지식 경험이 도움이 되기 때문에 그것을 이용해서 학습효율을 높이는 것이 중요하고 외국어 학습에도 모국어의 지식, 습득 경험이 활용되어야 할 것이다.

⑤ 교사의 중요한 역할은 학습자의 불안과 긴장을 풀어주고 정신적으로 자유로운 활동을 할 수 있도록 분위기를 만들어 주는 것이다.

2) 사일렌트 웨이의 지도법

이 교수법에서는 독특한 교구가 사용된다. 발음연습에 이용되는 칼러 차트나 여러 사물을 나타내는데 사용하는 길이가 다른 폭이 좁은 나무 봉 등이 그것이다. 이 밖에도 발음과 스펠링의 관계를 보여주는 포닉 챠트와 단어를 보여주는 색이 나눠진 워드 챠트등이 있다.

교사는 필요 최소한의 발음만 하고 가능한 한 학습자에게 발음하도록 하는 것이 특징이다. 어휘나 문자의 도입에는 여러 가지 색의 봉이 사용된다. 우선 맨 먼저 각각의 봉 색깔을 가르쳐준다. 방법은 교사가 빨간 봉을 들고 학습자에게 보여주며 "빨갛다" 혹은 "빨간 봉"이라고 말해주고 다음에는 파란 봉을 들고 학습자들에게 "파랗다" 혹은 "파란 봉"이라고 말해주고 "봉"이라는 명사와 색의 표현을 가르친다.

다음으로 명령형을 도입해서 "검은 봉을 들어주세요"라든가 "빨간 봉을 들어주세요"라는 지시를 내리고 학습자에게 실시하도록 명령한다. 이렇게 학습자가 반응하는 것은 TPR의 교수법의 효과와 상통한다.

이번에는 "검은 봉과 빨간 봉을 들어주세요", "빨간 봉도 들어주세요"등 점차 복잡한 행위를 요구해간다.

이런 식으로 목표언어의 기본적인 발음과 기초 구조에 익숙해지면 점차 여러 가지 문법, 문장, 문장구조가 소개되는데 이 경우도 봉이 이용된다. 이번에는 봉을 사람과 사물에 빗대어 사용하거나 몇 개의 봉을 합쳐서 차나 건물로 만들어 보여주거나 하여 복잡한 구조를 나타내고 연습시킨다. 예를 들어 검은 봉을 "스미스씨"라고 하고 빨간 봉을 "일본어", 하얀 봉을 "공부하다"등으로 정해두고 그것을 나열하여 나타내어 "스미스씨는 일본어를 공부합니다."등의 문장을 연습하게 한다.

이런 수업을 하는 중에 교사는 제시하는 예문과 지시를 한번만 말하게 되어 있기 때문에 학습자는 교사의 발언에 대해 주의를 기울이게 된다. 교사의 발화를 알아듣지 못하거나 지시내용을 모르거나 한 경우에는 급우와 의논해서 문제를 해결하고 또 어떤 학습자가 요구된 발화를 하지 못할 경우에는 다른 급우가 도와주어서 발화를 완성시키게 된다. 즉 사일렌트 웨이에서는 교사는 학습자 한명 한명을 절대적으로 신뢰하고 자유로운 활동과 자력에 의한 실력 향상을 지켜만 보고 있지만 동시에 학습자들끼리의 인간관계를 중시하고 있다.

3. CL/CLL (Counseling Learning/ Community Language Learning)

카운셀링 러닝(CL)은 시카고 로욜라대학의 신학자로 심리학자 커렌(Charles A. Curran)에 의해 1970년대에 개발된 교수법이다. 심리학의 카운셀링의 치료법을 응용했다고 해서 그것이 교수법의 이름이 되었다.

1) CLL의 지도법

6-12명의 학습자가 서로 얼굴이 보이도록 원형으로 앉고 카운셀러인 교사는 그 외측에 선다. 카운셀러는 우선 학습자들과 오늘의 화제를 정하고 학습자들에게 그 화제에 대해서 목표언어로

이야기를 시키는데 초기단계(태아기)라면 학습자는 모국어로 의견을 이야기해도 좋다. 이 경우 카운셀러는 그 뒤에 서서 학습자의 모국어에 의한 발화가 끝나면 작은 소리로 그에게 그것을 목표언어로 번역해준다. 그리고 학습자는 그것을 반복해서 말함으로써 자신이 이야기하고 싶었던 것을 목표언어로 말할 수 있다.

이 경우 카운셀러의 도움을 빌린다고는 해도 자신이 말하고 싶었던 것을 목표언어로 말한 것이기 때문에 어떤 짧은 문장이라도 그것을 목표언어로 이야기하는 기쁨이 클뿐더러 그 학습효과도 크다. 학습의 단계가 진전되고 학습자의 능력이 올라가면 카운셀러의 활동도 변해가서 학습자에게 말과 문법을 가르치거나 보다 세련된 표현을 소개하거나 하게 된다. 어느 경우에나 카운셀러는 늘 분명하고 학습자에게 힘을 불어넣어주는 발음을 해야 한다. 그리고 학습자의 레벨에 맞는 적절한 표현을 선택해서 학습자에게 전하는 민첩함도 요구된다.

학습자들의 발화는 테입에 녹음되어 있어서 이 연습이 끝나고 나서 모두의 앞에서 재생되고 각 발화는 교사에 의해서 판서되고 그 구조와 용법이 검토되게 된다. 이 클래스에서는 학습자 전원이 하나의 공동체의 멤버를 이루고 있다고 가상되어 있기 때문에 멤버끼리 보다 좋은 관계를 가지고 목표언어의 사용에 대해서는 서로 돕는 것이 전제가 된다.

※ (CL과 CLL)

CL(Counseling Learning)은 본래 카운셀링의 기법을 교육에 응용한 전인격적 교육원리이고 언어교육뿐 아니라 어떤 학과에서도 사용될 수 있는데 언어교육의 분야에서는 그 원리에서 발전한 집단적 언어학습법(Community Language Learning, CLL)의 다른 이름으로 사용되는 경우도 있다.

2) CLL과 일본어 교육

CLL의 교수법은 미시건 대학에서 집단심리학을 공부한 라포지(Paul G. La Forge)에 의해 영어교수법으로 소개되어 많은 성과를 검증한 후 영어교육 이외의 여러언어 교육에서 연구, 실시되고 있다.

일본어교육에서는 학습자의 모국어에 정통하고 카운셀링의 이론과 기법에 뛰어난 카운슬러도 적기 때문에 이 기법에 의한 본격적인 일본어교육을 실시하고 있는 기관은 적다. CLL의 이론에는 오디오 링걸 어프로치에는 없는 학습자의 심리에 대한 배려 등 장점들이 있다.

3) CLL의 특징과 기대되는 장점들

CLL의 기본적인 이론으로서는 학습자가 불안 없이 편안한 상태에 있을 때 주의력과 집중력이 높아지고 학습에 대한 관심이 강화된다고 여겨진다. 교사가 엄격한 태도로 학습자에게 대하고 작은 잘못이라도 꼬치꼬치 따지는 방식은 학습자에게 공포감을 주어 긴장감을 줄 수 있다. 이것은 CLL의 입장에서는 바람직하지 않은 교사의 태도이다.

CLL의 학급이 이상적으로 운영된 경우에는 학습자는 자신에게 관심이 있는 화제로 스스로 만든 문장을 발화하고 그 중에서 스스로 선택한 어휘와 표현, 문형을 사용할 수 있기 때문에 학습의 동기부여는 매우 높아진다. 투입의 단계에서 이야기한 문장이 맞는 것이든 아니든 그 학습효과는 매우 크다. 일종의 자유회화인 CLL학급은 그런 의미에서 창조력과 실천적인 커뮤니케이션 능력을 고양하는데 있어서 큰 효과가 있을 것이라 기대된다.

제 3장 커뮤니커티브 어프로치(Communicative Approach)

1. 커뮤니커티브 어프로치의 지도법

체계적인 교수법은 현재 개발되어 있지 않지만 롤플레이 연습과 시뮬레이션연습은 커뮤니커티브 학습활동의 대표적인 예이다. 교수과정은 다른 어프로치와 같이 1) 목표설정, 2) 학습내용 제시 3) 연습 4) 학습내용을 실제적인 언어행동으로 응용하도록 하기 위한 전이 순으로 이뤄진다. 전이의 단계에서 롤플레이연습과 시뮬레이션연습을 통해 커뮤니케이션 달성을 위한 구체적인 지도가 이뤄지는 것이 특징이다.

1) 목표의 설정

수업에 앞서 교사는 이 시간의 학습목표를 설명한다. 커뮤니커티브 어프로치의 경우 학습의 목표는 어떤 문법구조를 배울 것인가가 아니라 어떤 전달행위를 할 수 있게 될 것인가 하는 것을 학습자에게 사전에 알리는 것이다.

사과와 용서하는 전달행위가 목표가 된 경우 <찻집에서 실수로 다른 사람의 옷에 커피를 쏟고 말았다.>라는 상황을 만화 등으로 학습자에게 보여주고 그 경우 어떻게 말해야 할 것인가를 학습자에게 시켜보고 충분한 표현이 이뤄지지 못한 부분을 확인한 후 그런 전달능력이 그 과의 목표인 것을 이해시킨다. 혹은 만화에 회화문을 붙여 그 속에 학습목표를 집어넣을 수도 있다.

2) 제시와 문맥화

학습목표가 확실해지면 그 목표가 되는 활동에 필요한 언어항목(language items)이 제시되는데 커뮤니커티브 어프로치에서는 배워야 할 어휘와 문형을 나타내는 것이 아니라 거기에서 이뤄지는 발화가 그 장면에 있어서 정말 어떤 의미로 쓰이는가를 가르쳐간다. 언어형식과 문법 레벨을 넘어 실제의 전달장면에서의 발화의 의미를 명확히 하는 것을 문맥화(contexualization)이라 하고 커뮤니커티브 어프로치의 「제시」에서는 특히 중요시되고 있다. 발화의 문맥화는 다음의 요소로 이뤄진다.

① 발화의 개념적인 내용 ② 화자의 사회적인 지위
③ 청자와의 관계 ④ 발화 의도 ⑤ 발화 장소

즉, 같은 어휘와 문법구조로 이뤄진 발화라도 그것이 사용되는 상황에 따라 의미가 변하기 때문에 상기의 요소가 모여 각각의 발화의 진짜 의미가 결정되기 때문이다. 가령 「오늘밤, 친구가 오랜만에 집에 옵니다」라는 발화는 단순한 사실의 보고에도 사용되지만 상황에 따라서는 「당신의 제안을 거절한다」라는 발화도 되고, 또 「이 방은 너무 덥다」라는 발화의 경우는 온도에 대해 의견을 말하는 것이 아니라 「스토브를 꺼라」라든지 「창문을 열어라」라는 명령의 의도에서 사용되는 경우가 많기 때문에 이 제시의 단계에서는 그러한 발화의 문맥에 있어서 의미를 소개함과 동시에 학습자가 목표언어를 사용하는 경우도 어디에서, 누구에게, 무엇을 전할 것인가를 생각해서 발화를 하도록 지도한다고 한다.

3) 연습에서 전이로

여기에서는 언어재료의 제시에 이어 연습의 단계가 있는데 제시된 언어재료의 반복연습이나 주요문형의 드릴과 음성연습이 이뤄진다. 오디오 링걸 어프로치처럼 문형연습을 통해서 그 문형의 사용경험을 축적해 거기에 따라 그 문형을 자동적으로 사용하도록 하기 위한 문형연습이 아니라 어디까지나 의사소통을 위한 언어사용에 중점을 둔다고 한다. 연습은 제시에 이어 그 직후에 사용되지만 일반적으로는 다음과 같은 순서대로 이뤄진다.

① 교사가 학습항목을 제시한다.
② 학습자들이 그것을 복창한다. 소위 반복연습을 한다.
③ 한사람의 학습장에게 어떤 문장을 복창시키고 그 문장에 대해 학습자들에게 각자 응답하도록 한다. (학습자를 차례로 지명하고 같은 연습을 시키는데 목적은 이같은 방법을 통해 그 과의 학습목표가 되고 있는 기본적인 전달방법을 연습해가는 것에 있다.)
④ 학습자를 2명씩 짝 지워 그 대화 연습을 시킨다.
⑤ 다음으로 대화의 분담역할을 바꾸거나 짜임새를 바꾸거나 하고 또한 그 대화 연습을 한다. 대화문 일부를 바꾸거나 하는 연습을 하기도 한다.

커뮤니커티브 어프로치의 특징은 전이에 있다. 실시방법은 롤플레이나 시뮬레이션의 형태를 취하거나 혹은 교사에 의해 주어진 회화의 틀 속에서 이뤄지는 자유로운 회화연습등에 의한다. 실제 커뮤니케이션의 경우와 같이 참가하는 학습자들은 서로 정보차이가 있고 주고받음에 있어 극히 자연스러운 피드백도 사용되도록 궁리된다.

교과서에 적혀있는 대화 연습에서는 누가 무엇을 만하고 상대가 어떻게 응답하는가가 분명히 정해져 있어서 각각의 대화문은 적절하고 바른 문장으로 되어있다. 학습자에게는 실제커뮤니케이션에서 불가결한 선택의 자유가 허용되어 있지 않으므로 전달능력의 육성은 기대할 수 없다. 자유로운 주고받기가 가능한 커뮤니케이션능력은 학습자에게 자유로운 하지만 목적이 확실한 회화연습을 시키지 않는 한 길러질 수가 없다.

그러므로 롤플레이나 시뮬레이션연습도 상대가 어떻게 나올까 알 수 없는 상태에서 회화연습이 이뤄지고 서로 상대의 발화, 혹은 대응에 응하여 자신의 발화내용을 조정해가기 때문에 매우 현실적인 훈련이 된다.

4) 롤플레이와 시뮬레이션

학습자가 주어진 상황에서 선택의 자유가 있는 훈련이 이뤄지는 점이 이들 연습의 특징이다. 학습자가 클래스 밖에서 실제로 만날 가능성이 높은 상황을 설정하고 선택의 자유와 의외성을 익혀감에 따라서 현실언어사용장면과 유사한 경험이 되기 때문에 효율적인 연습이 가능해진다고 볼 수 있다. 이들의 방식은 여러 가지가 있는데 이들은 사용언어가 전혀 자유롭지 않고 어떤 목표표현을 쓰도록 한다는 점에서 앞의 회화의 틀을 짜는 연습과 전혀 다르다. 자유는 회화의 틀조직 연습이 높지만 상황에 맞는 표현을 화자의 자유의사로 정한 내용으로 말하게 한다는 점에서는 롤플레이도 연습이 된다.

5) 커뮤니커티브 어프로치와 듣기 연습

여기에서는 듣기도 커뮤니케이션을 위한 실제적인 훈련을 지향하고 있다. 여기에서 들고 있는 듣기 연습은 라디오에서 녹음된 날씨예보를 듣고 별도로 주어진 테스크 시트의 지시에 따라 정보를 얻고 그 정보에 근거하여 다른 작업도 하게 된다. 즉 듣는 연습에 다른 언어기능을 통합한 훈련이 된다.

(문제와 테스트)
교재 - 일기예보 녹음 테잎, 영국 지도, 테스크 시트
문제 - 당신은 런던에 살고 있습니다. 어느날 에딘베라까지 차로 갈 계획을 세웠습니다. 겨울이고 눈이 내릴 우려도 있습니다. 일기예보를 듣고 영국의 지도를 검토해서 어떤 도로를 고를지 정해주세요.
이것에 따라 학습자가 일기예보에서 필요한 정보를 얻고 도로를 정하기 때문에 간단하지만 실생활에서 도움이 되는 정보수집의 초보적인 연습이 된다. 특히 테이프에 녹음된 일기예보를 어구나 구조를 이해하기 위해 듣는 것이 아니고 특정한 목적을 위해 선택적으로 듣는다는 점이 실제적인 언어사용에 입각한 연습이고 커뮤니커티브 어프로치의 특징이 된다.

6) 커뮤니커티브 어프로치와 독해연습

커뮤니커티브 어프로치에서는 학습자에게 무엇을 위해 읽는가를 인식시켜 목적에 따른 읽기 연습을 시키기 때문에 사회생활에서 필요한 정보수집기술이 길러진다.

우선 사회에 전달함을 목적으로 하는 문장은 뉴스를 보도하는 신문기사나 기계를 사용하는 방

법을 가르치는 설명서, 판매촉진을 위한 광고에서도 결국 글쓴이와 독자 사이의 커뮤니케이션 갭을 메우는 수단으로서 존재하고 있다.

따라서 그 사이에는 글쓴이가 독자에게 전달하고자 하는 정보가 들어있고 독자는 그 문장에 자신에게 도움이 되는 정보가 있다고 믿고 있다. 커뮤니커티브 어프로치 독해클래스에서는 교재를 읽기 시작하기 전에 학습자에 대해 그것을 읽는 목적이 제시되고 학습자는 그 목적달성을 목표로 하여 읽도록 지도받는다.

7) 커뮤니커티브 어프로치와 문자전달연습

여기에서는 쓰는 것의 목표를 문자에 의한 정보전달을 위해서라고 전제하고 있다. 기본적인 문자의 지도 외에 목적을 가진 문자에 의한 전달연습에 중점이 두어진다. 구체적인 연습방법으로써는 ① 신청서등의 서식이 요구하는 정보를 기입한다. ② 편지형식으로 주어진 정보에 대해 답장을 쓴다. ③ 일정한 자료에 근거해 보고서를 작성한다. ④ 자유작문 등이 있다. 어느 경우에서건 연습의 근저에는 정보의 갭을 메운다는 목적이 있고 요구되어지는 정보에 적절한 정보를 주는 작업을 하게 한다.

제 4장 결론

외국어 교수 학습에서는 누구를 대상으로 무엇을 어떻게 가르치느냐에 따라 교수법이 달라질 수 있다. 일본어교수법도 여기서 예외일 수 없는데 우리나라의 일본어 교육은 한일 양 언어의 유사점과 지정학적 위치 등, 여러면에서 다른 교수 학습법의 개발이 요구된다고 할 수 있다. 그러나 무엇보다도 외국어 교육은 대상 원어민과 접촉함으로서 보다 큰 효과를 거둘 수 있지만 현실적으로는 모든 수업에 원어민을 동원할 수 없으며 또한 적절한 소단위 학급에서 학습의 질이 보장될 수 있는데 우리나라의 교육여건에는 여러 가지 문제점이 있다 하겠다. 따라서 현장에서 일본어 교육을 담당하고 있는 교사들은 앞서 소개한 여러 교수법 이론들을 바탕으로 어느 것이 교육 현장에 적합한지 포괄적으로 검토하는 자세가 필요할 것이다.

1장에서 소개한 지금까지의 언어교육에 많은 영향을 주었던 오디오링걸 어프로치의 경우 기계적으로 반복되는 딱딱함이나 학습자에게 자칫하면 공포감을 줄 수 있는 단점도 있지만 실제 교실수업에서 그날 배웠던 내용의 반복연습에는 아주 효과가 크다고 생각한다. 또한 끊임없이 스스로 말하게 하는 연습을 통해 자신도 모르는 사이 저절로 내용을 암기할 수 있으며 말할 수 있는 자신감을 갖게 할 수 있을 것이다. 몇 가지 지적되는 단점들도 CLL의 지도법과 적절히 융화시키면 어느 정도 보완될 수 있으리라 생각된다. CLL의 경우 교사가 카운셀러의 역할에서 교실의 분위기를 부드럽게 조절해 주며 학습자가 주눅들지 않고 자연스럽게 교실의 분위기에 적응해 나갈 수 있도록 유도해준다. 그렇게 함으로써 학습자는 스스로 말할 수 있다는 성취감을 느낄 수 있을 것이다. 단, 이러한 학습법 모두 교실의 인원이 10여명 정도인 경우가 적당해서 현실의 교육여건에서는 개선해야 될 점이라고 생각한다.

사일렌트 웨이의 경우는 일단 여러 가지 독특한 교구가 사용되고 교사가 가능한 한 침묵하는 가운데 수업이 진행되기 때문에 처음 일본어를 접하는 학습자의 경우 흥미유발과 동기부여, 집중력의 향상을 기대할 수 있으나 지속적으로 이러한 수업을 진행하기에는 조금 유치할 수도 있겠고 식상하게 느껴질 수도 있을 것 같다. 따라서 첫 수업 정도나 어떤 새로운 과의 처음 시작의 경우 이러한 지도법을 사용해 보는 것이 좋을 것 같다.

마지막 3장에서 제시한 커뮤니커티브 어프로치 즉, 의사소통 중심 교수법은 현재에도 연구할 가치가 있다고 여겨지는 교수법 중의 하나이다. 이 교수법의 경우 특히 학습목표의 설정부분과 제시와 문맥화 부분은 우리가 교육 실습 현장에서 소홀히 여기기 쉬운 부분인데 이 부분에 커뮤니커티브 어프로치의 교수법을 적용시키면 좋을 것 같다.

학습의 처음 시작하는 부분은 학생들에게 있어 동기유발을 일으킬 수 있는 중요한 시간이다. 따라서 여기에서 언급한 것처럼 만화 등 다양한 자료들을 이용하여 오늘 배울 학습목표가 무엇인지 정확하게 알려주는 것이 중요하며 똑같은 문장을 가르치더라도 맹목적으로 가르치는 경우가 많은데 여기에서는 발화의 의도나 장소, 청자와의 관계 등 다양한 조건들에 따라 그 문장의 의미가 달라짐을 생각할 수 있도록 지도하도록 한다.

일반적으로 교실에서의 한시간 수업은 처음 도입에서부터 시작하여 제시, 연습, 응용등의 순서로 진행된다.

어느 교수법이 정답이라고는 말할 수 없지만 교실수업의 진행 과정 속에서 어느 교수법이 적당한지 늘 고민하며 수업에 임해야 하는 것은 교사들의 몫이다. 현장에서 직접 교육을 담당하는 교사들의 끊임없는 노력만이 보다 학생들에게 유익한 교수법을 만들어 낼 수 있을 것이다.

< 참고 사이트 및 문헌>

1. www.jtextbook.net 고등학교 일본어 교과서
2. http://gbeti.or.kr/e_learning
3. 国際交流基金 教師用日本語教育ハンドブック⑦「教授法入門」凡人社 1996
4. 木村 宗男 外 日本語教育指導参考書③「日本語教授法の諸問題」文化庁 1972

외국어 교수법 이론

지금까지 외국어 교육을 위한 교수법들이 많이 있으나 , 그 중에서 가장 효과적이면서 바람직한 이론을 찾기는 쉽지 않다. 그것은 누구를 대상으로 하여 가르치는가에 따라. 가르치는 내용과 환경에 따라 적용되는 교수법이 달라질 수 있기 때문이다. 의사 소통 능력의 신장에 방향을 맞추어 현장에서 일본어 교사가 적용할 수 있는 교수법을 제시하고 그 활용 방법을 알아보자.

1. 문법 번역식 교수법(Grammar-Translation)

가장 보편적으로 이용되어 온 전통적인 교수법으로 고대에서 중세에 걸쳐 행해졌던 문법 지도 중심의 교수법이다. 주로 학습 대상 외국어의 문법 규칙, 어형변화와 어휘를 암기하고 번역하여 문의 의미를 이해하는 교수법으로 실제로 의사소통을 할 수 있는 능력을 기르는 연습은 등한시 되어있어 말하기 · 듣기 위주의 교수법으로는 적합하지 않다.

2. 직접식 교수법(Direct Method)

매개어를 사용하지 않고 목표 언어만을 사용해서 외국어를 가르치는 교수법이다.

이 방법의 특징은 외국어 전용의 학습 환경을 조성하는데 중점을 두고 있다. 단어나 어구를 소개할 때 구체적인 물건이나 그림을 제시하여 그 뜻을 이해하게 하고 말하기와 듣기, 발음의 정확성을 강조한다. 문법적 내용은 주입식 방법이 아니라 예문을 많이 사용하여 학생들이 귀납적으로 일반적인 법칙을 추론할 수 있도록 한다.

그러나, 이 방법은 우리나라의 교육 여건을 고려해 볼 때 직접적으로 활용되기에는 어렵다. 또 시간적 소모도 크다.

3. 청화식 교수법(Audio-lingual Method)

1930년대 미국의 구조주의 언어학과 행동주의 심리학의 이론적 배경에 근거하여 좋은 언어 습관을 형성하기 위해 반복과 연습에 역점을 두는 교수법이다. 언어의 음성적 측면을 중시하여 교육의 기초에는 주로 듣기 · 말하기 능력에 중점을 두고 있다.

청화식 교수법에 의한 언어 학습의 단계 및 응용 방법은 다음과 같다.

- 듣고 이해하기
- 표준 발음의 모방
- 발음이나 문형의 반복 연습
- 문의 일부를 변화시키는 연습
- 질문에 대하여 적절한 대답을 하는 연습

이 교수법은 학습초기에 듣고 말하는 능력을 효과적으로 길러주고, 정확한 발음과 집중 훈련을 통해 언어에 대한 자연스런 대응이 가능하지만, 지나친 반복훈련에 의존하여 창의적이고, 능동적인 언어를 구사할 수 있는 잠재적인 능력을 향상시키기는 어렵다.

4. 전신 반응식 교수법(TPR : total Physical Response Method)

전신 반응식 교수법은 1970년대 미국의 제임스 아셔에 의해 주장되었다. 학습이 시작되면 학습자는 구두 연습을 하지 않고 단지 교사가 지시하는 대로 몸을 움직이는 연습을 하게 된다. 예를 들어 '일어나세요'라고 일본어로 말하면 일어나는 활동을 통해 목표 언어의 음성적 특징을 익히는 것을 목적으로 해서 듣기와 동작을 연결시켜 훈련함으로써 학습 효과를 한층 올리는 교수법이다.

이 교수법은 매개어를 사용하지 않아 학습자가 언어에 빠르게 적용하고 해당 언어로 사고하는 습관이 생기게 하는 장점이 있지만, 의미 설명이 정확히 전달되지 않거나 교사가 설명과 예문 제시를 말하는 시간이 길어져 비효율적인 학습이 되는 단점도 있다.

5. 자연적 접근법(Natural Approach)

자연적 접근법은 모국어를 사용하지 않고 의사 소통상황에서 외국어를 사용하도록 하는데 기초를 둔 교수법이다. 이 교수법의 이론은 다섯 가지의 가설을 설정하고 있다.

① 습득/학습 가설　② 자연적 순서 가설　③ 모니터 가설
④ 입력 가설　⑤정의적 여과설

이 방법론에서 주목할 점은 듣기를 강조하고 학습보다는 습득을 강조한 점, 그리고 많은 양의 언어 입력이 제공되어야 한다는 점이다. 특히, 많은 양의 언어 듣기 입력은 의사소통 중심의 언어 학습에서 가장 중요하고 필수적인 요소라고 할 수 있다.

6. 의사 소통 중심의 교수법(Communicative Approach)

의사소통 중심의 교수법은 의사소통 능력이 중시되면서 문형이나 문법보다는 실제 의사소통 활동을 하는 수업이 더 효과적이라는 주장을 기본 골격으로 하고 있다.

7. 내용 중심 교수법(CBI : Content Based Instruction)

내용 중심 교수법은 학습의 목적이 지시 내용에 있고, 그 부수적 효과로서 언어 기능이 습득된다는 점이 기존의 활동과 다르다.

이 교수법은 기존의 어학 학습간과 완전히 결별한 학습법으로 어학 학습이라기 보다는 지식 내용의 학습을 통해서 부수적으로 언어를 배우는 것으로 수업의 초점을 딴 곳으로 옮겨서 언어의 운용 능력을 습득할 수 있다는 것이다.

멀티미디어 외국어 교육

1. 개요

지난 1996년부터 실시되고 있는 교육 정보화 촉진 시행 계획에 따라, 현재 교실에 첨단 교수 매체가 급격히 보급되어 있어, 이들 매체를 교육에 적극 활용하는 방안을 강구해야 할 때이다.

일본어과의 제7차 교육과정 교육 목표 중, "인터넷을 통해 일본어에 의한 정보 검색의 기초적인 방법을 알고, 일본어에 의한 정보 검색과 통신에 대한 흥미를 가진다"라는 항목이 있다. 2002년부터 시행될 제7차 교육 과정에서는 기존의 멀티미디어 매체에서 진일보된 인터넷을 교육에 활용하는 방법에 대해 구체적으로 제시하고 있다.

2. 멀티미디어와 인터넷의 정의

멀티미디어는 'multi'와 'media'의 합성어로서 문자, 이미지, 그래픽, 오디오, 비디오 등의 자료를 컴퓨터 내에서 통합하는 것을 의미하며, 컴퓨터를 통해 인간이 원하는 정보를 얻을 수 있고 참여 할 수 있도록 제어해 주는 기술이다. 종합적으로 서비스를 받을 수 있는 정보 전달의 총체적 시스템이라고 할 수 있다.

교육 분야에서 가장 일반적으로 이해되고 있는 정의는 기존의 시청각 자료(실물, 그림, 사진, 모형, 도해, 녹음, 레코드, 환등기, 시범, 연극, 영화, 견학, 도표, 괘도, 필름, 라디오, TV)가 디지털 방식으로 컴퓨터를 중심으로 통합된 커뮤니케이션과 상호 작용성이 수반되는 다중매체를 뜻하고 있다.

3. 멀티미디어 활용 방안

(1) 검색 엔진에 의한 정보 검색

인터넷상에서 정보를 검색하기 위해서는 원하는 정보를 찾아주는 인터넷 검색 사이트 "검색 엔진"(Search Engine)이 필수 불가결하다. 검색엔진의 특성에 따라 크게 2가지로 나누어진다. 특정한 주제별로 분류해서 만들어 놓은 주제 분류형 검색 엔진, 특정 단어를 통해 검색할 수 있는 키워드형 검색 엔진으로 나눌 수 있다.

구분	주제 분류형 검색 엔진	키워드형 검색 엔진
특징	① 전문가에 의한 수동적인 자료 분류 방법 ② 핵심 정보를 검색할 수 있으나 데이터 양이 적음 ③ 일반적인 주제에 관한 검색에 좋음	① 로봇, 스파이더 등의 검색 프로그램으로 검색함 ② 주제별 검색 엔진의 10배 가까이 검색하므로 데이터 양이 많음 ③ 고유명사와 같은 세분된 주제 검색에 좋음
일본의 대표적인 검색 사이트	http://www.yahoo.co.jp http://www.goo.ne.jp http://www.dragon.co.jp	http://www.lycos.co.jp http://www.navi.ocn.ne.jp http://www.infoseek.co.jp

(2) 정보 검색을 활용한 교수 · 학습 활동

일본어에 대한 필요한 정보를 검색한 후 수업에 활용할 때 이용할 수 있는 대표적인 방법으로는 다음의 두 가지를 예로 들 수 있다.

● 익스플로러의 '즐겨찾기' 활용

익스플로러의 '즐겨찾기'는 사이트를 보다 효율적으로 관리하는 방법이다. 일본어 수업에 필요한 좋은 사이트를 주제별로 관리하여 구분하여 소요되는 시간을 절약할 수 있다.

즐겨찾기는 C:\windows\favorites 안에 저장되어 있으므로 교실에서 사용할 때는 이 내용을 교실의 컴퓨터에 복사하여 사용하면 된다.

● 미러링을 활용한 방법

홈페이제 내용 전체를 내려 받는 것을 '미러링'이라 하는데, 이는 인터넷이 설치되지 않았거나 인터넷 속도가 느린 학교에서 활용할 수 있는 방법이다. 인터넷이 연결되지 않았어도 실제 인터넷을 활용하는 것과 같은 효과를 얻을 수 있다.

미러링 프로그램으로는 웹 시메트릭(http://www.leadingteach.com)등이 있는데, 이를 활용하면 쉽게 원하는 사이트를 미러링 할 수 있다.

(3) 홈페이지를 구축하여 수업에 활용

인터넷 사이트를 검색하여 자료를 활용할 때, 자료의 내용이 너무 상세한 경우에는 직접 나모 웹에디터 등을 이용하여 홈페이지를 만들어 수업에 활용할 수도 있다.

Global IME가 설치되어 있을 경우 나모 웹에디터 3이상 버전에서는 일본어로 된 웹 문서를 작성, 편집할 수 있는데, 여기에서는 나모 웹에디터 4를 기준으로 설명한다.

① 나모웹에디터에서 일본어로 문서를 작성한 다음 '문서속성'을 바꾸어 주어야 한다.
웹문서가 모두 일본어로만 되어 있을 경우 : 「서식-문서속성-일반」 메뉴에서 '인코딩'을 '일본어'로 선택하고 확인

② 한글 등에서 일본어로 이미 작성된 문서를 나모 웹에디터에서 불러오기를 하여 편집할 경우 : 한글에서 작업한 문서를 저장할 때 주의할 점은 반드시 파일 형식을 'HTML 문서'나 '텍스트문서'로 저장한 후에 코드 형식을 '일본어'로 저장

③ 한 문서에서 한글과 일본어를 동시에 보이게 할 경우 : 「서식-문서속성-일반」메뉴에서 '인코딩'을 '한국어'나 '일본어'로 해서는 안 되고 "Unicodr(UTF-8)"로 설정해야 한다.

(4) 전자 우편 사용 방법

인터넷의 주요 기능 중의 하나인 전자 우편은 기존 우편제도를 통한 펜팔보다는 훨씬 신속하고, 시간과 공간의 제한을 완화시켜 주며, 송수신에 드는 비용도 획기적인 절감을 가져다준다. 이를

교실 활동에 적용한다면 상호간의 이해 증진에 좋을 뿐만 아니라 쓰기 및 읽기 능력 향상에도 효과적인 학습 활동이 될 수 있다.

● 일본어로 E-Mail 보내기

① Outlook Express의 메뉴에서 「서식-인코딩-일본어」를 선택한다. 일본어가 없을 경우엔 추가를 눌러 일본어를 선택한다.

② 글꼴은 MS Gothic으로 바꾼다. IME를 이용, 내용을 입력한다. (아웃룩익스프레스 5.5부터 입력 가능) 혹은 한글 97 기능 강화판이나 한글 2002, 한글 국제판에서 일본어나 로마자로 편지를 작성한다.

③ 한글 97 기능 강화판에서는 「파일 형식」을 텍스트문서로 한 다음 「코드형식」을 「일본어」로 지정하여 저장해야 한다.

④ 저장할 때 「파일 이름」은 로마자로 하는 것이 좋다.

⑤ 문서를 Outlook Express를 이용하여 보낼 때는 받는 사람의 E-mail 주소를 입력하고 「파일 삽입」을 클릭, 지정한 파일을 선택하여 첨부 파일로 보낸다.

4. 멀티미디어 일본어 교육의 결론

학생중심의 교육과정은 교사가 모든 것을 다 알아 처리해 주는 것이 아니라 학생 유형에 따라 교수방법이나 활동을 다양하게 전개하는 유형의 교육과정이다.

그러므로 교사가 다양한 수업자료와 또한 현실적으로 좋은 수업을 이끌어 내려면 일괄적으로 설명하고 문법을 암기시키며 발음연습을 시키는 것이 아니라 교사가 알고 있는 전통적인 방법에서 시작하지만 점차 대화연습, 녹음테이프 틀기, 그림 · 비디오 · 영화 활용, 짝 활동, 게임 등을 개별적으로 또는 집단적으로 실시하는 절차로 진행한다. 교실에서 학생들이 좋아하는 활동의 소재를 도입하여 옆 친구와 목표어로 이야기하게 한 다음에 소집단별 활동으로 발전하도록 유도하는 것이 7차 교육과정의 목표이다.

그러나, 학생 수가 많고 일본어의 수업시간은 적은 반면, 과중한 교사의 업무와 수업부담으로 교재 개발 내지 수업방안 연구를 하기 위한 시간과 여건이 미흡한 실정에서 이러한 수업을 행한다는 것은 결코 쉬운 일이 아니다.

이러한 방법은 주입식 위주의 교육에 익숙한 학생들에게 멀티미디어를 이용하여 의사소통 위주의 교육을 시행하여야 하는 교사나 교육의 수혜자인 학생 모두에게 생소한 일이 아닐 수 없다. 멀티미디어를 수업에 이용하기 위해서 교사는 수업을 시행하기 전에 일반수업보다 훨씬 많은 시간과 노력을 기울여 치밀하게 준비를 하여야 함은 물론이다.　교사가 다양한 수업자료와 또한 현실적으로 좋은 수업을 이끌어 내려면, 매체 장비 등 학교의 지원도 필수 불가결한 요소이다.

사실 영화, TV, 비디오와 같은 시청각 자료의 사용은 외국어 수업의 새로운 차원을 도래시켰다고 할 수 있다. 이러한 영상 매체들은 시각적인 수단을 사용함으로 기억의 정도를 높일 수 있고,

학습자에게 낯선 세계를 광범위하게 알려준다는 점에서 흥미를 높일 수 있다.

또한 일반적으로 이러한 교재는 특정한 목적을 가지고 제작된 것이 아닌, 비 특수적인 수단을 이용함으로서 수업의 효과를 극대화하는 것이 가능하다.

즉, 학생들에게 특정한 문법사항, 구문의 형태 등을 주지시킬 목적으로 특수 수단 (예를 들면 어학용 테이프에서 각 단락별로 문법사항을 설명하는 일)으로 수업을 하는 것 보다 학생들로 하여금 자율적으로 집중력을 가지고 접근하도록 하는 비 특수수단 (예를 들어, 만화영화, TV방송 등)이 더 효과적일 수 있기 때문이다.

<参考文献>

우찬삼『일본어 교육학 개론』계명출판사,2000

이덕봉『일본어 교육의 이론과 방법』시사 일본어사, 1998.

적중예상문제

1. 커뮤니케이티브 어프로치(Communicative Approach)는 1970년대부터 학습자에게 언어를 지식이 아닌 사용 장면과 결부된 실제 사용능력으로 가르치고자 하는 외국어 교수법이다. 이러한 커뮤니케이티브 어프로치 교수법을 일본어 교수–학습 현장에 적용하고자 할 때 사용할 수 있는 방법 중에서 다섯 가지를 쓰시오. (임용고사)

2. 1997학년도부터 초·중등학교에 교육정보화 기반이 구축되면서 멀티미디어 매체를 일본어 교수–학습에도 활용하고 있다. 멀티미디어 매체는 질 높은 음향과 영상 그리고 방대한 자료를 저장할 수 있다는 일반적인 장점이 있으므로 다른 교과에 비해 외국어교과인 일본어 교육에서도 보다 효과적으로 활용할 수 있을 것이다. 이러한 멀티미디어 매체를 일본어교육 현장에 적용했을 때의 장점을 기술하시오. (임용고사)

정 답

1. ①타스크(Task) ②인포메이션 갭(Information gap) ③역할놀이(Role play)
 ④게임(game) ⑤시뮬레이션(simulation) ⑥프로젝트 워크(project work)
 ⑦드라마(drama) ⑧페어(pair)학습

2. 반복학습이 용이, 흥미를 유발하여 학습 동기를 부여, 풍부한 학습 환경, 상호작용 학습이 가능, 개별화 학습이 가능, 자기 주도적 학습인 자율 학습이 가능하다.

4. 독해와 작문에 강해지는 비밀노트

(1) 本格的な歴史対話を　(朝日新聞)

来春から使われる日本の検定済み中学歴史教科書に韓国、中国が修正を求めていた問題で、政府が回答した。韓国の求める35項目のうち2項目については「誤り」と判断した。しかし、残り33項目と中国の全8項目は、「明白な誤りとはいえない」などと退けている。

修正要求の焦点は「新しい歴史教科書をつくる会」主導の扶桑社教科書だった。

「誤り」とした1項目は扶桑社版の古代朝鮮史の記述だ。同社はすでにこの点を含む訂正を文部省に申請している。もう一つは大阪書籍版で、年表だった。

これに対して、韓国、中国は強く反発し、日本側に再考を求めた。

近隣諸国との良好な関係の大切さは、言うまでもない。日韓の間では、98年の共同宣言を機に大衆文化の交流が着実に進んできた。教科書問題によって、そうした協力や交流が冷水を浴びせられている。

大いに気がかりなことである。文部科学省は、検定合格後の現段階では明白な事実の誤りなどがなければ訂正を求めることはできない規則だ、と述べた。

確かに現在の検定制度の下では修正には限界がある。すでに教育委員会での教科書選びも始まっており、今回の検定についてさらに見直すことは現実的であるまい。

とはいえ、韓国や中国の人たちの激しい反発は十分に理解できる。

問題は第一に、日本政府の歴史認識への疑義である。植民地支配と侵略の事実に痛切な反省の意を表した戦後50年の村山富市首相談話、若い世代の歴史認識の重要性を確認した日韓共同宣言との関係で、言行不一致と映っている。

根底には、過去の侵略や植民地化の事実から目をそらせようとする運動が繰り返し起こり、それを容認するような空気が次第に日本社会に広がりつつあることへの不信もあるのではないか。

もしも逆の立場だったら、と考えてみれば、その思いは分かるだろう。

結局は歴史観のずれを正視し、対話を重ねること以外に真の解決の道はない。

今回の問題を機に、中韓両国との歴史の共同研究や教科書対話の恒久的な機関を日本が設けることを真剣に考えるべきではないか。「つくる会」メンバーも、韓国や中国の研究者との討論に積極的に参加し、真摯な対話を行ったらよい。

ナチスの負の遺産を抱えるドイツでは、歴史家たちがフランスやポーランドとの間で、教科書対話を続けてきた。その研究者の近藤孝弘・名古屋大学助教授は「対話をするのは、相手の意見を聞いて自分たちの歴史観を深めるためだ。その認識こそ大切だ」に語っている。

政府には、当面の紛糾した事態への外交的な対応とともに、これを中国や韓国との本格的な歴史対話へ向かう第一歩とする姿勢が求められる。

※ 본격적인 역사 대화를 (朝日新聞)

내년 봄부터 사용되는 일본의 검정필 중학역사교과서에 한국, 중국이 수정을 요구하고 있는 문제에 정부가 회답했다.

한국이 요구하는 35항목 중 2항목에 대해서는 「실수」라고 판단했다. 그러나, 남은 33항목과 중국의 전 8항목은, 「명백한 실수라고는 할 수 없다」라고 요구를 거절하고 있다.

수정요구의 초점은 「새로운 역사교과서를 만드는 모임」 주도의 扶桑社 교과서였다.

「실수」라고 한 1항목은 扶桑社판의 고대 조선사의 기술이다. 扶桑社는 이미 이 점을 포함한 정정 부분을 문부성에 신청했다. 다른 하나는 大阪서적판의 연대표이다.

이것에 대해, 한국, 중국이 강하게 반발하여, 일본측에 재고를 요구했다.

주변국과 양호한 관계의 중요성은 말할 것도 없다. 한일 간에는 98년의 공동선언을 계기로 대중문화의 교류가 착실하게 추진되어 왔다. 교과서 문제로 인해, 그러한 협력과 교류에 냉수가 끼얹어졌다. 매우 염려되는 일이다.

문부과학성은, 검정합격 후의 현단계에서는 명백한 사실의 실수가 아니면 정정을 요구할 수 없는 규칙이다라고 말했다.

분명히 현재의 검정제도 하에서는 수정의 한계가 있다. 이미 교육위원회에서의 교과서 선택도 시작되어있고, 이번 검정에 관해 재평가 하기는 현실적으로 불가능하다.

그렇다고는 하나, 한국과 중국 국민들의 격렬한 반발은 충분히 이해할 수 있다.

문제는 첫째로, 일본정부의 역사인식에의 의심스러운 점이다. 식민지 지배와 침략사실에 절실한 반성의 마음을 표현한 전후50년의 村山富市수상 담화, 젊은 세대의 역사인식의 중요성을 확인한 한일공동선언과의 관계에서, 언행불일치로 보인다.

그 근본에는, 과거의 침략과 식민지화의 사실에서 눈을 돌리려 하는 운동이 되풀이하여 일어나면서, 그것을 인정하려는 듯한 기운이 점차 일본사회에 퍼져나가면서 어떠한 불신도 있지는 않을까.

만약 반대 입장이었다면 이라고 생각해 보면, 그 심정을 알 것이다.

결국은 역사관의 차이를 똑바로 보고, 거듭된 대화 이외에 해결의 길은 없다.

이번 문제를 계기로, 한중양국과의 역사 공동연구와 교과서대화의 항구적 기관을 일본이설치할 것을 신중히 생각해야 하는 것은 아닐까. 「만드는 모임」구성원도, 한국과 중국의 연구자 토론에 적극적으로 참가하고, 진지한 대화를 행하는 것이 바람직하다.

나치의 책임적 유산을 껴안고 있는 독일에서는, 역사가들이 프랑스와 폴란드 사이에서 교과서대화를 계속해 왔다.

그 연구자인 近藤孝弘・나고야 대학 조교수는 「대화를 하는 것은, 상대의 의견을 듣고 자신들의 역사관을 깊이 있게 하기 위함이다. 그 인식이야말로 소중하다」라고 말하고 있다.

정부에게는, 당면에 분규한 사태의 외교적 대응과 함께, 이를 중국과 한국과의 본격적인 역사대화로 향하는 첫걸음으로 보는 자세가 요구된다.

<중요 어휘>

- ～済み　～끝남, ～필, 용건을 마침
- すでに　이미, 벌써, 이전에
- 冷水を 浴びる 냉수를 끼얹다, 뒤집어쓰다
- 述べる　말하다, 진술하다
- 見直す　달리보다, 생각을 바꾸다
- とはいえ ～라고 하나, ～라 하더라도
- 根底　근저, 토대, 근본
- 繰り返す　되풀이하다, 반복하다
- ～つつある　～중이다, ～하고 있다
- 真剣に　진지하게, 신중히
- 退ける　거절하다, 멀리하다
- 言うまでも ない　당연한 일이다
- 気がかり　마음에 걸림, 걱정
- 確かに　틀림없는 모양, 분명히
- ～まい　～않을 것이다, ～않을 것이 틀림없다
- 疑義 의심스러운 의미, 의심스러운 일
- 目を そらす　눈길을 딴데로 돌리다
- 次第に　점차, 점점
- ずれ　엇갈림, 어긋남
- こそ　～야말로, ～만은

(2) 歴史観を深める一歩に (朝日新聞)

各地の教科書採択が終わった。日本の侵略や戦争を正当化する本だ、と内外で議論を呼んだ「新しい歴史教科書をつくる会」主導の扶桑社版教科書は、結局1%にも満たない採択率だった。　この数字は、「つくる会」の言う「一部マスコミ、プロ活動家、中国・韓国の外圧のせい」で説明できるものではない。今回の教科書問題の根底には、人々の歴史観の対立があった。

扶桑社版の歴史観は、特に新しくはない。戦後、一部に伏流してきた復古的な情念が90年代に頭をもたげた人々は多様だった。教育、女性、平和、障害者、国際交流と、様々な分野の市民グループが動いた。反対の集まりは全国で千を越えた。こうした世論の広がりは、敗戦から半世紀余を経て、民主主義や人権意識が血肉化されてきたことをうかがわせる。[3]

相互理解の深まりもあった。合同集会に来日した韓国の市民団体代表は、ナショナリズムが濃い自国の国定教科書も「是正していきたい」と語った。82年の教科書問題では考えられなかったことである。

復古的な教科書の歴史観を受け入れることは、そんな歴史の流れを逆行させるもくろみに乗るようなものだ。

ただ、地区によっては、扶桑社版を支持する意見が、わずかに過半数に及ばなかったところもあった。今回の採択が地滑り的な結果となったのには、教育界に根強い「無難さ」や「横並び」に傾く意識も働いていたのだろう。侵略の記述が多い教科書の採択も減った。状況はなお流動的な面もある。

「つくる会」は結果的に、歴史観を議論する材料を提供した。同会事務所の入るビルに放火事件があったが、暴力は議論を妨げる許されない愚挙である。

扶桑社版の歴史教科書の序章には「歴史を学ぶのは、過去の事実について、過去の人がどう考えていたかを学ぶことなのである」と書かれている。従来の教科書に比べ、この点にひかれるとの声があった。

当時の人の立場に立った歴史理解が大切なのは、一般論としてはその通りである。しかし、それが日本の侵略や戦争はそう悪くなかった、と一面的に言い募るための手段に使われたのには失望させられる。

歴史は現在と過去の対話だといわれる。当時の状況で、どうすればよかったのか。では、今の状況の中で私たちは未来のために、どう生きていくべきなのか。それを考えるためにこそ、歴史を学ぶ意味がある。

侵略と戦争の過去と向き合うことは、戦後社会がまだ果たしたとは言えない課題に、闊達な歴史観の議論を広げたい。

それこそが、戦後の平和や民主主義を確かなものとするために、ぜひとも必要な作業であると思うからだ。

※ 역사관을 깊게 하기 위한 한 걸음으로

각지의 교과서 채택이 끝났다. 일본의 침략과 전쟁을 정당화하는 책이라는 논의를 불러일으킨 「새로운 교과서를 만드는 모임」주도의 扶桑社판 교과서는, 결국 1%에도 미치지 못한 채택률이었다.

이 숫자는, 「만드는 모임」에서 말하는 「일부 방송매체, 프로활동가, 중국 · 한국의 외부압력 탓이다 」라고 설명할 수 있는 것은 아니다.

이번 교과서문제의 근저에는, 사람들의 역사관 대립이 있다.

扶桑社판의 역사관은, 그다지 새롭지는 않다. 전후, 일부에 복류해 온 복고적인 정념이 90년대에 다양한 사람들의 머리를 쳐들게 했다. 교육, 여성, 평화, 장애자, 국제교류 등 각각의 분야의 시민그룹이 움직였다. 반대측의 집회는 전국에서 천을 넘었다.

이러한 여론의 확산은, 패전으로부터 반세기 가량 지나, 민주주의와 인권의식이 혈육화되어 온 것을 의심케 한다.

상호이해의 깊이도 있었다. 합동집회에 내일한 한국의 시민단체대표는, 민족주의가 짙은 자국의 국정교과서도 「시정해 가고싶다」라고 말했다. 82년 교과서문제에서는 생각할 수 없었던 일이다.

낡은 교과서의 역사관을 받아들이는 것은, 그런 역사의 흐름을 역행시키는 계획에 응하는 것이다. 단지, 지구에 따라, 扶桑社판을 지지하는 의견이 겨우 과반수에 지나지 않았던 적도 있었다. 이번 채택이 대변동의 결과가 됐던 것은, 교육계의 뿌리깊은 「무난함」과 「옆에 나란히 섬」에 기울어진 의식도 작용했을 것이다.

침략의 기술이 많이 있는 교과서의 채택도 줄었다. 상황은 또한 유동적인 면도 있다.

「만드는 모임」은 결과적으로, 역사관을 논의할 재료를 제공한다. 만드는 모임 사무소가 입주한 건물에 방화사건이 있었지만, 폭력은 논의를 방해하는 용서받을 수 없는 어리석은 짓이다.

扶桑社판의 역사교과서의 서장에는 「역사를 배우는 것은, 과거 사실에 대하여, 과거의 사람이 어떤 생각을 하고 있었는가를 배우는 일이다」라고 쓰여져 있다. 종래의 교과서와 비교해볼 때, 이 점이 끌린다고 하는 소리도 있다.

그 당시 사람 입장에 선 역사이해가 중요한 것은, 일반론으로써는 그대로이다. 그러나 그것이 일본의 침략과 전쟁은 그렇게 나쁜 짓이 아니었다 라고 일면적으로 격하게 말하기 위한 수단으로 사용된 것에는 실망스럽다.

역사는 현재와 과거의 대화라고 말하여진다. 당시의 상황에선, 어떻게 하면 좋았을까. 그럼 지금 이 상황속에서 우리들은 미래를 위해 어떻게 살아가야 할 것인가. 그것을 생각하기 위해서야 말로 역사를 배우는 의미가 있다.

침략과 전쟁의 과거를 마주 보는 일은, 전후사회가 아직 완수했다고는 말할 수 없는 과제에, 활달한 역사관의 논의를 펴고 싶다.

그것이야말로, 전후의 평화와 민주주의를 확실한 것으로 하기 위하여, 꼭 필요한 작업이다라고 생각하기 때문이다.

<중요 어휘>

- ● せい　까닭, 원인, 탓
- ● 広がり　넓어짐, 퍼짐, 확대, 확산
- ● ナショナリズム　(nationalism) 민족주의, 국가주의
- ● もくろみ　계획, 기도
- ● 地滑り　커다란 변화, 대변동
- ● 愚挙　어리석은 계획, 행동
- ● ぜひとも　꼭, 무슨 일이 있어도
- ● 頭をもたげる　머리를 쳐들다
- ● ~余　~가량, 이상
- ● 受け入れる　받아들이다, 승인하다
- ● わずかに　겨우, 간신히
- ● 根強い　뿌리깊은, 흔들림 없는
- ● 言い募る　점점 열을 띠어 말하다, 말이 격해지다

(3) 自由で多彩がいい (朝日新聞)

来春から高校2、3年生が使う教科書の検定結果が文部科学省から公表された。緩やかな検定が定着し、かつての国家統制的な色合いは随分薄れたように見える。検定意見の9割は単純な誤りや誤植を指摘したものだった。残りは、学習指導要領に沿っているかどうかにかかわる意見が中心だった。

この結果を見る限り、検定は記述の内容をチェックするよりも校閲的な機能に比重を移したようだ。好ましい変化である。しかし、納得できない点もある。

教科書の内容の基本となるのは学年ごとの学習指導要領だが、文科省はその範囲を越えて先のことまで学べるという方針を打ち出した。それを受けた初めての検定である今回、新方針がどこまで生かされるかが見どころだった。確かに、上の学年や大学の教育内容におよぶ記述を盛り込むことは認められた。だが、そうした指導要領の範囲を超える記述は「発展的な内容」として区別され、本文ではなくコラムなどの別枠で扱うよう求められた。

たとえば、物理では、検定前に超伝導を説明する記述が約60行あったが、検定後には途中の3分の1が別枠に移された。そんな例が理科や数学でいくつもあった。

すべての生徒が学ばなければならない最低限の内容と、余力がある生徒が学ぶ内容とを区別したいということだろう。

実態はともかく、大学の入試問題が教科書をもとにつくられるという事情を考慮したのかも知れない。しかし、文章や説明の流れを遮ってまで「発展的な内容」を区別する意味があるのだろうか。基礎から応用、さらに高度な内容へという自然な理解の流れを遮ってまで「発展的な内容」を区別する意味があるのだろうか。基礎から応用、さらに高度な内容へという自然な理解の流れを妨げる場合も出てくる。高校は学校間の格差が大きい。教育の方法も様々だ。教科書だけでなく補助教材も使って、多様な生徒のニーズに合わせた授業をしている。

教科書そのものにも多彩な内容が盛り込まれていていい。要は教え方である。

今回の検定では、教科書出版社の単純な誤りが数多く見つかった。

日本史では、広島に原爆が落とされた日を「8月15日」と間違えた社があった。英語の文法やつづりの間違いも数え切れないほどだった。出版社側が、誤りがあっても検定で正してもらえると考えていたとすれば、とんでもない間違いだ。校閲は出版社がやるべき仕事である。

出版社は完成度の高い教科書をつくる。文科省は検定をできるだけ緩やかにする。そうしてできた様々な教科書のなかから、学校が生徒の実情を考慮しつつ、自由に採用する。そうありたい。　教科書は、自由で多彩がいい。

※ 자유롭고 다채로운 것이 좋다 (朝日新聞)

내년 봄부터 고교 2 ,3학년이 사용할 교과서의 검정결과를 문부과학성이 공표하였다.

관대한 검정이 정착하여, 예전의 국가통제적인 경향은 꽤 희미해진 듯이 보인다.
검정의견의 9할은 단순한 오류와 오식을 지적한 것이었다. 나머지는 학습지도요령에 따랐는지 어땠는지에 관한 의견이 중심이었다.
이 결과만을 놓고 보면, 검정은 기술의 내용을 체크하는 것보다도 교열적인 기능에 비중을 옮긴 듯하다. 바람직한 변화이다. 그러나, 납득할 수 없는 점도 있다.
교과서 내용의 기본이 되는 것은 모든 학년의 학습지도요령이지만, 문부과학성은 그 범위를 넘어서 앞의 것까지 배울 수 있다라는 방침을 내세웠다. 그것을 수용한 첫 검정인 이번회에, 신방침이 어디까지 활용되었는지가 주목할 만한 대목이었다.
확실히, 윗학년이나 대학의 교육내용에 이르는 기술을 포함시키는 것은 인정되었다.
그러나, 그러한 지도요령의 범위를 넘는 기술은 「발전적인 내용」으로써 구별되어 본문이 아닌 칼럼 등으로 별도로 다루도록 요구되었다.
예를 들어, 물리에서는 검정 전에 초전도체를 설명하는 기술이 약 60행 있었는데, 검정 후에는 도중의 3분의 1이 별도로 옮겨졌다. 그런 예가 과학과 수학에서 몇 군데나 있다. 모든 학생들이 배우지 않으면 안 되는 최저한의 내용과, 여력이 있는 학생이 배울 내용과를 구별하고 싶다는 것일 것이다. 실태는 어쨌든 간에 대학의 입시문제가 교과서를 기초로 만들어진다는 사정을 고려한 것일지도 모른다.
그러나 문장이나 설명의 흐름을 가로막으면서까지 「발전적인 내용」을 구별할 의미가 있는 것일까. 기초부터 응용, 그 위에 고도의 내용으로라는 자연스런 이해의 흐름을 가로막으면서까지 「발전적인 내용」을 구별할 의미가 있는 것일까. 기초부터 응용 그 위에 고도의 내용으로라는 자연스런 이해의 흐름을 방해하는 경우도 나오고 있다.
고교는 학교간의 격차가 크다. 교육의 방법도 다양하다. 교과서뿐만이 아니라 보조교재도 사용해서 다양한 학생들의 요구에 맞는 수업을 하고 있다.
교과서 그것에도 다채로운 내용이 포함되어 있어서 좋다. 중요한 것은 교수법이다.
이번 검정에서는 교과서 출판사의 단순한 오류가 다수 발견되었다.
일본사에서는 히로시마에 원폭이 떨어진 날을 「8월 15일」이라고 잘못 기재한 출판사가 있었다. 영어의 문법과 철자의 오류도 셀수 없을 정도였다.
출판사측이 오류가 있어도 검정단계에서 고쳐지면 된다고 생각하고 있었다면 터무니없는 착각이다. 교열은 출판사가 해야할 일이다.
출판사는 완성도가 높은 교과서를 만든다. 문부성은 검정을 가능한 한 관대하게 한다. 그렇게 해서 만들어진 다양한 교과서 중에서 학교가 학생들의 실정을 고려하여 자유롭게 채용한다. 그렇게 되면 좋겠다. 교과서는 자유롭고 다채로운 것이 좋다.

< 중요 어휘 >

● 色合い(いろあい) 색조, 성격, 경향 따위의 상태 ● 校閲(こうえつ) 교열, 문서의 틀린 곳을 조사함
● 盛り込む(もりこむ) 함께 집어넣다, 담아 넣다, 포함시키다
● 別枠(べつわく) 다른 결정 · 범위, 특별히 마련된 기준, 별정, 별도
● 遮る(さえぎる) 가로막다, 차단하다, 가리다 ● つづり 철함, 누더기옷, 글을 씀, 철자
● とんでもない 뜻하지 않다, 돌이킬 수 없다, 터무니없다

5. 시험에 자주 나오는 소설의 독해 문제

1. 桃太郎

昔むかし、ある村に、おじいさんとおばあさんが、住んでいました。(ありました。いました。)毎日おじいさんは、山へしばかりに、おばあさんは、川へ洗濯に行きました。

ある日、おばあさんが、きれいな川で、ジャブジャブ洗濯をしていますと、川上から、大きなももが一つ、どんぶりこっこ、すっこっこ、どんぶりこっこ、すっこっこと、流れてきました。おばあさんは、ももと同じように首をふって、「あっちの水はかあらいぞ、こっちの水はああまいぞ。」と歌いますと、そのももはだんだんおばあさんの方へ寄ってきて、おばあさんの前で止まりました。おばあさんは、うれしそうに拾い上げて、「まあ、まあ、なんて大きなももでしょう。うちへ持って帰って、おじいさんといっしょに、食べましょう。」おばあさんは、ももをたらいに入れて、よいしょよいしょと、家に運びました。おじいさんは、日暮れ近く、たくさんのしばを背負って、山からもどってきました。

◐ 모모타로우

옛날, 옛날, 어느 마을에 할아버지와 할머니가 살고 있었습니다.
매일 할아버지는 산으로 나무하러, 할머니는 냇가로 빨래하러 갔습니다.

< 중요 어휘 >

- ● しば刈に しば(잡목)+刈る(베다, 깎다) : 나무하러
- ● 流れて来る 떠내려오다
- ● 寄ってくる 다가오다.
- ● 拾い上げる 주어 올리다. 집다.

2. 一寸ぼうし

昔大阪のなにわというところに、子供のない夫婦が住んでいました。子供がほしいのに、ひとりも生まれないので、毎日のように、「子供がほしいな。どんな子供でもいいから、ひとりほしいな。」と、いっていました。けれど、いつまでたっても子供は、生まれませんでした。

それでとうとう、神様にお願いしようと、ある朝早く、夫婦はそろって、住吉の明神様へお参りしました。 境内には、だれ一人おりません。

「神様、お願いでございます。どうか、わたしたちに、子供をひとり、おさずけくださいませ。たとえ、指くらいの小さな子供でも、けっこうでございます。」ふたりは手をあわせ、いっしょうけんめい、お祈りをしました。まもなく、おくさんのおなかに、子供ができました。

◐ 엄지 동자

옛날, 오사카의 나니와라는 곳에 아이가 없는 부부가 살고 있었습니다. 아이를 원하는데도 한 명도 태어나지 않았기 때문에 매일처럼,

"아이를 갖고 싶다. 어떤 아기라도 좋으니까 하나 갖고 싶어."

하고 말하고 있었습니다. 하지만 아무리 지나도 아이는 태어나지 않았습니다.

그래서 마침내 신에게 소원을 빌려고 어느 날 아침 일찍, 부부가 함께 스미요시의 대명신에게 참배했습니다. 경내에는 아무도 없었습니다.

"하느님, 소원입니다. 부디 저희에게 아이를 하나 점지해 주십시오. 설령 손가락만한 작은 아이라도 좋습니다." 두 사람은 손을 모아 열심히 기도를 드렸습니다.

오래지 않아 부인의 배에 아이가 생겼습니다.

< 중요 어휘 >

- 子供が欲しい　어린애가 갖고싶다.
- 揃う 갖추어지다. (한곳에)모이다.
- 参る 참배하다.
- お祈り 기원

3. 野ばら

大きな国と、それより少し小さな国とが、隣り合っていました。しばらくその二つの国の間には、何事も起こらず、平和でありました。

ここは、都から遠い国境であります。そこには、両方の国から、ただひとりずつの兵隊が派遣されて、国境を定めた石ひを守っていました。大きな国の兵士は、老人でありました。そして、小さな国の兵士は、青年でありました。

ふたりは、石ひの立っている右と左に、番をしていました。いたって寂しい山でありました。そして、まれにしか、その辺を旅する人影は見られなかったのです。

初め、互いに顔を知り合わない間は、ふたりは、敵か味方かというような感じがして、ろくろくものも言いませんでしたけれど、いつしかふたりは、仲良しになってしまいました。ふたりは、ほかに話をする相手もなく、たいくつであったからであります。

そして、春の日が、長くうららかに頭の上に照り輝いているからでありました。ちょうど国境の所には、だれが植えたということもなく、一株の野ばらがしげっていました。その花には、朝早くからみつばちが飛んできて、集まっていました。その快い羽音がまだふたりの寝ているうちから、夢ごこちに耳に聞こえました。「どれ、もう起きようか。あんなにみつばちが来ている。」と、ふたりは、申し合わせたように起きました。そして、外へ出ると、はたして、太陽は、こずえの上に元気よく輝いていました。ふたりは、岩間からわき出るしみずで口をすすぎ、顔を洗いにまいりますと、顔を合わせました。

< 중요어휘 >

- ● 隣合っていました 서로 이웃하고 있다
- ● 野ばら 들장미
- ● 当座 그 자리
- ● 至って 지극히(=きわめて)
- ● ろくろく 제대로
- ● 退屈 지루하고 답답하다
- ● うららかに 날씨가 화창한 모양, 화창하게

4. **注文の多い料理店** 宮沢賢治(1896~1933)

二人の若い紳士が、すっかり[1]イギリスの兵隊のかたちをして、ぴかぴか[2]する鉄砲をかついで白熊のような犬を二匹つれて、だいぶ山奥の木の葉のかさかさ[3]したとこを、こんなことを言いながらあるいておりました。

「ぜんたい、ここらの山は怪しからん[4]ね。鳥も獣も一匹も居やがらん。なんでも構わない[5]から早くタンタアーンと、やって見たいもんだなあ。」

「鹿の黄色な横っ腹なんぞに、二三発お見舞もうしたら、ずいぶん痛快だろうねえ。くるくるまわって、それからどたっと倒れるだろうねえ。」　それはだいぶの山奥でした。案内してきた専門の鉄砲打ち[6]も、ちょっとまごついて、どこかへ行ってしまったくらいの山奥でした。

それに、あんまり山が物凄いので、その白熊のような犬が、二匹いっしょにめまい[7]を起して、しばらくうなって[8]、それから泡を吐いて死んでしまいました。

---

1) すっかり 완전히. 아주
2) ぴかぴか 반짝반짝
3) かさかさ 바스락바스락
4) 怪しからん 형편없다. けしからぬ의 변한 말.
5) かまわない 상관없다.
6) 鉄砲打ち 사수. 명사수
7) 目眩 현기증
8) 唸る 끙끙거리다. 신음하다

「じつにぼくは、二千四百円の損害だ」と一人の紳士が、その犬のまぶたを、ちょっとかえしてみて言いました。

5. 鼻 芥川竜之介(1892~1927, 明治25~昭和2)

禅智内供の鼻と云えば、池の尾で知らない者はない。
長さは五六寸あって上唇の上からあごの下まで下っている。
形は元も先も同じように太い。云わば細長い腸詰め[9]のような物が、ぶらりと顔の真ん中からぶら下っているのである。

五十歳を越えた内供は、沙弥[10]の昔から、内道場[11]供奉の職に昇った今日まで、内心では始終この鼻を苦に病んで来た。勿論表面では、今でもさほど気にならないような顔をしてすましている。

これは専念に当来の浄土を渇仰すべき僧侶の身で、鼻の心配をするのが悪いと思ったからばかりではない。それよりむしろ、自分で鼻を気にしていると云う事を、人に知られるのが嫌だったからである。
内供は日常の談話の中に、鼻と云う語が出て来るのを何よりも恐れていた。

内供が鼻を持てあました[12]理由は二つある。

一つは実際的に、鼻の長いのが不便だったからである。第一飯を食う時にも独りでは食えない。独りで食えば、鼻の先がかなまりの中の飯へとどいてしまう。

6. 銀河鉄道の夜 宮沢賢治

「ではみなさんは、そういうふうに川だと言われたり、乳の流れたあとだと言われたりしていた、このぼんやりの白いものがほんとうは何かご承知ですか。」

先生は、黒板につるした大きな黒い星座の図の、上から下へ白くけぶった銀河帯のようなところをさしながらみんなに問いをかけました。

---

9) 腸詰め 순대, 소시지

10) 沙弥 불문에 들어 온지 얼마 되지 않은 중

11) 内道場 궁중에 갖춰진 불도를 닦는 도장

12) 持て余す 주체 못하다

カムパネルラが手をあげました。それから四五人手をあげました。 ジョバンニも手をあげようとして、急いでそのままやめました。

たしかにあれがみんな星だと、いつか雑誌で読んだのでしたが、このごろはジョバンニはまるで毎日教室でもねむく、本を読むひまも読む本もないので、なんだかどんなこともよくわからないという気持ちがするのでした。

7. 高瀬舟 森鴎外

高瀬舟は京都の高瀬川を上下する小舟である。

徳川時代に京都の罪人が遠島を申し渡されると、本人の親類が牢屋敷へ呼び出されて、そこで暇乞いをすることを許された。

それから罪人は高瀬舟に乗せられて、大阪へ廻されることであった。 それを護送するのは、京都町奉行の配下にいる同心で、この同心は罪人の親類の中で、おもだった一人を大阪まで同船させることを許す慣例であった。 これは上へ通った事ではないが、いわゆる大目に見るのであった。 黙許であった。

当時遠島を申し渡された罪人は、もちろん重い科を犯したものと認められた人ではあるが、決して盗みをするために、人を殺し火を放ったというような、獰悍な人物が多数を占めていたわけではない。

8. 吾輩は猫である 夏目漱石

吾輩は猫である。 名前はまだない。

どこで生まれたか頓と見当がつかぬ。何でも薄暗いじめじめた所でニャーニャー泣いていた事だけは記憶している。 吾輩はここで始めて人間というものを見た。 しかもあとで聞くとそれは書生という人間中で一番獰悪な種族であったそうだ。

この書生というのは時々我々を捕まえて煮て食うという話である。 しかしその当時は何という考もなかったから別段恐ろしいとも思わなかった。

ただ彼の掌に載せられてスーと持ち上げられた時何だかフワフワした感じがあったばかりである。

掌の上で少し落ち付いて書生の顔を見たのがいわゆる人間というものの見始であろう。

この時妙なものだと思った感じが今でも残っている。

9. 走れメロス 太宰治

メロスは激怒した。必ず、かの邪知暴虐の王を除かなければならぬと決意した。　メロスには政治がわからぬ。

メロスは、村の牧人である。笛を吹き、羊と遊んで暮らして来た。 けれども邪悪に対しては、人一倍に敏感であった。

きょう未明メロスは村を出発し、野を越え山越え、十里はなれた此のシラクスの市にやって来た。

メロスには父も、母もない。 女房も無い。

十六の、内気な妹と二人暮らしだ。

この妹は、村の或る律儀な一牧人を、近々、花婿として迎える事になっていた。　結婚式も間近なのである。

한국의 관광지

1. ソウル観光

現在、ソウルの人口はやく1,100万人です。

韓国国宝第1号の南大門の本名は崇礼門と呼んでおります。

南大門市場は東大門市場と共にソウルで一番大きい生活必需品の万物総合市場でございます。

骨董品街で有名な仁寺洞は、古美術商や文具店が軒を連ねて豊かな芸術作品や工芸品があります。

明洞は韓国の文化、芸術、ファッションをリードしたところで、人々で賑わっています。ソウルの中心街で、裏通りにはデパート、レストラン、ショッピングタウンなどがありまして、外国人観光客によっても大変便利なところでございます。

韓国の流行はソウルの明洞から始まると言われております。

2. 慶州観光

慶州は世界的観光地としてあまりにもよく知られています。

10世紀の中頃に滅ぼされるまで1000年にわたって栄華を誇った新羅王朝の都—慶州はのどかな田園にかこまれた街でございます。周辺いたるところに古墳や王陵などが点在し、なかでも五つの巨大な古墳がひっそりと並んでいる古墳公園、山麓にある韓国きって名刹、仏国寺の仏像や見事な石造りのはし、そして吐含山の石窟庵の如来像など、韓国の歴史を今に伝える古都であります。

仏国寺の中心は何と言っても大雄殿と、その前庭にある釈迦塔と多宝塔です。

慶州は1979年にはユネスコによって世界の十代遺跡の一つに選ばれました。

最近は、いままでの文化遺産の発掘・保存はいうまでもなく、観光資源の復元にも力を注ぎ、普門観光団地の造成など観光的側面における開発まで意欲的に進めています。

3. 釜山観光

人口400万、韓国第二の都市プサンは南の玄関口で日本から近く交通の便も良いため多いの日本人観光客の訪れるところです。遥か昔から日本と交流が盛んで、多くの歴史を残してきました。

有名な朝鮮通信使もここから出航し、江戸時代に韓日文化交流の花を咲かせました。

プサンは1876年に国際港として開港して以来現代式の港湾施設を完備した国際貿易港として発展した商工業都市でございます。

また、プサンは洋々たる大海に面した天恵の良港として海水浴場を始め温泉地、名勝地、遊園地など豊富な観光資源と施設を具備した国際観光都市として脚光を浴びております。

4. 光州観光

光州地域は三国時代には武珍州また武州と呼ばれていましたが、高麗が建国されて、十世紀の半ばごろから光州と呼ばれるようになりました。

「芸の郷の本山」光州は、「味」と「趣き」が合わさった南道の中心都市であります。昔から「光の郷」で通じる光州は、文化芸術の都市として南道文化を率いてきました。美味しい南道の食べ物は、優れた味と豊かな人情があふれています。

また、光州というと、日帝時代の光州学生運動と軍事政権下における民主化運動について言及しないわけにはいけません。1980年当時5・18民主化運動の現場だった忠壮路(チュンジャンロ)と錦南路(クムナムロ)は、若者の街に様変わりしました。

伝統が息づく「光の都市」光州は、今や光産業のメッカを夢見ながら先端都市に跳躍しています。この光州には多数くの文化遺跡がありますが、特に有名なのは無等山です。

5. 済州道観光

古くから"三多三無の島"とか、"神話と伝説の島"などと呼ばれる済州道には素朴さが残っております。新婚旅行客がもっとも多く訪れる所で、観光客は年毎に増えております。特に済州道は、ノービザ地域で外国人観光客も気軽いに訪れることができます。

火山島の済州道は、東西73㎞、南北41㎞の楕円形をした島で、総面積1,819㎢、人口約51万でございます。

元来、済州道は三多、三無、三麗—つまり三多は石と風と女性が多く、三無は乞食や泥棒がいないので家に門を構える必要がなく、また門があったにしても門がいらない、ということ。三麗は麗しい自然、麗しい心情、麗しい果物という意味です。

また、済州道はミカンやバナナ、その他、亜熱帯制の植物栽培地としても有名でございます。

真夏の最高気温33.5℃、真冬の一月の最低気温1.0℃、韓国の中でも寒暖の差が最も少い穏やかな島です。

標高1950mの漢拏山は噴火活動による溶岩流でできています。

また、最後の噴火活動の大爆発によって白鹿潭ができました。

6. 시험에 자주 나오는 일본의 속담

◎ 呉越同舟 (오월동주)

해설: 사이가 좋지 않은 사람끼리 부득이한 장소에 있거나 같은 행동을 하게 된다.

용례: 貿易摩擦問題に対する我が国自動車業界の対抗は、まさしく呉越同舟の感がある。

(무역 마찰 문제에 대한 우리나라 자동차 업계의 대항은 바로 오월동주의 느낌이 든다.)

※ 中国 전국시대에 전쟁이 끊일 날이 없던 呉나라와 越나라 사람이 한 배(船)를 탔다는 말.

◎ 虎穴に入らずんば虎子(こじ)を得ず

(호랑이 굴에 들지 않고는 호랑이 새끼를 얻지 못한다)

해설 : 위험을 무릅쓰지 않고서는 큰 공훈을 세울 수 없음의 비유.

용례 : 虎穴に入らずんば虎子(こじ)を得ずで、人と争うことをさけていたのでは、自分の意志を貫くことはできない。

(범굴에 들어가야 범을 잡는다고 하듯이 남과 다투기를 피하다보면 자신의 뜻을 관철시킬 수가 없다.)

◎ 囁き千里 (속삭임이 천 리)「발 없는 말이 천 리 간다」

해설 : 비밀이나 내밀한 이야기가 새어나가기 쉽다는 말.

용례 : 先週箱根で彼女とこっそりあいびきをしたのがいつのまにか家族に知れわたっていた。囁き千里とはよくいったものだ。(지난주 箱根에서 그녀와 밀회를 한 것이 어느새 가족들에게 알려져 있었다. 발 없는 말이 천 리 간다는 말이다.)

◎ 猿も木から落ちる (원숭이도 나무에서 떨어진다)

해설 : 아무리 그 길에 숙련된 자라도 그 특기에서 실수할 때가 있음의 비유.

용례 : ベテランの彼が失敗するなんて、まさに猿も木から落ちるの例えどおりだ。

(베테랑인 그가 실패하다니 그야말로 원숭이도 나무에서 떨어진다는 비유다.)

◎ 失敗は成功のもと (실패는 성공의 근원)

해설 : 실패를 하더라도 반성하여 그 원인을 구명하면 다음에 성공할 수 있다는 말.

용례: 失敗は成功のもとで、若者は失敗を恐れてはいけない。

(실패는 성공의 어머니라, 젊은이는 실패를 두려워해서는 안 된다.)

◎ 死人に口なし (죽은 사람에게는 입이 없다.)

해설: 죽어버린 사람은 변명도 못 하고 증언도 못 한다는 말.

용례: あの事件は世間の人が何をいおうと、死人に口なしだから真相はわからない。

(그 사건은 세상 사람들이 뭐라고 하건 죽은 자는 말이 없으므로 진상은 알 수가 없다.)

◎ 知らぬが仏 (모르는 것이 부처님)

해설 : 알면 화도 나지만 모르면 화도 안 나고 부처님 같은 마음이 될 수 있다. 또 남들은 모두 아는데 본인만이 모르고 평안히 있는 것을 조롱하는 말. 「모르는 것이 약이다」

용례 : 知らぬが仏で、彼はだまされているとも知らず、本気で明日は休みだと信じている。

(모르는 것이 약이라고 그는 속고 있는 줄도 모르고 정말로 내일은 휴일이라고 믿고 있다.)

◎ すいもあまいも知り抜く (신맛 단맛 모두 안다)

해설 : 인생 경험이 풍부하여 세상 물정에 밝다.

용례 : 彼はすいもあまいも知り抜いた人だから、悪いようにはしないと思うよ。

(그는 단맛 쓴맛 다 본 사람이니까 나쁘게는 하지 않으리라 생각해)

◎ 急いては事を仕損じる (서두르다가는 일을 그르친다)

해설 : 일이란 서두르다가는 오히려 실패하기 쉽다는 말.

용례 : 急いては事を仕損じる、だから、物事の仕上げには時間をかけなさい。

(급히 먹는 밥이 목이 멘다고 했으니 일을 마무리 하는 데는 시간을 들이시오.)

◎ 船頭多くして船山に上る (사공이 많으면 배가 산으로 올라간다)

해설 : 지시 하는 사람이 많으면 일이 전혀 엉뚱한 방향으로 빗나간다는 뜻.

용례 : 自信家ばかりが集まると、とかく船頭多くして船山に上る。

(자신 있다는 사람만 모이면 사공이 많으면 배가 산으로 올라간다.)

◎ 善は急げ (좋은 일은 서둘러라)「쇠뿔은 단김에 빼라.」

해설 : 좋은 일은 생각이 났을 때 주저하지 말고 실행하라는 말.

용례 : 新しい企画を思いついたのなら、善は急げで今日の会議にかけてみよう。

(새로운 기획을 생각해냈으면 쇠뿔은 단김에 빼라 했으니 오늘 회의에 걸어보세.)

◎ 千里の道も一歩から (천리 길도 한 걸음부터)

해설 : 큰 사업도 처음에는 가까운 것에서부터 시작한다는 비유

용례 : 千里の道も一歩からとはいえ、今回のような巨大なプロジェクトは軌道に乗るまでが大変だ。(천리 길도 한 걸음부터라고는 하지만 이번과 같은 거대한 프로젝트는 궤도에 오를 때까지가 큰일이다.)

◎ 大器晩成 (대기만성)

해설 : 큰 인물이란 젊었을 때에는 그다지 눈에 띄지 않으나 늦게 이루어짐을 말함

용례 : 大器晩成ということもあるので、子供を育てるのは長い目で見ることが必要だ。

(대기만성이란 말도 있으므로 아이를 기르는 데는 긴 안목으로 보아야 한다.)

◎ 鯛の尾より鰯の頭 (도미 꼬리보다 정어리 머리)

해설 : 큰 단체에서 밑바닥에 맴도는 것보다 조그만 단체에서라도 우두머리가 되어야 한다는 말. 이름보다 실속이 있어야 한다는 말

용례 : 鯛の尾より鰯の頭というわけで彼は銀行員を辞して自ら質屋を営むことにした。

(쇠꼬리보다는 닭의 머리가 낫다고 생각하여 그는 은행원을 그만두고 스스로 전당포를 경영하기로 했다.)

◎ 他山の石 (타산지석)

해설 : 남의 언동이 잘못되거나 변변치 않더라도 그것이 자신의 언동을 올바르게 하는데 도움이 된다는 말

용례: この事件を他山の石として、甘い話には乗らないように注意しよう。

(이 사건을 타산지석으로 삼아 달콤한 이야기에 넘어가지 않도록 주의하자.)

◎ 玉磨かざれば光なし (구슬도 닦지 않으면 광이 안 난다)

해설 : 좋은 소질, 재능이 있더라도 노력하지 않으면 훌륭하게 되지 않음의 비유.
「옥도 닦지 않으면 그릇을 이루지 못한다」「구슬이 서말이라도 꿰어야 보배라.」

용례 : 君は、自分に才能があると過信しているようだが、玉磨かざれば光なしだぞ。
(자네는 스스로 재능이 있다고 과신하고 있는 것 같은데 옥도 닦지 않으면 그릇을 이루지 못한다네)

◎ 短期は損気 (급한 성질은 손해 보는 성질)

해설 : 성급하게 굴면 잘될 일도 실패하여 자기가 손해를 보게 된다는 말

용례 : 短期は損気、初めての交渉がうまくいかないといって簡単に投げてはいけない。
(성급하게 굴면 손해 보는 법, 첫 교섭이 순조롭지 않다고 해서 간단히 포기해서는 안 된다.)

◎ 単刀直入 (서론을 [redacted]고 직접 본론으로 들어감)

해설 : 서론이나 간접적인 표현을 쓰지 않고 직접 문제의 핵심을 찌른다는 말.

용례 : 単刀直入にいって、君は人に対する配慮に欠けている。
(단도직입적으로 말해서 자네는 남에 대한 배려가 부족해)

◎ 竹馬の友 (소꿉동무) 죽마고우(竹馬故友)

해설 : 어릴 때부터 사이좋게 지내온 친구란 뜻.

용례 : 私と彼は竹馬の友で、よく二人でいたずらをしては近所のおばさんにしかられたものだ。(그와 나는 죽마고우이며, 둘이 장난을 치다 이웃 아주머니한테 야단을 맞았다.)

◎ 血は水よりも濃い(피는 물보다도 진하다)

해설 : 만일의 경우에는 타인보다는 일가친척이 의지가 된다는 말.

용례 : 血は水よりも濃いといっていざというとき頼りになるのは肉親だよ。
(피는 물보다도 진하다고, 만일의 경우에 의지가 되는 것은 육친이다.)

7. 일본어시험에 꼭 나오는 기본 어휘

꼭 알아야 할 1字 단어

俺(おれ)	나	争い(あらそ)	다툼	係(かかり)	담당자	珍しい(めずら)	신기하다
志す(こころざ)	지향하다	掌(てのひら)	손바닥	従う(したが)	따르다	競う(きそ)	다투다, 경쟁하다
瞳(ひとみ)	눈동자	問わず(と)	묻지 않고	餞(はなむけ)	이별의 표시	設える(しつら)	정비하다
箒(ほうき)	빗자루	宜しい(よろ)	좋다	貴い(とうと)	귀중한	集る(たか)	모여들다
過る(よぎ)	지나가다	企む(たくら)	기획하다	断り(ことわ)	거절	任せる(まか)	맡기다
企てる(くわだ)	계획하다	飼う(か)	기르다	誘う(さそ)	권유하다	扱う(あつか)	취급하다
伴う(ともな)	함께하다	輝く(かがや)	빛나다	脱ぐ(ぬ)	벗다	騒ぐ(さわ)	떠들다
繰り返す(く・かえ)	반복하다	飾る(かざ)	장식하다	養う(やしな)	양성하다	滑る(すべ)	미끄러지다
殴る(なぐ)	때리다	謝る(あやま)	사죄하다	進める(すす)	권장하다	縮れる(ちぢ)	축소하다
納める(おさ)	납부하다	汚れる(よご)	더럽혀지다	汚い(きたな)	더럽다	過ち(あやま)	잘못
脅かす(おびや)	위협하다	教わる(おそ)	배우다	交える(まじ)	섞다, 교차시키다		
試みる(こころ)	시도하다	好ましい(この)	마음에 들다	占う(うらな)	점치다	担う(にな)	담당하다
怠ける(なま)	태만하다	著しい(いちじる)	현저하다	訪ねる(たず)	방문하다	乏しい(とぼ)	가난하다
懐かしい(なつ)	그립다	乱れる(みだ)	어지러워지다	図る(はか)	도모하다	養う(やしな)	양성하다
煩わしい(わずら)	번거롭다	訴える(うった)	호소하다	収める(おさ)	거두다		

꼭 알아야 할 2字 단어

成功(せいこう)	家事(かじ)	名前(なまえ)	責任(せきにん)	上着(うわぎ)	下着(したぎ)	留学(りゅうがく)	手紙(てがみ)	富山(とやま)	凸凹(でこぼこ)	赤字(あかじ)	黒字(くろじ)
苦労(くろう)	玄人(くろうと)	君子(くんし)	株主(かぶぬし)	株式(かぶしき)	空車(くうしゃ)	冗談(じょうだん)	無駄(むだ)	水虫(みずむし)	時雨(しぐれ)	大雨(おおあめ)	洪水(こうずい)
商談(しょうだん)	仕事(しごと)	自宅(じたく)	本当(ほんとう)	到着(とうちゃく)	花火(はなび)	合図(あいず)	千鶴(せんつる)	迷惑(めいわく)	夫婦(めおと)	禁煙(きんえん)	眼鏡(めがね)
週刊(しゅうかん)	剃刀(かみそり)	喫煙(きつえん)	友情(ゆうじょう)	夕食(ゆうしょく)	環境(かんきょう)	値段(ねだん)	情報(じょうほう)	地域(ちいき)	採用(さいよう)	果物(くだもの)	予定(よてい)
夜中(よなか)	優秀(ゆうしゅう)	状況(じょうきょう)	成績(せいせき)	将棋(しょうぎ)	地震(じしん)	家賃(やちん)	授業(じゅぎょう)	現在(げんざい)	沢山(たくさん)	期待(きたい)	緊張(きんちょう)
正直(しょうじき)	市庁(しちょう)	寿司(すし)	就職(しゅうしょく)	傾向(けいこう)	禁止(きんし)	勉強(べんきょう)	能率(のうりつ)	負担(ふたん)	知識(ちしき)	紹介(しょうかい)	索引(さくいん)
故郷(こきょう)	辯当(べんとう)	栄養(えいよう)	焦点(しょうてん)	寿命(じゅみょう)	別荘(べっそう)	青春(せいしゅん)	皇居(こうきょ)	往復(おうふく)	紳士(しんし)	俳優(はいゆう)	翻訳(ほんやく)

通約(つうやく)	秩序(ちつじょ)	選挙(せんきょ)	憲法(けんぽう)	漫画(まんが)	投票(とうひょう)	月賦(げっぷ)	余裕(よゆう)	浪費(ろうひ)	趣味(しゅみ)	焼鳥(やきとり)	心配(しんぱい)
粗筋(あらすじ)	芸能(げいのう)	映画(えいが)	人間(にんげん)	注意(ちゅうい)	昼食(ちゅうしょく)	万歳(ばんざい)	宝物(たからもの)	古希(こき)	憲法(けんぽう)	影響(えいきょう)	営業(えいぎょう)
笑顔(えがお)	恋人(こいびと)	交番(こうばん)	紅葉(もみじ)	役割(やくわり)	世話(せわ)	大人(おとな)	経験(けいけん)	田舎(いなか)	風邪(かぜ)	為替(かわせ)	景色(けしき)
合格(ごうかく)	素人(しろうと)	相撲(すもう)	仲人(なこうど)	本音(ほんね)	建前(たてまえ)	大家(おおや)	割合(わりあい)	財布(さいふ)	若者(わかもの)	親指(おやゆび)	留守(るす)
現実(げんじつ)	背広(せびろ)	人質(ひとじち)	研修(けんしゅう)	修了(しゅうりょう)	出生(しゅっしょう)	省略(しょうりゃく)	首相(しゅしょう)	納入(のうにゅう)	元日(がんじつ)	祝日(しゅくじつ)	神社(じんじゃ)
将来(しょうらい)	技術(ぎじゅつ)	出世(しゅっせ)	証拠(しょうこ)	指輪(ゆびわ)	手術(しゅじゅつ)	人情(にんじょう)	荷物(にもつ)	専攻(せんこう)	登山(とざん)	開拓(かいたく)	本番(ほんばん)
本場(ほんば)	韓流(かんりゅう)	魅力(みりょく)	斡旋(あっせん)	怪我(けが)	招聘(しょうへい)	拉致(らち)	日和(ひより)	出納(すいとう)	歪曲(わいきょく)	遊説(ゆうぜい)	蒲団(ふとん)
事業(じぎょう)	投資(とうし)	人脈(じんみゃく)	小包(こづつみ)								

꼭 알아야 할 3字 단어

人生論(じんせいろん)	早稲田(わせだ)	富士山(ふじさん)	入浴制(にゅうよくせい)	居眠り(いねむり)	居酒屋(いざかや)	外来語(がいらいご)	幅広い(はばひろい)
民主党(みんしゅとう)	次位対(じいたい)	自衛隊(じえいたい)	無関心(むかんしん)	私生活(しせいかつ)	誕生(たんじょう)	日雰囲気(びふんいき)	宅急便(たっきゅうびん)
頑張る(がんばる)	参議院(さんぎいん)	寄宿舎(きしゅくしゃ)	金魚屋(きんぎょや)	寝不足(ねぶそく)	消費者(しょうひしゃ)	有権者(ゆうけんしゃ)	視聴者(しちょうしゃ)
高齢化(こうれいか)	手合い(てあい)	頑張り(がんばり)	積極的(せっきょくてき)	不景気(ふけいき)	新幹線(しんかんせん)	大企業(だいきぎょう)	副作用(ふくさよう)
従業員(じゅうぎょういん)	報告書(ほうこくしょ)	技術者(ぎじゅつしゃ)	相違点(そういてん)	考古学(こうこがく)	人件費(じんけんひ)	上回る(うわまわる)	交差点(こうさてん)
現住所(げんじゅうしょ)	公休日(こうきゅうび)	入学式(にゅうがくしき)	独創性(どくそうせい)	郵便局(ゆうびんきょく)	修了式(しゅうりょうしき)	応用力(おうようりょく)	扇風機(せんぷうき)
奨学金(しょうがくきん)	中古車(ちゅうこしゃ)	閲覧室(えつらんしつ)	幼稚園(ようちえん)	博物館(はくぶつかん)	中学校(ちゅうがっこう)	履歴書(りれきしょ)	架け橋(かけはし)
後払い(あとばらい)	日程表(にっていひょう)	予定表(よていひょう)	卒業式(そつぎょうしき)	化粧室(けしょうしつ)	駐車場(ちゅうしゃじょう)	大部分(だいぶぶん)	太平洋(たいへいよう)
不動産(ふどうさん)	伝染病(でんせんびょう)	恐怖心(きょうふしん)	不平等(ふびょうどう)	保証人(ほしょうにん)	気持ち(きもち)	小切手(こぎって)	出来事(できごと)
従業員(じゅうぎょういん)	十字路(じゅうじろ)	大使館(たいしかん)	座布団(ざぶとん)	意地悪(いじわる)	喫茶店(きっさてん)	図書館(としょかん)	八百屋(やおや)

꼭 알아야 할 4字 단어

美味しい(おいしい)	맛있다	見苦しい(みぐるしい)	보기흉하다	大学時代(だいがくじだい)	대학시절
一生懸命(いっしょうけんめい)	열심히	暴飲暴食(ぼういんぼうしょく)	폭음폭식	就職試験(しゅうしょくしけん)	취직시험
事大主義(じだいしゅぎ)	사대주의	取り直す(となおす)	다시하다	同盟強化(どうめいきょうか)	동맹강화
国際貢献(こくさいこうけん)	국제공헌	思い切り(おもいきり)	결심	携帯電話(けいたいでんわ)	휴대전화
優柔不断(ゆうじゅうふだん)	우유부단	同名異人(どうめいいじん)	동명이인	国際交流(こくさいこうりゅう)	국제교류
大気汚染(たいきおせん)	대기오염	洗面道具(せんめんどうぐ)	세면도구	練習問題(れんしゅうもんだい)	연습문제

百科事典	백과사전	行方不明	행방불명	独り言	독백
列島猛暑	열도맹서	持ち帰り	가지고감	読売新聞	요리우미신문
朝日新聞	아사히신문	梅雨明け	장마가 갬	取り巻く	둘러싸다
折り返す	되풀이하다	自然科学	자연과학	駐車禁止	주차금지
言文一致	언문일치	就職活動	취업활동	話し合う	서로 이야기하다
資金援助	자금원조	日常生活	일상생활	財政悪化	재정악화
中途半端	어중간함	営業中止	영업중지	修学旅行	수학여행
模擬試験	모의시험	口頭試問	구두시험	韓日関係	한일관계
言語道断	언어도단	付き合い	교제	試行錯誤	시행착오
四面楚歌	시면초가	明鏡止水	명경지수	弱肉強食	약육강식

꼭 알아야 할 5字 단어

お好み焼き	오꼬노미야키	乗り換える	갈아타다	素晴らしい	훌륭하다
見合わせる	대조하다	食い違う	어긋나다	盛り上がる	솟아오르다
物足りない	부족하다	組み立てる	조립하다	打ち明ける	고백하다
話し掛ける	말을 걸다	日本語教育	일본어교육		

8. 일본의 언어문화관광 예상문제	학번 :
	이름 :

(1) 다음 문제를 잘 읽고 알맞은 답을 고르시오.

1. **현재 일본의 인구는**?
① 1억1천만 명 ② 1억2천5백만 명 ③ 1억5천만 명 ④ 2억만 명

2. 현재 **東京都**의 인구는?
① 1천5백만 명 ② 2천5백만 명 ③ 3천5백만 명 ④ 4천만 명

3. 일본의 면적은?
① 17만㎢ ② 27만㎢ ③ 37만㎢ ④ 47만㎢

4. 관동 대지진은 언제 일어났습니까?
① 1913년 ② 1923년 ③ 1934년 ④ 1943년

5. 일본의 3경(**景**)이 아닌 것은?
① 마쓰시마 ② 아마노하시다테 ③ 히로시마 ④ 미야지마

6. 도쿄의 관광명소가 아닌 것은?
① 우에노 ② 신주쿠 ③ 아카사카 ④ 호루우지

7. 일본의 전통 연극이 아닌 것은?
① 우키요에 ② 가부키 ③ 분라쿠 ④ 호우가쿠

8. 일본인의 음식이 아닌 것은?
① 무사시 ② 사시미 ③ 오니기리 ④ 노리마끼

9. 일본의 사회문제가 아닌 것은?
① 고령화문제 ② 핵가족문제 ③ 저출산문제 ④ 의무교육문제

10. 일본의 유명한 영화감독이 아닌 사람은?
① 타노키 다케시 ② 모리타 요시미츠 ③ 미야자키 하야오 ④ 이와이 슌지

11. 일본의 영화가 한국에서 인기가 없었던 작품은?

① 러브레터 ② 4월 이야기 ③ 호타루 ④ 야스쿠니 진자

12. 일본에서 신자수가 가장 많은 종교는?

① 카톨릭 ② 신토 ③ 크리스토교 ④ 불교

13. 일본의 그리스토쿄 신자 수는?

① 150만 ② 250만 ③ 300만 ④ 500만

14. 일본의 연중행사가 아닌 것은?

① 하츠모우데 ② 미마이 ③ 시치고상 ④ 오봉

15. 일본의 시대 중에서 가장 오래된 시대는?

① 메이지 ② 가마쿠라 ③ 에도 ④ 무로마찌

16. 현재 사용 중인 일본의 연호는?

① 令和 ② 明治 ③ 平成 ④ 昭和

17. 일본에서 달을 음력으로 읽는 방법이 잘못된 것은?

① 1월-長月 ② 3월-弥生 ③ 6월-水無月 ④ 10월-神無月

18. 일본의 연중행사와 축제가 잘 못 연결된 것은?

① 1월-とんどんまつり ② 2월-ひなまつり ③ 8월- おぼん ④ 11월-しちごさん

19. 현재 일본의 정치제도는?

① 대통령제 ②의원내각제 ③ 국왕제 ④ 자민당제

20. 일본식 경영방법이 아닌 서양식 경영방법은?

① 종신고용제 ② 연공서열제 ③ 경영가족주의 ④ 연봉제

(2) 일본의 애니메이션 작품명을 3가지 쓰시오.

(3) 일본의 영화작품명을 3가지 쓰시오.

9. 면접시험에 꼭 나오는 중요문제	학번 :
	이름 :

1. 今度の試験を受けた動機は何ですか。

2. 学生時代の思い出として、残っていることは何ですか。

3. 日本語で簡単に自己紹介をしなさい。

4. あなたの趣味や長所について話してください。

5. あなたが好きなスポーツは何ですか。

6. あなたが尊敬している人物はどなたですか。

7. あなたの生活の信条は何ですか。

8. 日本人の友達にたいして、韓国を紹介しなさい。

9. 慶州について説明しなさい。

10. ソウルの東大門市場について説明しなさい。

11. あなたの性格について説明しなさい。

12. あなたの将来の計画について説明しなさい。

13. あなたが一番関心を持っていることは何ですか。

저자약력

◐ 金 仁 炫 教授 ◑

일본의 明治大学大学院, 慶応義塾大学大学院, 東京学芸大学大学院,
広島大学大学院 등에서 10년 동안 留学. 日本政府의 문부성 奨学生.
日本国立 広島大学大学院에서 日本語教育学 博士学位 받음.
早稲田大学, 広島大学 客員教授, 広島中央女子短期大学 講師 역임.
사법시험, 고등고시, 유학시험, 공무원승진시험, 각종 일본어시험 출제위원.
韓国日本語教育学会 会長, 外国語大学 学部長, 副学長 역임.
현재 조선대학교 명예교수.

著書: "現代日本語文法", "무궁화와 사쿠라", "現代日本의 理解", "日本事情",
"韓日兩語의 対照言語学的研究", "日本語教育学の展開", "大学日本語",
"日本의 名作", "日本의 옛날이야기", "韓日語の対照研究と日本語教育" 외 다수.

論文: '韓国人 日本語学習者에 있어서의 格助詞의 誤用研究', '韓国의 日本語教育',
'韓日敬語의 対照研究', '韓日格助詞의 対照研究', '独島研究' 외 다수.

◐ 金 鉦 丘 教授 ◑

일본의 明治大学大学院과 広島大学大学院에서 10년 동안 留学.
日本国立 広島大学大学院에서 政治学博士学位 받음.
각종시험 출제위원, 한국정치학회, 한국일본어교육학회 이사, 한국동북아학회 이사.
人文社会科学大学 語文学部 学部長, 도서관장 역임.
현재 동신대학교 교수.

著書: "현대일본의 이해", "標準日本語文法", "日本事情", "수능일본어총정리" 외 다수.

論文: '韓日地方自治体와 二元的 代表制', '韓日兩語의 敬語 対照研究'외 다수.

종합일본어백과

초판4쇄 발행 2023년 2월 28일

지은이 김인현 · 김정구
펴낸이 윤석현
편 집 심현숙 · 최남순 · 이신
발행처 제이앤씨 | 등록번호 제7-220
주 소 서울시 도봉구 우이천로 353
전 화 (02)992-3253
전 송 (02)991-1285
전자우편 jncbook@daum.net
홈페이지 www.jncbms.co.kr

ISBN 978-89-5668-933-3 13730 정가 33,000원